ANNUAL REPORT ON THE LABOR RELATIONS OF CHINESE PRIVATE CORPORATES

中国民营企业劳动关系报告

2017

中华全国工商业联合会◎编

法律出版社
LAW PRESS·CHINA

《中国民营企业劳动关系报告(2017)》

编　委　会

出版说明

民营经济对稳定增长、促进创新、增加就业、改善民生等方面发挥着重要贡献，贡献了50%以上的税收，60%以上的国内生产总值，70%以上的技术创新成果，80%以上的城镇劳动就业，90%以上的企业数量。近年来，越来越多的民营企业高度重视构建和谐劳动关系，打造企业与职工的利益共同体、事业共同体和命运共同体，在共同成长的过程中实现和谐发展、健康发展。

工商联作为党和政府联系非公有制经济人士的桥梁纽带、政府管理和服务非公有制经济的助手，作为主要的企业代表组织，是协同构建和谐劳动关系的重要主体。全国工商联自2014年开展民营企业劳动关系状况监测，几年来与中国劳动和社会保障科学研究院在全国范围内开展劳动关系状况实地调研，通过在监测点进行问卷调查，分析数据，获取当年民营企业劳动关系状况的基本信息，了解民营企业劳动关系状况，研判民营企业劳动关系形势，以加强对民营企业的指导和服务，推动构建和谐劳动关系。

各地工商联在专题研究基础上形成了各地民营企业劳动关系报告，部分商会和民营企业撰写了典型案例，在此基础上，我们形成了《中国民营企业劳动关系报告(2017)》。希望本书能有助于读者了解民营企业劳动关系的现状及发展趋势，了解民营企业在构建和谐劳动关系中的重要作用。

编　者

2018年12月

目　　录

Contents

总　　论

第一篇　工商联劳动关系报告

第二篇　商会劳动关系报告

第三篇　企业劳动关系典型案例

附　　录

总　　论

2017年中国民营企业劳动关系报告

劳动关系，事关职工和企业利益，事关经济和社会大局。以习近平同志为核心的党中央高度重视构建和谐劳动关系，明确提出建立规范有序、公正合理、互利共赢、和谐稳定劳动关系工作目标。《中共中央国务院关于构建和谐劳动关系的意见》要求，切实保障职工劳动报酬、休息休假、劳动安全卫生保护、享受社会保险和接受职业技能培训权利；全面实行劳动合同制度，切实提高劳动合同签订率和履行质量；以非公有制企业为重点，依法推进工资集体协商，不断扩大覆盖面、增强实效性；健全协调劳动关系三方机制，共同研究解决有关劳动关系重大问题；实现劳动用工更加规范，职工工资合理增长，劳动条件不断改善，职工安全健康得到切实保障，社会保险全面覆盖，人文关怀日益加强，有效预防和化解劳动关系矛盾。

全国工商联是国家协调劳动关系三方会议成员，发挥好作用既是职责所系，也是促进"两个健康"的必然要求。为深入了解民营企业劳动关系状况，全国工商联从2014年起，会同中国劳动和社会保障科学研究院启动了监测试点工作。经过4年的探索，取得了多项成果，建立了涵盖劳动用工、工资分配、工时休假、社会保险、协商协调机制建设等内容的监测框架。2017年民营企业劳动关系监测情况如下。

一、监测情况

2017年监测工作采取问卷调查方式进行，在北京、内蒙古、吉林、上海、江苏、浙江、安徽、江西、湖南、广东、广西、重庆、四川、云南、甘肃15个（自治区、市）的3000家企业中展开，同时在广东、浙江、江苏和重庆等地开展了实地调研。样本企业中，大、中、小微型分别占7.5%、35.2%和57.3%，中小微企业合计超过90%。制造业企业占比最高（37.1%），其他企业分布在批发和零售业（12.2%）、农林牧渔业（7.3%）、建筑业（7.1%）等行业之中。监测的企业多为发展稳定的企业,平均已存续时间为12.9年;其中,最短的超过1年,最长的超过68年。

二、监测结果

监测显示,多年来,各地按照党中央国务院决策部署积极推动,广大企业自觉努力,民营企业劳动关系建设逐年取得新进步,总体和谐稳定并保持了较好的发展势头。主要反映在:

一是依法用工意识不断增强,劳动用工更加规范。监测企业直接聘用的全日制职工劳动合同签订率达95.2%,较2013年提高了12个百分点。劳动合同签订率为100%的企业占比,从2013年的74.4%上升到85.3%,提高了11个百分点。期限较长劳动合同(3年以上固定期限劳动合同和无固定期限劳动合同)的占比,从2013年的32.2%上升到2017年的61.2%,提高了29个百分点。

二是及时足额支付工资占比超过93%,工资增长主要来自正常工作时间。监测企业中,93.4%的企业能够按月足额支付工资。一线职工工资水平持续提高,其中一线职工在正常工作时间的工资(不含加班工资)较2016年同期提高了11.1%,加班工资占工资总额的比重为8.7%。

三是工时休假制度得到稳步落实,企业参保情况明显改善。加班企业比例和平均月加班时间呈双下降趋势,59.8%的监测企业在调查期内有加班现象,绝大多数企业月平均加班时间未超过法定上限。67.7%的企业为全部或部分职工落实了带薪年休假制度,较前两年提高了约6个百分点。2015年以来,监测企业各项社会保险平均参保率逐年提高,3年间,各项社会保险平均参保率增长幅度从3个百分点到9个百分点不等。2017年为全部职工缴纳五项社保的企业较2015年和2016年分别提高11个百分点和9.3个百分点。

四是企业内部劳动关系协商协调机制建设得到稳步推进。72%的监测企业成立了劳动争议调解组织或设有调解员,较2013年提高11.6%。48.8%的监测企业开展过工资集体协商。绝大多数监测企业,对本企业劳动关系和谐程度表示满意。

三、值得关注的问题

总体上看,越来越多的民营企业对构建和谐劳动关系越来越重视。同时,随着工业化、信息化、城镇化、市场化、国际化的深入发展,民营企业也面临着新形势、新课题,劳动关系领域更面对新情况、新问题,特别是有三方面情况值得重点关注：

一是如何在企业转型升级中妥善处理好劳动关系。我国经济正从高速增长阶段转为高质量发展阶段，从主要解决“数量缺口”转为重点填补“质量缺口”，从“规模扩张”转向“结构升级”，从“要素驱动”转向“创新驱动”，攻克转变发展方式、优化结构、转换增长动力的关口，深化“三去一降一补”——去产能、去库存、去杠杆、降成本、补短板——为重点的供给侧结构改革成为工作主线。同时，国际经济环境变化，使出口配套或处在产业链上的民营企业受到牵连。加之，在经济高速增长期，一部分民营企业经营比较粗放，在环保、社保、质量、安全、信用等方面存在不规范、不稳健甚至不合规合法的问题，在国家加强监管执法背景下必然面临很大压力。新的形势、新的课题，要求民营企业加快转型升级，而转型升级中的诸多因素直接关联或很容易传导到劳动关系领域。

二是如何有效适应劳动力市场出现的新情况。进入 21 世纪以来，我国劳动力供求状况开始出现新情况，结构性就业矛盾比较突出，一些民营企业的生产人员相对短缺、非生产人员相对过剩，青壮劳动力相对短缺，加之用工成本上升，劳动力市场上普通劳动力的专业技能培训相对不足，一些企业出现了“招工难”和“用工贵”等问题。

三是如何持续练好促进和谐劳动关系的内功。劳动关系和谐，既需要外部发力，更需要内部发功。提高经营能力、管理水平，完善法人治理结构，有条件地加快建立现代企业制度，这是推动企业行稳致远、实现高质量发展的基础工程。调查显示，一部分企业特别是传统劳动密集型行业中的部分企业以及一些小微企业、新建企业，由于对自身基础管理投入的精力不够，存在经营管理不规范、制度规范不完善和内部劳动关系协调机制建设不到位等问题，加之不能及时妥善处理用工管理中的隐患，不少本可避免的纠纷却发生了。同时，随着新产业、新业态和新商业模式的加快推进以及人工智能技术的快速推广，用工方式不断走新，企业人力资源管理如何需要这些新变化值得高度关注。

四、工作建议

构建和谐劳动关系是坚持中国特色社会主义道路、完善中国特色社会主义制度的重要组成部分，与促进“两个健康”密切相关。为深入贯彻落实习近平总书记关于构建和谐劳动关系的重要指示精神和党中央国务院决策部署，各级工商联及所属商会在帮助民营企业纾困解难,促进企业转型升级、迈向更广阔舞台实践中,必须把构建和谐劳动关系摆在更重要的位置抓好抓实。下一步,建议重点抓好几个方面:

一是积极参与协调劳动关系三方机制建设。切实履行工商联作为企业代表组织的职能,不断提升协商协调能力,更加主动地发挥优势,全面参与三方协调机制建设。坚持促进企业发展和维护职工权益相统一,调动劳动关系双方主体的积极性、主动性,结合实际探索有效方式,推动协商共事、机制共建、效益共创、利益共享,增强协商协调的有效性。

二是努力营造良好的法治环境和营商环境。在推动构建和谐劳动关系中,把总的共同要求与民营企业具体的具有差异性的措施结合起来,统筹兼顾、分类指导,突出重点、突破难点。更主动参与劳动立法协商,及时反映民营企业意见诉求,推动完善劳动法律法规。密切关注民营企业在劳动关系领域遇到的问题困难,依法维护企业合法权益,推进劳动争议预防化解。加强普法宣传,在"法律三进"活动更加重视涉及劳动关系的法律法规宣传、政策举措的解读,在促进依法治企中使企业能更充分享受法律法规和政策举措的"红利"。

三是着力填补短板、强化弱项。扎实推进劳动合同签订工作,认真落实足额支付工资、工时休假等制度,持续推进社会保险参保工作和企业内部劳动关系协商协调机制建设,进一步扩大覆盖面和普及率。突出重点,认真探索、总结、推广企业转型升级中构建和谐劳动关系的有益经验、有效做法。推动开展基础管理建设活动,排查妥处劳动关系中的纠纷隐患,进一步提升依法治企、守法经营、规范管理水平。

四是持续推进和谐劳动关系创建活动。以开展第四次全国劳动关系和谐企业与工业园区表彰为契机,有针对性地加强团结、服务、引导、教育工作,推动完善法人治理结构,促进依法开展集体协商和企业民主管理建设,进一步增强依法用工意识,自觉关爱职工,保障职工经济权益、政治权益、文化权益、社会权益,自觉维护社会和谐稳定。

五是不断提升监测质量、积极做好成果应用。加强常态化监测体系建设,有效扩大覆盖面,进一步推动监测工作的规范化、常态化、科学化。以监测为基础,切实抓好成果转化和应用工作。发挥专业委员会及相关机构作用,围绕热点难点问题、落实不同专题开展前瞻性研究和专题报告,定期发布,打造特色品牌。

第 一 篇

工商联劳动关系报告

北京市工商联民营企业劳动关系报告

——多措并举　注重实效　构建首都民营企业和谐劳动关系

2017 年,北京市工商联以习近平总书记系列重要讲话精神和治国理政新理念新思想新战略为指导,深入学习贯彻《中共中央、国务院关于构建和谐劳动关系的意见》和《中共北京市委、北京市人民政府关于进一步构建和谐劳动关系的实施意见》精神,立足首都城市战略定位,牢固树立创新、协调、绿色、开放、共享的发展理念,围绕市委市政府中心工作,按照以人为本、依法构建、共建共享、改革创新的工作原则,坚持促进企业发展、维护职工权益,推动首都民营企业和谐劳动关系的建设和发展。

一、北京市民营企业劳动关系基本情况

2017 年北京市工商联向民营企业发放了"民营企业法律服务调查问卷",就民营企业劳动关系现状进行了调研,并回收有效调查问卷 202 份。根据调研数据,北京市工商联民营企业劳动关系主要情况如下。

(一)参与调研企业基本情况

1. 填写此次问卷的企业注册资金情况。调研数据显示:注册资金为 0 ~ 3 万元的企业有 2 家占所有参与调研企业的 0.9%,4 万 ~ 49 万元的有 13 家占 6.4%,50 万 ~ 99 万元的有 21 家占 10.4%,100 万 ~ 499 万元的有 41 家占 20.3%,500 万 ~ 999 万元的有 27 家占 13.4%,1000 万 ~ 2999 万元的有 56 家占 27.7%,3000 万元以上的有 39 家占 19.3%。这说明参与调研企业在规模上大中小微企业都有,其中中小微企业占多数。

2. 企业主营业务情况。调研数据显示:批发和零售业 44 家占所有参与调研企业的 21.8%,居民服务和其他服务业 38 家占 18.8%,文化、体育和娱乐业 25 家占 12.4%,租赁和商务服务业 24 家占 11.9%,建筑业 24 家占 11.9%,制造业 23 家占

11.4%,公共管理和社会组织18家占9%,科学研究、技术服务和地质勘查17家占8.4%,教育13家占6.4%,住宿和餐饮11家占5.4%,交通运输、仓储和邮政10家占5%,房地产8家占4%,金融8家占4%,卫生、社会保障和社会福利8家占4%,信息传输、计算机服务和软件6家占3%,农林牧渔4家占2%,水利、环境和公共设施管理2家占0.9%,电力、燃气及水的生产和供应2家占0.9%,公共管理和社会组织2家占0.9%。这说明参与调研企业行业分布广泛,具有较强的代表性。

(二)企业用工情况

1.企业用工人数方面,大部分民营企业员工人数在百人以下。调研数据显示:10人以下的有16家占8%,10~49人的有68家占33.7%,50~99人的有41家占20.3%,百人以下企业共占62%;100~499人的有55家占27.2%,500~999人的有13家占6.4%,1000人以上的有9家占4.5%,百人以上企业共占38%。

2.大部分民营企业员工流动情况在正常范围内,用工比较稳定。调研数据显示员工流动情况依次为:每年流动9%以下的有139家占68.8%,每年10%~19%的有45家占22.3%,二者合计占91.1%;每年20%以上的有18家占8.9%。

3.全日制直接用工为主要企业用工形式,企业灵活用工比例较低。调研数据显示:企业采用全日制、非全日制、劳务派遣等多种用工方式,有71家占35.3%的企业存在多种用工方式并存的状态,有131家占64.7%的企业只使用直接雇用全日制职工这一种用工方式。从企业使用劳动者的角度看,有184家占91.1%的企业采用全日制用工形式,有11家占5.4%的企业采用非全日制用工形式,有7家占3.5%的企业采用劳务派遣用工的形式。

(三)劳动合同签订情况

1.劳动合同签订率保持在较高水平,近半为期限较长的劳动合同。调研数据显示:企业直接雇用的全日制职工中,劳动合同签订率平均达95.7%。其中,劳动合同签订率为100%的企业占87.4%,签订率在80%~99.9%的企业占4.9%,签订率低于80%的企业占7.7%。1~3年一签并到期顺延的有104家占51.5%,一年一签的有49家占24.2%,视情况而定的有45家占22.3%,4~5年一签并到期顺延的有5家占2.4%。

2.大部分民营企业在签订无固定期限劳动合同方面,能够严格遵守法律规定。调研数据显示,企业签订无固定期限劳动合同情况:严格执行法律规定的有

184 家占 91% ,不依法执行的有 18 家占 9% 。

（四）劳动合同履行情况

1. 加班企业比例和平均月加班时间情况,大部分企业职工月平均加班时间没有超过劳动法规定上限。调研数据显示:有 48.8% 的企业存在加班现象。调查期内职工月平均加班时间为 10.1 小时,职工月平均加班时间低于 36 个小时的占 97.6% ,超过 36 小时的占 2.4% 。

2. 企业带薪年休假制度执行情况较好。调研数据显示:总计有 85% 的企业为全部或部分职工提供带薪年休假,其中,为全部职工提供带薪年休假的企业占 76% ,为部分职工提供带薪年休假的占 9% ,仍有 15% 的企业没有为职工提供带薪年休假。

3. 企业的社会保险平均参保率呈现较高水平。调研数据显示:按单项险种来看,工伤保险平均参保率最高,为 83.8% ,其余社会保险的平均参保率均在 80% 以上。为全部职工缴纳五项社会保险的企业占 59.3% ,五项保险的全员参保率差别不大,均在 61% ~65% 。

4. 调研企业 2016 年工资情况。调研数据显示:填写 2016 年工资情况的企业共有 176 家,平均工资 2000 元以下的企业有 4 家占 2% ,平均工资 2000 ~3000 元的企业有 40 家占 23% ,平均工资 3000 ~4000 元的企业有 61 家占 35% ,平均工资 4000 ~5000 元的企业有 35 家占 20% ,平均工资 5000 ~8000 元的企业有 24 家占 14% ,平均工资 8000 ~10,000 元的企业有 4 家占 2% ,平均工资 10,000 元以上的企业有 8 家占 5% 。有 125 家占 71% 的企业平均工资在 2000 ~5000 元,而 2016 年北京市全市职工月平均工资为 7706 元,说明大部分民营企业平均工资低于全市职工平均工资。

5. 2014 ~2016 年,民营企业工资调整情况。调研数据显示:2014 ~2016 年,调整工资的有 195 家占 96.5% ;没有调整的有 7 家占 3.5% 。调整幅度在 6% ~10% 的有 89 家占 45.6% ;1% ~5% 的有 64 家占 32.8% ;10% 以上的有 42 家占 21.5% 。这说明大部分民营企业 2014 ~2016 年的工资调整情况,符合北京市工资指导线倡导的增长比例。

（五）民营企业劳动争议情况

1. 2016 年发生劳动争议的民营企业是极少数。调研数据显示:没有发生的有173家占85.6%,发生的有29家占14.4%。企业发生劳动争议的主要原因依次为:劳动者违反法律和公司制度的有48家占23.8%,劳动法律用工标准过高难以执行的有32家占15.8%,劳动合同和用工管理不规范的有26家占12.9%,员工休息休假的有18家占8.9%,加班的有14家占6.9%,工伤的有11家占5.4%,企业经营困难的有10家占4.9%。

2.企业发生劳动争议后的解决情况。调研数据显示:由本公司调解的有150家占74.2%,申请劳动仲裁的有84家占41.5%,向商会、区工商联或其他调解组织申请调解的有35家占17.3%,提起诉讼的有30家占15%。

3.企业发生劳动争议后,解决争议所付出的最大成本情况。调研数据显示:对公司造成负面影响的有104家占51.5%,支付劳动者工资和经济补偿的有80家占39.6%,对公司正常经营造成损失的有69家占34.2%,咨询或律师代理等费用的有46家占22.8%。

(六)厂务公开民主管理和集体合同签订情况

1.大部分民营企业制定了直接涉及劳动者切身利益的规章制度或者重大事项,能够通过职工代表大会或者全体职工讨论,并向职工公示。调研数据显示:通过职工代表大会或者全体职工讨论的有145家占71.8%,没有通过的有53家占26.2%。企业制定直接涉及劳动者切身利益的规章制度或者重大事项的公示情况:公示的有182家占90.1%,没有公示的有20家占9.9%。

2.大部分民营企业实施厂务公开制度。调研数据显示:企业实施厂务公开制度情况为,实施的有138家占68.3%,没有实施的有64家占31.7%。企业厂务公开的形式依次为:职代会或职工大会报告、通报的有95家占47.0%,内部信息网、报刊、广播、黑板报公开的有78家占38.6%,设立固定的厂务公开栏的有63家占31.2%,职工议事会、联席会、企业情况发布会上发布的有40家占19.8%,其他的有23家占11.4%。

3.超过一半的公司制民营企业建立职工董事和职工监事制度。调研数据显示:建立的有132家占65.3%,没有建立的有70家占34.7%。

二、北京市工商联多措并举,进一步推进北京民营企业劳动关系和谐稳定

1.积极参与北京市劳动关系地方立法、政策建言。一是2017年,市工商联

共参与10余项劳动关系领域规范性文件及相关法规的修订工作，内容涉及劳动关系、生产安全、厂务公开、产业工人队伍建设等方面。二是市工商联参加劳动关系方面的立法研讨会、论证会。参加了北京市人力社保局召开的《北京市劳动人事争议调解仲裁办法》研讨会和北京市最低工资和工资指导线调整论证会。

2. 积极开展民营企业劳动争议预防调解工作。一是推动区工商联、商协会和民营企业建立调解组织，做好劳动争议的预防调解。北京市工商联近年来一直高度重视民营企业劳动争议调解工作，引导大中型企业建立劳动争议调解委员会，小微企业设立劳动争议调解员。2013年，北京市工商联与北京市人力社保局联合下发《关于加强全市非公有制企业劳动争议预防调解工作的通知》，加强对全市非公有制企业劳动争议预防调解的指导。北京市工商联与北京市人力社保局合作在区工商联、商协会和非公企业中建立劳动争议调解组织，与北京市司法局合作在商协会中建立商会人民调解组织，通过调解组织预防调解劳动争议。北京市安邦民商事和社会服务调解中心是全国第一家在民政部门登记注册的具有独立法人资格的民办调解组织。北京市安邦民商事和社会服务调解中心、北京保洁商会劳动争议调解中心、北京汽车配件业商会人民调解委员会、北京石材行业协会民事调解委员会等调解组织还先后被全国工商联、国家人力社保部评为全国先进劳动争议调解组织，在本行业内具有较强的社会影响力。截至2017年年底，在区工商联、商协会、企业建立各类调解组织45家，2017年受理劳动争议调解案件158件，成功调解144件，涉案金额544.22万元，涉及人数255人。二是积极参与北京市市级层面有关劳动争议预防调解机制。北京市工商联参加了市协调劳动关系三方会议、劳动争议预防化解六方联动机制、首都多元矛盾纠纷化解机制。通过这些工作机制，与有关部门及时沟通，既能够对当前劳动争议总体情况有确切的了解、掌握，还能够对当前的劳动争议进行分析、研判和预测。三是与北京市人力社保局密切配合，对第二批非公企业、商会协会调解示范单位北京汽车配件业商会、北京石材行业协会进行总结验收。经验收，两家单位已达到示范工作预期目标，在化解劳动争议方面发挥了重要作用：北京市石材行业协会成功迁移涉及6万余人的3000余家企业商户至河北，未发生一起集体劳动争议；北京汽车配件业商会调解行业内劳动争议纠纷54起，其中调解成功48起，涉及人数108人，涉案金额65万元。四是北京市工商联在征求区工商联、商协会及重点企业意见建议后，起草了《关于引导非公有制企业、行业商协会参与矛盾纠纷多元调解的工作意见(征求意见稿)》,指导区工商联、商协会和民营企业矛盾纠纷调解工作。

3. 通过多种方式大力开展劳动关系领域法律宣传。依据“七五”普法规划和全市年度法治宣传教育工作要点,北京市工商联印发了《北京市工商联关于开展“疏解整治促提升法律十进‘七五’行”主题法治宣传活动的通知》,在该通知中明确了工作方案、普法职责任务以及深入开展“法律进企业、进商会、进机关”活动的宣传内容和保障队伍等。通过在机关张贴宣传海报以及通过工商联传统媒体及微博、微信公众号等新媒体方式推进法治宣传工作,不断增强普法工作的针对性和实效性。以分类问答的方式编辑制作了服务民营企业的“工商联 + 法律服务‘小助手’”系列丛书,陆续推出《非公企业矛盾纠纷多元调解操作手册(修订版)——调解知识 150 问》《知识产权——商标法实用知识 100 问》《以案释法—商标权纠纷案例》,通过编发系列丛书,指导和帮助会员企业、有关商协会增强法律意识,运用法律手段维护自身合法权益。在市工商联官方网站上转发了北京市劳动争议仲裁委发布的 2016 年劳动争议十大典型案例。

4. 积极开展法律培训。2017 年,市工商联累计组织 500 余家企业参加法律培训、座谈会及相关对接活动,并组织北京木业商会、二手车商会、清洗保洁商会及部分企业参加“全国非公有制企业法律风险防范培训班”“劳动争议预防调解培训班”,组织有关企业参加“京津冀劳动关系预防调解员示范培训”“全国三方劳动关系协调员示范培训”。

5. 参加市协调劳动关系三方会议,与市人力社保局、市总工会、北京企业联合会协同配合,做好构建和谐劳动关系工作。市工商联在 2017 年 4 月和 10 月分别参加了市协调劳动关系第 51 次和第 52 次三方会议。在第 51 次会议上,研究讨论了关于建立北京市协调劳动关系三方委员会的建议、关于联合开展集体合同制度落实情况监督检查的建议、关于调整北京市 2017 年最低工资标准的初步考虑。在第 52 次三方会议上,传达了学习中共中央、国务院《关于营造企业家健康成长环境弘扬优秀企业家精神更好发挥企业家作用的意见》精神、落实市协调劳动关系三方第 51 次会议议定事项,研究讨论了《市协调劳动关系三方联合开展集体合同落实情况监督检查方案(时间四季度)》和《关于建立重大集体劳动争议快速联动处置机制的意见》。

6. 引导民营企业开展厂务公开民主管理工作。一是引导企业通过职代会、职工大会等形式开展工作,引导公司制企业建立职工董事、职工监事制度。积极开展集体协商,提高协商的质量。二是参加市厂务公开协调领导小组办公室牵头组织的检查工作。对北京市西城区厂务公开工作进行了检查,听取了工作汇报,并深入企业进行现场检查。

三、民营企业构建和谐劳动关系面临的困难及问题

1. 超过半数的民营企业存在招工难现象。调研数据显示有 114 家企业存在招工难问题,占所有调研企业的 56.4%。企业招工难原因依次为:劳动力要求高共 139 家,占所有调研企业的 68.8%;劳动力素质不高共 103 家,占所有调研企业的 50.9%;劳动力供给不足共 60 家,占所有调研企业的 29.7%;其他 20 家,占所有调研企业的 9.9%。招工难主要是招聘普通工人很难,体现在部分制造业、服务业企业。以前企业在周边省份就能招聘到工人,现在要远到西部省份招聘。为保持正常的生产经营,企业需要增加招聘次数,几乎每月都要招人。招工难,增加了企业的用人成本,甚至影响了企业的正常生产经营。

2. 部分企业缺乏有效的劳资双方沟通交流机制。调研数据显示,没有建立职工代表大会的企业有 85 家占 42.0%,没有实施集体合同制度及工资集体协商的企业有 96 家占 47.5%。由于企业内部缺乏沟通交流机制,职工的诉求不能够及时有效地反映、解决,影响了企业劳动关系的稳定。

3. 部分企业在缴纳社会保险方面没有严格依照法律执行。有部分企业只为部分员工(企业管理层、具有本地户籍的员工、达到一定工作年限的员工)缴纳社会保险,甚至还有个别企业没有为任何员工缴纳社会保险。

四、影响劳动关系和谐的主要因素

1. 劳动关系领域法律的影响。《劳动合同法》实施以来,这部法律有效地保护了劳动者的合法权益,规范了企业的用工制度。但随着时代的发展,新用工形式的出现,《劳动合同法》的部分条款已不适应劳动关系的实际情况,主要表现为对企业的用工自主权限制较多、解雇成本高、灵活性不够,企业与职工的权利义务不对等。例如,《劳动合同法》规定,对劳动合同的变更应当以协商变更为原则,用人单位仅在极个别情况下才可以单方变更劳动合同。这就使用人单位的人力资源管理会变得非常僵化,在日常管理中如果基于经营状况需要对劳动者的工作地点、工作岗位、工作内容、劳动报酬等进行调整时,就会非常被动。

2. 经济形势变化的影响。为实现首都经济高质量发展,构建高精尖经济结构,民营企业需要转型升级、提质增效。为疏解北京非首都功能,推动京津冀协同发展,当前北京正在大力开展"疏解整治促提升"专项行动,要对部分不适应首都发展要求的企业进行关停并转。这些都会对民营企业劳动用工产生较大的影响。

3. 北京市最低工资及社会平均工资的调整对民营企业用工成本的影响。近些年,工资指导线及最低工资调整频次较多、幅度较大。最低工资及工资指导线的调整,对提高职工工资,让职工共享经济发展成果起到了极大的促进作用。但是也直接增加了企业的用工成本,特别是对劳动密集型企业影响较大。

五、北京市工商联对构建和谐劳动关系的建议

1. 为企业构建和谐劳动关系营造良好的法治环境。立法方面,建议及时修改《劳动合同法》中企业用工方面的相关条款,增加企业用工的灵活性,给予用人单位的人力资源管理一定的余地,至少对用人单位如何合理合法地变更劳动合同给予明确的导向,以便用人单位的人力资源管理能够充分发挥出激励和惩戒的作用,促进用人单位和劳动者共同成长。司法方面,及时审理劳动争议案件,主动发布典型案例,加强对企业用工的指导。行政执法方面,加大对劳动关系方面的督查力度,既要惩处违法企业,也要惩处"碰瓷"的劳动者。

2. 进一步引导企业提高构建和谐劳动关系的意识和能力。通过多种形式的法律宣传培训,提高企业构建和谐劳动关系的法律意识和能力,使企业在劳动合同的签订、履行、变更、解除、终止和续订等方面规范有序,严格执行国家工时管理制度、休息休假制度,依法缴纳各项社会保险。建立健全职工代表大会制度等民主管理制度,建立集体协商和集体合同制度。

3. 进一步做好劳动争议预防调解工作。引导符合条件的商协会、企业逐步建立健全调解组织。加强调解员队伍建设,建设一支适应调解行业性、专业性矛盾纠纷需要,专兼结合、优势互补、结构合理的调解员队伍。调解组织应统一调解登记、调解协议、档案管理等文书制作格式。加强与人力社保部门的联系,做好劳动争议调解和劳动争议仲裁的有效衔接。

编写组:李　颖　张晓红　李涛涛

执笔人:李涛涛

天津市工商联民营企业劳动关系报告

劳动关系是生产关系的重要组成部分,是最基本、最重要的社会关系之一。构建和谐劳动关系,对于维护职工和企业的切身利益,促进经济发展和社会和谐,具有重要意义。我们以“三方五家”联席工作会议为依托,以非公有制经济组织在构建和谐劳动关系中遇到的难点和重点问题为导向,在构建非公有制经济领域和谐劳动关系方面做了大量工作。

一、我市非公有制经济组织和谐劳动关系创建基本情况

1. 全市非公有制经济发展情况。2017 年 1 ~ 10 月民间投资(不含农户)6993.92 亿元,占全市比重达 64.7%。前三季度,全市新登记市场主体 18.11 万户,其中,民营市场主体 17.88 万户,增长 47.1%,比重达 98.7%。民间投资增长 8.0%,快于全市投资 8.3 个百分点。1 ~ 8 月规模以上营利性服务中,民营经济营业收入增长 40.6%,高于全市平均水平 9.4 个百分点,贡献率达 82.7%。民间投资保持活跃。民间投资在经历 2016 年的低迷调整后,2017 年开始呈现平稳增长态势,第一季度开局同比增长 18.6%,上半年略有回落至 14.5%,第三季度受整体环境影响,增速回落至 8.0%。前三季度累计完成投资 6819.45 亿元,占全市投资比重 65.2%,比 2016 年同期提高 7.5 个百分点。

2. 和谐劳动关系创建情况。在 2017 年第一批 1171 户信用评价为优的和谐企业中,非公有制企业达 1058 户,占比达 90% 以上。天津市工商联开展 2017 年度和谐企业创建命名及称号确认工作,对 10 年来的 1.4 万户和谐企业确认信息,将企业信息进行网络化管理。截至目前,已收录 5572 户企业数据进入和谐企业数据库,其中非公有制企业有 4692 户,占比达 84.2%。市工商联与中国人民银行天津分行签署合作备忘录,将和谐企业信息纳入人民银行信息系统,并联合发布“和谐守信”企业名单,向银行业金融机构重点推介,为和谐企业在融资贷款等方面提供便利,实现后续服务制度化和常态化。市工商联开展和谐劳动关系大

讲堂活动,以“携手同心　助推转型　构建和谐劳动关系”为主题,邀请企业家代表、专家学者,结合企业转型中的劳动关系处理的有关内容,分享企业转型科技创新的成功经验,通过互联网供用人单位观看学习。

3. 劳动合同签订情况。我们全面实行劳动合同制度,推进重点行业、企业和群体劳动合同签订工作,开展劳动合同政策法规宣传活动,以加工制造、建筑、餐饮服务等非公有制经济较集中的小微企业和农民工较集中的行业为重点,发放用工指导手册,开展宣传服务和监督检查,促进用人单位与职工依法签订劳动合同。全市已有 17.95 万用人单位进行劳动用工备案,涉及职工 412.2 万人,其中,非公有制经济组织 14.85 万户,职工 256.7 万人。2017 年前 10 个月,全市新签、续签和变更劳动合同 94.3 万人,其中,3 年以上及无固定期限劳动合同人数达 43.8 万人,占 46.4%,劳动合同长期化趋势明显。

4. 开展工资集体协商情况。大力推动非公有制企业开展集体协商,依托工会、企联、工商联、行业协会和地方商会,以小微企业、楼宇经济、服务业为重点,不断扩大集体协商覆盖范围。发布工资集体协商指导信息,对非公企业开展集体协商进行服务指导。目前,我市经营正常建会企业集体合同签订率达 85% 以上,其中单独建会企业集体合同签订率达 90% 以上,在促进企业发展、维护职工权益和调节劳动关系中发挥重要作用,促进了我市劳动关系总体和谐稳定。做好人力社保信息系统的流程优化和业务整合,对集体合同审查备案实现动态管理,2017 年前 11 个月,全市共有 8.7 万户企业签订集体合同,涉及职工 200.8 万人,其中,非公企业 8.18 万户,涉及职工 147.7 万人。

二、加大宣传培训力度,为构建和谐劳动关系营造良好氛围

2017 年 1 月 6 日,国家人社部机关报《中国劳动保障报》调解仲裁专版刊发题为“同心织就和谐网”的文章,就我市非公有制经济领域劳动争议调解工作进行报道。2017 年 8 月,由市人社局牵头,市工商联、市总工会积极参与,拍摄了以“构建和谐劳动关系”为主题的专题片。该专题宣传片采取成果展示和人物访谈相结合的方式拍摄,对罗姆半导体、快客利、河东区工商联、家居商会、计算机信息商会等非公有制企业构建和谐劳动关系经验、改革创新成果进行总结推广,展示了商会组织和非公有制经济人士的精神风貌。我们利用“湾区网”和市工商联公众微信平台对劳动关系建设优秀的非公有制企业的事迹进行宣传介绍。2017

年7月,我们组织非公有制经济人士参加了国家人社部和全国工商联组织的劳动关系协调员、劳动争议调解员培训。

三、将和谐劳动关系创建工作与非公有制经济代表人士政治安排和综治考核紧密结合

市委统战部、市工商联将和谐劳动关系创建与非公有制经济代表人士政治安排工作紧密结合,非公有制经济人士担任人大代表、政协委员、工商联执常委等职务其所在企业需被评为A级以上和谐劳动关系企业,构建和谐劳动关系成为非公代表人士政治安排、政治推荐的前提条件。我市部分区党委政府将工资集体协商、和谐企业创建工作开展情况,纳入对各镇目标考核内容之中。2017年年初由主管部门将工资集体协商、和谐企业创建目标分解到各镇,明确责任、进度,实行考核奖惩,每半年考核一次,将集体合同制度与工资集体协商制度的建立,作为企业评选先进、评选劳模的一票否决条件。市综治委非公有制经济组织服务管理工作小组将各区工商联成立劳动人事争议调解委员会的情况继续纳入各区非公有制经济组织综治考核的打分项目。我们注重发挥人力社保部门的主导作用、工商联组织的协同推动作用、非公有制经济组织的自身主体作用和商会的第三方促进作用,充分利用"一个联席会议""两个服务中心""三条联系渠道""四项制度安排"的资源优势积极推动和谐劳动关系创建工作。自2006年至今,我市8902家民营企业被评为市级劳动关系和谐企业,其中5家被授予"全国模范劳动关系和谐企业"称号。自2004年至今,有17名民营企业家获"全国关爱员工优秀民营企业家"称号,有17名民营企业员工获"全国热爱企业优秀员工"称号。

四、深入开展非公有制经济领域劳动人事争议调解,推动基层商会劳动争议调解委员会的组建

2017年前三季度,全市各级仲裁机构共立案受理非公有制企业劳动争议案件14,051件(不含上期转结1906件),占案件总量的87.1%。面对非公有制企业劳动争议量大、分布面广的特点,围绕建立健全商会、企业内部劳动争议协商解决机制,强化源头预防。出台《天津市企业劳动争议调解组织建设标准》《天津市劳动人事争议调解工作暂行办法》,推动开展"和谐筑网"行动,打造市、区、街

道（乡镇）、行业（商会、协会）、企事业单位五级劳动人事争议调解网，市、区、街262家调解组织全部建立，规模以上企业调解组织组建率达80%以上，各级调解组织年均处理劳动人事争议案件1.8万件，调解成功率73.4%，为劳动者挽回经济损失2.5亿元。市人力社保局、市总工会、市工商联等部门联合制定下发了《关于进一步加强劳动人事争议调解仲裁完善多元处理机制的实施意见》，不断完善我市劳动人事争议多元处理机制，推进全社会多层次多领域依法治理。2017年10月，法律部工作人员与互联网商会、家居商会负责人参加了第二批非公商会劳动争议预防调解示范工作座谈会，交流了开展非公商会劳动争议预防调解工作的经验做法。截至2017年6月，全市基层商会已经建立人民调解委员会40家、劳动人事争议调解委员会30家。天津市互联网信息商会劳动争议调解委员会、天津市家居商会劳动争议调解委员会当选全国第二批非公有制企业商会劳动争议预防调解示范单位。河东区工商联劳动人事争议调解委员会、东丽区工商联劳动人事争议调解委员会等10家基层商会劳动人事争议调解委员会入选天津市人力社保局、市总工会、市工商联组织评选的"百家示范劳动人事争议调解组织"。

此外，由天津市高级法院牵头，天津市总工会、市人力社保局、市司法局、市工商联主要领导组成的"天津市劳动争议纠纷四方联动调解机制领导小组"，制定了《天津市劳动争议调解委员会组织及工作规程》，明确了成员单位职责，对全市劳动争议纠纷调解工作进行整体规划，具体指导，形成了"四方联动"的矛盾纠纷调处机制。我们坚持裁调结合、以调为主原则，完善了诉前调解、委托调解机制，构建了裁调结合的仲裁办案新模式。在调解、仲裁和审判过程中，始终坚持保护劳动者合法权益与维护用人单位正常经营发展相平衡的理念，既注重依法保护劳动者合法权益不受侵害，又保护用人单位合理的用人自主权；立足于促进劳资双方提高自主协商能力，妥善把握介入的时机和程度，积极为劳资双方搭建沟通协调的桥梁，努力在用人单位稳步发展、合法用工、经济社会稳定等诸多影响劳动关系和谐稳定的因素中寻找平衡点。"四方联动调解机制"建立以来，天津市的劳动争议案件呈逐年下降的趋势。

五、加强调查研究，进一步把握做好新时期劳动关系工作的规律

在充分调研和广泛征求意见的基础上，我们以天津市有关部门和区政府为

主体，依托市、区两级协调劳动关系三方机制，深入工资水平低、增速慢的企业开展调研督导，建立长效工作机制。各区不断完善调研措施，建立“定点联系制度”。各级协调劳动关系三方部门，从劳动关系各个环节开展排查，重点排查工资支付、执行国家劳动标准、开展集体协商、调解组织建立、人文关怀等情况，引导劳资双方理性解决劳动争议，对信访、投诉举报和争议案件信息进行汇总分析，对投诉举报多、案件量大的企业进行跟踪，做到了早发现、早报告、早控制、早解决。为及时掌握民营企业劳动关系的发展动态，加强对民营企业的指导和服务，我们在 3368 个非公有制经济组织社会治理网络联系点继续开展民营企业劳动关系监测工作。企业涉及和谐劳动关系重大问题时可以第一时间通过短信预警平台向我们反映。我们深入辽宁商会、木业协会、金银珠宝商会、金属商会、互联网信息商会等基层商会组织认真分析民营企业在劳动用工方面存在的问题和原因，并有针对性地提出相应的法律和政策建议。我们在推动非公有制经济领域和谐劳动关系创建工作中，注重指导基层商会和非公有制企业采取召开劳资恳谈会、法律宣讲会、劳资协商会以及设立意见箱、开展问卷调查等方式，就劳动条件、劳动报酬、职工福利等涉及劳动者切身利益的问题听取职工意见，及时了解掌握并认真研究解决职工的合理诉求。目前，我们下发了《市人力社保局等五部门关于调整 2017 年度“和谐劳动关系指数”指标有关问题的通知》，完善了 2017 年和谐劳动关系指数指标，将进一步强化对各区劳动关系三方工作的督导和考核。

六、注重发挥非公经济组织党团工会组织作用，打造和谐向上的企业文化

在构建和谐劳动关系的过程中，我们注重加强非公企业的党团工会组织建设，注重发挥非公企业党团工会组织在构建和谐劳动关系中的政治引领作用。一些工业园区和企业将和谐劳动关系创建工作作为企业文化建设工作的重要内容和有力抓手，相继建起职工集体宿舍、开办文化活动中心、职工购物平价超市、大众化洗浴，方便职工生活，增强职工归属感和企业向心力。有的企业突出人文关怀，建立“职工资助基金”，关心职工健康，开展“送温暖活动”，组织慰问、旅游等活动，增进了职工的团队精神和集体荣誉感，促进了企业和社会的和谐稳定。

七、和谐劳动关系创建工作存在的问题及对策建议

目前，我市已经建立了市、区两级协调劳动关系三方会议，和谐劳动关系创

建工作也已经纳入了各区非公有制经济组织社会治安综合治理年度考核打分项目。总体来说,在全国工商联和国家人社部的积极推动下这项工作已经得到了各级领导的充分重视并取得了可喜的成绩。但是,在具体工作中我们也发现了一些亟待解决的问题,例如,如何设定一个科学的评价体系就企业的和谐劳动关系创建工作进行量化考核和动态管理,如何对和谐劳动关系创建工作开展的比较好的商会和企业给予一些更加实际的政策上的支持和鼓励,比如可否对此项工作开展得比较好的商会和企业给予征信加分……目前,我们也在与天津人社部门加强协作,深入调研,制定可行性工作方案。希望全国工商联和国家人社部在这些方面给予我们更多的指导和帮助。

执笔人:陈　维

河北省工商联民营企业劳动关系报告

劳动关系是生产关系的重要组成部分，是最基本、最重要的社会关系之一，企业和广大职工的关系是否和谐事关经济发展与社会和谐。习近平总书记指出，努力构建中国特色和谐劳动关系，是坚持中国特色社会主义道路、贯彻中国特色社会主义理论体系、完善中国特色社会主义制度的重要组成部分，其经济、政治和社会意义十分重大而深远。构建和谐劳动关系，维护劳动者利益，保障劳动者权益，是企业的社会责任，也是实现行业持续、协调、共同发展的必然要求。

河北省委、省政府历来高度重视和谐劳动关系构建工作，中共中央、国务院《关于构建和谐劳动关系的意见》下发后，省委、省政府领导分别做出重要批示，要求结合河北省实际，抓好中央文件的贯彻落实。2015 年 12 月，中共河北省委、河北省人民政府《关于构建和谐劳动关系的实施意见》发布实施，其明确要求：进一步建立健全单位领导、政府负责、社会协同、企业和职工参与、法制保障的工作机制。到 2020 年，全省各级构建和谐劳动关系的体制机制和工作格局全面完善，调整劳动关系的政策法规全面规范，企业和谐劳动关系创建率达 90%以上。

2017 年以来，河北省工商联作为主要的企业代表组织，根据其职能特点，紧紧围绕服务全省非公有制经济健康发展和非公有制经济人士健康成长主题开展工作，全面落实《关于构建和谐劳动关系的意见》文件要求，持续深入开展理想信念教育和营商环境整治工作，积极参与协调劳动关系三方机制建设，与省人社厅、省总工会和其他企业代表组织密切合作，在反映企业合理诉求、推动劳动立法协商、参与纠纷调解仲裁、维护企业合法权益等方面发挥了积极作用。

一、劳动关系基本情况

近年来，河北省《关于构建和谐劳动关系的实施意见》《关于构建亲清新型政商关系的意见》《关于鼓励冀商回归发展创业的实施意见》等优商惠商文件、政策相继发布实施及我省营商环境集中整治工作深入开展以来,省委、省政府按照以人为本、依法构建、共建共享和改革创新的原则,进一步建立健全工作体制,完善工作机制,企业劳动用工更加规范、集体协商有序开展、工会组织普遍建立、职工安全健康得到切实保障、人文关怀日益加强、劳动关系矛盾有效预防化解。全面建立规范有序、公正合理、互利共赢、和谐稳定的劳动关系总目标稳步推进。另外,我省招商引资战略稳步推进,民营经济发展势头强劲,已经成为我省经济发展最具生机和活力的重要力量,同时民营经济的快速发展也带来了企业劳动关系的变化。企业员工的素质以及企业和谐稳定的劳动关系,已经成为企业持续稳定发展的关键。我省大部分民营企业已经意识到了企业的发展离不开员工,关爱员工是企业应尽的社会责任。以人为本、善待员工和企业文化建设已成为民营企业构建和谐劳动关系,增强企业凝聚力和竞争力的重要因素。企业以人为本意识不断增强。越来越多的民营企业在生产、经营和管理上开始接受并践行"以人为本"的思想,在满足员工物质需求和期望的同时,开始注重员工能力的提高、价值的实现和思想的进步。

二、河北省工商联主要工作

(一)持续深化理想信念教育,夯实思想政治工作基础。2017 年河北省工商联牢牢把握思想政治工作这条生命线,推动非公有制经济人士理想信念教育实践活动持续深入开展,进一步加强非公经济人士思想政治工作,引导他们自觉践行社会主义核心价值观,牢固树立守法、诚信精神,引导企业和职工树立利益共同体意识,培育合作共赢、共谋发展理念。一是继续部署开展理想信念教育实践活动。深入市县工商联及企业了解活动情况,总结经验、查找不足,有针对性地提出 2017 年活动方案,对全省理想信念教育实践活动进行全面部署,及时对各市工商联进行具体工作指导。加强对年青一代企业家教育培养,制定《省工商联贯彻落实全国年青一代民营企业家理想信念报告会和克志书记重要批示精神的实际举措》,与省委统战部联合举办河北省年青一代民营企业家理想信念报告会。二是深化民营企业素质提升。围绕提高创新驱动新常态下发展能力及诚信守法综合素质的主题,采取省工商联自主培训和与各市工商联联合培训的形式开展年度企业家培训。省工商联自主举办 PPP 项目高级实战研修培训班、河北民营企业家素质提升专题培训班、年青一代民营企业家暨商会负责人素质提升培训班等 6 期，并与市工商联合作举办民营企业家素质提升（北大）研修班、企业家创新管理培训班等 2 期，共培训 850 人次。

（二）着力推进营商环境整治行动，促进我省民营经济健康发展。认真落实河北省委营商环境集中整治行动部署，成立河北省工商联营商环境集中整治行动工作机构，制定我会行动工作方案，积极推动营商环境的改善，努力营造我省平等保护的法治环境和公平竞争的市场环境。一是深入开展调查研究。按照《全省营商环境集中整治行动总体方案》要求，围绕政务环境、法治环境、舆论环境、信用环境开展调研，形成了《关于我省民营企业对营商环境的意见和反映的调研报告》《把握民营企业所思所盼　推动营商环境不断优化》调研报告。开展降低实体经济企业综合成本调研，深入了解我省实体企业对降低生产经营中税费、用能、物流等成本的意见建议。在 2017 年年省政协召开的三次常委会上，提交会议发言 30 篇。二是促进政商关系建设制度化。加强与省纪委沟通联系，进一步修改完善我省《关于构建亲清新型政商关系的意见》，广泛征求有关部门、民营企业家等意见建议。2017 年 11 月，该意见正式以省委办公厅、省政府办公厅名义印发，形成了党政干部和企业家交往的规范化制度安排。三是加大对企业的帮扶力度。组织民营企业参加我省优化营商环境条例起草工作座谈会、优化营商环境专题研讨会、优化非公经济发展法治环境座谈会及国家发改委“金融支持实体经济”调研座谈等，反映意见诉求，积极建言献策。组织企业参加由省农信社举办的银企股权合作洽谈会，增进银企交流。与河北省工信厅、省司法厅、省总工会联合开展 2017 年金色阳光法律服务行动，协助 4 家企业具体开展维权工作。

（三）健全协调劳动关系三方机制，促进劳动关系和谐稳定。河北省工商联会同省人社厅、省总工会和其他企业代表组织建立健全协调劳动关系委员会，完善工作职能，确保三方机制正常运行，共同研究解决有关劳动关系问题和规范制度建设。一是会同省人社厅、省总工会等部门建立符合实际的劳动关系和谐企业标准体系和评价体系，做好《河北省劳动关系和谐单位评价规范》标准的评审工作。目前这一标准经过最后的完善和修订将以河北省地方标准的形式下发。这将对河北省劳动关系和谐企业创建工作起到巨大的推动作用，省三方将选到专门的评价机构对企业的劳动关系状况进行综合评定，将有力地促进企业劳动关系的规范运作。二是组织会员企业认真学习省委《关于构建和谐劳动关系的实施意见》、人社部《关于加强专业性劳动争议调解工作的意见》等构建和谐劳动关系系列文件精神,按文件要求配合相关部门推动非公经济组织构建和谐劳动关系工作。三是加强劳动关系制度建设,督促和推进会员企业落实和完善劳动合同制度、劳动关系三方机制、集体协商等相关制度。

(四)健全劳动关系矛盾纠纷调解机制,切实维护非公经济组织合法权益。一是积极建立健全河北省维护非公有制企业合法权益联席会议,联合省社会治安综合治理委员会等多家单位成立维权工作委员会,充分发挥维护会员合法权益的职能作用,在反映会员的意见、诉求以及积极参与会员纠纷的调解、仲裁方面发挥积极作用。二是加强会员企业劳动争议调解委员会建设,畅通法律援助渠道,依法及时为会员企业提供法律援助。三是做好会员组织劳动关系矛盾纠纷调解机制,并按照全国工商联要求对工商联商会内部调解组织基本情况进行了摸底统计。四是为有效发挥行业调解在劳动争议中的作用,会同人社厅开展了第二批非公商会劳动争议预防调节示范工作。

三、劳动关系存在的主要问题

(一)构建和谐劳动关系氛围较弱。一些地方领导和部门对构建和谐劳动关系工作的认识不到位、重视不够,没有将构建和谐劳动关系作为政府目标考核的重要内容。在社会层面上,和谐劳动关系创建活动影响力较小,社会认可度还不够,没有真正形成一种氛围;从个体上看,由于受企业发展客观因素的影响,部分企业局限于眼前利益,特别是企业本身劳动标准等不太规范的,认为和谐劳动关系创建活动触犯了他们的利益,对参与创建活动兴趣不大,对和谐劳动关系重要性的认识不足,致使部分企业在构建和谐劳动关系工作上尚有不尽如人意之处。

(二)影响劳动关系和谐稳定的因素较多。部分中小企业尤其是小微企业仍存在劳动合同签订率低、劳动环境差、工资水平低且增幅慢、社会保险参保率低、超时加班甚至拖欠或克扣工资、对一线职工缺少人文关怀等问题。部分大企业存在变相超比例使用劳务派遣工、经营者与一线职工收入差距过大等问题。部分机关事业单位存在编外用工长期不规范等问题。因劳动争议纠纷引发的集体上访、群体性事件时有发生。

(三)劳动关系部门队伍建设需要进一步完善。劳动关系部门编制短缺普遍存在,协调劳动关系机制缺少顶层设计,基层无专职人员、无实体化机构、人员少、经费无保障、工作力量薄弱、难担重任,既是现实问题,又是普遍问题,也是长期存在的问题,必将影响或制约劳动关系工作的开展。

(四)企业劳动争议调解工作亟待改进。一是企业负责人对调解组织的性质和作用认识不够,在组织建设上不够重视,有些调解组织在人员组成上代表性不够。职工对企业调解组织的职能缺乏认识,对企业调解员缺乏信任,一定程度上限制了调解组织发挥作用。二是基层调解员队伍不稳定。劳动争议调解工作需要知识经验的学习积累,而企业调解员大多数为兼职人员,流动、更换较为频繁,不利于调解组织作用的发挥。三是调解制度需要加强。部门企业调解员在调解劳动争议过程中,由于时间、精力有限,对当场化解的简单劳动争议没有登记,导致调解组织台账信息不齐全。另外,调解组织在信息报告、调解工作考评等制度方面需要进一步加强。

四、对策和建议

工商联作为政府管理和服务非公有制经济的助手,是协同构建和谐劳动关系的重要主体。在下一步工作中,应深入学习贯彻习近平总书记系列讲话精神,围绕“两个健康”主题,以改革创新精神引导、推动非公有制企业构建和谐劳动关系。

(一)全面学习领会《关于构建和谐劳动关系的意见》精神,准确把握构建和谐劳动关系的基本要求。习近平总书记高度重视构建和谐劳动关系工作,多次作出重要指示,提出明确要求。这是开展这项工作的根本遵循。新时期构建和谐劳动关系,必须深入贯彻习近平总书记系列重要讲话精神,全面贯彻党的十九大精神,认真落实党中央和国务院关于构建和谐劳动关系的部署。工商联作为党委领导的以非公有制企业和非公有制经济人士为主体的人民团体和商会组织,必须全面学习贯彻《关于构建和谐劳动关系的意见》精神,领会构建中国特色和谐劳动关系的重大意义、指导思想、基本原则、目标任务和政策措施,切实把构建和谐劳动关系同企业的健康发展、职工的利益实现和社会的和谐稳定密切结合。

(二)完善工作格局,推进机制体制改革创新。构建和谐劳动关系是一项系统工程,必须坚持系统治理思想,充分发挥工商联管理、服务、引导非公经济的助手作用。配合各部门做好推动和加强与社会各方的协调配合,健全党委、政府负责、社会协同、企业和职工参与、法治保障的工作体制。积极参与协调劳动关系三方机制建设,与人社厅、工会和其他企业代表组织密切合作,建立畅通有序的职工表达合理诉求渠道,改进和完善劳动纠纷调处机制和劳动保障监察执法体制,有效预防和化解劳动关系矛盾,在反映企业诉求、推动劳动立法协商、开展劳动关系监测、参与纠纷调解仲裁、维护企业合法权益方面发挥积极作用。同时,注重引导、鼓励和支持社会各方面积极参与协调劳动关系,形成党政力量、群团力量、企业力量和社会力量合力构建的工作格局,实现政府治理和社会治理的良性互动。

(三)坚定非公有制经济人士理想信念,引导非公有制经济人士健康成长。要继续深入开展以守法诚信为重点的理想信念教育实践活动,进一步加强和改进非公有制经济人士思想政治工作,引导他们自觉践行社会主义核心价值观;引导非公有制经济人士学法尊法守法用法,依法治企、依法经营、依法维权,增强法治意识,防范法律风险,积极参与全面推进依法治国实践;引导非公有制经济人士增强企业依法用工意识,自觉关爱职工,保障职工合法权益;引导企业制度更加突出"以人为本",着力于提高企业的凝聚力、应变力和创新力。

(四)切实优化营商环境,促进企业持续健康发展。工商联作为非公经济组织和非公经济人士的"娘家",要充分发挥其职能优势,积极争取党委政府的大力支持,加强各级劳动关系机构队伍建设,保障构建和谐劳动关系工作的顺利开展;积极反映非公有制企业利益诉求,依法维护企业合法权益,努力营造平等保护的法治环境和公平竞争的市场环境;积极建言献策,密切关注非公有制企业特别是中小微企业在生产经营中遇到的困难和问题,推动各级政府落实减轻企业负担、扶持企业发展的政策措施。要充分利用各类新闻媒体,大力宣传构建和谐劳动关系的重大意义,宣传党和政府的方针政策和劳动保障法律法规,大力宣传非公有制企业关爱员工的感人事迹和先进经验,形成正确舆论导向和强大舆论声势,营造全社会共同关心、支持和参与构建和谐劳动关系的良好氛围。

(五)引导企业创新管理方式,建立新型劳资关系。引导企业主动转型升级,不断提升竞争力,增强可持续发展能力,为构建和谐劳动关系创造物质条件;引导非公有制企业和非公经济人士加强"以人为本"观念,转变管理方式,与职工建立新型的劳资关系,引导企业改善和加强与劳动者的关系,增加职工幸福指数,使劳动者基本需求得到满足,促进和谐劳动关系的形成和维持;引导企业在转型升级过程中加快建立现代企业制度,完善公司法人治理结构,依法推行集体协商和集体合同制度,不断健全企业民主管理制度,推进厂务公开,推行职工董事、职工监事制度;引导企业和职工树立利益共同体意识,培育合作共赢、共谋发展理念,推动形成企业关爱职工、职工奉献企业的良好局面。

执笔人:程跃红　李兆光

山西省工商联民营企业劳动关系报告

根据全联厅字〔2017〕67号文件通知要求，山西省工商联认真部署，组织全省11个市工商联和省直商会，分别采取与企业负责人和职工座谈、问卷调查、查看资料、征求人力资源和社会保障商以及工会等部门意见的形式，广泛收集信息材料，多方听取意见、建议，对山西省当前民营企业劳动关系进行了一次全面的调查和研究，现综述如下。

一、山西省民营企业劳动关系现状

通过调查，山西省民营企业劳动关系和谐稳定主要表现在以下几个方面：

（一）劳动合同签约率明显提高。山西壶化集团深入开展“劳动关系和谐企业”创建活动，抓住劳动合同、集体合同与职工代表大会等关键环节，全面执行劳动合同制度，劳动合同签订率达100%。严格执行国家劳动工资有关政策，为员工缴纳五大保险，建立集体协商和集体合同制度，实行厂务公开和民主管理，实现了企业与职工共谋发展、共创效益、共享成果，构建了和谐稳定、互利共赢的新型劳动关系，确保企业的和谐稳定发展。为此，2011年8月15日，在北京人民大会堂召开的全国构建和谐劳动关系先进表彰暨经验交流会上，该企业被国家人力资源和社会保障部、中华全国总工会、中国企业联合会、中国企业家协会、全国工商业联合会联合授予“全国模范劳动关系和谐企业”称号。长治市昂生集团主动进校园招聘人才，一经录取，试用合格后全部签订劳动合同、办理5项社会保险。山西振东集团推行全员签订劳动合同制，使该公司的人才流失率接近零。从1996年开始，山西沁新集团就依法签订劳动合同，从劳动报酬、工作时间、休假、保险福利、劳动保护、富余人员安置方面进行了详细规定。山西华晟荣煤矿有限公司为其1200多名职工交纳了工伤和医疗保险。

（二）重视工会组织，充分民主管理。工会对维护员工主人翁地位，提高职工素质，建立和谐的劳动关系，最大限度地调动和发挥广大职工的积极性和创造性具有重要意义。近年来,山西省民营企业越来越重视工会组织。山西振东集团每季度都要召开一次民主议事会议,由工会组织职工代表和群众参加,对公司的重大决策、经营事项、劳动保护以及涉及员工切身利益的决策进行审议表决。在日常生活中,其工会还要组织开展民主评议工作,充分发挥员工参与企业管理的作用。为此,该集团工会荣获“山西省厂务公开先进集团”的称号。山西沁新集团不断创新职代会工作机制,对群众关注的五大问题:一是关系企业生存和发展的重大事项;二是职工最关心、最敏感的问题;三是与职工切身利益相关,需要职工清楚、明白的事项;四是容易引发矛盾和滋生腐败现象问题;五是内容必须实事求是,数据必须真实准确企业始终能够把握公开原则、广开公开渠道。还把党风廉政建设和政务公开制度相结合,企业明确提出领导干部廉洁自律、完善企业内部管理的三十条规定,提出企务公开的十三项具体内容,广泛征求意见,全部提交职代会审议通过。沁新集团职代会被省工会评为“全省五星级”职代会,同时还被授予“全省模范劳动关系和谐企业”荣誉称号。

(三)重视人才培养,职工培训走向正规化。大多数企业在管理观念上都坚持“以人为本”,牢固树立以人为本的人才管理理念。一些大型民营企业建立了自己的职教中心,努力为广大员工搭建发展平台,增强了员工的认同感、归属感,形成了企业与员工共同发展、成长的和谐劳动关系,为推动企业发展提供了有力支持。山西坤杰房地产公司企业通过引进人才、内部培养人才、支持鼓励员工参加学习培训等方式培养专业人才,对保洁、保安等普通员工则通过提高工资待遇、人性化补贴农村医疗保险等方式提高员工对公司的归属感,免除员工后顾之忧。长治市昂生集团与山西机电职业学院订向培养高技能人才,共同选拔40名优秀学生组成“昂生医药集团班”,为集团培育高素质的医药连锁店高级人才。2017年4月6~12日,潞宝集团派出有关人员赴山东莱芜钢铁集团公司学习了先进管理方式和经营理念。

(四)关心员工身心健康,解决实际困难。相信职工、依靠职工,诚心诚意为职工办好事、办实事,解决实际困难,是构建民营企业和谐劳动关系的不二法门。2008年汶川大地震发生后,通信中断,在四川省的振东集团销售人员和总部失去联系,董事长李安平心急如焚,不顾余震危险,次日便亲赴震区,当他出现在那里的员工的面前时,整个团队的人员都被感动得流下了泪水。山西长雷工艺绣品有限公司的员工大多是女工,对此,公司每年都要定期为她们进行妇科检查,每天早上都要做健身操20分钟。2004年开始,该公司为全体员工包括退休职工缴纳了医疗保险和大病保险,对生活困难的职工给予更多的关爱。金威集团职工较多,便成立了一个帮扶基金,每年资助困难职工,特别注重解决青年职工的生活困难,例如,鞋帽部员工秦桃枝因车祸受伤,该集团董事长石树平带头捐款。这些润物细无声的关爱,使金威集团保持了强大的凝聚力和战斗力。华晟荣煤矿的工人月工资平均约4000元,在同行业和本地区都处于领先地位。该公司还为职工建造了高标准的宿舍和餐厅,配备了健身器材、篮球、羽毛球场地,而且每月都要举行一次联谊会。2017年表彰会上,潞宝集团拿出1500万元对劳模和员工予以重奖,另外,3位特别贡献奖员工各获得豪华别墅一套,4位突出贡献奖员工各获5万元奖金,而且全体“创业功臣”先后到新加坡、马来西亚、泰国三国观光旅游10日。沁新集团从2006年开始资助本企业员工和周边村民,进而覆盖全沁源县籍贫困大学生,实现了奉献爱心、回报社会的企业宗旨。

(五)有力地促进了企业周边村民就业和新农村建设。民营企业大多建立在城乡交界处,对企业周边村民就业和新农村建设具有非常重要的促进作用,已经不能单单用劳动关系的范围来界定,而是惠及了很多非劳动者。例如,山西常平集团提出了“一企带十村、建设新农村”的战略规划,各村配套了36个石料、石灰、机修、建材等企业,转移劳动力3650名,建起了560幢“七通一幢”小别墅,修建了卫生院、养老院、殡葬区等公共设施,建起了六规制完全中学和常平职业技术学院,为村民月月发放福利、使老人享受养老金待遇。潞宝集团不但解决了企业所在地常庄的劳动者就业问题,而且聘请清华大学对该村进行了新农村整体设计,建立起办公大楼、文化广场、体育广场、人工湖,整个村庄遍布花草树木,空气清新、道路宽阔、景色宜人。2007年3月,山西振兴集团总投资1.5亿元,对长治县原关家村、部则掌村实施迁村合并、整体新建,经过3年的不懈努力,新建起别墅式住宅136套、标准化村民新居95套,先后建成了寄宿制小学、卫生院、商业集贸市场、便民超市、文体活动中心等公共设施,初步实现了环境生态化、居住城市化、服务功能化、就业均等化的目标,被媒体称为“振兴模式”。山西长信集团出资600多万元改造了长北到古驿的公路,为解决周边群众出行难、带动周边地方经济的发展做出了重要贡献。

虽然我省民营企业劳动关系比以往有了很大的改善,但离国家法律法规的要求、职工的要求还有较大距离,还存在一些不和谐现象,主要表现在:

1. 劳动合同签订率低、内容不规范。从调查情况来看,一是民营企业劳动合同签订率和覆盖率不高,劳动合同签订率大致为35%,签订劳动合同的员工大部分为工作满一定年限的、一定岗位级别以上的或者有特别技能的。二是合同期限较短,续签率低。一些企业仅在职工进厂时签订了1年合同,而且没有到劳动部门备案,到期后又没有续签。三是劳动合同内容不规范,甚至存在非法条款和霸王条款,履约率低,约束乏力。

2. 社会保险覆盖面不宽,农民工参保问题突出。调查的企业,一是存在不按规定为职工办理参加社会保险手续,有意拖欠缴纳,少报、瞒报职工人数和工资总额的现象。二是农民工参保率低。调查中发现,民营企业的参保对象大多是企业的经营管理层人员,绝大多数农民工没有进入社会统筹的范围。三是存在将社保金随工资发给职工,由职工个人自行缴纳社会保险费用的违规现象。

3. 带薪休假不能保障,工作时间较长;安全无保障。当前民营企业职工工资有了大幅度增加,平均月工资约2800元,特别是采矿业、建筑业的职工工资更高,可达到4000元左右,即使是饭店服务员月薪2000元左右。但是,目前存在的问题是带薪休假不能保障,有的企业实行“二班对倒”,职工没有正常休息日,个别企业不允许职工请假,请假就扣工资。还有些企业环境不佳,安全设施不全,危害职工健康。

4. 员工流动性大,难以留住高端人才。民营企业本身对于人才的吸引力较弱,大家普遍担心到民营企业工作缺乏必要的保障。另外,受市场波动影响,多数企业经营变化频繁。雇员中农民工比重大,工作稳定性差,员工流动性大。同时,受地域和管理水平的影响,山西作为欠发达省份,难以吸引和留住高端人才。

5. 劳动争议案件不断发生。劳资关系主体双方是两个独立的利益群体,有各自明确的利益要求。当一方的要求不能得到对方的满足时,就会出现劳动争议,在市场经济条件下,这是不足为怪的。当前,长治县劳动争议案件和群体性事件时有发生,涉及工伤事故、工资、社保、劳动合同、劳动安全卫生、职工休息等各个方面。

6. 协调劳动关系机制不健全。由政府、工会和工商联组成的协调劳动关系三方机制虽然已经在一些省级、市级建立,但是很多市级、县级工商联没有加入。同时,机制本身的法律地位不够明确,组织建设滞后;协商质量不高,协调能力不强,协商机制缺乏实际内容,造成体制上不规范;劳动关系预警机制、激励机制、和谐创建的长效机制不健全,难以有效地开展工作,劳动关系三方的代表性和协调能力有待加强。

二、民营企业劳动关系不和谐的原因——以长治市民营企业为例

(一)劳资力量对比失衡,劳动者缺乏谈判力量。建立劳动关系的过程是劳资双方利益博弈的过程,双方凭借各自的地位和实力通过谈判的手段决定利益分配。在这一看似平等的过程中,面对单一的劳动者,企业居于强势地位,形成的是不平等的个别劳动关系。加之我国劳动力市场发育尚不完善,就业压力大,地方政府过于重视 GDP,忽视劳工待遇,这些都导致劳动者在与企业的谈判中处于劣势,常常被迫接受恶劣的工作条件和较低的工资。

(二)民营企业本身困难重重。我省民营企业成立迟、规模小,大多为以劳动密集型为主,本身利润极其有限,只有采煤、采矿等资源型企业日子较为好过。虽然政府鼓励和促进民营企业的意见条文出了不少,但民营企业的现实处境和生存环境依然不容乐观,被庞大的国有企业设置的"玻璃门""弹簧门""钢铁门"挡在获利丰厚的行业之外,承受着融资费用高、油价高、通信费高、流通费高、资料价格高、税费高等多重重压,只能剩下可怜巴巴的一点利润,只好把成本和损失转嫁到比他们更弱的劳动者身上,所以民营企业的劳资关系更体现为相对的弱资本与绝对的弱劳动之间的矛盾。

(三)工会作用弱化,集体谈判难以实行。在民营企业中,工会组建率较低,不少民营企业老总视工会为损害自身利益的代表,不愿组建工会和支持工会活动。即使组建了工会,也容易成为企业的附庸或者员工的福利机构,工会力量缺乏独立性,起不到代表和维护职工利益的作用。劳动者也缺乏对工会作用的正确认识,一方面,缺少维权意识;另一方面,由于流动性太强,很少被吸收到工会中来。一旦发生劳资冲突,很难通过工会集体出面与资方谈判,通常由劳动者采取个人行动或者自发的集体行动,非常容易演变为近年来频繁发生的劳资过激冲突。

(四)相关制度缺位,劳动者权益受损。在长期存在的城乡二元结构体系下,城镇居民和农民工之间有两套不同的保障系统,这无形之间使民营企业重视城镇居民,轻视农民工。再加上两套系统各自为政、条块分割,农民工也过多地关注工资的高低,而不看重社会保险。同时,国家设立的机关对民营企业管理的部门虽多,但具体责任不明确,还是主要靠劳动监察部门来执行,而劳动监察部门

人员配备少，监察力度、处理手段等方面还不能适应劳动争议矛盾上升、情况复杂的现状。司法机关独立性和执行力不强，不能有力地惩罚违反劳动制度的民营企业，不能快捷地维护劳动者的权益，从而导致违法成本太低，无形之中纵容了中小民营企业的违法行为。

（五）部分企业经营者法律意识淡薄。有的企业主认为企业是自己投资创办的，一切应由自己说了算，不愿意接受法律法规的约束；有的企业主成为"富人"后，不能正确对待财富，忽视社会责任和义务。同时，雇员文化程度、工作技能、敬业精神普遍不高。

三、对构建民营企业和谐劳动关系的建议和对策

本次调查仅限于我省的部分民营企业，但调查所反映的问题对于我省民营企业是具有典型性和代表性的。针对这些问题，建议工商联组织进一步增强紧迫性，充分发挥桥梁纽带作用，逐步调整和促进民营企业劳动关系走向动态和谐。

（一）加强宣传教育，增强员工的法律意识和自保意识。构建和谐劳动关系离不开企业员工自身的努力，作为员工，应该掌握劳动关系方面的法律法规，提高自身素质，提高保护自身的意识和能力。目前较多中小企业的经营者、资产所有者、劳动者对于《劳动法》《劳动合同法》《就业促进法》等相关法律法规及政策还掌握不够，很多条款的具体内容还不知晓、不熟悉。部分中小企业负责人和劳动者也还不甚懂得用法律武器来维护自己的权益。工商联要积极引导企业加强员工法律法规教育，并协调相关部门为非公企业员工进行社保、医保、工伤保险、劳动合同等相关问题召开政策咨询会，在会员企业中开展学习法律政策活动，并通过组织员工参加知识竞赛等多种方式促使员工提高政策法律意识，引导员工合法维权，自觉为构建和谐劳动关系做出努力。

（二）全员参与，营造和谐劳动关系的氛围。提高工商联组织化程度，引导企业遵守法律法规，承担社会责任。一方面引导企业遵守法律法规承担社会责任，树立先进的经营和管理理念，用优秀文化推进企业利益共同体建设。引导企业把职工看成是合作的伙伴，是最宝贵的财富。在生产经营中，把共建共享贯穿于发展新型劳动关系的全过程，树立凝聚企业发展目标的价值观，形成奋发向上的企业精神，为企业不断做大做强创造动力源泉。另一方面要求企业加强职工思想引导和心理疏导，以缓解其人际关系紧张和工作压力，推动企业管理和职工文化"无缝对

接”。引导广大职工充分认识企业健康发展是个人利益得到有效维护的基础,支持企业发展是广大职工义不容辞的义务,实现自身利益与企业发展“双赢”。

(三)找准定位,强化工商联在参与管理中的作用。按照“两个健康”的原则,找准工商联工作的定位,不错位、不缺位、不越位。做好“五大员”,即劳资信息的“预报员”、法律法规的“宣传员”、权利义务的“监督员”、劳资矛盾的“调解员”、关爱职工的“护理员”。一是切实履行做好思想政治工作职能,引导非公有制经济人士投身于和谐社会建设,大力宣传典型人物事迹,努力培养一支合格的中国特色社会主义建设者队伍。二是要加强对企业管理层的培训,及时更新他们的管理理念,培育以人为本、和谐共赢的先进理念。三是要引导企业领导层强化责任意识。企业作为社会公民,首要任务是发展好企业自己,用良好的经营业绩吸纳更多的就业,提供给员工更高的薪酬待遇,给予员工良好的职业生涯通道。只有企业发展进入良性循环,企业职工的民生问题才能得到改善。

(四)积极探索促进职工工资正常增长的新途径。获得合理的工资报酬是劳动者最为关注的合法权益。分配关系的合理与否直接影响着劳动关系的和谐稳定。工资集体协商要在“量”上提要求、“质”上抓考核、“点”上求突破、“效”上下功夫。一要形成协商机制。要推广人人参与工资集体协商的经验和做法,推动企业建立健全工资分配决定机制、正常增长机制和支付保障机制,提高企业职工尤其是一线职工工资水平,让职工分享企业发展成果,助推收入倍增计划的实施。二要突出协商重点。在总结推广集体协商提示函制度、要约协商的基础上,重点就工资增量分配、利润分享、劳动定额、计件单价等开展集体协商。三要加强合同管理。实施集体合同审查行为规范达标活动,规范审查管理,简化审查流程,因企业制宜把好审查履约关,确保工资集体合同的法律效力。

(五)加强领导,努力创建良好的劳动环境。各级党委政府要进一步提高认识,营造良好发展环境,切实加强对企业和谐劳动关系构建工作的领导,加强宏观控制和协调,研究解决突出问题,建立长效机制;要全面开展劳动关系和谐企业创建活动,定期评选模范劳动关系和谐企业,发挥其先进示范和带动作用,推进构建工作的深化与发展,不断开创我省和谐劳动关系构建工作的新局面。

编写组:李剑英　郑银河　李　兵　马　乾　王　江

执笔人:马　乾

内蒙古自治区工商联民营企业劳动关系报告

内蒙古作为边疆少数民族地区，在新的历史条件下，努力构建中国特色和谐劳动关系，是加强和创新社会管理、保障和改善民生的重要内容，做好劳动关系协调工作，对民族团结、边疆和谐稳定意义重大。劳动关系和谐有助于实现更加稳定、更高质量的就业；劳动关系和谐能更有效地维护劳动者社会保险权益，保障公民共享改革发展成果；劳动关系和谐使企业更具吸引力，有助于培养和凝聚更多高技能人才实现创新创业梦想；劳动关系和谐更有助于劳资双方通过协商实现企业发展与职工体面劳动的互利共赢，也更有利于整个社会的和谐稳定。为此，内蒙古工商联坚持把构建和谐劳动关系工作摆在突出位置，改革创新，推动劳动关系工作体制机制逐步完善，确保劳动关系总体和谐稳定，为建设和谐内蒙古发挥了重要的基础性作用。

一、劳动关系工作面临的形势

2017 年，全区经济运行情况总体呈现稳定向好的态势，劳动关系总体稳定。就业形势平稳，城镇登记失业率为 3.65%，低于控制目标 0.35 个百分点；各项社会保险制度运行较好，待遇有所提高；钢铁行业化解过剩产能企业安置职工有序开展，进展顺利；安全生产事故在控制指标以内；案件数继续保持高位运行，但呈缓慢减少趋势，特别是治欠保支类和群体性案件呈明显下降趋势。2017 年，全区各级调解仲裁机构共处理争议 11,668 件，同比减少 8.76%，调解成功率上升，特别是非仲裁组织调解案件逐渐增多（按争议类型分析案件结构未呈现明显变化，劳动报酬、社保、确认解除终止劳动关系争议分别占立案总数的 48.26%、19.73%、27.7%）。全区劳动监察处理各类案件 1197 件，同比下降 48%，其中治欠保支案件 1109 件，同比下降 49%，发生群体类事件案 22 件，同比下降 400%。

二、主要做法

(一)自治区党委、政府高度重视,建立健全构建和谐劳动关系工作体制

健全工作体制是构建中国特色劳动关系的组织保障。内蒙古自治区党委、政府通过明确责任主体,强化责任意识,进一步完善了工作体制。

强化党委领导。自治区党委、人民政府为落实中央10号文件,制定出台了内蒙古自治区《关于构建和谐劳动关系的实施意见》(内党发〔2015〕22号),要求各级党委政府把构建和谐劳动关系作为一项紧迫任务,统筹组织实施,确保各项工作措施落实到位。建立了自治区党委、政府发展和谐劳动关系联席会议制度,作为联系党政力量、履行政策决策和责任落实的职能平台。明确了党委组织部、宣传部、统战部、政法委四个部门在党建、考核、宣传、评先评优、法制保障等方面的具体任务,也明确了人大、政协在监督和实施方面的具体责任。目前14个盟市党委和政府(行署)全部出台了贯彻细则和实施方案。2017年年初按照自治区总体安排,党委组织部会同人社厅、工会、工商联分别在苏州、成都举办了和谐劳动关系综合试验区旗县(区、市)长培训班,为全面开展综合试验区建设奠定了组织基础。

明确政府责任。《关于构建和谐劳动关系的实施意见》以法治保障、社会诚信和三方机制建设为重点,明确了各级政府在营造企业发展法治环境、优化企业发展市场环境、建立健全社会诚信体系和健全协调劳动关系机制四个方面的工作任务,并随文印发《构建和谐劳动关系重要政策分工方案》,共涉及43个政府职能部门,各牵头单位已全部制定了分工责任落实方案。为加快推动农牧民工工资拖欠这一影响劳动关系和谐的痼疾的治理,自治区人民政府办公厅2016年印发了《关于全面治理拖欠农牧民工工资问题的实施意见》,明确到2020年年底基本实现无拖欠目标。全面建立自治区、盟市、旗县三级协调劳动关系三方委员会,由同级政府领导担任委员会主任,组建率达100%。同时,明确三方委员会承担构建劳动关系工作政绩考核及和谐劳动关系单位评价认定工作,进一步落实三方委员会职能,使其切实发挥政府、企业、劳动者协商平台作用,共同研究解决劳动关系重大问题。

完善政绩考核体系,推动工作全面落实。2013年以来,内蒙古自治区党委、

政府将构建和谐劳动关系工作纳入盟市党委政府政绩考核体系。《关于构建和谐劳动关系的实施意见》印发后，自治区党委根据文件提出的政策要求，进一步明确了新时期劳动关系工作的目标、责任和要求，并继续责成考核工作由自治区三方委员会组织实施。围绕落实政绩考核工作，自治区人社厅、总工会、工商联、发改委根据《关于构建和谐劳动关系的实施意见》任务分工，列出党政系统任务清单，并制定了盟市党政领导班子构建和谐劳动关系的工作任务指标及考核评价办法，采取量化和百分制评价办法，重点细化了17项考评指标，并对评价考核结果进行一对一通报。全面提升了党政领导对劳动关系工作的重视程度，凝聚社会各方的工作格局初步形成，有力地推动了劳动关系各项工作任务的落实。

（二）工商联主动作为，为构建和谐劳动关系工作发挥积极主导作用

主动靠前服务，政策法律法规及时传达。坚持“主动服务、靠前服务、延伸服务”的原则，面向基层，服务企业。采用多种形式开展劳动保障法律法规宣传活动，提高用人单位及劳动者规范用工和依法维权意识“零距离”服务。利用企业用工招聘咨询活动，设立政策咨询台，设置举报投诉台，现场接受咨询、投诉。发放劳动保障宣传资料，宣传劳动保障法律法规，增强劳动者的法律意识。在非公企业中广泛开展普法教育，引导企业规范和完善用工制度，推动企业工资集体协商，促进了企业与员工的和谐共赢。

围绕重点开展法律进企业、进商会、进机关活动。为民营企业和职工提供零距离的法律咨询和服务。我们以《劳动法》《工会法》《劳动合同法》为重点，积极开展劳动保障法律法规宣传，提高企业经营者依法经营和依法管理能力、职工遵纪守法意识和依法维权能力。每到一处，相关企业负责人分别介绍了自身业务发展情况，重点就经营管理过程中涉及的劳动纠纷、产品质量纠纷以及企业合并分立等法律问题向法律服务人员进行咨询。对于企业方面提出的问题，法律服务工作者均给予专业、细致的法律意见，与此同时，还主动结合企业实际，细心指导企业该如何运用法律手段维护自身权益，并对企业发展过程中可能遇到的知识产权保护等几类问题进行风险提示，帮助企业有效防范与化解法律风险，因此深受民营企业家的欢迎。通过一系列的普法活动，为构建和谐劳动关系奠定了良好的基础。2017年，全区各级工商联法律服务者成功调解劳动纠纷226起，组织非公企业参加庭审18次，促进了劳动关系的稳定。

突出工作重点,深入推进工资集体协商。我们严格规范协商程序,确保工资集体协商的规范运作。职工大会、行政会议均按照规范程序进行代表选举,并安排专人对会议内容认真做了笔录。积极推动工资集体协商机制。针对内蒙古地区地广人稀、传统劳动密集型企业多、外来务工人员多、企业职工流动频繁等特点,着眼于更好地解决劳动关系中一些深层次矛盾,自治区工商联积极发动会员企业开展工资集体协商活动。通过推行工资集体协商制度,进一步明确了企业工资支付形式、时间、发放标准等,有效解决了企业拖欠、克扣职工工资问题,确保了职工工资按时足额发放,减少了劳资纠纷等矛盾的发生,促进了劳动关系的和谐。

开展和谐劳动关系企业创建活动。2017 年上半年,自治区工商联与人力资源和社会保障厅、总工会在全区非公企业中开展了“和谐劳动关系企业创建活动”,详细制定了和谐劳动关系企业创建的目标规划、评价标准和运行机制,同时在全区非公经济组织中开展了“和谐劳动关系企业”申报活动。全区众多民营企业积极响应,踊跃申报,为全面推动我区构建和谐劳动关系起到了一定带动效应。通过创建和谐劳动关系企业,充分调动了劳动关系双方的积极性、主动性和创造性,推动企业与职工协商共事、效益共创和利益共享,初步形成了职工得实惠、企业得效益、经济得发展、社会得和谐的良好局面。截至 2017 年 12 月底,我区共有非公有制会员企业 3080 家申报和谐劳动关系创建活动,其中认定和谐劳动关系单位 1221 家。入会企业认定和谐劳动关系单位比例达 9.8%,建立民主管理制度的非公有制企业覆盖面达 85% 以上。

三、存在的困难及问题

目前劳动关系工作既面临着良好的发展机遇,又存在许多不利因素。一方面,党中央、国务院、自治区党委、政府将发展和谐劳动关系作为改善民生的重要内容,并给予高度重视。我国劳动保障法制建设不断加强,先后颁布实施了《劳动法》《劳动合同法》《就业促进法》《劳动争议调解仲裁法》等法律,对规范企业用工行为,保护劳动者合法权益,构建和谐劳动关系将起到巨大的促进作用。另一方面,当前国际金融危机尚未结束,企业生产经营依然困难重重,部分企业停产倒闭,劳动关系不稳定因素增多,劳动争议案件大幅上升,劳动关系协调工作面临巨大的困难和挑战。

构建和谐劳动关系专项经费不足，工作人员有限，自治区工商联没有设立法律部，工作机构设在经济部；盟市工商联劳动关系工作有的设在经济部，也有的设在会员部和办公室；旗县工商联没有专门的科室和人员，人员培训、工作经费保障、机构标准化建设等需要进一步加强。

四、对策建议

进一步贯彻落实十九大会议精神，围绕构建发展和谐稳定的劳动关系为目标，以创建和谐劳动关系企业和工业园区为载体，大力推进劳动合同和集体合同制度的实施，提高劳动合同签订率和集体合同覆盖面；建立健全协调劳动关系工作体系，夯实劳动关系协调工作基础，切实维护劳动关系的和谐稳定。

全面实施劳动用工网上备案制度。利用人社厅自主研发的劳动用工网上备案软件，作为"金保工程"子系统，与就业登记、社会保险征缴、劳动保障监察等使用同一平台实现相关业务联动。劳动用工基础数据库的建立，为调整产业结构、产业政策、人才工程提供了决策依据；也为掌握就业与失业发展趋势，为就业再就业决策提供了有效的基础数据。

依托劳动用工备案数据库和"互联网 + "，努力打造数字仲裁和劳动保障监察"两网化"。在全区范围内推广仲裁办案系统、仲裁员管理系统，全区 60% 以上的旗县使用仲裁办案系统。劳动保障监察"两网化"建设，已实现全区 14 个盟市全覆盖，全区划分劳动保障监察网格 1141 个，有专职监察员 1727 人，协管员 1570 人，覆盖城乡的劳动保障监察监控网基本形成。以劳动用工备案数据库为基础，初步建立了薪酬报告制度。通过将人社部企业薪酬调查纳入备案内容，建立起比较完整的企业信息报告制度，为公布人力资源市场工资指导价位和大学生初次就业工资指导价位，发布企业工资指导线和 13 个行业工资指导线，提供了有效的数据支持。

积极推动协调劳动关系进社区工作。自治区制定出台了《基层社会平台劳动关系协调员管理办法》，通过政府购买公共服务等方式，吸纳社会力量参与劳动关系协调工作，每年从高校毕业生民生志愿者和高校毕业生人才储备等基层项目中选派部分高校毕业生为苏木乡镇（街道）、社区及中小企业工作岗位提供劳动关系协调员，从事劳动关系协调、劳动保障监察、劳动争议仲裁和司法调解工作。全区 2320 个社区平台，配备了劳动关系协调员 5367 人。同时，积极推进仲裁机构实体化和基层调解组织建设,80%以上的大中型企业和乡镇街道建立了基层调解组织,实现劳动关系协调工作前移和重心下移。

完善激励约束挂钩机制,激发创建动力。按照国家和自治区有关规定定期表彰创建活动先进单位和个人,并把对企业和经营者评先评优、非公经济代表人士综合评价与和谐劳动关系创建结合起来。凡列入自治区党委确认的企业表彰项目,均作为和谐劳动关系单位评价结果的基础条件,申报国家、自治区"五一劳动奖状和奖章"、劳动模范等其他荣誉时,均在认定的和谐劳动关系单位(工业园区)范围内推荐;非公经济代表综合评价A、B类必须分别达到模范及和谐劳动关系单位。2016年,在内蒙古"百佳诚信企业"评选活动中,由于未被认定为和谐劳动关系单位,9家企业被取消了评选资格。

建立健全社会诚信体系,强化企业自律。《社会法人劳动保障信用失信惩戒办法》把劳动保障信用体系作为全社会公共信用体系整体建设的重要组成部分同步推进。其中规定社会法人劳动保障信用失信行为分为一般失信行为、较重失信行为、严重失信行为。在此基础上,整合系统内的信用信息实行统一报告,并列入自治区"信用内蒙古"征信信用库,同时报送"信用中国"征信信用库,建立了全区失信惩戒联动机制,推动形成了社会性约束和惩戒监督机制。近年又与自治区发改委和工商局密切配合,将诚信建设工作纳入盟市领导班子考核内容。同时全面建立诚信联合激励和联合惩戒机制,目前和谐劳动关系单位名单和社会法人劳动保障失信名单分别纳入自治区诚信"红黑名单"诚信档案,向全社会公开。"红名单"将实施联合激励政策,在评优、政府资金扶持、招投标中享受不同激励待遇;"黑名单"不仅在自治区征信平台曝光,还同步报送国家征信平台,实现了"一处失信,处处受限"的惩戒效果。

编写组:孙　清　熊玲玲　薛保国

执笔人:薛保国

辽宁省工商联民营企业劳动关系报告

和谐劳动关系是构建和谐社会的重要内容,是推动经济发展的基础和保障。党的十九大报告指出,必须坚持和完善我国社会主义基本经济制度和分配制度,毫不动摇鼓励、支持、引导非公有制经济发展。近几年来,民营企业灵活、高效的用工机制,极大地调动了劳动者的积极性,促进了经济社会的和谐发展。根据辽宁省工商局统计数据显示,2017 年辽宁省新增各类市场主体 62. 9 万户,其中新增企业近 16 万户,同比增长 27. 8% ,平均每天有 436 户新企业诞生。通过对辽宁省个体工商户、私营企业新登记注册从业人员的统计,实名制就业人数已超过 10 万人。民营企业已成为解决就业的主渠道,其劳动关系状况对整个社会和谐具有重大影响。

一、辽宁省民营企业劳动关系基本情况及形势研判

2017 年 10 月 12 日,辽宁省工商局官网发布消息称,2017 年前 9 个月,全省新登记各类市场主体 469, 672 户,比上年同期增长 36. 2% ,注册资金比上年同期增长 195. 1% 。其中,新登记企业 118, 913 户,比上年同期增长 34. 3% 。截至 2017 年 9 月末,全省实有各类市场主体近 306 万户,实有企业近 7. 8 万户。在新登记企业中,私营企业比上年同期增长 3 成多,注册资本(金)比上年同期增长两倍多。全省累计新登记个体工商户 34 万多户,比上年同期增长 3 成多。新登记农民专业合作社 7001 户,比上年同期增长 15. 8% 。

2017 年,辽宁省民营企业劳动关系现状总体和谐稳定,劳动关系协调体系基本形成,调控手段有效发挥,社会氛围越发浓厚,劳动用工日渐规范,劳动者合法权益得到较好维护的良好发展态势。在肯定成绩的同时,也不可否认在一些企业,尤其是小微企业和个体工商户中,依然存在“普通职工收入偏低、增长慢”“社会保障不平衡”“劳动时间和强度超限”“诉求表达不畅”“人文关怀缺失”“劳务工待遇不公”“劳动争议调处不当”等不容忽视的问题。

在新的历史发展时期,各级工商联将深入贯彻落实习近平新时代中国特色社会主义思想,积极推进三方机制建设,依法保障劳动者和企业家的合法权益,共同解决企业劳动关系发展中的新问题、新困难,通过企业劳动关系和谐促进社会整体和谐,为实现社会稳定和长治久安发挥工商联的重要作用。

二、工商联所做的主要工作

和谐劳动关系建设工作是一项系统工程,涉及方方面面。我们通过加强组织领导,建立沟通协作机制,充分将党政、群团、企业、社会各方力量紧密结合并统一起来,初步形成"党委领导、政府负责、三方协同推动、企业及职工协商共建"的工作格局。

(一)认真贯彻落实中发〔2015〕10 号和辽委发〔2016〕22 号文件精神。2015 年中共中央、国务院印发《关于构建和谐劳动关系的意见》(中发〔2015〕10 号)、2016 年中共辽宁省委、辽宁省人民政府印发《关于构建和谐劳动关系的实施意见》(辽委发〔2016〕22 号),这两个文件系统阐述了构建中国特色和谐劳动关系的重大意义、指导思想、基本原则、目标任务和政策措施,是指导新时期构建和谐劳动关系的纲领性文件。工商联作为党领导的以非公有制企业和非公有制经济人士为主体的人民团体和商会组织,作为协调劳动关系三方会议成员单位,学习好、贯彻好、落实好文件精神,对于推动非公有制企业构建和谐劳动关系,更好地促进非公有制经济健康发展和非公有制经济人士健康成长具有十分重要的意义和作用。在学习、贯彻、落实中发〔2015〕10 号文件和辽委发〔2016〕22 号文件中,我们组织工商联机关、商协会和企业相关人员对文件内容进行逐条逐字学习研读,切实做到知其文、晓其规、解其理、懂其义,为进一步深入贯彻落实文件精神奠定较好的理论基础。

(二)积极参与劳动关系三方机制。"企业兴则经济兴,职工稳则社会稳",企业和职工作为劳动关系主体,双方的权益都得到切实维护和保障,才能促进经济健康发展与社会和谐稳定。工商联作为党和政府联系非公有制经济人士的桥梁纽带,作为政府管理和服务非公有制经济的助手,作为主要的企业代表组织,是协同构建和谐劳动关系的重要主体。在参与和谐劳动关系建设中,我们将劳动关系工作摆在重要议事日程,通过积极推动完善本级协调劳动关系三方机制,加强与人社部门、工会和其他成员组织密切合作,共同研究解决劳动关系领域的重大问题，在反映企业合理诉求、推动劳动立法协商、开展劳动关系监测、参与纠纷调解仲裁、维护企业合法权益等方面发挥积极作用，促进中国特色和谐劳动关系发展。

（三）强化非公有制企业和非公有制人士主体责任。在构建和谐劳动关系中，省工商联深入开展以“守法诚信、增强发展信心”为重点的非公人士理念信念教育实践和“法律三进”活动，始终坚持团结、服务、引导、教育的方针，进一步加强和改进非公人士的思想政治工作，引导他们自觉践行社会主义核心价值观，牢固树立爱国、敬业、诚信、守法、奉献精神，切实承担报效国家、服务社会、造福职工的社会责任，做合格的中国特色社会主义事业建设者。探索运用“互联网＋工商联法治宣传教育”的新形式，引导非公人士学法尊法守法用法，依法治企、依法经营、依法维权，增强法治意识，防范法律风险，积极参与全面推进依法治国实践。引导非公人士树立“人力资源是第一资源”的理念，增强企业依法用工意识，自觉关爱职工，保障职工合法权益，促进企业与职工协商共事、机制共建、效益共创、利益共享。

（四）注重源头治理，预防化解矛盾纠纷。坚持预防为主、基层为主、调解为主的工作方针，引导非公有制企业建立内部劳动争议协商调解机制，引导商会依法建立行业性、区域性劳动争议调解组织，充分发挥协商、调解在处理劳动争议中的基础性作用。认真履行劳动关系协调职能，积极开展非公有制企业劳动关系状况监测试点、非公有制企业和商会协会劳动争议预防调解示范等工作，加强非公有制企业劳动关系形势分析研判，建立非公有制企业劳动争议调解组织，组建劳动争议调解员和候选仲裁员队伍，实现商会调解与劳动仲裁的对接。并将企业构建和谐劳动关系工作情况，作为工商联政治界别推选考察企业家政协委员、人大代表的量化指标，进一步增强企业特别是非公企业在构建和谐劳动关系工作上的自觉性。

三、面临的困难及问题

企业劳动关系存在的问题，概括起来主要表现如下：

（一）用工不规范、不依法签订劳动合同、不缴纳社会保险的现象仍然存在。部分民营企业，用工不够规范，合同签订平均率和社会保险缴纳率偏低，特别是一些建筑、小型餐饮业等行业，签订劳动合同率较低。对于社会保险缴纳，许多企业认为他们多以聘用农村劳动力为主,这部分人在农村已经参加了新农保、新农合等社会保险,不应该享受双重社保,企业可以不再为其缴纳社会保险费用。另外,这部分行业的务工人员流动性较大,怕受劳动合同约束,并且主观认为参加保险还需要自己缴纳费用,怕今后拿不到,不想参加社会保险。

(二)因各种原因拖欠工资的"顽疾"难以根治。特别是在建筑领域,由于工程层层转包,施工单位对班组管理、监督不到位,工程垫资开工,工程款拨付不及时,少数企业不缴纳务工人员工资保证金等原因,拖欠农民工工资的"顽疾"难以根治。还有个别民营企业,契约意识较差,用工比较随意,考勤制度、工资制度混乱,管理人员对相关劳动法律、法规了解较少。一旦这样的企业承受市场经营风险的能力不强,出现经营状况不佳的现象,就很容易发生拖欠、克扣工人工资等违法行为,为社会增加不稳定因素。

(三)企业文化欠缺,职工没有归属感,发生矛盾纠纷容易走向对抗性。主要是处于初创阶段的企业,企业主只注重眼前经济利益,对职工关爱关心不够,没有建立以职工为本的企业文化制度。企业办厂赚钱,员工打工谋生活,员工无法融入企业中,成为企业的一部分参与企业发展,因此,员工没有归属感。产生矛盾纠纷时,缺少相应的理解、沟通,缺乏相互的协调协商。在这种情况下,员工容易采取对抗性方式,诸如停工、阻工、上访、上诉等形式维权,对企业生产造成影响,也加大了劳动争议调解仲裁的工作量,处理不好易转化为群体性上访事件。

四、影响劳动关系和谐的主要因素

面对辽宁经济下行压力过大的客观实际,直接或间接地引发了我省多数民营企业经营状况不佳、劳动关系难稳定等问题。针对这一状况,我们既要用客观的态度对待,应看到这一状况的产生具有普遍性、必然性,同时,我们也要用发展的观念看待,应看到随着市场经济体制的逐步完善和社会主义法制的不断健全,民营企业必将日益成熟,大量问题也将在发展中逐步化解。

(一)劳动合同和集体合同存在不同程度的重形式、轻内容,重合同、轻协商等问题。这些问题主要集中体现在小企业、新建企业、乡镇企业、劳动密集型企业和欠发达地区的企业。这样的企业劳动合同签订率较低,签订集体劳动合同的较少,许多合同不规范,不少是流于形式,合同期限较短,合同执行情况不太好。还有个别企业的工会组织不健全或作用发挥不好,导致集体合同协商难度大。还有的企业虽然签订了集体合同,但集体合同的实质性内容却停留在纸面上。

(二)基层调解组织作用发挥不明显。由于基层调解组织缺乏经费保障,调解员身兼数职,相应报酬较低,导致调解员队伍稳定性差,能力培训无法有效展开,基层协调组织建设功能有所弱化。同时,社会对基层调解组织的认知度不高,而且基层调解组织无法出具具有法律效力的调解文书,因此,被调解者宁可花费时间和精力到行政部门和法律机关进行复议和诉讼,也不主动到基层调解组织申请调解,这导致基层调解组织"第一道防线"作用发挥不明显。

(三)企业内部协商机制发挥作用不大。在市场经济环境下,企业经营自主权不断扩大,但一些企业工会建立不完善,或者是企业工会行政化倾向严重,实际作用发挥不够,就可能会发生工资集体协商开展难度大。企业经营者只能保证职工报酬不低于最低工资标准,且工资增长指导线执行能力弱,工资增长与企业经济效益增长不成正比,中小微企业工资增长机制难以保证。

(四)新型产业企业劳动关系存在差异。以互联网为依托的电子商务等新型业态、新型经营模式快速发展,其中一些企业既有直接用工又有劳务派遣用工,既有全日制用工又有非全日制用工,既有长期用工又有临时用工,不同用工方式的劳动者在企业的实际地位及其利益诉求存在较大差别,对劳动关系治理提出了新的挑战。

(五)个别经营者法律意识淡薄,一味追求利润最大化。在履行《劳动法》《劳动合同法》的过程中,一些个体私营业主会错误地认为,不与职工签订劳动合同就可以不受《劳动法》《劳动合同法》的约束,不受劳动合同的制约,不必为职工缴纳社会保险,既能随意用工,又降低了用工成本。一旦发生争议纠纷,如处理不及时,将影响社会安全和稳定。还有个别企业不执行最低工资标准,工资由企业单方决定,管理者与普通员工的收入差距过大,尚未形成普通员工工资正常合理增长机制。

(六)劳动者综合素质还需要进一步提高。虽然近年来我国劳动者队伍的综合素质有较大提高,但总体来看,智能素质仍普遍偏低,结构也不尽合理。尤其是随着社会经济的快速发展及城市开放水平不断地提高,年龄较轻、知识水平较低、法律意识不强的进城务工人员、外地务工人员也日益增多,对企业构建和谐劳动关系产生直接影响。

五、对工商联劳动关系工作的对策建议

解决企业劳动关系问题,要兼顾劳动者合法权益保护和不断扩大劳动就业两个方面的客观要求,综合运用经济、法律、行政和舆论手段,采取实事求是、分门别类、循序渐进、宽严相济的办法解决,绝不能轻视与迁就,也不可过急与超前。

(一)推进三方机制建设。依据中央和省委、省政府文件精神,加强劳动关系体制、机制、制度和能力建设,推进全省加快健全和完善"党委领导、政府负责、社会协同、企业和职工参与、法治保障"的工作体制,对涉及劳动关系方面的重大政策、重大问题进行经常性的沟通和协商,协调各方面的利益关系。将构建和谐劳动关系纳入当地经济社会发展和政府目标责任考核体系,加快形成源头治理、动态管理、应急处置相结合的工作机制,协调解决地区、行业共同性劳动争议问题。

(二)增强劳资双方法律意识。通过发放资料、制作专题、开展讲座等宣传方式,深入系统地宣传《劳动法》《劳动合同法》《劳动争议调解仲裁法》《社会保障法》等法律法规,进一步增强劳资双方的法律意识。一方面,要深入企业,督促用人企业依法用工,重视职工权益,按制度管理等。另一方面,要建好劳动维护网络,开通维权电话,为劳动者和用人企业维权提供平台。

(三)加大协商调解工作力度。加强对新时代条件下,构建和谐劳动关系工作的研究和探索,与法院建立联动机制,提高调解文书效力和调解工作质量。引入诚信建设体系,加大监察巡查力度,对存在问题、一经查实的企业,加入"黑名单"。协调编制、财政部门,设立专门人员参与基层调解。依法开展劳动纠纷预防工作,提升依法治理、源头治理和系统治理水平,健全劳动纠纷预测预防和突发事件应急处置联动机制。

(四)加强劳动合同和劳动标准化制度建设。要根据不同企业类型特点分类、有序地推行劳动合同制度。对于有一定规模的企业和工作比较稳定的员工,重在大力推行集体合同制、扩大劳动合同签订率、规范合同内容、严格监督合同执行。对于小企业特别是只有十几人的微型企业及个体户,对于季节性、临时性雇工,可按地区、行业的不同,分类推行比较灵活、简明的合同制度,既提供规范依据,又方便双方履行,有利于提高合同签订率和监督合同执行。在维护企业和职工权益的基础上,采取差别化的劳动关系协调方式,强化小微企业用工管理。

在贯彻落实最低工资标准的基础上,强化企业社会责任教育,并健全建强工会组织,加强工资集体协商力度,维护职工合法权益。

（五）倡导企业建立良好的企业文化。引导企业在追求经济效益的前提下注重文化建设,提升劳资双方的融合度、和谐度,增强员工对企业的认同感和归属感,形成企业关心员工、员工热爱企业的良性文化氛围,帮助企业和员工构建和谐的劳动关系,为经济社会的健康发展做出应有的贡献。

（六）发挥企业内部协商调解机制作用。企业内部的自我协调机制在稳定劳资关系、缓解劳资纠纷上发挥着非常重要的作用,而协调机制的建立依赖于企业调解委员会、工会作用的发挥。要完善以平等协商和集体合同为核心的企业劳动关系自我调解机制,在民营企业中建立健全企业调解委员会、工会组织,加强工会与企业的经常性协商工作,发挥工会在集体谈判和问题处理中的作用。劳动关系双方要有固定的协商代表,建立劳资双方协商制度（包括协商的原则、时间、内容、程序等）,凡是涉及职工合法权益的事项,都要通过集体协商的办法来解决。

（七）强化预警防范措施。通过调研考察等方法,深入企业了解用工信息,重点就"劳动合同、用工管理"等工作,开展问卷调查、问题投诉、维权访谈等活动,帮助企业发现劳动关系的隐患,解决用工管理上的矛盾和纠纷,将可能发生的劳资纠纷案件扼杀在萌芽状态。

（八）深入推进和谐劳动关系单位创建活动。建立健全创建工作目标责任制,扩大创建活动在广大企业特别是非公有制企业和中小企业的覆盖面,推动区域性创建活动由工业园区向企业比较集中的乡镇（街道）、村（社区）拓展,努力形成全方面、多层次的创建局面。

编写组:赵延庆　杨翠杰　袁有训　刘　琳　孙岚洁　徐　冉
刘　彤　符长春　信桂云　李　崇　赵　越

执笔人:袁金广

吉林省工商联民营企业劳动关系报告

近年来，民营企业迅速崛起，民营经济已经成为吉林经济社会发展的重要力量。但是，无论是与发达省份和地区相比，还是按区域自身的发展需要，以及各方面因素的影响，在构建和谐劳动关系上仍面临一些困难和问题。按照全国工商联的要求，吉林省工商联紧紧围绕“两个健康”，积极引导民营企业构建和谐劳动关系，现将总体情况报告如下。

一、基本情况

在中央和我省关于民营经济发展的一系列政策措施的推动下，我省民营经济发展潜力不断释放，呈现出经济总量持续提高、市场主体规模不断扩大、产业结构逐步优化、社会贡献明显增强、和谐劳动关系稳步提升的良好态势，发展基础更加牢固，在全省经济发展中的地位和作用日益凸显。

1. 民营经济总量已占全省经济的“半壁江山”。近年来，全省民营经济保持持续增长态势，带动作用不断增强。2016 年，全省民营经济实现增加值 7651.5 亿元，占 GDP 比重达 51.4%，已成为吉林经济名副其实的“半壁江山”。

2. 民营经济市场主体数量保持快速增长。在国家和省“大众创业，万众创新”的政策鼓励下，全省各类民营经济市场主体数量保持快速增长。2016 年，民营企业户数达到 25.9 万户，同比增长 10.1%；个体工商户数达到 147.2 万户，同比增长 8.0%。从总体上看，全省各类民营经济市场主体数量持续增长，已成为全省经济发展的重要力量。

3. 民间投资是社会投资的主力军。我省加大招商引资力度，在吸引民间资本方面采取一系列新措施，吸引更多民资来吉林投资兴业。2016 年，全省民间投资完成 1.02 万亿元，同比增长 12%，占全省固定资产投资（不含农户）比重达 74.1%。

4. 民营经济成为吸纳就业的重要力量。2016 年，全省民营企业和个体工商户从业人员达到756.3万人,同比增长3.8%,占全省第二、第三产业从业人员的比重为82.7%。民营经济不仅有效缓解了城镇新增劳动力、失业人员和下岗职工就业压力,而且还吸纳了大量农村富余劳动力,成为吸纳就业的主渠道之一。

5.和谐劳动关系稳步提升。各级工商联围绕“两个健康”,认真履职尽责,积极开展劳动法律法规和规章的宣传,引导民营企业落实国家和地方确定的各项劳动保障法律法规和规章;有力推动劳动关系协调机制、收入分配制度、劳动合同制度、集体合同制度等建设。省内民营企业劳动关系总体和谐稳定。民营企业职工队伍基本稳定、劳动关系有关规章制度比较规范、职工合法权益得到有效保障。

二、主要做法

2017年,吉林省工商联在全国工商联的有力指导下,认真贯彻落实《中共吉林省委、吉林省人民政府关于构建和谐劳动关系的实施意见》的有关精神,履职尽责,充分发挥职能作用,积极引导非公有制企业自觉履行企业责任和社会责任,努力促进非公有制经济健康发展和非公有制经济人士健康成长,为构建和谐劳动关系做出应有贡献。

(一)发挥自身优势,构建和谐劳动关系

1.加强非公有制经济人士思想政治工作。紧紧围绕“两个健康”工作主题,着力加强和改进非公有制经济人士思想政治工作,引导非公有制经济人士自觉践行社会主义核心价值观,学法、尊法、守法、用法。一是精心组织。深入学习贯彻习近平总书记系列重要讲话精神和十九大会议精神,制订学习规划,安排专人负责,协调媒体做好宣传工作。发挥“吉商论坛”“民营经济发展论坛”等平台作用,举办形式多样的座谈会、专题讲座、学习会、报告会,组织广大会员认真学习,引导教育企业守法诚信,自觉践行社会主义核心价值观,牢固树立爱国、敬业、创新、守法、诚信、奉献精神,切实履行报效国家、服务社会的社会责任。二是广泛宣传。协调吉林日报、吉林电视台、协商新报等新闻媒体对全省非公有制经济人士学习贯彻中共中央和习近平总书记系列重要讲话精神进行集中宣传报道,并利用举办第二届全球吉商大会、信息产业发展高峰论坛、休闲旅游产业博览会等有利契机,扩大宣传范围和影响,在全省营造出浓厚的学习氛围,树立关爱员工、

守法经营、诚信经营典型的学习导向,打造关心、鼓励、支持非公有制经济人士健康成长的舆论环境。三是推动落实。多次召开常委会议、执委会议,研究部署学习贯彻落实习近平总书记系列重要讲话精神、守法诚信教育活动的有效措施,引导教育非公有制经济人士认真学习习近平总书记系列重要讲话精神,引导教育非公有制企业守法诚信、造福职工,不断推动全省各级组织协同联动,全面落实。

2. 不断提升非公有制企业依法用工能力。广泛开展"法律进企业、法律进商会"活动。充分考虑全省地域广、非公有制经济发展水平不均衡的特点,采取分区培训、分批培训的方式,聘请省内优秀律师分别到吉林市、白山市、白城市、松原市、梅河口市、长白山管委会等地区,围绕区域非公有制经济领域普遍存在的法律问题开展法律培训,引导企业落实国家、本省确定的各项劳动保障等法律法规和规章,增强企业依法用工意识、关爱职工意识、保障职工合法权益意识。2017 年共计培训近 1000 人。

3. 有力推进企业工资集体协商。吉林省工商联一直按照中央 16 号文件的有关要求,坚持以人为本、依法构建、统筹兼顾、共建共享的基本原则,履职尽责,充分发挥工商联在构建和谐劳动关系中的积极作用,积极引导非公有制企业加强自律,规范自身行为;积极引导非公有制经济人士树立正确的价值观和协调发展、实现"双赢"理念;不断增强企业发展和造福职工意识。经过协调劳动关系三方成员单位提出意见和建议的《吉林省企业工资集体协商条例》,已于 2017 年 12 月 1 日经省第十二届人大常委会第三十八次会议第四次全体会议表决通过,并于 2018 年 3 月 1 日起正式实施。

4. 优化非公有制企业发展环境。企业健康发展、企业家健康成长是构建和谐劳动关系的前提。而只有发展环境健康,企业才能健康发展,才能带动就业、增加收入、改善劳动条件。吉林省工商联始终努力营造平等保护的法治环境和公平竞争的市场环境。2017 年,省工商联推荐政治素质好、参政议政能力强、责任担当意识强的非公有制经济人士当选软环境监督员,共计 215 名。非公有制经济人士担任软环境监督员,进一步提升了企业家的政治地位;加强了对各部门的依法行政、文明执法、政务公开、服务承诺、行业行为规范等方面的有力监督;增加了保护非公有制企业合法权益的有效渠道。

(二)完善"三方"制度,保障和谐劳动关系

1. 明确工作职责。结合我省实际情况,与省人社厅、省总工会、省企联共同

制定《吉林省协调劳动关系三方委员会工作职责》。主要职责是:研究分析劳动关系调整方面问题,社会发展形势、政策和制度对全省劳动关系的影响,对劳动关系法律、法规、规章与政策的贯彻落实提出意见和建议;为各级政府及有关部门制定调整劳动关系方面的政策和措施提出意见和建议;协调开展劳动法律法规和规章的宣传,引导企业落实国家和地方确定的各项劳动保障法律法规和规章,总结、交流协调劳动关系方面的经验;推动劳动关系协调机制、收入分配制度、劳动合同制度、集体合同制度等建设及和谐劳动关系创建;建立和完善劳动关系工作体系,指导各地建立健全协调劳动关系三方委员会;依法对有关劳动标准制定和调整开展协商。目前,《吉林省协调劳动关系三方委员会职责》已下发至市(州),进一步指导全省各地协调劳动关系三方委员会开展工作。

2. 规范工作流程。省协调劳动关系三方成员单位工作模式是召开议事会议制度。会议由三方成员单位领导、部门负责人、具体工作人员参加。在会议召开前,各单位向协调劳动关系三方委员会办公室提出会议议题并提供会议材料,由三方委员会办公室与各成员单位协商确定并报告会议负责人。每次会议对所反映问题经集体协商,拿出意见并具体落实。每次会议要有会议记录,会后要有总结材料,由三方委员会办公室工作人员记录、保存、保密。

3. 建立培训机制。建立协调劳动关系三方成员单位工作人员培训机制。2017 年 12 月初,围绕"企业工资收入分配制度改革与构建和谐劳动关系""《吉林省企业工资集体协商条例》解读""雇主工作的责任及义务"等课题,举办了全省协调劳动关系三方人员培训班,以此提升协调劳动关系三方工作人员的整体素质,提高协调劳动关系三方工作效能,加强协调劳动关系三方机制建设。

(三)积极研究探索,促进和谐劳动关系

1. 推进劳动争议预防调解组织建设。坚持预防为主、基层为主、调解为主的工作方针,引导非公有制企业建立劳动争议调解组织,商会建立行业性、区域性劳动争议调解组织,充分发挥协商、调解在处理劳动争议中的基础性作用。总结非公有制企业劳动争议预防调解示范企业的调解经验,及时研究宣传,将示范成果推广到其他企业和商会调解组织,力争在全省范围内建立起调解组织专业化、人员使用稳定化、调解工作规范化、保障措施常态化的劳动争议调解体制。

2. 研究分析劳动关系,提出意见和建议。为更好地维护劳动者取得合法劳

动报酬权益,进一步规范企业工资支付行为,经过协调劳动关系三方成员单位提出意见和建议的《吉林省企业工资支付管理办法》,正在征求意见阶段,下一步将反馈的各方意见汇总,进行合理化、法治化修改后,准备提交省人大讨论。2017年12月初,在协调劳动关系三方成员单位会议上,《关于调整企业职工艰苦岗位津贴补贴标准》进行调整的意见,得到了三方成员单位的普遍认同,下一步要进行调研走访、结合本省经济发展实际,提出津贴补贴意见。

三、问题及原因

近年来民营经济发展势头良好,和谐劳动关系也明显提高,但是受传统观念、地域区位、发展环境等因素影响,在推进构建和谐劳动关系工作进程中也遇到一些困难及问题。

一是人员偏少、经费不足。省内各级工商联特别是基层工商联组织,普遍存在人员少、经费少、任务重的现实问题。如梅河口市工商联(县级市)仅有编制3人,每年正常的财政拨付经费只有1万元。面对全国工商联以及上级工商联每年开展的多样化工作任务,且市委市政府每年下达的重点工作和业务工作也越来越多,有时难免有些捉襟见肘,对有效地推进构建和谐劳动关系工作造成很大影响。

二是"三方"成员单位之间的合作仍需加强。一方面,工商联人少、任务重,导致与其他成员单位配合力度不强;另一方面,工商联作为商会组织和人民团体,与政府的职能部门相比,职能和职权有限。有些地方的人社、工会等部门与工商联组织之间合作意识不强,一定程度上增加了工作难度。

三是小微企业构建和谐劳动关系能力较弱。部分小微企业技术水平低、经营能力较弱、员工流动性相对较大,加之经营者知识水平、法律意识相对不高,导致有些企业只能维持生存,劳动关系难稳定。各级工商联特别是基层工商联在推动这类企业构建和谐劳动关系上存在一定困难。

四、对策建议

为更好地助力企业快速发展,促进社会和谐,充分发挥工商联构建和谐劳动关系的重要作用,营造和谐劳动关系良好环境,提出以下几点建议:

一是加强教育引导。建立思想政治工作长效机制。围绕"两个健康"工作主题，着力加强和改进非公有制经济人士思想政治工作，引导非公有制经济人士自觉践行社会主义核心价值观，深入推进以“守法诚信，坚定信心”为重点的非公有制经济人士理想信念教育实践活动，教育引导非公有制经济人士爱国、敬业、诚信、守法、贡献。

二是加大宣传力度。拓宽宣传渠道。加强与宣传部、省内外主流媒体的合作，拓宽宣传渠道，以多角度、多形式积极构建大宣传格局。进一步加大宣传力度。积极引导非公有制经济人士自觉践行社会主义核心价值观，弘扬感恩文化、光彩理念、优秀建设者精神，自觉以“亲”“清”为标尺构建新型政商关系，把守法诚信作为企业经营必须遵守的基本原则，做爱国敬业、守法经营、创业创新、回报社会的典范。

三是强化基层组织建设。县级工商联和商会是工商联的基层组织，处在联系服务非公有制企业的第一线。加强县级工商联和基层商会建设，夯实工商联工作的组织基础，是提高工商联履职能力的重要保障。要坚持重心下移、力量下沉、面向基层，狠抓县级工商联和商会建设。建议全国工商联从中央、全国的高度，对县级工商联和商会建设给予一定的政策支持，以便更好地加强基层组织建设。

四是加强部门合作。要按照省协调劳动关系三方委员会的要求，认真履行协调劳动关系的有关职能，充分发挥工商联在协调劳动关系中的积极作用，加强与人社、工会、企联等部门的合作力度，共同研究分析劳动关系调整方面问题并提出意见和建议，推动劳动关系协调机制、集体合同制度等建设及和谐劳动关系的创建。

编写组：周婷婷　房提国　秦祥军

执笔人：房提国

黑龙江省工商联民营企业劳动关系报告

近年来,黑龙江省委、省政府深入学习贯彻习近平总书记系列重要讲话精神,特别是针对我省的两次重要讲话精神,召开了全省加快民营经济发展工作会议,并紧紧围绕东北老工业基地振兴和制约黑龙江振兴发展的突出问题,采取了一系列稳增长、促发展的政策措施,全面落实“三去一降一补”的重点任务,着力做好改造升级“老字号”、深度开发“原字号”、培育壮大“新字号”三篇大文章,优化发展环境,推动创新创业,努力破解民营经济偏弱问题。

一、民营经济发展基本情况及民营企业劳动关系总体情况

2017 年,面对经济的下行压力,在成本升高、制约因素增多的情况下,全省民营经济攻坚克难,奋发进取,依然保持了平稳发展态势,成为推动经济增长、稳定社会就业、活跃地方经济、促进社会和谐的重要力量。

(一)民营经济已占“半壁江山”。2017 年,全省民营经济实现增加值 8232. 6 亿元,同比增长 6. 9%;占地区生产总值(GDP)的比重为 50. 8%,较上年提高 0. 1 个百分点;实现税收收入 927. 9 亿元,同比增长 8. 6%;全省税收收入中有 51. 6% 是由民营经济贡献的,较上年提高 0. 3 个百分点。民间投资成为投资的主体,全省民间固定资产投资为 7915. 9 亿元,同比增长 11. 3%,高出全社会投资增速 5. 1 个百分点;民间固定资产投资占总投资的比重为 71. 4%,比 2016 年提高 3. 2 个百分点。民营经济单位户数为 186. 1 万户,同比增长 0. 3%,其中私营企业 23. 2 万户,同比增长 0. 8%;个体工商户 162. 9 万户,同比增长 0. 2%。民营经济从业人员达到 702. 9 万人,同比增长 0. 7%。

(二)民营企业劳动关系总体和谐稳定。自 2016 年省委、省政府出台《关于构建和谐劳动关系的实施意见》以来,全省在宣传贯彻上做了大量的工作,收到了明显的效果。从省工商联 630 份营商环境问卷调查和省工商联副主席、副会长企业及各市地工商联会员抽样调查的 114 家企业看,多数民营企业能够认真

贯彻《劳动合同法》,企业和员工依法依规意识明显增强。用人单位能够依法依规调整劳动关系,基本建立依法用工、按章管理的用工体系。企业各项民主管理制度进一步健全,劳动争议处理制度进一步完善,劳动安全卫生、职工休息休假等制度得到有效落实。

一是协调劳动关系推行劳动合同制度和集体合同制度。据省人社厅统计,全省劳动合同签订率达98%,集体合同签订率达88%。以偏远的大兴安岭地区为例,78%以上的民营企业都与员工签订了劳动合同,期限较长的劳动合同签订率为97%,无固定期限劳动合同书面签订率为61%,口头协议为39%。因黑龙江气候原因,临时季节性用工较多,员工流动性较大。二是民营企业参保率和工资分配情况较好。从抽查的民营企业看,社会保险平均参保率达90%以上。企业2016~2017年工资水平总体上涨,幅度为7%~15%。其工资与当地职工工资相比(普通员工与科员相比)有的略高,有的略低,多数持平。三是在劳动人事争议调处工作方面,注重仲裁调解。50%的民营企业偶尔有劳动争议发生,大部分协商调解解决,少数经法院解决,个别没有得到解决。涉及劳动者切身利益的规章制度或重大事项,大部分企业能通过职工代表大会或全体职工讨论,并向职工公示。多数企业已实行厂务公开制度,并建立了职工董事和职工监事制度。出现劳动争议的民营企业类型主要集中在煤炭、建筑行业和服务行业。我省注重多方协同,强化专业性调解工作。司法、工会、工商联等多部门通力协作,建立纠纷多元调解机制。全省各级基层调解组织调解成功率为53.03%,将大量争议纠纷解决在仲裁环节,减少了对企业生产经营的不利影响。

二、工商联所做主要工作

(一)提高企业家构建和谐劳动关系的责任意识。通过召开执常委会、非公经济人士、商会座谈会,组织上海财经大学、浙江大学、井冈山等企业家教育培训等活动,提高企业家政治责任感。召开了以"守法诚信、坚定信心"为重点的理想信念教育实践活动推进会,哈尔滨市工商联、省福建商会等4个单位介绍了经验。举办年青一代理想信念报告会,8位年轻企业家就爱岗敬业、创新发展、构建和谐劳动关系等方面作了典型发言。各地市工商联采取不同形式开展"法律三进"活动,指导商会、企业开展"诚信宣言""诚信签名""关爱员工、关爱企业"双爱双评等评选活动。哈尔滨市工商联举办了"个人梦、企业梦、中国梦"征文活动,进一步引导企业家和员工增强构建和谐劳动关系的自觉意识。

(二)开展法治宣传和教育培训。全省各级工商联组织引导民营企业学习并遵守《劳动合同法》《物权法》,举办"共筑'亲''清'政商关系·优化非公经济发展法治环境"专题讲座培训,并对十九大报告强调的有关内容向企业做了重点宣传和辅导,如报告指出,要"完善政府、工会、企业共同参与的协商协调机制,构建和谐劳动关系。坚持按劳分配原则,完善按要素分配的体制机制,促进收入分配更合理、更有序"等,营造和谐劳动关系氛围。

(三)充分发挥基层商会党组织在构建和谐劳动关系中的积极作用。不断探索工商联参与指导"两新"组织党建的工作机制。哈尔滨市工商联加强企业与商会基层党组织组建力度,提高基层党组织覆盖面,在企业构建和谐劳动关系过程中充分发挥基层党组织作用。积极教育和引导企业与员工围绕党的工作大局和本地区本企业中心任务开展工作,切实增强基层党组织的创新力、凝聚力和战斗力,使商会和企业党组织真正成为凝聚各方力量、构建和谐社会的坚强战斗堡垒。

(四)将企业构建和谐劳动关系情况纳入各项评比考核标准。在我省组织开展"百强优秀民营企业""优秀中国特色社会主义建设者",伊春市工商联开展的"文明企业"评选等活动,将企业构建和谐劳动关系情况作为重要评比条件。在2017年省工商联换届前,会同省委统战部,对省联执常委、企业家副主席、副会长人选进行综合评价,将构建和谐劳动关系情况纳入综合评价体系,进一步推动引导企业建立和谐劳动关系。

(五)加强法律维权服务促进和谐劳动关系。省工商联组建了由49名专家学者和200名律师组成的法律专家库,成立由省政府投诉中心、省法院、省检察院等18家单位组成的"黑龙江省工商联民营经济法律专家委员会",为民营企业提供法律援助。成立"黑龙江省工商联民商事纠纷人民调解委员会",设立"黑龙江省人民检察院驻省工商联检察联络室",13个市(地)也相应成立了检察院驻工商联检察联络室,帮助民营企业及时调解民事和经济纠纷。联合省政府法制办开展小微企业联系点挂牌专项活动,与中小企业局、商务合作促进会共同推荐169家企业作为省检察院、省政府法制办维权联系点,推荐省工商联18位企业家副主席副会长担任省政府特邀执法监督员,监督改善发展环境。鹤岗、黑河工商联充分发挥本级维权中心作用,主动帮助企业和员工维权。哈尔滨市在工商联和各行业商会中选取29名劳动争议调解员，对申请调解劳动人事争议双方进行调解，并监督和解协议、调解协议的履行。哈尔滨市工商联维权中心被中央统战部和人社部授予“社会服务优秀成果奖”。

（六）规范和完善劳动关系三方协调机制。充分发挥工商联在构建和谐劳动关系中的积极作用。参与协调劳动关系三方会议，同人力资源社会保障部门、工会组织和其他有关企业方代表一道，共同推动劳动关系立法和劳动关系协调机制建设。引导服务企业做大做强，提供更多就业岗位。

2017年4月，省工商联与省人社厅、省教育厅、省总工会联合开展了以“促进供需精准对接，助力创新驱动发展”为主题的民营企业招聘周活动。全省参加的民营企业共有4141户，提供岗位信息8.2万个，其中适合高校毕业生岗位数为2.5万个；签订就业（意向）协议2.8万人，其中高校毕业生7178人、农村进城务工人员9704人、就业困难人员6309人、建档立卡贫困人员2444人；签订职业技能培训意向6921人；维权及法律援助7295人次；发放就业政策等宣传材料38.8万份。

与省委、省政法委、省人大、省政府法制办等部门加强沟通联系，及时征询、反映企业家在立法、执法、劳动关系等方面的意见和建议，进一步优化我省民营经济法治环境。

三、影响劳动关系和谐的主要因素以及面临的困难和问题

（一）影响劳动关系和谐的主要因素。一是工资拖欠问题。近两年来，因为经济下行压力较大，部分企业效益不好，收入下降，个别企业有拖欠职工工资现象，影响了和谐劳动关系。二是企业对签订劳动合同的重视程度需进一步提高。个别民营企业错误地认为与职工签订劳动合同捆住了企业的“手脚”，是自找麻烦。三是劳动者的法律意识不强。他们不知道要签订劳动合同来保护自己，或者部分劳动者忠诚度低、流动率高，客观上为企业逃避劳动合同的签订提供理由。特别是一些法律意识薄弱的劳动者，不愿意签订劳动合同，更愿意企业将支付保险的资金直接支付给个人。四是一些民营企业劳动合同签订质量不高。表现为劳动合同的订立、解除、终止、变更内容等不全面，待遇不平等；签订集体合同没有把工资集体协商作为合同的重点，导致协商不利，标准不合理，履行不到位。五是对民营企业的监管力度不够。政府在民营企业劳资关系协调中职能弱

化,存在观念偏差、执法不严等问题,对民营企业的监管力度不够。执法和监督环节是产生问题的关键,查处不力是问题纠而复生的重要原因。

(二)工商联工作面临的困难和问题。一是组织架构不合理、人员偏少、经费不足。省级以下工商联特别是基层工商联组织,普遍存在没有法律维权部门、研究室、信息中心等内部组织机构;总体人员偏少、经费不足、任务较重。从全国看,32个省级工商联平均编制数为52.4名,而我省只有33名干部编制,与上海的100名,湖南、天津的80多名相比有较大差距,在东北三省一区中的排名也在最后,有时难免有些捉襟见肘,难以有效地推进构建和谐劳动关系工作。二是"三方"机制仍需加强。一方面,工商联人少(我省法律部门仅有2名工作人员)、任务重,导致与其他成员单位配合力度不够;另一方面,工商联作为商会组织和人民团体,与政府的职能部门相比,职能和职权有限。有些地方的人社、工会等部门与工商联组织之间合作不够紧密,对企业劳动关系了解不透,工作不到位。三是构建和谐劳动关系能力较弱。部分中小微企业技术水平低、经营能力较弱、员工流动性相对较大,加之经营者知识水平、法律意识相对不高,导致有些企业只能维持生存,劳动关系难稳定。各级工商联特别是基层工商联干部缺乏这方面的经验和能力,在推动民营企业构建劳动关系上存在一定难度。

四、对民营企业构建和谐劳动关系的建议和意见

构建和谐劳动关系是一项长期的、复杂的系统工程,需要政府引导,多方配合,以和谐为主题,以规范为准则,以教育引导为主线,加快劳动关系的法制化、人性化步伐,实现企业与职工共谋发展、共享成果的同频共振。

(一)应充分发挥工商联在构建和谐劳动关系中的引导作用。民营经济不仅是我省经济发展的重要生力军,而且在社会稳定、劳动就业、诚信体系的构建等社会各项事业发展中也具有举足轻重的作用和影响。工商联作为非公经济人士的"娘家",要切实加强非公有制经济人士的思想政治工作,通过形式多样、富有成效的思想政治工作引导民营企业建设和谐企业,为建设和谐社会做贡献。要以理想信念教育以及"优秀中国特色社会主义事业建设者""关爱员工、实现双赢""就业与社会保障先进民营企业"评比表彰等活动以及政治推荐、政治安排为抓手,教育引导民营企业家"爱国、敬业、诚信、守法、奉献",鼓励和引导民营企业大力开展企业文化建设,重视并支持企业党、团、工会组织建设,加强对职工的培

训，丰富职工的业余生活，强化职工的主人翁意识，从而在更高层次上建立和谐的劳动关系。及时与人大、政法委、政府法制办、人社厅、工会等部门加强沟通联系，及时征询、反映企业家在立法、执法、劳动关系等方面的意见和建议，进一步优化民营经济法治环境。

（二）应充分发挥政府在构建和谐劳动关系中的领导作用。当前，劳动关系的主体日益多元化，劳动关系呈现日趋复杂多变的态势。政府应加强领导，围绕劳动关系的建立、运行、监督和调处等环节，在建立科学有效的利益协调机制、诉求表达机制、矛盾调处机制、权益保障机制上下功夫，站在共建共享的高度，统一劳资双方的认识，促进和谐劳动关系的建立。同时，要明确各职能部门构建和谐劳动关系的职责，并建立企业和谐劳动关系的考核体系。用正确舆论引导公众，促进用人单位遵守法律法规、配合执法维权，增强企业的责任意识和职工自我维权的保护意识，营造构建和谐劳动关系的良好氛围。在政策上，政府可以出台一些优惠政策来加以推动，从而促进企业建立工资集体协商机制。在运作上，对待民营企业存在的劳动关系问题要具体问题具体分析，以宣传引导和教育为主，惩治为辅，循序渐进，逐步规范。

（三）应充分发挥企业在构建和谐劳动关系中的主体作用。企业是构建和谐劳动关系中不可或缺的重要角色。说到底，企业劳动关系的和谐要靠企业自身来解决。在当前法制日益完善的情况下，为职工缴纳养老、医疗等“五险”是民营企业生存发展的必然要求和选择。但往往一个企业中的劳动关系是否和谐，不仅体现在养老、医疗等生存保障方面，而且体现在职工的发展诉求方面。很多企业能够规范用工，但劳动关系却不一定和谐。和谐的劳动关系在企业中不仅仅是要保证人人有饭吃，还要能够让人人敞开心扉说话，人人能够谋求更高的发展。这就需要企业时时刻刻做到以人为本，将职工的利益和诉求放在心上，加强企业文化建设，加大职工的培训力度，充分调动和激发广大员工全身心投入企业生产、经营和管理中，让职工有更强的归属感和成就感，各尽其职，和谐相处，共谋发展。

（四）应充分发挥“三方机制”在构建和谐劳动关系中的协调作用。充分发挥劳动和社会保障局、总工会、工商联在推动和谐劳动关系创建中的作用，各司其职，尽职尽责。不断规范和完善劳动关系三方会议协调机制，建立长效工作机制，并创造性地开展工作。在活动上，三方及相关部门应多举办一些行业技能竞赛、文体活动,融洽企业和员工"同舟共济"的关系。社会各界应大力支持三方机制的运作,定期进行三方机制的运作情况总结汇报交流,并研究解决三方机制存在的问题和困难。

另外,各有关部门应加强调查研究,畅通信息渠道,及时掌握劳动关系的走向动态,建立劳动关系的预警、预测机制,为制定相关政策提供决策依据。

(五)应充分发挥社会各界在构建和谐劳动关系中的导向作用。一是要推动劳动关系双方的观念更新,确立社会主义新型劳动关系的价值取向。要督促企业的党组织和工会组织大力加强企业思想文化建设,广泛宣传"劳资合作、劳资两利"的价值取向,为构筑和谐稳定的劳动关系奠定良好的思想基础。二是多部门联动,信息共享。新闻媒体要进一步加强对劳动关系法律法规的宣传报道,用正确的舆论引导公众,促进用人单位自觉遵守法律法规,同时增强劳动者自我维权的意识和能力。三是要以和谐企业、和谐社区、和谐园区建设为载体,大力支持和推动在民营企业中开展"创建和谐劳动关系模范企业"等活动,并与其他先进表彰评选活动结合起来,树立一批先进典型,运用典型引路,整体推进民营企业和谐劳动关系。

编写组:袁淑杰　李淑英　刘志刚

执笔人:李淑英

上海市工商联民营企业劳动关系报告

为贯彻落实《中共中央、国务院关于构建和谐劳动关系的意见》(中发〔2015〕10号),深入推进以"守法诚信、坚定信心"为重点的理想信念教育实践活动,了解民营企业劳动关系状况,研判民营企业劳动关系形势,加强对民营企业的指导和服务,推动构建和谐劳动关系,上海市工商业联合会与上海市公共行政与人力资源研究所共同组建课题组,每年定期抽取200家民营企业,通过发放《民营企业劳动关系监测》问卷,对民营企业劳动关系现状及发展动态进行持续跟踪监测。2017年是第一年开展此项调研监测工作,最终回收有效问卷195份。监测企业中,中小微企业占85.13%,平均存续时间为15.03年。监测显示,2017年,上海民营企业劳动关系状况总体和谐稳定,同时也存在一些风险挑战,具体情况如下:

一、总体情况

一是企业生产经营状况整体向好。盈利企业占65%,持平企业占18.4%,亏损企业占16.6%。同时,企业规模与经营状况密切相关,规模越大,"盈利"占比越高,"亏损"占比越低。大中小微企业"盈利"型占比分别为81.8%、66.7%、64.9%、41.2%;"亏损"型占比分别为4.5%、11.1%、17.5%、35.3%。这说明,相对于大中型民营企业,小微型企业生产发展面临更大的压力。

二是企业总体发展稳定,很少企业发生重大变动。重大变动中,搬迁占6.42%;停产或开工不足占3.74%;股权变动(改制重组)占3.21%。关闭或出售部分业务占1.07%。重大技术革新或者经营方式调整占0.53%。

三是社会保险在人工成本中仍占较高比重。通过分析企业的用工成本发现,除企业工资(75.67%)外,社会保险费用占比最高,超过20%;福利等人工费用占比为2.22%;教育培训费为0.84%;解除劳动合同或终止劳动合同的补偿费用为0.41%。

二、企业劳动用工情况

一是企业用工形式多元化,全日制直接用工为主要用工形式。37.95%的企业存在全日制、非全日制、劳务派遣等多种用工形式并存的状态,62.05%的企业仅适用直接雇用全日制职工一种用工方式。从使用人数来看,监测企业直接雇用的全日制职工人数占比为86.32%,这显示出全日制直接用工仍为民营企业的主要用工方式;劳务派遣用工人数占比为5.5%;直接雇用的非全日制职工人数占比为2.04%。从不同规模来看,被调查的微型企业均未使用劳务派遣用工,而小型企业劳务派遣用工比例最高,为8.24%,但也低于10%。说明本市在规范劳务派遣用工方面已取得初步成效。

二是期限较长的劳动合同比例保持在较高水平。直接雇用的全日制职工中,期限较长的合同(包括3年及以上固定期限劳动合同和无固定期限劳动合同)的比重达75.96%。从企业规模来看,大型企业签订期限较长的劳动合同的比例最高,超过90%(其比例为90.06%);其次为中型企业,比例为67.71%;而小微企业"签订以完成一定工作任务为期限的劳动合同的职工"高于大中型企业,其比例为15.24%,而大中型企业的比例则为3.14%。这反映出经营发展稳定、管理规范、规模较大的企业人员流动率相对较低,倾向于与职工建立长期稳定的劳动关系。而经营发展压力较大、规模较小的企业则希望保持一定的用工灵活性。

三是企业直接雇用员工的流动率明显高于劳务派遣员工的流动率。监测企业直接用工的平均流动率为17.04%,劳务派遣用工的平均流动率是13.46%。这反映出在国家进一步规范劳务派遣用工比例政策影响下,当前劳务派遣用工规模逐渐减小,用工的规范化和稳定性得到进一步加强。

四是企业裁减人员与缺工现象并存。4.26%的企业出现了裁员的情况(减员20人以上,或是减员不足20人但占企业职工总数的10%以上)。在行业分布上,金融业、文化、教育和娱乐业、房地产业裁员企业比例超过10%,分别为14.3%、14.3%和13.3%,制造业裁员企业比例为9.1%,而批发和零售业裁员企业比例为3%。同时,有27.66%的企业反映调查期内存在缺工现象。在主要行业中,缺工企业比例超过30%的行业包括:卫生和社会工作(100%),水利、环境和公共设施管理业(50%),建筑业(45.5%),交通运输、仓储和邮政业

(44.4%),住宿和餐饮业(42.9%),文化、体育和娱乐业(42.9%),信息传输、软件和信息技术服务业(33.3%),居民服务、修理和其他服务业(33.3%)。

五是职工主动离职是员工流动的主要方式。对员工离职与解雇情况分析发现,绝大多数离职是由职工提出提前解除劳动合同(79.52%),另外有部分是劳动合同终止(8.47%),只有极少数是由企业提出提前解除劳动合同(2.17%)。这反映出企业主整体期盼稳定的劳动关系,而员工较高的流动率也会给企业经营发展带来一定影响。

三、工资支付和调整情况

一是企业工资按月支付能力整体较好,且与企业规模紧密相关。超过97%的监测企业能够按月支付工资。从规模角度来看,被调查企业中的大型和中型企业均能够按月支付工资。而有接近17%的被调查小微型企业不能够按月支付工资。这再次说明了相对于大中型企业,小微型企业面临更大的生存发展压力。

二是全日制一线职工平均工资低于社会平均工资。监测企业2017年一线职工的月平均工资为5217.19元,低于2016年上海月平均工资(6504元),但超过2017年上海最低工资(2300元)的两倍。

三是加班工资在工资收入中占比不高。加班工资占工资的平均比重为9.62%。同时,一线职工在正常工作时间的工资(不含加班工资)为4592.75元,这可以看出民营企业加班收入占工资总额比例不高。

四是企业是否调整工资及调整幅度与企业规模紧密相关。总体上,有67.73%的企业在调查期内调整了员工工资。平均调整幅度为7.16%。具体从不同规模来看,大型企业(75%)和中型企业(76.47%)调整工资的比例远远高于小型(59.46%)和微型企业(16.67%)。且大型、中型、小型企业工资调整幅度差异不太明显,均在7%左右;而微型企业工资调整幅度相对最低,不到5%。这可以推断,企业规模越大,工资调整机制相对更健全。

五是最低工资标准对企业发展有一定影响。超过60%的监测企业表示最低工资标准调整对企业有影响;有接近20%的企业反映"影响较大"或"影响很大"。从企业规模来看,规模越大,反映"影响较大"及"影响很大"的比例越高。接近38%的大型企业反映"影响较大"或"影响很大"。这反映出企业规模越大,一线职工相对越多,对最低工资调整的敏感度越高。

四、休息休假情况

一是企业均普遍存在加班现象,且中型企业加班时间更长,而小微企业相对较短。调查期内职工月平均加班时间为11小时。从企业规模来看,中型企业加班时间最长,接近16小时;其次为大型企业,而微型企业最少,不到5小时。

二是企业带薪年休假制度总体执行较好。为全部职工提供带薪年休假的企业占93.05%,为部分职工提供带薪年休假的企业占4.28%,没有为职工提供带薪年休假的企业比例为2.67%。企业规模与带薪年休假落实情况密切相关。规模越大,执行情况越好。监测企业中的所有中型及超过96%的大型企业"为全部职工提供带薪年休假",且均没有企业"没有提供带薪年休假";而小型和微型企业"没有提供带薪年休假"的比例分别为3.67%和5.56%。

三是大多数企业向职工提供未休年休假补偿。对于未享受带薪年休假的职工,超过60%的被调查企业按照日工资的一定比例支付年休假工资报酬,接近30%的企业不提供工资报酬,剩下近10%的企业按照其他标准提供报酬。但是,依法支付未休年休假工资(按照日工资收入300%支付)的企业仅占32.31%。从企业规模来看,规模越小,"不提供"带薪年休假补偿的比例越高。这也说明,企业规模越大,各项福利越好,制度政策落实越到位。

五、参加社会保险情况

一是企业社会保险平均参保率整体较好。五项社会保险的缴纳比例均超过95%,相对而言生育保险(95.55%)和养老保险(95.77%)的缴纳率稍低。

二是社会保险的全员参保率也整体较好。为全部职工缴纳五项社会保险的企业占86.15%。就单项险种而言,五项险种缴纳率100%的企业比例均超过86%。相对来看,生育保险(87.2%)和养老保险(87.2%)的比例稍低。

六、劳动关系调解制度情况

一是企业工资集体协商制度有待进一步推进落实。监测企业中,有一半未开展工资集体协商,且企业规模越小,未开展工资集体协商的比例越高。有超过70%的微型企业未开展工资集体协商。在进一步分析其原因中发现,超过30%的企业反映"缺乏专业指导,不知道如何协商";接近28%的企业反映"企业员工的工资水平已经偏高”；接近26%的企业表示“程序复杂，不便协商”。

二是“通过工会或员工代表沟通”是当前企业认为劳资沟通最有效的形式。在劳资沟通形式中，监测企业反映目前最有效的为“通过工会或员工代表沟通”“员工满意度调查”“集体协商”，比例依次为43.17%、37.7%、32.79%。这反映出工会在劳动关系协调中发挥着越来越重要的作用，得到了企业的认可和重视。

三是“员工积极性低”是企业目前劳资沟通面临的主要挑战。在询问企业目前劳资沟通的主要挑战时，表示“员工积极性低”“沟通频率低”的比例较高，均在40%左右；其次为“沟通渠道单一”，约38%；表示“内容有限”的比例也超过30%。这说明高效率、高质量的劳资沟通需要充分调动劳资双方的积极性、主动性，同时拓宽沟通渠道，并增强沟通内容的丰富性、多样性。

四是企业内部劳动争议调解组织建设仍需进一步推进加强。监测企业中，有26.74%的企业表示“设立劳动争议调解委员会”，接近45%的企业表示“未设立劳动争议调解委员会，但有调解员”，而“没有劳动争议调解委员会，也没有调解员”的比例接近30%。同时，企业规模与劳动争议调解组织及人员设置情况密切相关。企业规模越大，存续时间越长，企业内部劳动争议预防调解机制越健全，设立劳动争议调解委员会的比例越高。

五是工会、政府相关机构在劳资纠纷调解中占重要地位。当发生劳资纠纷时，绝大多数企业倾向于选择“工会调解组织”，其比例超过60%；其次为“政府相关机构工作人员”，比例为57.37%；而选择“政府推荐或指定的第三方人员（律师、学者等）”“商会调解组织”比例分别为32.63%、24.21%。这再次表明了工会在劳动关系协调沟通中的重要角色，也显示了上海企业对政府机构的信任，有助于政府机构做好相关管理服务工作。

七、需求及综合评价情况

一是不同规模企业对于人力资源管理服务有不同需求。在人力资源管理方面，“劳动保障法律培训”的需求率最高，接近60%；超过一半的企业对“劳动关系管理诊断，查找潜在风险”“劳动关系管理相关能力培训”“优秀人力资源管理经验宣讲推介”的需求也较高。分企业规模来看，大型企业对于“人社优惠政策辅导和协助申请”的需求比例最高，超过65%；中型企业对于“劳动关系管理诊断，查找潜在风险”的比例最高，为66.67%；而小型和微型企业对“劳动保障法律培训”需求最高,比例分别为54.95%和72.22%。

二是企业劳动关系和谐度整体较好。监测企业对劳动关系和谐度总体评价,绝大多数企业反馈较好,“比较和谐”与“非常和谐”的比例接近88%;但仍有2%左右的企业选择“完全不和谐”和“不太和谐”。从企业规模来看,中型企业劳动关系和谐度最好,仅有2.94%表示“一般”,其他均表示“比较和谐”或“非常和谐”。而微型企业(5.56%)反映“不太和谐”的比例最高,其次为大型企业(3.57%)。

执笔人:王　倩　郭蓓蓉　徐坚成

江苏省工商联民营企业劳动关系报告

一、全省工商联劳动关系工作进展情况

2017年,全省工商联坚持以深入贯彻《中共中央、国务院关于构建和谐劳动关系的意见》为主线,认真落实全国工商联对劳动关系工作要求,多措并举、积极作为,有力地促进了全省劳动关系运行的总体和谐稳定。

(一)以构建和谐劳动关系为引领,进一步完善劳动关系协调机制

一是深入开展和谐劳动关系创建活动。以中央《关于构建和谐劳动关系的意见》和我省《关于构建和谐劳动关系的实施意见》为纲,积极推动相关部门配套系列政策措施,形成了具有江苏特色的"1+X"政策体系,指导开展和谐劳动关系创建活动。继续推动苏州工业园区完善国家级构建和谐劳动关系综合试验区建设,在全省6个工业园区和13个设区市开展2017年省级和谐劳动关系综合试验区试点与和谐劳动关系工业园区示范项目建设,并将项目建设列入我省"民生幸福工程两大体系"项目予以保障激励。2017年12月,我会相关负责人会同省人社厅、省总工会分别带队,开展对苏州市、无锡市"省级和谐劳动关系创建示范园区"评估验收工作。推动省协调劳动关系三方委员会成员单位与试验区建立指导联系制度,会同省人社厅在苏州工业园区召开全省和谐劳动关系综合试验区现场推进会,总结推广苏州工业园区的创新实践经验并进一步加以宣传,推动省级综合试验区建设深入开展,进一步完善我省的劳动关系源头治理、动态预防和矛盾纠纷化解机制。依托省工商联律师团,以工商联法律宣传月、民企法律大讲堂以及行业咨询会等形式,不断针对民营企业劳动用工开展法律培训,引导非公经济人士依法治企,维护企业和员工合法权益,防范各种法律风险,取得较好成效。通过网站、微信等平台以及《江苏工商》杂志,定期整理发布相关信息,做好和谐劳动关系宣传。

二是推进集体协商和集体合同扩面提质。以“富民”和“创新”为理念,大力推进企业工资集体协商。2017年3月会同省三方成员单位突出“协商薪酬助创新、分享共赢促富民”主题,举行“2017年度全省集体协商春季集中要约行动”启动仪式,通过指导企业协商完善薪酬激励机制,进一步引导和激发职工主动、自觉地投身于企业创新、创优实践,推动企业转型升级、创新发展;年中,积极参加以板材行业为典型召开的深化行业集体协商成果发布暨全省推进会,以成果发布进一步推动全省工资行业集体协商工作的落实。参与起草江苏省地方标准《集体协商工作质效评价规范》文件并发布实施,推动我省集体协商工作的作用更加凸显。

(二)以“聚焦富民”政策推动,进一步加强企业工资分配宏观指导

一是协调全省最低工资标准提高适时适度。超前谋划全省最低工资标准调整方案,配合人社厅专门开展了最低工资标准政策实施效果专项调查。结合宏观经济形势和企业经营实际,劳动关系三方在广泛调研和多方征求意见的基础上稳慎提出意见,报请省政府研究通过并经人社部同意,于2017年7月1日起调整全省最低工资标准,距上次全省最低工资标准调整时隔1年7个月。调整后的全省全日制用工最低工资标准为:一类地区1890元,涨幅低于7%,放缓了调整频率,降低了调整幅度,贯彻调整平稳有序,取得了良好社会效果。

二是积极推动我省“地方教育附加补助职工技能培训”工作。2017年8月,省政府出台《关于切实减轻企业负担的意见》,明确提出落实降低实体经济企业成本的要求,并制定发布实施细则。我会积极推动工作落实,会同省减负办、人社厅、国资委等单位联合组成起草组,在苏州、泰州、徐州、南通等地区召开部门、商会、企业座谈会以及走访企业听取意见和建议,并将多项建议写入细则。调研显示,通过“地方教育附加补助职工技能培训”的开展,一方面每年减轻全省企业负担80亿元,另一方面既能促进职工技能水平提高,又能实现职工工资每年2000~3500元的增长。

(三)有效开展劳动争议预防调解,进一步推动企业用工规范和谐

会同省人社厅、综治办等八部门印发《关于进一步加强全省劳动人事争议调解仲裁完善多元处理机制的实施意见》,指导构建多层次劳动人事争议调解格局,提高调解仲裁工作质效,维护劳动人事关系和谐与社会稳定。联合省人社

厅、省总工会制定全省优秀基层调解组织建设标准，力争通过三年时间，全省创建200家优秀基层调解组织，确保多元化解机制得到有效发挥。2017年12月，我会相关负责人带队开展"江苏省劳动人事争议优秀基层调解组织"建设评估验收，发布全省首批劳动人事争议优秀基层调解组织53家，其中民营企业劳动争议调解委员会11家。积极推荐3名商会优秀工作人员参加全省劳动仲裁员培训并取得证书，有效提升商会劳动调解仲裁工作能力。

二、当前全省劳动关系工作面临的形势分析和研判

（一）当前劳动关系运行的特点

当前，我省经济平稳增长，外贸回暖明显，城乡居民消费稳步增长，就业规模持续扩大，社保参保人数自第二季度来平稳攀升，为劳动关系平稳运行奠定了坚实基础，全省劳动关系运行总体保持平稳可控的良好态势。体现在：

劳动合同订立情况稳中有好。2017年1～10月，全省劳动合同签订量净增48.37万份，同比增加20.25万份（2016年同期净增28.12万份），劳动用工继续呈现向好态势且好于往年。从地区看，苏州等大型城市成为劳动用工的增长极；从企业类型看，民营企业劳动合同签订量大幅度净增长；从行业看，交通运输、仓储和邮政业，信息传输、软件和信息技术服务业等第三产业成为劳动用工的增长点。

劳动争议案发态势总体稳定。2017年1～10月，全省劳动人事争议案件持续表现为"一增五降"特点，即除各级仲裁机构调处案件总量（95,395件，同比增长3.6%）略增长外，立案受理量（52,328件，同比减少1.02%）、涉及人数（67,089人，同比减少8.04%）、涉案金额（18.5亿元，同比减少0.27%）、10人以上集体争议（549件，同比减少19.62%）和50人以上重大集体争议（58件，同比减少22.67%）数量都在下降。立案数等核心数据下降主要得益于大量简单劳动争议通过我省调解服务平台得到解决。2017年1～10月，平台共登记案件16,083件，同比增长8.2%，调解成功率达85.34%，超过1/3的争议通过平台化解。

劳动监察案件情况平稳可控。2017年1～10月，全省联动平台共接受各类举报投诉29,127件，同比增加1.71%，其中立案查处14,574件，同比减少5.39%，网格调处简单劳资纠纷22,286件，同比增加8.77%。劳动者诉求表达

渠道全面畅通,“12333”接受的举报投诉占比达42.41%。2017年以来举报投诉总体处于平稳可控范围,尤其是欠薪顽疾治理初见成效,前10个月全省共追发劳动者工资等待遇6.07亿元、涉及劳动者14.24万人(其中农民工工资4.01亿元,涉及农民工6.81万人),同比分别下降15.46%和1.04%,有力地保障了农民工等群体的合法权益。工程建筑领域欠薪违法行为下降明显,从举报投诉案由的行业分布看,建筑业仅占投诉总量的9.41%,居第五位(去年同期第二位)。三季度来共向社会公布欠薪等重大违法行为294件,部门联动惩戒得以落实。

(二)当前全省劳动关系运行面临的主要问题

当前全省劳动关系和谐稳定的基本面未发生变化,但稳中也有忧,全省劳动关系运行中还存在一些突出风险需要高度关注:

一是劳动关系矛盾高位运行的风险。我省作为经济大省,伴随经济增速放缓和转型升级,经济领域风险向劳动关系传导,裁员、欠薪、断保等现象增多,劳动争议及劳动监察案件总量居高不下,不能掉以轻心。2017年1~10月,我省各级劳动人事争议仲裁机构调处争议总量同比增长了3.6%,各级劳动保障监察机构接受举报投诉2.9万件,均创历年新高。二是热点难点问题仍然突出的风险。欠薪治理尤其是农民工工资治欠保支矛盾仍较为突出,任务十分繁重。2017年1~10月,我省劳动报酬类劳动争议和监察举报投诉分别占两者总数的41.86%、42.46%,均排名首位。制造业等劳动密集型行业劳动关系矛盾争议依旧突出。社会保险方面争议数量增加较快且处理难度较大。三是群体性突发事件存在可能增多的风险。随着供给侧结构性改革,我省“四个一批”和“263”计划等不断推进,企业关停并转迁增多,易发生群体性突发事件。如2017年10月扬州市大洋造船厂在经过两年多的艰难处置后一次性裁员近1100人;2017年春节前,南京某全国知名互联网企业一次性裁员约400人,这些事件均在当地引起一定范围的关注。四是非公企业争议调处工作仍是重中之重。发生在民营企业的劳动争议占8成以上,数据显示涉及非公有制企业中民营企业、港澳台及外资企业的案件数量分别为35,589件和2558件,分别占立案总数的87.59%和6.29%,民营企业是劳动争议的高发领域。五是企业、行业因司法措施导致大规模裁员的风险。如雨润集团实际控制人祝义才被执行指定居所监视居住的强制措施后,给企业生产经营带来较大的影响,据公司公告披露,雨润食品员工人数半年减少了 2000 名。我省无锡地区 190 多家外贸服装企业,因行业惯例涉及虚开增值税发票,多家企业破产裁员,给整个行业及上下游供应链带来较大影响。

此外,由于互联网传播渠道多元化,劳资矛盾传播速度更快、波及面更广,劳动关系调处个案的影响易被负面放大,易引发职工集体维权,网络舆情线下防控处置难度加大。

(三)当前全省劳动关系运行的趋势研判

随着全省经济持续回稳,全省劳动关系有望继续保持总体平稳运行,但须密切关注我省化工等重点行业产业布局调整及中央环保督查工作过程中,劳动关系变更、调整触发劳动关系运行群体性风险的问题;密切关注部分传统制造业、小微企业等行业企业经营困难引发欠薪、社保等案件增多以及建筑领域农民工群体性欠薪事件的问题;密切关注钢铁、煤炭、服装等重点行业劳动关系平稳运行问题。

三、2018 年工商联参与劳动关系的工作思路和主要措施

以党的十九大精神为指引,全面落实《中共中央、国务院关于构建和谐劳动关系的意见》和我省《关于构建和谐劳动关系的实施意见》,贯彻新发展理念,服务发展改革大局,坚持"两聚一高"导向,围绕构建和谐劳动关系这一中心,持续改革创新,完善协商协调机制,健全企业工资分配制度,切实维护劳动者和用人单位的合法权益,继续保持全省劳动关系的和谐稳定。

(一)以示范试点项目建设为重点,深化和谐劳动关系创建

继续深入贯彻落实中央《关于构建和谐劳动关系的意见》和省《关于构建和谐劳动关系的实施意见》,以及省协调劳动关系三方委员会《深入推进劳动关系和谐企业和工业园区建设行动计划(2016—2020 年)》和《开展省级和谐劳动关系综合试验区建设的指导意见》等配套举措,不断完善劳动关系协调机制,进一步深化和谐劳动关系创建活动。对照劳动关系和谐企业和工业园区评价标准,支持建立健全全省和谐劳动关系企业和工业园区名录库,健全激励约束和退出机制,对劳动关系和谐企业和工业园区实施动态管理。继续扎实推进省级和谐劳动关系创建示范项目和综合试验区试点项目建设,召开全省和谐劳动关系综合试验区经验交流会,认真总结阶段性创建成果,宣传推广成熟经验,强化示范

效应,积极打造一批工作基础扎实、亮点成效突出的和谐劳动关系样板区,为构建具有江苏特色的和谐劳动关系探索新鲜经验。

(二)以完善企业工资分配宏观调控为重点,助推稳企富民

继续通过实地走访、举办行业劳动用工咨询专场活动以及调查问卷等形式,认真调研企业劳动用工、转型升级方面的现状、问题及基层劳资关系动态,及时向有关部门反映企业发展状况和合理诉求,适度放缓最低工资标准调整频率,适时适度调整最低工资标准。柔性引导企业工资标准建设,支持人社部门健全工资指导线制度,指导各商会组织调研相关企业人工成本信息,发布适合地区特点、行业发展形势的工资指导线。根据全国工商联统一要求,继续开展民营企业劳动关系监测调查,加强调查信息运用,在参与最低工资标准调整、开展行业工资集体协商等工作中,准确反映民营企业劳动用工情况变化,代表民营企业利益诉求,维护其合法权益。以集中开展要约行动和现场观摩会议等多种形式,大力推进企业工资集体协商,以非公有制企业为重点对象,指导企业和职工双方围绕工资增量分配、利润分享、劳动定额、计件报酬和员工持股等重点内容开展协商,推动企业提高技术工人、一线职工的工资水平,促进企业更高质量发展。

(三)以健全协商协调机制为重点,推动企业用工规范和谐

认真做好劳动合同法的贯彻实施,加强对企业实行劳动合同制度的指导、服务和监督,切实提高劳动合同制度的覆盖面和履行质量,使全省规模以上企业劳动合同签订率持续保持在98%以上。深入推进集体协商集体合同制度扩面提质,完善政府、工会、商会共同参与的协商协调机制,适时出台加强集体协商集体合同制度建设的指导意见,全面提升集体协商质量和集体合同履行效果,使全省已建工会企业集体合同签订率稳步保持在95%以上。积极探索建立省级行业集体协商制度,会同人社部门加强省级行业商会集体协商主体建设,适时选取管理规范、条件成熟的行业商会开展集体协商,提升集体协商层次,规范行业用工行为。加强对新经济、新业态等民营经济发展活跃领域非标准劳动关系的政策研究,探索建立工作时间、劳动报酬、职业安全和社会保障等方面劳动者权益保障的底线标准,维护劳动力市场的安全性。

(四)以推进商会、非公企业劳动争议调解组织建设为重点,提升企业和谐劳动关系建设能力

会同人社部门,发挥民营经济领域小微企业聚集和行业经营集中的特点优势,充分利用全省“优秀基层调解组织评估活动”有利时机,争取3年内在全省商会、非公企业内成立50家优秀基层调解组织,为全省多元调解机制有效发挥提供坚实基础。积极推动商会人民调解整合进“一站式”调解服务窗口,为广大企业和劳动者提供更加简便快捷的服务。继续推荐商会优秀工作人员参加全省劳动调解员仲裁员培训,力争联合人社部门专门面向全省工商联、商会、民营企业工作人员举办一期劳动争议调解员业务培训班。建立考核激励机制,强化调解绩效考核,明确适当的调解员办案补贴,积极争取政府财政给予商会调解组织专项资金支持,保障调解工作的开展,提高调解员的工作积极性。

编写组:李晓林　郑　鸿　张彩燕　缪四国

执笔人:缪四国

浙江省工商联民营企业劳动关系报告

劳动关系是一种基本的社会关系,劳动关系的和谐在很大程度上影响着社会的和谐与稳定。中国特色社会主义进入新时代,我国社会主要矛盾发生了新变化,经济转向高质量发展新阶段,社会治理进入共建共治共享新格局,这对构建和谐劳动关系提出了新的更高的要求。习近平总书记一直以来高度重视民营企业和谐劳动关系建设,2010 年 8 月专门对传化集团和谐劳动关系建设经验做法作出重要批示。为深入学习贯彻党的十九大精神和进一步深化落实习近平总书记关于民营企业和谐劳动关系建设的重要批示精神,更好地引导推进民营企业和谐劳动关系建设,由省工商联牵头,省协调劳动关系三方会议成员单位组成联合调研组,集中利用两个多月时间,通过省市两级联动、集中调研与属地分头调研相结合的方式,采取听取汇报、座谈交流、实地走访、调查问卷、个别访谈等多种形式,召开各类座谈会 33 场,走访民营企业 46 家,发放调查问卷 985 份,对全省民营企业劳动关系状况进行了专题调研。现将有关情况报告如下。

一、当前我省民营企业劳动关系基本态势

综合分析调研情况,当前我省民营企业劳动关系呈现总体和谐的向好态势。据统计,2017 年全省仲裁机构和调解组织共处理劳动争议案件 11.39 万件,涉及劳动者 17.36 万人,比 2016 年的 11.73 万件、22.35 万人,分别下降了 3% 和 22.3%。其中,涉及 10 人以上的集体劳动争议 1711 件,涉及劳动者 48,557 人,同比分别下降 24.3% 和 31.5%。劳动争议案件总量和涉及劳动者人数同比下降,集体争议降幅较大。根据省构建和谐劳动关系工作领导小组办公室发布的通报,全省劳动关系和谐指数从 2012 年的 80.44 上升到 2017 年的 84.55,劳动者满意度从 71.39 提高到 79.5。调查问卷显示,83.9% 的民营企业认为当前劳动关系状况为和谐或非常和谐。

二、我省劳动关系建设的主要做法

1. 党委政府高度重视、有力推进。自 2015 年 3 月中共中央、国务院出台《关于构建和谐劳动关系的意见》以来，各级党委政府高度重视劳动关系工作，相继出台实施意见，认真抓好贯彻落实，建立健全党委领导、政府负责、社会协同、企业与职工参与的劳动关系工作大格局。调查中，83.92% 的民营企业对此给予了肯定性评价。党委、政府重视和谐劳动关系建设，主要体现在以下几方面：

一是强化政策法制保障。2015 年 11 月，省委、省政府出台《关于进一步构建和谐劳动关系的实施意见》；建立由省委副书记任组长、分管副省长任常务副组长的省构建和谐劳动关系工作领导小组，明确工作要求，加强组织领导和具体指导；强化法治意识，相继制定《浙江省集体合同条例》《浙江省企业民主管理条例》《浙江省劳动人事争议调解仲裁条例》《浙江省工会劳动法律监督条例》《浙江省企业工资支付管理办法》等地方性法规，出台一系列劳动关系政策文件，劳动关系法律政策体系更加健全，协调劳动关系的法治保障逐步完善。

二是健全工作协调机制。2001 年 8 月建立省级协调劳动关系三方会议制度，现已实现全省县级全覆盖，并推动向乡镇（街道）和工业园区延伸，目前全省已有 700 多家乡镇（街道）建立三方协调机制。各级三方会议成员单位依托协调机制加强经常性沟通合作，合力开展和谐劳动关系创建活动，覆盖面不断扩大，创建质量明显提升。全省有 43 家企业、2 个工业园区被评为全国模范劳动关系和谐企业、和谐工业园区，695 家企业、50 个园区被评为省级创建和谐劳动关系先进企业、先进园区。

三是建立评价考核体系。从 2013 年开始建立劳动关系和谐指数评价体系，从政府部门、企业、劳动者三个维度进行量化测评、综合评价，每年向全社会公开发布各地劳动关系和谐指数及排名。将构建和谐劳动关系纳入经济社会发展规划和“平安浙江”建设目标责任制考核，推动劳动关系工作进入新的发展阶段。

四是有效推动重点工作。在全省推广应用简易劳动合同示范文本，持续开展劳动合同签订“春暖行动”，劳动合同签订率和履行质量不断提高，全省企业劳动合同签订率达 97.5%。深入开展“浙江无欠薪”行动，推进“无欠薪”县（市、区）创建，在建筑业和制造业等重点领域和易发环节开展集中治理。全面推进用工实名管理和人工费与工程款分账管理机制，开展工资支付专项检查，开通欠薪处置绿色通道,严肃查处企业欠薪失信行为,有效防范欠薪群体事件的发生。深入推进"双爱"活动综合试验区创建工作,全省已建立"双爱"活动综合试验区 94 个。实施集体合同制度"彩虹行动"和"攻坚计划",以提质增效为重点,开展工资集体协商"要约行动",培育 22 个工资集体协商行业示范点,带动集体协商工作在面上整体推进。全省已建工会企业集体合同签订率达 90.2%,累计签订集体合同 17.7 万份,覆盖企业 47.8 万家、职工 2090 万人。

2. 民营企业主动作为、积极创建。随着时代的进步、经济的发展,广大民营企业越来越深刻认识到企业的股东、经营管理者、普通员工已经融为一体,在责任、利益等方面构成了共同体,其关系和谐与否直接影响企业发展稳定。近年来,民营企业坚持以人为本,越来越重视劳动关系的和谐发展,主动作为,积极创建。

一是加强企业文化建设,以共同的价值追求凝聚力量。文化建设是企业凝聚力量、激发活力的重要手段。广大民营企业十分重视企业文化建设,把社会主义核心价值观融入企业文化建设之中,切实加强党、团、工、妇组织建设,坚持思想引领,丰富文化生活,倡导民主管理,努力打造各具特色的企业文化,广泛凝聚员工力量,大力营造积极向上、健康活泼、奋发有为的文化氛围,引领企业不断创新发展。比如,富通集团坚持以党建引领,出资 1000 万元建立党群工作中心,高标准配备职工书屋,不断加强员工学习阵地建设,引导员工树立正确的价值观。盾安集团坚持分享理念,着力打造以"创业创造创新"为内涵的企业文化,设立 10 万 ~1000 万元的创新奖励,激发员工的创新热情。珀莱雅化妆品公司注重发挥员工作用,积极推进民主管理,广泛发动员工在工作岗位上找漏洞、查问题、出主意、提建议,给"好点子"予以奖励,形成了全员参与企业管理的良好局面,既推动了企业发展,也让员工找到了自身价值。

二是营造企业"家"的氛围,以优越的环境引才留人。越来越多的民营企业认识到:"企业就是大家庭,员工就是一家人","企业是树,员工是根,根深才能叶茂","企业把员工放在心上,员工就会把责任扛在肩上","投资员工就是投资企业的未来"。广大民营企业不断加大投入,建造员工宿舍,改善食堂伙食,配备文化娱乐设施,落实带薪休假,建立婴儿哺乳室,举办员工子弟暑期班,开展免费健康体检,实施家庭困难帮扶等,想方设法为员工营造一个温暖温馨、舒适舒心的良好环境和亲情氛围,以优越的工作生活条件和良好的企业公众形象,吸引人才，增强员工对企业的自豪感、荣誉感和归属感。传化集团2010年以来投入近20亿元改善员工工作和生活环境。红旗仪表有限公司秉承人文关怀，投资300万元建成职工体育馆，免费为员工提供锻炼场地和运动器械；公司主要负责人春节带队赴员工集中的湖南、四川、重庆等地给员工拜年慰问；从2011年开始坚持免费举办员工子弟暑期班，解决"小候鸟"与父母团聚难题。企业对员工的关心关怀，激发了员工安心尽心工作的激情。阿里巴巴集团每年新春给员工家人寄送"阿里家书"，充满人情味，赢得了家人对员工工作的理解和支持，让阿里员工颇为感动和自豪。

三是搭建追梦舞台，让员工与企业实现共同成长。企业除了是"家"，更是"舞台"。调查问卷显示，83.93%的员工在关注工资薪酬的同时，最关注的是个人发展前景，关心企业能否提供个人施展才华的平台和空间；91.07%的民营企业认为，企业与员工是利益共同体。近年来，越来越多的民营企业确立起"共创共享共赢"理念，坚持企业发展与员工发展并重，通过奖金、股权、期权、项目激励、利润分红、合伙经营、职级晋升等多种形式的激励措施，实现企业成长发展与员工成就事业同频共振、和谐共赢。比如，传化集团、正泰集团、富通集团、吉利集团等众多民营企业都纷纷投入巨资，建立分层分类的人才培养体系，持续提升员工专业能力和职业化水平，为企业发展和员工创业提供有力支撑。传化集团建立多层次、全方位覆盖的个性化激励机制，集团超过10%的员工参与股权、期权及合伙人机制，并搭建员工创客平台，孵化创客项目70多个，让员工分享成就事业的机会。目前创客项目中，11个已经成长为独立公司。企业发展给员工成就事业带来机会，员工推动企业发展的热情更加高涨，员工想干事、想成事的劲头更足了。传化集团员工积极为企业发展提出合理化建议，建议数量从2010年的3000多条增长到2017年的近3万条。员工成为企业科技创新的主力军，近两年来为企业创造专利成果130余件、发明授权56件，新产品贡献率提升到15.7%，从而实现了企业、员工"双赢"。天能集团以"成就员工、成就企业"为宗旨，让加盟天能的每一位员工"共同享有人生出彩的机会，共同享有梦想成真的机会，共同享有和企业一起成长、一起发展、一起进步的机会"，为员工成就事业搭建平台。杭州瞳学科技有限公司与各加盟店店主推行双向交叉持股，企业与员工形成紧密的合作伙伴关系，实行品牌共享、利益共当。网易公司建立项目分红机制，项目团队和个人每开发一个产品并成功上市，给予参与研发的团队和个人一定比例的分红,实现成果共享,成功激发员工的潜在价值和创造力,在企业与员工价值认同中实现企业效益与员工个人价值的最大化。

3. 三方四家密切配合、齐抓共建。全省协调劳动关系三方四家,充分发挥三方会议平台作用,坚持上下联动,不断完善和谐劳动关系创建工作机制,加强经常性联系沟通协商,定期召开工作会议,及时研究解决劳动关系协调工作重大问题,积极推进民营企业和谐劳动关系创建活动,形成了相互支持、密切配合、齐抓共建的良好局面,合力助推劳动关系和谐发展。一是切实加强劳动关系调研监测。联合开展最低工资标准调研,最低工资标准调整兼顾职工、企业双方利益。开展劳动关系和谐指数评价、劳动关系调查问卷和动态监测,组织开展企业薪酬调查,启动试点地区制造业人工成本定点监测,及时发现和积极解决劳动关系领域苗头性、倾向性问题,有效防范群体性事件的发生。二是深入开展和谐劳动关系创建活动。在全省持续开展企业关爱职工、职工热爱企业活动,推动“双爱”活动实现规模以上企业全覆盖,并不断向中小微企业延伸,从劳动关系源头上引导企业和职工共建共享、互利共赢,有力地促进了劳动关系工作的整体提升。调查问卷显示,86.6%的民营企业认为,开展“双爱”活动对和谐劳动关系建设具有积极作用。协同推进“浙江无欠薪”行动和工资集体协商“集中要约”行动,推动企业健全工资决定机制和正常增长机制,近5年来,全省职工年平均工资年均增长8.9%。三是建立健全劳动纠纷调处机制。在杭州市探索建立乡镇(街道)监察、调解、仲裁三位一体一站式基层劳动综合协调服务平台,融合综治、司法、公安、工会、工商联等各部门力量,逐步形成“1+X”劳动纠纷多元化解大平台。充分发挥商会作用,率先在全国开展商会调解工作,部署商会和民营企业劳动争议预防调解示范工作,以点带面,最大限度地将矛盾纠纷化解在源头、解决在萌芽。

三、新时代劳动关系新的变化

调研中发现,新形势下民营企业劳动关系正在悄然发生变化,出现了一些新内涵、新趋势、新情况、新问题。

1. 民营企业对劳动关系的认识有新提升。随着我国经济社会的不断发展,民营企业对劳动关系的认识发生深刻转变,重视程度不断提高,大多数民营企业确立了“劳动关系也是生产力”的理念,增强了构建和谐劳动关系工作的主动性,从被动建设转化为自觉行动。调查问卷中,对和谐劳动关系建设重视的民营企业达到99.2%,其中,73.2%的民营企业表示对和谐劳动关系建设越来越重视。

2. 劳动关系的内涵发生新变化。随着我国经济体制改革的不断深入,上市公司越来越多,混合所有制企业长足发展,企业所有权关系发生显著变化,企业交叉持股、投资人持股、员工持股和一个企业多个老板、合伙经营、职业经理人管理企业等现象越来越多。现在民营企业的劳动关系已非原先单纯的"劳"与"资"、雇佣与被雇佣的关系,企业和员工以共同的价值认同为基础、以共同的利益分享为纽带,地位日趋平等,形成了劳资交叠、团队合作、利益关联、多重融合的劳动关系新格局,劳动关系变得更加错综复杂。调查问卷显示,民营企业认为企业与员工为合作关系和利益共同体的占91.1%,而认为是雇佣关系的仅占11.6%。

3. 员工结构呈现新趋向。一是员工年龄越来越年轻。"80、90后"已逐步成为劳动力主体力量。流动劳动力中"80后"占56.9%,"90后"已增长到20%~30%。一些新兴产业员工年轻化趋势尤为明显,阿里巴巴、网易员工平均年龄都在28岁左右。网易1.7万员工中,40岁以上人员只有20多人。与年轻相关联的思想观念、思维方式、处事态度、价值理念、事业追求等都发生了新的变化。二是员工学历越来越高。随着教育的发展,员工受教育程度大大提高,文化素质大幅提升。以传化集团为例,员工本科以上学历占比从23.5%提升到了42.4%。高新技术和新兴产业员工学历水平更高。网易员工本科以上学历达到100%,其中硕士研究生以上占60%。三是员工诉求越来越多元化。随着生活水平的不断提升,员工对自身权益的主张更加全面,从以前的单一关注薪资,上升到对工作生活环境、职业发展前景、休息权益保障、业余文化生活、隐性福利待遇等方面的全面诉求,已经把地理环境好不好、有没有员工宿舍、能不能带薪休假、是不是经常加班等内容作为选择企业的重要参考因素。四是供求结构越来越分化。大中城市招工容易、小城镇和农村偏僻地区招工难的问题凸显;印染、纺织、服装等传统制造业用工短缺、后继无人,互联网等新兴产业用工过剩、门槛提高;传统行业用工紧缺,新兴行业人才集聚。而且分化呈加剧之势。

4. 改革转型催生新矛盾。我国经济发展进入新时代,经济由高速增长阶段向高质量发展阶段转变。随着供给侧结构性改革和绿色低碳循环发展的深入推进,广大民营企业致力于转变发展方式、优化产业结构、转换增长动力,一些粗放型、低效益、高耗能的企业正在实施关停并转;自动化智能化对劳动者素质要求提升,企业用工数量减少;城市建设提升和规划调整,导致企业搬迁郊外。随之而来的是部分劳动者面临失业、转岗、工作地点改变、再就业等诸多问题。

5.新业态发展迎来新挑战。互联网的快速发展和创新驱动、大众创业万众创新的深入实施,新产业、新模式、新业态不断出现,催生了多种劳动关系形式,用工方式发生很大变化,一些领域出现了劳动关系新形态。如电商、外卖、快递业、网约车等这些新业态,劳动用工从线上转到线下,出现了“平台+个人”的新用工模式。如“外卖小哥”一个人与多个平台发生用工关系,出现双重或多重劳动关系。按照现行法律法规,有的劳动关系难以归类、难以界定。劳动关系呈现更加多样化、复杂化的态势。

6.经济全球化带来新问题。随着民营企业的发展壮大和经济全球化的积极推进,民营企业“走出去”发展的步伐加快,参与“一带一路”建设,通过跨境并购,建立境外工业园区,在国外设立分公司等跨国经营的情况越来越多,外籍人员来华工作和国内员工派驻境外成为新常态。由于文化背景、思想观念、民主意识、管理模式、法律制度等方面的差异性,劳动关系的处理方式各不相同,劳动关系国际化被提上了议事日程。

上述新的变化,是劳动关系建设面临的新课题,既有积极因素,也带来挑战,给民营企业劳动关系的管理协调增加了新的难度,亟须积极主动应对。

四、新时代劳动关系面临的主要问题

从调研情况看,虽然我省劳动关系总体和谐稳定,但劳动关系发展不平衡的问题仍比较突出,不和谐的因素和现象依然存在。

1.部分领域纠纷高发。在经济形势复杂多变的新常态下,当前劳动关系矛盾纠纷处于易发高发期,部分领域、重点行业、特定群体、个别时节劳动争议纠纷多发。一是小微企业法律意识不强、用工不规范,不依法签订劳动合同、不建立劳动管理制度、不缴或未足额缴纳社会保险、不按规定支付加班工资、安全生产保障不到位、欠薪、工伤等问题仍然不同程度地存在。小微企业和大中型企业和谐劳动关系建设差距拉大,出现两极分化。二是建筑、餐饮、服装等劳动密集型行业,因临时用工多、人员流动大、工作条件差、监管难度大等因素,劳动争议纠纷频发。三是农民工、高管和高级技术人员流动大、跳槽频繁,成为劳动纠纷重点群体。2017年全省劳动仲裁案件中,涉及农民工37,640人,占76.6%;涉及高级技术人员竞业限制补偿案件71件,同比上升29.1%。高管和高级技术人员的劳动争议,对企业经营管理甚至生存发展带来较大冲击。四是受用工周期、季节因素影响,劳动报酬类纠纷呈现季节性特点,在第一季度、第四季度和元旦、春节前后集中爆发。

2.社保类争议频发。当前,由于我国社会保险制度不够完善,存在缴费标准不一、区域流通不畅、个人不愿缴纳、参保人员不全、缴费额度不足等问题。社会保险争议特别是工伤保险待遇案件总量较大,2017年全省仲裁机构处理的社会保险类争议案件15,214件,占案件总量的30.96%,比2016年上升1.3个百分点;其中工伤保险待遇案件11,321件,占社会保险争议的74.41%。此类争议主要由于企业未依法缴纳社会保险费所引发。

3.劳务派遣存在乱象。根据《劳务派遣暂行规定》,劳务派遣用工只能在临时性、辅助性、替代性的工作岗位上实施,数量不得超过其用工总量的10%。从实际情况看,劳务派遣问题突出。一是"假外包、真派遣"。钻政策"漏洞"用工,名义为劳务外包,实则是劳务派遣,目的为降低用工成本和规避用工管理风险。由此带来同工不同酬、同岗不同权、同厂不同待遇等问题。二是异地劳务派遣不按规定缴纳社保。《劳务派遣暂行规定》明确了"异地派遣劳动者必须在用工所在地参加社会保险",但在没有实现地区间社会保险缴费率统筹的情况下,劳务公司为了降低人工成本,逃避社保缴纳或选择在用工地行政区域内社保缴纳标准较低的县区从低缴纳,从而损害劳动者权益。三是超比例使用劳务派遣用工。受生产订单周期性、不确定性和招工难等问题的困扰,企业劳务派遣用工突破10%比例限制成为常态。

4.劳动立法亟待完善。随着时代的变迁和经济的发展,我国现行劳动法律法规中出现不合时宜、衔接脱节、配套滞后、盲区空白等问题,亟待修订完善。特别是《劳动合同法》,虽然颁布实施十年来,在规范用人单位用工行为、维护劳动者合法权益等方面发挥了积极作用。但由于其特定历史时期的特殊立法背景,部分条款内容不够公平合理。一是片面保护劳动者权益。立法宗旨没有充分体现权利义务对等的法律原则。二是关于无固定期限劳动合同签订的规定不尽合理。"劳动者在企业连续工作满10年或连续订立二次固定期限劳动合同,企业应当与劳动者订立无固定期限劳动合同"等强制性规定,剥夺了企业用工自主选择权,有失公允。三是解除劳动合同的违约责任不对等。"劳动者提前三十日以书面形式通知用人单位,可以解除劳动合同”,但实践中,劳动者往往说辞职就离开,没有实质性制约措施,无须承担违约责任;而用人单位解除劳动者劳动合同未提前30日书面通知的,却需要额外支付劳动者1个月工资。四是非全日制用工和实习生社会保险存在盲区,发生工伤事故得不到有效保障。

5. 诚信缺失问题突出。由于我国诚信教育缺失和信用评价机制尚不健全,企业和劳动者不守诚信的问题仍比较普遍。企业不与劳动者签订劳动合同,劳动者遭遇工伤后企业不承认劳动关系,多种形式发放工资规避企业劳资风险,制定有损劳动者权益的规章制度,随意克扣工资奖金。劳动者以虚假信息骗取工作岗位,不履行劳动合同服务期规定,随意辞职走人,钻企业管理漏洞过度维权谋取不当利益。企业和劳动者不诚信的行为影响了劳动关系的和谐。

五、新时代建设和谐劳动关系的对策建议

1. 深入开展劳动关系调查研究。切实把握新时代劳动关系建设新要求,紧扣社会主要矛盾转变和“三步走”战略目标,提高政治站位,进一步转变理念、拓展思路,加强理论研究,搞好顶层设计,制定规划纲要,强化措施保障,创新方式方法,提升质量效率。深入开展劳动关系和谐指数测评和劳动关系状况动态监测,全面了解掌握信息,分析研判形势,积极做好预测预警预防工作,建立健全应急预案和处理机制,杜绝发生群体性事件,引领劳动关系健康发展。

2. 积极推进劳动关系法治建设。深入开展立法调研,积极推进劳动关系立法进程,重点做好《劳动法》《劳动合同法》等法律法规的修订完善。坚持法律公平公正原则,注重立法宗旨和行为导向,充分体现劳动合同双方权利义务对等,最大限度实现职工和企业权益双维护。加强劳动关系相关法律法规之间的衔接配套,修订完善法律条文,消除法律盲区和空白点,进一步规范劳动关系行为,为全面建设高水平的新型和谐劳动关系提供有力的法治保障。大力加强劳动关系普法宣传,不断增强劳资双方法治意识,引导企业和职工依法规范用工和依法理性维权。进一步加大劳动关系监察执法力度,着力解决不签订劳动合同、不足额缴纳社会保险和恶意欠薪、诚信缺失、劳务派遣乱象、工伤事故频发等突出问题,为构建和谐劳动关系营造良好法治环境。

3. 加强劳动关系信用体系建设。劳动关系信用是劳动关系和谐之根本。要高度重视劳动关系信用体系建设,将其纳入社会信用大体系建设之中。加强企

业和职工诚信教育,在企业上下营造讲信用、守信用、重信用的良好氛围。大力加强劳动关系信息化建设,充分运用大数据,做好“互联网+”文章,实现数据共建共享,建设企业和员工诚信体系,建立严重失信企业和职工“黑名单”。加大对严重失信行为的打击力度,实施联合惩戒,让“一处失信、步步难行”。

4.充分发挥三方会议平台作用。协调劳动关系三方会议是推动和谐劳动关系建设的制度创新和有效平台,在和谐劳动关系建设中发挥着不可替代的积极作用。要进一步加强协调劳动关系三方会议机制建设,在各级党委的统一领导下,按照“主体独立、地位平等、民主协调、充分合作、定期协商”的原则,建立健全科学决策和日常工作机制,充分发挥其在劳动关系领域的组织协调作用。涉及劳动关系法律法规的制定、重要政策的出台、重大问题的处理应当通过三方会议这个平台征求意见、开展工作;授权或委托三方会议平台,定期开展劳动关系调查、发布劳动关系发展报告、指导推进和谐劳动关系创建各项工作。

5.建立健全劳动关系激励机制。深入开展“双爱”活动,积极推进和谐劳动关系综合试验区创建,充分挖掘和广泛宣传民营企业开展和谐劳动关系建设和“双爱”活动的经验做法,自上而下开展评选表彰活动,并加大宣传力度,发挥先进典型示范效应,大力营造全社会共同关心、支持和参与构建和谐劳动关系的良好氛围。将和谐劳动关系建设纳入社会综合治理和平安建设目标考核范畴,加强对和谐劳动关系建设的组织领导和检查督促。

6.不断强化劳动纠纷多元化解机制。加强基层乡镇(街道)调解组织建设,进一步深化改革、整合力量,将劳动争议预防调解作为重要内容纳入乡镇(街道)社会综治治理、市场监管、综合执法、便民服务“四大平台”建设之中,努力将大量劳动纠纷化解在基层一线。积极推进“最多跑一次”改革,推广“监察、调解、仲裁”三位一体劳动纠纷化解机制,开展“1+X”多元处理,坚持线上线下有机结合,实现“一窗受理、联合办公、集成服务、快速解决”目标。积极推进商会改革发展,充分发挥其组织优势和独特作用,进一步加强商会调解组织建设,继续推进商会和企业劳动争议预防调解示范工作,认真总结推广商会调解工作经验做法,不断创新方法模式,充分发挥商会在化解劳动矛盾纠纷中的积极作用。

执笔人:吕晓峰　张新民

安徽省工商联民营企业劳动关系报告

2017年,全省各级工商联紧紧围绕"两个健康"主题,深入贯彻落实《中共安徽省委、安徽省人民政府关于构建和谐劳动关系的意见》(皖发〔2016〕7号)精神,充分发挥组织健全、会员广泛、贴近企业的优势,大力开展劳动争议预防调解工作,创新开展劳动纠纷多元化解,积极参与协调劳动关系三方机制建设,推动和谐劳动关系构建,有力地促进了非公有制经济健康发展。

一、我省民营企业劳动关系基本情况及形势研判

(一)我省非公有制经济基本情况

近年来,我省非公有制经济飞速发展。2016年,我省民营经济实现增加值13,907.5亿元,占全省生产总值的比重为57.7%;民营企业缴纳税收2154.5亿元,占全省税收的比重为64.2%。截至2017年7月底,我省共有私营企业83.2万户、个体工商户254.3万户。截至2017年11月,我省民间投资17,373.4亿元,占全省投资的比重为66%。非公有制经济已成为我省经济稳增长、调结构的重要力量、改革开放的重要动力、增收富民的重要渠道。

(二)民营企业劳动关系总体和谐稳定

2017年,安徽省工商联在全省建立了劳动关系监测点,开展劳动关系问卷调查。通过对收回的调查问卷进行统计分析,并联合人社、工会等部门开展专题研究,可以看出,2017年我省民营企业劳动关系总体和谐稳定,主要表现在:

1.劳动合同签订率不断提高,劳动关系趋于稳定。监测企业中,直接雇用的全日制职工占93.9%,全日制直接用工是民营企业的主要用工方式。在直接雇用的全日制职工中,劳动合同平均签订率达95.8%。经营发展稳定、管理规范的企业倾向于与职工建立长期稳定的劳动关系。在调查期限内,96%的监测企业没有出现减员20人以上,或者减员不足20人但占企业职工总数10%以上的

情形。

2. 劳动者工资水平较稳定,拖欠现象减少。据统计,2017 年监测企业员工月平均工资为 3109 元,比 2016 年月平均工资 3008 元,增加了 101 元,同比增长 3.4%。省会合肥市 2017 年最低工资执行标准也由 2016 年的 1260 元,增长到 1520 元,增长率为 20.6%。98.5% 的监测企业表示能够按月足额支付工资。

3. 协调劳动关系三方机制广泛建立,劳动争议矛盾日益缓和。目前,我省所有市县都建立了协调劳动关系三方机制,进一步明确了工作职责和工作方法,为民营企业构建和谐劳动关系提供了组织保障。20.6% 的监测企业特别是规模以上企业建立了劳动争议调解组织;63% 的监测企业没有建立调解组织,但都有调解员。调解在处理劳动争议中发挥的基础性作用越来越大。

4. 健全三大制度,企业民主管理逐渐推进。《安徽省企业民主管理条例》出台后,我省民营企业积极响应,不少企业建立和完善了职代会制度、厂务公开制度、职工董事职工监事制度。宣酒集团职代会下设生活福利、提案、财经、女工、宣传文体、安全生产六个专门小组,保证职代会闭会期间民主管理工作的有效实施。安徽联华实业集团实行"五公开、五民主",即决策公开、民主决定,制度公开、民主管理,核算公开、民主理财,薪酬公开、民主协商,测评公开、民主评议,保证职工代表大会制度的落实。企业民主管理工作在构建和谐劳动关系中发挥了重要作用。

(三)民营企业劳动关系存在的问题

民营企业劳动关系虽然总体和谐稳定,但问题仍然存在,有的还比较严重。

1. 劳动争议形势依然严峻。一是拖欠劳动者特别是农民工工资问题较为突出。2017 年 1~8 月,全省劳动监察查处的案件中,劳动报酬类占 90%,全省立案受理的劳动争议仲裁案件中,劳动报酬类占 40%。二是部分劳务派遣工同工不同酬问题突出,容易引发争议。三是部分企业未足额缴纳社会保险费,导致劳动者退休待遇明显偏低,隐患不小。全省立案受理的劳动争议仲裁案件中,社会保险类占 40%。

2. 企业缺工现象较为严重。2017 年,有 41.5% 的不同行业的监测企业存在缺工现象,缺工人数占需求总人数的 16.1%。从行业来看,缺工人数位列前三名的依次是制造业、批发和零售业、住宿和餐饮业,严重制约企业的发展。

3. 工资正常合理增长机制没有执行到位。面对经济下行压力,有的民营企业特别是小微企业生产经营困难,职工工资水平较低,企业工资指导线制度、工资正常增长机制没有执行到位。尽管我省发布了2017年企业工资指导线,但是71%的监测企业2017年并没有调整过工资。工资集体协商制度覆盖面不大,60.6%的监测企业没有开展工资集体协商,工资由企业单方决定现象较普遍,管理者与普通员工的收入差距过大。

4. 劳动合同签订上存在问题。尽管《劳动合同法》实施多年,受民营企业法治观念的影响,仍存在不签订劳动合同的现象,为劳动纠纷留下隐患。劳动合同签订不规范,劳动合同订立、解除、终止、变更内容等不全面,待遇不平等;个别条款甚至还违反了有关法律、法规;签订集体合同没有把工资集体协商作为合同的重点,导致协商不利,标准不合理,履行不到位。

二、工商联所做主要工作

(一)强化教育引导,营造民营企业和谐氛围

全省各级工商联一直将加强民营企业法治宣传教育,开展理想信念教育实践活动,引导民营企业守法诚信作为构建和谐劳动关系的重要抓手。

1. 加强法治宣传教育培训。省工商联组建了一支由工商联法律服务部门、法律工作委员会、法律顾问团、安徽省商会调解中心、安徽商联劳动争议预防调解中心为主的法治宣传队伍。与省司法厅、省普法办联合出台了《关于贯彻落实〈全国工商联、司法部、全国普法办关于开展"法律三进"活动的意见〉的实施意见》。通过调研、走访、培训等形式,大力宣传《劳动合同法》《公司法》等法律法规。组织商会和会员企业参加全国工商联举办的劳动争议预防调解培训班、全国劳动关系协调员示范培训班等培训,帮助企业依法推进民主管理、工资集体协商、劳动争议预防调解等工作。

2. 深入开展以守法诚信为重点的理想信念教育。省工商联举办了安徽省非公有制经济人士守法诚信报告会,6位报告人向与会企业家们报告了自己坚持守法诚信、促进企业健康发展的感悟和收获。与省委统战部、省预防腐败局联合主办了安徽省非公有制经济人士反腐倡廉书画作品巡展,选择了30个省内大型非公有制企业、工业园区和商协会展出,推动民营企业廉政文化建设,传递廉洁自

律、守法经营正能量。与省委统战部、省经信委、省人社厅联合开展了“安徽省第五届优秀中国特色社会主义事业建设者”评选表彰活动，特别把推动创新发展、构建和谐劳动关系等方面的表现纳入评选条件，对98名优秀建设者进行了表彰，为全省广大非公经济人士树立了一批可信、可学的先进典型。

3. 加强非公经济领域党建工作。认真落实领导班子联系商协会和民营企业制度，向141个会员企业和商会组织选派22名由会领导和处以上党员干部组成的党建工作指导员，指导安徽省豫商联合会和安徽省电力工程行业协会成立党支部，在省工商联直属行业商协会、异地商会和团体会员中成立5个联合党支部，充分发挥党组织在企业职工群众中的政治核心、在企业发展中的政治引领作用。

（二）大力开展劳动争议预防调解工作，把矛盾化解在基层

1. 加强劳动争议预防调解组织建设。加强安徽商联劳动争议预防调解中心建设。该中心是省工商联成立的专业性法律服务机构，主要职能是配合人社部门指导民营企业开展劳动争议预防调解工作，参与重大集体性劳动争议协调处理等工作。目前该中心有工作人员24人，其中有司法资格的20人，并组建了一支由工商联、民营企业代表和法律界三方人士组成的百余人的兼职调解员队伍。2017年，共受理劳动争议案件397件。芜湖市在全市各类工业园区、街道（乡镇）和规模以上企业建立了以劳动争议调解组织为主体的维权诉求平台共计305个，聘请调解员1000余名。淮北市在市代理商联合会、市浙江商会、市江苏商会成立了劳动争议调解组织，开展了调解人员培训。六安市164个乡镇街道全部建立了劳动人事争议调解组织，覆盖率达到100%。

2. 做好劳动争议预防调解示范单位创建工作。2017年，省工商联会同人社部门重点对全国第二批非公有制企业商会劳动争议预防调解示范单位省新兴产业协会加强了调研督查，指导和督促其建立健全调解组织，加强调解员队伍建设，建立完善调解工作制度，鼓励他们积极开展民商调解、劳动争议调解工作。2017年10月30日，全国第二批非公商会劳动争议预防调解示范工作座谈会在合肥举行，专门对其劳动争议预防调解工作进行了调研，人社部、全国工商联领导给予了高度评价。

3. 创新开展劳动争议预防工作。如何将劳动纠纷的事后救火、被动应付引

导到企业事前的主动预防，是劳动争议预防调解工作的重点。为从源头上减少纠纷，安徽商联劳动争议预防调解中心通过组织专业法律人员帮助企业对员工手册和企业制度进行完善和修改，帮助企业规范经营管理，提高企业防范法律风险的能力。目前，该中心已经为安徽静安集团有限公司、安徽联合安全科技有限公司等多个企业建立了较为完善的劳动风险防控机制，依法维护劳资双方的合法权益。

(三)创新开展诉调、裁调对接机制，多元化解民营企业劳动纠纷

1. 强化政策支持。为贯彻落实中办、国办《关于完善矛盾纠纷多元化解机制的意见》，通过多种有效形式处理企业劳动纠纷，安徽省工商联与安徽省高院联合印发了《关于进一步完善非公有制企业矛盾纠纷诉调对接工作的意见》，与安徽省人社厅、省总工会等八部门印发了《关于进一步加强劳动人事争议调解仲裁完善多元处理机制的实施意见》，为多元化解劳动争议提供了政策支撑。

2. 建立诉调对接机制。安徽商联劳动争议预防调解中心在全省率先与合肥市各基层法院合作开展诉调对接试点工作，在法院设立了调解工作站，重点调解劳动争议、民商事纠纷。工作站以诉前调解为主、执行调解为辅，减少无效诉讼、无益诉讼对企业的负担和司法资源的浪费。调解中心与法院建立诉调对接工作，有助于双方发挥各自优势，共同探索高效、务实、便民的多元化化解矛盾纠纷新模式。2017 年，调解工作站共受理劳动争议案件 397 件。

3. 巩固裁调衔接机制。与安徽省人社厅印发了《关于加强全省非公有制企业劳动争议预防调解工作的意见》，提出要做好非公有制企业劳动争议调解与仲裁工作的衔接，大力开展商会劳动争议调解组织协议的审查确认工作。建立了劳动纠纷裁调对接机制，主动和省劳动仲裁院对接，成功实现多起劳动纠纷案件的裁调对接。

(四)积极主动作为，充分发挥工商联在劳动关系三方委员会中的职能作用

1. 积极参加劳动关系三方委员会工作。省工商联主动加强与人社部门、工会的沟通协作，积极反映民营企业合法利益诉求，共同研究解决劳动关系重大问题。共同推进建立并完善企业工资分配制度，企业工资指导线制度、企业工资决定机制和正常增长等，联合出台了《关于构建和谐劳动关系综合试验区建设的指导意见》。淮北市三方四家联合开展了“淮北市劳动关系和谐企业和爱淮北、爱

职工的优秀企业家,爱淮北、爱企业的优秀职工活动”。芜湖市协调劳动关系三方委员会建立了宣传联动、会议联动、文件联发、工作联抓、资料联网、督察联手“六联”机制,深化“星级职代会”创建活动,出台了《全市非公企业职代会民主管理指导意见》,推进完善企业民主管理制度。

2. 推行集体合同和工资集体协商工作。各级劳动关系三方四家联合开展工资集体协商、集体合同制度等方面的调研活动,开展集体协商“春季要约”活动,以小型民营企业和选择集中签约形式为重点和突破口,加强活动宣传力度,推动民营企业建立和完善集体合同制度,不断提高集体合同签订的质量。2017 年度,铜陵市签订集体合同(工资集体合同)1501 份,集体合同签订率达 90. 25%,其中民营企业已签订工资集体合同(集体合同)1313 份,覆盖职工超过 10 万余人。

(五)扩大社会就业,引导民营企业履行社会责任

促进就业是构建和谐劳动关系的基础。加强对安徽省工商联人力资源市场的指导,2017 年该市场累计举办 300 场种类特色招聘会,包括民营企业招聘周、民营百强企业招聘会、技能人才专场招聘会、营销类专场招聘会等,为 4096 家次企业提供了日常设台招聘服务;发布橱窗招聘信息 1698 家次;累计发布职位 51, 546 个。为深入贯彻落实《安徽省就业创业一站式服务中心建设指导方案》精神,探索就业创业服务新模式,该市场承接了合肥市庐阳区就业创业一站式服务中心项目,立足于高校毕业生、退役及自主择业军人、失业人员、新成长劳动力、就业困难人员等群体的就业创业服务,为企业及劳动者提供职业介绍、职业指导、职业培训、社保服务、法律咨询、创业指导等一站式服务。配合省人社厅落实“化解过剩产能中失业人员就业新起点计划”,积极引导化解过剩产能的失业人员进行求职意向登记,联系生产制造业等合适岗位优先推荐,帮助失业人员再就业。

三、面临的困难和问题

(一)劳动争议预防调解工作有待进一步加强

1. 调解组织建设比较薄弱。由于对劳动争议预防调解工作的性质、作用等方面的认识还不够,我省民营企业中大部分没有建立调解组织,调解力量相当匮乏,难以发挥实效。即便建立了调解组织,调解人员多是兼职人员,劳动法律法

规知识以及调解技能还比较欠缺,调解的有效性有待进一步提高。

2. 调解组织生存资格遭遇瓶颈。安徽商联劳动争议预防调解中心是安徽省人社厅批复组建的单位,因国家政策原因,省人社厅要与该中心脱钩,所以造成该中心现主管单位不明。但是该中心作为民办非企业单位,民政厅又要求必须有行政单位主管,年检或换证必须有审核的部门或单位,现在造成无单位审核的情况。

3. 商会的劳动调解没有经费支持。商会劳动争议调解本来是多元化解纠纷机制的重要组成部分,但司法行政部门只强调人民调解,不认可商会调解的地位,人民调解有政府专项经费保障和补贴,商会调解就不能获得。

4. 劳动调解与劳动仲裁对接不充分。商会调解与劳动仲裁部门对应度还不高。同时,商会劳动争议调解组织设置与劳动仲裁机构设置不对应,当事人在省劳动争议调解中心调解后,向哪一级仲裁机构申请确认,成为大难题。

(二)民营企业工资集体协商制度覆盖面不大

对民营企业工资集体协商制度、工资正常增长机制等制度宣传不够,对企业集体协商指导员培训不够。集体协商制度执行弹性大,集体合同签与不签对企业影响不大,签订的积极性不高。工资集体协商质量不高。部分企业工会干部和职工代表由于害怕得罪“老板”,不敢谈;不熟悉相关法律法规、政策,不善谈;部分企业对职工关注的保险福利等热点问题避而不谈,合同文本空洞,可操作措施少,使协商过程流于形式。

(三)工商联在协调劳动关系中的作用难以充分发挥

人社部门代表政府,工会代表职工,其代表性和执行力比较强,而工商联作为民营企业的“娘家”,在协调劳动关系中代表民营企业,既要维护民营企业的合法权益,又担负着推动建立和谐劳动关系、维护社会稳定的重任。特别是在争议调解中,一边涉及社会稳定和谐,一边关乎企业发展、地方经济建设,工商联常遇掣肘,往往处境尴尬。

(四)工商联在关于民营企业方面的调研能力略显不足

对民营企业的劳动关系等方面进行调研,其结果不仅会影响到企业劳动关系矛盾的解决,而且会影响到政府部门关于民营企业方面的判断和决策。因此,需要对民营企业劳动关系情况进行全面、深入地了解,掌握其现状及存在的问题。但由于人手等限制,工商联在调研方面存在不足,停留在简单的感性认识层面,研究得不全面、不透彻,与现实的需要、企业的期待尚有距离。

四、影响劳动关系和谐的主要因素

1. 新业态方面和网络经济因素。随着互联网等现代科学技术的应用,平台经济、共享经济等快速发展,以网约车、电商、网贷等为代表的新业态、新经营模式带来劳动用工和就业形式的深刻变化,部分雇主和劳动者之间的关系以新的面貌出现,劳动关系更加复杂,传统的劳动关系规制难以适应,协调管理较为困难。网络经济发展迅速,给实体经济带来强烈冲击。特别是销售模式的改变,对线下零售业造成不利影响较大,导致从事实体零售的人员就业稳定性较差。

2. 转型升级方面因素。去产能工作,全省"三煤一钢"3 年要分流安置职工约 10 万人。2016 年年初战告捷,全省全年共分流安置职工 38, 466 人,完成年度目标任务 35, 282 人的 109. 02%,其中煤炭行业分流安置职工 25, 021 人,完成年度目标任务 22, 370 人的 111. 85%;钢铁行业分流安置职工 13, 445 人,完成年度目标任务 12, 912 人的 104. 13%。但随着钢铁、煤炭价格企稳回升,企业方面去产能动力减弱,职工方面分流转岗意愿降低,去产能分流安置职工难度不小。

3. 强化监管方面因素。一是 2017 年以来,安全生产、环境保护巡视督查力度空前加大,将会带来一批企业出现问题,有的企业将会面临关闭,欠薪、欠保的问题将会凸显,解除劳动合同经济补偿金支付将会出现困难。二是房地产市场监管力度加大,房屋销售低迷,一大批房企和房屋中介机构将会出现停工、裁员问题。

4. 新媒体方面因素。微博、微信广泛使用,带来信息呈裂变式传播,使劳动关系矛盾容易被迅速扩散、放大、发酵、激化,导致个别矛盾引发群体效应,处理不慎极易引发连锁反应,甚至演化为群体性事件。

五、对工商联劳动关系工作的对策建议

1. 促进优化非公有制经济发展环境。企业健康发展是构建和谐劳动关系的前提。各级工商联要围绕企业劳动关系热点难点问题,深入调查研究,积极向政府建言献策;密切关注民营企业特别是小微企业在生产经营中遇到的困难和问题,通过政协平台,积极参政议政,为民营企业发展鼓与呼;积极参与劳动立法协

商,准确反映民营企业合理诉求,维护企业合法权益;大力开展第三方评估工作,积极推动各级政府减轻企业负担、扶持企业发展政策措施的落实。

2. 建立和完善劳动纠纷多元化解机制。认真贯彻落实人社部等8部门《关于进一步加强劳动人事争议调解仲裁完善多元处理机制的实施意见》,坚持预防为主、基层为主、调解为主的工作方针,引导民营企业普遍建立内部劳动争议协商调解机制,引导商会依法建立行业性、区域性劳动争议调解组织,大力开展劳动争议预防调解工作。建立诉调对接、裁调衔接工作机制,降低纠纷化解成本,充分发挥协商、调解在处理劳动争议中的基础性作用。积极争取将商会的劳动调解纳入人民调解范畴,作为社会管理性服务内容纳入政府购买服务指导性目录,提高商会调解工作经费保障水平。

3. 强化劳动关系三方四家的沟通协调机制。构建和谐劳动关系,涉及方方面面,需要政府、工会与企业三方协同推进。一是进一步推进集体合同制度建设,重点是扩大集体合同制度适用范围、建立健全集体合同协商规则与机制、建立健全集体协商风险预警机制、正确处理集体合同与劳动合同及劳动规章制度等关系;二是进一步加大普法宣传教育与三方机制能力建设,在企业强制实施国家劳动关系协调员制度;三是建立健全企业劳动用工管理能力提升机制,加强重点领域、行业、企业法定代表人依法用工常态培训建设。

4. 强化工商联教育引导职能。工商联作为党和政府联系民营企业的桥梁和纽带,要始终坚持团结、服务、引导、教育的方针,结合开展的以守法诚信为重点的理想信念教育,创新各种宣传教育方式,加强对劳动关系法律法规的宣传报道;要以和谐企业、和谐社区、和谐园区建设为载体,大力支持和推动在民营企业中开展"创建和谐劳动关系模范企业"等活动,树立一批先进典型,运用典型引路,推进和谐劳动关系的建设。同时,商会是工商联的基层组织和工作依托,要充分发挥商会自我教育、自我服务、自我规范的作用。

编写组:徐庆松　戴明荣　王传俊　陈　姗

执笔人:陈　姗

福建省工商联民营企业劳动关系报告

2017年以来，福建省工商联认真学习贯彻党的十九大精神和习近平中国特色社会主义思想，着眼“两个健康”工作主题，深入贯彻落实福建省委、省政府《关于构建和谐劳动关系的实施意见》，加强与人社部门、工会、企联等单位的密切协作，充分发挥工商联组织健全、会员广泛、贴近企业的优势和在“三方”机制中的重要作用，大力推进民营企业和谐劳动关系创建活动，努力为建设“法治福建”和“机制活、产业优、生态美、百姓富”的新福建贡献力量。

一、我省民营企业劳动关系的基本情况

福建是民营经济大省。目前，全省私营企业和个体工商户超过了300万户，民营经济增加值已占全省GDP近7成，民营企业劳动关系已经成为构建和谐劳动关系的重要领域。2017年我省劳动关系运行情况总体平稳，劳资纠纷总体稳中趋降。据统计，2017年全省处置10人以上群体性突发事件139起，同比下降2.11%；为5.74万名劳动者追回工资4.82亿元，追回工资数额、涉及劳动者人数分别较去年同期下降45.41%、31.75%；全省共立案受理劳动人事争议案件为17,841件，同比下降13.58%。

（一）《关于构建和谐劳动关系的实施意见》贯彻落实到位。省委、省政府出台《关于构建和谐劳动关系的实施意见》后，各地协调劳动关系三方委员会高度重视民营企业构建和谐劳动关系工作。开展“你我与法同行、共促劳动关系和谐”系列宣传活动，举办“新常态下企业和谐劳动关系建设”论坛，强化舆论宣传，营造创建氛围，并将创建活动纳入社会管理综合治理考评范围，用“法治”“和谐”的理念引领民营企业和谐劳动关系创建工作。省三方四部门联合举办劳动关系工作人员业务及集体协商和集体合同等业务培训班，有效提升全省基层构建和谐劳动关系的工作能力。选树先进典型，激发创建热情，将省级劳动关系和谐单位荣誉终身制改为届别制，进一步提高民营企业创建积极性。开展学习考

察、调研攻关、创建品牌、示范引领等活动,完善福州市劳资纠纷预警机制,推广厦门"1118"和谐劳动关系示范工程,总结莆田"1 + N"矛盾多元调解模式,多机制、多渠道、多举措推动民营企业和谐发展。

(二)工资分配调控监督有效。省工商联积极配合省"三方办",在全省开展关于调整最低工资标准情况的抽样调查,共发放企业和劳动者调查问卷 4000 份,收回 3685 份,回收率达 92.1%;在深入调研的基础上,结合我省经济发展水平和就业状况,稳妥调整我省最低工资标准,使调整后各档加权平均值上升至 1452.3 元,调增幅度为 12.0%;按季度对福州、泉州、南平、宁德 4 个地市 7 个制造业行业的 151 家企业进行人工成本监测工作,其中包括 5 个国家级监测试点行业和 74 家试点企业。2017 年,全省已有 7 个设区市共发布 2926 条通用工种价位信息,省、市两级工资指导线均已发布,省级工资指导线上线为 12%,基准线为 8%,下线为 3%。

(三)劳动合同制度全面实施。认真实施劳动合同法,以小微企业和农民工为重点,通过加强法律宣传培训、推行使用简易劳动合同范本、加大执法检查力度等举措,不断提高劳动合同签订率和履行质量;继续开展工资集体协商"要约行动",共向 15.09 万家企业发出要约,应约企业 14.36 万家,应约率达 95.1%,惠及职工 469 万人,有效发挥了集体协商机制在新时代调节劳动关系的基础性作用。2017 年,全省企业劳动合同签订率达到 97.23%,用工备案有效单位数 17.13 万户、备案职工 310.79 万人。印发《关于印发劳务派遣行政许可办理规范流程的通知》《关于加强劳务派遣行政许可事中事后监管工作的通知》,劳务派遣用工得到进一步规范。

(四)劳动标准化管理扎实推进。会同省有关部门共同做好特殊工时行政许可业务指导,并加强部门间和省市两级协调配合,妥善处理重点企业特殊工时方面的问题。2017 年,全省共审批执行特殊工时企业 800 余家、涉及职工 40 余万人,特殊工时制度实施情况总体平稳。针对女职工产假执行情况在全省开展调研(共发放调查问卷 1632 份,实际回收 1540 份,问卷回收率为 94.36%,有效率为 100%),在此基础上,向省政府提出意见建议,并协调相关部门争取将生育津贴覆盖到 158 ~ 180 元/天,使女职工产假待遇得到有效落实。

(五)职工权益得到切实维护。大力实施稳定和扩大就业政策,不断完善就业服务体系,着力推进公共就业服务均等化,职工劳动就业权得到进一步实现,就业方式更加灵活多样。全省职工收入保持同步增长的势头,2017 年职工最近一次涨工资的平均值达到 410.4 元。社会保障体系日趋完善,职工参加养老、医疗、工伤、失业、生育"五险"的参保率分别达到 78.4%、79.1%、78.4%、68.9%、69.7%;劳动安全卫生状况有效改善,全省安全生产形势总体良好,大多数企业重视安全生产教育培训,70.2%的职工参加过安全生产方面的相关培训;企业职工代表大会制度、厂务公开制度有效推进,全省建立职工代表大会制度(含职工大会)的基层工会 10.11 万个,覆盖民营企业 20.32 万家,涵盖职工 629.8 万人;实行厂务公开 9.8 万家,涵盖民营企业 19.91 万家,涵盖职工 614.56 万人;截至 2017 年 12 月,全省共调整组建劳动人事争议仲裁委员会 94 个,调整组建率达到 100%;全省各类调解组织共调解劳动人事争议案例 13,617 件,调解结案 12,035 件,调解成功率达到 70.48%。

二、我省工商联系统构建和谐劳动关系所做的主要工作

(一)主动加强宣传教育引导。开展以"守法诚信、坚定信心"为重点的理想信念教育实践活动,讲好"闽商好故事",引导民营企业家自觉增强"四信";出台《关于加强法律服务工作的实施办法》《关于开展"法律三进"活动的实施意见》等文件,编印《涉企案例和法律政策选编》等法制宣传材料,举办各类法治教育专题报告会,广泛开展"法律三进"活动,增强民营企业家法治观念和企业用工法制水平;编撰《闽商企训》,推进"全省民营企业文化建设优势企业"发展,推动商会和企业开展党建工作,促进劳动关系和谐。泉州市工商联开展"会员活动日""泉商好故事""建设者之声朗诵大赛"等系列活动,以正能量引导企业家增强"四信";漳州市工商联结合执委会、会长秘书长联席会、异地商会联席会等形式,组织民营企业学习《劳动合同法》《就业促进法》《劳动争议调解仲裁法》等相关法律培训,增强用人单位和劳动者的守法意识;南平市工商联利用企业用工招聘咨询活动设立政策咨询台,现场接受咨询、投诉,发放劳动保障宣传资料、维权服务卡,宣传劳动保障法律法规,增强劳动者法律意识;龙岩市工商联持续打造"红土诚信"工作品牌,大力开展和谐劳动关系政策、案例宣传工作,着力引导企业经营者依法经营。

(二)积极推动劳动争议预防调解。省工商联与相关部门联合出台《关于建立涉非公有制经济主体民商事纠纷诉调衔接工作机制的指导意见》《关于进一步

加强商会人民调解工作的意见》等文件,推动基层工商联及所属商协会建立健全调解职能和机制,参与民商事案件矛盾纠纷化解;搭建中小微企业市场化公共服务平台,开展政策第三方评估,开辟《民企诉求反映》直通车,建立以律师、会计师、税务师、评估师、专利代理人等“五师”为主体的“专业人士服务民营企业公共平台”,加强企业法律维权、依法治企等专业服务。泉州市工商联完善商事调解、诉求反映、警企协作、劳资关系协调等企业、政府、司法一体的常态化沟通协作机制,建立重大信息重大案件通报制度,帮助企业通渠道、解困难,推动民营企业构建和谐劳动关系;南平市工商联在延平区夏道镇和邵武竹木业加工协会开展基层调解组织示范点创建,积极推行劳动人事争议“基层预防、一线调解”工作方法,推进建立“有组织、有预防、有调解、有保障”的乡镇(街道)劳动争议预防调解工作机制;宁德市工商联深入开展民商事纠纷调解工作,印发《宁德市涉非公有制经济主体民商事纠纷调解工作方案》,扩大调解对象和调解范围,为民营企业创建和谐劳动关系提供服务。

(三)依托“三方机制”努力发挥作用。省工商联认真贯彻《福建省工会劳动法律监督条例》和《企业集体协商和集体合同条例》,引导企业依法依规用工,推进厂务公开和民主管理,落实劳动法律监督;参与全省最低工资标准修订和实施情况问卷调查工作;依托《闽商报》开辟“对话”专版,三方机制四家单位联合出版《对话》一书,帮助企业缓解“职工流失率高”“用工难”等问题。龙岩市工商联搭建政企沟通对话平台,连续10年定期举办“民营企业家新春恳谈会”,在全国率先设立“企业日”,在全省率先建立市领导联系商会工作制度,政商交往的新风尚、新气象正在形成。近年来,省工商联坚持以问题为导向,进一步健全完善企业诉求反映、解决问题等机制,真正做到反映问题有渠道、受理问题有人管、解决问题有考评、落实不力有追责,推动各种惠企政策落实落细,不断增强企业家获得感。

(四)扎实开展非公经济人士职称评审。据统计,2005~2017年,全省非公有制企业申报职称人数将近12万人,经全省各级人社部门和工商联共同组织评审并批准确认,获得职称共84,172人,其中高级3830人,中级34,094人,初级46,248人;经省人社厅和省工商联共同组织评审并获得职称共4891人,其中高级职称3830人,中级职称630人,初级职称431人。仅2017年,经全省各级人社部门和工商联共同组织评审并批准确认,获得职称的人数共4650人,其中高级职称 225 人、中级职称 2632 人、初级职称 1793 人，为民营企业创建和谐劳动关系提供了有力的人才支撑。

三、我省民营企业劳动关系存在的主要问题

（一）部分行业和领域劳动关系还不够稳定。随着改革的不断深化和经济新常态的到来，特别是“互联网 +”平台经济、共享经济等新经济、新业态的快速发展，打破了民营企业传统的生产经营模式，加之相关法律法规政策不完善，劳动关系呈现多样化、复杂化，在未来相当长一段时间将会对劳动用工常态管理造成一定的冲击；随着“三去一降一补”工作的深入推进，岗位调整、工资下降、欠薪欠保、规模裁员等现象增多，容易引发职工的不满和恐慌；工程建设领域挂靠承包、违法分包、层层转包、自然人（包工头）承包和垫资施工等源头问题未得到有效解决，而受房地产调控政策影响，部分房地产项目资金紧张，加剧了欠薪现象的发生。部分加工制造劳动密集型企业因订单减少、生产经营困难和融资困难等问题，欠薪问题仍然易发。随着《福建省人口和计划生育条例》的修订，我省女职工的生育休息天数增加到 158 ~ 180 天，但目前生育津贴只覆盖 98 天产假，很多企业不愿延长产假或延长产假却不发工资，女职工合法权益得不到切实保障，成为当前影响劳动关系和谐稳定新的风险点。

（二）工资增长和共决机制还不够健全。不少企业工资集体协商流于形式，工资集体协议缺乏实质性内容；一些企业未建立工资正常增长机制，企业经济发展成果未能惠及职工，有的企业多年未涨职工工资、劳动时间长、劳动条件差、休息休假和加班报酬难以落实等现象，还不同程度地存在；收入分配深层次的矛盾凸显，由于普通职工处于弱势地位，企业工资集体协商开展难度大，难保公平；工资增长指导线执行力度弱，一些企业工资增长缓慢；收入分配立法相对滞后、工资支付保障机制不够健全，定员定额、计件单价、劳动班次等设置不合理，也是阻碍收入分配工作顺利开展的影响因素。

（三）工作基础和创新机制还不够完善。劳动关系工作体系建设相对滞后，业务经办机构支撑和队伍力量配备不足。三方机构建设不平衡，严重制约作用发挥，尤其是县级以下企业代表组织缺失问题比较突出。劳动用工备案系统还不完善，有的市级仍然看不到县级报备情况，企业每年新增报备数无法体现；由于部分企业未及时在信息系统办理减员手续，员工在新企业后无法登记；还有劳

动报备非强制的,企业报备积极性不高,工作难度很大。

(四)劳动环境和用工管理还不够规范。一些企业地处乡镇或行政村所在地,四周都是农田,进城很不方便。员工反映有的企业没有配备文化娱乐设施,晚上厂区周围一片漆黑,不仅留不住青年员工,就是年纪大一点的员工也留不住,导致本地劳动力资源流失。部分企业用工管理仍不规范。部分企业滥用工资分配自主权,随意延长职工工作时间和提高劳动定额。劳动双方没有签订劳动合同,但事实劳动关系广泛存在。在参保缴费单位中,压低缴费基数,瞒报少缴等问题普遍存在,劳动者的合法权益难以得到保障。

四、我省民营企业劳动关系的形势研判

(一)经济下行的传导效应将更加凸显。福建经济发展基本向好,但是不确定不稳定因素尤其是经济持续下行的压力仍然存在,部分经济指标增幅有所回落,企业生产经营困难增多、利润空间收窄,量大面广的传统中小企业、小微企业仍然面临生存难、转型难的困境,劳动关系的不稳定性增强;供给侧结构改革可能将隐性劳资矛盾显性化,一些企业不履行民主程序也不向职工说明具体情况,未出台相关方案就停工停产,容易引发职工的不满和恐慌。在降成本过程中,一些企业片面把降成本变成了降工资降福利,且不依法依规履行民主协商程序,易引发群体性事件。

(二)新经济、新业态的风险隐患将逐渐显现。“互联网+”平台经济、共享经济等新经济、新业态快速发展,其用工方式灵活多样,除少量建立劳动关系外,绝大部分与平台主体之间存在民事关系,一旦发生纠纷都要求往劳动关系靠,谋取经济补偿金、工伤待遇、休息休假等劳动权益;众创空间、初创企业生存周期较短,发展快、衰退也快,职工管理能力差,关门倒闭较多,容易引发劳资纠纷。行业性劳资纠纷风险隐患可能显现,电子、服装、制鞋等行业企业倒闭数量增多,欠薪欠保劳资纠纷隐患风险较大。

(三)欠薪纠纷的突出矛盾将长期存在。欠薪纠纷仍是当前劳动关系领域比较突出的矛盾,虽然政府逐年加大治理力度,但欠薪问题已成为社会转型发展中的顽疾,社会牵涉面广,治理难度大,农民工工资拖欠问题依然存在。从我省群体性欠薪事件来看:一是建设施工领域仍是重灾区,在全省劳动保障监察机构处置的209起涉及企业欠薪事件中,建设施工领域125件,占59.52%;二是主要集

中在沿海经济较发达的地区，泉州、福州、平潭、漳州等沿海地区的欠薪事件数量占90%以上；三是讨薪时间主要集中在每年的农历年底、9月（职工子女就学需要资金）、农作物播种季节；四是主要分布在劳动密集型、娱乐服务业及外贸生产加工型企业，因抵抗风险能力弱而无力保障员工权益，劳资纠纷有所抬头。一些娱乐服务业企业经营状况较差，外贸生产加工型企业因出口压力和生产成本的提高，易发生欠薪上访等事件。

五、我省民营企业构建和谐劳动关系的对策建议

（一）强化政府的服务指导与劳动监管责任。建议政府加强宏观指导，定期发布劳动力指导价位、工资指导线等相关数据信息，适时调整最低工资标准；继续出台财政、税收和金融方面的优惠政策，进一步减轻中小企业税负，引导企业将减负所得用于提高职工收入；加强基层劳动执法监管人员配备，提供充足的经费保证。探索建立企业劳动关系动态监控预警平台，定期对劳动就业用工信息和社保缴费信息等大数据进行分析，采取分级预警机制，对发现的劳动关系异常情况及时进行预警。

（二）大力推行集体协商制度。继续以非公有制经济组织为重点，指导企业因企制宜开展平等协商，充分发挥集体协商在经济下行时期促进稳岗增效、利益共享的作用。重点推进行业集体协商工作，通过强化产业集聚地区（园区）劳动标准的制定工作，不断充实行业协商内容，增强行业集体协商的针对性、实效性。继续选树行业和区域协商典型，总结成功经验，适时加以推广。探索将集体协商和集体合同签订、履约情况纳入劳动监察内容和企业守法诚信档案，进一步提高集体协商实效。

（三）多渠道督促企业依法规范用工。加强企业劳动合同用工管理。重点解决小微企业和农民工劳动合同签订率偏低，尤其是建筑行业农民工劳动合同管理不规范等突出问题，稳步推动小微企业和农民工依法签订劳动合同，进一步提高企业职工劳动合同签订率和履行质量。建立健全劳动执法部门与工商、税务、金融等机构在企业信用评级上的网络信息共享机制，形成督促企业依法用工的网络。加大新闻媒体对依法用工典型的宣传和对违法用工企业的舆论监督力度。

（四）深入推进民主管理建设和企业文化建设。建立健全职代会和厂务公开

制度,在涉及企业发展重大问题时充分反映职工诉求和吸纳职工意见建议。依法推行公司制企业建立职工董事、职工监事制度,推动已建立职工董事、职工监事制度的企业通过职代会加强对职工董事、职工监事履职情况的监督。推进企业文化、职工文化建设,加强对职工尤其是新生代农民工融入城市的素质教育、人文关怀和心理疏导;引导民营企业家自觉把社会主义核心价值体系融入企业文化建设全过程。

编写组:陈建强　郑玉明　林贤文　李用方　董静怡

执笔人:李用方

江西省工商联民营企业劳动关系报告

为深入贯彻落实党的十九大精神和习近平总书记系列重要讲话精神，按照“五位一体”总体布局和“四个全面”战略布局要求，紧紧围绕中心、服务大局，牢牢把握“两个健康”工作主线，着力发挥“三方四家”协调机制作用，努力适应经济发展新常态下对企业提出的新任务、新要求，不断推进企业民主化管理，进一步构建和谐劳动关系建设。现将有关情况汇报如下：

一、发挥“三方四家”协调机制作用，进一步构建企业和谐劳动关系

1. 中共江西省委、省政府印发了《关于构建和谐劳动关系的实施意见》（赣办字〔2016〕28 号）文件，要求省工商联指导各设区市及县（区）积极参与三方四家机制建设。我省 11 个设区市工商联参与协调劳动关系三方四家机制为 100%，100 个县（市、区）工商联参与协调劳动关系三方四家机制达到 90%。为履行工作机制的职能，省工商联与省总工会联合开展学习宣传《劳动法》的活动，为推动民营企业遵守劳动法，调节劳资关系都起到了积极作用；省工商联与省人保厅、省总工会联合开展“就业与社会保障先进民营企业评选活动”“和谐劳动关系企业评选活动”，与省委统战部、发改委、人保厅、工商局、中小企业局联合开展的“表彰优秀中国特色社会主义事业建设者活动”等。

2. 创新民主管理形式，推动企业发展。一是领导重视到位。在强化组织领导方面做到“五有”，即有组织机构、有思想认识、有工作位置、有经费保障、有领导示范。二是指导服务到位。在以人为本方面做到让职工代表愿参与、想参与、会参与、能参与厂务公开民主管理，不断创新宣传方式、引导方式、培训方式、服务方式，积极探索民主管理工作的新途径。三是协调配合到位。在联动协调配合方面，加强与组织部、宣传部、国资委、人社局等部门的沟通联系，做到了上下联动、职责明确。四是作用发挥到位。在规范运行方面抓制度、抓规范操作、抓精准指导、抓示范建设。

3. 积极参与人保厅、省总工会关于召开全省劳动人事争议预防调解工作,如“关于征求最低工资标准调整意见”、开展全省“厂务公开解难题、民主管理促发展”工作调研检查、“民营企业招聘周活动”等;组织各设区市完成和谐劳动关系调研报告,并提供劳动关系和谐企业的典型案例8份;组织会员企业填写《民营企业劳动关系调查问卷》200份,为发挥商会调解作用提供了经验。

二、强化法治建设,进一步保障企业职工的合法权益

1. 建立工作联系机制,完善“绿色通道”。省工商联分别与省高级人民法院、省人民检察院、公安厅经侦总队、省质量技术监督局等部门建立工作联系制度,着眼于依法保护和促进我省非公有制经济的健康发展,从制度层面将工商联与相关部门的业务联系常态化。一方面由工商联牵头组织建立工作机制的部门经常到民营企业调研指导开展活动,另一方面将企业的诉求通过“绿色通道”很快能到达主要领导手中,缩短了办理时效,有效改变了以往与职权部门打交道门难进、人难找、事难办的状况。

2. 成立“百名律师服务团”。“百名律师服务团”是在省委统战部、省司法厅的领导下,在省工商联的支持协助下,以我省新的社会阶层人士联谊会为载体,借助省律师协会资源,服务于全省非公经济的相对独立的法律服务团队,为服务非公经济开辟了一条专业的服务渠道。成立工商联法律服务中心,与有执业资格的知名律师事务所合作,聘用专职律师驻会办公,为民营企业无偿提供日常法律咨询。构建三级维权网、发挥“绿色通道”作用,探索完善法律服务民营企业的长效机制,把法律维权作为延长工商联工作手臂、有效服务民营企业。着力破解困扰民营企业“维权难、打官司难,诉讼时间长、成本高”的难题。

3. 省工商联代江西省委、省政府起草并印发《关于大力促进非公有制经济更好更快发展的意见》,各级政府职能部门都成立了“促进非公经济发展领导小组”,利用这一平台为政府、企业和社会搭建起了一个沟通互动的平台,通过多方互动,推进各自的发展,实现共赢。在每年开展“招聘周”活动中,针对各会员企业用工需求,积极组织民营企业与高校生源对接,较好地完成每次的招聘任务。其中吉安、鹰潭两市被评为全国民营企业招聘周组织工作突出城市。萍乡市百宏集团、鹰潭市江西三川水表股份有限公司两户企业为全国民营企业招聘周吸纳就业突出企业。

三、促进“两个健康发展”,进一步为企业转型升级营造氛围

1. 贯彻落实中共中央、国务院《关于营造企业家健康成长环境、弘扬优秀企业家精神、更好发挥企业家作用的意见》要求。一是与省人社厅、省总工会、省企联会联合下发《关于对2017年省协调劳动关系三方会议重点工作进行督查落实的通知》(赣人社字〔2017〕413号)文件,就构建和谐劳动关系综合试验区建设、企业创建和谐劳动关系、三方体制机制建设、集体合同制度落实、妇女权益保障等进行督查;二是在企业开展以“关爱员工、实现双赢”为主题的“双爱双评”活动;三是大力弘扬企业家精神,对做出贡献的企业推荐表彰,省工商联与省总工会、人社厅组成领导小组,经民营企业申报,设区市工商联、人力资源和社会保障局、总工会联合审核,省评选领导小组评审推荐的模式先后推荐了方大特钢股份有限公司、井冈山市映山红瓷业有限公司、江西恩达麻世纪科技股份有限公司等12家企业受到表彰。

2. 健全工作机制。省工商联作为中国共产党领导的人民团体,是党和政府联系非公有制经济人士的桥梁和纽带,是政府管理非公有制经济的助手,依法保护非公有制企业和职工的合法权益也是工商联的重要责任。省工商联要求非公企业必须建立健全工会组织,作为入会的必要条件,有条件的要求建立党组织,发挥职代会组织机构作用,是推动非公企业、非公人士“两个健康”的重要举措。

3. 加大对《工会实施办法》宣传力度,让职工真正认识、掌握其内容,形成职工能参与、会参与、敢参与企业民主管理的良好氛围。深入推进以“公开解难题、民主促发展”为主题的活动;积极开展非公有制企业职工代表的法律培训,维护职工合法权益、构建和谐劳动关系、促进党风廉政建设。邀请律师事务所专业律师深入民营企业开展宣讲活动,帮助企业建立法律维权机制;注重在非公有制企业中深入宣传和推行仲裁法律制度,在非公有制企业经营合同中依法订立仲裁协议和依法选聘民营经济专业人士参加仲裁工作,做好非公有制企业民商事纠纷仲裁工作。

四、关于2018年工作几点建议

1. 建立健全“三方工作机制”。积极参与“三方四家”活动。省工商联向全省发出通知,要求各设区市及县(区)参与三方机制活动。力争100个县(市、区)

工商联参与协调劳动关系三方会议达到100%。构建三级维权网、发挥“绿色通道”作用,着力破解困扰民营企业“维权难、民企打官司难,诉讼时间长、成本高”的难题。

2.搭建服务平台。省工商联与省委统战部联合下发《关于成立江西统一战线“百名律师服务团”的实施意见》。“百名律师服务团”是在省委统战部、省司法厅的领导下,在省工商联的支持协助下,以我省新的社会阶层人士联谊会为载体,借助省律师协会资源,服务于全省非公经济的相对独立的法律服务团队,为服务非公经济开辟了一条专业的服务渠道。

3.加强教育培训。引导民营企业贯彻落实《中华人民共和国工会法》。非公有制经济是社会主义市场经济的重要组成部分,也是推动我国经济转型升级的重要依托,对于支撑增长、促进创新、扩大就业、增加税收等发挥重要作用。所以,依法保护非公有制企业和职工的合法权益也是工商联的重要责任。

执笔人:傅　炜

山东省工商联民营企业劳动关系报告

民营企业劳动关系事关经济发展和社会稳定，已经成为构建和谐劳动关系的重要领域。2017 年，山东省工商联在全国工商联的指导下，按照省委、省政府的要求，开展和参与了一系列工作，为推动我省民营企业和谐劳动关系的构建发挥了积极作用。现按照《关于报送 2017 年劳动关系报告和典型案例的通知》(全联厅字〔2017〕67 号)要求，把我会 2017 年以来参与构建和谐劳动关系的相关工作情况简要汇报如下：

一、当前我省民营企业的基本情况

民营经济是我国经济社会发展的重要基础，近年来，我省民营企业积极开展技术创新、结构调整、转型升级，实现了效益的稳步增长和质量的持续优化，在稳定增长、促进创新、增加就业、改善民生等方面继续发挥着重要作用。2016 年，我省实现民营经济增加值 34,258.6 亿元，增长 8%，占 GDP 的比重为 51.1%。截至 2016 年，全省实有民营经济市场主体 694.1 万户，注册资本(金)8.7 万亿元，分别占各类市场主体总量的 97.8% 和 70.3%；实有民营企业 174.9 万户，占全省各类企业总数的 91.7%；全省个体私营企业累计安置从业人员 2372.7 万人。2017 年，我省 57 家民营企业进入了中国民企 500 强，占到了 11.4%，较 2016 年增加 9 家，较 2012 年增加 32.6%，入选企业数量创历史新高。2017 年，我省民企百强营业收入入围门槛达到 100 亿元，较去年提高 29.8 亿元，已达到 2012 年全省民企百强入围门槛的 3 倍以上。入围企业中，2016 年度营业收入千亿元以上的有 2 个，分别是山东魏桥创业集团有限公司和信发集团有限公司；500 亿元以上的达到 12 个。我省民企百强的营业收入总额相当于全省规模以上工业企业主营业务收入的 20.8%，较 2012 年增加了 7.2 个百分点。民企百强中工业企业共 86 家，营业收入总额 26,883.4 亿元，利润总额 1372.3 亿元，分别占到全省规模以上工业企业的 17.9% 和 15.9%，民营企业在我省经济中的地位更加突出，整体经济体量不断扩张。

二、当前我省民营企业劳动关系的基本情况

(一)劳动协调机制更加健全。一是推进劳动合同制度实施。建立完善企业职工名册制度、企业劳动用工备案制度、企业集体合同审查备案制度等十几项管理制度,组织开展劳动合同制度实施三年行动计划,劳动合同签订率逐步提高。全省民营企业劳动合同签订率总体呈上升趋势,多数民营企业能够及时依法与职工签订劳动合同,企业工会能够代表职工与企业经营者进行平等协商,签订集体合同,劳动用工秩序进一步规范。截至2016年年底,全省集体合同签订率达到92%以上,集体合同备案10.5份,覆盖企业15.1万户,覆盖职工908.3万人。二是加强劳动保障地方立法。我省相关部门修订了《山东省劳动合同条例》,完成了《山东省企业工资集体协商条例》《山东省劳动人事争议调解仲裁条例》立法,劳动关系体制体系进一步健全。

(二)劳动者合法权益保护力度不断加大。一是不断提高职工工资水平。我会积极与省人社厅配合,完善最低工资标准调整机制,连续8年调整提高工资标准,适时发布企业工资指导线和工资指导价位,加强企业工资市场指导作用,推动企业职工特别是一线职工工资持续增长。二是不断改善劳动者就业环境。多数企业能够主动履行社会责任,严格履行劳动合同,重视改善职工生产生活条件,保障职工的工资待遇、社会保险、劳动安全卫生等法定权益,同时注重加强企业文化建设,教育引导职工关心企业、热爱企业,职工满意度和归属感进一步增强,企业劳动关系进一步稳定。

(三)劳动争议预防调解基础保障建设不断完善。目前绝大多数市县都建立了协调劳动关系三方机制,不少地方已向街道和乡镇延伸。以企业调解组织和乡镇(街道)调解组织建设为主干,统筹推进各类调解组织建设,探索完善区域性、行业性调解工作模式,形成了多层次的组织体系。企业工会组建率逐步提高,作用日益扩大,不少企业建立了劳动争议调解组织,有效推动了劳动争议解决。截至目前,全省共建立各类调解组织75,495个,配备专职调解员1.8万余人,兼职调解员近12万人,初步构建起横向广覆盖、纵向多层次、功能全方位、方式多样化的调解组织体系。

三、省工商联的主要做法及取得的成绩

（一）聚合部门力量，积极构建我省民营企业和谐劳动关系。一是积极组织劳动关系重点问题调研工作。2017 年 5 月，按照全国工商联的通知要求，协助安排全国工商联来鲁开展民营企业劳动关系重点问题调研工作，联系省直相关部门，召开民营企业劳动关系重点问题座谈会。会上，对于民营企业发展过程中的疑难问题进行探讨，为优化民营企业发展环境，推动民营企业健康发展提供坚强法律保障。二是认真贯彻落实中共中央、国务院《关于构建和谐劳动关系的意见》精神，参加由省人社厅主办的《关于构建和谐劳动关系的意见》研讨会，参与中共山东省委、山东省人民政府《关于构建和谐劳动关系的实施意见》（鲁发〔2016〕3 号）的研拟工作，为我省和谐劳动关系建设提供有力的制度保障。三是加强部门沟通，积极推动我省和谐劳动关系创建活动的开展。2017 年 9 月，参加由省人社厅在济宁主办的和谐劳动关系现场创建会，进一步贯彻落实中央和省委、省政府关于构建和谐劳动关系的意见，交流和谐劳动关系综合试验区试点、和谐企业创建经验，不断提升和谐劳动关系创建活动水平。

（二）引领民营企业提高思想认识，奠定构建和谐劳动关系的人力基础。我会认真履行省协调劳动关系三方会议成员单位职能，着重引导民营出资人、管理者提高思想认识，积极构建和谐劳动关系，努力实现企业发展与员工受益的有机统一。一是通过理想信念教育实践活动，引导非公有制经济人士树立对中国特色社会主义的信念、对党和政府的信任、对企业发展的信心、对社会的信誉；二是加强对非公企业出资人的思想引领，借助召开执常委会、工作会议和赴基层调研的时机，加大建设和谐劳动关系的宣传，引导民营企业出资人把和谐劳动关系当作重要生产力，把和谐劳动关系当作企业增长点，在企业发展的同时，不断提高员工的收入水平，不断改善工作条件和环境，加大与员工的沟通力度，关注其利益诉求，关心他们的成长进步，把和谐劳动关系建设引入深入。

（三）引领民营企业依法加强劳动纠纷的预防调解，构筑维护和谐的稳定防线。一是加强工作部署。我会与省人社厅密切配合，对加强民营企业劳动争议预防调解工作做出总体部署，明确这项工作的指导思想，通过建立健全企业内部争议协商调解机制，着力提升企业自主预防解决争议能力，要求各地重视健全民营企业劳动争议调解组织网络建设，力争大中型民营企业劳动争议调解组织组

建率达到80%左右,进一步促进民营企业劳动关系和社会的和谐稳定。二是强化引领示范。在全省选择部分企业开展劳动争议预防调解示范工作取得成效的基础上,我会与人社厅密切配合,2016年又联合下文推荐第三批民营企业、商会劳动争议预防调解示范单位,并于2017年8月对第三批示范单位进行验收,促进民营企业和商会劳动争议调解系统不断完善。三是加强劳动争议预防调解培训工作,通过学习当前我国劳动争议调解仲裁工作现状、发展方向以及劳动争议调解有关政策解读与调解方法技巧等,明确了任务,掌握了政策,熟悉了技巧,打下了工作基础。

(四)引领民营企业建立集体协商制度,打牢共同发展的基础。一是与省人社厅、省总工会、省企业联合会/企业家协会密切配合,联合签发《山东省深化集体协商工作规划(2015～2018)》,进一步推动我省集体协商工作深化发展,提升集体协商质量,切实维护职工合法权益,促进劳动关系和谐稳定。二是与省人社厅等相关部门积极研讨,联合签发《山东省企业工资集体协商条例》,并于2017年1月1日起正式实施,其颁布实施是我省工资集体协商制度建设的重要里程碑,是构建和谐劳动关系一系列战略部署的重要措施,体现了我省运用法治思维和法治方式协调劳动关系取得新的进展。

(五)注重发挥典型示范作用,激发民营企业参与构建和谐劳动关系的积极性。根据省委、省政府《关于构建和谐劳动关系的实施意见》(鲁联发〔2016〕3号)文件精神,我会会同省人社厅、省总工会、省企业联合会共同启动了山东省劳动关系和谐企业、劳动关系和谐工业园区评选工作。在活动开展过程中,坚持逐级申报、优中选优的原则,严格按照我省和谐企业劳动关系、和谐工业园区评选标准,确保评选质量,通过评选把在创建活动中涌现出的劳动关系和谐企业、和谐工业园区评选出来,充分发挥和谐企业劳动关系、和谐工业园区的示范引领作用,激励和引导更多的企业和职工积极参与到创建活动中来,推动我省和谐劳动关系工作再上新台阶。

四、当前我省民营企业劳动关系存在的主要问题

(一)劳动合同方面。一是劳动合同签订率仍有待提高。这种现象在中小企业中较为普遍,有些中小企业劳动合同期限较短,续签率低。有些中小企业仅在职工进厂时签订了1年合同,而且没有到劳动部门备案,在劳动合同到期后,不

少企业虽然继续留用职工但却不与其续签合同。二是劳动合同较不规范。有的企业合同内容较为简单粗糙,合同条款往往也不够公平,甚至存在非法条款和霸王条款,如只规定职工的违约责任,而不规定企业的违约责任。三是劳动合同履行情况较差。在一些中小企业中,即使企业与职工签订了劳动合同,也并不认真履行,致使劳动合同在一定程度上流于形式。

(二)劳动报酬方面。一是职工的基本薪酬较低。部分企业仍未执行最低工资标准,给付职工的基本薪酬偏低,而且不够稳定,不能按时领取工资的现象时有发生。有的企业故意拖欠或克扣工资,使不少职工劳而无获,侵害其经济利益。二是工资集体协商制度落实不到位。职工工资由企业单方决定现象较普遍,工资分配不合理,管理者与普通职工的收入差距过大,尚未形成普通职工工资正常合理增长机制。三是企业福利有待加强。许多企业在与职工沟通感情、融洽企业内部氛围等方面做得不够到位,缺少为保障、补贴、慰问职工而设立的个性化、非法定的福利项目,如生日祝福、免费午餐等。

(三)社会保险方面。社会保险水平较低,参保面较窄,一些中小企业为职工投保情况较差,不愿按规定为职工办理参加社会保险的手续,或欠缴社会保险费,致使许多职工游离于社保大门之外,对劳动关系的稳定性影响较大。还有部分企业虽为员工办理了社会保险,但却未完全按照劳动法规定执行,多数参保险种不全,有的企业为避免承担过多责任,以购买团体意外险的形式购买商业保险,以尽量减少责任,导致目前社会保险没有做到全面行之有效的推广,企业劳动关系难以切实走向和谐化。同时不少中小企业也反映,社会保险费率过高使经营难以承受,员工方面由于流动性大,社保接续存在障碍,也不愿意缴费。

(四)劳动保障方面。一些企业为了追逐利润,极力降低成本,导致企业生产条件简陋、生产环境恶劣。如有些企业场地狭小,无通风排毒设备;有的工厂实行封闭式生产,没有消防通道或通道堵塞,一旦发生意外,职工无法脱险;有的企业为了节省成本,在职工上岗前没有使其经过安全生产培训,没有配备相应的生产安全设施和用品,从而导致劳动者出现职业病和工伤事故的比例较高。还有部分企业不遵守国家有关工时的规定,导致职工超时加班问题比较严重。

(五)劳动争议方面。一是劳动争议多样化。民营企业劳动争议案件数量在不断上升的同时,呈现出多样化趋势,除传统的追索工资报酬、确认劳动关系、集体劳动合同、社会保险待遇等纠纷外,还出现了包括劳动合同解除、终止后所产生的档案移转、经济补偿金、违约金等纠纷。二是部分案件处理难度加大。由于民营企业大多从事纺织、玩具制造、服装加工、建筑、餐饮、零售等劳动密集型行业,未与用人单位签订劳动合同而形成事实上的劳动关系的现象比较普遍,出现纠纷后劳动者举证困难,致使劳动争议案件事实认定难度加大。三是企业工会作用发挥不够。有的私营企业尚未建立工会,即使在已经建立工会组织的企业中,由于工会常常受制于企业一方,因而难以在协调劳动关系和维护职工权益方面发挥应有的作用,劳动争议往往难以在企业内部协调解决。

五、意见建议

(一)提高思想认识,重视构建和谐劳动关系工作。要深刻认识构建和谐劳动关系工作的重要性和紧迫性,自觉把思想和行动统一到中央和省委省政府的决策部署上来,采取有力措施切实抓好各项工作任务的落实,制定工作方案,确定责任分工,明确实施步骤,加强督促检查,充分发挥工商联和商会协会在构建和谐劳动关系中的积极作用。

(二)加强协调合作,完善协调劳动关系三方机制。要积极推动完善本级协调劳动关系三方机制,加强与省人社厅、省总工会、省高院等单位的沟通协作,共同研究解决劳动关系领域的重大问题,要充分发挥工商联和商会协会密切联系非公有制企业的优势和作用,积极参与和谐劳动关系评选表彰、劳动争议预防调处、劳动关系立法、最低工资标准和工资指导线制定、厂务公开民主管理、非公有制企业劳动专项检查等工作。

(三)加强集体协商,推动集体协商工作深化发展。要认真贯彻落实《山东省深化集体协商工作规划(2015~2018)》,及时调查了解非公有制企业的实施情况和意见建议,坚持分类指导原则,加强对集体协商的指导,加强对协商主体的教育培训,开展集体要约和签订集体合同,指导和推动商会协会主动参与行业性、区域性集体协商,推动企业依法建立集体协商制度。

(四)加强宣传教育,强化非公有制企业主体责任。要继续加强理想信念教育活动,要加大对《关于构建和谐劳动关系的意见》和《关于构建和谐劳动关系的实施意见》的宣传力度,结合“七五”普法规划,创新宣传方式、拓展宣传载体,探索运用“互联网+”的新形式,引导教育非公有制经济人士正确解读劳动法律法规,增强企业依法用工意识,自觉关爱职工,保障职工合法权益,促进企业与职工协商共事、机制共建、效益共创、利益共享。

（五）加强劳动标准体系建设。劳动标准体系是维护劳动者权益、构建和谐劳动关系的一项基本制度保障，应进一步制定和健全有利于维护劳动者权益的劳动标准体系，同时要落实好现行的各项劳动标准，严格落实国家规定的工时制度和特殊工时管理规定，依法安排企业员工休息休假，促进企业加强人文关怀，改善劳动条件，强化劳动安全，完善劳动保障监察制度，切实保障职工的工作权利。

（六）加强企业民主管理制度建设。一是健全完善企业职工代表大会制度。进一步扩大职代会在民营企业中的覆盖面，认真落实职代会职权，不断丰富职代会内容，充分发挥职代会在企业发展的重大决策和涉及职工切身利益等重大问题上的重要作用。二是积极推进企业厂务、党务公开工作。进一步完善民营企业厂务、党务公开程序，充实公开内容，创新公开形式，充分保障职工的知情权、参与权、表达权和监督权。三是强化企业民主管理理念。从法律层面、企业管理层面、企业文化层面等入手，全方位构建我国企业民主管理制度体系，促进企业民主管理成为企业自身的管理需要，成为企业文化的有机组成部分，成为企业的自觉追求。

河南省工商联民营企业劳动关系报告

和谐劳动关系是经济发展和社会稳定的重要保证。构建和谐劳动关系,促进企业和职工利益共享,对加强和创新社会管理、推进和谐社会建设至关重要。近年来,河南省工商联在全国工商联的具体指导下,在河南省委、省政府的坚强领导下,以促进“两个健康”为主题,充分发挥职能作用,积极参与协调劳动关系三方会议,努力推动工商联构建和谐劳动关系工作。按照全国工商联的要求,河南省工商联围绕民营企业劳动关系现状,采取问卷调查、挖掘典型、座谈交流等形式,在全省工商联系统和广大民营企业中开展调研,共收集调研问卷 200 余份,工商联和民营企业典型案例和经验做法各 15 篇。此外,我们主动与省人社厅、省总工会等部门沟通协调,通力合作,对全省企业的劳动关系动态情况进行了摸底调研,收集了权威数据。现将调研情况报告如下:

一、河南民营企业劳动关系现状

(一)加强制度建设,劳动关系工作的地位更加彰显。为加强制度建设,河南省劳动关系领域出台了一系列规范性文件,为协调劳动关系工作提供了制度规范,指明了目标方向,劳动关系工作的地位更加彰显。2016 年 4 月,省委、省政府出台了《关于构建和谐劳动关系的实施意见》(豫发〔2016〕9 号),进一步明确了构建和谐劳动关系的基本原则、目标任务和工作要求。2016 年 7 月,省政府印发了《河南省人民政府办公厅关于全面治理拖欠农民工工资问题的实施意见》(豫政办〔2016〕121 号),对于解决农民工工资拖欠问题提出了明确要求。同时,省政府还及时成立了由主管副省长担任主任的河南省协调劳动关系三方委员会。这些文件的出台实施,明确了劳动关系的任务,规范了劳动关系工作的行为,提升了劳动关系工作的地位,加强了对劳动关系工作的组织领导。以个别地市为例,全市签订劳动合同的有 276,900 人,劳动合同签订率达到 99% 以上;签订集体合同 2552 份,合同覆盖率达 90%,工资集体协商合同 1025 份,覆盖率达 85%,

涉及职工 303,310 人，其中区域性集体合同 19 份，覆盖企业 537 家，涉及职工 35,288 人；行业性集体合同 18 份，覆盖企业 66 家，涉及职工 6253 人。最大限度确保职工工资按时足额发放，减少劳资纠纷等矛盾的发生，促进劳动关系和谐。1 年来，全省劳动关系各方按照文件要求，主动作为，真抓实干，大力推进和谐劳动关系构建工作，保持了全省劳动关系的和谐稳定。

（二）经济运行平稳，劳动关系稳定的基础良好。2017 年河南省经济保持总体平稳、稳中向好发展态势，转型升级取得积极进展，新旧动能接续转换，经济发展提质增效。初步核算，2017 年河南省生产总值为 44,988.16 亿元，比上年增长 7.8%，增速高于全国平均水平 0.9 个百分点。分产业看，第一产业增加值 4339.49 亿元，增长 4.3%；第二产业增加值 21,449.99 亿元，增长 7.3%；第三产业增加值 19,198.68 亿元，增长 9.2%。良好的经济发展态势，为保持劳动关系的稳定奠定了良好的基础。

（三）就业持续扩大，职工队伍总体稳定。2017 年，在河南省委、省政府坚强领导下，面对经济下行压力较大和化解过剩产能职工安置任务艰巨、就业脱贫进入攻坚阶段、城镇新成长劳动力不断增多的复杂局势，各级、各有关部门千方百计稳定和扩大就业，实现了就业规模的持续扩大。一是圆满完成各项目标任务。2017 年，全省实现城镇新增就业 144.21 万人，完成全年任务的 131.1%（全年任务为城镇新增就业 110 万人）。其中，失业人员再就业 43.98 万人，就业困难人员实现就业 17 万人，去产能职工分流安置 32,386 人。各省辖市、省直管县（市）均全面完成各项目标任务。二是在落实城镇人口就业时，我省探索出“河南经验”。在全国省级层面率先出台《河南省职业培训条例》，创造了职业培训的“河南经验”。全年共开展各类职业技能培训 339 万人次，新培养高技能人才 16.1 万人。三是重点落实高校毕业生等重点群体就业。2017 年，我省共帮助 47.86 万名高校毕业生实现就业创业，总体就业率 92% 以上。四是抓创业带动就业也成为我省就业工作的亮点，新增发放创业担保贷款 108.47 亿元，扶持 10.53 万人自主创业，带动和吸纳就业 34.12 万人。五是新增农民工返乡创业 22.65 万人，带动大量农民工就业。就业工作超额完成各项目标任务，有效地稳定了市场职工队伍，尤其是中小企业成了吸纳就业的主体，更有利于促进劳动关系的稳定和谐。

（四）执法能力提升，案件数量稳中有降。2017 年，全省劳动保障监察机构和劳动人事争议调解仲裁部门大力推进规范化建设,执法能力不断提升,执法效果明显,有力维护了广大职工的合法权益,较好保持了劳动关系的和谐稳定。劳动人事争议仲裁部门在全省全面推进仲裁院规范化、信息化建设。目前全省178家仲裁院中,仲裁院规范化达标率为93%,为劳动者合法维权构筑了强有力的平台。全省18个省辖市、10个直管县全部安装了仲裁办案软件系统,提前完成了人社部提出的省辖市级办案软件全覆盖任务。劳动保障监察部门切实加强执法能力建设,出台了《关于加强我省劳动保障监察执法能力建设的意见》,制定了《劳动保障监察机构规范化建设的意见》,并在邓州、长垣、巩义等直管县开展试点。修改印发了劳动保障监察法律文书。健全了劳动保障监察培训制度,对全省400余名专职监察员进行了业务培训。同时切实做好农民工工资支付保障工作,提请省政府印发了《关于全面治理拖欠农民工工资问题的实施意见》(豫政办〔2016〕121号),初步构建了"事前预防、事中监督、事后解决、追责惩戒、联动治理"的工作体系。严厉打击了各种劳动保障违法行为,切实维护了广大劳动者的合法权益。根据对济源市调查问卷数据的分析整理,2017年,济源市劳动人事争议仲裁院共受理劳动人事争议案件1025起,结案1080起,调解结案611起,法定时效内结案率100%,共为当事人挽回经济损失7000多万元。与2016年相比,受理劳动争议案件数量减少近1/3,劳动人事争议仲裁案件主要呈现出"下降"的特点:一是案件总量下降;二是集体争议案件下降。

二、河南省工商联在构建和谐劳动关系方面开展的工作

(一)积极参与协调劳动关系三方会议。河南省工商联同省人社厅、省总工会、省企业联合会"三方四家"一起定期召开三方会议,共同推动协调机制建设,共同研究磋商日常工作和重大事项。2017年河南省工商联先后就《河南省人力资源和社会保障厅关于新增河南省和谐劳动关系创建活动表彰项目的请示(征求意见稿)》《河南省人力资源和社会保障厅关于河南省2017年最低工资标准调整方案征求意见函》等进行调研,及时代表民营企业就相关问题对人社厅进行了复函。特别是针对最低工资标准的调整问题,省工商联通过深入各省辖市和广大民营企业开展降低实体经济企业综合成本调研,发现实体经济企业综合成本仍居高不下,其中用工成本占重要比重。根据以上情况,我们建议为不应过度增加企业负担,最低工资标准增资幅度不宜过大,省人社厅采纳了我们的意见。根

据河南省人民政府印发的《关于调整河南省最低工资标准的通知》(豫政〔2017〕29号),全省一、二、三类行政区域月最低工资标准分别调整为1720元、1570元、1420元,小时最低工资标准分别调整为16元、14.5元、13元。目前最低工资标准既适应了我省经济社会发展状况,也没有对企业经营成本造成太大负担,对促进我省构建劳动关系起到了积极作用。

(二)加入河南省协调劳动关系三方委员会。2017年年初,河南省人民政府办公厅印发《关于成立河南省协调劳动关系三方委员会的通知》(豫政办文〔2017〕1号),成立了河南省协调劳动关系三方委员会,委员会主任由分管副省长担任。根据该通知,省工商联为三方委员会成员单位。省工商联主要负责同志与省政府副秘书长、省人社厅、省总工会及省企业联合会主要负责同志担任委员会副主任。委员会下设办公室,办公室设在省人力资源社会保障厅,由人社厅分管领导兼任办公室主任。同时,还明确了三方委员会的主要职责。协调劳动关系三方委员会的成立,进一步提升了河南省三方机制规格,加强了三方机制组织建设,为构建全省和谐稳定的劳动关系奠定了坚实的基础。

(三)召开法律服务工作座谈会,研究交流协调劳动关系工作。按照2017年年初工作计划,河南省工商联召开了全省工商联法律服务工作座谈会,邀请全国工商联法律部部长白莲湘出席会议并讲话授课。全国工商联法律部劳动关系处副处长李强就商会调解与劳动关系工作进行了授课。与会代表结合各地实际就协调劳动关系工作进行了座谈交流。来自各省辖市、直管县(市)工商联,部分省直属商会负责人,省工商联经联部全体同志等80余人参加会议。会后整理并汇编了座谈会发言,印发了各地,供大家相互交流学习。会议取得良好成效。

(四)深入开展"法律三进"活动,促进和谐劳动关系工作。组织省民营经济发展服务中心、省工商联民商事仲裁调解中心等直属机构深入商会、企业持续推进"法律三进"活动。联合省工商局、省环保厅、河南良仁律师事务所等部门,邀请各级执法部门领导、专家学者和法律工作者深入商会、企业召开普法宣传和法律知识培训,组织省坚果炒货商会等商会及会员企业200人参加会议。专家学者对《劳动合同法》进行了深入解读,法律工作者就具体法律问题与大家进行了互动。与会人员纷纷表示,通过此次活动,增强了法律意识,学到了法律知识,受益匪浅。活动取得了良好的社会效果,推动了和谐劳动关系的构建。

三、河南省劳动关系主要情况反映

(一)部分地市劳动合同签订率有待进一步提高。从调查情况看,一是民营企业劳动合同签订率和覆盖率较几年前有了很大提高,有些地市呈现出良好的发展态势。以南阳市为例,为推动劳动合同制度全覆盖,南阳市工商联会同市人社局劳动关系科、仲裁院的同志深入企业现场办公,分别为市保安公司、红宇集团等5家企业进行劳动用工备案,备案11,000余人。同时,组织企业主要负责人、工会主席、劳资管理人员和职工代表进行座谈交流,着重围绕企业构建和谐劳动关系组织领导、劳动用工、劳动合同及集体合同制度实施、工资集体协商、劳动争议调处等方面给予政策解读、答疑解惑。截至目前,市本级新增劳动用工备案36,220人次,备案单位700多家,约18万人。全市劳动合同签订率达95%以上。

但个别地市也存在一些问题,特别是一些没有入企业职工名册的季节工,劳动合同签订率基本为空白;有的企业仅与少数老职工签订了长期劳动合同。二是合同期限较短,续签率低。一些企业仅在职工进厂时签订了1年合同,而且没有到劳动部门备案,到期后又没有续签。三是劳动合同内容不规范,甚至存在非法条款和霸王条款。四是合同的履约率低,约束乏力。

(二)社会保险覆盖面不宽,农民工参保问题突出。调查的企业,一是存在不按规定为职工办理参加社会保险手续,有意拖欠缴纳,少报、瞒报职工人数和工资总额的现象。以地市调查问卷100份为基准,企业没有为员工缴社会保险的比例为8.3%,为部分员工缴了社会保险的比例为62.5%,为全部员工均缴了社会保险的比例为29.2%。二是在参保险种上不全,缴纳层次参差不齐,而且大多只按最低标准缴纳,职工对此反映强烈。在调查问卷中显示,企业没有为员工缴纳住房公积金的比例是38.5%,为部分员工缴纳住房公积金的比例是26.9%,为全部员工缴纳住房公积金的比例是34.6%。同时在调查中发现,民营企业的参保对象大多是企业的经营管理层人员,绝大多数农民工没有进入社会统筹的范围,农民工参保率低。部分职工尤其是农民工对社保不了解,不知道如何保护自己的利益。

(三)工作时间长、工资低,工作环境差。一些生产季节性强、突击任务多的企业,职工每天工作长达12小时,有的企业实行"二班对倒",职工没有正常休息日,个别企业不允许职工请假,请假就扣工资。有的企业,其效益每年都在增长甚至大幅度增长，而职工的工资却不能随企业效益增长而增加。还有些企业噪声大、污染严重、环境恶劣，安全设施不全，有毒有害物质极大地危害职工健康。

（四）集体合同制度实施难度较大。在商丘市的劳动关系报告中提到，不少会员企业和职工对工资集体协商这项工作还不太了解，尤其是加工制造类、餐饮服务类等领域实行工资集体协商制度还比较薄弱。一些加工制造业的厂房甚至设备都是租赁的，企业一旦资金链断裂，企业主可能会弃厂而逃，导致拖欠职工工资无处着落，影响社会稳定。部分企业的劳动者文化程度普遍偏低，在自身权益受到侵害时，常常不知道如何依法维权。一些劳动者，特别是农民工未与用人单位签订书面劳动合同，当他们的合法权益受到伤害时难以举证，给维权工作带来了很大的困难。同时，劳动者在劳资双方中处于弱势地位，很多劳动者为了保住"饭碗"忍气吞声，不签合同不敢吭声。另外，一部分劳动者法律意识淡薄，虽然用人单位想签订劳动合同，但是他们因为怕签了合同就把自己拴住了从而选择拒绝，甚至不愿缴纳个人缴纳部分的保险费。目前部分地市还存在由于企业工会组织不健全或作用发挥不够，受雇于经营者领导之下。不敢谈、不愿谈、不会谈，协商能力弱，集体合同制度实施难度大。有的企业虽然签订了集体合同，但集体合同内容较为原则空泛，缺乏针对性，可操作性不强，最终还是存在职工的合法权益受到损害的现象。下一步还是要有针对性地对此项工作深入推进。

四、民营企业劳动关系不和谐的原因

（一）部分企业经营者法律意识淡薄。有的企业主认为企业是自己投资创办的，一切应由自己说了算，不愿意接受法律法规的约束；有的企业主成为"富人"后，不能正确对待财富，妄自尊大，忽视社会责任和义务。

（二）劳动力市场供大于求，劳动者处于弱势地位。由于劳动力市场供大于求，就业和再就业困难，劳动者不敢理直气壮地主张自身权益，宁愿委屈自己也不敢得罪企业主，为企业逃避法律约束提供了一定条件。

（三）管理体系不健全。在我国，对民营企业综合管理、协调服务缺乏体系，参与管理部门多，具体责任却不明确。劳动监察部门由于人员配备少，监察力度、处理手段等方面还不能适应劳动争议矛盾上升、情况复杂的现状。劳动保障的法律法规宣传、检查、落实不够，社会监督约束机制不健全。政府对侵犯职工合法权益的行为缺乏有效的防范机制，查处力度不够。

五、促进和谐劳动关系建议

(一)营造良好的舆论氛围,切实提高民营企业主和职工的法律意识、权益意识。建立和谐稳定的企业劳动关系,要以依法签订劳动合同、明确双方的权利和义务为前提。一方面,各级工会、劳动和社会保障等有关部门要结合《工会法》和2012年《劳动合同法》等有关法律法规,采取多种形式,广泛深入地宣传,努力提高民营企业主的法律意识和社会责任意识,督促他们及时与职工签订劳动合同,充分保障劳动者的劳动就业权、社会保险权、劳动报酬权、劳动保护权等合法权益。引导民营企业充分尊重和切实维护员工在劳动合同中的劳动报酬、工作时间、休息休假、劳动安全卫生、保险福利、培训、人格尊严等权利,使企业真正认识到这是企业和谐劳动关系的基础,是企业更好、更快地发展的条件。另一方面,通过对劳动者的法律宣传和培训,唤醒他们的自我维权意识,使职工在为企业做出贡献的同时,能用法律来维护自身的利益,以构建"职工关心企业、企业关爱职工""企业得发展,职工得实惠"的新型和谐的劳动关系,实现职工利益和企业效益的"双赢"。各新闻单位要把握好舆论宣传导向。在对民营企业解决就业、维护社会稳定、促进河南经济发展进行宣传的同时,要积极引导他们承担社会责任和义务。

(二)强化民营企业的工会工作,推进工会建设和制度,突出企业工会代表职工利益、维护职工权益的地位和作用。针对民营企业工会工作现状,一是要健全和完善企业的工会组织,没有建立工会的要迅速成立工会。尤其是非公有制经济代表人士担任县以上人大代表、政协委员和工商联会长、副会长、常务、执委等职务所在企业要全部建立工会。二是企业工会组织要对企业在执行维护职工合法权益有关法律法规方面的情况进行检查督促,把职工最关心的热点、难点问题作为工会工作的重点;对职工在维护其合法权益方面的投诉,要积极与企业进行交涉与协调,督促其解决;对重大事件,要及时向劳动行政部门和上级工会反映,使问题尽快得到解决。三是要督促企业建立健全职代会制度,着重解决以被董事会、生产调度会或其他行政会议替代职代会的问题,切实保障职工依法行使和参与企业民主决策、民主管理和民主监督的权利。但如果过于注重员工利益而忽视企业利益,长远来看并不利于企业的健康发展,最终必将影响到员工的利益。因此,工商联作为桥梁和纽带,要在构建和谐劳动关系中充分发挥积极作用,合理引导民营企业配合工会建立起长效的制约机制。

(三)加大劳动监察力度,及时处理劳动争议,努力落实好政府监管企业规范运行的责任。面对企业劳动争议日益增多的状况,政府相关部门要重视加强劳动争议预防、调解工作。一是在巩固工会与政府联席会议制度的基础上,持续加强工会与人大、政协的联系,并会同劳动行政部门和企业方面代表,进一步健全协调劳动关系三方机制,共同研究解决有关劳动关系的重大问题;二是建立总工会、纪委监察、宣传、信访、司法、法院、国有资产管理、发改、人社、民政、工商、卫生、安全监督、残联等部门和单位共同参与的职工维权工作协调会议制度,形成强有力的监督机制;三是建立监督检查工作制度。各部门要在各负其责的前提下,以提高维权的广度、深度、速度、力度为契合点,达到职能部门相关单位互相配合、互相支持、协同作战的局面。要定期或不定期地对企业特别是劳动争议频发企业的职工合法权益保障工作进行检查,对发现的问题及时进行纠正和处理。

(四)规范劳动力市场,加强劳动合同管理,建立健全劳动关系协调机制。要尽力从根本上改善民营企业中的劳工地位,需要逐渐改革目前的户籍制度;政府与社会各界大力支持对农民工的教育、培训项目;鼓励发展各层次的就业市场中介组织;促进劳动力的流动与迁移;鼓励与促进工人以行业工会的组织形式与业主谈判等。在劳动合同管理上,要把民营企业作为加强劳动合同管理的重点,着力推行劳动合同制度,依法规范劳动合同的签订、履行、变更、终止和解除,做到用工必签劳动合同,并将合同文本送劳动保障部门鉴证。

编写组:郭英豪　吴晓琳　张　明
执笔人:吴晓琳　张　明

湖北省工商联民营企业劳动关系报告

2017年,在湖北省委、省政府的领导下,全省各级工商联认真贯彻落实党的十九大报告关于“完善政府、工会、企业共同参与的协商协调机制,构建和谐劳动关系”的方针,以及《中共中央、国务院关于构建和谐劳动关系的意见》和《中共湖北省委、湖北省人民政府关于进一步构建和谐劳动关系的实施意见》等文件的精神,利用组织网络和熟悉企业情况的优势,积极参与协调劳动关系三方机制建设,与人社部门、工会及企业联合会密切合作,在反映企业合理诉求、推动劳动立法协商、开展劳动关系监测、参与纠纷调解仲裁以及维护企业合法权益等方面发挥了积极作用,有效促进了我省民营企业劳动关系的和谐和“两个健康”的发展。

一、湖北省劳动关系现状

湖北省委、省政府高度重视劳动关系工作,充分利用协调劳动关系三方委员会平台,完善源头治理、动态管理、应急处置相结合的工作机制,促进劳动用工守法规范,职工工资合理调整,劳动条件不断改善,职工安全、健康有保障,社会保险全覆盖,人文关怀日益加强,有效预防和化解劳动关系矛盾,保持了全省民营企业劳动关系总体规范有序、和谐稳定。

(一)领导重视,结构完善

早在2002年,经省政府同意,我省建立了劳动关系三方协商会议制度,共同协商解决省内劳动关系方面的重大问题,促进劳动关系和谐稳定。随着国有企业改革的推进,非公经济组织大量涌现,三方及时将非公经济组织劳动关系纳入工作重点。2012年,中共湖北省委、湖北省人民政府印发了《关于进一步推进和谐劳动关系建设的意见》(鄂发〔2012〕10号),2016年出台了《中共湖北省委、湖北省人民政府关于进一步构建和谐劳动关系的实施意见》(鄂发〔2016〕19号)明确提出坚持“健全党委领导、政府负责、社会协同、企业和职工参与、法制保障”工作体制，将构建和谐劳动关系纳入经济社会发展规划和政府目标考核体系，将协调劳动关系摆到前所未有的重要位置。

2015 年，印发《湖北省人民政府办公厅关于成立湖北省协调劳动关系三方委员会的通知》（鄂政办发〔2015〕83 号），成立了省协调劳动关系三方委员会，由分管人社的副省长担任委员会主任，办公室设在省人社厅，落实相关工作人员和经费，进一步加强领导力量。2017 年，全省协调劳动关系三方委员会办公室召开了主任会议，印发了《2017 年度全省协调劳动关系三方工作要点》，为进一步深化劳动关系领域改革、构建和谐劳动关系提供了指导。目前，全省 17 个市（州）均已成立本级协调劳动关系三方委员会，加强了对非公经济组织构建和谐劳动关系的组织领导。

（二）多方合力，成绩显著

1. 全面落实劳动合同制度。《湖北省人力资源和社会保障事业发展“十三五”规划》中，对“十三五”期末劳动关系中的劳动合同签订率、劳动监察结案率和劳动争议仲裁结案率予以量化。湖北省各相关部门以中小企业和劳动密集型企业为重点，采取加强用工备案，为农民工使用比较多的行业提供简易劳动合同文本，编写中小企业服务指南，加强最低工资标准、特殊工时、高温津贴政策宣传，加强用工监督检查等方式，确保全省企业劳动合同签订率达到 90% 以上。截至 2017 年年底，全省共签订集体合同 9.53 万份，覆盖企业 15.83 万家；签订工资专项集体合同 5.93 万份，覆盖企业 11.71 万家；职工集体协商评估参与率达 70%，知晓率达 90%。

2. 积极推进集体合同制度。2014 年以来，省劳动关系三方四家联合下发了《关于进一步推进企业集体协商工作的通知》《关于贯彻落实〈深入推进集体合同制度实施彩虹计划〉的意见》《关于深入开展“集体协商要约行动月”活动的通知》《关于集中开展企业集体协商“百日行动”实施方案》等专门文件，并多次在相关文件中突出“集体协商”制度的重要地位。如《湖北省用人单位劳动保障诚信等级评价办法》把订立和执行集体合同作为评价的主要内容，把建立集体合同制度作为评价的重要标准；《湖北省劳动关系和谐企业与工业园区评选标准》把“建立集体合同制度并开展集体协商”作为是否一票否决的重要条件。为确保集体协商制度落到实处，省三方四家每年定期组织全省各市州劳动关系三方开展集体合同实施情况调研督导等活动,鼓励地方创建集体协商品牌,推广集体协商工作品牌经验和典型案例。三方协商机制的共同推进,为深化集体协商有效“助航”。

各地突出区域性、行业性集体协商建制,着力加强集体协商规范运作,在打造品牌、强化特色上下功夫,培育了一批不同类型、不同层次的集体协商典型。例如,突破省会城市推行行业集体协商的难题,成功签订餐饮行业工资专项集体合同的“武汉样本”;推进导游劳动报酬集体协商工作的“宜昌经验”;将协商重点向“一品一协商”转轨的“宜城模式”等。2017 年,我省被人社部劳动关系司确定为与国际劳工组织合作项目的三个省份之一。

3. 健全工资支付保障制度。一是贯彻落实国办〔2016〕1 号文件,牵头联席会议成员单位研究制定全面治理拖欠农民工工资问题的实施意见,并提请省政府印发《省人民政府办公厅关于全面治理拖欠农民工工资问题的实施意见》(鄂政办发〔2016〕74 号),进一步建立健全预防和解决拖欠农民工工资问题的长效机制。二是召开省、市、县三级政府贯彻落实意见的视频会议,在湖北日报专刊解读政策文件,确定了武汉、宜昌、黄冈、荆门四个先行示范地区,推动治欠保支政策措施落地生根。三是印发《关于建立移送拒不支付劳动报酬案件情况季度通报和重大案件联合督办机制的通知》,健全行政执法与刑事司法衔接机制。四是开展农民工工资支付专项执法检查,全面排查隐患,加强日常跟踪监管,严厉打击恶意欠薪行为。省人社厅会同有关部门组成督查组,重点督办检查各地建筑施工企业及政府投资工程农民工工资支付情况,确保专项检查工作取得实效。专项行动期间,责令违规企业支付工资及赔偿金 3. 11 亿元,涉及农民工 6. 41 万人。通过一年的治欠保支工作,实现了“三下降”的目标,即违法案件发生数同比下降 7. 7%,拖欠农民工工资额下降 11%,群体性事件下降 4. 2%。

4. 健全劳动争议调解仲裁制度。一是推进全省仲裁机构实体化建设。采取电视电话专题会议、台账销号、跟踪督办、定期通报等方式,督促各地加快实体化建设进程。截至目前,全省已成立地市级仲裁院 17 家,组建率为 100%;县区级仲裁院 76 家,组建率达到 75. 25%。二是“四化”建设试点有条不紊推进。为加强全省仲裁庭标准化、规范化、信息化、专业化建设,2016 年 10 月重新修订印发了《湖北省劳动人事争议仲裁庭建设标准》。深入贯彻落实全国劳动人事争议调解仲裁工作座谈会精神,率先在全国开展调解仲裁工作“四化”建设试点,印发了

《关于开展全省劳动人事争议调解仲裁工作“四化”建设试点的通知》。启动在武汉、襄阳、荆门、恩施四地的标准化、信息化、规范化、专业化建设试点，各地均组建了试点工作专班，出台了具体方案通知，明确了路线图、任务表、责任人，各项试点工作任务有条不紊地推进。三是加强裁审衔接和办案指导管理工作。省人社厅已与省高院、武汉市中院等建立经常性沟通联络机制，就裁审标准、疑难问题处理进行研讨，拟于 2018 年会同省高院联合出台《关于劳动人事争议案件适用法律若干问题的指导意见》，目前初稿正在征求专家及厅内相关业务处室意见建议。加强仲裁办案工作指导，统一办案标准和尺度，优化创新仲裁办案方式，定期开展全省疑难问题研讨，重新编印了《全省劳动人事争议调解仲裁培训学习资料汇编》，正在启动《湖北省劳动人事争议典型案例评析》（第 2 辑）编印工作。依法、公正、及时处理非公有制经济组织劳动争议案件，2016 年年底涉及非公有制经济组织的劳动争议仲裁案件结案率达到 90% 以上，没有因劳动争议案件未及时妥善处理而造成严重社会影响的事件出现。

5. 加大劳动保障监察执法力度。一是坚持开展日常巡查、书面审查工作，认真组织清理整顿人力资源市场秩序、劳动用工与社会保险法律法规专项行动，依法受理并查处劳动保障违法案件。2016 年全省主动监察用人单位 7.4 万户，立案查处各类违法案件 10,751 件，向公安机关移送涉嫌犯罪案件 274 件；纠正用人单位违法违章 2306 件，补签劳动合同 3.7 万份，追发劳动者工资待遇 7 亿元，补缴社会保险费 1.3 亿元。二是印发《湖北省重大劳动保障案件挂牌督办办法》，明确了挂牌督办案件的范围、程序、时限，将案件查处情况列入工作目标责任考核和综合治理考评内容，提高重大违法案件查处的质量和效率。

6. 建立激励联动机制。为引导非公有制经济组织更好地服务经济社会发展，对非公有制经济组织的荣誉激励实行联动。在非公有制企业“双强百佳”党组织，国家和省级五一劳动奖章、奖状以及劳动模范，“优秀社会主义建设者”，“优秀外商投资企业”，“经济年度风云人物”，“企业 100 强”和“民营企业 100 强”等评选表彰以及企业诚信评价制度中，都将遵守劳动保障法律法规等作为重要条件，引导非公有制经济组织积极参加创建活动。省委统战部、省人社厅等 15 个部门印发《关于进一步做好非公有制经济代表人士综合评价工作的通知》，进一步规范非公有制经济代表人士推荐使用和重要评选表彰工作。加强劳动用工诚信建设，成立省级劳动保障诚信等级评价领导小组，开展劳动用工诚信等级评价工作,评定省级诚信等级用人单位123家,引导用人单位自觉诚信守法经营,主动营造和谐劳动关系氛围。同时,建立联合惩戒制度,公开曝光了一批重大违法案件,形成了强有力的社会震慑。

二、工商联所做主要工作

2017年,全省工商联系统认真履职,主动作为,加大宣传力度和普法教育,深入企业做好服务,依法维护企业和职工合法权益,为积极稳妥地推进我省民营企业和谐劳动关系的创建做了大量工作。

(一)加强合作,主动作为

省工商联与省协调劳动关系三方委员会加强合作,推动非公有制企业建设和谐劳动关系。与省人社厅调解仲裁管理处联合举办2017年非公有制企业劳动争议预防调解工作培训班,培训来自全省各地市州工商联、商会、企业的121名调解工作人员,其中100人取得调解资格证,为有效预防和化解劳动关系矛盾提供了人员保障。积极配合人社部劳科所、全国工商联和国际劳工组织联合开展的"推进集体协商——构建和谐劳动关系"项目集体协商制度实施情况调研,其工作汇报得到调研组充分肯定。与人社厅社会保障行政部门联合做好湖北省第二批非公有制企业商会劳动争议预防调解示范工作,推荐典型示范单位湖北省烹饪酒店行业协会在全国座谈会上作交流发言。

(二)加大宣传,营造氛围

集体协商制度是规范劳动关系的基本法律制度。从2011年开始,省工商联以非公有制中小企业和企业相对集中的开发区、工业园区等为重点区域,以餐饮、商贸、纺织、建筑、机械制造等为重点行业,大力宣传、引导企业和基层组织开展工资集体协商"百日行动""要约行动月"等活动集中攻坚,推动工资集体协商三年规划的落实。2014~2016年连续3年举办非公有制企业集体合同培训。2016年12月,省工商联和湖北国森律师事务所联合编印《湖北省非公企业涉法典型案例汇编》,通过典型案例,以案释法,引导非公有制企业家增强平等意识,积极开展协商,将工资集体协商和集体合同制度纳入企业管理的基本制度之中;引导非公有制企业依法经营,完善劳动用工制度,构建和谐的劳动关系。

（三）创新方法，做好服务

一是引导非公有制经济人士学法尊法守法用法，依法治企、依法经营、依法维权，增强法治意识，防范法律风险，积极参与全面推进依法治国实践。省工商联连续三年举办非公有制企业依法治企研修班，共计培训非公有制经济人士400余人。深入推进非公有制经济领域"七五"普法，积极与省司法厅、省普法办、省高级人民法院等部门合作，在全省范围内开展"法律三进"系列活动，将单向宣讲的"单一式"普法升级为综合运用实地考察、专家授课、政企座谈等的"多元化"普法，先后奔赴武汉、咸宁、恩施等地的多家工商联机关、商会，深入调研湖北金盛兰集团有限公司、宝业湖北建工集团等知名企业二十余家，特邀应用法学领域的专家学者召开宣讲会、座谈会等近三十场，惠及非公有制经济领域人士、工商联机关工作人员等千余人，达到了法治教育与法治宣传的双重目的，获得各地工商联和非公有制经济领域人士的普遍点赞。二是优化非公有制企业发展环境，促进企业持续健康发展。企业健康发展是构建和谐劳动关系的前提。只有企业健康发展了，才能带动就业、增加收入、改善劳动条件。省工商联进一步密切与政法战线的联系。与省委政法委、省人民检察院、省高级人民法院召开联席会议，联合印发《省委政法委、省工商联2017年联合开展工作计划的通知》《湖北省高级人民法院、湖北省工商业联合会关于建立促进非公有制经济发展联络沟通机制的会议纪要》等重要文件，为打造民营企业健康发展环境奠定基础。与省检察院联合调研"鄂检十条"贯彻落实情况，为维护企业合法权益，努力营造平等保护的法治环境和公平竞争的市场环境。三是密切关注非公有制企业在生产经营中遇到的困难和问题。2017年省工商联主动做好个案维权工作，维护会员企业的合法权益，妥善处理尚格会展股份有限公司上市案、神龙防腐保温工程集团有限公司行贿案、浙江阳新县宏成建设有限公司非法开采案、大枫纸业集团股份有限公司重组案等50余起，有效维护了民营企业的合法权利，得到商会、民营企业和企业家的高度评价。

三、存在的主要问题

虽然各级工商联在劳动关系工作中取得了一些成绩，但由于受多种因素制约，仍然存在一些困难和问题。

一是全省工商联系统在劳动关系工作中参与度不高。17个市州虽然都建立了三方委员会,但是真正参与这项工作的并不多,主动作为的更少。工商联也缺少切实可行的依据开展这项工作。

二是非公有制企业经营者法律意识比较淡薄,对合同法和集体协商制度了解不多,存在忽视安全生产和工资、工时、劳动保护等用工制度建设等现象。部分企业尚未完全解决社保等问题。在劳动力密集企业中,有些劳动者,特别是新生代农民工在就业取向、职工培训、社保等方面有自己的想法,不太愿意在法律框架下与企业签订集体合同,或者在签订集体合同后任意违约,这些情况使企业左右为难。

四、改进措施

(一)继续深入推进非公有制企业实施集体合同制度。在协调劳动关系中,虽然人社部门、工会、企业联合会和工商联各自承担的职责不同,但目标是一致的。省工商联将充分发挥职能优势,继续主动作为、创造性开展工作,不断深入推进非公企业实施集体合同制度。

(二)加强对制度实施情况的评估。根据合同法和集体协商工作情况,从制度建设、协商程序、协商代表产生及权利义务、协商内容、履行质量及实际效果等方面开展专题调研活动,形成调研成果,以探索建立一套评估体系,推动合同法和集体协商制度不断健全发展。

(三)为民营企业构建和谐劳动关系营造良好环境。加大对中央、省、市促进民营经济发展各项扶持优惠政策的宣传贯彻落实,让政策的红利能够惠及企业,特别是小微企业。要充分发挥工商联组织在促进"两个健康"的重要作用,加大《省委办公厅、省政府办公厅印发〈关于构建新型政商关系的意见〉的通知》(鄂办发〔2017〕39号)文件落实力度,畅通非公有制企业及其负责人诉求表达渠道,在各级工商联建立非公有制企业投诉中心,维护企业合法权益。企业发展了,企业活力激发了,才能为构建和谐劳动关系创造有利条件。

(四)完善协调劳动关系三方机制组织体系,建立健全三方机制,根据实际需要推动工业园区、乡镇(街道)和产业系统建立三方机制。加强和创新三方组织建设,建立健全协调劳动关系三方委员会,由同级政府领导担任委员会主任。完善三方机制职能,健全工作制度,充分发挥三方共同研究解决有关劳动关系重大问题的重要作用。

（五）依法治企培训。加强广大企业经营者的思想政治教育，引导其践行社会主义核心价值观，牢固树立爱国、敬业、诚信、守法、奉献精神，切实承担报效国家、服务社会、造福职工的社会责任。教育引导企业经营者自觉关心爱护职工，努力改善职工的工作、学习和生活条件，帮助他们排忧解难，加大对困难职工的帮扶力度。加强对企业经营者尤其是中小企业经营管理人员的劳动保障法律法规教育培训，提高他们的依法用工意识，引导他们自觉保障职工合法权益。

劳动关系作为一种最基本的社会关系，和谐劳动关系是和谐社会的重要基础，是保障企业和社会健康、和谐发展的具体体现。当前，中国进入特色社会主义新时代，进入全面建成小康社会的决胜时期，构建和谐稳定的劳动关系更显得尤为重要。工商联作为党和政府联系、管理民营企业及民营企业家的桥梁纽带和助手，必须充分认识到构建和谐稳定劳动关系的重要意义，抓住劳动关系和谐这个基础，以劳动关系的和谐促进企业的和谐发展，通过企业的和谐发展推动社会的和谐发展，共同为实现"四个全面"而努力，为加快推进社会主义现代化、实现中华民族伟大复兴的中国梦而奋斗。

编写组：彭　斌　邱从军　李　艳　左春华

执笔人：李　艳

湖南省工商联民营企业劳动关系报告

近年来,在湖南省委、省政府的正确领导下,全省各级工商联与有关单位密切协调,从强化教育引导、加强部门协作、培育活动载体、解决突出问题等方面入手,积极引导广大非公经济组织构建和谐劳动关系,取得较好成效。

一、全省非公经济劳动关系的基本情况和工商联所做的主要工作

目前,全省非公经济增加值已经超过全省经济总量的"半壁江山",安排第二、第三产业就业达到2100多万人,占全社会第二、三产业从业人员的87%,已经成为吸纳社会就业的重要渠道。推动非公经济组织和谐劳动关系建设,对于促进我省经济转型升级、创新创业、维护社会和谐稳定,具有十分重要的意义。

(一)加强教育引导,提升民营企业在构建和谐劳动关系方面的重要作用

一是加强普法宣传教育。以《工会法》《劳动合同法》为重点,通过工商联网站、内刊和组织省工商联法律顾问团成员深入企业、商协会开展有关法律法规座谈、讲座、咨询等各种形式,进行法律宣传,提高民营企业经营者依法经营和依法管理能力,提高民营企业职工遵纪守法意识和依法维权能力。特别是近两年来,省工商联争取财政支持,每年面向民营企业和商会组织的高管人员举办有关劳动人事方面的专题培训班,共培训人员近1000人次。

二是加强思想政治工作。在全省非公经济代表人士中开展理想信念教育实践活动,引导非公经济人士践行社会主义核心价值体系,推动企业构建和谐劳动关系。相继举办了"民营企业文化论坛""民营企业家谈科学发展报告会""企业社会责任研讨会"等活动,向企业宣传构建和谐劳动关系的重要意义,号召企业积极开展工资集体协商,建立工资正常增长机制,给予员工更多人文关怀。针对民营企业普遍面临的用工荒、原材料涨价、产品滞销、资金紧张、职工队伍不稳定等问题,多次深入问题突出的行业调研座谈,动员企业尽量不裁员、不减薪,确保

社会稳定。

三是开展评比表彰。连续多年开展了“优秀社会主义事业建设者”“双爱双评”等评选表彰活动，总结推广了湖南西城集团公司的民营企业工资集体协商经验，宁乡县依托煤炭行业性职代会开展的行业性工资集体协商等成功经验。联合有关部门推选了120户省级和谐劳动关系企业和7家示范工业园区，26家企业和3家工业园参评并获得“全国和谐劳动关系模范单位”称号，树立了一大批先进典型。

四是推行综合评价。在全国率先建立“非公经济代表人士综合评价体系”，对全省7000多名非公经济人士中的各级人大代表、政协委员和一批非公经济人士表彰对象进行了综合评价。把工会组建、劳动关系和谐状况纳入评价体系，广泛运用于政治安排、评比表彰、典型推荐工作。

（二）依托自身优势，形成积极参与构建民营企业和谐劳动关系的整体工作格局

工商联会员众多、组织网络健全，与非公经济有着较为密切的联系。目前全省工商联会员总数有16万多个，工商联基层组织1797家，其中商协会719家。民营企业劳动关系总体和谐，但劳动争议日趋显性化、社会化。我们主动加强与劳动保障、工会等有关部门的工作联系，形成构建民营企业和谐劳动关系工作合力。2008年与省人社厅、省总工会共同建立民营企业和谐劳动关系协调委员会，制定出台了《推进全省民营企业工资集体协商工作方案》，每年多批次组织市州工商联干部、会员企业和商会组织负责人参加国家人社部、全国总工会和全国工商联举办的有关劳动人事方面的培训班。与人社厅、省总工会、省企业家联合会建立三方四家联席会议制度，每年定期召开会议研讨有关问题，研究部署重点专项工作，共同开展了工资集体协商“春季邀约行动”、督查调研、知识竞赛、指导员业务培训等一系列活动，促成工资薪金税前扣除等一系列鼓励政策的出台。按照省里模式，目前全省14个市（州）、93个县（市、区）工商联都参与建立了劳动关系三方四家调解机构，民营企业工资集体协商整体工作格局初步形成。参与省厂务公开领导小组有关工作，以民营企业为重点，以发挥民营企业工会组织作用为目标，开展了“两建六有六公开”活动。截至2016年年底，全省已成立工会的民营企业中，建立厂务公开民主管理制度的达到21,450家，建制率52.8%。参与省劳动人事仲裁委员会，指导各级工商联与有关部门成立劳动争议协调委

员会,探索建立民营企业劳动争议预防调解工作机制,选派有专业知识、有参与热情、有工作经验的人员354人担任各级劳动仲裁委员会仲裁员。

(三)抓好非公党建,突出民营企业党组织在促进和谐劳动关系中的助推作用

在全省开展非公经济党组织集中组建活动,新建2万多个基层组织,累计达到3.8万家,拥有党员40多万名。选派5000余名党建指导员,进入商协会、民营企业指导工作、推动发展。举办党组织书记轮训班、十八大精神学习示范班5期,培训1000余人次。把党建活动融入企业文化建设、把党组织温暖融入职工生产生活、把党员作用融入企业经营发展,在非公经济组织党组织中广泛开展了"创先争优""党员双培""党员先锋岗"等活动,引导党组织积极协助企业妥善处理劳资关系,维护职工权益。几年来,共化解各类大小劳资纠纷1400多件,办成群众期待的实事好事9000多件。岳阳市在全市民营企业中设立了"先进党员奖励金"和"党员示范岗位金";常德市指导68户企业建立了由党组织和工会牵头处理矛盾纠纷的制度,使业主和员工之间的150多个问题得到了有效解决。和一投资、开源集团等企业设立了"党员奉献基金"和"感恩基金",及时为困难党员、职工以及对口帮扶农村基层党组织和贫困户解决实际困难,取得了良好实效。

(四)发挥职能作用,努力营造民营企业和谐劳动关系良好环境

一是围绕民营企业劳动用工、社会保险、企业发展等政策性、宏观性问题,积极建言献策。在人大、政协两会上提交了"完善社会保险政策""完善劳动关系三方协调机制""规范和加强中小企业培训市场管理"等提案、议案。面对金融危机的冲击,组织全省各级工商联开展了"遍访会员企业,携手迎接挑战""走基层组织、访会员企业"、帮助小微型企业"保生存、谋发展"等系列活动,向省委省政府提出应对挑战、解决难题的对策建议。二是积极引导民营企业"转方式、调结构",着力提升企业核心竞争力。大力构建融资、信息、政策、技术、维权等服务平台,努力为企业发展提供服务。积极实施中小微企业成长工程,全力推进全民创业工作,以创业促就业。三是与人社部门连续多年开展"民营企业招聘周"等专场招聘活动,实现就业和再就业30多万人次,为化解就业压力,促进社会稳定做出了积极贡献。

二、当前和今后一段时期我省劳动关系基本形势研判

当前，国内外形势正在发生深刻复杂变化，我国发展仍处于重要战略机遇期，在各级党委、政府的高度重视下，通过各部门共同努力，我省劳动关系总体保持了和谐稳定。劳动仲裁、劳动监察案件虽然高位运行，但数量已有所减少，也没有出现影响社会和谐稳定的恶性案件。但作为中部欠发达地区，我省发展不平衡不充分的一些突出问题尚未解决，实体经济水平有待提高，收入分配差距依然较大，社会矛盾和历史遗留问题交织叠加等因素的挑战也十分严峻。

（一）新形势下《劳动合同法》的规定与目前非公经济领域范围内的劳动关系不适应

1. 用人单位和劳动者之间关于劳动合同的成立和解除的规定失衡。“抑”用人单位的解雇权利。第一，连续两次订立固定期限劳动合同之后，用人单位需被动接受劳动者单方强制缔结无固定期限劳动合同。第二，剔除约定终止制度。第三，收紧用人单位解除劳动关系的实体条件与程序条件。“扬”劳动者辞职自由。第一，任意辞职制度非常自由，劳动者只需提前通知。第二，放宽推定解雇制度，部分推定解雇的条件极易达成，且与用人单位的过错无关。

2. 劳动关系调整中经营成本与摩擦成本的失衡。首先，《劳动合同法》共计16条“法律责任”，其中有13条半是针对用人单位的；其次，扩大了经济补偿金支付范围；最后，从八个方面增设惩罚性赔偿制度，惩罚性赔偿的主要功能是激励、补偿，劳动合同法设置了众多惩罚性赔偿条款，使用人单位用工面临较高风险。实践中，用人单位为防范、转嫁用工风险，聘请专业律师进行人力资源政策的调整和争议的处理，采取劳务派遣、人事外包等方式转嫁直接用工带来的风险。而当惩罚性赔偿制度不以用人单位有主观过错和对劳动者造成损害为前提时，会极大地刺激劳动者追求企业过错带来的不当利益，诱使部分劳动者违反诚信原则，出现大量的劳动者故意不签订书面劳动合同而后向用人单位索赔等“碰瓷”现象；同时，惩罚性赔偿制度也是构成群体矛盾的主要导火索之一，尤其在涉及企业关、停、并、转、迁的过程中，劳动者为争取高额补偿金而形成群体性压力。

3. 劳动争议权利救济的制度安排失衡。《劳动争议调解仲裁法》第47条规定：“下列劳动争议，除本法另有规定的外，仲裁裁决为终局裁决，裁决书自作出之日起发生法律效力：（一）追索劳动报酬、工伤医疗费、经济补偿或者赔偿金，不

超过当地月最低工资标准十二个月金额的争议;(二)因执行国家的劳动标准在工作时间、休息休假、社会保险等方面发生的争议。”第 48 条规定:“劳动者对本法第四十七条规定的仲裁裁决不服的,可以自收到仲裁裁决书之日起十五日内向人民法院提起诉讼。”既规定仲裁为终局仲裁,又规定对此终局仲裁劳动者不服的,可以起诉,而用人单位只能被动应诉。

4. 关于劳动合同形式、适用范围、期限等方面的规定过于僵化。一是劳动合同的形式过于单一。《劳动合同法》以书面形式作为劳动合同订立的唯一方式,对未订立书面合同的,将相关法律责任全部归于用人单位,这点非常有失公允。在实践过程中,既有劳动者与用人单位达成合意不签订劳动合同的,也有劳动者基于自身便于流动换岗不愿意签订劳动合同的,在这两种情形下,未签订劳动合同对劳动者的权益并没有造成损害,但一旦产生劳动争议,就变成了用人单位承担赔偿责任的依据。这将导致部分用人单位特别是低端小微企业基于成本和风险考虑,雇用意愿下降,劳动者就业岗位减少。这种不区分用人单位和劳动者差别而“一刀切”的普遍适用的做法很不合理,是否签订书面劳动合同不应当成为用人单位担责的理由,只有因未签订劳动合同给劳动者造成了损失才应由用人单位担责。二是部分法律之间存在冲突。如对企业高管的管理,《公司法》明确规定了董事会对经理层有权决定聘任或解聘,无论其是否有 10 年以上劳动合同;但《劳动合同法》规定 10 年以上的应当签订无固定期限劳动合同,无论董事会是否有权解聘,因此两部法律之间明显存在冲突。

(二)用工复杂化、多元化冲击巨大,有些政策法规滞后

一方面,互联网、电子商务、共享经济等新兴产业、新业态、新商业模式不断涌现,传统商业和超市卖场经营受到影响,传统媒体和出版印刷业务萎缩,企业战略不断调整、组织变革日益加剧、人力资源配置更加灵活,不同所有制、不同规模企业以及不同用工方式并存,加上新生代劳动者的需求日益广泛、诉求多元化,不仅对经济待遇提出了更高要求,而且在民主、法治、公平、正义、安全、环境等方面的要求日益增长。此外,境外 NGO(非政府组织)打着劳动维权的旗号,从沿海向内陆渗透。另一方面,劳务派遣、经济性裁员、休息休假、特殊工时等问题仍在争论,很多法规政策仍沿用计划经济时期的规定,滞后于市场的发展。

（三）供给侧结构性改革、社会保障等一系列重大改革下，劳资利益面临深刻调整

我省化解煤炭、钢铁过剩产能任务重、地域广、涉及人员比例大，职工安置费用高。去产能、清水塘搬迁、“三供一业”分离、处置“僵尸企业”等改革的推进，不可避免会带来部分职工转岗和失业，对我省劳动用工监管和构建和谐劳动关系带来一定压力。

（四）劳动关系协调的“两难”选择问题突出

一方面企业要求放松规制，增强用工灵活性。另一方面保护好劳动力市场的安全性，维护劳动者合法权益，实现更高质量的就业是党和人民的重托。如何把握好劳动力市场灵活性与安全性的合理平衡，如何妥善处理好提高职工工资与降低企业成本之间的关系，如何综合运用法律、经济、信息手段和必要的行政手段，完善政府对劳动力市场的有效规制，破除妨碍劳动力、人才社会性流动的体制机制弊端等问题亟待解决。

（五）民营企业工会建设有待进一步加强

民营企业构建和谐劳动关系建设仍处于起步探索阶段，中小微企业的工会组建力度仍需加大；已成立的基层工会还有不少处于无编制、无专职工作人员、无经费的境地，企业中有经验的工会干部尤为缺乏。受工会自身的制约，在工资集体协商过程中，工会组织往往处于从属地位，话语权不够，协商水平不高，流于形式。

（六）“三方四家”工作机制有待进一步巩固

湖南省 2002 年开始建立协调劳动关系三方会议制度，但 15 多年来各级协调劳动关系三方机制均没有专门编制、专职人员和专项经费。14 个市州只有劳动关系专职工作人员 35 人，122 个区县中仅有 27 个区县有专门的劳动关系工作机构，而且人员流动频繁，缺乏业务培训，工作能力特别是协调重大劳资矛盾的能力严重不足。

三、对策与建议

构建好民营企业和谐劳动关系，必须正确把握民营企业，特别是中小企业的劳动关系特点，转变思维、创新方式，综合发挥政府、社会、企业自身的作用，引导

民营企业规范、有序、协调、和谐、稳定地构建好劳动关系。

1. 加大调研宣传力度。要进一步加强调查研究工作,特别是政府职能部门要更多地深入民营企业调研,了解民营企业特点特性,制定适合企业发展的政策措施。要进一步加大宣传力度,采取送书上门、工商登记年检大厅免费派送、法律"三进"等方式,积极为企业提供相关的政策法规和信息资料。要大力开展评比表彰,充分利用电视、网络等各种媒体广泛宣传构建和谐劳动关系典型案例,提高开展构建和谐劳动关系的自觉性,促进构建和谐劳动关系工作的顺利开展。

2. 加强工作指导和服务。坚持重心下移,广泛深入民营中小企业开展有针对性的指导与服务。抓住工作重点,紧紧围绕行业主体工种、工资标准、劳动定额、工时工价等职工最关心、最直接、最现实的利益问题指导开展协商,建立一线职工工资收入正常增长机制。加强对企业劳资工作专职人员的培训,组织企业之间交流总结推广典型经验。吸纳具有经济工作、人力资源管理、工资分配支付、企业管理、法律、银行和税务等方面工作经验的人员充实到构建和谐劳动关系指导员队伍中,提高民营企业构建和谐劳动关系的质量。

3. 强化劳动保障监察执法。探索建立有效的防范和查处机制,加大对用人单位劳动用工违法行为的查处力度。开展日常巡视检查和举报投诉调查,认真受理和及时查处群众举报的投诉案件。加强基层劳动保障部门工作平台建设,调整充实机构与人员,保证工作经费,提高执法人员依法行政的能力和水平。制定出台劳动仲裁适用指导意见,加强案件审理,提高办案效率。

4. 巩固"三方四家"工作机制。规范三方协商机制的组织形式、活动内容和日常运作,及时就区域内劳资关系调节、劳动争议调处、劳动政策制定等方面进行协商、沟通和研究,从宏观层面上建立劳动争议预防体制。加快非公经济组织劳动关系纠纷预防调解的建设,聘请具备条件的非公经济组织有关人员作为劳动争议调解员,充实劳动关系纠纷预防调解仲裁队伍,建立健全非公经济组织参与劳动争议调解、仲裁制度。注重发挥商协会作用,抓好行业工资集体协商的试点推行。支持工商联参与开展"劳动模范""双爱双评""优秀中国特色社会主义事业建设者"等评比表彰活动,引导民营企业营造和谐劳动氛围。

编写组:漆平波　孙细飞　文卫民

执笔人:孙细飞

广东省工商联民营企业劳动关系报告

劳动关系是生产关系的重要组成部分，劳动关系和谐与否，既关系到企业和劳动者的切身利益，也关系到地区、社会的发展与稳定。随着广东省非公有制经济的不断发展，非公有制经济业已成为广东省吸纳就业的主要渠道。根据广东省统计局数据显示，2017 年，广东民营经济就业人数全年累计为 3462.86 万人，比 2016 年同期增长 2.9%，其中私营企业就业人数为 1375.65 万人，同比增长 3.5%，个体企业就业人数为 1167.33 万人，同比增长 1.3%。非公有制经济领域构建和谐劳动关系工作是广东省构建和谐劳动关系工作的关键和重点，对推动广东省经济社会发展和促进社会和谐稳定，具有十分重要的意义。

一、当前广东省非公有制经济领域劳动关系现状

广东省委、省政府一直高度重视发展非公有制经济，出台了一系列扶持非公有制经济发展的政策措施。2016 年 6 月，省政府出台的《广东省促进民营经济大发展若干政策措施》，从融资、准入、平台、扶持、服务五大方面，共 25 条措施，支持广东省非公有制经济大发展。在全省各地各部门大力扶持下，广东省非公有制经济的活力和创造力得以充分激发，非公有制经济总体规模进一步扩大。2017 年全省民营经济单位个数为 999.82 万个，同比增长 14.6%；全省民营经济增加值为 48,339.14 亿元，占全省经济总量的 53.8%，同比增长 8.1%，增幅高于同期 GDP 增幅 0.6 个百分点，非公有制经济已成为推动我省经济社会发展的重要力量和转变经济发展方式的重要生力军。与此相对应，我省非公有制经济在有效吸纳社会富余劳动力、缓解就业压力、化解社会矛盾、促进社会和谐稳定等方面也发挥了重要作用。但受外部经济持续下行、宏观经济发展增速放缓以及我省产业结构持续深度转型升级等因素的影响，部分企业特别是非公有制企业生产经营压力不断增加，劳动关系主体及其利益诉求越来越多元化，劳资纠纷调处难度不断增大，劳动争议案件数量持续高位运行，群体性劳资纠纷时有发生。

近年来,各级党委和政府积极推动构建和谐劳动关系工作,深入贯彻落实国家和省构建和谐劳动关系工作部署,加大工作力度与机制创新,积极预防和化解劳资纠纷,呈现如下特点:

1. 劳动关系形势持续向好。从发展趋势看,我省劳资纠纷总量自 2013 年起就保持逐年下降,劳动监察违法案件年均下降 15.58%。据统计,2017 年我省各级劳动保障监察机构共查处劳动保障监察违法案件 2.42 万件,行政执法调解各类劳资纠纷 4.02 万件,同比分别下降 22.41% 和 17.66%。

2. 非公有制企业仍是劳动争议多发的企业类型。2017 年全省涉及民营私营企业的劳动保障监察案件约 8600 多件,占总数的 62.85%;其他企业约 3600 多件,占总数的 26.10%。

3. 企业拖欠劳动者工资是引发劳动争议的主要原因。全省查处的违法案件中,超过一半为企业拖欠劳动者工资引发,约为 1.4 万件,占总数的 59.62%;其次是参加社会保险和缴纳社会保险费引发,约占总数的 15.98%;订立、解除劳动合同约为 1200 多件,占总数的 5.18%;其他类型约占总数 11.26%。

4. 制造业和建筑业仍是劳动争议多发领域。2017 年,制造业发生的劳动保障监察案件约 1.2 万件,占总数的 42.1%;建筑业约 3400 多件,占总数的 14.09%;住宿和餐饮业 2300 多件,占总数的 9.53%;其他(包含新经济、新业态)约 3400 多件,占总数的 14.15%,同比增加了 0.03 个百分点。

5. 新经济、新业态快速发展成为引发劳动争议的新热点。随着"互联网+"、平台经济、分享经济等新经济、新业态快速发展,外包用工、临时用工、碎片化用工等用工方式层出不穷,增加了就业弹性,存在劳动关系与经济关系不清晰等问题。众创空间、初创、互联网金融等业态,生存周期短、淘汰率高、企业资产少,存在欠薪隐患多等问题。

二、新形势下广东省非公有制经济领域劳动关系出现的新问题及其原因

(一)经济新常态下劳资纠纷呈现新动向

随着劳动保障法律法规体系的逐步完善,在协调劳动关系三方的共同努力下,我省劳资纠纷数量虽然依然巨大,但已呈现平稳下降的趋势,劳资关系总体趋向缓和。据广东省高级人民法院统计,2014~2017 年,全省一审劳动争议收案

数逐年递减,2017 年全省一审劳动争议受案 40,883 件,同比下降 7.5%。由于受国际和国内经济环境影响,特别是外需增长放缓,导致大量外向型劳动密集型企业订单减少、利润降低、经营成本不断上涨,加之部分中小企业管理水平和抵抗风险能力不足,因此欠薪仍然是引发劳资纠纷,特别是群体性劳资纠纷的首要原因。在劳动者申请强制执行的欠薪案件中,多数被执行单位工资清偿比例较低。同时,随着社会经济的不断发展和产业结构的进一步优化调整,我省非公有制经济领域的劳资纠纷也呈现出一些新情况和新变化:劳资纠纷内容由单一向多样化发展,深层次问题如劳务派遣、社会保险等纠纷不断产生,经济补偿金问题成为突出热点,劳动者超出法律基准范围的诉求增多。例如,随着新生代农民工成为用工主体,他们对自身权益的要求较之父辈越来越高,加之目前物价上涨,生活成本不断增加,他们更多地要求提高工资福利待遇、改善劳动条件、参与分配企业发展成果等,显然劳动者的这些诉求并非依据劳动合同,而是对自身权益更进一步的争取。

(二)当前劳动力市场特点对劳动关系造成的新影响

近年来随着我国人口增速放缓,劳动力市场供给总量也随之减少。由于我国中西部地区经济发展加快,对劳动力需求急剧增长;东部地区长期以来整体经济状况一直较好,也吸引了大量的农民工向东部流动;此外国家对大众创业扶持政策力度加大,大量外来务工人员选择回乡创业。受上述诸多因素影响,广东所吸引的劳动力数量,特别是跨省农民工数量增速减缓。同时随着广东省经济结构不断深化调整,供给侧改革深入推进,对劳动者素质也提出了更多更高的要求,创新人才、新技术人才成为当前劳动力市场紧俏资源。而在去产能、去库存、去杠杆、降成本的背景下,企业通过采用压缩规模、减员增效、引进机械手、兼并重组等方式提高企业利润,造成的直接后果就是一批低技能、低要求的传统产业岗位逐渐消失。因此我省劳动力市场呈现出一方面大龄、低技能劳动者就业困难,另一方面高级技工、青年技工等人才供不应求的局面,结构性失业加剧。相关政府部门针对兼职、短期服务、承担项目、技术入股等“不求所有、但求所用”的柔性引才机制欠缺。引才政策精准度不高,缺乏一人一策、特事特办的“靶向引才”机制,人才、技术和产业未能很好地融合对接。人才政策政出多门,人才载体不多、缺乏配套支持,引才育才难、留住人才更难。

(三)非公有制企业对《劳动合同法》修订意向较为迫切

通过前期调研,广大非公有制企业普遍反映,现行的《劳动合同法》对企业保护不足,而对劳动者权利存在过度保护,造成企业用工成本提高,管理难度加大。企业反映的问题主要包括:一是关于劳动合同签订的期限问题。《劳动合同法》第14条规定了用人单位与劳动者订立无固定期限劳动合同的条件。部分企业认为,本条规定虽然对于促进劳资关系和谐稳定发展具有有利的一面,但是也极大限制了企业解雇员工的权力,个别老员工往往会变得消极怠工,有的企业甚至陷入了"请神容易送神难"的尴尬境地。二是解除劳动关系时劳资双方所承担责任不对等问题。有企业认为,根据《劳动合同法》的相关规定,劳动者提前30日以书面形式通知用人单位或在试用期内提前3日通知用人单位,即可以解除劳动合同。除竞业禁止等可以协商约定违约责任的条款或协议以外,企业无法要求员工承担违约金,员工解约成本低。而若由企业提出与员工解除劳动合同,则需支付相应的经济补偿金,甚至有商会反映,上述这一情况还会衍生出员工流动性大的新问题,对于整个行业的发展也具有一定的负面影响。三是存在一些较难界定和操作的条款。例如,《劳动合同法》第39条第2项规定,劳动者"严重违反用人单位的规章制度的",第40条第2项规定,"劳动者不能胜任工作,经过培训或者调整工作岗位,仍不能胜任工作的",用人单位可以解除劳动合同。但是很多企业在实际操作中,很难把握上述两款规定的界定准则,因此很容易为企业在与员工解除劳动合同时留下隐患,进而产生劳资纠纷。四是建议对企业在劳动关系中所遇到的一些难点问题予以进一步明确。如《劳动合同法》明确规定企业须为员工购买社会保险,但由于现行的社会保险制度还不能实现跨地区自由联网,需要办理复杂的社保转移手续才能接续,因此很多员工的参保意愿不强。此外,也有企业反映,对于员工在上下班途中或非工作时间因故造成的工伤事故赔偿问题,企业处于相对被动的地位。部分员工在等待劳动仲裁裁决的过程中,就组织家属围堵工厂大门等,严重阻碍企业正常的生产经营秩序,给企业造成了严重的负面影响。针对这类问题,建议通过细则或实施办法等措施予以明确。

三、广东省工商联在构建非公有制企业和谐劳动关系方面的具体措施

(一)加强顶层设计,充分发挥工商联在构建和谐劳动关系工作中的重要作用

广东省工商联以省协调劳动关系三方会议、省政府和省总工会联席会议、省劳

动人事争议仲裁委员会和省劳动争议调解指导工作协调办公室为平台，统筹指导和协调全省构建和谐劳动关系工作，并积极推动各地市和县区工商联主动参与协调劳动关系工作，提高企业代表组织在协调劳动关系三方会议机制中的话语权。其中广州市工商联于2017年制定了《市工商联参与构建我市和谐劳动关系的工作方案》，明确了参与构建和谐劳动关系的工作目标、任务、分工安排等。2017年，省工商联先后制定或参与制定印发了《关于进一步加强调裁诉衔接多元化解劳资纠纷的意见》广东省工商联《贯彻〈2017年劳资纠纷领域社会矛盾专项治理工作方案〉的实施办法》等全省性政策文件，对建立健全纠纷预防与化解沟通协调机制、推动建立健全异地务工人员拖欠工资问题联席会议制度等方面工作进行了明确。

省工商联长期以来一直高度重视劳动关系立法工作，从法制层面推动平等保护非公有制企业和劳动者双方的合法权益。省工商联与省人大常委会办公厅合作组建了"省工商联广东省立法社会参与和评估中心"，负责配合省人大常委会开展地方立法工作，参与重要法规起草、论证、征求意见和立法后评估等工作，积极推动从企业保护层面参与立法。2016年年底，中央和省委召开经济工作会议后，省工商联主动向省人大常委会提出关于加强企业权益保护方面的立法工作建议。随后，省人大将《广东省企业和企业经营者权益保护条例》修订列入了2017年立法工作计划。省工商联作为该条例修订起草小组主要成员单位，在深入调研的基础上，形成该条例调研报告和若干法条的修订意见，得到省人大常委会高度肯定并被全部采纳吸收。该条例已于2017年12月1日起正式施行。其中明确规定了工商联作为企业代表参加协调劳动关系三方机制，协助企业参与劳动争议的协商、调解、仲裁和诉讼，将工商联参与协调劳动关系的职能上升到地方立法层面。

2017年，省工商联还参与了《关于审理劳动争议案件若干问题的指引（征求意见稿）》《关于构建和谐劳动关系多元化解劳资纠纷的协调制度（征求意见稿）》《关于进一步加强劳动人事争议调解仲裁完善多元处理机制的实施方案（征求意见稿）》《贯彻落实〈新时期产业工人队伍建设改革方案〉实施办法》责任分工方案、有关解决拖欠异地务工人员工资问题三个制度文件、2017年劳资领域社会矛盾专项治理工作方案等多个文件、规章的制定修订工作，代表非公有制经济主体积极表达意见和诉求，从源头上推动公正公平维护非公有制企业和职工双方合法权益。

(二)加强宣传教育,营造构建和谐劳动关系良好氛围

一是开展劳动关系法律法规宣传教育“三进”活动。积极开展以守法诚信为重点的理想信念教育实践活动和“法律进企业”“法律进商会”等活动,引导教育非公有制经济人士正确解读劳动法律法规,尊法、学法、守法、用法。制定印发了《省工商联2017年普法工作要点》,统筹指导各地工商联、商会协会扎实开展非公有制经济领域“法律三进”工作;与省司法厅等单位共同开展全省“法治文化建设示范企业”创建活动和2017年全省“法治文化建设示范企业”申报命名抽查审核工作,推动企业依法治企,建立健全企业民主管理制度,促进企业科学决策,依法经营。

二是结合省工商联普法品牌活动加强构建和谐劳动关系宣传教育。联合省司法厅在全省非公有制经济领域集中开展以“守法诚信、共促和谐”为主题,以构建和谐劳动关系为重点的法律宣传月活动,会同省司法厅、省律协等多家单位共同举行2017年广东非公经济组织法律宣传月启动仪式,大力弘扬法治精神。各地活动内容丰富,成效明显,其中深圳、惠州、中山、梅州、湛江等市,县(市、区)同步开展的法律宣传月系列宣传教育活动,组织严密、形式多样。如湛江市各县(市、区)确保活动全面铺开,廉江市发动商会企业利用网上参学形式进行法治宣传教育,引导企业尊崇法治,霞山区工商联、区司法局集中设点宣传,遂溪县灵活开展“四个一”法律宣传系列活动,使企业身临其境感受法律的公正和威严。与省法学会等单位先后在佛山南海、广州南沙、惠州、梅州、潮州、汕头、揭阳等地举办7场“以法兴企”文化沙龙活动,各地政府、企业反响良好;与广州市律师协会共同举办“12·4”国家宪法日暨全国法制宣传日活动,会上邀请省人大常委会法工委领导向广大非公有制经济人士解读2017年修订的《广东省企业和企业经营者权益保护条例》;举办省工商联法律服务工作培训班,邀请省内知名的劳动关系专家就劳动关系难点问题进行了剖析和预防指引,有效提升工商联、投诉机构和商会协会业务骨干的能力水平。

三是拓展劳动关系领域普法载体。为增强非公有制企业法律风险防范意识,编印了《最高法院劳动用工指导案例》等广东非公有制经济法律风险防范指导系列用书,内容包括最高法院发布的2012~2016年劳动用工指导案例、人社部关于劳动人事争议调解纠纷处理机制意见等,免费发放给我省广大非公有制企业。

(三)注重预防调处,加强构建和谐劳动关系机制建设

一是积极开展劳动关系领域调查研究工作。根据非公有制经济发展实际和协调劳动关系工作的要求,针对劳动关系领域各类热点问题,积极开展专项调查研究工作。在连续两年开展民营企业劳动关系状况监测试点工作的基础上,2017 年继续开展民营企业劳动关系状况监测工作,监测覆盖范围达 200 余家企业,全年回收调查问卷近 400 份并报全国工商联,推动了对全国民营企业劳动状况形势研判。此外还积极参与全国工商联非公有制企业劳动关系重点问题调研、全国总工会劳动关系问题调研等工作,组织商会协会和非公有制企业代表,围绕劳动关系领域重点问题进行探讨和研究。

二是积极筹备组建省工商联非公有制企业劳动争议调解员队伍。依托省民营企业投诉中心积极开展省工商联非公有制企业劳动争议调解工作,研究制定具体工作方案,将于近期组建省工商联非公有制企业劳动争议调解员队伍,聘请兼职调解员开展非公有制企业劳动争议调解工作。

三是继续开展非公有制企业、商会劳动争议预防调解示范工作。与省人社厅组成调研组分别至广东省电脑商会、广东省五金磨具行业协会两家示范单位进行实地调研,分析行业企业结构及用工特点,梳理存在的主要问题及遇到的实际困难,指导示范单位制定实施方案。与省人社厅共同拟写了《广东省第二批非公有制企业商会劳动争议预防调解示范工作进展情况报告》,分别报全国工商联和人社部。在省工商联和省人社厅的共同指导下,广东省电脑商会和广东省五金磨具行业协会建立健全了调解组织、强化了调解工作队伍建设、积极开展劳动争议风险防控工作并加强了与人社部门、工商联的联系。2017 年 10 月,还组织了两家示范单位参加第二批非公商会(协会)劳动争议预防调解示范工作座谈会并报送示范工作总结,其中广东省五金磨具行业协会还在会上做了经验交流介绍,取得了较好的反响。通过示范工作的带动作用,全省各级工商联和商会协会积极开展劳动争议预防调处工作,依法成立各类劳动争议调解组织,成功调处了众多劳动争议纠纷,涌现了大量成功经验和典型案例。例如,揭阳市工商联会同揭阳市人社局,在商会协会和非公有制企业中设立了劳动争议预防调解示范工作点,强化企业劳动争议调解组织处理争议“第一道防线”功能;中山市工商联民营企业服务中心的调解案例被收录进全国工商联法律部编纂的《商会调解实践

与探索》一书的“劳动争议篇”。

四是加强非公有制企业、商会劳动争议预防调解培训。积极安排非公有制企业、商会和各级工商联代表参加人社部、全国工商联举办的各类非公有制企业劳动争议预防调解培训班、劳动关系协调员示范培训班等活动，提升商会协会及非公有制企业自主预防化解劳动争议的能力。

四、构建广东省非公有制企业和谐劳动关系的对策建议

(一)进一步完善协调劳动关系三方机制

习近平总书记在十九大报告中指出，要“完善政府、工会、企业共同参与的协商协调机制，构建和谐劳动关系”。广东省协调劳动关系三方机制在推动我省劳动关系总体和谐稳定方面发挥了重要的作用，但仍存在一些制约其发展的瓶颈问题。如各地市、县(区)工作发展不平衡，推进力度和工作成效存在一定差距；协调劳动关系三方中，人社部门和总工会的作用发挥较为充分，工商联组织的作用发挥尚待进一步加强，商会协会等社会组织的作用也未能充分发挥；此外由于三方机制中各成员单位各自工作任务繁多，在集中行动时多采取统一部署、分头落实的方式，虽具有一定的灵活性，但由于缺少工作合力，因此工作成效与预期就会存在一定差距。2015 年，中共中央、国务院出台的《关于构建和谐劳动关系的意见》中提出要健全协调劳动关系三方机制，加强和创新三方机制建设，建立健全协调劳动关系三方委员会，由同级政府领导担任委员会主任。据了解，目前全国部分省地市已成立了协调劳动关系三方委员会。建议从国家层面对协调劳动关系三方委员会的设立、组织架构、职能定位、运行机制等予以明确，并对各地协调劳动关系三方就现有运作模式如何顺利过渡进行指导，通过提升领导规格和三方机制层级，解决目前三方机制影响力不足、运行效能不高等诸多问题。

(二)进一步明确构建和谐劳动关系中的分类指导原则

由于广东省经济发展较不平衡，因此建议在制定全省性劳动关系政策时，可参考各地区具体经济社会发展情况区别对待。在经济较为发达的地区，如珠三角地区，企业主体活跃，用工需求庞大，劳动关系复杂多变，可采用经济转型与加强相关法规建设和政策疏导相结合的办法，促进劳动关系的进一步改善。如较大幅度地提高最低工资标准、加强对职工各项社会保险参保情况和住房公积金

缴纳情况的监管等，鼓励非公有制企业形成以人为本的经营理念，进一步促进劳动关系和谐稳定发展。而在一些经济较为落后的地区，如东西两翼、粤北山区等，由于加快经济发展速度仍然是这些地区相关政府和职能部门最重要的工作，可以考虑将工作重心放在落实基本劳动保障措施、提高劳动合同签订率、尽量减少欠薪和拖欠工资、超时加班等现象的发生等方面。

此外，在劳动关系管理及调整的方式方法上，也要将非公有制企业与传统的国有企业、集体企业区分开来。将一般规定和特殊规定相结合，就普遍适用于各类企业的问题作出一般规定，再根据不同所有制性质、不同规模、不同行业、不同发展阶段企业的劳动关系的不同特点和需求分别作出特殊规定，建立适应各类企业实际的劳动关系分类指导机制。在这方面，工商联、企业联合会等企业代表组织要充分发挥其桥梁纽带和助手作用，主动作为、靠前服务，及时向党委政府反映企业的实际情况和意见诉求，推动从立法、政策制定等顶层设计以及劳动监察执法、劳动争议协调处置等方面真正实现分类指导。

（三）进一步加强对就业市场发展的引导和扶持

要将促进经济发展作为实现就业增长的重要基础，坚持科学发展、协调发展和可持续发展，从而积极地带动和扩大就业。要进一步减轻企业税费负担，增强企业发展动力，千方百计地创造就业岗位。引导非公有制企业采取积极灵活的用工模式，指导和鼓励其为社会提供多种形式的灵活就业岗位，推动相关政府部门对通过灵活用工扩增就业岗位的非公有制企业给予资金或政策支持。推动非公有制企业不断完善健全劳动用工制度，加强创新管理能力建设，依法规范劳动用工管理，特别是规范企业对临时工、小时工、劳务工、季节工等非正规就业岗位的用工行为，守法经营，维护劳动者的合法权益。引导非公有制企业加强对劳动者的职业技能培训，既要强化对一线员工的劳动技能培训，也要顺应经济发展形势变化，加强对专业技术人才、经营管理人才和技能人才的培养力度。要把加快推动人力资源市场化作为破解高端人才引进不力的重要突破口，不断健全高层次、高技能人才培养和引进服务机制，支持人力资源服务业发展，培育国际猎头机构，引进先进国家职业技工办学模式和资源；要进一步完善人才“招引留”政策配套，着重解决优秀人才出入境、住房、子女入学等实际问题。

（四）进一步推动劳动争议调解规范化、专业化建设

各级党委政府要积极支持工商联和商会协会成立劳动争议调解工作机构，

各级编制、财政、民政部门要在人员编制和经费等方面提供相应保障和支持。探索通过政府购买服务的形式支持各级工商联和商会协会开展劳动争议调解工作。鼓励获得3A以上的商会协会内设的劳动争议调解机构,可以优先接受政府调解职能转移,可以优先获得政府购买调解服务。探索建立劳动争议调解经费支持机制和劳动争议调解员“以案定补”激励机制,对于商会协会调解劳动争议的成功案例,建议从政府维稳经费中,比照法院案件诉讼费用标准,按照一定比例给予商会协会一定的经济支持,作为调解成本费用,扩大商会协会经费来源。建立各类调解机构与当地劳动争议仲裁机构、人民法院的合作机制,实现调解与仲裁、调解与法院司法确认的有效衔接,保障调解结果的效力,构建横到边、纵到底的劳动争议调处工作网络,建立多层次、多元化的劳动争议调处体系,从而优化现有的劳动争议解决机制,避免行政资源和司法资源的浪费。完善劳动争议仲裁、诉讼处理机制。建立劳动争议仲裁与诉讼之间统一适用的举证规则、证据衔接规则等,建立仲裁与诉讼之间的案卷移送制度,使劳动争议仲裁和诉讼之间能进行有效的衔接,仲裁与诉讼程序之间形成联合统一的内在协调机制,提高争议处理效率,减少诉累。探索建立劳动关系管理责任追究制度。

(五)进一步推动协调劳动关系三方信息共享机制建设

在积极推动政府与工会数据信息共享的同时,建议加强协调劳动关系三方信息共享,将劳动关系领域重要的、基础性的数据信息及时共享给协调劳动关系三方会议成员单位,加强信息沟通和资源共享,以有利于协调劳动关系三方研究部署劳动关系领域重点工作和具体措施,共同做好推动构建和谐劳动关系工作。同时探索建立广东省非公有制企业劳动关系状况发布制度。以政府和协调劳动关系三方四家现有工作平台为基础,充分运用现有数据资源,如劳动争议调解仲裁和劳动保障监察等案件情况、劳动关系信访情况、群体性事件情况、劳动合同签订和履行情况、社会保险情况等,进行综合分析研究,必要时联合开展专项调研,对当前非公有制企业劳动关系状况进行全面总结和评估,定期(每年1次或两年1次)发布对非公有制企业劳动关系提出的指引性意见。

编写组:卢杰敏　江小云　李　琦

执笔人:李　琦

广西壮族自治区工商联民营企业劳动关系报告

根据《全国工商联办公厅关于报送 2017 年劳动关系报告和典型案例的通知》要求,广西工商联结合 2017 年开展定点劳动监测工作、举办全区工商联促进民营企业和谐劳动关系发展现场交流会及日常实地走访政府有关部门和民营企业了解的情况,现将相关情况报告如下:

一、广西民营经济发展基本情况及特点

近年来,在自治区党委、自治区人民政府的正确领导下,我区民营经济转型升级步伐不断加快,民营企业主动参与推进供给侧结构性改革意识不断增强,全区民营经济稳步健康发展。一是个体私营经济发展较快。据统计,截至 2016 年 12 月底,全区实有个体工商户 154.35 万户,从业人员 343.25 万人,资金数额 1091.04 亿元,分别比 2015 年增长 3.24%、11.47%、24.19%;全区共有私营企业 51.53 万户,从业人员 343.25 万人,注册资本(金)19,471.70 亿元,分别比 2015 年增长 18.24%、11.47%、53.45%。二是非公工业贡献率不断提升。2016 年,全区非公有制工业增加值 4782.87 亿元,同比增长 8.7%,占全部规模以上工业增加值的 82%。三是非公有制企业税收稳步增长,个体私营企业税收奉献显著。2016 年,全区非公经济提供税收 1295.84 亿元,同比下降 17.63%,占全区总税收的比重由 2015 年的 69.68% 下降到 2016 年的 60.69%,但个体和私营税收(不含混合所有制民营企业)却逆势上行,增幅比 2015 年高 5.96 个百分点,占全区税收比重为 14.06%。四是民间投资持续低迷。从 2015 年开始,民间投资增速就已下行到广西平均增速之下。2016 年民间投资持续回落,全年完成 10,869.59 亿元,同比增长 7.5%,增速比 2015 年回落 8.6 个百分点,比全区平均水平低 5.3 个百分点,占全区固定资产投资 17,652.95 亿元的 61.6%,同比降低 3 个百分点。

二、当前广西民营企业劳动关系的现状及形势研判

虽然当前广西非公有制经济呈现总体下滑态势,但由于自治区党委、自治区人民政府坚决贯彻中央、国务院的决策部署,高度重视构建和谐劳动关系工作,出台自治区党委、自治区人民政府《关于贯彻〈中共中央、国务院关于构建和谐劳动关系的意见〉的实施意见》(桂发〔2016〕3 号),把构建和谐劳动关系纳入加强和创新社会管理、保障和改善民生、促进全区经济持续健康发展的重要内容,并将非公经济组织构建和谐劳动关系工作纳入全区年度目标考核任务,将完善劳动人事争议多元处理机制纳入全区综治考评,健全了劳动人事争议协商解决机制,全面推进全区和谐劳动关系工作。各地各有关部门认真贯彻落实中央和自治区的工作部署,积极推进构建和谐劳动关系的各项工作,全区 14 个市中有 13 个市出台了本市贯彻落实中央、自治区文件的配套文件,取得了积极成效,全区劳动关系总体保持和谐稳定:劳动合同与集体合同不断覆盖,企业劳动用工逐渐规范,职工工资收入稳定增长,劳动条件不断改善,职工安全健康保障逐渐到位,社会保险不断覆盖,人文关怀进一步加强,劳资沟通逐步顺畅,劳动关系矛盾得到有效预防和化解,协调劳动关系队伍建设进一步加强。据统计,2017 年全区企业劳动合同签订率达 95.76%,集体合同签订率为 86.47%。全区共处理劳动人事调解仲裁案件 29,600 件(其中:受理调解案件 13,763 件,仲裁立案受理 15,837 件),仲裁结案率 96.87%,调解成功率 64.38%。

三、工商联所做主要工作

(一)参与协调劳动关系三方会议,共同推动劳动关系立法、健全劳动标准体系和劳动关系协调机制

一是自治区本级和各市协调劳动关系三方机制组织健全,能够积极开展工作,发挥职能作用。自治区三方四家联合下发《2017 年三方委员会工作要点》《加强专业性劳动争议调解工作实施意见(征求意见稿)》《广西劳动关系和谐单位构建技术文件(试行)》等文件,共同研究解决劳动关系中的重大问题。二是积极引导和谐劳动关系示范单位规范调解组织名称、标识、工作职责、工作程序和调解员行为,规范文书式样,进一步提高劳动争议预防调解工作规范化水平。

（二）开展和谐劳动关系创建活动，大力推动民营企业构建和谐劳动关系

一是举办“全区工商联促进民营企业和谐劳动关系发展现场交流会”和“2017 年全区劳动人事争议调解员培训班”。2017 年 10 月，广西工商联与广西人社厅、广西总工会、广西企联在百色市联合举办“全区工商联促进民营企业和谐劳动关系发展现场交流会暨培训班”。自治区和百色市三方四家成员单位有关处室负责同志以及各市工商联分管法律服务的领导及所辖县（区）工商联领导和全国非公有制商会劳动争议预防调解示范单位、有关商会及企业代表等 70 多人参会。与自治区劳动人事争议仲裁委员会在南宁共同举办“2017 年全区劳动人事争议调解员培训班”，进一步加强用人单位劳动人事争议调解组织建设，提高预防调解劳动人事争议能力，引导非公有制企业构建和谐劳动关系，尊重和维护员工合法权益。来自全区各市、县乡镇（街道）、自治区直属驻邕商会、异地商会的调解员约 130 人参加培训。二是积极组织民营企业参加各项学习培训。2017 年 7 月 19 ~ 21 日组织民营企业代表参加人社部在河北秦皇岛举办的“全国劳动关系协调员示范培训班”；2017 年 7 月 24 ~ 27 日，组织广西医药商会、皇氏乳业参加全国工商联在浙江宁波举办的“非公有制企业劳动争议预防调解培训班暨十一届全国工商联法律委员会第五次会议”；2017 年 9 月 29 日，组织民营企业参加“全国厂务公开民主管理工作经验交流暨先进单位表彰电视电话会议”；2017 年 10 月 30 日 ~ 11 月 1 日，组织第二批非公有制商会劳动争议预防调解示范单位参加全国工商联和人社部在合肥举办的全国第二批非公企业商（协）会劳动争议预防调解示范工作座谈会。

（三）积极为民营企业加强法律服务，夯实民营企业构建和谐劳动关系的基础

2017 年，自治区工商联分别在南宁东博国际五金机电城、研祥智谷开展“法律进企业”服务活动，邀请法律专家为民营企业讲解《公司法》《劳动合同法》有关问题。与自治区检察院共同开展“依法保护民营企业产权”系列活动，举办“依法保护民营企业产权”商会讲坛、“依法保护民营企业产权，促进非公有制经济健康发展”座谈会，引导民营企业树立产权保护意识。与自治区国税局、地税局举办“广西民营企业共话税收”座谈会，促进深化税收改革，助力企业发展。年内共协调或解决汉军集团、民生银行广西分行等反映的涉及媒体错误报道、债务人失

联等方面的经济纠纷和法律诉求13例,接访走访人员35人次。充分发挥民营企业法律风险防范与救助机制平台作用,积极协调解决我区民营企业所反映的经济纠纷和法律诉求。

(四)引导民营企业依法保障落实职工权利

一是落实劳动合同制度。推进劳动法、劳动合同法及其配套法规政策和《广西壮族自治区企业工资集体协商条例》的贯彻落实。自治区三方四家共同下发《关于进一步推进集体协商签订合同工作的通知》,进一步加强集体协商签订集体合同工作,推动全区企业工资集体协商工作向纵深发展。加强企业实施劳动合同制度的监督、指导和服务,于2017年10月20~30日在全区14个市开展"2017年全区劳动合同集体合同签订情况专项检查活动"。二是落实职工劳动报酬的权利。积极推进我区职工工资决定和正常增长机制建设,完善并落实职工最低工资制度。如在当前经济下行压力下,虽然监测企业经营出现亏损和持平的占到41.24%,但是92.75%的企业都能按月足额支付工资,30.32%的企业对工资进行小幅度调涨。配合自治区人社厅合理确定2017年企业工资指导线,上线为12%,下线为2%,基准线为8%;参与2017年度全区最低工资标准调整工作。三是落实职工享受社会保险的权利。据自治区人社厅统计,截至2017年11月底,全区参加城镇职工基本养老保险人数773.86万人,完成年度计划的103.87%;全区参加基本医疗保险人数5162.93万人,完成年度计划的109.85%;全区参加失业保险人数301.02万人,完成年度计划的103.8%;全区参加工伤保险人数387.42万人,完成年度计划的103.31%;全区参加生育保险人数337.23万人,完成年度计划的108.78%。

(五)抓好民营企业劳动关系状况监测点的监测上报工作

抓好在南宁、柳州、桂林、钦州、百色、崇左6市建立200个民营企业劳动关系状况监测点的监测上报工作,对各监测点企业的劳动关系状况等实行动态监测。

四、当前我区民营企业构建和谐劳动关系存在的主要问题和不足之处

(一)民营企业劳动合同与集体合同签订工作仍没有全覆盖

据2017年对200家民营企业监测点的统计分析,监测企业直接雇用的全日制职工占58.58%,其中与企业签订书面劳动合同的占86.45%,与全区签订率相

比较低。一是由于思想认识不到位，部分企业为降低用工成本，不与劳动者签订劳动合同从而不用缴纳社会保险费，有些劳动者不愿签订劳动合同，拒绝企业扣减个人应负担的社会保险费，且在劳动合同履行过程中员工工作岗位发生变动时未及时签订新的劳动合同现象常有发生；二是有的合同文本的针对性、实效性不强；三是由于签订过程不规范，没有广泛听取职工意见，职工关心的劳动报酬等焦点问题得不到体现，部分集体合同质量不高，存在走过场的现象；四是企业对擅自离职或不能胜任工作的员工解约较难，故工作热情不高、支持力度不大。

（二）部分民营企业对工资集体协商认识不足

有169家监测企业回答了“贵企业是否开展工资集体协商？”问题，其中开展工资集体协商的有100家，占59.17%，未开展集体协商的有69家，占40.83%。未开展工资集体协商的原因主要有：一是部分企业片面地认为工资集体协商就是涨工资、提高福利待遇，因而会增加企业成本，导致企业经营者对工资集体协商不积极、不配合。部分企业工会人员开展集体协商时，害怕得罪企业，工作积极性不高。如在未进行工资集体协商的监测企业中有14.49%的企业认为“市场价位，没必要协商”“企业员工的工资水平已经偏高”，36.23%的企业认为“企业利润不足以增加职工工资”。二是一些企业不如实提供相关情况，工会和职工协商代表不了解工资集体协商所涉及的有关财务数据和经营状况等企业生产经营资料，部分企业协商程序过于简单，走过场。三是目前我区相当多的小微民营企业还没有建立工会组织，行业工会、行业商会组织建设还不够健全，区域性、行业性企业工资集体协商对象不明确，协商机构不健全，导致工资集体协商工作开展难度较大，14.49%的企业认为“缺乏专业指导，不知道如何协商”“程序复杂，不便协商”。四是由于劳方协商主体工会主席的多重身份，有时既代表劳方又代表资方，很难做到真正意义上的平等协商，且部分工会人员和职工协商代表自身素质不高，对政策法规和业务知识不熟悉，协商技巧不高。五是近年来劳动力成本上涨，实际操作中在企业困难的时候调低工资几乎不能获得集体协商通过，导致企业不愿意开展集体协商，34.78%的监测企业认为“难以协商一致”。

（三）民营企业社会保险参保工作仍不高

有90.45%的监测企业为职工缴纳了社会保险，但为全体职工缴纳社会保险的企业仅为51.26%，还有部分企业尚未为员工参保或者仅为部分员工参保。一是由于企业社保负担仍较重。根据桂政发〔2016〕20号文件14条,广西虽然降低了企业职工基本养老保险缴费比例,但同时由于缴费基数的逐年提高,企业的经营成本反而增加,降费率政策没能真正发挥作用,影响其参保积极性。二是部分企业员工认识不到位,特别是农村务工人员流动性大,觉得养老保险要缴较长时间(15年以上)且距离其享受相应权益的时间还很长,再加上物价上涨,生活成本增加,希望能够用购买社保的部分工资用于补贴家用而不愿意购买社会保险。特别是劳动密集型企业面临缴纳社保难招人,不缴社保受处罚的两难境地。如以餐饮业为例,参保企业与不参保企业的员工工资存在几百元的差距,多数员工更愿意选择到不参保企业就业。三是2016年新的计划生育条例出台后,与原条例相比,女方的产假由原来的98天增加到148天,而生育津贴补助政策并没有随之修改,我区劳动保险职能部门还是按照原规定支付生育津贴,新增加的50天的生育津贴由企业自行承担。四是工伤保险有待完善,如员工入职后次月开始购买,但若是员工入职后第一个月内发生工伤,期间发生的工伤费用无法报销。而且工伤的鉴定及工伤保险领取等手续较烦琐。五是社会保险的连续性和操作性等方面还存在一些不便之处,有待进一步完善,如医保的跨省跨市异地结算等还不能实际操作,农民工社会保险关系转移难等。

(四)民营企业落实职工带薪休假制度没有完全到位

监测企业中有39.38%的企业为全部职工提供带薪年休假,有15.54%的企业为部分职工提供带薪年休假,没有为职工提供带薪年休假的仍高达45.08%。同时,对于未享受带薪年休假的职工,企业向其提供年休假工资报酬的仅为28.64%,其中依法支付未休年休假工资(按照日工资收入300%支付)的企业仅占17.28%,补偿不到位的问题突出。一是由于近几年来人力资源成本不断上升,特别是在目前经济形势下行的情况下,很多中小企业生存困难,因此不愿增加用工成本,不主动提出或不准职工休年假。二是部分企业未完全落实职工产休假制度。有的企业认为,女职工休假超过两个月的会严重影响岗位排班,企业不另招人就无法开展工作。故在调查中仍有少数员工反映企业没有明确产休假制度,且并未按国家、自治区相关规定严格执行女职工的产休假及福利待遇,存在休产假期间企业解除女职工劳动合同或不能完全休完产休假现象。三是少数企业以追求利益最大化为目标且违法成本过低,在落实职工带薪休假制度方面,无视带薪休假制度的存在。

（五）民营企业内部劳资沟通形式有待进一步加强

一是企业职工参与内部民主管理的渠道建设还不够畅通。一方面监测企业通过“员工提案”“员工满意度调查”“职工代表大会”进行劳资沟通的占比均仅为19.6%，通过设立“意见箱/内部网络论坛/领导信箱/员工热线”和开展“企业中高层领导接待日”的更少，分别为15.58%和6.5%；另一方面监测企业认为目前企业在劳资沟通方面的主要挑战在于：沟通渠道单一（36.68%）、员工的积极性低（31.16%）、沟通频率低（29.65%）和内容有限（29.15%）。二是建立党群组织是在民营企业内部进行劳资沟通的重要平台抓手。近年来，虽然我区民营企业内部建立党群组织的力度在不断加大，但众多的小微企业在这方面还需加强。监测企业在回答“当前贵企业最有效的劳资沟通形式（最多选三项）”问题时，选择最多的3项为：通过工会或员工代表沟通（44.22%）、集体协商（37.69%）和企业例会/员工座谈会（29.15%）。党群组织的作用发挥较多还是仅停留在开展节日慰问及开展文体等活动上，在引导职工参与企业民主管理和维护劳动者合法权益等方面的作用发挥还需加强。

（六）民营企业劳动争议调解机制仍需加强

一是部分企业对建立健全自身劳动争议预防调解机制的积极性不高，虽然目前300人以上的大中型企业内部大多已建立劳动争议调解委员会，但是小微企业内部调解组织建设数量较少，民营企业内部劳动争议调解组织的建立工作还需进一步推进。如监测企业设立劳动争议调解委员会的占30.65%；未设立劳动争议调解委员会，但有调解员的占40.2%；没有劳动争议调解委员会或调解员的占29.15%。二是行业性劳动争议调解组织及商会在构建和谐劳动关系中的主阵地作用得不到有效发挥。如我区商会组织发展还比较初级，主管部门不一，制约了这项工作在商会中的推进。同时由于现在处于商会改革阶段，园区商会建设仍属空白，很多县级异地商会和乡镇商会未能完成注册，制约了商会在小微企业中应发挥的作用。三是劳动人事争议案件数量依然保持在高位运行态势，基层劳动人事争议调解组织建设比较薄弱，仲裁服务能力建设不适应实际需要。部分县（市、区）在落实劳动人事争议处理效能建设文件方面措施不多、力度不够，仲裁办案场所、人员和经费、办案条件等方面难以适应工作需要。同时由于人手少,主要力量用于处理案件,导致基层劳动人事调解组织建设方面长期以来投入人力不够,有些地方调解组织建设进展缓慢,基层预防和调解作用未能有效发挥。

(七)劳动关系三方四家协商合作机制不够健全

一是目前三方四家协商机制在自治区和市一级相对比较完善,但县级以下尚未健全,还需不断深化和完善。二是开展民营企业、商会劳动争议预防调解工作框架虽已经搭建,但尚未形成统一的工作平台和调解合力,工作推进还存在困难。

五、对工商联劳动关系工作的意见建议

(一)加大构建和谐劳动关系的宣传和引导力度

要加大对中共中央、国务院《关于构建和谐劳动关系的意见》以及广西壮族自治区党委、自治区人民政府《关于贯彻〈中共中央、国务院关于构建和谐劳动关系的意见〉的实施意见》(桂发〔2016〕3 号)等劳动法律法规政策的学习宣传,抓好贯彻落实,通过举办培训、组织座谈等形式,强化学习交流,同时大力宣传各地先进经验做法。要不断加强和改进非公经济人士思想政治工作,引导自觉践行社会主义核心价值观,主动关注就业、改善就业,切实履行报效国家、服务社会、造福职工的企业社会责任,引导树立"人力资源是第一资源"的理念,自觉关爱员工,保障职工合法权益。引导民营企业尊法学法守法用法,依法治企、依法经营、依法维权,不断增强法治意识,积极参与全面推进依法治国实践。

(二)加强引导,完善企业内部管理机制和沟通机制,加大和谐文化建设

要把党群组织建设与培育先进企业文化相结合,进一步引导民营企业组建党组织、工会、共青团和妇委会等党群组织,特别是充分发挥企业党组织在职工群众中的政治核心作用和在企业发展中的政治引领作用,引导企业不断完善内部民主管理机制和沟通机制,正确引导职工参与,大力开展民营企业厂务公开和民主管理工作。引导企业在注重生产经营的同时,将企业文化建设与生产经营和执行国家法律法规相结合,将科学管理与人性管理相结合,以人为本,为职工提供实现人生价值的平台,把企业建成职工之家,让劳动者实现体面劳动。

（三）创新和改进民营企业劳动争议预防调解仲裁工作

1. 加强劳动争议预防调解组织建设。推动企业建立劳动人事争议预防调解机制，提高企业自主解决争议的能力。发挥企业、乡镇（街道）等调解组织作用的同时，充分发挥各类商会作用，指导和推动行业商（协）会建立劳动人事争议预防调解组织，不断提高调解员素质，加强基层调解组织的规范化建设，提高综合管理服务水平。

2. 完善劳动争议调解制度。充分发挥劳动保障、工会、企联、工商联、劳动争议调解委员会等部门作用，建立多元化纠纷解决机制。与各级司法部门共同推进商会人民调解组织，搭建自治区、市、县、乡四级"工商联（商会）人民调解委员会"平台网络，加大调解力度，切实提升劳动人事争议调解组织预防和调解争议的能力，有效发挥人民调解化解非公有制经济领域矛盾纠纷的基础性作用。

3. 加强宣传教育引导。继续加大劳动争议预防调解示范企业的建设，发挥榜样引领作用，联合社会各方力量加强监管，保障劳动者合法权益，不断降低重点领域、重点问题的案发率。

4. 正确处理劳动争议与企业发展的关系。在劳动争议案件处理中，既要维护职工的具体利益，也要注重社会效果，在化解争议的同时，应最大限度地降低对企业生产经营的影响。

（四）深入推进劳动关系三方四家协商机制建设

要加强宣传，提高企业、职工和社会对三方会议机制的认识，不断扩大劳动关系三方四家协商机制的影响力，保障协商机制顺利运行。继续深入完善三方会议机制，健全工作制度，加强协调配合，加强三方信息沟通，定期交流劳动关系重大问题。创新三方机制组织建设，积极推动有条件的县（区）成立相应的三方会议机制，不断深入开展和谐劳动关系创建活动，扩大创建活动范围，丰富创建内容，完善创建标准，不断提高创建活动的实效性。

（五）加大对民营企业转型升级的引导和帮助

企业构建和谐劳动关系的前提在于企业的持续健康发展，只有企业可持续发展了，才能带动就业、增加收入和改善劳动条件。在当前经济发展新时代下，我区中小微民营企业面临的发展压力很大，要积极引导和帮助民营企业转型升级。一方面，要引导民营企业紧紧依靠创新驱动、职工素质提升和加强科学管理等途径,不等不靠,主动寻求转型升级,逐步建立现代企业制度,不断提升竞争力,增强可持续发展能力,为企业构建和谐劳动关系创造必需的物质条件;另一方面,密切关注和高度重视民营企业特别是中小微企业当前在生产经营中遇到的困难和问题,依法维护企业合法权益,为民营企业转型升级提供支持。

(六)加大对民营企业的法律服务

组建由公、检、法、司等单位参与的工商联法律服务团,为商会开展专业化、规范化和有效性法律服务提供专业支持,为民营企业提供法律指导、咨询和维权服务。

编写组:叶俊茂　孙　浩　王慧玲　陆慧峥

执笔人:王慧玲　陆慧峥

海南省工商联民营企业劳动关系报告

2017年在省委、省政府的高度重视下,在省协调劳动关系三方五家成员单位的密切配合下,我省非公经济组织构建和谐劳动关系工作取得了较大的进步。现将有关情况报告如下。

一、民营企业劳动关系基本情况和主要工作

(一)组织领导工作

我省党委、政府高度重视构建和谐劳动关系工作,2013年就出台了《中共海南省委、海南省人民政府关于深入发展新时期和谐劳动关系的意见》(琼发〔2013〕5号),将构建和谐劳动关系纳入当地经济社会发展规划和政府目标责任考核体系,并根据《中共海南省委办公厅、海南省人民政府办公厅关于下发海南省发展和谐关系工作领导小组的通知》(琼委办〔2013〕7号)成立领导小组,领导小组由省委副书记担任组长,副省长、省人大常委会副主任担任副组长,共由21个成员单位组成,办公室设在省人社厅,构建和谐关系工作情况由办公室定期向省委省政府报告。

(二)深入贯彻落实《中共中央、国务院关于构建和谐劳动关系的意见》

1. 我省已明确规定省协调劳动关系三方委员会主要职责、组成人员和工作机构,并报请省政府审批。2017年1月6日,省编委同意在省人社厅成立劳动关系处、省劳动人事争议仲裁院,进一步夯实做好工作的组织基础。

2. 2017年5月13日,我省协调劳动关系三方召开三方五家劳动关系座谈会,总结2016年构建和谐劳动关系工作开展情况,分析全省当前劳动关系形势,部署2017年省协调劳动关系三方重点工作。2017年6月8日印发了《海南省协调劳动关系三方会议2017年工作要点》(琼人社发〔2017〕141号)。

3. 定期召开“三方五家”联席会议,加强对当前我省劳动关系形势的监测和

分析研判,增强工作的针对性和预见性,共同开展对劳动关系领域热点难点问题和趋势性问题的研究,妥善解决劳动关系突出矛盾和重大问题。2017 年 3 月 29 日,针对企业民主管理的难点问题,在海口市召开全省工会民主管理会议,认真总结、交流经验做法,作好示范引领工作。

(三)加大宣传教育培训力度,为构建和谐劳动关系营造良好氛围

1. 加大政策宣传力度。2017 年 3 月 7 日,召开全省和谐劳动关系先进表彰暨经验交流会,《海南日报》《南国都市报》等驻琼媒体对会议情况进行报道,大力宣扬和谐劳动关系,起到良好的示范引领作用;2017 年 12 月 13 日,省人社厅何琳厅长接受《海南日报》采访,针对党的十九大报告中提出的"完善政府、工会、企业共同参与的协商协调机制,构建和谐劳动关系",提出我省贯彻落实的具体办法;同日,召开全省 2018 年春节前保障农民工工资支付工作部署会,《海南日报》等驻琼媒体对会议情况进行报道,大力宣扬做好农民工工资支付的重要意义。

2. 本年度对全省 2056 家非公经济组织人力资源负责人进行了劳动法律法规知识培训。

3. 省总工会对全省非公经济组织 217 名工会主席(工会负责人)进行了培训。

4. 省三方五家成员单位联合举办省级民主管理、职工代表师资、职代会模拟培训班 5 期,参加培训达 3600 人,学员来自企业负责人、人力资源经理、职工代表、集体协商指导员、工会干部等。

5. 编印了 6000 册《海南省集体合同工作指南》下发基层工会,为规范有序开展工资集体协商工作提供参考。

(四)非公有制经济组织开展和谐劳动关系创建工作

海南省劳动关系三方五家下发《关于推荐第三批海南省模范劳动关系和谐企业与工业园区的通知》(琼人社发〔2017〕134 号),全省共有 300 家企业参加评选活动,其中 180 家为非公企业,覆盖面达到 60%。按自评、初审、申报的办法,经自下而上推荐,省协调劳动关系三方考核审查,评出 50 家海南省模范劳动关系和谐企业和 3 家工业园区并下发表彰决定。

（五）加强对企业实行劳动合同制度的监督和指导

针对建筑行业和小微企业劳动合同签订率不高的问题，在2017年年初开展的农民工工资支付情况专项检查活动中，将建筑行业劳动合同制度落实情况作为执法检查的重要内容，全面检查建筑行业农民工劳动合同签订情况。在劳动保障监察日常巡查、书面审查和处理举报投诉案件中，及时对企业未与劳动者签订劳动合同、合同内容不规范、不交付文本给劳动者等行为进行纠正。加强对非公有制经济组织实行劳动合同制度的监督、指导和服务，促使全省非公有制经济组织劳动合同签订率达到85%以上。

（六）做好化解过剩产能企业职工安置工作

2017年，认真审核职工安置方案，按照《职工安置计划具体时间表》落实到责任单位、责任人。建立海南省职工安置进展情况通报制度，对行政不作为的责任单位和责任人进行问责。2017年，全省共有过剩产能企业7家，待安置职工人数359人。

（七）劳动用工备案情况

在省人力资源社会保障厅行政审批窗口按受理、审核、核准流程进行，时限为5个工作日。2017年，省工商局注册企业在厅审批办860家企业劳动用工备案，备案人数为11,857人。

（八）完成劳务派遣经营情况报告核验及培训工作

我省取消劳务派遣行政许可后，进一步加强了监管。全省有60家左右经营劳务派遣业务的企业，这些企业主要集中在海口、三亚地区。2017年3月，对全省各劳务派遣单位经营情况进行核验。要求全省现有劳务派遣公司将劳务派遣经营情况向人社部门报告。2017年5月，在海口市举办了2017年度全省劳务派遣业务培训班，共培训监管机构、劳务派遣及用工单位业务人员150人。2017年12月，开展劳务派遣专项行动。主要对全省开展劳务派遣用工单位超比例使用劳务派遣用工情况、劳务派遣社会保险费交纳情况进行排查。

（九）积极稳妥推进非公有制经济组织开展集体协商工作

省协调劳动关系三方充分发挥工资集体协商联动机制，共同研究和推进工资集体协商工作，2017年5月22～24日举办了全省《集体协商工作会议暨工资专项集体合同协商观摩会》，通过现场观摩会、推进会、编印集体协商典型资料、创建省级集体协商示范点等多种方式，建立动态的考核评比机制，进一步推动集体协商工作发展。截至目前，全省共签订集体合同8273份，覆盖企业27,137家，职工1,025,438人，签订率83.23%；签订工资专项集体合同7938份，覆盖企业24,445家，受益职工1,012,631人，签订率81.49%；签订行业性工资专项集体合同235份，覆盖企业15,401家，职工599,402人；签订区域性工资专项集体合同804份，覆盖企业12,902家，职工112,049人。

（十）企业工资指导线情况

为深入贯彻落实《关于构建和谐劳动关系的意见》，印发了《海南省2017年企业工资增长指导线意见的通知》（琼人社发〔2017〕184号），工资增长基准线为9.3%，工资增长上线为10.2%，工资增长下线为3%。为非公有制经济组织开展工资协商、合理确定职工工资水平提供参考。

（十一）全面落实最低工资规定

省工商联提请海南省人民政府下发了《关于调整2016年度最低工资标准的通知》（琼府〔2016〕25号），从2016年5月1日起，将现行最低工资标准提高160元，具体调整为：一类地区1430元，二类地区1330元，三类地区1280元。

（十二）健全工资支付保障长效机制

1. 为深入贯彻落实《国务院办公厅关于全面治理拖欠农民工工资问题的意见》（国办发〔2016〕1号）和《海南省全面治理拖欠农民工工资问题实施意见》（琼府办〔2016〕238号），2017年7月修改了《海南省劳动保障监察若干规定》，自2017年9月1日起开始实施，为解决拖欠农民工工资提供了法律保障。

2. 2017年9月27日，海南省人社厅与省农信社、中国人民建设银行海口支行签订了《海南省建设领域农民工工资专用账户协议书》，与省住建厅联合建立了建设领域施工现场人员实名制系统。

3. 制定了《海南省劳动保障监察受理举报投诉实施办法》（琼人社发〔2017〕328号）和《关于加强劳动保障监察执法能力建设的实施方案》（琼人社发〔2017〕249号）。

4. 省人力资源社会保障厅、省公安厅、省住房城乡建设厅、省交通厅等12部门下发《关于印发2017年农民工工资支付情况专项检查活动实施方案的通知》

(琼人社发〔2017〕314 号)。公布了两批重大劳动保障违法行为案件。

5. 省领导高度重视农民工工资问题。省委书记刘赐贵、省长沈晓明专门作出批示,要切实做好农民工工资支付工作。常务副省长毛超峰出席 2017 年 12 月 13 日召开的全省治欠保支工作会议,并对 2018 年开展农民工工资支付情况专项检查活动进行了具体部署。

(十三)非公有制经济组织职工休息情况

指导企业着力推行单位休假年度计划,实行组织计划安排与职工个人申请、单位批准相结合的办法。在确保企业生产正常运行的情况下,制订出当年工作人员年休假计划,对职工年休假做出统筹安排。对于特殊岗位、工种的职工可采取灵活多样的休假方式,可以集中休也可以化整为零,在工作间隙随时休。劳动监察部门加大监察力度,实行专项检查,及时发现并纠正企业的违法行为。全省相关投诉及仲裁案件均大幅度下降。

(十四)加强劳动定额标准工作

根据我省实际在星级酒店及超市推动劳动定额管理,举办全省民主管理研讨班,学员来自企业负责人、人力资源经理、工会干部等。

(十五)加强合法用工情况

根据《人力资源社会保障部办公厅关于做好 2017 年打击非法用工等违法犯罪活动综合治理考核评价工作的通知》(人社厅发〔2017〕126 号)部署和要求,2017 年 12 月 18 ~22 日,三方五家成员单位成立 6 个综合治理考评小组,采取书面材料审查及听取汇报、查阅资料、实地核查等方式,对全省各市、县(区)打击非法用工等违法犯罪活动综合治理考核工作的组织领导工作、执法检查、制度建设、大案要案查处以及劳动保障监察"两网化"管理等 5 个方面 22 项,逐项进行量化评分。我省无违法使用童工情况。

(十六)普遍参加社会保险

督促非公有制经济组织合法用工,依法缴纳社会保险,全省五项社会保险缴纳均按 2017 年计划数完成。出台《关于阶段性降低我省城镇从业人员基本养老保险和失业保险费率的通知》,进一步减轻企业负担。

(十七)完善企业内部民主管理制度

主要采取:一是完善厂务公开民主管理工作的机制,提高厂务公开民主管理工作的针对性,有效推进厂务公开民主管理制度化、规范化建设,以点带面创建厂务公开民主管理示范单位。二是突出发挥职代会作用,强化厂务公开民主管理工作的实效性,从源头保障厂务公开民主管理工作得到顺利开展。三是开展创建厂务公开民主管理示范单位和推荐评选全国厂务公开民主管理活动。根据新形势新要求,不断完善创建标准。在评选表彰全国厂务公开民主管理工作先进单位活动中,海南美亚有限公司等 10 家单位被推荐为先进单位,省总工会推荐为全国推动厂务公开民主管理工作先进单位。四是继续开展"公开解难题,民主促发展"主题活动,活动内容紧扣主题,突出成效,使活动更有吸引力。五是不断创新民主管理工作内容。根据不同性质的企业,开展多种形式的民主管理活动,重点抓好星级职代会创建活动,提升职代会质量和实效。建立民主管理工作微信群,达到工作清楚、信息量大、互动性强、推动工作快的效果。全省非公有制经济组织民主管理覆盖面超过 50%。

(十八)建立内部劳动争议协商调解机制

全省 30 人以上的非公有制企业要建立劳动争议调解委员会、设立劳动争议调解员,30 人以下的小型微型民营企业要设立调解员,县(市)商会(协会)要建立劳动争议调解组织,并指导行业性、区域性商会(协会)建立调解组织,重点推进餐饮、建筑、商贸服务和各地商会调解组织的建设,并在 2017 年 11 月前完成建立,并到各市县(区)劳动人事争议仲裁委员会办公室备案。全省大中型企业劳动争议调解委员会覆盖面超过 50%。各市县工商联、商会等依法成立商事纠纷调解组织并将劳动关系争议调解工作纳入其中。

1. 与省高院联合出台了《海南省高级人民法院、海南省工商业联合会关于建立全省法院、工商联及商会涉及非公有制企业商事纠纷诉讼与调解对接工作机制的意见》,为调解协议申请司法确认提供了制度保障。

2. 推动海口市司法局与海口市工商联签发了《海口市司法局、海口市工商业联合会关于建立海口市商会组织人民调解工作机制的意见》,以该意见为参照,推动各市县工商联与当地司法部门合作,共同制定出台本地区相关工作机制意见。

3. 促成第一批商会调解组织——海南省山西商会、福建商会、潮汕商会人民调解委员会正式挂牌成立并通过司法确认。全省共有 3 家省级商会人民调解委员会及 1 个市级工商联人民调解委员会正式挂牌,8 家商会人民调解委员会将在近期成立。

4. 启动我省乡镇(街道)劳动争议调解的综合示范工作。在前期调研的基础上,制定下发了《海南省人力资源和社会保障厅关于开展乡镇(街道)劳动争议调解工作的通知》(琼人社发〔2017〕195 号)。除人社部明确的 2 家(文昌市龙楼镇劳动争议调解中心、琼中县湾岭镇劳动争议调解中心)列入全国乡镇(街道)劳动争议调解综合示范单位以外,洋浦经济开发区工业园区劳动争议调解中心、海口高新技术产业开发区劳动争议调解中心、海口市美兰区白沙街道劳动争议调解中心、昌江县循环经济工业园区劳动争议调解中心,作为全省乡镇(街道)劳动争议调解综合示范先行单位同步开展。将完善劳动人事争议多元处理工作纳入当地综治工作考评,多部门联合制定下发了《关于进一步加强劳动人事争议调解仲裁完善多元处理机制的实施意见》。

(十九)及时受理劳动保障监察举报投诉案件情况

我省各级劳动监察部门共受理拖欠工资案件 1422 件,涉及人数 33,225 人,涉及金额 33,978 万元,已办结案件 1394 件,涉及人数 30,375 人,追发金额 31,577 万元;处置群体性突发案件 380 件;公安机关依法移送涉嫌拒不支付劳动报酬罪案件 74 件,公安机关立案 54 件,检察机关公诉 12 件,法院判决 6 件。

(二十)受理劳动争议仲裁案件情况

2017 年,全省各级劳动人事争议仲裁机构共受理劳动人事争议案件 5706 件,涉及劳动者 5984 人,审结案件 5550 件;共调解和裁决用人单位支付劳动者劳动报酬、经济补偿金和赔偿金等共 8198.28 万元,结案率为 96.02%。

(二十一)健全协调劳动关系三方机制组织

我省明确规定省协调劳动关系三方委员会主要职责、组成人员和工作机构,已报请省政府审批。成立海南省发展和谐关系工作领导小组,领导小组由省委副书记担任组长,副省长、省人大常委会副主任担任副组长。2017 年 1 月 6 日,省编委同意省人社厅成立劳动关系处。2017 年 4 月 19 ~ 20 日,召开了省协调劳动关系三方会议,会议审议调整省协调劳动关系三方会议成员和办公室组成人员、2016年协调劳动关系三方工作情况及《省协调劳动关系三方会议2017年工作要点》。全年三方开展联合检查、培训、调研等活动6次。全省市县三方机制健全,活动开展正常,构建和谐劳动关系工作向街道(社区)、乡镇和工业园区延伸。2017年3月7日,召开全省和谐劳动关系先进表彰暨经验交流会,表彰了50家劳动关系和谐企业和3家工业园区。

(二十二)扎实推进工会工作

我省结合各市、县领导班子期满换届,及时调整充实领导机构,全省90%的单位完成调整充实,有效指导基层单位开展工会建设工作。各级工会依法维护职工权益,引导职工合法理性表达诉求。海南省各级工会通过"12351"职工维权热线、信访、法律政策咨询、法律援助、劳动争议调解等服务,畅通职工诉求渠道。

(二十三)加强企业代表组织建设

一是强化培训,加强企业代表队伍建设,通过培训明确各级企业代表组织职能、工作方法及重点工作任务,进一步增强各级企业代表组织构建和谐劳动关系的能力。二是推动企业落实雇主责任。把中央和海南省关于构建和谐劳动关系文件挂在门户网站上,进行广泛宣传,把《海南企业家报》寄给了3000多家会员企业,进行深度有效的宣传,将构建和谐劳动关系纳入企业发展战略,融入企业自身管理,作为提升企业核心竞争力的重要内容。树立对企业自身负责、对职工负责、对社会负责有机统一的思想,不断完善用工管理、薪酬管理、劳动保护、职工培训、民主参与等与职工切身利益相关的各项管理制度,建立积极健康的企业文化,在企业内部营造劳动关系和谐、有利于发展的良好环境。三是营造良好的营商环境。为了营造更优的非公企业发展环境,破解制约非公经济发展软环境的关键"瓶颈",积极参与草拟《中共海南省委、海南省人民政府关于大力促进民营经济加快发展的若干意见(初稿)》。积极参与省第一届诚信示范企业的推荐参评工作。

二、对劳动关系工作的建议

2017年年底,我省由省人社厅牵头,省工商联、省总工会组成6个联合督查组,对全省各市县劳动用工情况、非公经济组织构建和谐劳动关系情况、各地劳动争议仲裁院建设情况进行了检查。通过检查,三方五家在区县各项工作的配合还不够紧密，特别是在劳动争议调解方面，不能达到优势互补、形成合力。下一步要加快商会调解组织的成立，建立健全多元化解决矛盾纠纷机制，加强调解队伍之间的人才共享，实现各成员单位间最大化资源整合。

编写组：翟慧玲　吴岳斌　张　崴

执笔人：张　崴

重庆市工商联民营企业劳动关系报告

一、基本情况

(一)民营经济发展情况。2017 年全市民营经济稳步发展,截至第三季度,民营经济实现增加值 7211.33 亿元,同比增长 10.8%,增加值占 GDP 比重为 50.4%;民间投资完成 6686.75 亿元,占全市投资总额的 56%,同比增长 14.3%;民营市场主体新增 25.4 万户,同比增长 10.2%,其中新增民营企业 8.2 万户;全市民营市场主体总数达到 232.6 万户,其中私营企业 71 万户;全市民营企业纳税总额达到 1078.9 亿元,同比增长 33.9%;城镇就业人员中 90% 以上在民营企业。全市工商联(总商会)会员达到 124,717 个,所属商会 1516 个。

(二)劳动关系工作情况。我市 2000 年 1 月建立市劳动关系三方协调机制,2011 年 9 月新增市工商联为副主席单位。2017 年调整了以分管副市长为主任的市协调劳动关系三方委员会和办公室,全市共建立各级三方组织 950 个,全市劳动关系三方协商机制不断健全。2017 年我市在西部地区率先出台《和谐劳动关系企业评价规范》地方标准(标准号:DB50/T794 - 2017),全面启动了构建和谐劳动关系综合试验区、示范点建设工作,确定南岸区、九龙坡区、两江新区为第一批和谐劳动关系综合试验区,同时在 38 个区县及经济开发区开展和谐劳动关系示范点创建工作;率先将 3A 级和谐企业纳入全市"红名单"制度,累计评定和谐企业 3219 户,其中"AAA"级 413 户,培训鉴定劳动关系协调员(师)3044 人。

(三)劳动争议调解情况。2017 年 5 月出台了《重庆市劳动人事争议仲裁庭审旁听规则》《重庆市劳动人事争议仲裁委员会工作规则》。全年非公有制企业案件立案 19,697 件,上年旧存 965 件。其中,劳动报酬类 6639 件,社会保险类 4266 件,工伤保险类 3423 件,确认劳动关系类 1716 件,终止解除劳动关系类 5059 件,其他案由 2017 件。全年已结案件 20,024 件,结案率 96.9%,其中,调解方式结案 9152 件,裁决方式结案 8572 件。结案案件中单位胜诉 2508 件,劳动者胜诉 6373 件,双方部分胜诉 6775 件,其他 4368 件。

（四）劳动合同制度实施情况。持续开展集体合同制度“攻坚计划”、农民工“春暖行动”、小企业劳动合同实施行动以及建筑、劳务派遣等专项治理。2017年全市劳动合同签订率保持在90%以上，集体合同备案4.4万份，覆盖企业19.9万户，职工416.4万人。2017年当期有效集体合同份数比2012年增长了12.3倍，覆盖企业数增长24倍、覆盖职工人数增长5.6倍。签订2年以上固定期限劳动合同的劳动者比例和签订无固定期限劳动合同的劳动者比例逐渐上升，劳动合同“短期化”得到改观。

（五）企业工资分配工作情况。2017年开展了企业薪酬调查，涉及企业2367户，职工33.8万人，形成89个行业大类的数据分析报告和工资指导价位。最低工资制度进一步完善，先后两次（2012年、2015年）调整最低工资标准，一档标准从原来的1050元调整至1500元，提高了42.88%。职工工资收入稳步增长，城镇非私营单位就业人员年平均工资从2012年的44，498元增加到2016年的65，545元，年均增长11.8%；城镇私营单位就业人员年平均工资从2012年的31，035元增加到2016年的47，345元，年均增长13.1%。

二、工商联所做的主要工作

一方面，充分发挥工商联作为市协调劳动关系三方委员会委员单位、市厂务公开协调小组成员单位的作用，积极主动参与、协作推进全市民营企业构建和谐劳动关系工作。另一方面，立足服务“两个健康”主题，多形式开展法律服务活动，不断提升民营企业依法治企水平，强化构建和谐劳动关系意识，努力营造“两个健康”良好的法治环境、政务环境和社会环境。

（一）积极参加市协调劳动关系三方委员会会议和规范性文件制定。2017年参加了2次市协调劳动关系三方委员会办公室工作会、8次工作例会和4次工作推进会，主要是分析研判当前劳动关系形势、研究部署和推动全市和谐劳动关系示范点建设、审定《和谐劳动关系企业评价规范》等规范性文件、对“AAA”级和谐劳动关系企业实行联合激励措施等。先后组织商会、企业对《和谐劳动关系企业评价规范》地方标准制定、劳动人事争议仲裁委员会工作规则审查等进行调研协商、征求意见。

（二）协同推进全市和谐劳动关系示范点建设。同市协调劳动关系三方其他成员单位一道在全市开展首批和谐劳动关系示范点建设活动，参与全市4个片区创建工作,并具体负责渝西片区10个区(开发区)示范点建设指导推进、督导检查和评估验收工作。我会于2017年12月7日牵头组织在荣昌区召开渝西片区和谐劳动关系示范点建设工作推进会,听取各区协调劳动关系三方委员会成员单位关于各区示范点建设工作进展情况和存在的困难问题,提出了下一阶段的工作思路和要求。目前各区已完成示范点建设方案和选址工作,力争在2018年11月底前,80%的企业达到《和谐劳动关系企业评价规范》规定的80分以上。

(三)配合推动厂务公开民主管理工作。积极参加市厂务公开协调小组召开的各项专题会议,扎实配合做好政策、法规宣传和信息交流工作。参与研究制定并以市厂务公开协调小组名义下发《关于加强公司制企业职工董事制度、职工监事制度建设的实施意见》,推进民主管理制度规范化建设。参与市厂务公开民主管理先进典型企业的评估考察和授牌工作,派员参加推荐全国20家先进企事业单位实地走访考察、查阅资料等评审工作,代表市厂务公开协调小组对荣获全国先进的部分企事业单位进行授牌。与市总工会联合举办全市民营企业学习贯彻《重庆市集体合同条例》培训班,促进全市民营企业规范用工,依法协调劳动关系,加强工会工作,提升企业经营者的民主管理意识。各区县(自治县)工商联负责法律服务工作的分管领导、工作人员和区县推进集体协商工作重点民营企业负责人、主管人员118人参加了为期3天的集中培训。协同市总工会对各区县2017年新签订集体合同的20家规模以上的民营企业开展的集体协商工作进行了抽查,对2个区县和8家企业的集体协商工作开展情况进行了实地调研督查。2017年,我会被全国厂务公开协调小组办公室表彰为"全国厂务公开民主管理先进单位"。

(四)积极推动多渠道化解民营企业和谐劳动关系方面的矛盾纠纷。推荐、指导市总商会、餐饮商会、环保商会积极创建第二批全国劳动争议预防调解示范组织。全面推行仲裁法律制度,于2017年6月组织成立了重庆仲裁委员会市工商联(总商会)仲裁中心,编发《推行仲裁法律制度宣传资料》,在全市工商联、商会组织深入宣传推行仲裁法律制度,着力打造工商联法律服务新方法、新载体、新渠道。并分批次举办了区县工商联、直属商会仲裁法律制度推行工作培训会,39个区县工商联、67家直属商会负责仲裁法律制度推行的分管领导、工作人员参加培训。深入推动民营企业商事纠纷调解组织建设,渝北区、巴南区等30个区县工商联、浙江商会等5个直属商会建立了民营企业商事纠纷调解组织。

2017 年全市工商联、商会组织共协调办理民营企业维权案件 300 余件,其中我会直接协调办理 61 件,涉案标的逾亿元。

(五)举办民营企业"守法诚信"法律知识竞赛活动。2017 年 9 月 15 日 ~11 月 15 日,我会联合市司法局、市普法办在全市民营企业开展了以"守法诚信"为主题、以民营企业管理人员和员工为主要对象、以《宪法》《合同法》《公司法》《劳动法》《劳动合同法》等与企业密切相关的法律法规为主要内容的法律知识有奖竞赛活动。活动历时两个月,全市共有 2443 家民营企业、8513 名企业员工参加了竞赛活动。竞赛活动主题鲜明,形式新颖,科学有效,极大地调动了企业员工学法用法的热情,在全市民营企业营造了良好的学法用法守法氛围,进一步提高了企业经营管理者和员工的法律素养。

(六)坚持开展民营企业和谐劳动关系法治教育培训。2017 年 4 月我会与市知识产权局共同举办了市重点企业知识产权战略推进工程董事长(总经理)强化班(第六期)学习,组织了市、区县 100 余家民营企业参训。2017 年 10 月在浙江大学举办了市工商联执常委法律培训班,5 天集中培训学习了《民营企业法律风险防范》《劳动法的热点问题探讨》《侵权法解读》《民法总则中的重大疑难问题解决》等。据统计,全市工商联系统全年组织民营企业培训 125 期、13,293 人次,其中到外地高校培训 46 期、3000 余人次。

(七)务实参与和谐劳动关系立法司法协商调研工作。组织了民营企业代表参加市公安局、市检察院服务民营经济发展座谈会,为司法机关服务民营经济发展谈想法、提建议。联合市公安局出台了《服务民营经济发展 30 条》,联合市检察院出台了《服务保障民营经济健康发展的意见》18 条,联合市高级人民法院出台了《依法平等全面保护民营经济健康发展的意见》16 条。组织商会、企业对《老年人权益保障条例》《关于破产审判工作意见》等 8 项政策法规征求意见。积极参加市完善产权保护制度依法保护产权的工作方案制定等涉企法规和政策调研协商。参与全国工商联法律部关于劳动合同法贯彻实施修改意见调研座谈会,协助全国工商联开展民营企业劳动关系状况监测调研,组织 12 个区县工商联、2 家直属商会对 205 家民营企业劳动关系现状进行了半年、全年 2 次定点监测。

(八)坚持利用各种媒体和在法律服务过程中开展和谐劳动关系法治宣传服务。深入开展"法律三进"活动,组织市民营企业服务团律师深入区县工商联、基层商会和企业开展法律法规宣传、面对面咨询服务,先后深入荣昌区、巴南区、大渡口区、九龙坡区等18个区县工商联和22个基层商会、100余家重点企业,宣讲企业常用法律法规,为企业生产经营“巡诊把脉”、法律体检。全市各区县工商联纷纷联合公检法司和人社、工会等部门人员深入行业商会、乡镇商会、直属商会和重点企业走访调研宣传、开展法律服务活动,进入企业车间、厂房、工地开展安全生产、劳动合同、社会保障等相关法律法规宣传,并接受现场咨询。我会常年在市工商联《新渝商》杂志“法苑天地”、信息网站“法律服务”栏目和“全球渝商APP”刊载涉及民营经济的法律法规、律师说法文章、企业典型案例,制作传送“法律快递”,宣传劳动合同、社保等方面的法律常识,全年共30余篇次。

三、影响和谐劳动关系的主要因素及面临的主要问题

(一)企业对构建和谐劳动关系的重视程度普遍不够。我市民营企业构建和谐劳动关系仍处于起步阶段,各区县(自治县)民营经济发展不平衡,民营企业经营管理者思想认识不足、重视程度不一致、能力缺位,缺乏合作意识,没有认识到劳动关系不和谐的严重危害性。特别是中小型民营企业经营者法律意识、责任意识不强,重效益、轻保障,重管理、轻民主,重生产、轻关怀,忽视甚至侵害职工权益的事件时有发生。企业为减轻用工成本和规避经济风险,一些非临时性、辅助性、替代性岗位大量使用劳务派遣工,企业使用劳务派遣工的用工方式呈现扩大化趋势。

(二)区县协调劳动关系的基础能力薄弱。大部分区县(自治县)三方四家组成单位还未真正形成工作合力,还需要在实践中不断探索与磨合、推进。部分区县(自治县)协调劳动关系三方机制重框架建立、轻实际工作和具体措施,没有实质效果。企业实施民主管理制度推进缓慢、管理缺陷多,一些民营企业不愿意建立工会组织,部分企业工会存在不愿谈、不敢谈、不能谈,平等协商和集体合同流于形式;一些企业开展集体协商签订集体合同,对于协商的内容和参照指标的科学性、合理性把握不够准确。企业职工法律意识淡薄、参与能力和积极性低,普遍存在不会谈、不会维权,有的员工表达利益诉求方式简单,权益维护意识和方式存在偏差,个别甚至有过激行为。

(三)企业构建和谐劳动关系工作发展不平衡。总体来看,三方四家组成单位在推动非公有制企业构建和谐劳动关系方面,做了大量工作,劳动关系工作机

制不断健全、法治化水平不断提高、取得了一些扎扎实实的效果。但从面上来看,不同规模企业之间、不同区域间的企业发展不够平衡,尤其是经济发达区县和欠发达区县之间相差很大,构建和谐劳动关系工作推进效果和进度不一致。规模以上企业经营状况良好,管理制度较为健全,工作措施较为完善,能够把构建和谐劳动关系与企业生存发展紧密联系起来,自觉推进此项工作。一些中小企业特别是劳动密集型企业,如餐饮行业、建筑行业、制造业等行业,或签约率较低,或签约后稳定性较差,企业人员流动性较大,管理难度大,存在用工难,劳动争议多,构建和谐劳动关系还需要一个较长的过程。

(四)构建和谐劳动关系制度推进缓慢。构建和谐劳动关系是一个综合性、系统性、复杂性的庞大工程,涉及规范劳动用工、企业收入分配、工资集体协商、职工权益保障、劳动争议调解仲裁、企业党群组织建设、文化建设等多方面内容,需要企业在构建和谐劳动关系时通盘考虑,从制度、机制层面规范设计,整体推进,分步实施,分类突破。但在实践中,绝大多数民营企业还在经历从“家族式”“作坊式”到公司制企业的蜕变,企业的人员结构、管理方式还不适应构建和谐劳动关系的要求,要他们一步到位建立健全机制制度,作为发展中的民营企业来说还十分困难。这样一来,在实际操作中,“被要求”的企业往往是就事论事,单项推进,容易出现顾此失彼现象,搞成形式化。

(五)企业工资分配差距仍然较大。企业职工在行业之间、企业内部岗位之间的工资收入差距较大,特别是一线职工与经营管理人员的收入悬殊,不少企业职工工资水平较低,工资并未完全随企业效益的增长而同步提高;部分企业工资收入分配关系未理顺,激励机制和约束机制不健全,企业工资决定机制和宏观调控体系还不能适应现代企业制度的要求;个别企业拖欠职工工资,或以压低计件工资、提高工作定额等办法逃避最低工资标准,损害劳动者的合法权益,影响和制约构建和谐劳动关系。

四、工商联劳动关系工作对策建议

劳动关系是社会关系的重要内容,是生产关系的重要组成部分,而和谐劳动关系事关广大职工和企业的切身利益,事关经济发展与社会和谐。新时期推动民营企业构建和谐劳动关系任重而道远。

(一)加强教育引导形成共识。坚持以人为本,突出加强对企业出资人和经营管理者的教育,引导企业履行社会责任,解决好认识不足的问题。要广泛组织民营企业出资人和主要管理人员接受构建和谐劳动关系工作的培训教育,给他们讲政策、讲法规、讲要求,让企业家们弄懂政策、搞清要求、明白利害关系;让企业管理者认识到,企业和员工是共生、共赢和共长的关系,企业对员工负责,员工才会对企业负责。主管部门既要安排指导企业开展构建和谐劳动关系工作,又要让企业自己主动愿意做。同时考虑到企业的成长历程,要立足当前、着眼长远,搞好规划、制定时间表,分层分类、分期分批渐进式实施。比如,让企业积极建立企业工会组织、支持其发挥作用;积极建章立制,保障劳动者合法劳动权益,保证员工参与企业民主管理的权利;积极主动加强企业文化建设和社会责任建设,善待员工,真正在企业内部形成"共同利益""鱼水关系"。

(二)注重广泛宣传营造氛围。采取多种形式在民营企业中深入宣传推进构建和谐劳动关系,形成企业重视、职工参与、劳资共享的社会共识,营造企业依法管理、企业工会依法维权、企业职工依法参与的良好氛围。特别是要充分运用各级三方四家单位及相关部门的信息网站、公众信息 APP 和企业的网站、微信群、QQ 等网络平台,加强对民营企业构建和谐劳动关系的法律法规、政策文件和协调协商技巧的宣传指导,加大对先进典型经验及做法的推广,及时快捷组织教育引导职工、指导帮助企业解决问题、调处化解劳资纠纷等。利用"法律三进"活动载体,广泛开展讲座、座谈、培训,通过法治导向、典型引领、教育促动,营造全社会共同关心、支持和参与构建和谐劳动关系的良好氛围。

(三)强化民主管理夯实基础。民主管理是企业保障职工基本权益的基础工作,也是企业构建和谐劳动关系的重要内容,更是民营企业的短板。要把企业民主管理建制扩面作为民营企业构建和谐劳动关系打基础的工作抓常、抓长。引导民营企业不断建立完善以职工代表大会、厂务公开、职工董事和职工监事、集体协商等形式的民主管理制度体系。推动民营企业贯彻落实好《集体合同条例》《关于深入推进非公有制企业民主管理工作的意见》《关于加强公司制企业职工董事制度、职工监事制度建设的实施意见》。注重从点、线、面多维度推进创建工作,"点"上直接指导培育规模企业建制引领示范,实现区县有一定规模的民营企业建制;"线"上以行业(区域)重点打造推进扩大覆盖,实现区县有一定的行业领域推进行业职代会和集体协商的制度建设;"面"上依托构建和谐劳动关系示范区、示范点建制整体推进。

（四）加强矛盾调处定分止争。要进一步突破“劳动监察—劳动仲裁—法律诉讼”的框架模式，不断进行矛盾纠纷调处机制模式创新，把调解机制作为处理劳动争议的主渠道。坚持预防为主，调解为主，抓好源头管理，将可能发生的矛盾纠纷解决在基层，化解在萌芽状态，以最低成本、最高效率和最小的影响妥善处理劳动争议。加大在民营企业内建立劳动争议预防调解组织的推进力度，让企业组织自己的“消防队”，加强日常预防，第一时间处置，做到内部问题内部化解。逐步在行业商会、区县工商联、乡镇街道商会等基层商会组织推开。加大探索商会调解与法院诉讼相衔接机制等多元化劳动关系协调处理机制，形成以专业调解为主导、区域性调解等社会调解共同参与的调解制度，更好地发挥调解制度的作用。

（五）丰富创建活动提质增效。一方面，大力配合工会组织开展民营企业厂务公开民主管理示范创建活动，推进以职代会为基本形式的民主管理制度化规范化建设。通过创建，对标对表，自查自纠，规范引导民营企业进一步建立健全制度、全面真实公开、切实落实职权、充分协调协商、依法履行程序，积极创建达标。另一方面，集中精力协助配合抓好和谐劳动关系示范点、示范区创建工作。指导民营企业建立健全相关制度，加强对职工的教育引导、人文关怀、履行社会责任、切实依法保障职工的基本权益；引导企业职工爱岗敬业、遵纪守法、自觉履行劳动的基本义务，协调解决一批企业实际困难，不断优化企业发展环境，加强构建和谐劳动关系的法治保障。努力探索和提炼创建工作的机制、制度、路径、方法，为构建和谐劳动关系创造经验。

（六）深化机制建设形成合力。增强工作主动性，配合人社、工会进一步深化市级三方协调机制的运作模式，提高三方协调工作的实效性和针对性。深入研究提升集体协商质量的举措和途径，制定出台对基层具有指导意义和操作性强的指导文本，从协商行为上规范、协商内容上引导、法定程序上合规、监督履行上落实。重点指导规模以上民营企业依法建立健全劳动用工管理的规章制度，推进民主管理，依法保障职工合法权益，建立规范有序、公正合理、互利共赢、和谐稳定的劳动关系。进一步巩固和完善区县劳动关系三方协调机制建设，推动三方机制继续向乡镇、街道、园区延伸，形成合力，发挥作用，逐步形成多层次、多形式的组织体系和工作格局。

执笔人：邱福容

四川省工商联民营企业劳动关系报告

劳动关系是生产关系的重要组成部分,是最基本、最重要的社会经济关系。构建和谐劳动关系是促进经济社会科学发展、和谐发展的客观要求,是创新社会管理、构建和谐社会的基础和重要内容。党的十九大报告明确提出,“破除妨碍劳动力、人才社会性流动的体制机制弊端,使人人都有通过辛勤劳动实现自身发展的机会。完善政府、工会、企业共同参与的协商协调机制,构建和谐劳动关系”。随着新时代经济的快速发展,四川省的劳动关系发生了深刻变化,四川省工商联构建和谐劳动关系工作在各级领导的关心帮助和相关部门的大力支持下,取得了一定成效,现报告如下。

一、民营经济发展现状

(一)总量持续增长。2017 年,全省民营经济规模不断扩大,实现民营经济增加值 20,738.91 亿元,增长 8.2%,高于同期 GDP 增速 0.1 个百分点,增幅同比提高 0.2 个百分点。其中,第一产业增加值 1612.32 亿元,增长 1.9%;第二产业增加值 10,952.51 亿元,增长 8.0%;第三产业增加值 8174.08 亿元,增长 9.8%。

(二)比重稳步提升。近年来,省委省政府高度重视民营经济发展,把发展民营经济摆在突出位置,出台了促进民间投资、改革行政审批,提供财税支持等一系列政策措施,优化发展环境,推动民营经济更好更快发展。2017 年,全省实现民营经济增加值 20,738.9 亿元,占 GDP 的比重达 56.1%,比 2016 年提升 0.2 个百分点。

(三)贡献日益突出。2017 年,民营经济增加值对全省 GDP 增长贡献率达 56.1%,拉动 GDP 增长 4.5 个百分点,成为全省经济发展主动力。从三大产业来看,民营经济第一产业增加值对全省经济增长的贡献率为 1.1%,拉动 GDP 增长 0.1 个百分点;民营经济第二产业增加值对全省经济增长的贡献率为 31.2%,拉动 GDP 增长 2.5 个百分点;民营经济第三产业增加值对全省经济增长的贡献率为 23.8%,拉动 GDP 增长 1.9 个百分点。

（四）结构逐步优化。2017 年，全省民营经济结构为 7.8 : 52.8 : 39.4，与 2016 年相比，第一产业、第二产业比重分别下降 0.7 个、3.1 个百分点，第三产业提高 3.8 个百分点。第三产业增加值增速比整个民营经济高 1.6 个百分点，对全省民营经济增长的贡献率达到 42.4%，拉动民营经济增长 3.5 个百分点，产业结构进一步优化。

（五）活力继续增强。全省民营企业户数稳步增加，注册资金大幅增长，民营经济实力和活力进一步增强。2017 年，全省民营市场主体共有 472.8 万户，同比增长 16.0%。其中私营企业 109.32 万户，同比增长 18.8%；个体工商户 362.36 万户，同比增长 15.2%。民营企业注册资本 63,564.77 亿元，同比增长 37.0%。其中，个体工商户资金数额达 2468.93 亿元，增长 20.4%；私营企业注册资本达 61,095.84 亿元，增长 37.7%。

（六）投资持续扩张。面对错综复杂的经济形势，全省积极发挥政府投资的杠杆作用，采取多种措施促进民间投资增长。2017 年，全省民间投资逐步回升企稳，保持了增速明显高于全国平均水平的良好态势。全年全省民间投资累计达 15,109.3 亿元，同比增长 7.7%，增速高于全国平均水平 2 个百分点左右。其中制造业民间投资增长 15%，高于工业民间投资增速 2.5 个百分点，对全省民间投资的贡献率达 71.2%，拉动全省民间投资增长 5.5 个百分点。

（七）区域竞相发展。2017 年，全省各地民营经济较快增长，呈现出区域协同发展的良好局面。21 个市（州）中，有 16 个地区民营经济增速超过 8%，其中处于全省前五位的地区分别是宜宾市、甘孜州、绵阳市、泸州市和德阳市。地区民营经济比重持续攀升，17 个地区的民营经济增加值占 GDP 比重超过 50%。

二、构建和谐劳动关系的工作举措

（一）协助做好相关政策的制定和宣传。省工商联先后参与了《四川省关于完善产权保护制度依法保护产权的实施意见》《关于进一步加强劳动人事争议调解仲裁完善多元处理机制的实施意见》《关于建立失信被执行人联合惩戒机制的实施意见》等涉企政策的制定，及时反映非公有制企业意见建议，不断优化非公有制企业外部发展政策环境。围绕“依法治国”方略及“依法治省”部署，以“法律三进”活动为载体，大力开展法治宣传教育，培育非公有制企业对外依法经营、对内依法治理的企业法治文化，分别在成都、泸州、广安、阿坝，围绕区域非公经济领域普遍存在的法律问题和阶段性特征开展法治培训 4 期，受训人员 1000 余人,切实提高全省非公有制经济领域法治化水平。在全省范围内选取220家非公有制企业设立监测点,加强对民营企业劳动关系形势的监测和研判,增强在协调劳动关系工作中的话语权。先后组织成都、德阳、遂宁、眉山等地工商联及行业商会相关负责人到河北、北京、浙江参加非公有制企业劳动争议预防调解培训班,提升省商会劳动争议预防调解水平。积极指导有条件的商会、非公企业建立劳动争议调解组织,在成功创建第一批全国非公有制劳动争议预防调解示范单位基础上,指导四川省川联矿业商会开展第二批示范点创建工作。

(二)推进构建和谐劳动关系综合试验区建设。省工商联根据省委、省政府《关于构建和谐劳动关系的实施意见》(川委发〔2016〕5号)和《关于印发〈四川省创新企事业单位民主管理制度改革方案〉的通知》(川委厅〔2015〕30号)相关要求,积极参与推进构建和谐劳动关系综合试验区建设工作。截至目前,成都市新都区综合试验区已建成"劳动关系创新实践基地"1个,开展实践课题研究成果3个,并顺利通过部、省专家评审。同时在成都市高新区、武侯区陆续启动了省级构建和谐劳动关系综合试验区建设。继续依托协调劳动关系三方机制推动和谐劳动关系创建活动向纵深发展,创建覆盖面继续扩大,创建标准得到进一步完善,全省共有214个工业园区、683个乡镇和街道开展了创建活动。

(三)完善工资集体协商制度。为充分发挥集体协商在供给侧结构性改革中的重要作用,推动企业探索建立劳资双方日常沟通协商制度,构建劳资双方信息对称、地位对等、公开透明的沟通协商渠道和协商对话平台,引导劳资双方针对企业生活管理、职工思想意愿和利益诉求等事项开展及时沟通协商,有力地促进劳动关系矛盾解决在基层、化解在萌芽状态,省协调劳动关系三方印发了《关于在供给侧结构性改革中建立劳资双方日常沟通协调机制的意见》;按照《关于推荐评选首批省级集体协商示范单位的通知》(川工发〔2017〕40号)要求,在全省范围内开展了省集体协商示范单位推荐评选工作,评选出示范单位企业19家,其中非公有制企业10家。成都科甲投资开发有限公司、四川海特高新股份技术有限公司位列其中。协调劳动关系三方积极加强基本劳动标准贯彻工作,推动落实带薪年休假制度,做好特殊工时、高温劳动保护、女职工和未成年工特殊劳动保护,促进劳动者实现体面劳动。截至2017年9月,全省签订工资专项集体合同9.3万份,同比增长36.8%;覆盖企业27.9万家,同比增长6.9%;覆盖职工1063.1万余人。全省集体协商建制率动态保持在90%以上。

(四)加快仲裁机构和调解组织建设。进一步完善调解仲裁工作机制,工作方式方法不断改革创新。建立健全专业性劳动争议调解工作机制,强化各部门责任,形成工作合力,切实发挥调解在争议处理中的基础性作用。协调劳动关系三方出台了《关于建立劳动人事争议仲裁委员会“三方驻会”制度的意见》,积极推动“三方驻会”制度落实;出台了《关于在各级劳动人事争议仲裁院派驻法律援助工作站的通知》,进一步为申请劳动人事争议仲裁经济困难人群畅通更加便捷的法律援助渠道;出台了《关于创新劳动人事争议裁审衔接工作机制构建和诸劳动关系的意见》,要求各地在劳动人事争议案件多发、条件成熟的劳动人事争议仲裁院设立巡回法庭,同时进一步建立健全长效工作机制,充分发挥巡回法庭的作用,确保裁审衔接工作高效运行;出台了《四川省劳动人事争议仲裁代理规定》,进一步规范全省劳动人事争议仲裁代理行为,依法维护当事人的合法权益和仲裁办案秩序。加强重点行业劳动争议调解组织建设指导,深入开展“送法进企业”活动,提高企业依法用工意识,预防和减少劳动争议发生。目前,全省建成205 个劳动人事争议仲裁院,建立各级各类劳动人事争议调解组织 4.2 万个。2017 年,全省各级仲裁机构和各级劳动人事争议调解组织分别受理劳动人事争议 4.3 万件和 3.1 万件,仲裁结案率和调解成功率分别为 97.2% 和 63.7%。

(五)加强监察执法队伍建设。一是加大劳动用工监察执法。全省主动监察用人单位 5.6 万户次,依法查处劳动用工违法案件 2.3 万件,取缔非法职业中介机构数 25 户,纠正违反职业资格和职业培训规定 52 户,查处劳务派遣机构 32 户,督促用人单位与 5.4 万名劳动者补签了劳动合同,为农民工等劳动者追发工资待遇 24.4 亿元,欠薪人数和金额同比下降 21.0% 和 90.0%,督促用人单位补缴社会保险费 1.0 亿元。全年劳动保障监察举报投诉案件结案率达 99.9%。二是建立完善欠薪治理体系。强化和完善以责任制为核心的治理体系,健全解决企业拖欠工资问题联席会议制度,召开了全省拖欠农民工工资问题专项整治行动电视电话会议,印发了《关于开展拖欠农民工工资问题专项整治行动的通知》(川办函〔2017〕220 号)。加大日常巡查、季度排查、专项检查、联动执法和欠薪犯罪打击力度,推动欠薪治理可防可控、常态长效。三是两网化管理取得新发展。全面部署推进网格化网络化建设工作,推动监察执法向主动预防和统筹城乡转变。全省建立劳动监察基层网格 1300 多个,基层实现了网格全覆盖。建成以省级大集中为模式的劳动保障监察信息管理系统,劳动监察日常工作和案件办理信息化、动态化、透明度逐渐增强,建成执法人员和用人单位基础信息库,为“双随机”的开展奠定了基础。四是加强执法能力建设。组织开展行政处罚案卷评查工作,推动各地规范执法程序,加强执法监督,提升劳动保障监察执法水平。落实企业劳动保障诚信等级评价、重大违法行为社会公布、双随机抽查等制度规定。积极推动举报投诉案件省级联动处理建设,目前全省基本实现“一点举报投诉,全网联动处理”。2017 年,四川省公布了 6 家重大违法行为涉及企业或自然人,包括泸州天源包装制品有限公司、泸州源川塑业有限公司、南充市同舟置业有限公司、四川富林钢结构有限责任公司、成都金希园林绿化工程有限公司等企业和自然人罗海英,均属拖欠劳动者工资情节严重,涉嫌拒不支付劳动报酬罪受到公安机关刑事立案查处。今后,四川省将把被公布企业和个人纳入“拖欠工资黑名单”,纳入信用信息共享平台,实行部门联合惩戒,在政府资金支持、政府采购、招投标、生产许可、资质审核、融资贷款、税收优惠、评优评先等方面予以限制,同时督促有关市(州)将其作为重点检查对象,加大监督检查力度,帮助其提高守法自觉性,切实有效维护劳动者合法权益。

(六)推进企业工资分配调节。考虑到四川省经济下行压力仍然较大,实体经济困难增多,为减少企业用工成本,经省协调劳动关系三方会议讨论,决定四川省 2017 年暂不调整最低工资标准。发布了 2017 年全省企业工资指导线:企业工资指导线的基准线为 7.5%,企业工资指导线的上线(预警线)为 12%,企业工资指导线的下线为 3%。经济效益较好的企业,工资水平较低的,工资增长幅度应当高一些,非公有制新兴行业企业可以突破上线;工资水平较高的,工资增长幅度可以低一些。因生产经营持续亏损,增加职工工资确有困难的企业,通过集体协商,并履行职代会(职工大会)讨论等民主程序,职工工资可以低于下线增长、零增长或负增长。

三、民营企业劳动关系存在的主要问题

(一)劳动法规相关制度落实不够到位。一是协调劳动关系的相关法律保障体系还在健全中,协调劳动关系的工作制度不完善、机构队伍力量薄弱,难以适应新经济时代构建和谐劳动关系的工作的客观需要。二是职工要求参与分享企业发展成果、提高工资待遇的诉求较多,企业一线职工尤其是农民工工资水平偏低。国家规定的夜班补助费、营养费、高温补助费、带薪年休假未能完全执行到

位。三是社会保险办理不够理想。部分民营企业不按规定为职工办理参加社会保险手续,有意拖欠缴纳,少报、瞒报职工人数和工资总额;在参保险种上不全,大多只为职工办理了养老、工伤保险;农民工参保率低,部分民营企业参保对象大多是企业的经营管理层人员,绝大多数农民工没有进入社会统筹保险的范围。究其原因,受全球经济紧缩影响,特别是2017年全国环保督查后,原材料、人工成本等上涨较快,中小微企业的生存与发展困难,认为参保缴费基数大,缴费比例高,企业负担重,难以承受;有的职工不愿意购买社保,认为工资本来就低,再扣社保后,无力养家糊口;个别职工对现行社保政策信心不足。

(二)相关法律漏洞加重了劳资冲突。近年来,用工形势逆转,用工荒潮起,不少企业员工滥用劳动法规的特殊保护性政策侵害企业的合法利益。如《劳动合同法》规定的"劳动者解除劳动合同,应当提前30日以书面形式通知用人单位",但没有对劳动者违反规定做出必要的限制。员工不履行劳动合同中这款规定和泄露企业商业秘密牟利现象时有发生,用人单位对员工的追偿成本过高,企业只能放弃追诉行为。同时,《劳动合同法》规定经济补偿金支付范围不合理,用人单位只有在符合法律规定的条件下才能解雇劳动者。这样就助长了一些有离职意愿的员工,为了得到相应的补偿金,通过怠工等方式逼迫企业辞退的情况,加重了劳资冲突。

(三)劳动者素质参差不齐。企业的人员需求与现在的劳动力技能素质不相匹配,一方面是企业需要的高技能、特殊工种人才难得,另一方面是普通的求职人群相对过剩。当前,我省经济正处于增长速度换档期、结构调整阵痛期、前期刺激政策消化期,劳动力结构也发生了很大变化,新生代"80后""90后"年轻劳动力已是目前人力资源市场上的主力军,他们大多数耐受力差、就业期望值高,在择业过程中,存在眼高手低、好高骛远等现象。技术工种人才缺乏、较落后地区缺乏专业技能培训渠道等,导致许多技术型加工企业出现"用工荒","招工难""求职难"并存,人力资源市场结构失调。

(四)劳动者在劳资双方谈判中处于弱势地位。面对单一的劳动者,企业居于相对强势地位,形成的是不公平的个别劳动关系。有的劳动合同是企业单方提出的条款,基于目前就业压力大,个别没有专业技能的劳动者只能被动接受;甚至个别企业为节约人工成本违规使用劳务派遣。主要原因是,一方面,一些小微企业主法律意识淡薄,不懂得或不愿意为员工签订劳动合同,发生纠纷往往推卸责任,让员工为损失“埋单”。另一方面,个别从业人员法律意识淡薄,不会维权;个别从业人员劳动合同意识差,认为签订劳动合同是对自身的约束,不能维权;个别从业人员由于担心失业,不敢维权。同时,有的小微企业、个体工商户为了追求高额利润,并抓住部分劳动者担心失业心理,随意延长工作时间,随意加班加点。由于餐饮业和建筑业的行业用工特殊性,大部分没有双休日休息时间,小饭店、小摊铺基本没有节假日休息时间,带薪休假和加班工资流于形式。

(五)企业工会组织发挥作用不够好。《宪法》《工会法》《劳动法》《劳动合同法》《四川省〈工会法〉实施办法》《四川省职工代表大会条例》等法律法规对企事业单位建立工会和职工代表大会制度作出了明确规定,各类企事业单位都应依法建立工会和职代会为基本形式的民主管理制度,有效维护职工群众的知情权、参与权、监督权。但是,随着民营经济的快速发展,小微民营企业建会难、建制难的问题还很突出,亟待解决。多数小微企业没有建立工会组织;有的小微企业虽然建立了工会组织,但工会实际作用发挥不够好。

(六)工商联等代表雇主方的维权力度需进一步加强。工商联人民团体和商会的性质决定,当民营企业需要维权时,作为民营企业的娘家人,最多的时候是帮助企业向政府和职能部门反映问题,不能直接解决企业的实际困难;行业商协会、异地商会等由于会员覆盖率低,代表性不强,同时缺乏专业维权手段和可协调的司法资源,对企业维权存在畏难情绪,企业的合法利益难以维护,不利于构建和谐劳资关系。

四、对策和建议

(一)加强动态研判,随时掌握劳动关系基本情况。紧跟新时代形势发展变化,劳动关系利益主体多元化、利益诉求多样化的态势将更加凸显,劳动关系矛盾与其他社会矛盾的传导性也在逐步增强,对构建和谐劳动关系提出了更高的要求,协调劳动关系三方应加强对劳动关系变化情况及发展趋势的动态研判,加强引导,做好预案。

(二)落实规章制度,确保劳动合同和集体合同制度落地。劳动合同和集体合同是调整劳动关系的源头,是劳动者与用人单位、工会与企业、工会与劳动者自主协调双方利益的有效形式。一是全面贯彻实施《劳动合同法》,将劳动合同的签订、续订、终止、解除、变更实行动态管理,不断提高劳动合同签订率和用人单位劳动合同管理水平，根据不同企业的特点，采取不同监管方式，重点是加强对小企业、建筑行业、餐饮服务行业使用农民工的劳动合同签订的监管工作，依法维护农民工的权益，杜绝农民工因工负伤而无劳动合同导致的工伤待遇难落实的现象，从源头上规范企业的用工行为。二是大力推行平等协商和集体合同制度。以“双赢”为目的，有利于职工与企业的共同发展，以人为本，切实维护职工的合法权益，以沟通协商为手段，保证集体合同的实效性。按照法规规定，经过平等协商、职代会审议等程序，规范、合法、有序地签订集体合同，保障职工劳动报酬、工作时间、休息休假、劳动安全卫生、保险福利等方面的合法权益。继续贯彻《四川省企业工资集体协商办法》，完善协商机制、提高覆盖率，逐步建立起员工收入与经济增长和物价水平相适应的正常工资增长机制。

（三）完善社会保障，改进社会保险工作方法。切实改进社会保险工作方法，适当降低社保成本，建立企业诚信度评价体系。充分考虑小微企业和季节性临时性员工的客观情况，在缴费的基数、费率和方式上有灵活性和可操作性，降低参保门槛，实行“低进低保”的弹性参保政策，既有利于增加就业，又有利于提高职工工资，还有利于提高社会保障的人口覆盖率。加快实施公民社会保障号制度，切实简化社保转续手续，做到公民无论在国内哪个地方务工，缴纳的社保金都能存入其账户中。

（四）重视教育培训，提高劳动者自身素质。一是加强劳动法律法规宣传教育。深化“七五”普法活动，采取集中培训与以会代训等多种形式，有针对性地向企业和职工大力宣传《劳动合同法》《集体合同条例》等劳动保障法律法规，提高企业主依法经营意识，引导他们正确对待自身发展与维护员工合法权益的关系。二是搞好员工终身培训。劳动管理部门和企业管理者进一步加强用工培训。劳动管理部门应加强持证上岗的管理，加强岗前培训；企业管理方应注重经常性的培训工作。培养员工树立终身学习的理念，引导员工学法、懂法、依法维权，在出现劳动争议时，积极运用法律手段维权。三是培养自觉守法意识。引导企业自觉遵守国家的劳动法律法规，规范劳动管理行为。积极推行劳动合同制度，依法规范用工行为。严格执行最低工资标准，按时足额支付员工工资，不得采取变相手段予以克扣或者拖延。确有必要加班的，加班时间应当严格遵守相关法律法规。四是注重企业文化熏陶。企业实行人性化管理、民主管理，尊重员工的知情权、参与权、表达权、监督权并认真落实，加强与职工的思想交流沟通，倾听职工的真实想法,更加关注、尊重他们的精神追求,加强职工心理疏导,引导他们正确对待工作、生活和情感等问题。完善企业内部文化设施,健全各种文化体育队伍,开展丰富多彩、形式多样的文化活动,营造积极向上、健康和谐的企业文化氛围,实现劳动者、职工、企业和谐相处。

(五)加强工会建设,充分发挥工会的作用。进一步推动中小微企业建立工会组织,对已建立的工会组织,完善组织结构和机制,充分发挥工会在构建和谐劳动关系中的积极作用。一是发挥教育和引导作用。通过建立并完善预警机制、信访机制、调解机制,及时反映职工的呼声和要求,理顺情绪,化解矛盾。通过行之有效的思想教育工作,引导职工树立正确的世界观、价值观,增强职工的学习能力、创新能力、竞争能力和创业能力。二是切实发挥沟通作用。搭建劳动关系和谐发展的平台,通过在正常组织制度内沟通和协调,使劳资双方扩大共识、缩小差异、化解矛盾,实现"劳资两利"和"劳企共赢"。三是切实发挥维护职工合法权益的作用。坚持和完善维护职工合法权益的制度与机制,通过建立健全工会宏观参与机制、基层劳动关系协调机制、职工民主管理机制、工会劳动法律监督机制、工会劳动争议预警和处理机制、帮扶机制,在源头参与、职工民主管理、劳动法律监督、劳动争议预警和处理等方面积极创新维权工作的途径和方法,维护职工的合法权益。

(六)切实履职尽责,加强劳动保障监督管理。一是加强队伍建设,提高劳动保障监察执法能力。二是加大劳动执法的监督检查力度。依法打击违法行为,引导劳动者依法维权。完善行政与司法联动机制,坚决打击恶意欠薪和欠薪逃匿的违法行为。坚持把日常监察巡查与专项整治行动、举报投诉督查、书面审查有机地结合起来,对重点时节、重点行业、重点企业、重点场所实施全年不间断的循环监察,打好监察维权的主动仗。针对损害劳动者权益最突出的问题开展监察执法,依法纠正侵害劳动者特别是未成年工和女职工劳动保护权益等违法行为,切实维护劳动者合法权益。三是妥善处理突发性群体性劳动纠纷。加强部门协调,形成工作合力,用足、用好保障金等政策,按照"第一时间掌握信息,第一时间制定方案,第一时间化解矛盾"的要求,及时、有效地处理好群体性劳动纠纷。

编写组:胡景寿　何全清

执笔人:毛光宝

贵州省工商联民营企业劳动关系报告

2016 年 1 月，贵州省委、省政府出台《关于贯彻〈关于构建和谐劳动关系的意见〉的实施意见》（黔党发〔2016〕2 号），将构建和谐劳动关系纳入经济社会发展规划和政府目标责任。2017 年，贵州省认真贯彻落实人社部和中央、贵州省关于非公有制经济构建和谐劳动关系的安排部署，积极构建和谐劳动关系体制机制，非公有制经济劳动关系总体保持和谐稳定。

一、民营企业劳动关系基本情况及形势研判

贵州省继续加强对非公有制经济组织劳动合同签订工作的指导力度，截至 2017 年年底，已有 2.55 万户企业办理了劳动用工备案，备案职工有 170 万余人。通过加强宣传、上门指导、主动监督等举措，非公经济组织的劳动合同签订率不断提高，达到 80% 以上。

贵州省 2017 年实现了劳动用工备案的网上经办，劳动用工已覆盖所有县区，覆盖非公经济组织，实现了劳动用工的动态管理。

贵州省普遍推进集体协商工作，在非公有制经济组织中同步开展了此项工作。非公有制经济的有关企业（组织）中，单独签订集体合同的企业（组织）有 18,374 个，覆盖职工 854,268 人；区域性签订集体合同覆盖企业（组织）238,456 个，覆盖职工 5,012,836 人；行业性签订集体合同覆盖企业 10,666 个，覆盖职工 190,220 人。

贵州省健全保障农民工工资支付制度成效初显。为全面贯彻落实国务院办公厅《关于全面治理拖欠农民工工资问题的意见》（国办发〔2016〕1 号），贵州省构建了以《贵州省人民政府办公厅关于全面治理拖欠农民工工资问题的实施意见》（黔府办发〔2016〕32 号）为主体，以《贵州省工程建设领域劳务用工实名制管理制度》《贵州省工程建设领域农民工工资专用账户制度》等 8 个文件为支撑的制度体系，形成了制度完备、机制健全、责任落实的治理格局。“1 + 8”制度体系

建立后,省领导小组办公室在全省范围内开展农民工实名制管理及工资专户管理调度工作,完成“贵州省农民工实名制管理大数据平台”的开发,并于2017年1月上线运行。现已初步实现对部分单位和项目欠薪的监测预警。各地按照黔府办发〔2016〕32号要求,基于“属地管理、分级负责、谁主管谁负责”的原则,全部成立了保障农民工工资支付工作议事协调机构。2017年3月,省领导小组办公室下发了《贵州省全面治理拖欠农民工工资问题专项目标考核实施方案(细则)》,建立考核评价指标体系,对省保障农民工工资支付工作领导小组成员单位进行考核。开展了2017年春节前保障农民工工资支付专项督查工作,按照省政府统一部署,成立了9个督查组对各地2017年两节期间保障农民工工资支付工作进行专项督查,取得了明显成效,全省实现农民工工资春节前基本无拖欠,全省政府性工程节前无拖欠。按照人力资源社会保障部等十二部门关于继续开展拖欠农民工工资问题专项整治工作的要求,自2017年2月14日~3月8日在全省范围内继续开展拖欠农民工工资问题专项整治行动。专项整治期间,全省共排查用人单位5971户,涉及劳动者9.27万人,已解决拖欠农民工工资案件160起,涉及农民工5223人,涉及金额5836.80万元。开展解决农民工工资问题专项督查工作,于2017年4月初组建了2个工作组分别赴黔东南州、铜仁市、遵义市、毕节市及所属部分县、区开展了督查。

贵州省组织开展用人单位遵守劳动用工和社会保险法律法规情况专项检查工作,全省共检查用人单位11,081户,其中企业(不含劳务派遣)4699户,劳务派遣单位77户,个体工商户3957户,民办非企业单位688户,其他单位1660户。共涉及劳动者35.3144万人。发现劳动用工和社会保险违法行为案件1769件,与2016年同期相比查处违法案件有所下降。

贵州省推进统筹城乡社会保障体系建设,将非公有制经济组织纳入企业职工基本养老保险范畴管理。截至2017年11月底,全省参保企业职工基本养老保险人数为334.86万人,较2016年同期增长9.67%;职工基本医疗保险为407.89万人,较2016年同期增长5.19%;失业保险为232.47万人,较2016年同期增长7.33%;工伤保险为329.88万人,较2016年同期增长8.99%;生育保险为302.58万人,较2016年同期增长9.62%。

全省推动阶段性降低社会保险费率,企业职工基本养老保险单位缴费比例由20%降至19%,涉及降低企业成本12.38亿元。失业保险单位缴费比例由

1%降至0.7%，个人缴费比例由0.5%下降为0.3%，涉及降低企业成本7.64亿元。

全省非公有制企业实行厂务公开、职代会制度的分别有71,299家和71,778家，厂务公开、职代会建制率分别达到93.17%和93.80%。

全省共组建企业调解组织712家，机关事业单位调解组织319家，协会（商会）调解组织23家，乡镇（街道）调解组织1440家，覆盖面达到90%，聘任调解员2593人。

全省全年共受理举报投诉案件2475件，结案2411件，结案率97.4%。突发事件149件，比2016年（266件）同期下降43.98%。追发劳动者工资数64,896.68万元，比2016年（120,892.11万元）同期下降46.32%，涉及人数4.89万人，比2016年（7.68万）同期下降36.33%，降幅明显。

全省非公有制企业（组织）中建立了基层工会25,870个，其中：独立基层工会24,687个，联合基层工会1183个，基层工会涵盖单位56,432个。全省工会建立劳动争议调解组织22,184个，受理劳动争议3015件，调解成功1261件。

贵州省人社厅调整发布了贵州省2017年最低工资标准，一类区1680元/月，二类区1570元/月，三类区1470元/月，平均调增幅度为5%；发布了贵州省2017年企业工资指导线，新的企业工资指导线为：上线12.5%，基准线7.5%，下线3.5%。

从劳动关系维权数据来看，2017年上半年共为16.45万人次劳动者（其中农民工16万人）追发被拖欠工资等待遇31.84亿元（其中农民工工资待遇31.08亿元）。2017年上半年向司法机关移交涉嫌拒不支付劳动报酬犯罪案件数101件，其中公安机关立案64件。截至2017年6月，全省发现尚拖欠农民工工资4656.27万元，涉及农民工0.31万人，与2016年同期发现尚拖欠6.99亿元，涉及人数3.38万人相比，大幅下降。2017年第1~3季度全省劳动人事争议调解、仲裁当期立案总数13,365件，调解、审结结案12,804件，涉及劳动者人数16,453人，涉案金额54,268.26万元，比上年同期分别减少：10.56%，9.34%，22.36%，3.06%。调解成功率为61.26%，仲裁结案率为91.55%，终局裁决占裁决案件比例为31.82%。

二、工商联所做主要工作

贵州省于2015年11月成立了由省政府副省长陈鸣明担任主任,省人社厅、省总工会、省工商联、省企业联合会/省企业家协会负责人任副主任的协调劳动关系三方委员会,明确了委员会职责、委员会办公室职责、各成员单位职责,制定了相应的工作制度和议事规则。目前9个市(州)及县(区、市)已按照要求建立了协调劳动关系三方委员会或协调劳动关系三方会议。

(一)省工商联与省人社厅、省总工会等部门共同开展的主要工作

按照与省人社厅、省总工会等部门联合印发的《关于加强专业性劳动争议调解工作的实施意见》和《关于印发〈贵州省劳动争议调解组织建设三年专项行动实施方案〉的通知》,着力完善调解组织网络。截至2017年年底,大中型企业劳动争议调解委员会覆盖面达到50%,全省工会建立劳动争议调解组织22,184个。

与省人社厅、省综治办、省法院、省司法厅、省财政厅、省总工会、省企业联合会等向各市州共同发文《关于转发〈关于进一步加强劳动人事争议调解仲裁完善多元处理机制的意见〉的通知》,抓好贯彻落实中央、国务院《关于完善矛盾纠纷多元化解机制的意见》的工作。

与省人社厅共同指导省汽车流通协会、省白酒行业商会按照方案开展好全国劳动争议预防调解示范单位工作,带领这两个商会赴安徽省参加人社部和全国工商联召开的示范工作座谈会,10个省(市)的人社部和工商联进行了讨论交流,省白酒企业商会在会上作经验交流发言。

与省人社厅、省总工会等部门启动了贵州省构建和谐劳动关系综合试验区试点工作,制定了《贵州省构建和谐劳动关系综合试验区工作方案》,拟于2018年开始在六盘水市钟山区、安顺市普定县建立省级构建和谐劳动关系综合试验区。

2017年6月,与省人社厅、省总工会等部门在仁怀市茅台镇召开省领导出席的"全省劳动关系和谐企业创建经验交流会",命名了"贵州省劳动关系和谐企业"46家,其中对符合条件的10家省级非公企业进行劳动关系和谐企业的命名。活动涵盖了非公有制经济组织,覆盖面达到50%。

与省人社厅、省总工会等部门持续开展厂务公开民主管理示范单位创建活

动。推荐申报获批全国厂务公开民主管理先进单位10家、示范单位3家和全国推动厂务公开民主管理先进单位2家;组织申报“贵州省厂务公开民主管理示范单位”129家、命名61家。

(二)各级工商联开展的主要工作

向各市(州)、县(市、区)工商联、省联直属商会下发《关于推动商会和非公有制企业社会信用体系建设的实施意见》,鼓励、支持、引导、促进非公有制企业依法诚信经营,营造良好的社会信用环境。

各级工商联举办法律培训、演讲比赛活动等,给参会企业免费发放《民营企业法律实务》法律书籍和法律法规等宣传资料,开展法律进商会、进企业等活动,在媒体、网站、微信公众平台等宣传登载劳动法律法规、典型案例等制度和内容,组织非公有制企业和商会负责人参加全国工商联和人社部的法律培训班,通过宣传教育活动引导非公有制经济人士深入学习贯彻十九大精神、习近平总书记系列重要讲话精神和治国理政新理念新思想新战略,做到守法诚信、依法治企、依法维权、防范法律风险。

各级工商联积极投身到脱贫攻坚工作中,大力开展“千企帮千村”精准扶贫行动,并取得了一定效果,通过产业扶贫、企业帮村,建立良好的劳动用工关系。

各级工商联组建法律委员会、公益法律服务中心、商会调解委员会等,通过受理案件、反映情况,根据有关情况分别进行发函协调有关部门处理、调诉解纷、化解矛盾、提供咨询意见等,多渠道维护企业及企业员工的合法权益。

三、面临的困难及问题

由于经济社会发展处于转型升级期,在各种矛盾的影响下,构建和谐劳动关系工作还是面临一些困难和问题,主要表现在以下几个方面。

(一)新时期企业与劳动者对于工资预期的矛盾

劳动者对于薪酬待遇和职业发展预期的进一步提高,与经济下行背景下企业利润下降并控制企业人工成本形成矛盾。

(二)中小微民营企业的发展面临巨大压力

中小微民营企业经营成本较高,规模不大,竞争力不强,创新能力较弱等问题普遍存在,难以有效保障职工部分权益,导致劳动关系仍然存在问题。

(三)部分用人单位劳动用工不够规范

一是小微企业、餐饮服务业、劳动密集型企业由于劳动用工流动性大,导致企业的劳动合同签订率相对偏低;二是部分企业劳动者休息休假权利得不到保障。

(四)部分民营企业缺乏企业文化

部分民营企业尤其是中小微企业容易忽视员工的心理和精神需要,缺乏对员工的心灵关怀与尊重,使员工难以形成认同感和归属感。

四、影响劳动关系和谐的主要原因

(一)有的企业主和劳动者法律意识淡薄

一方面,部分企业主没有完全按照劳动法律法规进行依法管理,着重追求企业利润最大化而忽视了对人力资本的投资,缺乏对以人为本和社会保障重要性的认识,较少考虑员工的利益;另一方面,部分劳动者缺乏维权意识。由于我国人口基数大,劳动力市场供大于求,劳动者就业难、失业易,在市场上处于弱势地位,缺乏话语权,往往在工资和维护自身权利的权衡上选择前者,又由于维权程序繁杂、期限冗长,诉求成本太高,劳动者不懂得如何依法保护自己的合法权益。这种地位的不对等、力量的不平衡必定会加剧双方利益的矛盾和冲突,从而影响劳动关系的和谐。

(二)商会预防调解劳动争议的作用没有得到有效发挥

一是部分行业商会受人员、办公场所、活动经费、服务方式等客观因素的制约,行业商协会的功能没有得到有效发挥,服务企业的能力不强;二是受经济下行、产业结构调整的影响,部分行业商会工作开展不正常;三是极个别行业商协会负责人重视程度不够,工作有畏难情绪,缺乏开拓创新意识,影响了行业商协会开展活动的积极性。

(三)部分协调劳动关系组织和机制发挥的作用有限

一是部分企业工会人员由于受雇于企业,在集体协商及维护职工合法权益时存在着不敢维权、不会维权的问题;二是部分企业民主管理制度不健全,没有建立职代会制度,职工诉求渠道不畅,涉及职工切身利益的重大问题难以得到及时有效解决。

五、对工商联劳动关系工作的对策建议

(一)强化部门联动,全面推进劳动关系和谐发展

继续搭建好维权服务平台,充分发挥桥梁纽带作用,让企业家通过工商联搭建的维权服务平台与党委政府、司法机关、行政机关之间有很好的沟通。对于确实因客观原因导致经营困难的企业,从改善投资环境、注入创业资金和税收减免等方面给予其扶持和政策优惠,使企业走出困境。对农民工工资清欠等得不到保障的权益问题,向省人社厅等有关部门反映,加大执法监督力度。

(二)注重发挥商会主阵地作用,夯实党建基础

健全商会发展与党组织建设联动促进机制。针对商(协)会的构成特点,适应其发展趋势,做到商会建设与党组织建设同步、商会发展指导与党建工作渗透同步,促进商会党支部工作正常开展,围绕凝聚职工力量,推进企业发展,把党建活动与生产经营活动有机结合起来,大力弘扬企业家精神、打造企业文化,积极开展形式多样的主题教育活动。

(三)创新普法手段,全面提升职工自我权益保护能力

积极采用宣传、培训、法律知识竞赛、演讲、督查、评奖等各种方式,运用“互联网 +”模式,充分运用新媒体新技术新手段,不断扩大和延伸普法维权的力度。普法工作向基层渗透,把法律服务送到商会、送到企业,让广大企业主、职工都能就近学法、用法、尊法、守法,自觉提高法治观念,增强法治综合素养,不断提升自我权益保护能力。

(四)推动商会和非公有制企业社会信用体系建设

积极参与推进诚信体系建设,推行诚信企业红名单及黑名单长效机制建设,对诚信经营、规范运作的企业予以表彰奖励;对发生农民工欠薪事件以及劳动用工不规范,侵害劳动者合法权益的企业,通过新闻媒体公开向全社会曝光,最终构建规范的市场秩序,全面惠及职工群众。

执笔人:王卫琴

云南省工商联民营企业劳动关系报告

根据全联《关于报送2017年劳动关系报告和典型案例的通知》(全联厅字〔2017〕67号)要求，我会对云南省民营企业劳动关系状况进行了调研分析。现将云南省民营企业劳动关系的有关情况报告如下。

一、云南省民营企业劳动关系基本情况及形势研判

截至2017年9月底，全省民营经济户数达256.3万户，同比增长5.4%。其中，私营企业53.1万户，同比增长12.5%。全省个体经济从业人员775.4万人，新增就业104.5万人，比2016年年底增长14%，增速高于全省城镇就业人员增速1.6个百分点。在解决城镇无业人员、大中专毕业生、农村剩余劳动力等群体就业方面，发挥了不可替代的作用。涉农企业亏损比例较大，工业企业基本保持稳定。纳入统计的281户省级成长型中小企业总体发展态势较好。

(一)云南省民营企业劳动用工情况

从2017年监测企业的情况来看，主要有以下特点：

1.用工形式单一，灵活度相对较低。云南省监测企业采用全日制直接用工比例高于同期全国监测数据。2017年上半年，云南省检测企业中，非全日制用工仅为12.0%，劳务派遣用工占全部用工的比例为3.5%。非全日制和劳务派遣用工在全部用工中的比例合计为15.5%，低于同期全国监测数据，显示出云南省企业使用灵活用工较为有限。

2.劳动合同签订率相对较低，期限较长的劳动合同比例较高。云南企业直接雇用的全日制职工中，劳动合同签订率远低于同期全国平均水平。期限较长劳动合同比例超过8成，远高于同期全国平均水平，反映出经营发展稳定、管理规范的企业倾向于与职工建立长期稳定的劳动关系。

3.企业直接用工流动率较低。云南省监测企业直接用工的平均流动率低于

同期全国数据;劳务派遣用工的平均流动率远低于同期全国数据。表明云南省监测企业员工流动率相对较低,且劳务派遣员工的流动率低于企业直接用工的流动率。

4. 裁员企业比例较高。2016 年上半年,5. 8% 的云南省监测企业出现了裁员的情况,比同期全国监测企业数据高了 1. 6 个百分点。

5. 企业缺工比例与全国水平基本一致。云南省监测民营企业中 25. 6% 的企业存在缺工,与同期全国数据(25. 9%)基本持平。云南省企业用工平均缺口达到 15. 4%,略高于同期全国监测企业的 11. 8%。其中,在 51. 9% 的企业中,用工缺口相当于本企业用工总量的比重小于 10%,缺工比例在 10% ~50% 的企业比例为 46. 3%,尤其自然条件较差的地区,缺工现象尤为明显。

(二)云南省民营企业职工工资收入情况

云南省监测企业总体上工资支付较有保障,88. 2% 的企业能够按月足额支付工资,比同期全国监测数据低 4 个百分点。但一线职工工资水平与同期全国平均水平差距较大,2017 年上半年,云南省监测企业全日制一线职工的平均月工资为 2729 元,比同期全国监测数据低 26. 4%。从调整工资的企业比重、工资调整幅度来看,略高于同期全国水平,在云南省监测企业中,36. 3% 的企业调整过工资,略高于同期全国数据;工资平均调整幅度为 10. 4%,高于同期全国监测企业数据 1. 6 个百分点。

(三)云南省民营企业职工工作时间与休息休假

根据监测数据,云南省加班企业比例和平均月加班时间均低于全国水平。仅一半左右的监测企业在调查期内存在加班现象,比同期全国水平低。而职工月平均加班时间为 8. 3 小时,低于同期全国监测数据水平。大部分监测企业职工月平均加班时间没有超过劳动法规定上限,说明云南省监测企业违法超时加班的情况相对较少,有效地维护了职工法定工作时间和休息休假权利。

但云南省企业带薪年休假制度执行情况较差,超半数企业未执行。有 49. 1% 的企业为全部或部分职工提供带薪年休假,比同期全国监测数据低。其中,为全部职工提供带薪年休假的监测企业占 28. 6%,为部分职工提供带薪年休假的监测企业占 20. 5%,仍有 50. 9% 的监测企业没有为职工提供带薪年休假,可见,云南省带薪年休假制度的执行仍有较长的路要走。

(四)民营企业社会保险参保情况

云南省监测企业参加社会保险情况总体不乐观,与全国平均情况差距较大。主要体现在两个方面:一是企业的社会保险平均参保率水平较低。监测结果显示,云南省监测企业社会保险平均参保率均过半数,但明显低于同期全国平均水平。按单项险种来看,工伤保险平均参保率最高,其余社会保险的平均参保率均不超过60%。二是各项社会保险的全员参保率水平较低。监测结果显示,云南省监测企业全员参保率不足3成,明显低于同期全国平均水平。

综上所述,云南省的劳动关系相对较为稳定,不易发生重大冲突,但要构建和谐劳动关系,还有很多工作和问题亟待解决,任重而道远。

二、工商联在构建民营企业和谐劳动关系方面所做的工作

(一)积极参与省级协调劳动关系三方会议,为构建和谐劳动关系建言献策。我会参与研究了2017年云南省非公有制经济组织构建和谐劳动关系考评工作的开展,审议了《云南省和谐劳动关系企业评价标准(试行)》,对开展云南省"好雇主"创评活动提出了意见。为了更加科学地制定我省最低工资标准,我会还协助开展调研,通过在全省范围内发放问卷的形式,对不同行业的企业执行最低工资标准的情况及最低工资标准对企业的影响做了深入调查,为我省人社部门在制定2017年最低工资标准时提供参考。

(二)及时通报会员企业潜在的劳资纠纷,积极协助纠纷化解。在开展日常工作的过程中,我会对于可能存在劳动纠纷的情况密切关注,尤其潜在的群体性劳资纠纷,我会积极进行调处,并及时向劳动监察部门通报情况,尽量避免爆发冲突。我会2017年组建了云南省"法律三进"巡回宣讲团,聘请人社部门的法律专家到州市进行宣讲,通过对现行劳动关系法律、法规的解读,增强了企业规范用工的意识,为构建和谐劳动关系打下基础。

(三)开展职工心理服务大讲堂,推进我省民营企业职工心理服务工作。为进一步贯彻落实我省《关于进一步构建和谐劳动关系的实施意见》(云发〔2016〕9号),切实做好民营企业职工队伍心理建设、心理疏导、心理培育工作,加强对职工的人文关怀和心理疏导,促进职工快乐工作、健康生活,2017年我会与云南省总工会共同组织了30场讲座,邀请到全省知名心理专家学者,主要围绕职业倦

急应对、现代企业员工心理调适、人际沟通艺术、员工情绪管理与和谐职场建设、抑郁症的防治、婚姻家庭与亲子关系等 14 个专题进行宣讲,得到企业和企业职工的热烈欢迎。

（四）认真完成全联委托的劳动监测工作,掌握我省民营企业的劳动关系形势。根据全国工商联的安排和委托,云南省在全省范围内确定 260 户企业,每年开展两次劳动关系监测工作,通过对企业基本信息和劳动关系状况的数据收集,分析我省劳动关系的特点和形式,从而推动重点工作任务全面完成。

（五）通过加强法治宣传,提高非公有制企业依法用工的意识。2017 年,省工商联组建了云南省"法律三进"巡回宣讲团,聘请了一批包括人社部门在内的劳动关系法律专家作为讲师,到云南省各州市进行宣讲。云南省工商联还开通"云南省民企法务通"微信公众平台,不定期推送涉及劳动关系方面的法律法规、方针政策等。宣传劳动保障法律法规、树立非公经济组织构建和谐劳动关系的先进典型,为构建和谐劳动关系营造良好氛围。

三、面临的主要困难及问题

（一）部分民营企业对构建和谐劳动关系的思想认识不高。云南省是一个经济较为落后的省份,民营经济发展程度有限,民营企业家的平均文化水平不高。民营企业在企业管理上,大多只注重经济价值的追求,对于劳动关系十分不重视。在中小企业中,不签订劳动合同、签订劳动合同不规范、拖欠工资、不购买社会保险、加班不支付工资等违法情形很常见,完全遵守劳动法规定的企业比例不高,这对构建和谐劳动关系形成了很大的障碍。

（二）部分劳动者的权利意识淡薄,不会拿起法律武器维护自身权益。虽然用人单位违反劳动法,侵害劳动者权益的情形随处可见,但是劳动者提出异议或者用法律维权的情况却不多,大部分劳动者都不清楚法律赋予了自己什么权利,不清楚当权益受损害时如何拿起法律武器维护自己。还有部分劳动者,由于担心丢掉工作,担心维权成本过高,甚至担心影响下一个用人单位招录自己,自愿放弃合法权益,纵容用人单位的不法行为。

（三）监察部门的执法力度不够,各家单位的合作机制有待进一步完善。目前,除了农民工工资的拖欠问题以外,其他问题还没有得到足够的重视。劳动监察部门在宣传贯彻劳动法律法规、在监察用人单位履行法定义务、在纠正和查处违法行为等方面还有不到位的地方,对用人单位没有切实发挥监督和督促的作用。而各家单位合作的三家四方构建和谐劳动关系联系工作制度也有待进一步完善,需在实践中不断探索和总结,加强实效性。目前,州(市)、区(县)的三方四家单位尚未真正形成工作合力,如何进一步发挥作用需要加强指导。

(四)发展不平衡,构建和谐劳动关系的地区差异明显。云南省有 16 个州(市),经济发展相当不平衡,各地的民营企业数量、规模差异很大,构建和谐劳动关系需要因地制宜,考虑各地的实际情况采用不同的方式和措施,这样的现状导致推进效果和进度不一致,短时间内也难以有很大改变,所以全省的和谐劳动关系构建任重道远。

(五)基层工商联机关人员少、经费不足,工作开展困难。仅就工商联开展劳动关系的工作而言,主要问题是人员少,需要承担的工作任务多,却没有专门的人员来开展这项工作。尤其在区(县)一级,工商联仅有 3 人左右,将劳动关系板块作为一项重点主抓不现实。县(区)一级的工作经费也十分有限,在劳动关系工作上几乎没有经费支持,开展工作时捉襟见肘。

四、影响劳动关系和谐的主要因素

(一)主观因素

从主观方面来看,造成劳动关系不和谐的原因主要是用人单位守法意识不强、劳动者用法能力欠缺、监察部门执法力度不够、构建和谐劳动关系的氛围和环境没有形成。

1. 用人单位守法意识不强。由于我省企业管理者平均文化水平不高,意识不到劳动关系对于一个企业发展的重要性,所以在劳动关系纠纷发生之前,很多企业都没有依法规范用工管理的意识,甚至在纠纷发生之后,也不吸取教训。用人单位不守法一般有两种类型:一是不懂法而不守法,如前所述,企业家根本不愿意花费精力在劳动关系上,专门配备人力资源人员的民营企业非常少,企业对法律法规的内容不知悉,不知道自己的做法违反法律规定。二是懂法却不守法,这类企业可能知道劳动法的主要条款,知悉自己的义务,但为了节省成本,且抱有侥幸心理,不遵守法律规定。

2. 劳动者用法能力欠缺。劳动者是权利的主体,然而权利的主体不行使权利、不要求对方履行义务,这在一定程度上也影响了用人单位的守法意识。劳动者用法能力欠缺主要有三种类型:一是劳动者不懂法,不知道用人单位侵犯了自己的利益;二是劳动者知道自己的利益受到损害,但不知道如何维权;三是劳动者知道权利被侵害,也清楚维权的途径,但是因为种种担忧,任由用人单位侵害自己的权利。

3. 监察部门执法力度不够。在劳动者不行使权利的时候,监察部门的督促和监督显得尤为重要,但是监察部门主动监管企业遵守法律法规的情况不多,处罚力度也不够,缺乏自觉性的企业没有鞭笞就没有整改的动力。

4. 没有形成构建和谐劳动关系的氛围。根据党的十八大、十九大的精神,法治的宣传力度很大,但是劳动关系层面的法律宣教工作还不足。劳动关系与每个社会人息息相关,但相比合同法、物权法等,劳动法、劳动合同法等没有受到普遍重视,普法工作不到位。

(二)客观因素

影响劳动关系和谐的客观因素有很多,尤其是我省特殊的地理状况及经济形势,给和谐劳动关系构建带来很多难题。

1. 劳动合同法对劳动者权益倾斜保护。在我省对劳动关系的调研中,企业普遍反映劳动合同法不平等,对于劳动者的权益过于保护,对于用人单位的要求过于严苛。譬如,用人单位可以解除劳动合同的情形很少,而且举证困难。相比之下,劳动者解除合同的条件就很随意,给以劳动者很大自由。这种不对称的保护给企业带来很多问题,所以有的企业宁愿选择承担不守法的风险,也不愿意按照法律规定行事。

2. 经济发展水平制约和谐劳动关系构建。在我省,相对国有企业而言,民营企业的生存发展环境并不乐观。在政策待遇上,民营企业长期处于不利地位;在竞争实力上,民营企业大都资本规模小、技术水平低、要素禀赋差,难以与国有企业和外资企业抗衡。企业为了生存,往往只能把成本和损失转嫁到比他们更弱的劳动者身上。所以民营企业的劳动关系矛盾体现得更为明显。

3. 文化程度不高影响和谐劳动关系构建。在主观因素里提到,用人单位和劳动者的法律意识淡薄是影响劳动关系和谐的因素,但一部分可以通过宣传教育改善,而还有大部分无法改善。文化程度决定了法治意识,在欠发达地区,并非用人单位不愿意与劳动者签订合同,而是劳动者不愿意签订,其根深蒂固的观念认为这是“拴住自己”,比起每个月拿出一部分工资缴纳社保,他们也更愿意将这部分钱作为工资每月领走,补贴家用。

4. 用人单位与劳动者的天然地位悬殊。劳资主体双方是两个独立的利益群体,有各自明确的利益要求,建立劳动关系的过程也是利益博弈的过程。双方凭借各自的地位和实力通过谈判的手段决定利益分配,企业总是居于强势地位,形成不平等的个别劳动关系。加之国内劳动力市场发育尚不完善,就业压力大,劳动者在与企业的谈判中处于劣势,常常被迫接受权利被损害的状况。

五、工商联劳动关系工作开展的对策建议

(一)积极开展调研,为健全规章制度提供科学合理建议,筑牢发展和谐劳动关系之基

目前,修改《劳动合同法》等法律法规的呼声很高,工商联应当以此为契机,积极开展调研,对民营企业的权益保护提出科学合理建议,防止倾斜保护劳动者的状况再次发生。关注新的劳动合同法起草、审查等环节,适时提出意见建议,帮助完善和健全劳动方面的法律法规。

此外,社会保险也是劳动关系中重要的一项,建议积极建言献策,为社会保险制度的完善添砖加瓦,结合民营企业不同的实际,采用不同的制度。譬如,对刚兴办的、利润微薄的或者劳动密集型的民营企业,在一段时间内,可以适当降低其养老保险缴费比率,包括企业和职工个人缴费比率,减轻企业和职工个人的负担,提高参保积极性和参保率。

(二)加强普法教育,提高民营企业的劳动关系法律意识,破解发展和谐劳动关系之难

用人单位是劳动关系的重要主体,缺少其参与,和谐劳动关系的构建就无法达成。加强对用人单位的法治教育是一项必不可少的工作。建议通过广泛举办培训、建立专门的劳动关系自媒体、编纂劳动关系典型案例、开展劳动关系实地指导等方式,对用人单位进行宣传教育,引起用人单位对劳动关系的重视,指引用人单位遵守法律法规。除此之外,也需要提高民营企业保护自己的能力,在很多劳动关系纠纷案例中,企业不懂得如何使用法律,不知道如何应对不合格的劳动者,遭受很多不必要的损失。

（三）注重化解矛盾纠纷，尝试建立多元化纠纷解决机制，获取发展和谐劳动关系之效

工商联应当尝试与仲裁机构、法院共建诉调对接机制。建立健全工商联及其商会调解组织，完善诉讼与行业调解等非诉讼纠纷解决方式之间的衔接机制，推动劳动争议解决机制的制度建设，促使非诉讼纠纷解决方式更加便捷、灵活、高效。尝试建立多元化纠纷解决机制，缓解司法机关的压力，提高纠纷解决的效率。

（四）运用三方协调机制，充分发挥自身的协调保障功能，夯实发展和谐劳动关系之道

工商联和企业联合会代表企业一方，与工会、人力资源与社会保障部门共同建立了三方四家协调劳动关系机制，三方均保持独立身份，以平等的方式协商确定有关劳动关系的相关事宜。工商联要充分发挥政府和企业的纽带作用，对企业的合理诉求积极反映和争取，对政府的政策决定进行大力宣传，积极对劳资关系起到真正的引导、协调、监督作用。

（五）回本溯源，大力引导民营企业蓬勃发展，加固发展和谐劳动关系之本

经济发展水平决定着和谐劳动关系的构建，工商联作为发展民营经济的重要组织，还要回到促进民营经济健康发展的根本上来，通过改善民营企业发展的环境、争取民营企业发展的优惠政策、破除制约民营企业发展的障碍、大力实施企业家培育计划、激发民营企业家创造活力、保障民营企业家权益等方面的工作，为构建和谐劳动关系加固根本。

执笔人：胡源媛　虎恩慈

西藏自治区工商联民营企业劳动关系报告

根据《关于报送2017年劳动关系报告和典型案例的通知》精神，现将西藏自治区工商联构建和谐劳动关系情况报告如下。

一、工作开展情况

(一)积极服务，促进非公企业健康发展。企业健康发展是构建和谐劳动关系的前提。只有企业健康发展了，才能带动就业、增加收入、改善劳动条件，才能推动和谐劳动关系建设。一年来，西藏自治区工商联充分发挥服务职能作用，不断提升办事能力和服务水平，推动非公企业发展环境进一步优化，促进非公企业健康发展。围绕新常态下的经济政策框架，组织召开非公经济界推进供给侧结构性改革、补齐发展短板座谈会，深入了解民营企业转型升级困难，激励民营企业适应新常态，补齐自身发展短板，培育激发内生增长动力。召开小微企业发展高峰论坛，积极搭建银企对接平台。多次组织开展民间投资专项及联合调研，向区党委、政府建言献策，反映民间投资下滑问题，有力地促进了政策落实和环境改善。与人行拉萨中心支行等部门举办"2017年西藏自治区金融促进非公经济发展推介会"，10家银行业金融机构与39家非公企业现场签订了39份授信协议，金额近26亿元。与中国银行西藏分行开展"融资贷款对接活动"，与7家商会200多家非公企业对接，打造非公企业融资服务平台。加强与金融部门的联系，深入四川商会、江苏商会、台州商会开展非公企业融资情况的调研，并组织召开银企对接座谈会。人行拉萨中心支行先后与四川投资公司、白玛甘泉公司签订了贷款协议。举办非公经济代表人士和工商联干部培训班10余期、专题讲座5期，累计参训2000余人次。组织民营企业赴台湾进行商务考察，积极为民营企业走出去参与"一带一路"建设、"环喜马拉雅经济合作带""打通南亚大通道"建设牵线搭桥、创造条件。这些举措有效推动了非公经济的健康发展。

(二)加强法治宣传教育，努力营造良好舆论氛围。创新法治宣传的形式和载体,加强普法阵地建设,以非公企业经营管理人员和企业员工为重点对象,开展了一系列富有特色的法治宣传教育活动。一是开展定期定点宣传。编辑印制了《法律宣传资料汇编》,包括《公司法》《劳动法》《劳动合同法》《民法总则》《企业所得税法》等法律。充分利用综治宣传月、"12·4"宪法宣传日等活动,设立宣传点,向广大群众和企业宣传与生产生活密切相关的法律法规,增强广大企业和群众的法制观念。二是开展"送法进企业"活动。深入企业开展法制宣传活动,免费发放法律宣传资料,现场为企业和职工宣传相关法律知识,提高企业经营管理人员的法律素养和依法用工意识。三是注重企业员工的政治思想教育。在职工中大力宣传党的十九大精神,学习习近平总书记系列讲话精神,特别是习近平总书记参加全国政协十二届四次会议民建、工商联界联组会议时发表的重要讲话精神。组织非公企业共产党员继续开展"两学一做"学习教育,撰写学习十九大心得体会。开展"安康杯""职工技能"等丰富多彩的知识竞赛活动,不断提高企业职工的政治意识、大局意识、核心意识和看齐意识,进一步在职工中大力弘扬"劳模精神""老西藏精神"和"两路精神"。深入揭批达赖集团,教育和引导干部群众认清十四世达赖政治上的反动性、宗教上的虚伪性和手法上的欺骗性,把思想统一到中央反分裂斗争的各项方针政策上来,自觉维护祖国统一和民族团结,确保职工队伍持续稳定。四是依托创办的《西藏商会》杂志、西藏工商联网站和"西藏工商联"微信公众平台等,围绕《公司法》《劳动合同法》《劳动争议调解仲裁法》《完善产权保护制度依法保护产权意见》等企业发展常用法律法规、聚焦融资等企业职工关心的热点问题,进行了重点宣传,唱响法律精神主旋律。

(三)维护职工权益,努力化解不稳定因素。维护职工合法权益、发展和谐劳动关系是非公经济组织工会工作的重要职责。面对职工队伍出现的新变化、新情况、新问题,我会非公企业工会联合会把工作重点转移到维权、维稳工作上来,努力探索维护职工合法权益的新途径,取得了一定成效。一是引导企业执行有关规定。引导广大非公企业认真贯彻落实自治区劳动用工有关文件精神,建立和规范劳动合同制度,主动承担管理和服务职工的工作责任,督促会员企业为职工缴纳"五险一金"。二是引导企业保障职工合法权益。紧紧抓住工资收入这个职工经济权益的核心,狠抓《西藏自治区非公企业工会联合会加强厂务公开、职工代表大会制度建设实施方案》贯彻落实,着力发挥好职工代表大会、厂务公开等制度的作用,鼓励工会组织积极参与企业经营管理活动,增强维权的主动性。

2017 年 11 月,我会组织召开厂务公开民主管理工作现场推进会,50 余家直属会员企业、商(协)会负责人及工会负责人参会,进一步提高厂务公开民主管理工作水平。三是推动工资集体协商制度的实施。为维护好企业和职工之间的合法权益,2017 年我们严格按照法律法规的规定,围绕企业的工资分配制度、支付方式、工资标准等事项,在 5 家已建工会和规模较大的民营企业中推行工资集体协商制度,促进了劳动关系稳定,取得了良好成效。四是参与劳动关系三方协调机制会议。积极参与协调劳动关系三方会议,同人力资源社会保障部门、工会组织和其他有关企业方代表一道,通过发挥工会组织在职工中的影响力和工商联在非公企业中的影响力,共同推动劳动关系协调机制建设,共同研究解决劳动关系中的重大问题和劳动争议调处。积极发挥非公企业工会联合会的作用,开展矛盾调处相关培训,维护职工合法权益。五是推动争议调解机制建设。积极在非公经济组织中建立内部劳动争议调解机制,正确协调处理企业主利益和劳动者权益的关系,最大限度通过非诉方式解决劳动争议。目前,全区有 100 多家非公企业建立了劳动争议调解委员会。调委会基本上能够履行职责,遵守有关制度,做到了“四个落实”,在预防化解基层矛盾纠纷中发挥了积极作用。六是努力提升法律维权水平。为给非公经济界提供更好的法律维权服务,根据《西南片区工商联法律维权工作合作备忘录》,2017 年 9 月 13 日在拉萨成功召开了西南片区工商联法律维权工作对接联系会第三次会议,就西南片区各省、市、区工商联法律维权工作开展情况进行了交流,深入学习兄弟省市工商联的先进做法,查找自身存在的不足,促进法律维权水平的提高,取得了良好成效。

(四)健全工会组织,筑牢工作基础。区工商联始终把非公企业工会组建作为构建和谐劳动关系的一项重要基础工作来抓,不断加大企业工会组建力度,积极为工会在组织领导、指导服务、干部队伍建设等方面提供保障、创造条件,实现了全区非公企业工会组织的快速发展,为构建和谐劳动关系打下了基础。截至 2017 年年底,全区非公企业已组建工会组织 97 家,拥有会员 14,097 人,其中女职工 4556 人。一是注重宣传引导。向企业家和企业职工大力宣传工会组织的性质和职能,以及组建工会的重大意义和作用,努力营造依法组建工会的浓厚氛围,提升非公企业对工会工作重要性的认识。二是规范会员管理。着力提高工会组建质量,把包括农民工在内的广大非公企业职工吸引到工会组织中来,巩固党的阶级基础,扩大党的群众基础。建立健全企业工会规范管理制度,完善“源头入会、凭证接转、属地管理”会员管理机制。各企业工会进一步完善了《工会会员名册》,做到规范、及时、科学管理,会员关系接转畅通有序。三是推动“双亮”活动。在企业工会组织中积极开展“双亮”(工会组织亮牌子、工会主席亮身份)、“双爱双评”活动,推动工会组织对外挂牌、公示职责,增强工会干部的光荣感和责任感,提高职工对工会组织和工会干部的知晓率和认同度。四是推动规范化建设。积极推进规模以上非公企业工会“六有”目标建设工作,不断提升非公企业工会硬件、软件建设水平,建成27家“职工书屋”并已全部投入使用。五是注重人文关怀。积极开展送温暖帮扶活动,为职工办实事解难事,让职工享受企业发展的成果,增强职工的获得感。组织部分女职工参加“关爱女职工两癌筛检及体检活动”;为40多名非公企业贫困职工送去7.9万元生活救助和慰问金;在非公企业职工中开展帮扶行动,完成36名困难职工的精准扶贫。截至2018年3月,已离职或脱贫12名职工,新增5名困难职工。

同时,我们还积极加强非公企业的党建工作,积极探索适合企业特点的党建工作途径和方法,在非公企业中不断扩大党组织覆盖和党务工作覆盖,充分发挥党群组织在推动企业发展、凝聚职工人心、促进和谐稳定中的作用。

二、存在的不足

总的来说,西藏自治区非公经济界的劳动关系基本是和谐的,没有发生大的因劳动关系产生的群体性事件。但由于西藏非公经济的发展比较滞后,非公企业整体实力较弱,职工法治意识不强等原因,影响了和谐劳动关系更高水平的发展。

(一)企业实力较弱,构建和谐劳动关系难度较大。西藏非公企业绝大多数是中小微企业,企业管理不规范,制度不健全,职工流动性较大,在一定程度上影响了企业和谐劳动关系的构建。

(二)职工流动性大,难以留住人才。西藏高寒缺氧,条件比较艰苦,加之非公企业员工工资待遇相对不高,有技术、有能力的人才不愿进入非公企业。多数西藏籍高校毕业生把非公企业当作进入公务员队伍的跳板,没有打算在非公企业长期发展。社会上普遍对非公企业存在偏见。非公企业普遍存在招工难、留人更难的现实问题。

(三)组织建设迟缓,作用发挥不够明显。由于西藏地域宽广、企业分布不均,再加上企业主对工会和党建工作认识不够,对开展各项工作支持不够,非公企业工会、党组织组建率普遍不高,工会和党组织工作人员的工资由企业支付,归企业管理,企业和工会意见分歧时,因此企业工会组织难以行使其工会职权,在构建和谐劳动关系中的作用发挥不明显。

(四)职工法治意识淡薄,主动维权意识不强。部分非公企业主文化层次较低,法治意识淡薄,不与职工签订劳动合同,不为职工缴纳社会保障费。企业职工对《劳动法》《劳动合同法》的内容知之甚少,也不会主动去了解相关法律法规知识,对自己拥有的权利不明白、不清楚,不知道如何用法律的武器维护自己的合法利益。

三、工作建议

工商联作为服务非公企业的组织,是企业构建和谐劳动关系的重要推动者。在下一步工作中,我们将充分发挥组织网络和了解企业的优势,积极参与协调劳动关系三方机制建设,在反映企业合理诉求、参与纠纷调解仲裁、维护企业和职工合法权益等方面发挥积极作用,促进“两个健康”发展。

一是加强宣传,提升企业及职工的法治意识。以“法律三进”活动为载体,引导非公经济人士学法、用法、守法,引导企业贯彻落实国家劳动用工方面的法律法规,认真执行工资集体协商制度,尊重和保护劳动者合法权益。要采用发放资料、专题讲座等多种方式,深入企业广泛宣传《劳动法》《劳动合同法》《工会法》及相关配套法律法规及政策,让更多的劳动者知晓自己拥有的权力。大力宣传构建和谐劳动关系的先进事迹,使更多的企业和职工有榜样可学。

二是优化服务,促进企业持续健康发展。督促抓好西藏第二次非公经济发展大会精神落实,深入基层开展调研,积极反映非公企业利益诉求,依法维护企业合法权益,努力营造平等保护的法治环境和公平竞争的市场环境。密切关注非公企业在生产经营中遇到的困难和问题,积极建言献策,推动相关部门落实降低门槛、减轻企业负担、扶持企业发展的政策措施。

三是多管齐下,解决职工流动性大的问题。要掌握非公企业中各类专业技术人员的现状,认真做好非公经济人士技术职称评定的组织和申报工作。加强与相关部门的沟通联系,落实好《西藏自治区高层次人才引进办法(试行)》和《中共西藏自治区委员会、西藏自治区人民政府关于促进高校毕业生就业创业的若干意见》等各项优惠政策,吸引更多高层次人才到我区非公经济领域创新创业。要采取举办非公企业人才招聘会等措施,主动为非公企业提供人才服务。

四是夯实基础,充分发挥工会组织的作用。继续加大非公工会组建力度,重视工会组织自身建设,努力提高工会干部的整体素质,适应社会主义市场经济发展的要求。注重发挥好工会作用,通过职代会、厂务公开等民主管理、民主监督手段,保障职工的合法利益。继续做好困难职工帮扶工作,帮助困难职工解决实际困难,努力维护职工队伍稳定。积极通过三方协调机制,对涉及劳动关系的重大问题进行沟通和协商,对有关劳动和社会保障法规及涉及三方利益调整的重大改革方案和政策措施提出建议。

执笔人:次仁顿珠　山万斌

甘肃省工商联民营企业劳动关系报告

习近平总书记在党的十九大报告中指出,“必须坚持和完善我国社会主义基本经济制度和分配制度,毫不动摇巩固和发展公有制经济,毫不动摇鼓励、支持、引导非公有制经济发展”。两个毫不动摇的发展方针表明,非公有制经济成为我国社会主义市场经济的重要组成部分和经济社会发展的重要基础。按照甘肃省第十三次党代会对我省非公经济的发展做出的部署,把构建和谐劳动关系与推动科学发展、维护社会和谐稳定,切实保障和改善民生紧密相连。围绕党中央的重大方针、决策开展,体现了以人民为中心的发展思想,牢固树立“保稳定、促发展”的大局观,引导非公企业适应、把握经济发展新常态,适应我国经济发展主要矛盾的变化,深刻理解和把握稳中求进的工作总基调。

劳动关系是否和谐,事关经济发展与社会和谐,也是经济发展、国家繁荣、改善民生的重要指标。目前我国正处于经济社会转型时期,劳动关系的主体及其利益诉求越来越多元化,劳动关系矛盾已进入凸显期和多发期,劳动争议案件居高不下,有的地方拖欠农民工工资等损害职工利益的现象仍较突出,集体停工和群体性事件时有发生,构建和谐劳动关系的任务艰巨繁重。

一、民营经济发展的基本情况

占据近“半壁江山”的非公有制企业劳动关系是否和谐,直接影响和制约经济发展和社会稳定。省工商联与省人社厅等部门协同工作,坚持预防为主、基层为主、调解为主的工作方针,积极与省人社厅合作,加强企业劳动争议调解委员会建设,推动各类企业普遍建立内部劳动争议协商调解机制,完善劳动争议调解制度,健全人民调解、行政调解、仲裁调解、司法调解联动工作体系,充分发挥协商、调解在处理劳动争议中的基础性作用。完善劳动人事争议仲裁办案制度,规范办案程序,加大仲裁办案督查力度,进一步提高仲裁效能和办案质量,促进案件仲裁终结。畅通法律援助渠道,依法、及时为符合条件的商会企业提供法律援助,切实维护当事人合法权益。依托协调劳动关系三方机制,完善协调处理集体协商争议的办法,有效调处因签订集体合同发生的争议和集体停工事件,取得了明显成效。

截至2017年年底,甘肃省(国营和非公企业)签订合同率为94.90%;参保人数达362万人,其中医疗保险317.8万人,失业保险165.2万人,工伤保险196.3万人,生育保险172.9万人;劳资纠纷23,611户,相关劳动者92万人,处理纠纷6674件,追缴金额6.49亿元,办结6635件,结案率高达99%;补签合同4.68万人。我省非公有制经济市场主体达到138.42万户,同比增长了11.04%,占全省市场主体的96.86%;全省民营经济实现生产总值3404.37亿元,占比达到47.6%;非公有制经济实现地方税收收入208.14亿元,同比增长了11.31%,占全省地方税收收入的48.37%;全省从业人员1548.74万人,民营经济解决就业人数达415.43万多人,同比增长12.17%。以我省非公有制经济发展好的张掖市为例,张掖市总人口为122.43万人,其中非公有制企业合同签订率为95.4%,占目标任务的100%;集体合同签订率89.5%,占目标任务的100%;受理投诉举报案件383件,结案379件,结案率99%,占目标任务的104%;为5895名劳动者追付工资6943.5万元,收缴农民工工资保证金6414.4万元,占目标任务的214%;受理劳动争议仲裁案件353件,结案率100%。

二、劳动关系和谐健康发展主要的做法及成效

(一)加强宣传教育,转变思想观念

一是引导职工树立正确的世界观、人生观、价值观,追求高尚的职业理想。省工商联将理想信念教育实践活动与“两学一做”活动相结合,在各级党组织中逐层推进,培养职工良好的职业道德,增强其对企业的责任感、认同感和归属感,爱岗敬业、遵守纪律、诚实守信,自觉履行劳动义务。二是加强有关法律法规政策宣传工作。省工商联邀请知名国学专家举办“国学大讲堂”等讲坛,组织青年企业家接受传统文化和道德教育,大力弘扬美德善行和践行社会主义核心价值观;加强法治教育培训和法律维权服务,增强守法诚信和依法维权意识;教育、引导年青一代非公有制经济人士树立正确的人生观、事业观、价值观,做义利兼顾的实践者、依法经营的自律者和共同富裕的促进者,为年青一代非公有制经济人

士建立良好信誉和社会形象。

(二)完善各类制度,创新工作方法

一是将法律三进活动作为主要抓手,由检察官、律师等专业人员组成宣讲团,在企业、商会进行宣讲、座谈;结合典型案例,就如何规避和防范法律风险进行详细讲解;加强普法宣传教育,进行《劳动法》《劳动合同法》《劳动争议调解仲裁法》等法律法规的学习。二是与人社厅合作,建立健全企业内部劳动争议协商调解机制,在商会成立调解委员会,按照“预防为主、基层为主、调解为主”的工作方针,逐步形成劳动争议分类处理、分级负责、上下联动的工作机制。指导推动小型、微型非公有制企业由劳动者与企业共同推举职工代表担任调解员,负责本企业劳动争议预防调解工作。近年来,通过树立劳动争议预防调解示范点,提升了非公有制企业自主预防、解决争议的能力,促进建立互利共赢、和谐稳定的劳动关系,推动企业健康持续发展。三是开展企业文化建设。一些民营企业开始注重开展形式多样、丰富多彩的企业文化活动,如建设职工娱乐活动场所、组织外出学习考察旅游等,不仅丰富了职工的业余生活,而且激发了员工的生产和生活热情,拉近了企业与职工之间、职工与职工之间的距离,为构建和谐企业、和谐劳动关系注入强心剂。四是注重“以人为本”的思想。在满足员工物质需求和期望的同时,开始注重员工能力的提高、价值的实现和思想的进步。一些民营企业每年都要投入大量的资金对员工进行技术培训;欢迎和鼓励职工提出合理化建议,并对提出的“金点子”进行评比和奖励,赢得职工的一致好评。民营企业和谐劳动关系的构建,促进了我省民营经济持续稳定健康发展,为解决社会就业、保障企业合法权益、构建和谐劳动关系提供了保障。

(三)抓好平台建设,服务非公经济

通过“三方四家”的服务平台,在走访调研基层商会、会员企业过程中,省工商联督促落实集体合同的签订情况,并要求基层商会和会员企业将工资集体协商作为服务会员企业和谐发展的首要工作。通过工资集体协商,职工的各种待遇得到了提高,推行各种集体协商工作,逐步形成了稳定、和谐共处的工作环境。省工商联与省检察院成立的检察服务室发挥了积极作用,省检察院检察官为会员企业讲解职务犯罪、企业法律风险防范、商务纠纷及维权等内容,引导会员践行“亲”“清”要求,树立“红线”“底线”意识。这些做法在非公有制企业引起强烈反响,两年多来全省各级工商联组织共成立检察服务室104个,通过检察服务室解决了企业或商会长期想解决而不能解决的问题,省工商联检察服务室一年来共收到投诉案件9起,办结6起,结案率达到66.6%,通过检察服务室的平台,拉近了商会、企业与政府的距离,为维护企业健康发展、社会和谐稳定做出了积极贡献。

三、民营企业劳动关系存在的问题

(一)劳动合同签订重视程度不够。一是虽然用人单位想签订劳动合同,但是一部分劳动者法律意识淡薄,认为与单位签订劳动合同捆住了自己的“手和脚”,是自找麻烦,从而拒绝,甚至不愿缴纳个人缴纳部分的保险费。二是劳动者依法维权观念不强,技能素质不高。劳动者的文化程度普遍偏低,在自身权益受到侵害时,常常不知道如何依法维权。劳动者在劳资双方中处于弱势地位,很多签订劳动合同的劳动者为了保住“饭碗”忍气吞声,未签合同的劳动者不能吭声。三是一些民营企业法律意识淡薄,法制观念不强,主观动机不纯,有克扣、拖欠职工工资的行为。四是一些民营企业劳动合同签订质量不高。表现为:劳动合同订立、解除、终止、变更等内容不全面,待遇不平等;个别条款甚至违反了有关法律、法规;签订集体合同没有把工资集体协商作为合同的重点,导致协商不利,标准不合理,履行不到位。五是社会保险参保率较低。养老、失业、医疗、工伤、生育五项社会保险是维护职工切身利益的重要保障。大部分民营企业只给管理层人员缴纳社会保险,其他职工一律不予参保,严重损害了职工的合法权益,使职工缺乏生存安全感和企业归属感,同时也给我省今后的社会保障正常运转和社会和谐稳定埋下了隐患。

(二)缺乏劳动保障监察执法机制。一是投诉举报渠道不顺畅。投诉电话、举报信箱、维权网址,及时答复和查处网络咨询、市长热线投诉和门户网站反映的劳动保障违法行为和维权政策咨询不便捷。二是扎实开展专项检查不到位。有些民营企业虽然设立了投诉举报窗口,但是利用率不高,主要表现在职工法律意识不强,企业维权意识弱,怕惹人、怕给将来工作带来麻烦,不愿维权,维权不彻底,有些员工怕维权后被企业开除,不敢提出与企业相违背的合理要求。

四、对构建民营企业劳动关系的建议

(一)健全各类制度。构建和谐劳动关系是一项长期的、复杂的系统工程,需要政府引导,多方配合,以和谐为主题,以规范为准则,以教育引导为主线,加快劳动关系的法制化、人性化步伐,实现企业与职工共谋发展、共享成果的同频共振。

强化管理,充分发挥政府在构建和谐劳动关系中的领导作用。当前,劳动关系的主体日益多元化,劳动关系呈现日趋复杂多变的态势。政府应加强领导,围绕劳动关系的建立、运行、监督和调处等环节,在建立科学有效的利益协调机制、诉求表达机制、矛盾调处机制、权益保障机制上下功夫,站在共建、共享的高度,统一劳资双方的认识,促进和谐劳动关系的建立。同时,要明确各职能部门对构建和谐劳动关系的职责,并建立企业和谐劳动关系的考核体系。加大劳动、工会等相关法律法规的宣传贯彻,开展劳动合同签订、工资集体协商、参加社会保险等方面主题宣传教育活动,用正确舆论引导公众,促进用人单位遵守法律法规、配合扰法维权,增强企业的责任意识和职工自我维权的保护意识,营造构建和谐劳动关系的良好氛围。

明确责任,充分发挥企业在构建和谐劳动关系中的主体作用。企业是构建和谐劳动关系不可或缺的重要角色。在当前法制日益完善的情况下,为职工交纳养老、医疗等“五险”是民营企业生存发展的必然要求和选择。但劳动关系是否和谐,不仅体现在养老、医疗等生存保障方面,而且体现在职工的发展诉求方面。和谐的劳动关系在企业中不光是要保证人人有饭吃,还要能够让人人敞开心扉说话,人人能够谋求更高的发展。

(二)发挥组织作用。这就需要企业时时刻刻做到以人为本,将职工的利益和诉求放在心上,积极开展企业文化活动,加大职工的培训力度,凝聚人心,充分调动和激发广大员工全身心投入到企业生产、经营和管理的方方面面,让职工有更强的归属感和成就感,各尽其能,各得其所,和谐相处,共谋发展。尽职尽责,充分发挥工会组织在构建和谐劳动关系中的协调作用,工会作为广大职工的“娘家”,应不断加强自身建设,发挥在构建和谐劳动关系中的协调作用。一要集中力量,加快在民营企业中组建工会的步伐,最大限度地把广大职工尤其是外来务工人员吸收到工会组织中来,尽快实现工会组织在企业的全覆盖。二要不断完善民营企业工会组建工作的手段和方法,积极探索企业工会领导体制的新形式。三要大力推进集体合同制度和以工资集体协商为重点的平等协商制度,加强对企业职代会工作的指导,进一步探索职工参与企业民主管理的有效形式。四要加强调查研究,畅通信息渠道,及时掌握劳动关系的走向动态,建立劳动关系的预警、预测机制,为制定相关政策提供决策依据。

(三)充分发挥工商联在构建和谐劳动关系的引导作用。工商联作为非公有制企业的"娘家人",要以企业的健康发展和职工的权益为根本,主动加强与职能部门的联系、合作,解决企业和职工的矛盾,发挥职能部门的优势,为社会和谐做出贡献。工商联作为非公有制经济人士的"娘家",要切实加强非公有制经济人士思想政治工作,通过形式多样、富有成效的思想政治工作引导民营企业建设和谐企业,为建设和谐社会做贡献。要以"优秀中国特色社会主义事业建设者""企业关爱员工、员工热爱企业"及"双爱双评"等活动以及政治推荐、政治安排为抓手,教育、引导民营企业家"爱国、敬业、诚信、守法、贡献",鼓励和引导民营企业大力开展企业文化建设,加强对职工的培训,丰富职工的业余生活,强化职工的主人翁意识,从而在更高层次上建立和谐的劳动关系。整合资源,充分发挥社会各界在构建和谐劳动关系中的导向作用。

(四)加强与职能部门的合作。非公有制经济不仅是我省经济发展的重要生力军,而且在社会稳定、劳动就业、诚信体系的构建等社会各项事业发展中也具有举足轻重的作用和影响。一是要推动劳动关系双方的观念更新,确立社会主义新型劳动关系的价值取向。要督促企业的党组织和工会组织大力加强企业思想文化建设,广泛宣传"劳资合作、劳资两利"的价值取向,为构筑和谐稳定的劳动关系奠定良好的思想基础。二是新闻媒体要进一步加强对劳动关系法律法规的宣传报道,用正确的舆论引导公众,促进用人单位自觉遵守法律法规,同时增强劳动者自我维权的意识和能力。三是要以和谐企业、和谐社区、和谐园区建设为载体,大力支持和推动在民营企业中开展"创建和谐劳动关系模范企业"等活动,并与其他先进表彰评选活动结合起来,树立一批先进典型,运用典型引路,推进和谐劳动关系的建设。

编写组:张益民　刘　庆　刘　昶　康逢义　刘　虹

执笔人:刘　庆　康逢义

青海省工商联民营企业劳动关系报告

一、非公有制经济发展情况

近年来,省委、省政府高度重视非公有制经济发展,通过持续完善政策、加大扶持力度、优化营商环境,全省非公有制经济在发展速度、企业规模、投资强度等方面,都呈现出良好的发展势头。2016 年,全省非公有制经济完成增加值 917.6 亿元,占全省 GDP 的 35.7%;非公有制企业、个体户数为 33.8 万户,其中非公有制企业 2.81 万户,个体工商户 31 万户;非公有制经济领域从业人员 118.56 万人,占全社会总数的 35%;非公有制企业从业人员 55.43 万人,个体从业人员 63.13 万人,提供了 90% 以上的新增就业岗位,对社会充分就业发挥了重要作用;非公有制企业上缴税收总额为 175.48 亿元,税收占全省上缴税收的 60% 以上,为青海省各项事业发展提供了重要保障;民营企业实现进出口总值 91 亿元,占全省同期进出口总值的 91.09%;全年完成民间投资 1212.08 亿元,占全省固定资产投资总额的 34.3%,促进了我省经济的平稳健康发展。2010 年以来,非公有制企业积极回报社会,先后为贫困地区和灾区捐款捐物 2.6 亿多元,用实际行动赢得了赞誉和尊重。

二、工商联劳动关系工作开展情况

近年来,在全国工商联的指导下,青海省工商联认真贯彻落实中央《关于构建和谐劳动关系的意见》,切实发挥政府的助手作用,协助政府相关部门做好和谐劳动关系创建工作。

一是开展理想信念教育实践活动,引导企业构建和谐劳动关系。青海省工商联在全国工商联的指导下,在省委、省政府的正确领导下,根据中央统战部和全国工商联的安排部署,在全省非公有制经济领域深入开展以"守法诚信"为重点的理想信念教育实践活动。采取省工商联与各级工商联、各异地(行业)商会联合办班的形式,把构建和谐劳动关系作为理想信念教育实践活动的重要内容,着力宣讲依法治企、和谐劳动关系、劳动争议调解等相关法规,引导非公有制经济人士增强依法用工意识,自觉保障职工合法权益,做“关爱员工、实现双赢”的典范。如青海天桥集团严格执行《劳动法》等有关法律法规,员工工资远远超过当地规定的最低工资标准,近三年来每年工资增长达 30%。青海省江河源投资集团公司着力建设“幸福企业”,每年为职工办几件实事,有力推动了企业和谐劳动关系建设。同时,青海省工商联通过工商联网站、《青海商会》、微信平台等自有媒体,大力宣传构建和谐劳动关系的意义,宣传守法、诚信先进事迹和典型,营造了良好舆论氛围。

二是把深入学习贯彻党的十九大精神与引导非公企业进一步提高构建和谐劳动关系的思想认识紧密结合。十九大召开后,按照中央和省委要求,在全省工商联系统和非公有制经济领域迅速掀起了学习贯彻党的十九大精神热潮,结合工商联工作实际制定下发了《青海省工商联认真学习宣传贯彻党的十九大精神的实施方案》。积极开展“党的十九大精神进商会、进企业、进基层工商联宣讲活动”,用习近平新时代中国特色社会主义思想以及省第十三次党代会精神教育企业家牢固树立“四个意识”。2017 年 11 月 10 日至 11 日,召开全省工商联系统和非公有制经济人士学习十九大精神宣讲会,省政府副省长、省工商联主席匡湧参加培训班并讲课,并邀请我省十九大代表、省财政厅党组书记巨克中作了专题辅导。同时省工商联成立 2 个宣讲组,由会主要领导亲自带队,分赴我省 8 个市(州)工商联、省属商会、省工商联执(常)委企业开展党的十九大精神宣讲,实现了对各级工商联组织和新一届工商联执委学习培训的全覆盖。宣讲中,围绕十九大报告中提出的要大力发展民营经济和实体经济、大力弘扬企业家精神和工匠精神、积极“构建企业和谐劳动关系”,与基层工商联、商会会员、企业家和职工进行面对面地交流互动、分析、探讨,帮助企业在调整结构、壮大发展及“构建和谐劳动关系”上厘清发展思路;在商会和企业积极开展非公有制经济领域民族团结创建活动,从各方面促进“和谐企业”建设,通过民族团结创建活动把十九大精神落实到促进“两个健康”的具体实践中。同时,不断创新学习方式、丰富学习内容,通过召开省工商联执委会、常委会、民营企业家座谈会,运用工商联门户网站、微信公众平台等,广泛宣传党的十九大有关非公有制经济发展的新精神、新论述,结合贯彻省第十三次党代会精神,用“四个扎扎实实”的重大要求和“四个转变”的新思路引导非公有制经济取得新发展。

三是在非公经济领域,积极打造“红色引领”思想教育培训品牌。副省长、省工商联主席匡湧亲自带队赴陕西商会和相关企业宣讲十九大精神,党组书记吴捷带领党员干部共计30多人次分赴甘肃商会、四川商会、福州商会及青越集团等结合宣讲十九大精神,开展强化政治引领讲廉政党课活动,促进商会和企业党建工作的提升。同时,为深化对民营企业的理想信念和爱国主义教育,省工商联积极组织民营企业家赴国内各爱国主义教育基地学习,通过重走革命路、忆苦思甜和情景模拟等方式,引导民营企业家坚定理想信念,继承和弘扬“敢为人先、特别能吃苦”的创业创新精神和“实业报国、回报社会”的奉献精神,着力打造政治上明方向、发展上有追求、责任上有担当的民营企业家队伍。2017年,相继在井冈山、韶山、西柏坡开展了青海省民营企业家“不忘历史、永葆初心”红色教育引领专题培训班,引导民营企业家深刻体会革命先辈的艰苦卓绝和丰功伟绩,真正把红色基因刻进脑海里、融入血液里,进一步增强了非公有制经济人士对企业发展的信心,有力地推动企业文化建设、增进了企业家构建和谐劳动关系的信心。

四是开展“法律三进”活动,引导商会和企业依法解决矛盾纠纷。以“法律进企业”活动为载体,积极为非公有制企业提供多种形式的法律服务。与省司法厅共同印发了《关于进一步开展律师进企业“法律体检”专项活动的通知》,帮助指导基层工商联、各异地商会与司法局、律师事务所开展合作。目前,各省级异地商会均与律师事务所签订了合作协议。同时,通过举办“非公有制企业刑事法律风险及其防控”“民营企业法律风险防范”“信用知识普及”等讲座,帮助非公有制企业增强依法治企的意识。2016年,与省司法厅、省普法教育工作领导小组办公室共同印发了《关于开展“法律三进”活动的实施意见》,明确了法律进企业、进商会、进机关的具体任务和目标,建立了法律服务联络员制度。加强与法院的沟通,与省高级人民法院就如何加强非公有制企业司法保护及依法促进非公有制经济发展进行了探讨和交流,并组织部分商会负责人参加了省高级人民法院关于“加强人大代表政协委员联络工作18条措施”的新闻发布会,参观了荣誉室、审判庭、档案馆、信息中心等。在“法律三进”活动中,协调政府和相关部门,沟通、协调青海永泰矿业、青海三江源药业有限公司等5家企业合同纠纷、厂址搬迁等涉及企业切身利益的问题,从维护企业合法权益的角度协调生产经营过程中遇到的困难和问题。

五是通过“三方四家”会议机制,着力推动劳动关系协调机制建设。充分发挥省工商联在构建和谐劳动关系中的积极作用,同省人社厅、省总工会和省企业联合会共同推动劳动关系协调机制建设。组织商(协)会、会员企业积极参与“民营企业招聘周”、加强会员企业和劳动就业服务机构的沟通等工作,帮助下岗职工、农村剩余劳动力、应届大学毕业生等特殊群体解决就业困难,缓解就业压力。为民营企业和社会求职者就业对接提供了供需平台;着力引导非公有制经济人士按照《青海省企业工资集体协商条例》的要求,与劳动者签订劳动合同和集体合同,实现劳动关系契约化、法制化。积极引导企业主重视和推进工资集体协商,省工商联领导班子成员在深入企业调研、走访过程中,把推动落实该条例作为调研、座谈的内容之一,陈述落实该条例的重要意义,鼓励企业自觉执行该条例。引导企业规范自身行为,省工商联每年与省人社厅、省总工会、省企联共同举办构建和谐劳动关系培训班,组织企业认真学习《关于构建和谐劳动关系的意见》《青海省劳动保障监察条例》《青海省企业民主管理条例》和《青海省企业工资集体协商条例》的主要内容和精神,交流企业构建和谐劳动关系的经验。2017年上半年,配合省人社厅在了解企业现行工资的基础上,提出了 2017 年青海省最低工资标准初步意见。

六是开展劳动争议预防调解示范工作,引导商会和企业预防化解劳动争议。与省人社厅紧密配合,在总结第一批非公有制企业劳动争议预防调解示范工作的基础上,制定印发了《青海省第二批非公有制企业商(协)会劳动争议预防调解示范工作实施方案》,选择甘肃商会、安徽商会和 25 家非公有制企业作为全省第二批劳动争议预防调解示范企业、商(协)会。同时,与省人社厅共同对近两年非公有制企业、商会(协会)劳动争议预防调解示范工作开展情况进行了梳理,征集、推广商会调解典型案例 10 个,为各级商会开展调解工作提供了借鉴。其中,甘肃商会上报的“多元化机制显威力、调解成功获双赢”的案例,入选全联法律部编印的《商会调解实践与探索》。指导商会成立调解机构,甘肃商会、陕西商会、江苏商会、温州商会、安徽商会等 20 多个异地商会均成立了商会调解委员会,制定了调解制度、调解工作流程等,浙江商会等正在筹备成立商会调解委员会。近几年各商会成功调解多起劳动争议和其他纠纷,提高商会和企业自主处理劳动争议的能力,有效维护了劳动关系和谐与社会稳定,也为其他商会和企业开展预防调解工作提供了借鉴。

七是以实际行动促进非公有制经济快速发展,在“精准扶贫”“百企帮百村”

和积极“构建和谐劳动关系”中弘扬企业家精神。首先,积极促进全省非公有制经济的快速发展,为民营企业构建和谐劳动关系打下坚实的物质基础。时隔十年之余,省委、省政府再次以高规格召开全省非公有制经济发展大会,出台了“高含金量”的青海省《关于促进非公有制经济加快发展的意见》,该意见规定了24条具体措施,为我省非公有制经济加快发展提供了政策保障;通过省工商联的积极争取,省委、省政府制定出台了《青海省非公有制经济发展专项扶持资金管理办法(试行)》,争取了每年1亿元的支持非公有制经济发展的专项资金,破解了民营企业长期以来融资难、融资贵的问题;建立了青海省加快非公有制经济发展领导小组,每三年组织召开一次促进全省非公有制经济发展大会,明确了工商联为商会组织的主管单位。不仅为非公有制经济发展注入了强大动力,也对工商联进一步抓好“构建和谐劳动关系”工作提供了一个非常有利的契机和机遇。其次,在“双百”精准扶贫工作中弘扬企业家精神,进一步提振了企业“构建和谐劳动关系”的信心。全省各级工商联积极作为,主动引导非公有制经济企业、人士担当社会责任继续推进和深化“双百”精准扶贫行动,召开了全省“双百”精准扶贫经验交流暨村企结对(第三批)签约会议,144家民营企业(异地商会)与170个贫困村结对签约,并会同省扶贫开发局、省农发行、省光彩会签订了《政策性金融支持“双百”精准扶贫行动战略合作协议》。截至目前,全省已有391家民营企业与469个建档立卡贫困村签订了帮扶协议。此项工作得到了全国工商联的积极肯定,在全国“万企帮万村”精准扶贫行动片区座谈会上作了大会交流发言,全国工商联副主席谢经荣专程来我省调研工作。积极加强与对口援青省市之间的联系、对接工作,成功召开了东西部工商联扶贫协作第一次联席会议,建立了对口援青省市工商联的扶贫协调机制。再次,积极发挥工商联的政府助手和桥梁纽带作用,青洽会招商引资工作取得了新成绩。只有服务好为企业的健康发展,做好政府的助手,才能引导好企业构建和谐劳动关系。在第十八届青洽会上省工商联联引进了中民投、科创控股等一批在全国有实力的民营企业进入青海,招商引资的层次和规模不断提升和扩大。共促成签约项目12个,涉及金额82亿元。(其中,年内预开工项目5个,涉及金额18.87亿元;达成意向协议项目7个,涉及金额68.13亿元。)项目涉及文化旅游、物流、服务业、房地产开发等多个行业。最后,积极引导广大民营企业参与“一带一路”建设,与澳大利亚国际商会缔结为友好商会,搭建了我省民营企业走出去的平台。不仅为企业健康发展搭建平台的,也为企业构建健康和谐的劳动关系提供了基本的保障。

八是加强市州工商联组织建设,着力推动各地"构建和谐劳动关系"的工作力度。省工商联党组十分注重工商联组织建设,2017 年借助市、县级工商联换届工作,通过各种方式和渠道为加强各级工商联机构建设积极呼吁与协调。通过省工商联的积极努力,西宁、海南、海西、海北、果洛等地区高规格配备了工商联主席;经多方协调争取,困扰海东市和海西州工商联多年的机构和编制问题也得到了解决,明确了州、市工商联正县级机构,并配备了领导职数;通过积极协调争取,为我会核增副厅级职数(专职副主席)2 名,省工商联 1 正 5 副专职领导班子将全部配齐;通过"百日攻坚",全省 8 个市州和 46 个县市(区)级工商联党组建设实现了全覆盖,有 11 家县级工商联被全国工商联评为 2016 年度"五好"县级工商联,同比增加了 3 家,实现了全联要求的"五好"率 30% 以上。全省工商联组织机构建设实现了新突破,为 2018 年各地积极开展"构建和谐劳动关系"及工商联各项工作打下了良好的组织基础。

三、民营企业劳动关系存在的问题及建议

1. 全省工商联基层组织建设薄弱。随着非公有制经济的发展,劳动争议案件不断攀升,劳动人事争议案件的处理难度不断加大,案多人少的矛盾日益突出。我省地处偏远、少数民族人口集聚,民族自治州居多,经济发展滞后,民营企业发展在部分市(州)起步晚、规模小,非公经济的作用还不够凸显,部分市(州)领导对工商联的地位认识还有待加强,市(州)县级工商联缺编制、缺经费、缺人员,部分市(州)、县工商联无机构,工商联工作主要由统战部人员兼职完成,加之民族地区统战工作任务也比较繁重,造成构建和谐劳动关系工作无腿可依、缺乏抓手。在和谐劳动关系创建工作中,宣传、教育、引导方面的工作相对较多,参与劳动争议预防调解方面还不够深入。

2. 商(协)会、企业调解组织处理劳动关系能力有待进一步提高。我省经济欠发达,劳动力人口基数相对也少,非公有制经济发展相对全国而言比较滞后,企业调解组织工作薄弱。一是调解组织地位独立性不高。由于企业调解组织人员过多依附于企业负责人,企业对调解委员会调解工作干预过多,造成职工对于调解组织的公正性产生质疑,出现了职工不愿调解、无法调解的状况,职工维权信裁不信调的观念普遍存在。职工和所在企业之间一旦发生劳动争议,作为弱

势群体的职工最不愿意去维权的地方就是企业的劳动争议调解组织,不信任劳动人事争议预防调解委员会组织,直接向劳动争议仲裁机构申请仲裁,甚至要求仲裁机构逾期不立案便直接向人民法院提起诉讼。这正是企业调解、商会(协会)调解成效并不显著的重要原因之一,导致劳动人事仲裁案件调解率偏下。二是调解人员工作能力偏弱。大部分企业(商会)规模小,人员流动性大,商(协)会组织组建起步晚,成立的商(协)会组织少,商(协)会参与劳动争议预防调解等工作尚处于探索阶段,企业(商会)担任调解人员的员工在培训后,因多种原因,部分离开了工作岗位,而由其他人员代替,造成劳动争议调解组织调解能力弱,调解人员基本法律素质参差不齐,兼职调解员多,专业知识欠缺,调解技巧掌握不熟练的情形普遍存在,个别调解工作人员甚至没有站在公正的立场,只充当企业方的代言人,导致调解效果不佳,调解率不高,缺乏公信力,未能起到基层预防调解应有的作用,影响了调解组织功能发挥。

近年来,省工商联对会员企业贯彻《劳动法》的宣传教育力度相对较大,会员企业中出现的问题较少,各异地商会在发挥协调劳动关系时也往往仅限于会员内部、会员之间的合同等纠纷调解,层次和力度还需进一步提高。

3. 非公有制企业工会组织建设及作用发挥有待加强。就全省非公有制企业而言,通过行政手段建立企业工会组织,规范和发挥企业工会作用还待加强。有的企业工会不健全,民营企业工会经费无法独立,依附于企业,缺乏自主,在协调劳动关系中,无法正确维护员工利益,企业工会很难承担起劳动者一方就工资、工时、休假、保险福利待遇等与企业一方公平谈判的责任。需要充分发挥劳动行政部门的职能作用,加大其对企业的监测及专项考评力度。

4. 厂务公开流于形式,内容不规范,作用得不到发挥。加大劳动执法部门对厂务公开实行的监察和宣传力度,让每个员工都可以及时了解到公司新闻、规章制度、人事变化、奖惩事项等。定期与员工沟通,做实员工满意度调查,了解员工心声,并反馈问题帮助员工解决。

5. 个别企业法人缺乏对法律的深入了解与敬畏。少部分用人单位确实因经营出现问题,出现资金周转困难,拖欠了员工工资,而对员工提出的意见,老板往往以逃避而处之,放任了劳动关系中自己要承担的责任,导致劳动关系出现纠纷,思想上缺乏用人单位对员工必须履行的法律责任的意识;个别企业法人在思想上认识落后,往往以老板、管理者、家长一身三任的身份绝对地控制了劳动关系，企业与职工签订的劳动合同存在必备条款不全，内容简单、粗糙、不规范；协商条款随意甚至违法，类似于“霸王条款”“单边条款”，诸如随意辞退或解雇工人，收取雇员押金或扣留身份证控制去留，参保率低等。具体表现为：一是劳动合同签订重视程度不够。部分民营企业错误地认为与职工签订劳动合同捆住了企业的“手和脚”，是自找麻烦；个别民营企业劳动合同签订质量不高，劳动合同订立、解除、终止、变更内容等不全面，待遇不平等；签订集体合同没有把工资集体协商作为合同的重点，导致协商不利，标准不合理，履行不到位。二是社会保险参保率较低。养老、失业、医疗、工伤、生育五项社会保险是维护职工切身利益的重要保障。但从我会走访调查的情况来看，民营企业参加社会保险的比例仍然不高，即使是管理相对规范的企业也没有完全参加“五险”，使职工缺乏生存安全感和企业归属感。三是用工制度不够完善。部分民营企业没有建立工资集体协商制度，有的虽然建立了，但运行不规范，存在相当程度的随意性，有些小企业不严格执行国家工时制度，侵犯劳动者的休息权和健康权，在一定程度上影响了劳动关系的和谐与企业的发展。四是劳动纠纷时有发生。有的企业遇到纠纷，不能按有关劳动法律法规等及时处理，采取“逃”“躲”“拖”的办法，特别是发生工伤纠纷，不按规定时间、程序申报。劳动关系变更过程中企业对职工的安置方案落实不到位，个别企业还存在拖欠和克扣劳动者工资现象。为此，加强企业法人《劳动法》等相关法律宣传与考评十分必要，在企业正确建立劳动者劳动权益实现机制：如劳动合同、工资水平、工资发放、工作时间、休息休假、劳动安全卫生、劳动保护、职工福利、职业教育、社会保险等方面进行基本的法律法规规范；在企业正确建立劳动关系协调机制和劳动争议处理机制：如工会、劳资协商组织机构，充分发挥这些机构的调解与缓冲作用，使劳资双方认识到各自权利、利益不同，在各自法律地位平等基础上认同劳动关系的基本一致性，使劳资双方强调相互合作，相互信任，避免冲突和摩擦，既为员工解决了问题又为企业分了忧。

执笔人：刘海涛

宁夏回族自治区工商联民营企业劳动关系报告

2017年以来,宁夏工商联认真贯彻落实中共中央、国务院《关于构建和谐劳动关系的意见》和自治区党委、政府《关于构建和谐劳动关系若干意见》精神,充分发挥工商联在构建和谐劳动关系中的作用。坚持把维护非公有制经济人士的合法权益和维护职工的具体利益相结合,以促进职工队伍稳定、劳资关系和谐、企业健康发展为出发点,全面落实和推行劳动合同、集体协商和集体合同制度,健全职工代表大会制度,积极参与协调劳动关系三方机制工作,同人力资源和社会保障厅、企联、工会组织及其他有关企业方代表一道,共同推进我区劳动关系和谐稳定发展。现将相关情况报告如下:

一、总体情况

2017年,全区各级工商联系统以学习宣传贯彻党的十九大精神、中国工商业联合会第十二次代表大会精神和全区民营经济发展推进会精神为抓手,围绕中心、服务大局,引导民营企业转方式、调结构、促和谐、谋发展、做贡献,构建和谐劳动关系,促进我区非公有制经济健康发展和非公有制经济人士健康成长。

一是健全保障机制。不断加强和完善企业工资集体协商制度和劳动关系三方协调长效机制建设。创新劳动关系运行协调机制,处理好政府和市场的关系,培育并发挥社会组织和行业组织在劳动关系协调运行中的积极作用;进一步培育集体协商各方主体,建立健全不同企业类型各阶层劳动者畅通表达合理诉求的渠道,提高集体协商效能。我区各级工商联积极配合政府有关部门认真落实联席会议制度和劳动关系三方协商机制,推动了劳动关系领域和民营企业中一些重点难点问题的解决。围绕创建和谐劳动关系,推进小企业劳动合同制度,部署开展工资集体协商示范单位和厂务公开示范单位创建活动,组织开展对部分五星级职代会的复验工作,有力推动了协调劳动关系机制建设。2017年年底,全区劳动合同签订率比去年上升了3.5个百分点。建立维护职工合法权益形势季度分析会制度和劳动关系预警机制，积极推进工会劳动保护监督检查“三级网络”建设，为从根本上维护职工合法权益、维护职工队伍稳定奠定了基础，企业劳动关系明显改善，总体和谐稳定。

二是以创业带就业推进各方劳动关系。由于近两年国内经济下行压力大，社会就业压力不断加大，为减轻政府就业压力，成立了由主席、副主席及业务处室组成的促进创业带就业工作指导小组，同时要求各市、县（区）工商联都要成立工作领导小组，确定专人抓协调、抓落实。全区各级工商联及企业家主席、副主席、常委、执委和会员企业共培育小老板 2400 人，吸纳安排 4 万多人就业（含高校毕业生 4000 多人），开展“创业讲堂”51 次，建立创业培训基地 22 个，培训员工 3 万人次。同时，我会联同教育厅在宁夏各大院校举办了多场优秀民营企业家进高校“创业讲堂”活动，为传播创业政策、激发青年创业热情、坚定青年创业信心鼓劲打气。通过这些活动，为政府减轻了社会就业压力，对推动民营企业建立和谐劳动关系奠定了基础。

三是职工满意度增强。根据我会的调查，非公企业 77% 的员工在工作或生活遇到困难时，企业会提供帮助；同样比例的员工参加过企业组织的技能培训；95% 的员工所在企业或部门领导就企业生产管理等方面的工作和问题与员工开展谈心和交流活动；87% 的员工对企业经营者在关心职工工作生活方面表示满意或基本满意；80% 的员工所在企业建立了民主管理制度；80% 的员工选择通过双方协商的方式解决与企业之间的纠纷。职工满意度进一步增强，非公有制企业劳动关系正在向和谐方面推进。

四是做好法律服务工作，进一步强化劳动保障法律法规宣传。2017 年 8 月，我会扶贫和法律服务中心正式成立，有力推进了法律服务工作的全面开展，同时指导市、县（区）工商联组建法律服务中心，开展法律服务工作，举办各类法治讲座 11 场，参训人员 505 人次。充分利用“法治宣传月”“安全生产月”“宪法日”等活动，通过开展法律讲座、发放宣传册等方式，广泛宣传劳动保障法律法规，为企业和务工者创造知法、懂法、守法的良好法制环境。

五是帮助企业解决用工难、留人难。与自治区人社厅等部门联合开展民营企业招聘周活动，我区共组织 658 家民营企业参加专场招聘活动，提供就业岗位信息 28，970 个。其中，适合高校毕业生就业岗位信息 4828 个；有 4956 名求职者与用人单位达成了就业意向协议，其中高校毕业生 2230 人、进城务工农民 3687

人,就业困难人员832人。共发放各种就业政策宣传材料86,500份(册),签订职业技能培训意向3921人。在招聘周期间,按照要求,向中国公共招聘网招聘周活动专栏上传了用人单位招聘信息,共上传324家单位用工信息,上传发布5376个岗位。

六是调解仲裁工作进一步加强。加强与自治区劳动人事争议仲裁院的沟通协调,开展劳动争议仲裁工作,已仲裁案件10余起。并推荐了两家行业协会作为第二批全国劳动争议预防调解示范单位。

二、主要问题及原因分析

(一)中小企业劳动合同签订率低,合同履行情况不容乐观。尤其在建筑、商业、旅游、煤炭、餐饮等行业较为突出。不同人员类型之间,企业管理人员签订率相对较高,其他人员相对较低。同时,劳动合同短期化现象严重。主要原因是一些私企用工制度不够规范,法律意识淡薄,部分职工认为签订劳动合同是对自己的束缚,不便于自己以后更换工作单位。劳动合同在制定和执行中存在的问题也较多。一是合同条款内容往往简单、粗糙、模糊、不规范,个别企业的合同条款中甚至包含了违反《劳动法》的内容。二是企业单方面拟定合同条款,劳动者很少有或根本没有修改权,造成劳资双方事实上地位和权利的不平等。三是用人单位控制了对劳动全过程监控的主动权,劳动者难以实施对用人单位履行义务的监督,事实上形成对劳动者单方面的约束。四是劳动合同内容没有得到很好地履行,一些企业虽签订了书面合同,也是流于形式。

(二)参加社会保险积极性低。一些企业没有为职工缴纳养老、医疗等统筹社会保险费用。有的民营企业仅为少数管理人员及在本企业工作的亲戚朋友购买养老保险。究其原因,一是急功近利,重产品生产而轻职工权益,经营者为降低成本,获得高额利润,不为职工缴纳保险费用。二是资金短缺,导致企业拖欠保费。三是非公有制企业员工的收入较低,个人承受力也较差,对于个人负担的费用不愿意承担。四是员工参保意识差,认为工资能多拿一点算一点,缴纳社会保险是远水解不了近渴。同时,一些企业员工参保率低,不是企业不愿意为员工投保,而是部分外省籍、外市县员工自己不愿意参保,考虑到社保手续转移麻烦,外省籍、外市县员工的社保无法跨省、市转移,主动要求不签订劳动合同,于是企业直接把个人交纳部分和统筹部分发放到个人手里。

（三）工会组织在代表职工利益方面发挥的作用有限。调查显示，民营企业工会主席按工会章程选举产生的不足50%，由企业领导委任的占30.8%。这决定了工会不能够独立工作，工会开展活动好与不好、多与少，视企业经营者的态度和支持而不同。同时民营企业的工会组织更多的是参与企业的经营管理，维护职工权益、为职工服务方面流于形式或弱化，在劳资利益关系中更多倾斜于资方。调查中，员工对工会作用发挥满意和比较满意的仅占50%，认为工会组织经常开展活动的员工不到50%。职工对工会的认同低，因而入会率低。

（四）企业与用工者之间存在多种不和谐。一是部分企业收入分配存在不和谐。部分民营企业收入分配向资方和管理层大幅度倾斜，第一线的工人工资则基本参照本地最低工资标准来执行。目前各地最低工资标准是偏低的，在一些劳动密集型的企业，这种情况更为严重。二是劳资双方互相尊重方面存在不和谐。在调研中发现，劳资问题处理得好的民营企业，不仅仅是在收入分配上重视职工的意见，还非常注意通过感情留人，通过良好的企业文化留人，使职工对企业充满了归属感，与资方、管理层互相充满了感激之情。有的民营企业虽然职工待遇较好，但由于资方对职工不够尊重（具体表现为强迫员工超时加班、不允许员工表达意见等现象），职工感觉只是从事一份“工作”而不是“事业”，这样的劳资关系不和谐现象在我区民营企业中也占据了一定比例。三是劳动纠纷处理方式存在不和谐。当劳动纠纷问题出现时，有些企业倾向于采用打压、欺骗、威胁等手段来解决问题，有些企业不存在工会或工会在劳动纠纷问题上未能发挥应有的作用，有些地方的相关政府机构出于维护政府形象和保持地方经济增长速度等利益方面的考虑，也不自觉地站在资方一边，等等。这些原因都使得劳动关系不和谐现象加剧。

（五）就业结构性矛盾依然存在。我区劳动力总体状况供大于求，结构性失业矛盾依然存在，有人没事做和有事没人做现象并存。大多数有实力的企业需要高学历、高技术的人才和工人，待就业人员基本素质满足不了企业的需求，这就造成了一方面有大量的失业人员要求就业，而得不到就业；另一方面企业用工缺口较大却招不到工人。且在年龄要求上，企业招工主要集中在18～35岁，这种结构性失业矛盾有加剧趋势。

三、对策及建议

当前企业劳动关系中出现的问题,原因是多方面的,主要是分配领域“强资本、弱劳力”现象影响公平,劳动者利益诉求表达渠道相对不畅,以及相关劳动法律法规建设相对滞后于劳动关系的新变化等。我们认为,和谐的劳动关系应该是经营者和劳动者双方齐心协力、共谋发展的关系;是经营者和劳动者双方相互尊重、和谐相处的平等关系;是经营者和劳动者利益相容、矛盾协商的共生关系;是经营者和劳动者共同创造、共享成果的发展关系。为此,应从以下几个方面入手,努力构建企业和谐劳动关系。

(一)将劳动关系管理的重点转向非公有制小微企业。民营企业劳动关系与传统国有经济有很大区别,具有市场性强、变动性大、规范性弱、行政执行难、监管不易等显著特点。因此,在劳动关系的监管上应从公有制经济、大中型企业为主转向以非公有制经济、小微型企业为主。充分认识、准确把握非公有制经济、小微企业劳动关系特点,积极引导其加快推进劳动关系的规范、有序、协调发展,实现企业和谐稳定。

(二)加强劳动法规的宣传教育。充分利用电视专题、报纸杂志、法规培训、宣传资料等多种形式,向广大民营企业和劳动者宣传劳动保障政策法律法规。劳动保障、工商联、工会等部门加强联系协调,共同开展《劳动法》《劳动合同法》及《集体合同规定》等与劳动权利义务密切相关的法律法规的宣传活动,普及和提高民营企业职工对涉及自身合法权益法律法规的知晓率,增强自我维权的意识。要重点宣传职工与企业双方的平等权利、义务关系方面的内容;加大对先进典型的宣传力度,多树正面形象。引导经营管理者正确认识实现企业发展目标与维护职工合法权益的关系,促进用人单位自觉遵守劳动保障法规,把实现企业发展目标建立在维护职工合法权益的基础之上。

(三)实施劳动力素质提升工程。鼓励企业和引导培训机构广泛开展各类职业技能培训,加大培训投入力度,扩大培训规模,创新培训方式,提升培训质量,提高培训的针对性和有效性;对重点企业开展订单式在岗职工技能培训,引导农村劳动力等重点群体接受职业技能培训,努力掌握一技之长;完善有利于技术技能型人才成长的引导机制、培养机制和激励机制。

(四)增强工会组织的自主性。指导监督民营企业落实工会制度,充分发挥其应有作用。有一定规模的企业,应建立健全职代会制度,提高职工参与的自觉性、民主性,避免企业经营管理者变相控制。无条件组建工会的小微企业和个体户,可推广建立“大工会”,将分散劳动者组织起来,代表和维护其共同利益。企业的工会组织建立和选举,可根据职工的意愿,在公开、平等的基础上,由职工协商推举,经过民主选举产生,要保证工会组织能够依据章程赋予的权利和义务充分发挥作用,督促企业完善各项规章制度,改善职工的劳动条件,丰富职工的文化生活,维护职工的合法权益,协调劳资关系,化解劳资矛盾,推动劳资和谐。

(五)引导企业推进劳动合同制度建设。根据不同企业的特点分类,加强对建筑企业、餐饮服务行业劳动合同签订工作的指导,依法维护职工的权益。对有一定规模的企业,应鼓励大力推行集体劳动合同制;对小微企业,特别是微型企业,由于季节性、临时性雇工时间短,次数多,建议推行灵活、简明实用的合同制度,切实提高合同签订率和合同监督执行水平。

(六)引导企业建立完善治理机制。一是引导民营企业建立健全现代企业制度。推动厂务公开,实现民主管理,充分保障职工的知情权。二是广泛宣传,持续引导民营企业开展工资集体协商工作。民营企业家作为企业工资集体协商工作的重要一方,他们的态度直接关系到此项工作的进展。我们把贯彻落实工资集体协商作为民营企业家的政治责任,使企业家认识到推进企业工资集体协商工作,是深入贯彻落实党的十九大精神、坚持以人为本、构建社会主义和谐社会、维护劳动关系双方的合法权益、促进企业健康发展和社会和谐稳定的重要举措。引导他们主动与人力资源和社会保障部门沟通,主动配合工会进行工资集体协商谈判,认真学习有关的法规政策,坚持公开、平等、协商一致的原则,兼顾企业和职工双方利益,维护职工权益,实现劳动关系和谐稳定和企业持续发展。如宁夏广元集团充分发挥工会组织作用,通过召开工会代表大会和公司领导协商会等方式,签订集体合同,并作好定期检查反馈,起到了很好的作用。三是鼓励企业岗位练兵、技术比武等开展多种形式的活动,提升员工对企业的认同度和技术技能。

(七)加强劳动仲裁队伍建设。根据仲裁工作的现实需要和科学发展要求,强化仲裁人员业务培训,提高仲裁员法律知识运用能力、争议处理能力、应急处理能力和组织协调能力,增强仲裁活动的严肃性和公信力。

(八)从源头规范劳动关系,依法订立劳动合同。《劳动合同法》对于劳动关系建立、用人解除程序进行了制度规范。这对于民营企业人力资源管理走向民主化、法制化明确了方向,对完善以双向选择为基础的劳动用工制度将起到重要的推动作用。广大民营企业要认真依照《劳动合同法》的要求,依法建立适合本企业生产经营特点的劳动用工制度,加强对劳动者的技能培训,为企业可持续发展提供有效的人力资源保障。

(九)加强民营企业党、工、团组织的建设。充分发挥党、工、团组织在加强思想政治教育、推进企业民主管理、思想文化建设、协调劳动关系中的积极作用;建立健全职工代表大会制度,严格执行国家有关安全生产的法律法规,为构建和谐企业提供组织和制度性的保障。要不断加强制度建设,对重大事项依法遵守,悉心听取各方意见,广泛发扬民主,做到集体研究、民主决策,努力把各项经营管理工作导入科学化、规范化、制度化轨道。

编写组:王岳强　郑国富　詹文婷　马佳姝

执笔人:马佳姝

新疆生产建设兵团工商联民营企业劳动关系报告

党的十八大以来,兵团上下牢固树立和贯彻落实新发展理念,积极适应把握经济发展新常态,坚持稳中求进工作总基调,坚决落实党中央对兵团的定位要求,履行兵团职责使命,发挥兵团特殊作用,兵团经济社会发展取得新辉煌。五年来,兵团党委、兵团从解决职工群众最关心、最直接、最现实的问题出发,坚持民生优先,全力抓好就业,千方百计增加收入,改善居住条件,坚决打好脱贫攻坚战,全面提高社会保障水平,城乡居民获得新实惠,职工群众获得感显著增强。

近年来,兵团工商联工作紧紧围绕新疆工作总目标,按照三方会议确定的目标任务和本部门的工作职责,积极深入推进兵团民营企业和谐劳动关系的构建工作。企业工资分配、劳动关系协调等各项工作都取得了新的成效,总体保持了兵团民营企业劳动关系的和谐稳定。兵团工商联作为兵团党委联系非公有制经济人士的桥梁纽带,积极反映企业诉求,依法维护企业权益,教育和引导广大企业经营者主动承担社会责任,在协调劳动关系中发挥出了积极有效作用。

一、民营经济发展基本情况

新疆生产建设兵团总部设在乌鲁木齐市。至2016年年末,兵团有14个师,178个团场,9个兵团管理的师(市)合一的自治区直辖县级市。五年来,在党中央的亲切关怀和自治区党委、人民政府的大力支持下,兵团加快推进新型城镇化建设,具有兵团特色的城镇体系初步形成。

党的十八大以来,兵团相继出台《兵团关于鼓励和引导民间投资健康发展的实施意见》和《兵团促进民间投资行动计划(2014－2015)》等一系列支持政策,民间投资更趋活跃,规模不断壮大,成为拉动兵团固定资产投资增长的重要引擎。四年间,兵团民间投资累计完成2823.93亿元,占投资总额41.7%,年均增长21.8%,较投资总额年均增速高1.3个百分点。截至2016年年底,兵团民营经济主体约14万户,其中私营企业约1.1万户,总就业人数约65万人。兵团民营经济持续由传统农业向第二、第三产业转移,一些新材料、新能源等新兴产业得到快速发展。经营方式也从过去简单的批发零售向品牌专卖、连锁经营、网络销售等信息化方向发展。2016 年营业收入 2000 万以上的民营企业共 356 家,2000 万元至亿元的有 255 家,1 亿元至 100 亿元的民营企业有 99 家,100 亿元以上的民营企业有 2 家。2016 年兵团非公有制经济实现国内生产总值约 917.8 亿元,约占全兵团的 45%。

二、民营企业劳动关系现状

(一)劳动关系状况

1. 三方委员会建立情况:通过调查,各单位均建立了劳动关系三方协调机制,三方成员单位以促进就业为重点,以建立顺畅高效的协调机制为基础,以促进和谐稳定的劳动关系为目标,以完善法律法规为保障,努力开辟在协调劳动关系方面的新途径、新方法,形成了"主体协商、三方指导、行政调控、依法规范"的格局。三方会议建制以来每年召开协商会议至少 1 次,会议协商研究涉及劳动合同、集体合同、争议处理、社会保障、安全卫生等问题,组织领导对企业依法用工的指导服务,规范企业用工管理,从源头上减少劳动关系矛盾。

2. 和谐劳动关系创建活动情况:各级工商联、工会和人社局根据兵团要求制定评选劳动关系和谐企业切实可行、严格的量化标准,每年多次联合赴基层检查劳动关系完善情况,在职工经济权益保障中发挥了有力作用,劳动关系和谐程度向好发展。2017 年,兵团协调劳动关系三方加大对《兵团党委、兵团贯彻中共中央、国务院〈关于构建和谐劳动关系的意见〉的实施意见》的贯彻落实检查,更好地实现维护职工权益与促进企业发展相统一,构建和谐劳动关系,维护新疆社会稳定和长治久安。

(二)劳动合同与集体合同签订情况

1. 劳动合同情况:企业劳动合同签订率达到了 99%,实行动态管理,根据人员增减变动情况,依照法律、法规的规定及时对劳动合同进行新签、续签、变更和解除等相关手续,取得了比较明显的成效。

2. 集体合同情况:在所调查的单位中,有 98% 的单位签订了集体合同,签订集体合同数逐年上升,覆盖职工和企业数也呈上涨趋势,而且都经工会代表和行政代表双方协商、达成一致意见后签订,有效地维护了职工的劳动经济权益,促进了劳动关系和谐与企业的稳步健康发展。

三、构建和谐劳动关系的主要工作

兵团党委对构建和谐劳动关系工作十分重视,专门将其纳入兵团综合治理工作管理体系,积极制定构建和谐劳动关系工作制度,并把此项工作纳入兵团目标责任制考核内容,层层分解落实,年终有专项考核。各级工商联在配合工会和人社部门构建和谐劳动关系工作方面做出了积极的努力,对民营企业劳动合同和集体合同的签订做了大量工作,不断规范用工行为和劳动合同。

(一)把加强理想信念教育和形势政策教育作为教育实践活动开展的重要内容,扎实推进兵团民营企业和谐劳动关系建设工作

兵团各级工商联组织坚决贯彻党中央关于兵团深化改革的决策,全面贯彻落实自治区第九次党代会、兵团第七次党代会会议精神,深入学习宣传贯彻党的十九大精神,紧紧围绕新疆社会稳定和长治久安总目标,为促进非公有制经济健康发展、非有制经济人士健康成长,开展了以"守法诚信、坚定信心"为主题的理想信念教育实践活动。2017 年兵团和各师(市)工商联系统以"守法诚信、坚定信心"为主题,举办了兵团和师(市)非公有制经济人士培训班。培训班为 2017 年兵团工商联系统树牢"四个意识"、紧扣"两个主题"建设、"四好商会"建设、"五好工商联"建设和工商联换届工作奠定了思想工作基础。同时也为全年民营企业构建新型和谐劳动关系建设夯实了基础,也为兵团工商联系统认真贯彻兵团党委各项决策部署、紧紧围绕中心推进工作发挥了积极的作用。

兵团精神是兵团人的灵魂,是传承和发展屯垦戍边事业的血脉。我们把唱响兵团精神作为关系兵团非公有制经济人士理想信念教育实践活动的基础工程、战略工程、灵魂工程和动力工程。兵团非公有制经济人士理想信念教育实践活动开展以来,兵师团三级工商联纷纷组织非公有制经济人士参观兵团军垦博物馆、周总理纪念碑、各师团历史陈列馆;邀请老军垦、党校专家、史志办等工作人员讲解兵团"生在井冈山,长在南泥湾,转战数万里,屯垦在天山"的光荣历史;组织兵团非公有制经济人士赴革命老区参加理想信念教育培训班等。

(二)发挥桥梁、纽带作用,加强对非公有制企业的法律、法规宣传教育

为深入学习贯彻党的十九大精神,按照兵团党委宣传部、司法局和普法办

《关于开展"尊法学法守法用法,切实发挥兵团特殊作用"主题法治宣传实践活动的实施意见》(兵普办〔2017〕7 号)文件要求,结合兵团工商联开展法律进企业、进商会、进工商联机关的工作实际,兵团工商联于 2017 年 11 月 24 日举办开展"尊法学法守法用法,切实发挥兵团特殊作用"专题培训讲座。专题讲座主要围绕民营企业行政风险防范、刑事风险防范、企业用工劳动关系风险防范等多项内容。

兵团各师(市)工商联与人社局、工会、司法局、人事局等多家单位联合举办劳动保障法律法规宣传周活动,并组织非公有制企业代表参加兵团各师市举办的劳动保障法律法规培训班、劳动争议调解员培训班,与劳动局共同深入企业开展了《兵团党委、兵团贯彻中共中央、国务院〈关于构建和谐劳动关系的意见〉的实施意见》《劳动法》《合同法》等相关政策的宣传指导讲座、法制宣传进企业的活动。各师(市)工商联积极配合相关部门,通过媒体发布信息、发放宣传资料等方式宣传劳动法律法规进入企业,进入劳动者的工作现场。如石河子电视台、《石河子日报》《新疆北屯报》《都市消费晨报》等媒体发布高温津贴、节假日加班工资计算,以及企业违法劳动法律法规的信息。给企业发放劳动保障权益告示牌、职工维权手册、农民工维权手册、政策问答、劳动者维权手册、维权扑克牌,以及工资集体协商工作手册等。有力的宣传措施提高了各师(市)民营企业员工的劳动保障法律意识,为劳动者提供有力的法律武器,维护了社会的稳定,促进了经济的发展,进一步为广大人民群众解决急、忧、难题,起到了凝聚人心的作用,为创造和谐师市、完善社会保障体系营造了良好的社会氛围。

(三)健全三方组织运作机制,积极推动民营企业工会组织建设

2016 年 9 月,兵团党委、兵团《关于大力推动非公有制经济加快发展的意见》(新兵党发〔2016〕19 号)明确要求:"建立健全工会、共青团、妇联等群团组织,发挥好促进非公有制经济发展中的创业引导和依法维权等作用。"兵团各师(市)党委相继出台相关实施配套意见。为切实抓好组织领导、协调指导和督促检查等工作,兵、师都建立了由劳动行政部门、工会、工商联代表参加的劳动关系三方协商机制。通过地位对等的协商、谈判以及其他各种合作手段和形式,促进三方的相互了解,建立良好的关系,实现优化劳动关系目标。这充实和调整了劳动争议调解、仲裁组织机构,充分发挥其在协调劳动关系、解决劳动争议等方面的积极

作用。

2017 年,兵团工商联积极与人社、工会等部门,深入企业摸底调查,宣传动员,坚持党建带工建,积极探索不同类型企业党群团工作方式方法,适应新时期兵团非公有制企业职工队伍发展规模、内部结构、利益诉求、思想观念的新变化、新特点,加强非公有制企业和混合所有制企业工会工作。截至 2017 年年底,兵团规模以上的民营企业均成立了工会组织。

兵团各级工商联积极配合工会等相关部门在规模以上企业中开展"听取职工意见、多交职工朋友、改善劳动关系"行动。这项行动得到了非公有制企业的积极响应,许多企业纷纷采取座谈会、聚餐会、联欢会、演讲会、网络平台、热线电话等形式开展活动,和谐的劳动关系直接提升了企业经济效益。如新疆石河子唐成棉业有限公司工会广泛征求职工意见和建议 34 条,公司与职工进行交流沟通对话,形成了职代会制度、集体劳动合同、安全生产奖惩办法、先进员工评选条件等一系列涉及职工切身利益的制度,并提交职代会通过。

(四)上下联动,监督检查,提高平等协商和集体合同制度的履约兑现率

兵团工商联始终保持与劳动保障、工会等有关部门的紧密联系,经常沟通,建立了上下衔接、相互协调整体配套的工作机制,形成了齐抓共管、协力推进的强大合力。按照工作制度,每年兵团工商联都要参与工会和劳动部门组织的劳动用工、劳动合同和集体合同联合检查工作,并将集体协商建制和集体合同的签订及履约情况纳入兵团对师(市)和谐劳动关系工作考核的重要内容,以督促各师(市)完善平等协商和集体合同制度建设,让这项工作落到实处。检查组通过听取被检查单位工会自查报告,行政主要领导对集体合同上半年执行情况的汇报,查阅有关资料,召集职工代表座谈或采取问卷等形式听取职工意见,形成集体合同上半年执行情况的检查报告。同时有针对性地对集体合同涉及职工切身利益方面的内容、条款、平等协商的过程和程序,以及签约、履约情况进行审核和抽查。

2017 年,兵团工商联会同兵团工会、兵团人社局等兵团协调劳动关系三方成员单位,制定印发了《2017 年兵团构建和谐劳动关系情况考核评价实施办法》(以下简称《考核评价实施办法》)。《考核评价实施办法》从加强组织领导、体制机制建设、效能建设三个方面对各师(市)构建和谐劳动关系工作情况进行考核,

考核的主要内容有劳动保障法律法规执行,劳动合同、集体合同制度实施,团场(企业)民主管理,仲裁机构和基层劳动争议调解组织规范化建设,保障农民工工资支付工作,劳动人事争议调解仲裁信息化建设等方面。《考核评价实施办法》还明确了加分项和一票否决项,对于发生恶性劳动保障违法犯罪案件或劳动关系重大群体性事件、未及时妥善处理造成严重社会影响的情况,实行一票否决。《考核评价实施办法》的出台,对兵团和谐劳动关系创建工作产生了积极的推动作用。

四、影响劳动关系和谐的主要因素

(一)"强资本、弱劳动"的格局仍难以改变。许多企业的管理者没有将尊重人才、以人为本的思想提高到理论的高度。一些企业眼光短浅,追求短期的收益,将企业的员工当作是创造价值的工具,降低员工的种种福利待遇。大部分非公有制企业实力不足,难以建立职工工资正常增长机制。

(二)企业文化建设工作滞后。企业没有建立有效的文化建设,企业精神对员工影响力不大,企业凝聚力较差,对员工没有进行职业规划,存在员工流失、部分企业招工困难的现象。民营企业追求利益最大化,很少组织开展企业文化、培训活动。同时由于兵团产业层次总体较低,大部分民营企业员工属于一般劳动者,文化素质普遍不高,尤其是法制观念淡薄,一定程度上影响着民营企业劳动关系的稳定。

(三)工资正常增长机制仍待完善和加强。工资正常增长机制的建立主要通过工资集体协商形成劳资双方工资共决机制来实现,虽经各方大力推进,但由于现有的工资集体协商制度缺乏约束性,在民营企业推进难度较大,存在经营者及中层干部与普通职工工资差距过大的问题,大部分民营企业还是企业一方说了算。

(四)企业负担重的现象还比较突出。企业员工参保比例有待进一步提高,中小企业普遍感觉缴费负担较重,社会保险关系转移困难。劳动争议案件数量不断上升,部分劳动争议案件处理难度增大。

(五)保障职工合法权益须严格依法落实。个别中小微民营企业厂房拥挤、设备落后,防护设施欠缺,职业安全卫生管理制度不完善,安全生产隐患没有完全消除。

（六）企业工会建设须进一步加强。一定数量的小微型民营企业未建立工会，虽然有工会组织，但如同虚设，难以发挥作用。

五、对策建议

习近平总书记指出，努力构建中国特色和谐劳动关系，是坚持中国特色社会主义道路、贯彻中国特色社会主义理论体系、完善中国特色社会主义制度的重要组成部分，其经济、政治和社会意义十分重大而深远。实践证明，在构建中国特色和谐劳动关系进程中，量大面广、铺天盖地的非公有制企业扮演了重要角色，发挥了重要作用。工商联作为党和政府联系非公有制经济人士的桥梁纽带，作为政府管理和服务非公有制经济的助手，作为主要的企业代表组织，是协同构建和谐劳动关系的重要主体。

（一）建立健全工作激励机制和约束机制。要把是否属于和谐劳动关系单位作为企业和企业经营者评先、评优的基础条件，凡申报国家、自治区和兵团劳动模范、“五一劳动奖状和奖章”、优秀企业或企业家称号的，必须是同级或上级协调劳动关系三方委员会认定的和谐劳动关系单位。

（二）促进行业协会、商会自身建设，提升服务能力。加强基层企业代表组织建设，进一步加大各级工商联参与协调劳动关系工作力度，充分发挥工商联是党和政府联系非公有制经济人士的桥梁纽带和政府管理非公有制企业的助手作用。

（三）营造全社会共同关心、支持参与构建和谐劳动关系的良好氛围。加大力度宣传党和政府的方针政策和劳动保障法律法规，宣传构建和谐劳动关系取得的实际成果和工作经验，宣传企业关爱职工和职工奉献企业的先进典型；加强部门合作，防范管控有关劳动关系的虚假信息传播，及时发布权威信息，形成正确的舆论导向和强大的舆论声势。

（四）努力营造平等保护的法治环境和公平竞争的市场环境。加强和改进政府管理服务方式，依法保护各类企业的合法权益。密切关注非公有制企业特别是中小微企业在生产经营中遇到的困难和问题，积极建言献策，推动各级政府落实减轻企业负担、扶持企业发展的政策措施。

（五）引导非公有制企业转型升级。进一步加大对中小企业的政策扶持力度，推进小微企业各项扶持政策的贯彻落实，进一步减轻企业负担。加强技术支持,引导企业主动转型升级,紧紧依靠科技进步、职工素质提升和管理创新,不断增强市场竞争力。通过促进企业发展,为构建和谐劳动关系创造物质条件。

(六)尊重各民族文化、风俗习惯。引导各民族职工在共同生产生活和工作学习中相互了解、相互尊重、相互包容、相互欣赏、相互学习、相互帮助,不断增进感情,促进各民族团结。积极组织各民族职工开展喜闻乐见、丰富多彩的文化体育活动,以丰富职工的文化生活,着力培育企业关爱职工、职工热爱企业的文化氛围。

执笔人:栗江红

北京市西城区工商联民营企业劳动关系报告

2017 年,北京市西城区工商联在北京市西城区委的领导与北京市工商联的指导下,以习近平总书记系列重要讲话精神和治国理政新理念新思想新战略为指导,坚决贯彻中央和北京市关于构建和谐劳动关系的决策部署,努力提升构建和谐劳动关系工作水平,拓展服务领域,有力促进了会员企业劳动关系和谐。

一、加强法律宣传培训,提高民营企业构建和谐劳动关系的意识和能力

西城区工商联持续开展守法诚信教育实践活动,一批非公有制企业率先向社会公开承诺,做守法诚信企业。三年来,区工商联共有 31 家会员企业参加活动并获得"守法诚信承诺示范单位"称号,其中,西城工商联第十届副主席单位已经全部参加承诺活动并获得奖牌。2017 年年初,西城区工商联邀请西城区法院法官为调解员、调解组织、陪审员、和谐劳动关系单位及其他相关会员企业共 50 人进行了调解实务培训。2017 年 3 月,西城区法院、区工商联在北京奇虎科技有限公司开展了一次研讨式培训。2017 年区工商联与新街口街道商会联合举办了"劳动纠纷的预防及热点问题"解决方案研讨会,请来 6 位专家用以案说法的形式,分别从企业规章制度的建立健全、劳动合同的履行、劳动合同的解除三个方面详细解答了企业关心的问题。

二、搭建民营企业劳动争议预防调解工作服务平台

《劳动合同法》实施以来,劳动争议案件明显增多。2008 年 5 月 12 日,原宣武区工商联 18 家会员企业在区劳动争议仲裁委员会、工商联的指导下,自发成立公正、客观的第三方协调组织"宣武区工商联劳动关系协调委员会",调解区工商联会员单位与员工之间的劳动关系争议。委员会建立了工作制度,设有专门、固定的 18 人调解员队伍(包括汽修、律师、餐饮等行业)和调解室。区劳动局仲裁科负责监督指导工作,区工商联经济服务部作为支持部门负责日常联系协调

工作。2010 年,宣武区与西城区合并后,“宣武区工商联劳动关系协调委员会”改名为“西城区工商联劳动关系协调委员会”。

1. 推荐调解员为区劳动争议仲裁委兼职仲裁员。委员会与区人力社保局建立了良好的合作关系,工商联与区人力社保局相关部门经常性深入企业进行指导,为法律宣传、案件调解以及和谐企业的创建提供了顺畅的渠道。从 18 位协调员中,推荐了 2 名同志担任了区人力社保局兼职仲裁员。通过拓宽协调员的视野,提高他们工作热情和积极性。

2. 对调解员队伍进行了多角度、有针对性的培训。组织企业参加市工商联“劳动争议调解组织、调解员业务培训班”;组织调解员参观海淀区劳动人事仲裁院“旁听劳动人事仲裁院案件庭审和答疑活动”;组织调解员旁听西城区劳动人事争议仲裁院有关北京万方出租汽车有限公司驾驶员与其所在公司就解除劳动合同对付赔偿金纠纷案件。通过培训,提高了调解员队伍整体业务素质和能力。

3. 依法调解劳动争议。委员会的调解工作已经被区人力社保局定为区工商联会员企业劳动争议仲裁案件的前置调解程序,在劳动争议调解中发挥了重要作用。2013 年委员会成功调解的一起集体劳动争议案具有较强的代表性。2012 年 5 月,66 位职工为五险一金索赔之事状告会员企业北京某公司,索赔额高达 89 万多元。如此大的赔偿金额,公司没有能力赔偿,企业面临倒闭的风险。该案件起诉由西城区法院受理后,因案件人数众多、情绪激动、存在不稳定因素,2013 年 1 月,西城区工商联充分发挥与法院诉调对接平台作用,尝试诉讼前调解。2013 年 5 月,西城区法院与西城区劳动争议调解委员会、西城区总工会和市总工会启动联动机制,分别对双方进行调解,最后妥善调解这起劳动争议案件。2013 年 5 月 18 日,经过调解后,1 位职工提出撤诉,其余 65 位职工的劳动争议问题全部解决,并于当天结清全部案款 48.6 万元。职工们得到了合理的赔偿,企业降低了赔偿成本,得以生存下来,职工和企业的合法权益均得到有效维护,双方对调解结果均表示满意。

三、建立诉调对接机制、参与劳动争议预防化解联动机制

1. 与西城区法院建立诉调对接纠纷解决机制。2013 年 1 月 8 日,西城区工商联与西城区法院签订了诉调对接合作协议,正式建立了有关矛盾纠纷诉调对接机制,积极推动诉讼与非诉讼相衔接的矛盾纠纷解决机制的创建与完善。诉

调对接机制的建立将有效化解矛盾纠纷,维护社会和谐稳定,发挥法院与社会力量大调解工作机制的合力作用。2013 年 4 月,在全国工商联召开商会调解试点工作部署会上,西城区工商联成为第一批"全国工商联商会调解试点单位"并予授牌。9 月,西城区法院在西城区工商联(商会)设立专门的"诉调对接巡回工作站",并举行授牌仪式。会员中 32 家企业法人成为"西城法院特邀调解员"、14 家社会组织成为"西城法院调解组织"。通过发挥平台作用,反映会员企业诉求,维护企业的合法权益。

2. 参加区劳动争议预防调解"六方联动机制"。2014 年 3 月,西城区劳动人事争议仲裁委员会成立。西城区工商联作为其成员单位,充分发挥"六方联动"机制作用,参与讨论重大或者疑难争议案件,对仲裁活动进行监督,有效开展争议调解工作,大力促成劳动人事争议案件的庭前化解。

四、发挥和谐劳动关系先进企业典型示范作用

西城区工商联积极推荐企业参评市区两级和谐劳动关系先进单位,经西城区工商联筛选、推荐,10 家会员企业获得 2016 年度"西城区和谐劳动关系单位"。至今为止,共 85 家会员企业获得市级、区级两级的"和谐劳动关系单位"称号。通过评选表彰活动,大力宣传这些企业好的经验做法,带动更多的企业构建和谐劳动关系。

执笔人:王晓琪

山西省长治市工商联民营企业劳动关系报告

长治市共有13个县(市、区)总工会和1个高新技术开发区工会工作委员会。截至2017年年底,全市企业工会3807个,企业工会会员449,286人。长治市规模以上民营企业全部建立了工会,小微企业组建工会尚无法进行准确统计,民营企业工会大致有3500个,工会会员340,000人。2015年3月,中共中央、国务院出台《关于构建和谐劳动关系的意见》之后,市工商联同市人力资源社会保障部门和市工会,完善三方机制职能,健全工作制度,共同推动民营企业和谐劳动关系建立。现将我市2017年民营企业劳动关系状况汇报如下:

一、长治市民营企业劳动关系呈现出良好状态

(一)我市民营企业高度重视构建和谐劳动关系

劳动关系是否和谐,事关广大职工和企业的切身利益,事关企业能否持久发展,事关全面建成小康社会。多年来,市工商联通过各种渠道大力宣传构建和谐劳动关系对民营企业的重要性。现在,越来越多民营企业家在思想上做到三个充分认识:一是充分认识到和谐劳动关系是企业发展的基础。只有劳动关系和谐、职工权益得到有效保障,职工群众的积极性、创造性才能被调动起来,企业发展才能获得持久的动力。二是充分认识到和谐劳动关系能够让职工发挥更多的主人翁精神。创建和谐劳动关系,必须全心全意依靠职工群众办企业,坚持厂务公开、职工民主选举、民主决策、民主管理、民主监督,使职工经济利益和政治权益得到切实保障,对于职工发挥更多的主人翁精神具有重要的意义。三是充分认识到和谐劳动关系能够促进全社会的和谐。构建和谐劳动关系既能为企业增添活力,促进企业的稳定,也能产生强大的辐射带动作用,促进全社会的和谐,这是民营企业应尽的社会义务。

(二)我市民营企业把安全生产作为构建和谐劳动关系的重中之重

山西曾经是矿难的高发区,这些事故一次次教育了我市广大民营企业:安全

生产必须警钟长鸣、常抓不懈,丝毫放松不得,否则就会给受难工人及其家庭、企业都带来不可挽回的损失。因此必须建立健全安全生产责任体系,把安全生产措施贯彻到公司的每一道工序、每一个角落,全面加强安全生产工作。2017 年 7 月 3 日,沁新集团沁新煤矿举行 2017 年水灾事故应急救援演练;8 月 5 日至 6 日,煤矿安全生产标准化培训在集团培训中心举行;10 月 6 日至 17 日,集团进行了为期 12 天的 2017 年第二届安全知识有奖问答活动,使干部员工在轻松的气氛中加深了对煤矿安全生产知识的认知和理解,增强和普及了职工安全生产知识,强化职工安全意识。2017 年 9 月 4 日,潞宝集团召开"安全环保、严抓管理、提产增效、百日大会战活动"动员大会。集团总裁秦芃指出,集团必须时时刻刻把安全工作放在首位,这是压倒一切的事情,不仅是政治任务和生命工程,还是唯一能打垮潞宝、决定企业和员工命运的事情,需要全体管理者和员工更多的付出,更强的责任和担当意识。2017 年 9 月 26 日,成功集团长治车厂进行了消防实地演练,以确保国庆、中秋"两节"安全,演练达到了预期目的。

(三)我市民营企业高度重视对员工的培训

近年来,长治市的经济结构开始转型升级,有的煤矿企业延伸了产业链,进军煤化工,如潞宝集团、沁新集团;有的煤矿企业转型非煤产业,如成功集团制造汽车,南烨集团制造 LED,这些企业都需要人才。企业单纯依靠从外地聘请的方式,不仅成本高而且难以留住人才,不利于企业持久发展。我市民营企业开始认识到人力资源是企业资源里最重要、最活跃和唯一拥有创造力的资源,也是在制定企业发展战略时首先要考虑的因素之一。山西沁新集团设立了职工培训中心,对新来职工进行系统岗前培训,对老员工进行不断"充电"。2015 年以来,该集团开展以"小发明、小创造、小革新、小设计、小建议"为主要内容的"五小"竞赛活动,结出累累硕果:2015 年年底共收集各类"五小"竞赛成果 130 余项,2016 年年底共收集各类"五小"竞赛成果 110 余项,均获得了省级奖项。"五小"活动的开展,激发了职工的创造潜能,实实在在为企业解决一些难题、产生很好的效益,是推进企业技术进步和经济建设的有效措施。5 月 13 日,沁新集团机械公司在铸造车间举行 2017 年第一季度技能比武竞赛,为员工营造了浓厚的技能交流、技艺切磋的氛围;有效地激发了员工之间的良性竞争意识。山西振东集团于 2012 年 2 月成立振东商学院,是山西省民营企业中唯一一所被授牌的职业培训示范学校。该学院聘请清华、北大、人大等知名院校以及华夏基石、北大纵横、群英等知名咨询培训机构的教师培训职工,注重向内部挖掘资源,推行“导师制”,让本企业中经验丰富的管理干部或技术专家担任导师,把有潜力的员工做学生,坚持“一对一”和“下沉一级”的工作原则。“一对一”指一个导师培养一个学生;“下沉一级”指高管为导师,中层为学生;中层及老员工为导师,基层员工和新员工为学生。导师在日常的工作中对被指导者进行在职知识指导和提出职业发展规划建议。导师制的推行,为集团培养大量优秀人才,把振东打造成学习型组织,这是我省为数不多的成功案例。3 月,该集团特邀请上海荣太文化传播有限公司总经理黄诚老师为市场部全员进行培训;6 月 27 日、28 日,振东集团各分、子公司选派优秀生产一线员工参加振东商学院生产系第一届技能比武大赛,旨在通过比赛互通经验,发现人才,整体提升生产一线技能水平,达到了职工自我教育、自我锤炼、自我提高的效果。2017 年 6 月 9 日,潞宝集团隆重召开了 2017 年师徒结对拜师大会,公司首批 30 对师徒举行结对仪式,这既是集团公司高度重视人才、强化企业经营发展理念的具体体现,也是集团公司推进人才建设、实施人才发展战略的重大举措。2017 年 4 月 8 日,成功集团邀请长治市政府秘书吴嘉为公司员工 100 余人培训公文写作,提升了集团文秘写作能力,提高了集团办公效率。

(四)我市民营企业注重丰富员工业余文化生活,增强团队凝聚力

机械化大生产下,很多工人工作的都是重复性的,非常枯燥。为此,我市民营企业逐步注重丰富员工业余文化生活,规模以上的企业纷纷建立职工文体活动中心,购买了羽毛球、乒乓球台、象棋等各种文体用品,以便职工在工作之余,缓解工作压力,不仅为一线职工的业余生活增添了别样的光彩,引领了健康向上的企业文化氛围,而且激发了职工的工作热情和团队精神。2017 年 3 月 8 日,振东集团为女职工举办“秀我风采,绽放美丽”主题活动,充分展现了振东姐妹们的个性和风采,增强了团队凝聚力;5 月 4 日,振东安特举办“青春志 · 振东梦”五四青年演讲比赛;8 月,该集团组织开展“遵国法、守司规”“我与振东”“慈善在我身边”系列主题演讲赛,一线职工纷纷登台演讲,大家畅谈心声,用真情把自己与振东的点点滴滴娓娓道来,充分展示 24 年公司发展的风雨历程和职工精神风貌,进一步激发广大员工爱岗敬业、奉献的热情。2017 年 2 月 11 日晚,潞宝集团

工会组织举办2017年元宵晚会，员工自编自演，载歌载舞，欢乐祥和，其乐融融；5月4日，潞宝集团工会组织举行了“五一”“五四”职工运动会；10月19日，潞宝集团隆重举行庆祝十九大召开、潞宝建厂23周年庆典暨劳模表彰大会；当晚，在园区职工体育活动中心，由集团工会组织举办了“庆祝十九大胜利召开、祝贺潞宝23岁生日——砥砺奋进、成就辉煌”专场文艺晚会，回顾了潞宝集团23年来万名员工创造的辉煌发展业绩和真情奉献社会的慈善贡献事迹，展示了潞宝员工勇争第一、永创大业的宏伟志向和精神风采。2017年10月26日，中德集团公司举办第三届职工篮球比赛，赛出了成绩，赛出了风格，极大增强了中德公司的企业凝聚力，大大增强了员工的集体荣誉感和企业向心力。2017年5月8日，由成功汽车独家特约赞助的山西卫视《人说山西好风光》第二季，集团200余名员工助威现场录制，此次线上线下融合推广活动的新尝试使成功汽车品牌获得了提升，在社会上引起了很大的反响。

（五）我市民营企业把关爱员工落到实处，努力为职工提供更好的工资福利和工作环境

真诚的关爱是和谐劳动关系与良好工作、生活环境形成的基础，任何一个企业的员工只有获得来自管理者的关爱，无论是言语精神上的激励，还是物质福利方面的优惠，才会在心灵上得到慰藉，思想上获得温暖，激扬斗志，奋勇争先。近年来，我市民营企业把关爱员工落到实处，努力为职工提供更好的工资福利和工作环境。山西华晟荣煤矿为进一步提高职工文化生活品味，企业投资3000余万元，先后修建了4000平方米的综合文化广场、职工活动室、图书阅览室、健身房、职工乒乓球室、台球室，并建成了一个大型的标准足球场，大大改善了员工的生活、工作环境。另外，投资1000余万元修建了一座典型欧美式的青年活动文化、学术交流中心，为大学生进入企业后提供了一个高品位的交流、沟通平台。2017年10月19日，潞宝集团隆重举行庆祝十九大召开、潞宝建厂23周年庆典暨劳模表彰大会，集团隆重表彰了石贵喜、韩来喜、杨凯等70位爱岗敬业、苦干实干、善于创新、乐于奉献的模范员工，每人分别奖励50~60英寸高档液晶电视一台；重奖了“爱岗敬业护煤模范杨建青”现金30,000元，销售公司业绩突出贡献现金20,000元，奖励全体员工每人一块纪念毛主席名贵手表和一份超市礼品。2017年1月9日，成功集团召开2016年总结表彰大会暨2017年迎新春员工联欢晚会，会议对荣获先进集体和模范个人进行了表彰；2月17日，该集团举办老员工

座谈会,集团总裁马国利、副总裁赵安平、总裁助理狄国文和集团总部各职能部门负责人以及离职、在职的老员工30余人参加了座谈会。会上,老员工心情舒畅、畅所欲言,讲述了公司成长历程,并对集团如何搞好企业文化建设、挖掘深度理念、提炼价值观提出了很好的建议。

二、我市民营企业存在的一些问题

我市民营劳动关系总体上和谐,但也存在不足之处,主要体现在三方面:

(一)劳动合同签订率不高。我市的一些民营企业长期不与员工签订正式书面合同,或者订立的劳动合同中有不符合法律规定的内容,企业在没有及时通知当事人情况下单方面解除劳动合同且不愿赔偿等现象也有发生,极易引发劳动纠纷。

(二)缺乏维护员工合法利益的专门组织。目前,我市部分中小民营企业尚未全部设立工会组织,现有工会组织也很难在维护职工权益上发挥重大作用。许多民营企业不愿意按《工会法》要求组建工会并支持工会活动,致使代表职工合法利益的主体缺位。现有工会组织活动模式缺乏吸引力和新意,很难适应员工利益多元化的需要;许多民企工会依附于管理层,缺乏独立性,职工维权仅停留在口头上。

(三)民主管理氛围尚未形成。企业营造民主管理氛围,最重要的是提高员工的归属感。我市大部分民营企业内部民主管理制度还不完善,员工合理建议和诉求难以得到及时采纳,挫伤了其参与企业活动的积极性。部分经营者未从根本上转换管理理念,没有深入了解员工的思想动态、工作进展和生活需求。大多数员工缺乏归属感,不能自觉地统筹自身发展和企业发展的关系,极大削弱了企业凝聚力。

三、对构建我市民营企业和谐劳动关系几点建议

(一)市工商联系统要积极参与协调民营企业劳动关系和谐稳定,引导民营企业为建成小康社会贡献更大力量。市工商联在今后的工作中,除了继续宣传、引导民营企业依法与工会就职工工资、生活福利、社会保险等涉及职工切身利益问题进行平等协商、签订集体合同和劳动合同外,还要积极参与协调劳动关系三方会议,同市人社局、市工会组织共同研究解决我市民营劳动关系中存在的重大

问题,参与劳动争议调解、仲裁,协调处理投资者利益和劳动者权益的关系,引导民营企业构建和谐劳动关系,积极创造就业岗位,严格遵守国家相关法律法规和政策,尊重和维护员工合法权益。

(二)市人社局加强对民营企业劳动关系督查力度。我市劳动者与资方相比处于弱势地位的格局将会持续很长一段时间,因此,市人社局加强对民营企业劳动关系督查力度,利用政府的力量防止劳动关系的失衡。一是加大法律法规政策宣传力度,推动民营企业全面实行劳动合同或者聘用合同制度,推行集体协商和集体合同制度,指导民营企业与职工建立多种方式的对话沟通机制,依法保障职工合法权益。二是贯彻落实好《劳动合同法》等法律法规,加强对民营企业实行劳动合同制度的监督、指导和服务,在用工季节性强、职工流动性大的行业推广简易劳动合同示范文本,依法规范劳动合同订立、履行、变更、解除、终止等行为,切实提高劳动合同签订率和履行质量,预防侵犯劳动者合法权益的行为,有效预防侵权案件的发生。三是简化优化仲裁具体办案程序。市人社局要简化优化立案、庭审、调解、送达等具体程序,最大限度提高仲裁案件处理质量和效率,为劳资双方提供便捷服务。

(三)民营企业要大力推行参与式管理。当前,我市民营企业的职工"80后""90后"开始逐渐占据主位,他们富有个性、敢说敢干,不愿意被束缚,依靠等级权威、规章制度、奖励罚款等来管理他们越来越困难。因此,民营企业要大力推行参与式管理。参与式管理是企业在不同程度上让员工和下属参加组织的决策及各级管理工作过程的一种管理方式。一方面,参与式管理强调员工对企业事务的主动参与,它不仅要求能够充分利用广大职工的专业知识与创造能力来解决工作中的重要问题,而且能够使员工与企业的高层管理者在平等地位上研究和讨论组织中的重大问题,从而使员工感受到上级主管的信任,因自己的利益与组织的发展密切相关而产生强烈的责任感。一方面,实行员工参与管理,可以增强组织内的沟通与协调,将不同层次、不同部门的智慧整合起来,为一个整体的目标服务。另一方面,在增强员工参与管理的过程中,每一名员工在实践中提高了自身解决问题的能力。参与式管理使组织内部的沟通实现畅通无阻,领导和员工之间要做到充分的沟通,既然管理成本降到最低。因此,民营企业要大力推行参与式管理。

内蒙古鄂尔多斯市工商联民营企业劳动关系报告

党的十九大报告明确指出,完善政府、工会、企业共同参与的协商协调机制,构建和谐劳动关系。这是继2015年中共中央、国务院发布《关于构建和谐劳动关系的意见》以来,在顶层设计层面进一步作出的决策部署。

鄂尔多斯市协调劳动关系三方在市委、市政府的正确领导下,认真分析研判新形势下劳动关系面临的问题和挑战,结合实际,不断完善构建和谐劳动关系的体制和机制建设,紧紧围绕构建和谐劳动关系的目标,注重发挥协调劳动关系三方机制作用,明确责任,分工协作,初步形成了以劳动用工备案、和谐劳动关系创建及惩戒体系三大制度为支柱,构建和谐劳动关系三方协调机制为抓手,党政领导班子考核等一系列倒逼机制的,党委领导、政府负责、社会协同、企业和职工参与的,有法治保障的“新型劳动关系工作模式”,在增进企业与员工相互理解、相互信任,妥善解决劳资矛盾,建立民主管理机制,构建和谐劳动关系,推动企业和谐发展,维护劳动者合法权益等方面发挥了积极的作用。

一、提高认识,加强领导,为构建和谐劳动关系工作提供制度和组织保障

一是不断健全和完善构建和谐劳动关系工作的体制机制。鄂尔多斯市委和政府历来高度重视构建和谐劳动关系工作,把构建和谐劳动关系作为推动和谐鄂尔多斯建设的重要抓手,将以创建和谐劳动关系单位、推进工资集体协商制度建设、建立职工工资正常增长机制、切实维护职工合法权益等为主要内容的构建和谐劳动关系工作纳入党政工作的重要议事议程,强化组织领导,于2004年就建立了由人社部门、工会、企业家协会组成的协调劳动关系三方会议,并制定印发《鄂尔多斯市协调劳动关系三方会议制度》,政府、劳动者、企业三方共同做好协调劳动关系工作。

2015年以来,进一步健全和完善构建和谐劳动关系的领导协调机制,初步形成了各级党委总览全局,把握方向,全社会协同参与,及时研究和解决劳动关系

中的重大问题的工作格局；不断强化各级党委政府的工作责任，将构建和谐劳动关系工作纳入当地经济社会发展规划和政府目标责任考核体系，督促各级政府要切实担负起定政策、作部署、抓落实的责任；市、旗区全部成立了由政府分管领导任主任委员的市、旗协调劳动关系三方委员会，委员会办公室全部配备了专兼职工作人员，为构建和谐劳动关系工作提供强有力的领导和组织保障。

二是加强队伍建设，夯实协调劳动关系工作基础。鄂尔多斯市已经初步建立起一支业务素质较高的协调劳动关系工作队伍，市和旗区人社部门的劳动关系工作全部实现专人负责，有 4 个旗区成立了劳动关系股或办公室，全市设立劳动保障监察一级网格 10 个，二级网格 98 个，三级网格 96 个，共 204 个网格，实现全市劳动保障监察网格化管理；全市劳动争议仲裁机构实体化全部完成，配备专职仲裁员已达到 34 人；各级总工会、工商联从事劳动关系工作人员至少 1 人以上；全市各级工会建立职工工资集体协商指导员队伍 10 个，选聘工资集体协商指导员 113 名；全市 49 个苏木乡镇、25 个街道办事处、190 个社区，全部配备了劳动关系协调员，初步建立了覆盖市、旗区、苏木乡镇、街道和社区的工作机构网络和人员队伍。

二、明确职责，形成合力，充分发挥协调劳动关系三方机制作用

一是根据国家和自治区要求，结合我市实际，进一步明确了协调劳动关系三方的职能职责。各级人力资源社会保障部门认真做好调查研究、决策咨询、统筹协调、指导服务、检查督促和监察执法等工作。各级工会积极反映职工群众呼声，依法维护职工权益，团结和凝聚广大职工建功立业。各级工商业联合会、企业联合会等企业代表组织积极反映企业利益诉求，依法维护企业权益，教育和引导广大企业经营者主动承担社会责任。

二是指导和带动旗区协调劳动关系三方会议真正发挥作用。按照“重点抓旗区，抓重点旗区”的工作思路，通过开展创建和谐劳动关系单位、工资集体协商“互学、互查、互评”和各种专项行动等工作，带动和指导各旗区协调劳动关系三方的工作配合和感情交流，加强各旗区之间工作的学习与交流，提高工作较弱旗区的工作水平，使三方机制真正地发挥出优势。从 2014 年开始，连续三年开展的工资集体协商“互学、互查、互评”活动，共走访了涉及 30 多个行业的 128 户企业和 15 个行业性区域性组织。市旗区两级、协调劳动关系三方通过“三互”活动

形成很好的良性互动。

三、分工协作,加强配合,大力推进工资集体协商工作向纵深发展

一是2010年11月成立了企业工资集体协商工作领导小组并下发了《鄂尔多斯市进一步推进工资集体协商工作实施方案》(以下简称《实施方案》),确立了工资集体协商工作的指导思想、基本原则、组织机构、工作目标、主要任务、组织措施、工作要求。同时,按照《实施方案》的要求组建工资集体协商指导员队伍,各旗区也相继聘任了工资集体协商指导员93名,为顺利推行工资集体协商工作提供了有力的政策和组织保证。

二是抓典型选树,形成点面互动态势。在推行集体协商工作中,按照全面要求、逐步推广、分类指导、典型引路的指导思想,选树培育了伊泰集团、东方控投集团、内蒙古广纳煤业集团等128家集体协商典型企业和乌审旗汽车销售服务行业、东胜区装备制造基地等15家行业性、区域性集体协商典型。

四、积极开展和谐劳动关系单位与园区创建工作

一是每年组织开展构建和谐劳动关系“宣传月”活动,各旗区通过举办企业负责人和人力资源部长培训班、印制和发放各类宣传资料和在各类媒体开辟专栏等形式,深入企业对《和谐劳动关系单位评价规范》和如何构建和谐劳动关系进行广泛宣传,指导企业和职工积极参与和谐劳动关系单位创建活动,取得良好效果。

二是广泛开展和谐劳动关系单位与园区的创建,积极做好劳动关系和谐单位与工业园区及创建和谐劳动关系先进工作者评选和申报工作。我市已累计认定和谐劳动关系单位80家,和谐园区5个,其中2017年新认定单位12家。

三是贯彻实施《内蒙古自治区社会法人劳动保障信用失信惩戒办法》,把企业劳动保障信用信息作为各类表彰的前置条件,特别是把认定和谐劳动关系单位作为评价信用企业或诚信企业、诚信人物的基本条件,在申报自治区、市、旗区“五一劳动奖状和奖章”、劳动模范等荣誉时均要在认定范围内推荐,使社会信用、荣誉与和谐劳动关系单位评价结果挂钩,形成惩戒和激励联动机制,引导用人单位遵纪守法,诚信经营,营造企业和职工共同参与创建和谐劳动关系的良好氛围,不断提高全社会对构建和谐劳动关系的认知程度。

虽然,我市在努力构建和谐劳动关系工作中进行一些有益探索和尝试,取得了一定成效,但也清醒地认识到,我们的工作还存在很多问题和不足。今后我们将以贯彻落实党的十九大精神,中央和自治区关于构建和谐劳动关系的重大决策为契机,虚心学习和借鉴其他地区的先进经验,继续加大工作力度,努力构建和谐劳动关系,为建设大美鄂尔多斯、品质鄂尔多斯、幸福鄂尔多斯做出新的、更大的贡献。

执笔人:张宇萱

辽宁省大连市工商联民营企业劳动关系报告

随着中国特色社会主义进入新时代,我国社会主要矛盾发生了新变化,劳动关系也逐步呈现新的特点。劳动者不仅仅满足于有岗位,更开始关注待遇优不优、环境好不好。为适应新变化,近年来,大连市工商联积极主动作为,解职工所期所盼、所思所想、所急所难,着力构建长效机制,以和谐劳动关系助推"和谐大连"建设。

一、建强队伍,推进劳动关系和谐构建

我们通过工商联换届,吸纳2位大连市知名律师进入新一届工商联领导班子,并吸纳15名法律专家成为新一届执常委委员。

同时,我们针对新时代和谐劳动关系建设中出现的新情况、新问题,组建了"大连市工商联法律服务专门委员会",要求委员会成员积极参与培训、咨询等工作,为企业在和谐劳动关系建设中出谋划策、破解难题。

二、整合资源,助力劳动关系和谐发展

我们与市检察院联合召开"大连市检察机关优化营商环境暨服务民营经济座谈会",邀请民营企业参加,向市检察机关反映与人力资源管理相关的问题,如跑单、高管带走核心信息等。并将问题记录在案,联合协商解决办法,拟定解决措施,初步拟定《关于加强协作依法保障和促进非公有制经济健康发展的意见》,该意见第9条规定"强化对涉及非公有制企业和非公有制经济人士诉讼活动的法律监督",明确了"加强对涉及非公有制企业债务纠纷、职工工资、劳动争议、工伤赔偿等案件审判活动的监督";第10条规定"共同开展法律服务",明确"大连市人民检察院加大对非公有制企业法律教育培训力度,定期开设法治专题讲座,运用典型案例以案释法,增强企业管理者和员工学法、守法、用法的自觉性,提高自我保护和风险防范意识,增强依法维权的能力"。

同时，我们还与市检察院联合成立了“大连市人民检察院驻市工商联检务联络站”，标志着工商联和检察院普法、维权、保障的工作机制已基本建立，必将为构建和谐劳动关系助力加油。

三、指导帮扶，建成劳动争议调解组织

我们根据人力资源社会保障部、中华全国工商业联合会《关于加强非公有制企业劳动争议预防调解工作的意见》（人社部发〔2013〕2 号）的文件要求，按照“预防为主、基层为主、调解为主”的工作方针，积极协商动员所属商协会及会员企业依法建立劳动争议调解委员会、设立劳动争议调解员。

通过建立健全企业内部劳动争议协商解决机制，逐步形成商协会、企业调解组织与仲裁机构协调配合的劳动争议预防调解工作网络，进而实现非公有制企业劳动争议预防调解工作全覆盖，努力将劳动争议化解在萌芽状态、解决在基层。目前，我们已指导帮扶獐子岛集团股份有限公司、大连丰和工业有限公司等五家企业成立企业劳动争议调解组织。

四、调研考察，建言献策党委政府

深入企业积极开展调研考察活动，了解企业生产经营活动情况及企业劳动关系现状，针对企业劳动关系建设中的新情况、新问题和面临的实际困难，积极向党委政府提出合理化建议。我们成立了由主席、副主席带队的 4 个考察调研组，分别对 10 个区市县 100 多家民营企业进行走访调研。

通过调研考察，我们了解到，“在劳动关系方面的问题，主要集中在‘社会保险金压力大、劳动争议中企业比较弱势、人才瓶颈’三个方面”。对于人才“瓶颈”问题，我会形成调研报告，向市委市政府提出建议：“加强城市基础设施和软环境建设，提高城市宜居度，出台住房、落户等优惠措施，吸引和留住更多年轻人才；解决引进人才和投资者的子女教育、父母养老问题；通过高校、社会机构、政府相关部门建立人才培训基地，分类分批实施民企经理层、高技能人员、技术人员、技术工人等人才培训，不断提升我市民营企业人员队伍整体素质，进而提升企业核心竞争力。”此项建议得到了市委市政府主要领导的高度评价。

五、宣传培训,贯彻落实劳动政策法规

(一)培训出新招,重实效、分层次

为适应民营企业创新发展新要求,我们创立了"民营经济创新发展论坛",定期举行民营企业创新发展讲座。针对和谐劳动关系工作,我们每年安排1~2期的时间,进行构建和谐劳动关系方面的政策宣讲、对策研究,强化企业家在构建和谐劳动关系方面的社会责任。

同时,我们还组织企业人力资源管理人员走进大连市中山区人民法院,开展包括"劳动纠纷案件庭审旁听""案例点评""赠书"在内的系列活动。活动中,企业人士可以全程旁听"关于劳动合同争议案件的庭审";可以与法律专家在现场就案件中涉及的法律问题、庭审程序、证据运用以及企业人力资源管理中需要注意的问题等进行深入沟通并答疑解惑。这种直观的、面对面的活动形式既拉进了民营企业与工商联的相互联系,又让民营企业了解和掌握了劳动合同争议方面的相关法律知识,深受民营企业欢迎。

(二)法规政策宣传持之以恒

多年来,我们通过编印、发放宣传刊物,积极引导会员企业建立工会组织,提高劳动合同、集体合同签订率,完善人力资源管理,促进企业效益和职工利益的共同实现、共同发展。

近两年来,随着劳动争议数量的攀升,我们也加大了劳动法律政策法规宣传的比重。2017年我们共编发《商会法苑》4期,约24万字,其中涉及劳动法规政策以及案例的内容约占20%以上。

(三)微信网站加强宣传

为适应形势发展需要,我们创建了微信群和微信公众号,发布培训、通知与人力资源管理相关的政策法规以及案例等相关资讯,宣传劳动关系政策法规以及协调劳动关系方面的工作动态,通过微信交流及时帮助企业解决潜在的劳动关系风险。

目前,微信群入群人数已超300人,都是负责人力资源和公司法务、处理劳动关系的一线员工,帮助企业解决潜在劳动关系风险12起。

六、量化评价，引导企业和谐劳动关系建设

为量化商协会、企业内部的劳动关系工作，我们将信用体系建议引入企业劳动关系评价工作。

评价标准包括“没有重大违法行为”“支持所在企业工会组织建设和发挥作用情况”等，并在工商联换届、政协委员人选考察过程中严格评价其所在企业的劳动关系状况，对劳动关系出现问题的企业负责人实行“一票否决制”，以此促进企业重视劳动关系工作。

执笔人：刘　琳　孙岚洁　徐　冉

吉林省吉林市工商联民营企业劳动关系报告

按照全联开展2017年民营企业劳动关系状况监测工作部署,吉林市工商联在全市范围内建立60个民营企业监测点,对民营企业劳动关系进行监测调查,并填写民营企业劳动关系监测调查表。监测企业包括中小微型企业,涉及制造、建筑、餐饮、批发零售、房地产等多个行业。将调查表信息汇总后形成调研报告,现报告如下。

一、吉林市当前民营企业劳动关系状况分析

通过对监测点民营企业劳动关系运行情况进行分析总结,发现吉林市民营企业劳动关系基本和谐,主要表现在以下四个方面:

(一)职工队伍基本稳定。调查显示,虽然部分企业经营发展速度趋缓,用工需求有所减少,但整体用工状况仍保持稳步增长态势,2017年年底相较年初增长4.7%。调查期内未出现大面积缺工或大规模裁员现象。

(二)法律意识逐步增强。企业与职工双方依法确定劳动关系的意识逐步增强,大部分企业能与职工依法签订、履行劳动合同,劳动用工行为逐渐规范。企业与职工签订劳动合同率比同期增长7.6%。劳动合同的签订,促进了企业劳动关系的稳定与和谐。

(三)规章制度普遍建立。企业规章制度日趋完善和规范,大部分企业在规章制度建立时履行了民主协商和内容告知程序。部分企业能够做到涉及职工切身利益的规章制度是在协商、征求意见的基础上予以制定。

(四)职工基本权益得到保障。企业用工基本打破求职人员身份界限,就业歧视现象正在弱化。大多数企业能自觉执行最低工资制度,遵守《劳动法》有关规定,安排职工加班并支付加班工资或安排补休,拖欠工资现象逐步减少,企业生产经营正常,基本上都能按时发放职工工资。工商联会员企业中没有发生因企业侵害职工权益而引发的群体性事件。

二、吉林市工商联所做主要工作

2017 年，吉林市工商联充分发挥职能优势，围绕“两个健康”工作主题开展工作，突出服务，务实创新，努力推动民营企业健康发展，构建和谐劳动关系，主要采取以下措施：

（一）讲诚信，举办“百家诚信企业”评选活动。吉林市工商联坚持正面宣传为主，大力宣传民营企业关爱员工的感人事迹和诚信守法的先进经验，树立一批诚信经营企业典型，努力营造有利于非公有制企业健康发展的舆论氛围。与市软办联合举办吉林市首届“百家诚信企业”评选活动，成立了由市领导任组长的领导小组，通过组织推荐、企业自荐、组织考核、媒体公示、综合评分等步骤，评选出 120 个企业典型，有力推进了“信用吉林”建设。举办“守法诚信、坚定信心”民营企业书画展，积极引导企业家爱国敬业、遵纪守法、创业创新、服务社会。

（二）讲政治，开展理想信念教育实践活动。吉林市工商联多措施并行，突出教育引导，进一步加强和改进非公有制经济人士思想政治工作，引导非公有制人士健康成长，牢固树立社会主义核心价值观，切实承担报效国家、服务社会、造福职工的社会责任，做合格的中国特色社会主义事业建设者。一是举办专题讲座。邀请市委常委、统战部部长郑国学同志，为全市工商联系统做十九大精神专题辅导讲座，让广大会员企业进一步增强了“四种意识”，更加自觉地维护党中央权威和集中统一领导，自觉在思想上、政治上、行动上同党中央保持高度一致。二是积极开展新生代企业家教育活动。突出“四信”教育，组织青年企业家代表，集中收看了由中央统战部和全国工商联举办的年青一代企业家理想信念报告会；组织 40 名青年企业家走进革命圣地井冈山学习革命历史、传承红色精神，不忘初心、坚定信念。三是举办法律讲堂。邀请省司法局律师为工商联会员企业讲解《劳动法》和《劳动合同法》，提高企业家法律知识和法律意识。

（三）维护权益，不断拓宽服务新渠道。吉林市工商联采取多项措施，密切关注企业在生产经营过程中遇到的困难和问题，联合相关部门及时解决，为企业排忧解难，维护企业合法权益，反映企业利益诉求。一是召开企业家座谈会。市委常委、统战部长郑国学同志主持召开优化营商环境座谈会，30 余位企业家参会，会后收集整理 7 条意见建议，交由相关部门协调、解决。二是开通服务热线。设立 24 小时民营企业服务热线，为企业提供政策咨询、受理投诉、协助办理等服务,共受理50件,办结40件,上报相关部门10件。三是建立监督评价机制。与市软办合作,年末由民营企业评议政府部门,并纳入全市综合评价体系,促使政府部门进一步提高服务质量和效率。四是落实了市级领导干部联系商(协)会工作制度。选择18个商(协)会作为联系对象,为商协会搭建与市级领导沟通平台,促进商(协)会建设发展。五是开展机关干部企业挂职锻炼活动。深入企业内部,了解企业发展新动态,掌握职工发展新需求,及时帮助、解决企业遇到的困难和问题,真正成为企业的服务者。

(四)深入调研,不断探索服务新模式。吉林市工商联深入企业开展调研,征求多方意见,不断改进工作方法,创新服务模式,努力打造公平竞争的营商环境,推进吉林市民营经济健康发展。一是开展专题调研。成立专题调研组,组织了近60户企业深度访谈、7个行政服务中心暗访、3场专题座谈会,发放调查问卷807份,形成了《吉林市营商环境报告》,对我市营商环境现状、问题及原因进行深度剖析,提出了一些合理化建议。二是开展联合调研。与国税局、地税局联合开展企业"大走访、大调研"活动,征求企业对工商联工作及税收工作的意见、建议。

三、面临的困难及问题

工商联在推进构建和谐劳动关系工作进程中也遇到一些困难及问题,主要包括:一是社会各界对工商联认识还不足。非公有制经济人士对工商联热情不是太高,对工商联工作缺乏支持。一些非公有制经济人士对新形势下工商联的职能作用不够了解,认为加入工商联、商会不能给企业带来直接的经济利益和好处,工商联对非公有制经济人士缺乏较强的吸引力,导致部分民营企业不配合工商联工作,构建和谐劳动关系推进难度大。二是相关部门与工商联配合不力,相互协作意识不强。工商联作为商会组织和人民团体,本身权力有限,有时需要相关部门配合完成工作,一定程度上也增加了工作难度。三是工商联对部分经营困难企业劳动关系管理难度大。部分小微企业技术水平低,经营环境差,本小利薄,只能维持生存。同时,企业经营者知识水平、法律意识和管理能力普遍不高,雇员文化程度、工作技能、敬业精神同样不高,加之经营波动性和员工流动性大,决定了这些企业经营状况不好,管理不规范,劳动关系难稳定、问题多。工商联在对这类企业劳动关系管理上存在一定困难。

四、影响劳动关系和谐的主要因素

目前,我市劳动关系总体上保持和谐稳定,但随着经济改革的不断深入和发展,影响企业劳动关系的不和谐因素渐露端倪,潜在的问题和矛盾日益凸显。通过调查,我们总结发现,目前影响我市劳动关系和谐稳定比较突出的问题有以下五个方面:

(一)部分企业用工不规范,不依法签订劳动合同。企业经营者和劳动者对劳动法律法规掌握水平不够高。虽然企业与职工法律意识在逐步提升,但仍有部分企业未执行相关法律规定,《劳动法》规定"建立劳动关系应当订立劳动合同"。劳动合同是我国劳动关系的重要表现。但在调查中发现部分企业存在不依法签订劳动合同的现象:一是劳动合同签订率有待提高。有些企业只与骨干职工签订劳动合同,其他职工则不予签订;建筑、餐饮等行业还存在不与农民工签订劳动合同,只与"包工头"订立口头协议等问题。二是劳动合同管理不规范。有的企业在订立、解除、终止、变更劳动关系时,存在手续不完备、劳动合同内容不完备、个别条款违反规定、随意解除与职工的劳动关系等问题。

(二)部分企业规章制度不健全,职工合法权益难以得到有效保护。调查发现,有的企业,虽然效益每年都在增长,但职工的工资却不能随企业效益增长而增加,导致职工工资水平普遍偏低。工资集体协商制度覆盖面不大,工资由企业单方决定现象仍较普遍,仅有少数几家企业实行工资集体协商制度,管理者与普通员工的收入差距过大,尚未形成普通员工工资正常合理增长机制。据调查,工资集体协商制度推进难度大,主要原因在于企业缺少专业指导,不知道如何合理开展协商;也有部分企业认为工资集体协商程序复杂,不方便开展。

(三)部分企业不依法为职工缴纳社会保险。《劳动法》规定"国家发展社会保险事业,建立社会保险制度,设立社会保险基金,使劳动者在年老、患病、工伤、失业、生育等情况下获得帮助和补偿"。社会保险是国家对劳动者履行的社会责任,具有强制性、保障性、福利性和普遍性,对于保障广大劳动者的合法权益具有重要作用。据调查,部分企业没有依法为职工缴纳社会保险,特别是简单体力劳动用工、流动性大的用工以及农民工,社会保险覆盖率尤其低。有些企业认为为职工缴纳社会保险费用,加重了企业负担,增加了用工成本,影响了企业的市场竞争力和经济效益等。企业拒绝社会保险,不仅造成职工的合法权益得不到保护,也使劳动关系更加紧张,不利于和谐劳动关系的构建。

(四)部分企业不遵守劳动工时制度。部分企业不遵守劳动工时,存在侵害职工合法权益的现象,严重影响着和谐劳动关系的构建。一是不征求工会和职工本人同意,随意延长职工劳动时间;二是延长工作时间违反"每日不得超过三小时,但是每月不得超过三十六小时"的规定;三是随意延长工作时间而不按规定安排补休或不支付加班加点工资。上述现象都违反了《劳动法》规定的工时制度,侵害了职工的合法权益。

(五)企业经营成本高居不下。《2016·中国企业经营者问卷跟踪调查报告》显示,目前企业发展面临的最主要困难就是成本上升。企业成本持续上升,特别是人工成本和环保支出上升较多,同时企业的税收负担和非税费用有所增加,企业经营不断负担加重。

五、进一步加强劳动关系工作的对策建议

解决当前劳动关系问题,既要切实执行劳动法律法规,又要兼顾劳动者和企业合法权益双保护的客观要求。

(一)加强劳动法律法规的宣传和培训

针对调查中暴露出来的企业经营者和劳动者对法律法规掌握水平不够高的问题,工商联应该在会员企业中加强劳动保障法律法规方面的宣传和教育,加大对《劳动法》《劳动合同法》《集体合同规定》《社会保险法》等法律法规的宣传力度,逐步增强企业法制观念。一是定期举办培训班。每年2次或定期举办大型企业管理人员的劳动法律法规知识培训班,提高企业管理层的法律知识水平,增强其法律意识。吉林市工商联计划2018年开展服务民企"三人行"活动,邀请公检法三方业务主管处长为民营企业家答疑解惑,一方面讲解企业方面法律知识;另一方面请企业提出法律问题,现场给予解答。二是送法到企业。吉林市工商联计划2018年与法院联合开展法律进企业、进商会活动,为全市民营企业提供涉法问题解答、法律法规培训和指导防范涉法风险等服务。三是做好咨询服务工作。组织法律顾问定期到企业举行劳动法律法规咨询活动,让一线员工知法守法,扩大劳动法律法规在员工中的影响,既提高自我保护能力,又知晓自己应尽的义务。

（二）强化舆论引导，营造和谐劳动关系的社会氛围

要加强正面引导，大力宣传先进企业劳动关系和谐稳定的典型经验，树立民营企业正面典型形象。吉林市工商联计划通过树立诚信守法的企业典型，大力宣传构建和谐劳动关系的重大意义和工作经验，大力宣传企业关爱职工、职工奉献企业的先进事迹和模范人物，为构建和谐劳动关系营造良好舆论氛围。

（三）组织企业开展“关爱员工、实现双赢”活动

引导企业加强企业文化建设，树立以人为本的发展理念，构建新型劳动关系，构建和谐企业。工商联要进一步引导民营企业以强国富民为己任，把企业发展融入国家和全区发展之中，教育、引导企业正确处理好公私关系、劳资关系、义利关系，真正做到“爱岗、敬业、诚信、守法、贡献”，树立新一代民营企业家形象，与社会各阶层和睦相处，成为构建和谐社会的积极力量。广大民营企业家要以构建和谐劳动关系为核心，以促进企业发展为根本任务，以共享改革发展成果为主要目标，做到以人为本、善待员工，建立起和谐的劳动关系。

（四）切实思想政治教育

和谐的劳动关系需要企业和职工双方共同努力，因此在加强企业社会责任感的同时，培养员工树立良好的职业道德，增强职工对企业的责任感、认同感和归属感，爱岗敬业，诚实守信，自觉履行劳动义务。积极培养健康向上的企业文化，引导企业制订职工职业发展规划，支持企业工会定期开展文体活动，丰富职工文化生活。指导企业建立心理危机干预预警机制，开展职工互助互济活动，积极为困难职工排忧解难。

编写组：张忠阳　韩佳辛　高　超

执笔人：韩佳辛

上海市黄浦区工商联民营企业劳动关系报告

一、整合资源，搭建参与多元化纠纷解决机制平台

针对本市已进入社会经济转型发展、产业结构深化调整的重要时期，劳动争议案件随之处于高位运行的态势，根据社会治理要求，黄浦区工商联调解委员会（以下简称调委会）自2015年7月运作以来，整合社会资源，组建了由退休法官、律师和资深工会、人事干部担任的调解员队伍，调解助理（书记员）由法律院校参与社会实践的大学生担任。为完善调解程序，确保调解质量，同步调研制定了调解案件受理制度、调解工作制度、调解工作人员纪律准则和调解庭调解须知等30多项规章制度。从源头上规范案件的受理、调解工作应遵循的原则、调解员的工作准则以及调解庭的工作秩序。积极开展与劳动仲裁等机构合作，努力构建"工商联（商会）调解+仲裁"的劳动争议纠纷解决机制，逐步建立和完善裁调对接、司法确认等工作模式，探索出了一条柔性化解民营企业劳动纠纷的途径。

从2017年1月下旬至12月，调委会共接受劳动仲裁委派或委托调解的劳动争议案件222件，进入调解程序188件。其中，达成协议74件，撤诉71件，涉及金额1,743,376元。

上门为会员企业调解劳动纠纷20余件，调解成功率达80%以上。

另外，通过调委会窗口（含电话咨询）接待劳动争议法律咨询近百起，热情、耐心地为当事人释法，给出依法维权的正确途径以及如何收集维权必备的证据材料等。

二、现场调解，把矛盾纠纷化解在经营活动一线

黄浦区工商联目前共有会员企业千余家。通过问卷调查发现，90%的企业没有配备专（兼）职法务人员，而需要工商联（商会）提供法律服务的企业达100%。为力所能及地满足企业对法律服务的迫切需求，2017年年初，黄浦区工商联成立了法律服务中心，黄浦区总商会聘请了法律顾问，黄浦区劳动争议纠纷

调解分中心挂牌,民商事调解11个基层商会(10个街道和田子坊园区)工作站统一挂牌,并组织多基层商会秘书民商事调解专题培训,在商会秘书借助多方力量参与民商事纠纷调解的同时,调委会实行每周四下午律师轮值制,相关成员坚持定期走访基层商会和会员企业,就企业如何预先做好经营中的法律风险防范、有效维护企业和员工合法权益等问题,进行沟通交流,建言献策;针对基层商会调解工作中遇到的疑难问题提供专业支持;根据需求,上门为会员企业主持劳动纠纷调解。真正做到把矛盾解决在基层,消除在萌芽状态,充分体现劳动争议调解的"便利性、及时性、和谐性"。

三、端口前移,强化事前法律风险防范意识

1. 加强宣传教育,防患于未然。2017年利用各种会议和基层活动,将构建和谐劳动关系、预防企业劳动纠纷作为企业的社会责任加以宣传,同时鼓励代表性企业积极创建市和谐劳动关系达标单位,为促进企业健康发展奠定基础。

2. 深入企业调研,增强工作前瞻性。调查研究是工商联(商会)做好联系、服务企业工作的重要抓手,也是调委会的一项工作制度。通过调案的实践和深入企业的调研,调委会每年撰写一篇调研报告。围绕区委区政府的全局谋划和中心工作,及时反映企业遇到的问题,提出我们的建议。2016年我们撰写了《黄浦区工商联民商事人民调解工作初探》一文,2017年已完成《黄浦区中小企业法律服务需求情况的调研与思考》的调研报告,并汇总了《民商事案例选编》(二),将企业经营中可能存在的问题和忽视的情况用案例形式进行分析,提供企业借鉴和参考,帮助企业避免法律风险。

3. 建立数据分析和案例研讨制度。为帮助非公有制企业树立风险防范意识,调委会建立了数据分析和案例研讨制度。每季度对所调解的劳动争议案件,做好基础资料的收集和分类工作,并以此为基础进行数据统计与分析,找出所调解的案例中呈现出的带有普遍性的问题。如针对前一时期劳动纠纷当事人(员工)为2人以上的比例明显上升、本市户籍和高文化层次当事人比例增多等特征,组织相关专业人士开展研讨,集思广益,制定科学、适宜的调解预案。

4. 定期为会员企业举办法律培训。根据数据分析和案例研讨掌握的第一手资料,每半年请劳动仲裁部门负责人、相关专家或资深调解员对企业进行一次专项法律培训。结合劳动争议案件调解数据的分析,针对企业劳动合同管理中存

在的瑕疵和隐患,引导企业规范用工,构建和谐劳动关系,进一步提高企业依法治企、守法诚信经营的意识和法律风险管控能力。对规模企业 HR 人员,帮助链接市工商联“企业劳动关系沙龙”,每月可选择性地参加劳动纠纷案例分析沙龙活动及各类培训。

5. 根据需求为当事人提供法律咨询与法律服务。坚持调委会窗口法律咨询接待制度并实行咨询承诺制,能解答的当场解答;疑难杂症吃不准的,留下联系方式,承诺一周内给予答复。调委会成员还运用自身的法律功底和调案中积累的实践经验,为多家企业提供了劳动合同和内部规章制度的审核、修订。如某家商贸公司人事主管,通过调解员反馈意见,感到有必要对企业原有的请假制度进行细化完善,调委会业务负责人主动接洽给予指导,除当面进行交流探讨、提出建议外,还应邀通过电邮逐条逐款反复几次进行推敲完善,从而规避了规章制度的瑕疵给企业带来的法律风险。

四、坚持四方联席会议制度,为调委会工作保驾护航

2018 年,我们将认真学习贯彻十九大精神,转变工作方式,推动力量下沉,真正了解非公有制经济人士所思所想所盼,坚持问政、问计、问需于企,实现法律需求与法律服务有机衔接和无缝对接;积极参与社会治理创新,跟上社会治理能力现代化的步伐。把受托调解劳动争议案件,作为参与多元化纠纷解决机制的重要载体和参与社会治理创新的重要体现,更好地促进非公有制经济的健康发展和非公有制经济人士的健康成长。

浙江省杭州市工商联民营企业劳动关系报告

杭州市工商联立足“两个健康”工作主题，以创建“双爱活动”为载体，充分发挥协调劳动关系三方机制作用，注重对职工方和企业方平等对待，切实维护合法权益，认真落实工作目标，积极推动各项政策、措施落实，大力推进和谐劳动关系建设，各项工作取得了较好成果。

一、建立健全长效机制，构建和谐劳动关系

认真贯彻中共杭州市委、杭州市人民政府《关于进一步构建和谐劳动关系的实施意见》，积极引导全市各级工商联和商会组织把引导非公有制经济人士构建和谐劳动关系、推进“双爱”活动纳入全年工作计划，建立健全长效机制，在工商联和商会组织中做到促进和谐劳动关系工作制度化、规范化、常态化。

杭州市工商联目前有会员企业近3万家。近年来，市工商联和各基层工商联、直属商会联动，开辟专项资金，组织开展和谐劳动关系专题培训班、法律知识讲座、经验交流会、民营企业家座谈会等，在非公有制企业中深入推进和谐劳动关系建设。在全市形成了上下联动、左右互动的良性循环机制，营造了良好工作氛围，为工商联组织和非公有制企业健全完善工作机制、推动构建和谐劳动关系提供了有力依据和政策指导。

二、认真宣传贯彻落实，引导工资集体协商

充分发挥商会组织作用，把积极推进工资集体协商作为工作重点，也把这项工作作为实现企业与职工双赢的重要举措。

《杭州市企业工资集体协商条例》正式颁布出台后，我们利用《杭州商会》、杭州市工商联网站等多种形式载体，全文刊载并解读，在广大会员中宣传该条例的重大意义，提高非公有制企业自觉落实该条例的积极性。充分利用杭州市工商联清华大学“品质杭商”高级研修班、“杭商大讲堂”系列活动和“杭州市民营

企业家学习新干线”等学习平台,加强对该条例的学习指导,促进该条例的宣传贯彻落实。富阳区上官乡商会、桐庐县分水镇商会根据本乡镇行业特点,积极开展羽毛球和圆珠笔行业企业和职工进行行业工资集体协商,有效解决了熟练员工流失和企业相互挖技术人员的现象,让企业和职工实现双赢,当地的涉调、涉诉事件也大幅下降。

三、积极参与协调机制,深入推进“双爱”活动

作为协调劳动关系三方会议成员单位,合力推进“双爱”活动。积极参加协调劳动关系三方联席会议、和谐劳动关系创建情况督导检查、工资集体协商工作现场交流会等活动。通过在非公有制企业中开展理想信念教育实践活动,积极推进企业文化建设,引导民营企业家支持企业党、工、团组织建设及开展的各项活动,主动承担社会责任,促进企业效益和职工利益共同提高。

杭州市工商联牵头起草《关于构建新型政商关系的实施意见》,通过三方会议机制充分听取各单位的意见建议,经过反复完善,杭州市委、市政府印发出台了该意见。同时,杭州市设立民营经济发展联席会议,办公室分别设在市发改委和市工商联。

四、充分利用多种平台,积极培育示范典型

充分发挥工商联自身优势,以杭州市工商联网站、杂志、公众号为载体,并通过城区工商联和直属会员联谊活动的形式,在会员企业中广泛宣传企业和谐劳动关系建设,形成企业、职工积极参与的浓厚氛围。

杭州市工商联在《杭州市企业工资集体协商条例》执行过程中,通过对广大会员企业的调研走访,及时收集非公有制企业和非公有制经济人士的意见建议,合理反映企业诉求,促进该条例的不断规范与完善。我们还利用走访会员企业的机会,深度发掘企业在工资集体协商工作中涌现出来的先进事迹,做好典型案例的宣传示范。

五、加强合作共建,完善纠纷调解、仲裁

加强与杭州市检察院、市中级人民法院、市仲裁委等司法部门、法律机构的合作,定期召开联席会议,通报涉及和谐劳动关系的典型案例,研究预防劳动纠

纷的对策措施,加强对企业人事劳动部门负责人的培训,预防和化解劳动关系纠纷的发生。

我们与杭州市检察院签订加强合作服务协议,着力构建“亲清”政商关系,形成服务非公有制经济的合力;进一步加强了全社会各种所有制之间平等保护的理念,将平等保护各类市场主体合法权益作为深化改革的重要着力点;依法保护非公有制企业产权和合法权益,依法保护企业家和从业人员创新创业的积极性,依法打击侵犯非公有制企业权益和非公有制经济人士人身、财产权利的犯罪;进一步促进非公有制企业健康发展和非公有制经济人士健康成长。

我们与杭州市仲裁委合作构建“商会调解 + 仲裁”机制,通过在全市范围内组建成立 28 个商会仲裁联络站持续开展工作,提供仲裁法律咨询、指导等服务,进行仲裁相关的法律宣传,开展仲裁案件的诉前调解,引导非公有制企业在合同中签订仲裁条款或仲裁协议。与杭州市仲裁委联合在市工商联设立劳动人事争议仲裁派出庭,参与劳动争议案件审理,发挥在构建企业和谐劳动关系中的积极作用。2017 年 11 月,杭州市工商联劳动人事争议仲裁派出庭首次开庭审理浙江宝华控股集团工伤赔偿争议一案,并邀请部分会员企业负责人和人事主管参加旁听。派出庭经过近 3 小时的审理,双方当事人最终达成庭外调解的协议,工伤赔偿争议得到妥善解决。此次案件的审理在工商联系统引起强烈反响,全国工商联、省工商联、杭州市委统战部进行了宣传报道。会员企业也反映通过旁听学习收获很大,上了一堂生动的法律课程。

我们还与杭州市中级人民院建立诉调对接平台,并接入市中级人民法院的“多元化纠纷化解平台”之中,充分发挥平台作用,减少、化解涉企劳动纠纷案件的诉累。

安徽省芜湖市工商联民营企业劳动关系报告

2016年以来,芜湖市工商联及各相关职能部门把构建和谐劳动关系作为加强和创新社会管理、保障和改善民生的重要内容常抓不懈,制定政策措施,创新工作方法,强化维权执法工作机制,推进核心利益共决机制和部门联动长效机制,及时妥善解决了新形势下出现的新情况、新问题,有效维护劳动者合法权益,保持了劳动关系和谐稳定。

一、制定政策措施,提供和谐创建法制保障

中共安徽省委、安徽省人民政府《关于构建和谐劳动关系的实施意见》(以下简称《实施意见》)印发后,我市首先从制定政策措施着手,明确部门职责,全面推进工作。一是制定具体制度政策。市工商联、市人社局、市总工会等33个相关职能部门充分酝酿,由市人社局牵头起草,报市领导同意后以市委、市政府两办名义下发《芜湖市构建和谐劳动关系重要政策措施分工方案》(芜市办〔2016〕35号)。该分工方案将我市构建和谐劳动关系的目标任务分解细化为28项具体工作任务,明确了各项工作任务的牵头单位及参加单位,同时落实了各单位的工作责任,有序推进构建和谐劳动关系深入开展。二是加强组织领导。市政府专门成立了以分管市长为组长,各级政府及相关职能部门负责人为成员的芜湖市构建和谐劳动关系领导小组,负责全市构建和谐劳动关系的组织领导、统筹协调,整体推进。三是加强督促落实。市及各县区党委政府把构建和谐劳动关系纳入本行政区域经济和政府目标考核体系、综治工作(平安建设)考评体系。各部门积极做好内部任务分解,层层抓落实。四是加强法律法规宣传和培训。充分利用市工商联网站,《芜湖商会》杂志,市报刊、电视、网络等新闻媒体,宣传中共中央、国务院《关于构建和谐劳动关系的意见》,以案说法,不断提高企业依法用工意识。同时参加由市人社局牵头深入美的等民营企业和高新技术开发区等工业园区,向企业经营者和广大劳动者发放工资集体协商相关政策文件、倡议书和答

疑等材料5万余份,为全面贯彻《实施意见》奠定坚实的基础。

二、强化维权执法工作机制,优化和谐创建法治环境

一是抓好维权平台建设。芜湖市不断整合社会资源,上下联动,在全市各类工业园区、街道(乡镇)和规模以上企业建立了以劳动争议调解组织为主体的维权诉求平台共计305个,聘请调解员1000余名。乡镇(街道)、大中型企业、区域性和行业性单位调解组织组建率分别达100%、91.5%、100%,实现了维权维稳工作重心下移,服务靠前。二是推进两网化建设。围绕"一级执法、二级管理、三级责任"的总体思路,建成市、区、镇(街道)三级网络化管理组织体系。目前,建立网格80个,两网化覆盖率达到80%以上,基本实现我市在乡镇街道一级两网化管理工作全覆盖。

三、推进核心利益共决机制,提升企业内生和谐能力

一是全面推进工资集体协商。工资分配是劳动关系核心问题,涉及企业主和劳动者切身利益,企业工资分配是否合理直接关系企业的健康发展和劳动关系的和谐稳定。为此,芜湖市把推行企业工资集体协商作为工作重点,促进劳动关系不同主体之间进行协商共谋、制度共建、效益共创、利益共享,提升企业内生和谐能力。此举得到市委市政府高级重视和支持。在具体推进过程中,我们突出重点、分类指导,强化典型带动。在点上,我们选取股份制企业并指导开展针对性的协商。如我市新科材料股份公司把计件工资单价作为协商主要内容,并且对加班工资基数、考勤奖发放以及病事假工资等职工与企业容易产生矛盾的问题进行具体约定,体现了平等协商的核心价值,形成了工资分配共决机制,得到了劳资双方的高度认可。在面上,我市强力推进行业性和区域性工资集体协商工作,将协调劳动关系三方机制向乡镇、街道伸延。如繁昌县孙村镇在市工商联、市总工会精心指导下,企业代表与镇工会先后进行三轮谈判,在全市率先签订了区域性工资集体协商协议。覆盖了服装、铸造、旅游、运输以及农业合作社等8个领域443户企业,覆盖率达全镇企业的85%,涉及员工2.5万人。经过多方努力,我市工资集体协商工作初步形成了国有企业全覆盖、非公企业有突破、行业区域有亮点的工作局面。据统计,截至2017年12月,全市共签订集体合同4266份(其中,行业集体合同13份,区域集体合同8份),覆盖企业8201家,覆盖

职工54万多人,覆盖率占建会企业84%,企业内生和谐能力显著增强。二是健全企业民主管理。(1)积极推动"三年建制专项行动",推进企业普遍建立职工代表大会。全市非公有制企业职代会建制率达80%。第八次职工权益保障调研数据反映:通过基层职代会、厂务公开、推进集体协商等工作,职工参与企业民主管理意识明显提高,满意度逐年上升。(2)深化"星级职代会"创建活动,推进完善企业民主管理制度。以贯彻落实《安徽省企业民主管理条例》为主线,制定了《关于开展芜湖市创建星级职代会复审认定实施意见》,出台了《全市非公企业职代会民主管理指导意见》,进一步完善厂开办工作例会制度、职代会报告制度,突出抓好企事业单位职代会规范化建设。三是引导企业履行社会责任。(1)开展企业管理者培训工作,引导企业自觉保障职工合法权益。2017年8月30日~9月1日,市工商联在南京市举办了执委"创新领导力促进企业和谐"培训班,50家中小民营企业管理者参加,取得了很好的效果。10月29日,市工商联又组织50名主席、会长和企业家,前往中国人民大学参加为期一周的"企业高端研修班"学习,其中"企业管理中的大智慧"一课,阐述了"企业管理者利用和谐的劳动关系为企业创造利益才是企业管理的大智慧"的观点,得到了培训人员的一致认可。(2)把对企业和企业经营者评先评优与和谐劳动关系创建活动结合起来,使和谐劳动关系创建活动深入民营企业。按照"把对企业和企业经营者评先评优与和谐劳动关系创建活动结合起来,不断推进创建活动深入开展"精神,市工商联在2017年的工商联换届和市政协委员工商联界别委员推荐中,全面考量候选人,对没有按照法律、法规与职工签订劳动合同,没有按照规定为职工购买养老保险的企业负责人,一票否决。在评比优秀社会主义建设者活动中,为职工购买养老保险没有达到100%的企业,一票否决。在市工商联主办、市职业经理人协会承办的2017年芜湖市优秀职业经理人评比中,评委会到每个候选人企业,召开职工代表座谈会认真听取职工的意见,充分了解候选人在维护职工合法权益、和谐劳动关系方面在职工中的认可度,职工打分占总评分的30%。

四、建立部门联动长效机制,凝聚合力外促和谐

劳动关系和谐构建是个系统工程,为此,芜湖市抓联动、促整合,凝聚合力外促和谐。一是强化协调劳动关系三方协商机制,发挥多方联动工作效能。我市工商联在2001年9月就和企联作为企业方代表,通过政府发文建立协调劳动关

系三方(四家)会议制度,会议每季召开一次,四家轮值主持,目前共召开53次会议。在会议内容上把某个阶段在劳动关系中最迫切要解决的热点、难点问题列为协商讨论的议题。三方机制建立以来,先后进行了企业改制过程中劳动关系处理问题、非公有制企业劳动合同签订以及劳动关系和谐企业和工业园区的创建等带有全局性、指导性工作。2016年我市新成立了由市政府分管市长为主任,工商联、人社、工会、企联组成的市协调劳动关系三方委员会,把《实施意见》贯彻情况作为每次会议必议内容,并形成了宣传联动、会议联动、文件联发、工作联抓、资料联网、督察联手"六联"机制,取得较好效果。二是搭建平台,强化劳动人事争议联调功能。为创新社会管理,促进劳动关系和谐稳定,2017年11月,市工商联联合市中级人民法院成立了"芜湖市非公企业纠纷联调中心",为非公有制企业债务纠纷、劳动争议提供服务,得到了非公有制经济人士的高度赞誉。

福建省漳州市工商联民营企业劳动关系报告

漳州市工商联按照省、市协调劳动关系三方会议精神，积极参与协调劳动关系三方工作，主动加强与市人社局、总工会、企业与企业家联合会合作，探索在民营企业推行工资集体协商，有效地维护劳动者权益，引导全市民营企业构建和谐劳动关系。在推进企业民主管理、思想文化建设、协调劳动关系中，引导建立健全职工代表大会制度，严格执行国家有关安全生产的法律法规，推动全市民营企业不断加强制度建设，对重大事项依法遵守，悉心听取各方意见，广泛发扬民主，做到集体研究、民主决策，努力把民营企业各项经营管理导入科学化、规范化、制度化轨道。

一、做好宣传引导工作

积极利用商会网站、商会报刊和专栏等媒介，开展了《劳动合同法》《劳动合同法实施条例》《劳动争议调解仲裁法》《社会保险法》《劳动保障监察条例》的宣传、业务咨询、现场指导、法律进企业，进一步增强用人单位和劳动者的守法意识。通过形式多样的宣传活动，为全面推进劳动合同制度实施营造了良好的工作氛围。结合商会工作，积极开展培训。结合工商联执委会、市直行业会长联席会、秘书长联席会、漳州异地商会联席会等形式，组织会员企业和会员参加《劳动合同法》《就业促进法》《劳动争议调解仲裁法》《工会法》《福建省企业集体协商和集体合同条例》的培训。主动靠前服务，力求服务到位。针对一些重点企业和劳动合同较为薄弱的难点单位，派出人员上门指导，引导企业建立和完善劳动合同制度；依法制定完善规章制度，及时开展工资集体协商和集体合同的签订，指导小微企业依法建立职工花名册，及时签订劳动合同，加强劳动合同基础管理。

二、深入非公有制企业调研

市工商联经常深入到非公有制企业调研，与企业经营者和职工座谈，关心非公有制经济人士的思想进步，关注企业文化建设及职工思想政治教育工作，教育引导非公有制经济人士不断提高自身思想政治素质和道德修养境界，重视企业文化建设，树立共建共享经营理念，不断提高企业的凝聚力和向心力。深入联系企业了解企业用工情况和用工行为，及时指导、督促企业规范用工行为，同时针对部分企业员工对企业要求签订劳动合同和参加社保不理解时，主动上门，配合企业做工作，给员工宣讲相关法律法规，现场解答有关问题，提高企业主知法守法用法意识。重点选择市工商联会员企业中的副主席、常委、执委以上企业，并要求各县工商联积极宣传，抓好典型示范作用，以点带面，推动劳动关系和谐工作的有力持续开展。及时发现和解决了工作中出现的新情况、新问题，不断研究完善相关政策措施，引导会员企业依法规范劳动用工，充分发挥在构建和谐劳动关系过程中的协调作用。以推动《劳动合同法》《就业促进法》《劳动争议调解仲裁法》三部法律的宣传贯彻为重点，以开展"关爱员工、实现双赢"活动为载体，引导会员企业构建和谐的劳动关系。通过评比表彰"劳模""优秀特色社会主义事业建设者"，或配合上级评选表彰"关爱员工优秀民营企业家""热爱企业优秀员工""优秀民营企业思想政治工作者"等活动，激发非公有制经济人士走爱国、敬业、诚信、守法、奉献之路。

三、聚焦劳动关系难点问题

（一）按规定完善劳动合同

企业依法办企，在新职工刚入企业时，就按规定完善劳动合同，及时办理社会保险，作为必要的基本保障，让员工体会到企业的温暖。实行必要的岗前教育培训，教育内容包含行为准则、道德规范、文明生产、安全规章、厂规厂纪等。同时从企业的实际出发，通过日常不同方式的言教身教，不断提高职工自觉遵守道德规范、忠于职守、勤勉敬业、诚实守信的思想水平，创建和谐生产、生活、人际和社会环境，杜绝一切违法违纪行为的发生。重视员工队伍素质的培育，充分利用多种形式，采用寓教于乐等喜闻乐见的形式，提高职工的技能素质和文化素质。

企业通过开展员工思想状况调查、召开各类座谈会等形式,了解员工思想情况,想员工之所想,急员工之所急,办员工之所盼。通过教育员工敬业爱企,与企业同呼吸共命运同成长,爱惜企业各种设备,在生产中争先创优,在人际中和谐相处,在生活上心情舒畅,在社会上体现良好外在形象,处处显示出和谐大家庭的精神风貌。

(二)科学制定规章制度

科学规范管理企业,合理设计企业管理体系,制定完善规章制度,对企业实行人性管理,使各项工作有章可循,有序运作,充分展示了企业优质高效、严谨管理、锐意革新、进取不息的良好形象。把制定完善健全的规章制度作为一件大事认真抓好,做到有章可依、有章必依、纪律严格、奖罚分明。在制定规章的过程中,从规章的可操作性出发,采用自下而上、再自上而下的办法,发扬民主,通过充分讨论修改完善,再颁发实行。如《员工手册》《岗位工作职责》《岗位考核办法》等。这些规章要不仅涵盖了企业生产经营全过程,还包括日常生活管理及行为准则,规定了员工"必须做什么""可以做什么""不能做什么"。新员工入厂时,必须先学习规章,接受有关操作规程培训,取得合格后方能上岗工作。这种"小立法"为企业建立良好的生产秩序、生活秩序和稳定的治安秩序提供可行的规范性保障。

(三)重视员工队伍素质培育

引导企业让员工积极主动参与各类专业培训,提高员工素质;培育公司员工爱岗敬业精神和团队精神,增强员工凝聚力。市工商联主席单位龙翔公司重视职工的科学文化教育,支持职工带薪参加电大、函授学习和各种技能培训;公司共有20多名员工参加电大、函授学习,同时有47名员工先后参加市举办的特种设备操作培训和消防知识培训,有31名员工取得特种设备作业人员资格证,有9名员工取得了助理工程师职称,有4名员工取得技术员职称。目前,公司已培养各类技术人才35人。在员工当中,大中专毕业有80多人,公司为他们搭建了施展才华的平台,使他们人尽其才,才尽其用,从而展现出优秀团队的良好风貌。定期举行各种技能比赛和考试,并与工资挂钩,以激发员工学习科技知识,不断提高自身技能和科学文化素质的积极性。

四、重视人本文化建设

引导民营企业通过各种方式关怀员工,使其体验到公司的温暖,从而感动员工,进而增强员工归属感,让员工在工作真正感到愉快。将优良传统、优良作风加以传承,让传承的种子在企业生根,让企业文化传承,把企业做强做大,使企业蒸蒸日上。我会副会长单位福建点景科技股份有限公司拥有大量高学历、高素质、高技能的专业科技人才,并在同行业中具备较优越的办公环境,设立咖啡厅、健身房、音响室等场所供员工业余活动所用。该公司注重人文关怀,发放员工生日贺卡及提供内部音响室进行生日会,对员工结婚和子女升学祝贺并给予一定鼓励,在员工生病时进行探望并报销一定的医疗费用,在节日时发放过节费或礼品。建立企业文化电视墙,通过建立文化电视墙,宣传公司的理念和价值观,从而使员工对企业认同。为丰富员工的业余生活,提供一个交流沟通的平台,公司每月举行一系列的文体活动,如打篮球、羽毛球比赛、郊游、钓鱼、节日联欢等。为了鼓励先进、激发员工的工作热情,设立优秀部门奖、优秀员工奖、优秀经理奖、提案奖等,并进行表彰。

执笔人:谢文勇

江西省赣州市工商联民营企业劳动关系报告

近年来,赣州市工商联按照全联、省联工作要求,在市委、市政府的领导下,以服务“两个健康”为目标,积极创新服务手段,密切协调部门沟通,为构建“亲清政商”“和谐劳动”关系发挥了重要作用。我们的主要做法是:

一、以制度体系建设为保障,促进三方工作机制有序进行

为更有效发挥协调劳动关系三方会议作用,加强工会、人社局、工商联、企业联合会三方四家相互之间的沟通与协调,我市三方四家制定了《赣州市协调劳动关系三方会议制度》,定期对协调劳动关系工作中的重难点和倾向性问题交换意见、集中研判和谋划商议,促进信息资源共享,提升协同作战能力。目前,全市各县均建立了劳动关系三方协调机制,各部门定期交流,在规范企业用工、推进劳动合同制度、创建和谐劳动企业关系、维护企业和社会稳定关系方面,发挥了积极的协调作用。

二、以强化基层服务为重点,规范管理做好风险防控

为充分发挥律师在服务经济法制建设中的重要作用,我市将江西省“百名律师服务团”中的 9 名赣州律师组在一起,为非公有制经济企业打造一个法律咨询、交流和服务平台,增强非公有制经济企业的法律意识和自我保护能力,我们以 9 名律师为依托,成立了“百名律师服务团”赣州服务中心。中心成立一年以来,深入直属商会和县(市、区)工商联及会员企业,开展法律进民企、进商会、进工商联机关活动,引导非公有制经济人士践行亲清政商关系,依法经营、依法治企、依法维权,做中国特色社会主义法治的忠实崇尚者、自觉遵守者、坚定捍卫者。为广大企业家开展法律讲座、法律咨询、法律体检等公益服务。采取先征求企业意见、选定课题、送课上门的服务方式先后为商会企业讲授公司治理法律风险控制实操、企业合同管理及风险控制、企业知识产权管理体系、建设工程法律

风险实操、燃气行业安全事故法律风险控制实操、企业法律风险管理与防范等专题讲座。此外,还为信丰朝阳聚声泰科技公司、崇义章源钨业公司、上犹乐丰电机公司、江西奥沃森新能源公司等企业开展了"一对一"法律服务。2017 年开展法律服务活动 20 余次,提供法律咨询 100 多次。

三、以人为本创新服务形式,构建和谐劳动关系

我市全面贯彻落实中共赣州市委、赣州市人民政府《关于构建和谐劳动关系的实施意见》,切实推进全市和谐劳动关系的创建,特别是把企业较为密集、基层调解难度大的工业园区作为构建和谐劳动关系的综合试验区,严格按照工作重点要求,切实加强保障措施,积极发挥构建和谐劳动关系示范带头作用。目前,第一批综合试验区的劳动合同签订率得到大幅提高,劳动用工备案进一步完善,基层党组织、工会组织逐步健全,基层调解结案满意率逐年提升。各地在构建和谐劳动关系的过程中,以人为本积极创新服务形式,从关爱员工出发,建立亲情化服务体系,化解矛盾于友情之中。

(一)进一步延伸工商联服务手臂

2017 年 11 月,经过半年多的筹备,全省第一家工业园区工商联分会在赣州经济技术开发区(以下简称赣州经开区)正式成立。为使工商联工作真正做到重心下移,贴近会员、贴近企业、贴近非公有制经济发展,不断探索服务"两个健康"的有效途径和措施办法,发挥国家级经济技术开发区的示范引领作用,我会突破惯性思维,大胆实践探索,将工商联服务职能延伸到工业园区设立工商联分会。为不增加企业负担,又能与企业协会很好地融合,经反复沟通协调,我会于 6 月 16 日批复同意设立市工商联赣州经开区分会,与赣州经开区企业协会采取"两块牌子、一套人马"的模式运行。目前,这一创新方式正在全省工业园区进行推广。

(二)真情关爱员工

在条件成熟的工业园区,建立爱心母婴室,为孕期、哺乳期女工度过特殊生理阶段,提供人性化的服务。如邀请市著名妇科专家为女员工开展孕期知识讲座;联合月子中心举办产期孕妇胎前教育;开展哺乳师培训,建立妈咪小屋,切实保障女职工的身心健康。在企业大力提倡营造良好的工作和生活环境,关爱女职工身体健康。有条件的职工食堂设立了"孕妇专座",为孕妇准备一盅营养汤。

(三)畅通平等交流方式

在园区积极推广“三师一室”,建立园区服务站,为员工提供法律援助师、健康咨询师、心理调解师,视员工为家人,把企业与员工、老板与员工结为命运“共同体”,建立真爱“大家庭”。倡导老板关爱员工,员工热爱企业的良好氛围。同时,在遇有劳动争议、薪资纠纷时,请员工到“茶叙室”喝茶,让员工可以与老板或企业高管人员进行面对面地沟通,心平气和地交流,平等地对话,让矛盾在杯盏中化解,不满在对话中消除,润物于无声中,感动于有情处。

江西省宜昌市工商联民营企业劳动关系报告

2017年,宜昌市工商联高度重视民营经济组织构建和谐劳动关系工作,充分利用协调劳动关系三方委员会平台,不断加强治理全市民营企业劳动关系矛盾源头,保持了民营企业劳动关系总体和谐稳定。

一、健全完善三方机制,高站位引领民营经济组织构建和谐劳动关系

以组织体系建设为抓手,宜昌市将协调劳动关系三方工作机制升级为市政府层面的协调劳动关系三方委员会,用新的三方协商机制来指导推动民营经济组织构建和谐劳动关系工作。

(一)建强组织机构。市工商联积极参加以市政府分管市长为主任的"宜昌市协调劳动关系三方委员会",大力推进全市协调劳动关系三方工作,为民营经济组织构建和谐劳动关系打牢组织基础。目前,全市协调劳动关系三方委员会已经实现全覆盖。

(二)加强调研督办。为进一步贯彻落实中央、省、市关于民营经济组织构建和谐劳动关系工作的决策部署,研究解决推进构建和谐劳动关系的重难点问题,2017年6月、7月,市协调劳动关系三方委员会办公室组织4个调研督办组,由工商联分管领导等带队,对全市各县市区开展协调劳动关系三方机制建设和非公有制经济组织构建和谐劳动关系相关工作情况进行调研督办,采取听取工作汇报、调研座谈讨论、问卷调查、到非公有制企业实地考察和查阅相关资料等形式,对各县市区维护职工合法权益、三方工作机制建设、开展集体协商等情况进行重点调研督办,有力推进全市和谐劳动关系创建工作。

二、积极开展和谐创建,全方位推进民营经济组织构建和谐劳动关系

(一)扎实开展和谐创建工作。2017年6月,宜昌市政府出台了《关于进一步深化和谐劳动关系企业创建工作的实施意见》,明确规定,用6年时间使全市

95%的企业进入创建行列,60%的企业进入和谐企业行列,30户企业进入“宜昌市十佳和谐企业”行列。对评为“宜昌市十佳和谐企业”的单位,除各相关部门给予优惠政策外,还将给予一次性10万元的奖励。市工商联积极配合市协调劳动关系三方委员会办公室参与制定《“宜昌市和谐企业”和“宜昌市十佳和谐企业”创建标准》,明确了非公有制企业构建和谐劳动关系的具体内容和量化指标。

(二)建立多层次培训机制。市工商联组织全市50名年青一代民营企业家在复旦大学举办宜昌年青一代企业家创业创新、转型升级培训班。通过对企业创新、《劳动法》等相关法律法规的学习,参训企业家综合素质进一步提升。夷陵区工商联充分发挥基层党组织作用。通过开展教育培训,引导非公有制经济代表人士坚定理想信念,增强社会信誉,履行社会责任,培训企业家300余人次。

(三)开展政企沟通,搭建民企与政府沟通的桥梁。市工商联召开全市促进民营经济发展座谈会,将企业反映的困难和问题以统战专报的形式报市委、市政府领导。按照企业的需求,组织商会、民营企业与市中级人民法院等部门召开政企沟通座谈会、通气会,解读政策信息,听取意见建议,回应企业呼声,进一步优化非公有制企业发展环境。

(四)为非公有制企业搭建招工用工平台。市工商联积极举办第六届“真情系民企、岗位进万家”大型公益招聘会,充分发挥非公有制企业吸纳就业的主渠道作用,重点为各类中高端人才、大中专毕业生、城镇失业人员、农村进城务工劳动者提供就业岗位以更好施展才能,促进社会就业,招聘会当天共1000余名求职者达成就业意向。伍家区工商联联合区人社局,组织大型“春风行动”招聘会等10次,300余家非公有制企业参与,8000人初步达成就业意向。西陵区工商联通过举办“校企融合人才战略论坛”,积极为企业引进优秀人才,以满足企业对高层次人才的需求。

(五)在全市会员企业中开展企业征信工作。加强与第三方信用服务机构11,315全国企业征信系统的合作,提升企业家的法制意识、诚信意识、责任意识。继续联合市文明办、三峡日报传媒集团等单位举办了宜昌市第十五届万名消费者评诚信活动,并推荐6家企业参评,湖北宜草堂药房连锁有限公司被评为“宜昌市十佳诚信企业”。

(六)开展维权服务,积极为民营企业排忧解难。市工商联积极就民营企业反映的中医坐诊、药店经营处方药等诉求和就企业反映的自身权益受侵害等事宜,依法依规向相关部门协调呼吁,及时回应企业关切,为企业排忧解难,维护企业合法权益,营造良好氛围。全年为民营企业协调解决诉求、纠纷10余件。当阳市工商联在15家重点非公有制企业中设立“法律维权服务岗”,开展法律维权活动。

三、深入推进集体协商,规范民营经济组织构建和谐劳动关系

市工商联从创新思路加强集体协商平台建设,坚持以点带面,通过深化企业集体协商制度,助力民营企业构建和谐劳动关系。

一是创新工作思路,以项目化管理推进典型培育。在民营企业中大力开展民主管理和集体协商工作示范单位创建工作,将集体协商示范单位创建工作实行项目化管理。每个县市区年初各确定1家行业、1家企业、1家区域性集体协商工作示范点,市协调劳动关系三方委员会负责跟踪指导,县市区每月上报典型培育进度,年底进行实地考核,对评定10家集体协商示范单位通报表扬,并各给予10,000元的工作补贴。宜都市工商联通过连续开展五届“和谐(示范)企业”评选,加大推进工资集体协商工作的力度,建制企业工资集体协商的参与率达到了90%,知晓率达到95%。

二是创新工作手段,以“互联网+”助力集体协商。认真落实《“互联网+”民主管理工作的实施意见》,建立“互联网+”集体协商平台,充分了解劳资双方诉求,有效开展集体协商。目前,规模及以上企业均建立了职工QQ交流群、职工微信交流群、企业网站(内外网)、微信公众号、微博等形式的“互联网+”集体协商工作平台。湖北六国化工以“六国声音”平台为切入点,广泛收集职工诉求,形成工资专项集体合同,一线职工工资年增长10%;史丹利化肥通过“心沟通”企业职工交流平台,为职工落实了住房公积金和职工带薪休假制度;导游行业工会通过微信群,对集体协商会议现场进行实时直播。

三是创新工作方法,大力推行集体协商“双约定”。针对当前经济发展进入“新常态”,市协调劳动关系三方委员会办公室制发《关于在全市开展集体协商“双约定”行动的通知》,市工商联以在非公有制企业、行业开展集体协商为抓手,引导企业向职工亮家底、谈愿景、稳岗位、保工资,勇于承担社会责任,职工向企业献良策、提建议、守岗位,大力弘扬敬业精神的“亮家底、献良策”双约定行动,职工同企业约定同舟共济、共渡难关,涌现了一批如秭归物流行业、三峡制药等

集体协商“双约定”典型。

四是创新工作模式,深入推进导游劳动报酬集体协商工作。积极指导旅游管理部门进一步落实《宜昌市开展导游劳动报酬集体协商试点工作实施方案》,倡导抵制低价游,拒绝零报酬。

四、存在的主要问题

1. 实效性和影响力还有待进一步提高。协调劳动关系三方机制不具有调整劳动关系的强制性,定分止争的作用有限。

2. 成员单位之间合作空间大,各成员单位之间共创共建的工作格局还需进一步完善。

3. 组织体系不够健全。目前,虽然县级工商联加入协调劳动关系三方机制,但组织网络建设还不够健全,在三方机制中的职能还不够明确,且人员少、经费不足,影响了工商联组织在协调劳动关系三方机制的作用发挥。

五、对策和建议

1. 进一步加强宣传教育培训。一是加强企业主对劳动合同、工资集体协商、劳动用工相关劳动法律法规知识培训,引导他们依法依规,积极履行社会责任,关爱员工。二是加强对企业职工教育培训,引导职工要爱岗敬业,增强对企业的责任感、归属感,以理性、合法形式表达利益诉求,维护自身合法权益。

2. 为民营企业构建和谐劳动关系营造良好环境。要加大对中央、省、市促进民营经济发展各项扶持优惠政策的宣传贯彻落实,让政策的红利能够惠及企业,特别是小微企业。要充分发挥工商联组织在促进“两个健康”的重要作用,加大省委办公厅、省政府办公厅《印发〈关于构建新型政商关系的意见〉的通知》(鄂办发〔2017〕39 号)文件落实力度,畅通非公有制企业及其负责人诉求表达渠道,在市县工商联建立非公有制企业投诉中心,维护企业合法权益。企业发展了,企业活力激发了,就能为构建和谐劳动关系创造有利条件。

3. 进一步加强民营企业党组织建设。在具备条件的民营企业中建立党组织,扩大党组织覆盖面和工作覆盖面,发挥好企业党组织战斗堡垒作用,通过示范引领推进企业和谐劳动关系建设。

山东省济南市工商联民营企业劳动关系报告

2017年度，济南市工商联为发挥优势，加强引导，加快构建和谐企业步伐，完善三个法律服务载体，推动劳动关系协调机制建设，共同研究解决民营企业中劳动争议和劳动纠纷；加强与“协调劳动关系三方会议”各成员的联系和协调沟通，做好有关调研、统计等会议日常工作，推动和谐劳动关系建设。现将相关工作汇报如下：

一、济南市工商联经验做法

1. 成立“济南市工商联法律服务中心”。积极贯彻落实济南市委、市政府“法治六进”活动精神，由市工商联牵头，市司法局、市法制办、市工商联、市仲裁办、律师事务所、市联直属会员商会、市联青商会、部分异地商会各选派1人组成联席会议，定期开展联席活动，统筹解决法律服务过程中所遇到的各种问题，部署调整工作内容和工作重点，研究制定改进措施。组织6家律师事务所指派律师，主动走进会员企业、直属商会、异地商会，深入开展“法治进企业”活动，向工商联会员企业提供免费法律咨询、法律体检、普法教育、法律培训等服务，将近年来常见的典型案例收集整理汇编成册，向会员企业免费发放；利用“微信免费咨询平台”“法援在线”进行手机和网上交流，建立便利高效、经济实惠的法律服务平台，为会员企业以及我市民营企业提供网络法律服务，使律师实时为企业提供法律咨询，实现律师与企业线上接洽，线下对接。

2. 成立“济南市工商联商会（协会）民商事纠纷调解指导中心”。充分发挥济南市工商联法律服务中心服务会员企业的职能和“市政法工作服务促进非公有制企业发展联席会议”制度的作用，指导并推动县区工商联、商会（协会）以及会员企业成立调解机构，开展非公有制企业之间民商事纠纷和企业内部纠纷调解工作；承担调解机构与仲裁机构、司法机关之间的联络工作，建立与市委政法委、司法局、法制办、仲裁委等部门的联席会议制度，做好调解与仲裁、司法确认及诉讼衔接工作;帮助各调解机构开展相关业务培训,大力宣传、推广调解解决纠纷的优势,组织商会(协会)相关负责同志到广州市参加广东省工商联举办的调解员培训班,邀请济南市检察院、山东省律师协会、济南仲裁委员会的领导和专家在舜耕山庄开展法律培训,并在济南市流通业供应商协会、济南市台州商会等商会(协会)建立民商事纠纷调解指导中心。

3. 成立"济南总商会人民调解委员会"。济南市工商联依照《中华人民共和国人民调解法》、中央社会治安综合治理委员会等16部门《关于深入推进矛盾纠纷大调解工作的指导意见》《山东省多元化解纠纷促进条例》和济南市委《关于深入推进诉调对接工作的实施意见》等法律法规和文件精神,成立了我省工商联系统首个人民调解组织。作为济南市工商联拓展服务非公有制经济工作职能、化解民营企业各类矛盾纠纷、依法维护民营企业合法权益、促进社会和谐稳定的重要举措,专业调解涉及商会会员之间、商会会员与第三人之间、商会会员与服务对象之间、商会会员与员工之间的民事和商事纠纷。由各商会(协会)的会长和秘书长担任济南总商会人民调解委员会的第一批调解员,并在59个异地商会建立联络站,及时排查发现商会系统纠纷隐患,出现问题及时反映,主动介入调解有可能激化、演变为群体性事件的矛盾纠纷,确保调解工作的顺利推行,已经成功调解多起纠纷。

二、劳动关系调解典型案例

1. 济南市流通业供应商协会调解成功案例。2014年济南佳和乐超市经营困难,资金链断裂,造成大批供应商哄抢货物,超市倒闭。供应商大量资金得不到解决,在流通业造成极大影响。该超市大部分供应商是济南市流通业供应商协会会员,双方请求济南市流通业供应商协会调解中心给予调解。调解中心在接到申请后积极协调,安抚供应商的急躁情绪,联系双方坐到一起协商解决。调解员孙武虎、陈志、韩刚按照中心章程规定,多次组织调解,最终使双方达成一致,圆满解决争议。现调解结果在商会调解中心的监督下,基本顺利执行。这是济南市流通业供应商协会调解中心成立以来调解成功的首例,也为下一步的工作打下好的基础,提供了经验。

2. 济南市台州商会调解成功案例。济南市格莱特雕刻机有限公司和济南万切商贸有限公司就双方买卖合同的15万元尾款产生纠纷,申请济南市台州商会调解中心出面调解。本次调解主要针对调试与支付货款的先后、货款的数额及被申请方的经济损失如何承担进行协商。调解中心请双方负责人分别就各自情况做出陈述,独任调解员、山东瑞文律师事务所主任李宁律师运用自己丰富的法律知识和调解技巧,细心地剖析双方的权利和义务,最后使双方的诉求达成一致,在互谅互让的氛围中成功化解了纠纷并当场签订了合同履行协议,这是我省商会发挥调解职能成功调解的第一例商事纠纷。

之后,济南市工商联将立足自身职能,建立起高效、高质的法律服务体系,更好地为民营企业提供常态化、特色化、深度化、全面化、精准化的服务。

河南省济源市工商联民营企业劳动关系报告

和谐劳动关系是经济发展和社会稳定的重要保证。构建和谐劳动关系，促进企业和职工利益共享，对加强和创新社会管理、推进和谐社会建设至关重要。按照省工商联的要求，济源市工商联围绕民营企业劳动关系现状，对我市人社局、市总工会及部分民营企业进行了走访及问卷调查，现将调研情况报告如下：

一、济源市民营企业劳动关系现状

（一）执行相关劳动保障法律法规情况

一是全面宣传贯彻落实《劳动合同法》和《河南省企业工资集体协商条例》。加强劳动合同和集体合同管理，进一步规范重点行业和企业的劳动用工行为，大力开展劳动合同法律法规宣传，对全市范围内大、中、小企业特别是建筑业、制造业、住宿和餐饮服务业进行重点指导引导检查，督促用人单位进一步完善劳动用工制度。二是依法规范协商程序，增强集体协商和集体合同实效，加强对集体协商的指导和服务。通过深入企业、深入基层，对集体协商提供全程指导，制定企业和行业集体合同示范文本、要约示范文本及指导手册，合理确定在岗职工平均工资水平和增长幅度，为集体协商双方提供参考。目前，全市签订劳动合同 276, 900 人，劳动合同签订率达到 99% 以上；签订集体合同 2552 份，合同覆盖率达 90%；签订工资集体协商合同 1025 份，覆盖率达 85%；涉及职工 303, 310 人。其中区域性集体合同 19 份，覆盖企业 537 家，涉及职工 35, 288 人；行业性集体合同 18 份，覆盖企业 66 家，涉及职工 6253 人。进一步明确企业工资支付形式、时间、发放标准等，有效解决企业拖欠、克扣职工工资问题，确保职工工资按时、足额发放，减少劳资纠纷等矛盾的发生，促进劳动关系和谐。

（二）最低工资调整和企业执行情况

为充分发挥最低工资对最低收入职工及其家庭成员基本生活的保障作用，

促进社会和谐稳定,济源市从2017年10月1日起进行最低工资调整,月最低工资标准由之前的1600元,调整为1720元,增长120元,增幅达7.5%。同时,对非全日制从业人员小时最低工资标准由15元每小时提高到16元每小时,增长了1元,增幅达6.6%。目前,济源市企业普遍用人紧张,企业用工工资普遍偏高,基本都高于最低工资标准。

(三)工资集体协商工作成效和存在问题

济源市自2010年起推行工资集体合同制度,开展工资集体协商工作以来,较好地解决了职工最关心的工资增长方案、工资发放时间、劳动工时标准等热点难点问题,初步实现了职工工资与企业发展同比例增长,维护了职工的合法权益,促进了社会和谐稳定。济源市丰田肥业有限公司、金马焦化有限公司等企业,工资协商逐步规范,并向职工福利待遇、奖金分配等方面延伸:济源市丰田肥业有限公司在各项社会保险缴费基数、住房公积金缴纳比例以及女工卫生费等参照国家规定的增长以外,公司职工基本保持工资增幅年均在13%左右;济源市金马焦化有限公司自工资合同签订以来,公司职工工资水平平均每年增长8%以上。通过工资集体协商,丰田肥业有限公司先后荣获"河南省优秀民营企业""河南省五一劳动奖章""全国守合同重信用企业""全国模范劳动关系和谐企业""全国模范职工之家"等称号。金马焦化有限公司先后荣获"河南省五一劳动奖状""全省模范劳动关系和谐企业"等称号。全市和谐企业创建962家,取得了实实在在的效果,为全市劳资关系的和谐、社会的稳定,奠定了坚实的基础。同时,也存在一些问题。一是少数用人单位法律意识淡薄,不签订劳动合同、不按时发放劳动者工资、不依法参加社会保险和缴纳社会保险费、违法超时加班等违法行为仍有发生。二是职工关注度不够高。有的职工认为工资集体协商与自己关系不大,部分职工求职不容易,怕维权会丢岗位,不敢参与工资协商。三是机制不到位。全市各企业基本都开展了工资集体协商,并签订了工资集体合同,但是,对于工资集体协议的落实尚未形成有力的监督、保障措施,因此,一些职工对于已经签订的工资集体协议是否能落到实处仍心存顾虑。

(四)劳动争议情况

2017年,济源市劳动人事争议仲裁院共受理劳动人事争议案件1025起,结案1080起,调解结案611起,法定时效内结案率100%,共为当事人挽回经济损失7000多万元。与上年相比,受理劳动争议案件数量减少近1/3,劳动人事争议仲裁案件主要呈现出"下降"的特点:一是案件总量下降;二是集体争议案件下降。造成劳动人事争议仲裁案件下降情况的分析:一是社会经济回暖影响,降低了劳动争议发生的频率。2017年我市实体经济回暖,特别是部分工业企业恢复生产,用工需求增加,缓和化解了劳资紧张的矛盾。二是"去产能"工作趋于正常平稳。我市的煤炭、钢铁行业,2017年化解过剩产能工作基本完成,产业调整到位,劳动关系形势较去年同期趋于平稳,使案件数量大幅下降。三是企业依法守法意识有所提高。随着对劳动法律法规宣传的不断深入以及创建和谐劳动关系活动的不断推进,企业也意识到构建和谐劳动关系对企业经营及自身的长远发展的重要作用,劳动争议仲裁委员会也通过"裁决一案、教育一起、警示一片"的方式,使企业认识到一旦因企业没有依法用工产生劳动争议,其付出的经济代价和产生的负面效应远比依法用工的成本大得多,因此企业开始注重改善劳资关系,避免劳动争议产生。四是仲裁机构的柔性方式化解争议纠纷取得效果。经过多年不懈开展普法宣传,以多种方式和途径广泛宣传《劳动合同法》及相关法律法规,使劳动者和企业知法守法意识不断增强。注重案前调解、案外调解,不断发挥基层劳动争议调解组织作用,在产生劳动争议初期,及时介入,将争议化解在萌芽、化解在基层,从而减少劳动争议案件的发生。五是劳动合同鉴证有效预防劳动争议的产生。通过认真审查合同内容,对虚假合同、人情合同及不完备合同及时纠正,有效预防和减少了劳动争议的发生,并利用鉴证等手段,督促未参加或停保单位做好扩面征缴和清欠工作。

(五)济源市劳动关系存在主要问题及原因

1. 社会深层次的矛盾凸现。特别是小企业、私有企业工资集体协商开展难度大;工资增长指导线执行力度弱,一些企业工资增长缓慢;定员定额、计件单价、劳动班次等设置不合理;劳动时间长,劳动条件差,带薪年休假和加班报酬难以落实等现象存在。

2. 劳动合同管理中存在部分行业签订率低等问题。一些规模较小的民营企业,特别是一些建筑、餐饮、娱乐等行业,从业人员流动性强、点多面广,双方合同签订积极性不高,劳动合同的宣传、监督检查难以到位。企业用工不规范,不签劳动合同和随意解除劳动合同的现象不同程度地存在。

3. 集体合同制度实施难度较大。由于一些企业工会组织不健全或作用发挥不够,受雇于经营者领导之下。不敢谈、不愿谈、不会谈,协商能力弱,集体合同制度实施难度大。有的企业虽然签订了集体合同,但集体内容较为原则空泛,缺乏针对性,可操作性不强。

二、济源市工商联在构建和谐劳动关系方面开展的工作

(一)积极参与协调劳动关系三方会议。济源市工商联同市人社局、市总工会、市工信委三方四家一起,共同推动劳动关系制度和劳动关系协调机制建设。

(二)加入了济源市协调劳动关系三方委员会。为贯彻落实中共河南省委、河南省人民政府《关于构建和谐劳动关系的实施意见》和省协调劳动关系三方委员会的要求,统筹指导全市构建和谐劳动关系工作开展;研究制定我市构建和谐劳动关系的相关政策;健全协调劳动关系工作机制,完善工作制度;研究分析、组织协调、妥善解决我市协调劳动关系领域的重大情况和问题;进一步完善协调劳动关系三方机制,充分发挥政府(以劳动行政部门为代表)、职工(以工会组织为代表)和企业(以工商联、工信委为代表)在研究解决有关劳动关系重大问题中的重要作用,成立了济源市协调劳动关系三方委员会。

(三)部门联动密切配合。按照中共河南省委、河南省人民政府《关于构建和谐劳动关系的实施意见》的要求,济源市人社局牵头,总工会、法制局、工商联、工信委和住建局等部门提出意见,拟定了中共济源市委、济源市人民政府《关于构建和谐劳动关系的实施意见》。2017 年 1 月 6 日,市委常委会对该意见进行研究,提出了修改意见,于 2017 年 1 月 22 日经济源市委书记张战伟同志签发后正式印发。

(四)大力宣传劳动法。对劳动法律、法规进行宣传,引导民营企业自觉遵守《劳动合同法》等法律法规和相关政策,依法享有权利、承担义务,依法维护企业正当权益,尊重和保护劳动者合法权益。

(五)开展活动促进就业。引导民营企业积极创造就业岗位,履行社会责任,推动就业再就业工作。联合相关部门举办招聘会、招聘周等活动,帮助下岗职工、农村剩余劳动力、应届大学毕业生等解决就业难题,缓解就业压力。

三、促进和谐劳动关系建议

(一)引导企业经营者自觉遵守劳动法律法规。通过广泛宣传,强化培训,加

大对劳动法律法规的学习贯彻力度,以《劳动法》《工会法》《劳动合同法》为重点,深入民营企业开展劳动法律法规宣传,对企业经营者、人力资源管理人员进行《劳动合同法》培训,结合企业在日常生产经营中可能遇到的问题对《劳动合同法》进行深入解读,提高企业经营者劳动法律法规知晓率,引导企业经营者树立以人为本、劳资共赢的理念,自觉遵守劳动法律法规,积极履行社会责任,依法保障劳动者的基本权利,让劳动者共享企业发展成果,提升劳动者对企业的认同感和归属感,实现劳动者与企业共同发展。

(二)引导广大职工积极推进企业发展。解决广大职工最关心、最直接、最现实的利益问题,切实维护其根本权益,是构建和谐劳动关系的根本出发点和落脚点。企业发展了,职工的利益才会有保障,构建和谐劳动关系才有物质基础。工会作为职工利益的代表者和维护者,要切实承担起教育和引导职工推动构建和谐劳动关系的重要职责。在广大职工中加强思想政治教育,引导广大职工树立正确的世界观、人生观、价值观,追求高尚的职业理想,培养良好的职业道德,增强对企业的责任感、认同感和归属感,爱岗敬业、遵守纪律、诚实守信,自觉履行劳动义务,通过辛勤劳动、诚实劳动、创造性劳动,提高自身素质,拓宽发展渠道,拓展发展空间,实现自身价值,促进企业发展。

(三)妥善解决劳动争议。劳动争议的妥善解决是构建和谐劳动关系的重要组成部分。一要强化事前监督。人社部门要通过劳动合同鉴证,认真审查合同内容,对虚假合同、人情合同及不完备合同及时纠正,有效预防和减少劳动争议的发生。二要及时化解矛盾。注重案前调解、案外调解,在产生劳动争议初期,及时介入,将争议化解在萌芽、化解在基层,减少劳动争议案件的发生。三要加大主动监察力度。以劳动合同签订、社会保险费缴纳、工资支付为重点,加大日常主动检查力度,宣传政策,督促规范,维护职工和企业双方的合法权益。

(四)工商联主动发挥好桥梁纽带作用。在非公有制企业已经占到企业总数绝大比重的事实面前,在劳动关系三方协调机制中,工商联组织要发挥正确的引导作用,积极与企业和企业家们进行良好的沟通;同时主动与人社部门、工会组织对接,在政府、劳动者之间起到桥梁作用,使三方良性互动,促进劳动关系方面矛盾的化解,推动劳动关系三方协调机制日趋完善。

湖北省武汉市工商联民营企业劳动关系报告

中国工商业联合会章程指出，参与协调劳动关系，协同社会管理，促进社会和谐稳定是工商联的重要职责。2017 年，武汉市工商联加强与市人社局、市总工会、市企业家联合会/企业家协会的联系与合作，充分发挥密切联系非公有制企业的优势，积极引导会员企业创建和谐劳动关系，为保护职工权益、促进社会和谐、提高生活水平做出了应有的贡献。

一、高度重视，提高认识

近年来，我市民营经济得到较快发展，规模持续扩大，对全市经济发展、劳动就业、财政收入、公益事业等方面做出了重大贡献。构建和谐劳动关系同民营企业的健康发展、职工的利益实现和社会的和谐稳定密切相关，是增强党的执政基础、扩大党的群众基础、巩固党的执政地位的必然要求。工商联作为协调劳动关系三方会议成员单位，高度重视推动非公有制企业构建和谐劳动关系，促进非公有制经济健康发展和非公有制经济人士健康成长的工作。

二、健全机制，紧密配合

按照中共中央、国务院《关于构建和谐劳动关系的意见》(中发〔2015〕10 号)要求，武汉市政府成立了市协调劳动关系三方委员会，印发了《关于明确〈关于进一步构建和谐劳动关系的实施意见〉责任分工的通知》，对三方各业务部门承担的工作进行了明确。市工商联积极参与，承担责任，推动完善三方机制职能，促进健全会议、调研学习、工作报告、工作保障四项制度。

三、积极行动，促进和谐

(一)组织商会企业参与培训。组织市直商会及企业相关负责人参加省政法委、省检察院、省工商联联合举办的非公有制企业依法治企研修班，提高了企业运用法治思维和法治方式管理企业的能力;组织企业相关负责人参加人力资源部和全国工商联联合举办的非公有制企业劳动争议预防调解师资培训班;组织市直商会及企业相关负责人参加省工商联举办的非公有制企业劳动争议预防调解工作培训班,系统学习了当前我省劳动争议调解仲裁工作面临的形势和主要任务,劳动争议调解工作程序,《劳动合同法》《工伤保险条例》等法律法规政策等内容,并组织劳动争议预防调解业务知识考试,为参训人员颁发了调解员资格证。

(二)推动民营企业法治化建设。2017 年 10 月 12 日,市委统战部和武汉市司法局、市工商联、市律师协会在武汉会议中心联合举办武汉市"同心 · 律师服务团"新征程启动仪式,向全市律师发出了"武汉市律师界为新民营经济助力,为法治化建设服务"的倡议,发布了首批法律服务产品,与武汉市民营企业、商会代表签订了法律服务协议,以企业需求为导向,通过"同心律师"微信公众号实现律师与民营企业自由选择和无缝对接,通过提供法律服务产品目录等方式,着力提高服务企业的精准性和实效性,着力维护民营企业、职工合法权益。

(三)推动《武汉市大学毕业生在汉工作指导性最低年薪标准》出台工作。一是配合市人社局开展了新毕业大学生薪酬情况网上调研,并联系光谷商会、经济技术开发区工商联组织新毕业大学生薪酬情况座谈会,走访企业了解薪酬情况,为我市出台《武汉市大学毕业生在汉工作指导性最低年薪标准》提供依据。10 月 11 日,武汉市正式发布《关于加强大学毕业生安居保障的实施意见(试行)》《关于进一步放宽留汉大学毕业生落户试行政策》《武汉市大学毕业生在汉工作指导性最低年薪标准》3 份重磅文件出台,其中,武汉在全国率先出台大学毕业生指导性最低年薪标准:专科生 4 万元、本科生 5 万元、硕士 6 万元、博士 8 万元,探索聚才武汉样本。12 日,为响应新政出台,武汉市工商联第一时间发布倡议书,全体委员暨 242 家执行委员企业率先表态将作出示范,带头执行,并向全市民营企业发出号召,积极执行大学毕业生在汉工作指导性最低年薪标准。二是联合武汉市人力资源和社会保障局、武汉市总工会、武汉人民政府国有资产监督管理委员会联合出台《关于将武汉市大学毕业生在汉工作指导性最低年薪标准纳入集体合同内容的通知》文件,并共同组织武汉市首次大学毕业生最低年薪集体合同集中签约仪式,现场签订 42 份企业集体合同、1 份行业性集体合同、1 份区域性集体合同,为留汉就业大学生就业创业提供有效保障。

（四）参与“武汉市模范和谐企业”荣誉评选活动。参与了 2016 年度武汉市模范和谐企业评选活动，考核了中信建筑设计研究总院有限公司、武汉材料保护研究所、际华三五零六纺织服装有限公司、武汉国际集装箱有限公司，并严格按照考核程序和标准，择优推荐了十佳和谐企业候选单位。

四、困难和问题

（一）市工商联在和谐劳动关系上的职能有待进一步加强。工商联作为政府管理和服务非公有制经济的助手，在解决实质问题上抓手不足，只能以宣传政府的法规政策和意见、对非公有制企业进行思想教育等方面着手。

（二）法律政策更为注重保护劳动者的利益。从立法层面上讲，对民营企业家的保护相对较少，工商联在协调处理企业家利益和劳动者利益的关系的过程中，只能根据劳动关系矛盾和纠纷的性质不同，适时兼顾政府利益和积极维护民营企业的利益。

广东省惠州市工商联民营企业劳动关系报告

近两年来,我会认真贯彻落实中共中央、国务院《关于构建和谐劳动关系的意见》(以下简称《意见》)和中共广东省委、广东省人民政府《贯彻落实中共中央、国务院〈关于构建和谐劳动关系的意见〉实施意见》(以下简称《实施意见》),按照市委、市政府有关工作要求,充分发挥工商联和商会协会在推动非公有制企业构建和谐劳动关系中的积极作用,积极做好构建和谐劳动关系有关工作。主要工作情况是:

一、提高思想认识,积极开展构建和谐劳动关系创建活动

向各县(区)工商联、各商(协)会及会员企业下发了《关于在全市深入开展和谐劳动关系创建活动的通知》,要求认真学习,深刻认识构建和谐劳动关系工作的重要性和紧迫性,自觉把思想和行动统一到中央和省委省政府的决策部署上来,采取有力措施切实抓好各项工作任务的落实。认真落实《惠州市构建和谐劳动关系工作方案》,确定责任分工,明确实施步骤,加强督促检查,注重发挥各级工商联、商(协)会及会员企业在构建和谐劳动关系中的积极作用。一是开展"车间里的价值观"示范点建设工作,选定惠州市大西洋服饰有限公司为示范点,扎实开展"八个一"建设:完善一个企规厂训或员工行为规范、建设一个核心价值观主题厂区花园、开设一个员工学习讲坛或道德讲堂、设立一个善行义举榜、建立一支志愿服务队、设立一个"岗位之星"标兵岗、开展一次员工形势政策宣传教育活动、举行一次创业创新故事分享会等,促进了和谐劳动关系建设。二是开展"优秀商会示范点"建设活动,推动异地商会、行业商协会、基层镇街商会参与社会建设,构建和谐劳动关系。

二、加强宣传教育,强化非公有制企业主体责任

要求各县(区)工商联、各商(协)会及会员企业要加大对《意见》和《实施意

见》的宣传力度，深入开展以守法诚信为重点的理想信念教育实践活动。组织广大会员企业学习习近平在全国政协民建、工商联委员联组会上的重要讲话精神，提升企业发展信心，引导会员履行社会责任；组织全市商协会组织开展“百会万企”守法诚信宣誓仪式，构建“守法诚信”商圈研讨会等活动；在惠州电视台播放向“爱国、敬业、创新、守法、诚信、贡献的企业家致敬”的公益广告，引导非公有制经济人士特别是年轻一代致富思源、富而思进，做守法诚信、有社会担当的企业家；创新宣传方式、拓展宣传载体，探索运用“互联网 + 工商联法治宣传教育”的新形式，运用惠州市工商联微信公众号，积极加强法律宣传，引导教育非公有制经济人士正确解读劳动法律法规，增强企业依法用工意识，自觉关爱职工，保障职工合法权益，促进企业与职工协商共事、机制共建、效益共创、利益共享。

三、加强协调合作，积极参与协调劳动关系三方机制

市工商联确定由 1 名专职副主席、1 名科室主任专门负责参与劳动关系三方协调机制。要求各县(区)工商联要积极推动完善本级协调劳动关系三方机制，加强与人社、工会等单位的沟通协作，共同研究解决劳动关系领域的重大问题。注重发挥工商联和商会协会密切联系非公有制企业的优势，积极参与创建和谐劳动关系示范区工程、和谐劳动关系评选表彰、劳动争议预防调处、厂务公开民主管理、职工基本养老保险、异地务工人员服务管理等工作。

四、加强集体协商，推动集体劳动合同制度实施

积极推动会员企业贯彻落实《广东省企业集体合同条例》，利用召开执委会、主席会的时机，组织学习、宣传条例，共发放《广东省企业集体合同条例》350 多份。及时调查了解非公有制企业的实施情况和意见建议，坚持分类指导原则，加强对集体协商的指导，加强对协商主体的教育培训，引导非公有制企业按照“共建共享”的原则开展集体协商和签订集体合同，指导和推动商(协)会主动参与行业性、区域性集体协商。广泛深入开展非公有制经济人士综合评价工作，将评价对象扩大到拟任工商联执委以上人员，将劳动关系作为一项重要评价指标，促使工商联会员企业遵守劳动法律法规，自觉守法诚信。

五、加强纠纷预防化解,注重源头治理和应急处置

引导各县(区)工商联、各商(协)会及会员企业积极探索非公有制企业劳动关系状况监测办法,开展非公有制企业和商(协)会劳动争议预防调解示范等工作,加强非公有制企业劳动关系形势分析研判,建立纠纷预警机制。2017 年在党的十九大召开前夕,我们依托市工商联所属 30 多家商协会组织,建立联络预警机制,共同维护、保障了劳动关系的和谐稳定。

广东省河源市工商联民营企业劳动关系报告

构建和谐劳动关系工作是构建和谐社会最基础的工作。近年来,河源市委和政府把构建和谐劳动关系摆到更加突出的位置,加大工作力度,取得了积极成效。2017年4月至9月,我会与市人力资源和社会保障局、市总工会、市企业家联合会和河源日报社联合开展了全市构建和谐劳动关系工作创建活动,全市共有600多家企业积极参与当中,形成了"党委政府重视、多方协调配合、社会宣传推动、企业与职工积极参与"的良好局面。经过召开培训动员会、申报、初审、复查、公示等7个环节,历时5个多月,全市共有103家企业单位被评为"河源市和谐劳动关系先进企业",为社会的和谐稳定营造了良好氛围。

一、加强组织领导,筑好责任"承重墙"

一是成立工作领导小组。为有序推进构建和谐劳动关系工作,专门成立了河源市构建和谐劳动关系工作领导小组,由市人力资源和社会保障局主要负责同志担任组长,市人力资源和社会保障局、市总工会、市工商业联合会、市企业和企业家联合会、河源日报社分管负责同志担任副组长,各单位相关科室负责人担任小组成员。各县区也按照要求相应成立了当地的构建和谐劳动关系工作领导小组。

二是做好部门责任分工。各级人力资源社会保障部门负责协调指导、纠纷调处、检查监督等工作;各级工会负责维护职工合法权益,组织动员职工积极参与构建和谐劳动关系活动;各级工商业联合会、企业和企业家联合会等企业代表组织负责反映企业利益诉求,引导和教育企业经营者主动履行社会责任;河源日报社负责宣传工作,为构建和谐劳动关系工作营造氛围。各单位切实做好责任落实,推动构建和谐劳动关系活动工作有序开展。

三是完善激励约束机制。对获得"河源市和谐劳动关系先进企业"称号的单位给予表彰,颁发牌匾,并实行动态管理,不搞终身制。同时,建立定期检查复核制度,对弄虚作假及严重违背构建标准的单位,收回牌匾,撤销荣誉称号,并通过新闻媒体公布。

二、坚持齐抓共管,筑好协力“合作墙”

一是积极建言献策。自2017年4月正式启动构建和谐劳动关系活动以来,我会积极建言献策,并协助召开全市构建和谐劳动关系活动会议。

二是加强沟通协调。有效发挥各相关职能部门作用,健全完善工作责任制,着力于发挥整体合力推动构建活动开展。先后参与了构建和谐劳动关系活动动员大会和领导小组成员单位工作会议,不定期参与相关职能部门碰头会,对整个构建活动做到了早计划、早安排,并积极组织各部门开展督导检查活动,推动工作的落实。

三是参与制度建设。市工商联作为构建和谐劳动关系三方机制单位,把构建和谐劳动关系活动融入全市构建和谐社会的大局中,积极协助人社部门制定印发了《河源市构建和谐劳动关系工作的实施方案》和《河源市构建和谐劳动关系工作评分标准》,使基层单位工作有方向、有标准。

三、强化宣传引导,筑好思想“防火墙”

一是打造全方位宣传。充分利用《人社在线》电视栏目、电台、报纸、网站、微信、户外宣传栏等“传统媒体+新媒体”平台和《河源商会信息》、工商联微信公众号及市总商会微信群,切实加强活动宣传,同时委托河源日报社对河源市构建和谐劳动关系活动评选进行全程跟踪报道,在《河源日报》及其微信公众平台等载体开展了为期5个月的专题报道,对企业构建和谐劳动关系相关工作经验、做法以及企业申报情况、初评情况、大众投票情况、专家组评审情况进行刊登报道共34次,同时重点刊登了12家企业构建和谐劳动关系工作先进经验和亮点,努力扩大宣传的覆盖面,使企业和职工认识到开展构建和谐劳动关系活动的重要性。2017年9月27日,我市在桃花水母大剧院举行河源市构建和谐劳动关系星级企业授牌仪式暨优秀企业文化展示活动,为103家河源市和谐劳动关系先进企业授牌表彰,部分优秀企业通过舞蹈、情景表演、合唱、独唱、戏曲等形式的节目表演,为观众展示了企业文化,共有2.4万人次通过源河APP、ZAKER河源等网络直播形式观看了活动,达到了良好的宣传效果。

二是实行系统化培训。我会积极配合我市于2017年4月27日和8月29日举办的企业经营者和人力资源管理人员法制培训班,大力推进我市构建和谐劳动关系工作,全市近300家企业派员参加培训,培训内容包括常用劳动保障法律法规知识,包括劳动合同的履行和变更、工作时间和休息休假、未成年工和女职工权益保护、工资支付、拒不支付劳动报酬罪认定及量刑等相关劳动保障法律法规知识。通过开展培训班,切实增强了企业经营者和人力资源管理人员的法制意识,进一步规范了企业的用工管理行为,共同致力于在全市构建和谐稳定的劳动关系局面。

三是构建交流式平台。在全市率先建立企业交流微信群和QQ群,包含全市500多家企业。充分利用微信群和QQ群平台,随时随地对企业进行劳动法律法规知识宣传,并为企业解答劳动维权和社会保障相关政策问题,切实提高企业经营者的法制意识,维护劳动者权益,同时还为各企业招用工提供了交流沟通渠道,各企业可通过微信群和QQ群互通信息,满足企业招用工需求。

四、认真抓好落实,筑好坚固“胜利墙”

一是领导带头抓落实。2017年5月至8月底,在市人社局副局长李君的带领下,我会指派专人和相关成员单位工作人员到40多家申报评选企业开展督查工作,切身了解构建和谐企业活动开展情况,督促各参选企业对照“和谐企业”评分标准进行查漏补缺。各县区工商联也同步参加了所属辖区企业评选检查活动。

二是严格程序抓落实。在评选程序上,严格按照培训动员会、自查、申报、检查、公示、大众投票、评分终审、授牌的流程进行,并坚持实行一票否决制。凡不按规定签订劳动合同的、拖欠职工保险和工资的、发生过劳动争议仲裁案件完全败诉的、发生过因违反法律法规引发的有效投诉和处罚等情况以及不建立工会组织的,对其构建申请均实行一票否决,保证了构建活动的严肃性和公平公正有效。

三是强化考核抓落实。把构建和谐劳动关系活动工作纳入市人社部门年度重点工作考核内容之一,把构建和谐劳动关系活动当作一项重要任务来抓,促使构建和谐劳动关系活动经常化、规范化。对于工作没有落实到位的,对于违反相关评选规定的企业,取消参评资格,并将其列入“黑名单”。

通过开展此次构建和谐劳动关系活动,全面反映了我市构建和谐劳动关系工作成果,进一步在全市营造构建和谐劳动关系的浓厚氛围,引导广大企业和职工积极参与,着力构建规范有序、公正合理、互利共赢、和谐稳定的劳动关系,切实提升了河源企业的影响力,展现了我市各行业构建和谐劳动关系工作树立的典范示范作用,以及在社会经济发展中的精神风貌,为党的十九大胜利召开营造和谐稳定的社会环境,努力促进我市经济发展方式转变和社会健康发展。

虽然此次活动取得了阶段性的显著成效,但这并不意味着构建和谐劳动关系工作的结束。构建和谐劳动关系是一场持久战,一时一刻都不能放松。对于此次活动的工作成果,我们要十分珍惜,不能束之高阁。今后,我们更要致力于巩固构建和谐劳动关系活动的工作成果,把工作抓得更紧更实更好。

执笔人:季广雄

广东省汕头市工商联民营企业劳动关系报告

2017年以来,汕头市工商联认真贯彻落实省、市有关劳动权益保障等部署要求,结合自身工作,发挥职能效用,大力做好构建和谐劳动关系工作,为我市社会稳定和经济发展做出应有的贡献。现将我会主要工作报告如下。

一、主要工作情况

一是加强对非公有制企业的法治教育和普法宣传,着力助推劳动权益保障法治氛围的形成。联合市委全面依法治市领导小组办公室、市司法局、市总工会、市国资委等部门,开展了"法治文化建设示范企业"创建活动,强化对企业经营者的法治教育,引导企业经营者牢固树立法治意识,依法治企,有序维权;2017年7月27日,汕头市工商联与市司法局联合举办"构建法治文化、共促和谐发展"暨"法律进企业"活动,宣传有关劳动权益保护的法律法规,组织我市非公有制经济代表人士80多人进行学习培训,并现场提供法律服务。充分发挥我会资源优势,专门邀请我会副主席、广东众大律师事务所主任蔡翀和蔡亮律师为企业专题授课,从法治企业的重要性、企业法律意识的现状、企业如何增强法律意识及进行风险防范,以及律师在帮助企业风险防范中起到的作用四个方面对企业的法治及风险防范进行深入的解读;为企业分发了《法律进企业普法读本(企业篇)》和《法律进企业普法读本(员工篇)》等普法读本。宣传员工劳动权益保障的相关法律法规,引导企业职工提高依法办事、维权意识。

二是多渠道宣扬先进典型,激励更多来汕异地务工人员为汕头全面振兴发展做出更大贡献。我市授予的10家"汕头市异地务工人员工作先进集体"单位中,有8家为我会会员单位(分别为我会副主席单位——汕头东风印刷股份有限公司;我会副会长单位——广东凯迪服饰有限公司;我会常委单位——广东雅丽洁精细化工有限公司,汕头华兴冶金设备股份有限公司,广东卫伦生物制药有限公司;我会执委单位——汕头市欣涛度假村有限公司,汕头美宝制药有限公司,实丰文化发展股份有限公司);50 名“汕头市优秀异地务工人员”中有陈绍源等近 40 名为我会会员企业职工。我会抓住这一契机,利用走访调研企业的时机以及通过门户网站、微信公众号微信群和工商联会刊等各种媒体,积极宣扬他们的先进事迹,充分肯定他们为我市经济社会发展做出的突出贡献,引导其他企业和广大务工人员向他们学习,积极为构建和谐劳动关系营造浓厚氛围。

三是引导企业承担实业报国、服务社会、造福职工的社会责任,参与和谐劳动关系建设。2017 年 12 月 28 日,市工商联(总商会)、市关心下一代工作委员会联合陈厝合综合市场在综合市场门口举办“不忘初心,惠泽民生”大型迎春公益文化广场暨党的十九大精神宣传进社区活动。活动得到我会副会长纪荣亮先生属下企业陈厝合综合市场、广东戊晟建设有限公司的爱心支持,企业连续六年来都坚持举办该类公益活动惠泽民生。希望通过爱心帮助,使困难家庭、来汕务工人员感受到社会大家庭的温暖和关爱。活动共向新津街道、珠池街道、金霞街道、龙祥街道、鸥汀街道、外砂镇、新溪镇 7 个镇街道的 500 户“低保户”、“困难户”和患病困难人群发放近 20 万元的爱心物资和生活帮扶金。结合开展精准扶贫,我会把企业积极参与社会建设、履行社会责任作为深化理想信念教育的重要一环,积极引导、发动会员参与扶贫济困工作,开展慈善慰问、社会公益、捐资助学和就业扶贫等活动。

四是加强非公有制企业党组织建设,为构建和谐劳动关系新格局注入新活力。在非公有制企业中扩大党的组织覆盖和工作覆盖,大力推进产业、区域、行业党建工作。通过有意识在商(协)会党组织中发展企业主党员,寻找党建覆盖突破口,以企业主党员为引领,以点带面推动组建工作。市非公有制经济组织党委现有党组织 55 个,今年以来新成立党支部 3 个,进一步扩大了非公有制企业党组织覆盖面。同时,坚持“质”“量”并举,不断优化党员队伍结构,进一步提升党员队伍质量。组织市非公有制经济组织党委下属各党组织党务骨干 30 余人参加培训,通过培训不断增强党群组织活力,在促进企业和谐稳定中发挥了重要作用。

二、下一步工作计划

一是充分发挥新媒体作用,加强宣传教育和引导。利用汕头市工商联门户网站、微信公众号、会刊等媒体平台,宣传有关劳动权益保障的法律法规,宣传优秀先进企业和个人,进一步营造构建和谐劳动关系的良好氛围。

二是加强劳资纠纷预防处置工作。继续加深与仲裁委员会的合作,充分利用我会优势资源,推动调解仲裁解决劳动争议,进一步做好劳资关系、欠资纠纷防范,整理汇编典型劳资纠纷处理案例,进行宣传推广。

三是深入企业走访调研。进一步深入企业宣传有关劳动的法律法规,引导非公有制企业就职工工资、生活福利等职工切身利益进行平等协商,与劳动者签订劳动合同,及时发放工资、休息休假等,保护职工合法权益;敦促企业加强党组织建设,及时成立工会。

湖南省长沙市工商联民营企业劳动关系报告

随着民营经济的发展,劳动关系逐步市场化,民营企业劳动关系摩擦产生的矛盾日益凸显,成为民营企业内部迫切需要解决的核心问题。推动非公有制经济组织和谐劳动关系建设,对于促进经济转型升级,维护社会和谐稳定,具有十分重要的意义。长沙市工商联一直本着为企业服务的宗旨,为非公有制经济健康、稳定的发展贡献着自己的力量。近年来,我们在市委、市政府的正确领导下,市委统战部和省工商联的具体指导下,与有关单位密切配合,围绕构建民营企业和谐劳动关系,做了一些工作。

一、完善三方协商机制,全市劳动关系日趋和谐稳定

自2003年我市协调劳动关系三方机制建立以来,市人社局、总工会、企业家协会和市工商联等部门坚持合法、公正、及时、平等协商原则,定期就涉及全市劳动关系方面的重大问题进行专题研究和沟通协商,有效促进了全市劳动关系的和谐稳定,并为全市构建和谐劳动关系工作的规范化和法制化奠定了坚实基础。同时指导9个区、县(市)全面建立三方协商机制,完善三方机制运行办法。为加大工作力度,长沙市提高了三方机制规格,由市领导担任三方协调会议主席,有关部门领导担任副主席,下设办公室,由人社部门主管领导兼任办公室主任,设置专门编制,安排专人负责,保障工作经费。进一步创新工作机制,搭建工作平台,将企业和工业园区作为构建和谐劳动关系的有效载体,开展创建和谐劳动关系模范企业与示范工业园区评选活动。

二、大力开展工资集体协商"春季要约行动"

根据《深入推进工资集体协商工作三年行动计划实施方案》,市协调劳动关系三方四家近年来多次启动了工资集体协商"春季要约行动"暨厂务公开民主管理工作布置会议,并下发了《关于做好年度民主管理工作的通知》《关于开展年度

工资集体协商“春季要约行动”的通知》。近年来,“春季要约行动”围绕“推动企业建立健全职工工资共决机制、正常增长机制和支付保障机制,促进实现劳动者体面劳动和企业健康持续发展”为主题展开,我市工资集体协商工作形成了周期性推进、逐年深化的良好局面。各区、县(市)都开展了“春季要约行动”,并召开动员会、培训会、推进会,还免费上门送办法、送制度、送条例,并宣讲、指导。

三、深入实施《劳动合同法》,企业劳动用工进一步规范

认真落实《劳动合同法》,多次举办《劳动合同法》以及劳动争议预防与处理培训班,帮助企业完善规章制度,规范企业用工行为,巩固劳动合同签订率和履行率,促进了劳动关系和谐稳定。加快推行劳动用工备案制度,坚持以备案促规范,以规范促提高,帮助非公有制企业建立健全劳动合同管理台账,实现对劳动合同签订、履行等各个环节的动态管理。开展劳动用工和劳务派遣专项检查活动,依法纠正查处劳务派遣单位违法违规行为。长沙市在全省率先开发应用了劳动用工备案信息管理系统,提高了全市劳动用工备案工作的信息化和科学化水平。充分发挥新媒体作用,举办培训班时建立一个专业微信群,让企业的专业人员在群里保持交流,相互传帮带。目前群里已经解决相关问题100余件,取得了良好的社会效果。

四、规范制度建设,集体合同和工资集体协商逐步推广

近年来,将推行集体合同和工资集体协商制度作为和谐劳动关系创建的新载体,进一步完善工作方法,健全考评体系,积极探索签订集体合同和工资集体协商的有效途径。以建立联合工会为平台,充分发挥区域性、行业性职代会作用,着力抓好以集体合同、工资协商为主要内容的区域性、行业性的平等协商,对基层开展工资集体协商工作情况进行督导,规范要约、协商、签约、报备各个环节。深入推进实施集体合同制度,在国有大型企业中推进集体合同和工资集体协商制度的同时,逐步覆盖小型分散的非公有制企业。建立联动机制,将工资集体协商工作与企业申请特殊工时制度、和谐劳动关系模范企业评选诚信示范单位的评比挂钩,调动企业工资集体协商的积极性,有效促进工资集体协商工作进展。

五、积极调处劳动纠纷，维护劳动者合法权益

为了应对《劳动合同法》和《劳动争议调解仲裁法》实施后，劳动纠纷和劳动争议案件高发、频发的现实情况，协调劳动关系三方创新工作方法，最大限度地发掘工作潜力，基本实现劳动争议案件的快立、快调、快审、快结，确保依法及时处理大量劳动争议案件，化解劳资矛盾，有效维护劳动关系双方的合法权益。考虑到长沙市的城市区域特点，经三方会议决定，在长沙市总工会专门设立了一个劳动争议仲裁庭，解决河西片区的劳动争议问题，减少了河西片区劳动争议相关人员和单位的道路奔波，方便了当事人，取得了很好的社会效应。在参与劳动执法检查方面，组织开展企业劳动用工、社会保险、工资支付等专项检查。这一系列工作的开展，维护了企业和职工合法权益，在促进经济发展、构建和谐稳定劳动关系，维护职工队伍稳定，构建和谐社会中起到了积极作用。

六、加强教育引导，提升民营企业在构建和谐劳动关系方面的主体作用

一是加强普法宣传教育。以《工会法》《劳动合同法》为重点，通过工商联网站、内刊，深入企业座谈等形式，积极开展有关法律法规宣传，提高民营企业经营者依法经营和依法管理能力，以及职工遵纪守法意识和依法维权能力。二是加强思想政治工作。在全市非公有制经济代表人士中开展理想信念教育实践活动，引导非公有制经济人士践行社会主义核心价值体系，推动企业构建和谐劳动关系。相继举办了“民营企业文化论坛”“企业社会责任研讨会”等活动，向企业宣传构建和谐劳动关系的重要意义，号召企业积极开展工资集体协商、建立工资正常增长机制、给予员工更多人文关怀。针对民营企业普遍面临的原材料涨价、产品滞销、资金紧张、职工队伍不稳定等问题，多次深入问题突出的行业调研座谈，动员企业不裁员、不减薪，确保社会稳定。确定 80 家企业作为民营企业劳动关系状况监测点，及时掌握动态。推荐 2 名律师考核通过担任长沙市劳动人事争议仲裁员。三是指导推动区县工商联积极参与和谐劳动关系工作。四是推行综合评价。在全国率先建立“非公经济代表人士综合评价体系”，对全市非公有制经济人士中的人大代表、政协委员和一批非公有制经济人士表彰对象进行了综合评价。把工会组建、劳动关系和谐状况纳入考核指标，广泛运用于政治安排、评比表彰、典型推荐工作，特别为换届工作提供依据。

七、设立法律顾问团，为企业构建和谐劳动关系提供法律保障

2015 年为深入贯彻落实党的十八届三中、四中全会和中央统战工作会议精神，进一步发挥工商联在促进非公有制经济健康发展、非公有制经济人士健康成长，以及维护会员单位合法权益等方面的积极作用，帮助广大民营企业牢固树立守法诚信理念，有效提升法商风险管理水平，推动中国特色和谐劳动关系的建设和发展，长沙市工商联决定设立"法律顾问团"，聘请湖南天地人律师事务所等 10 家单位为长沙市工商联法律顾问团首批顾问单位；聘请翟玉华等 80 名同志为长沙市工商联法律顾问团首批顾问。对全市 700 多家会员企业、50 多家直属商会进行法律需求问卷调查，了解非公有制企业法律服务现状和需求。区县工商联组织律师送法进商会、进企业活动，到行业商会和企业进行讲课和解答法律咨询 30 多场。

八、创新非公党建工作，以党建工作推进和谐劳动关系建设

创新开展服务型党组织建设。在深入调研基础上出台了《长沙市非公有制经济基层服务型党组织建设标准》和《长沙市非公有制经济组织服务型党组织建设考核办法》，标准从服务改革发展大局、企业健康发展、员工生产生活、党员作用发挥四个方面进行规范，指导基层党组织建成"有坚强有力的领导班子、有本领过硬的骨干队伍、有功能实用的服务场所、有形式多样的服务载体、有健全完善的制度机制、有群众满意的服务业绩"的"六有"基层服务型党组织，为促进民营企业健康发展、建立和谐民营企业劳动关系起到了较好的推进作用。

执笔人：彭继球　丁　文　田桂元　陈鹏科

广西壮族自治区百色市工商联民营企业劳动关系报告

非公有制经济是我国经济社会的重要组成部分。长期以来，广西壮族自治区百色市工商联一直将维护非公有制经济合法权益、引导民营企业建立和谐劳动关系作为一项重要工作来抓，努力开创百色市构建和谐劳动关系新局面，有力地促进了全市非公有制经济持续健康发展，为百色市与全国全区同步全面建成小康社会奠定了坚实的基础。

百色市工商联积极与市政法司法机关建立工作联系制度，充分利用法律服务中心的资源，积极搭建应急维权服务平台，对会员企业遇到的紧急维权事件给予法律帮助，帮助会员企业处理各种危机。近几年来，百色市工商联先后协调解决了靖西龙共矿业有限责任公司、乐业金源国际酒店、德保闽都大酒店、百色森泰木业等18家企业的各类久拖不决的纠纷问题，切实维护了企业的合法权益，得到了广大民营企业家的热情赞誉。

一、建应急联席机制　及时化解危机

2014年11月17日晚，一伙人到德保闽都大酒店KTV娱乐消费了6000多元，后企图吃霸王餐被酒店工作人员阻止并报警，警察带走了其中三人。之后1小时左右，该团伙纠集30余人携带凶器带冲进酒店疯狂打砸KTV前台电脑等各种设施并打人，酒店工作人员再次报警，警察到场后，这伙人仍有恃无恐，气焰嚣张，公然扬言：三天之内不把刚才被抓的3个人放出，就卸下老板的一只脚！案件造成直接财产损失5万多元，3名工作人员受到不同程度的殴打而致伤。

原来，德保闽都大酒店是百色市德保县政府和乐业县政府通过招商引资、投资过2亿元的四星级酒店项目，营运以来，受当地黑恶势力骚扰与恐吓，影响了正常经营。百色市工商联从对会员企业的走访调查中得知，近年来百色市一些地方的黑恶势力确实呈发展蔓延之势，部分地方异常猖獗，民营企业财产受侵犯的态势进一步扩大，人身安全也受到威胁。百色市工商联领导认为，社会治安的好坏,关系到经济社会能否发展,关系到人民群众能否安居乐业,必须坚决把犯罪分子的嚣张气焰打下去,才能维护社会安全环境。

百色市工商联经研究,及时将情况向市委市政府领导反映情况,市政法委及时召集右江区、德保两地政法委和公安局以及各有关部门召开专题会议,副市长莫泰意在会上做了重要指示和工作部署。由于党委政府的高度重视,案件得到了及时的处理,民营企业人身伤害和财产损失得到了赔偿。

二、建应急维权平台　促持续健康发展

2015 年 10 月 27 日,广西环球集团投资大厦被近百人围堵,造成整个大厦所有商户及写字楼无法正常办公和经营,围堵从上午 9 时至晚上 10 时 5 分,持续时间长达 13 小时,有闹事者还登上环球投资大厦商业裙楼拉挂大型条幅并扬言跳楼,事态一度激化。

原来,广西环球集团投资建设的百色投资大厦项目于当年上半年竣工验收并投入使用。该项目施工承包方为七冶建设有限公司南宁分公司(以下简称七冶),七冶公司的钢筋供应商为南宁市上盟物资有限责任公司(以下简称上盟公司)。环球集团与七冶签订的建设工程施工合同中约定的合同总价为包干价(含钢筋款),因此环球集团与上盟公司没有直接的业务和债权债务关系。据环球集团反映,在合同履行过程中,环球集团一直都根据工程进度按时拨付七冶公司工程进度款,并于 2015 年 10 月 8 日根据合同约定付清工程款。

由于七冶公司未按时支付上盟公司钢筋款项,上盟公司组织上百人并以拖拉机、轿车围堵、封锁环球商业广场进出口,拉挂几十条横幅,导致车辆无法进出、商场无法营业。事件对环球集团的上市筹备工作造成了负面影响,给整个商业广场的商户造成了直接的经济损失。

百色市工商联得知情况后,立即启动法律风险防范机制,采取多项措施协助解决围堵事件。一是百色市工商联领导一直与环球集团主要负责人保持联系,及时了解动态,指导企业冷静应对。二是 28 日上午,百色市工商联领导率仲裁法律服务中心律师到环球集团指导处置该事件,并于当天下午将了解到的情况及时书面汇报自治区工商联。通过详细了解事件缘由、查看相关材料后,百色市工商联对事件的性质及维护企业利益的处置方案提出指导意见。三是引起党委政府的高度重视,妥善解决问题,维护企业合法权益。百色市工商联及时行文将

情况向市委、市政府汇报,百色市委常委、市委统战部部长黄彩毕第一时间指示相关部门在处理事件过程中要切实维护企业合法权益;时任市委常委、市委政法委书记周武红在市委政法委组织召开“10·27”事件研判会。会议对百色市工商联提出的防止破坏民营企业生产经营事件重演的“应急联席制度”进行了重点探讨,明确了各相关单位的职责。

由于处理及时,措施得当,一起一触即发的事件得到了合法解决。环球投资大厦于10月28日恢复正常营业,迄今无异常现象。百色市工商联切实维护了企业的合法权益,为处置破坏生产经营的事件积累了宝贵的经验。

除了搭建民营企业应急维权服务平台,百色市工商联还在努力构建和谐劳动关系过程中积累了不少宝贵的经验。比如,搭建仲裁法律服务平台,提升民营企业法律风险防范能力;认真履行协调劳动关系三方会议成员单位职责,大力推进和谐劳动关系进一步深化;加强商会和民营企业党组织建设,为构建和谐劳动关系提供坚强组织保障等。

百色市工商联在服务民营经济建设中,找准工作定位,创新工作思路,坚持问题导向,积极搭建工作平台,依法履行工作职责,为开创构建和谐劳动关系新局面、促进非公有制经济持续健康发展奠定了坚实的基础。

执笔人:曾慧玲

重庆市巴南区工商联民营企业劳动关系报告

重庆市巴南区工商联(总商会)积极发挥非公有制经济调解工作室作用,着力开展非公有制经济领域纠纷源头预防、事后调解工作,努力构建非公有制企业和谐劳动关系,2016 年被评为全国"劳动争议预防调解示范商会"。

一、多级联动,齐抓共管

一是区委区政府高度重视非公有制企业矛盾纠纷调解工作。区工商联被确定为创建全国首批"劳动争议预防调解示范单位"后,区委办在全市区县率先印发了《关于维护非公有制企业合法权益的通知》,区委常委会每年专题听取工商联工作汇报,区委区政府分管领导定期听取工作汇报并协调解决工作中存在的问题和困难,并明确各镇街统战委员为具体责任人,要求区镇共同推进,全力做好非公有制经济领域矛盾纠纷调处工作。二是区级相关部门大力协作支持。区人社、司法、法院等相关部门全力配合、联合建立工作机制,区组织人事部门及时给区工商联增加人员编制、充实工商联工作力量,区财政每年安排专项工作经费以保障各项工作顺利开展。三是区、镇(街)、企三级联动。区工商联依托非公有制经济调解工作室,协调区级相关部门,整合各方资源,推动全区非公有制企业构建和谐劳动关系;16 个镇街基层商会建立调解组织,全天候调处非公有制企业劳动争议和民商事纠纷;174 家重点非公有制企业建立劳动争议调解组织,配备劳动争议调解员 215 名。

二、强化预防,源头管控

一是强化区协调劳动关系三方机制作用。每半年召开一次三方委员会工作会,统筹全区构建和谐劳动关系工作;着力基层建设,推动镇、街道(园区)建立三方工作机制,把构建和谐劳动关系工作推进到第一线;着力示范引领,指导推动辖区内市级重点企业宗申产业集团成功创建国家级"劳动争议预防调解示范企业”,全面启动创建市级“和谐劳动关系示范园区”。二是强化预防机制建设。与区人社局联合出台《关于加强非公有制企业劳动争议预防调解工作意见的通知》,推动大中型企业建立劳动争议预防调解组织;探索建立《重庆市巴南区工商业联合会(总商会)行业性劳动争议预防办法》,明确加强法律宣传、深化部门合作机制、建立基层商会和企业调解组织、组建律师服务团队、完善预警机制等工作要求。三是强化宣传培训。以“片区法律培训会”“主席轮值会”“法律三进”“劳动法宣传周”等活动为载体,联合区法院、司法、人社等部门将《劳动合同法》《劳动争议调解仲裁法》作为重点宣传内容,近三年累计开展各类法制讲座和法律咨询服务活动40余次、1200余人次。四是强化劳动工资集体协商。以区餐饮商会和优秀企业家代表为突破口,搭建餐饮行业三方协商平台,订立区餐饮行业最低工资标准、工资增长幅度,促使餐饮商会106家会员企业、4179名员工签订集体劳动合同,提高了餐饮行业员工的福利待遇,增强了企业员工的归属感。

三、精于调解,化解纠纷

一是建立健全调解制度。区工商联与区法院、司法局、人社局共同出台《巴南区非公有制经济调解工作室工作办法》,作为调解工作的总制度,对调解受理的范围、任务、原则、程序等多个方面进行规范,建立健全调解登记、调解回访和结果督促履行、档案管理和统计报告、调解员管理等制度,为劳动争议调解工作的顺利开展提供制度保障。二是抓调解队伍建设。区工商联非公有制经济调解工作室聘请调解员24人,其中优秀企业家5名,区法院、人社局等部门工作人员12名,资深律师7名,形成了一支人员构成合理、具备专业水平、工作热情的调解员队伍;每年组织调解员参加1~2次的市区两级培训,不断提高调解员法律素养和调解能力;每半年召开一次调解工作座谈会,分享调解经验、剖析典型案例,还选派部分工作人员赴杭州、义乌等地学习先进经验,不断改进调解工作。三是与相关部门联动合作。与区劳动仲裁委员会建立调裁对接工作机制,区劳动仲裁委员会收到仲裁申请后,如果当事人一方属于非公有制经济主体、案件适合调解的,在征求双方意愿的基础上,仲裁委可将案件委托区工商联非公有制经济调解工作室进行调解或开展共同调解。与区法院合作建立委托调解、共同调解、基层法官任商会指导员等合作机制,鼓励引导广大非公有制企业通过调解方式解决劳动争议。近三年来,开展诉调对接、调裁对接累计调处劳动争议50余起、涉及金额1000余万元。四是运用流程思维和要素思维提升调解成效。严格按照登记、归档、回访等制度开展工作，强化过程管理，牢牢把握工作主动权，进而有效提升调解的成功率；严格按建立的制度开展各项工作，按照规范的文本格式进行协议签订，保障签订协议等相关文书内容的完整性和准确性，避免在调解成功后再次出现新的分歧；充分发挥“娘家人”作用，借助人社、司法等部门力量，既教育引导企业家承担社会责任，建设企业文化，合理提高职工待遇，依法治企，又维护企业合法权益，树立企业良好形象。每年调解成功率在80%以上，个别没成功调解的案件也及时引导当事人通过劳动仲裁或者诉讼解决纠纷，处理的争议案件中没有发生过一起信访事件，全部通过法律方式得到了妥善解决，为地区社会和谐稳定做出了贡献。

执笔人：罗　莹

青海省西宁市工商联民营企业劳动关系报告

一、近年来西宁市工商联在构建与维护和谐劳动关系方面的主要探索和做法

随着西宁市民营经济的快速发展，和谐民营企业建设越来越成为和谐社会建设的重要组成部分。构建和谐企业，关键一点就是要构建和谐劳动关系，实现企业劳资双方互利共赢、和谐发展，广大民营企业在此过程中负有重要责任。推动民营企业构建和谐劳动关系是新时期工商联的一项重要工作任务，西宁市工商联在此方面也进行了不懈的探索，取得了一定的成效，主要体现在以下七个方面：

一是畅通诉求渠道。建立了工商联基层组织、会员企业微信群、微博等诉求渠道，推动完善区、县工商联联席会议制度，使之成为反映会员企业职工的诉求、解决协调解决劳动关系工作重要载体。二是切实发挥法律、仲裁服务平台的作用，为会员企业提供法律、仲裁服务。通过加强会员企业的劳动争议调解工作，推动完善调解、仲裁、诉讼等有机衔接、相互协调的处理机制，现已基本形成了覆盖会员企业法律援助服务网络。三是通过组织会员企业积极参与“民营企业招聘周”、加强会员企业和劳动就业服务机构的沟通等工作，帮助下岗职工、农村剩余劳动力、应届大学毕业生等特殊群体解决就业困难，缓解就业压力。近年来，市工商联共组织了超过210家民营企业参加每年会同青海省工商联等单位举办的“民营企业招聘周”活动，提供189个工作种类，就业岗位6566个，签订用工协议2739份，成功构建了民营企业和求职者就业对接的供需平台。四是受市政府委托，我会与市总工会等相关单位全力推进全市厂务公开民主管理示范单位创建活动，对29家劳动关系和谐企业和2个劳动关系和谐园区开展了考评、授牌工作；向会员企业发放《青海省企业工资集体协商条例》200多份，对35家会员企业开展工会组织建设、建立健全集体合同制度、职工权益维护、社保缴纳、劳动保护措施落实、厂务公开机制、公开载体等方面的工作进行了检查指导。五是建设

“和谐企业”,扎实推进非公有制经济领域民族团结创建工作。我会根据省、市委的统一部署,以建设“和谐企业”为目标,多措并举,狠抓落实,扎实推进非公有制经济领域民族团结创建工作,实现了市工商联执委单位创建活动全覆盖,达标率超过50%,在体现西宁特色、加强督导、提质扩面上下功夫,确保民族团结创建活动向深层次有序推进。当前共有67家会员企业被评为非公有制经济领域民族团结创建示范单位,152家会员企业被命名为非公有制经济领域民族团结创建达标单位,11家会员企业党组织荣获民族团结进步先进党组织称号。六是通过推动企业文化建设加速构建民营企业和谐劳动关系。近年来,我会积极推动企业文化建设,用先进的企业文化把企业家与员工的思想统一起来,把企业家与员工的利益统一起来,把企业家与员工的行动统一起来,使企业家树立起以人为本、诚实守信、义利兼顾和务实创新的意识,使员工对企业有归属感,从而更好地推动和谐劳动关系的形成。在民营企业文化建设方面,努力做到“循序渐进,稳步推进”,做到年年都有新举措。七是发挥自身优势,深入开展对接人才引进工作。依托全市工商联的会员资源,我会将102名具有市场开拓精神、管理创新能力和社会责任感的优秀企业领军人才和企业经营管理人才,纳入了非公有制经济企业优秀管理人员人才库,并结合我市非公有制经济发展现状和会员企业现实情况对引进培养目标分解表进行了讨论、研究,积极与非公有制企业对接,询问情况,摸清底数,并向企业下发关于高端创新人才千人计划申报相关文件,指导非公有制企业开展青海省高端创新人才千人计划工作。现已有1人被省人才办列为领军人才,2人被列为拔尖人才。

二、目前我市民营企业构建和谐劳动关系存在的主要问题

(一)劳动合同签订重视程度不够。一是部分民营企业错误地认为与职工签订劳动合同捆住了企业的“手和脚”,是自找麻烦。二是一些民营企业劳动合同签订质量不高。表现为:劳动合同订立、解除、终止、变更内容等不全面,待遇不平等;签订集体合同没有把工资集体协商作为合同的重点,导致协商不利,标准不合理,履行不到位。

(二)社会保险参保率较低。养老、失业、医疗、工伤、生育五项社会保险是维护职工切身利益的重要保障。但从我会走访调查的情况来看,民营企业参加社会保险的比例仍然不高,即使是管理相对规范的企业也没有完全参加“五险”,使

职工缺乏生存安全感和企业归属感。

(三)用工制度不够完善。部分民营企业没有建立工资集体协商制度,有的虽然建立了,但运行不规范,不能严格按工资指导价确定职工工资,存在相当程度的随意性;有些企业不严格执行国家工时制度,侵犯劳动者的休息权和健康权;有些民营企业劳动定额偏高,劳动卫生条件恶劣,职工安全存在隐患,在一定程度上干扰了企业正常的生产经营,直接影响了企业的发展。

(四)劳动纠纷时有发生。有的企业遇到纠纷,不能按有关劳动法律法规等及时处理,采取"逃""躲""拖"的办法,特别是发生工伤纠纷,不按规定时间、程序申报。劳动关系变更过程中企业对职工的安置方案落实不到位,个别企业还存在拖欠和克扣劳动者工资现象。

三、对我市民营企业构建和谐劳动关系的建议和意见

(一)强化管理,充分发挥政府在构建和谐劳动关系中的领导作用

当前,劳动关系的主体日益多元化,劳动关系呈现复杂多变的态势。各级政府应加强领导,围绕劳动关系的建立、运行、监督和调处等环节,在建立科学有效的利益协调机制、诉求表达机制、矛盾调处机制、权益保障机制上下功夫,站在共建共享的高度,统一劳资双方的认识,促进和谐劳动关系的建立。要明确各职能部门对构建和谐劳动关系的职责,并建立企业和谐劳动关系的考核体系。加大相关法律法规的宣传贯彻,开展劳动合同签订、工资集体协商、参加社会保险等方面主题宣传教育活动,用正确舆论引导公众,促进用人单位遵守法律法规、配合执法维权,增强企业的责任意识和职工自我维权的保护意识,营造构建和谐劳动关系的良好氛围。在政策上,政府可以出台一些优惠政策来加以推动,从而促进企业建立工资集体协商机制。在运作上,对待民营企业存在的劳动关系问题要具体问题具体分析,以宣传引导和教育为主、惩治为辅,循序渐进,逐步规范。在活动上,政府相关部门应多举办一些行业技能竞赛、文体活动,融洽企业和员工"同舟共济"的关系。不断规范和完善劳动关系三方协调机制,并创造性地开展工作,充分发挥各部门在推动和谐劳动关系创建中的作用,大力支持三方机制的运作,定期听取三方机制的运作情况汇报,并帮助解决三方机制存在的问题和困难。

（二）明确责任，充分发挥企业在构建和谐劳动关系中的主体作用

企业劳动关系的和谐要靠企业自身来解决。在当前法制日益完善的情况下，为职工交纳养老、医疗等“五险”是民营企业生存发展的必然要求和选择。和谐的劳动关系在企业中不仅是要保证人人有饭吃，还要能够让人人敞开心扉说话，人人能够谋求更高的发展。这就需要企业时时刻刻做到以人为本，将职工的利益和诉求放在心上，积极开展企业文化活动，加大职工的培训力度，凝聚人心，充分调动和激发广大员工全身心投入企业生产、经营和管理的方方面面，让职工有更强的归属感和成就感，各尽其能，各得其所，和谐相处，共谋发展。

（三）尽职尽责，充分发挥工会组织在构建和谐劳动关系中的协调作用

一要集中力量，加快在民营企业中组建工会的步伐，最大限度地把广大职工尤其是外来务工人员吸收到工会组织中来，尽快实现工会组织在企业的全覆盖。二要不断完善民营企业工会组建工作的手段和方法，积极探索企业工会领导体制的新形式。三要大力推进集体合同制度和以工资集体协商为重点的平等协商制度，加强对企业职代会工作的指导，进一步探索职工参与企业民主管理的有效形式。此外，各级工会应加强调查研究，畅通信息渠道，及时掌握劳动关系的走向动态，建立劳动关系的预警、预测机制，为制定相关政策提供决策依据。

（四）密切配合，充分发挥工商联在构建和谐劳动关系的引导作用

非公有制经济不仅是我县经济发展的重要生力军，而且在社会稳定、劳动就业、诚信体系的构建等社会各项事业发展中也具有举足轻重的作用和影响。工商联作为非公有制经济人士的“娘家”，要切实加强非公有制经济人士思想政治工作，通过形式多样、富有成效的思想政治工作引导民营企业建设和谐企业，为建设和谐社会做贡献。要以“优秀中国特色社会主义事业建设者”“企业关爱员工、员工热爱企业”等活动以及政治推荐、政治安排为抓手，教育引导民营企业家“爱国、敬业、诚信、守法、贡献”，鼓励和引导民营企业大力开展企业文化建设，加强对职工的培训，丰富职工的业余生活，强化职工的主人翁意识，从而在更高层次上建立和谐的劳动关系。

（五）整合资源，充分发挥社会各界在构建和谐劳动关系中的导向作用

一是要推动劳动关系双方的观念更新，确立社会主义新型劳动关系的价值

取向。二是新闻媒体要进一步加强对劳动关系法律法规的宣传报道,用正确的舆论引导公众,促进用人单位自觉遵守法律法规,同时增强劳动者自我维权的意识和能力。三是要以和谐企业、和谐社区、和谐园区建设为载体,大力支持和推动在民营企业中开展“创建和谐劳动关系模范企业”等活动,树立一批先进典型,运用典型引路,推进和谐劳动关系的建设。

执笔人:王　磊

新疆生产建设兵团第一师阿拉尔市工商联民营企业劳动关系报告

一师阿拉尔市民企“起步晚，个子小”，得益于师市城市建设逐步推进，民营经济取得了一些进步，但总体上绝大部分民营企业都还在挣扎求生阶段，尚未进入发展强大的阶段，与此相对应的和谐劳动关系的建立还不十分乐观，但基于民营企业发展的现状而言，现今的局面已经让人欣慰。现将有关情况报告如下：

一、民营经济发展情况及民企劳动关系现状

民营经济发展状况。截至 2017 年 11 月底，阿拉尔市实有各类市场主体 13,144 户、注册资本（金）324.0239 亿元。其中：民营企业 2826 户，注册资本达到 178.2858 亿元，与上年同比分别增长 68.47% 和 51.27%，民营企业数量及注册资本增长趋势明显，企业规模提升较快；个体工商户 9450 户，资金数额 8.0386 亿元；农民专业合作社 600 户，出资总额 19.9976 亿元。与国有企业相比，企业户数、注册资本占师市比重呈明显优势。截至 11 月 30 日，注册登记的民营企业 2826 户，占企业总数 3094 户的 91.33%，是国有及国有控股企业 268 户的 10.54 倍；民营经济注册资本 206.322 亿元，是国有及国有控股企业注册资本 125.7404 亿元的 1.64 倍。因此，推进民营企业构建和谐劳动关系，已成为师市领导、师市工商联及相关部门的工作重点之一，成为构建平安和谐师市、促进经济跨越发展的主要方面。

二、民营企业劳动关系状况

在新常态下，师市民营企业基本都在挣扎求生阶段，8 小时工作制显然落实不好。在生产企业的旺季，每天工作 9 ~ 11 小时的情况很平常，个别企业可能更长。民工的工资比自治区规定的最低工资标准高出 1 倍以上，但考虑其工时、劳

动强度仍显得较低,最苦的是建筑工人。但走访一师三家骨干民营建筑企业的民工发现,其对于收入均表示还很满意,“比在老家赚钱快、多”“比拾棉花强多了”,一般表示干两个季度旺季的活收入可达3万元以上。民营企业一般都实行计件工资制,也有部分民企实行“综合计时制”。也就是说,加班时间可以平均到不加班和工时不足的时期,平均计算一年的工作时间,只要一年内工人的平均工作时间不超过正常工作时间,就不算加班,当然也就没有加班费,但在工作时间不足或不工作的时间,企业也必须支付工人的基本工资,这样,企业和劳动者都觉得比较合理,双方相互理解,也都乐于接受。

拖欠工资的现象存在,但不严重。前提条件是,本地劳动监察工作并不把重心放在民营企业。这说明,在劳动监察工作不力的情况下,民营企业大多数还是能较为自觉地履行义务,有一定的觉悟。当然,也不可避免地存在少部分民营企业老板想钻法律的空子、对付现行的规章制度的现象:劳动合同管理不严的地方,不与工人签订劳动合同;个别企业也存在不严格履行合同;发生劳动争议一般采取不了了之或者规避法律制裁的私了做法。在普遍走访中,企业劳动关系的不和谐现象渐露端倪,劳动者的权益受到不同程度侵犯,潜在的问题和矛盾始终存在,劳资纠纷的案件在逐年增加,企业管理方与劳动者之间的冲突个案渐趋增多,有一定负面影响,但企业由于生存环境使然已经形成了以追逐利益为第一目的而忽略劳动者在企业中应得权利的做法,并且在多种因素的交织影响和共同作用下,企业内的劳动者处于劣势地位,管理方利用自身的优势地位侵害劳动者的合法权益,而企业工会基本只是面子功夫,不能起到应有的职能作用,导致劳动关系呈现出不和谐、不稳定的状态。

三、师市构建和谐劳动关系的举措及环境

党的十九大报告明确指出,完善政府、工会、企业共同参与的协商协调机制,构建和谐劳动关系。这是继2015年中共中央、国务院发布《关于构建和谐劳动关系的意见》以来,在顶层设计层面进一步作出的决策部署。师市紧紧围绕党中央、自治区和兵团关于构建和谐劳动关系的决策部署,坚持党政主导,建立创建和谐劳动关系的长效机制,形成了党政工齐抓共推、企业和职工广泛参与的生动局面。早在2008年,师市党委、政府就不断深化对创建和谐劳动关系地位、作用的认识,切实加强对创建工作的领导,建立和完善了在党政主导下的创建长效机

制,理顺了劳动关系三方共推机制,将三方会议由单纯的协商协调发展为齐抓共推和谐劳动关系企业创建。2017 年先后印发了《关于师市建设领域违法转分包及拖欠农民工工资专项治理情况通报》,第一师阿拉尔市党委、第一师阿拉尔市《贯彻落实兵团构建和谐劳动关系工作的意见》等一系列文件,坚持用政策构建和谐劳动关系良好环境。充分发挥工会组织的推动作用,及时采纳工会开展创建工作的建议,组织工会参与创建工作目标任务、政策措施的制定,赋予工会行使创建工作机构的职能,依靠工会组织职工深入开展创建活动,2017 年,包括师市工商联企业金汇村镇银行、新苑物业、金鲁物业在内的 9 家非公有制企业相继成立工会组织。师市坚持政策和舆论引导,营造创建和谐劳动关系的良好社会环境,在师市营造了争创和谐劳动关系、争做创建先进典型的浓厚氛围。

四、工商联在构建和谐劳动关系中的做法及成效

工商联作为党和政府联系非公有制经济人士的桥梁纽带,以民营企业和非公有制经济人士为工作对象和会员主体,在协调社会关系、促进社会和谐稳定方面具有独特的优势。近年来,师市工商联为促进劳动关系和谐做了大量工作,在构建民营企业和谐劳动关系促进师市非公有制经济健康发展中发挥着越来越重要的作用。

构建和谐劳动关系重在依法构建。师市工商联作为师市普法小组成员部门,在走访调研南口建司、塔里木实业以及改制的进出口公司等 26 家企业时向企业宣传相关法律法规,强调在新时代下构建和谐劳动关系的重要性。对成立工会的企业,师市工商联着力引导民营企业与工会就职工工资、生活福利等涉及职工切身利益问题进行平等协商,签订集体合同。对劳动法律进行广泛深入宣传,引导民营企业严格遵守国家相关法律法规和政策措施,依法享有权利、承担义务,依法维护企业正当权益,尊重和保护劳动者合法权益。在对副主席所在企业新疆阿拉尔南口建筑有限责任公司的走访调研中了解到,企业全年完成施工产值 8 亿元,比 2016 年减少 20%。2017 年缴纳税金 4000 多万元,比 2016 年下降近 20%。在经济下行压力下,公司做到了不减员、不减薪,公司全年平均用工在 3500 人左右,用工最高峰达 8000 人,全年人工工资 2 亿多元,截至 11 月底全部发放到位。对于未来三年发展规划,公司表示继续走稳步发展路线,在狂热的 15,000 亿元基础建设大发展潮流中,保持冷静、务实、稳妥,不搞盲目扩张,深耕

师市市场,不打算在师市域外投资,而致力于进一步提高社会效益,实现企业的社会担当,形成完整的社会组织体系。

引导民营企业依法建立工会组织并独立自主开展活动。为促进民营企业健康发展、维护企业员工的合法权益、协调企业劳动关系,师市工商联主动与师市工会联合,深入企业摸底调查,宣传动员,组织实施建立民企工会。师市工商联还把引导企业构建和谐劳动关系同学习党的十九大精神、弘扬优秀企业家精神等理想信念教育活动结合起来,拓展活动内容,创新活动载体,通过发挥工会在职工中的影响力、工商联在民营企业和非公有制经济人士中的影响力,以及通过政府居中协调平衡的作用,共同推动劳动关系立法和劳动关系协调机制建设,共同研究解决民企中普遍性、敏感性等重大劳动关系问题。截至2017年12月,师市又有津汇村镇银行、阿拉尔新苑物业服务有限公司等9家民营企业按照要求和规定的程序,成立工会组织,并分别选举产生第一届工会委员会。

与人社局一道加强民营企业劳动争议调处工作,正确协调处理投资者利益和劳动者权益的关系,最大限度地通过非诉方式解决劳动争议。引导民营企业积极创造就业岗位,切实履行社会责任。积极探索"商会+工会"模式,通过商会和工会的有机结合,发挥商会和工会的各自优势,实现商会和工会的最大效应,推动职工维权和服务企业创新发展。师市工商联积极协调师市总工会于2017年4月7日指导阿拉尔商友会建立了首个商会联合工会,并正常工作,为今后指导帮助另外两个民间商会中成立工会积累了宝贵经验。

构建和谐的劳动关系,事关大局,影响深远。师市工商联会认真履行协调劳动关系三方会议成员单位职责,积极参与推进非公有制企业构建和谐劳动关系工作,充分发挥在构建和谐劳动关系中的积极作用,引导师市民营企业构建和谐的劳动关系,从而为一师跨越式发展和长治久安贡献力量。

执笔人:王　毅　胡春梅

第 二 篇

商会劳动关系报告

加强法治建设　构建和谐劳动关系

天津市互联网信息商会劳动关系调解委员会

一、商会简介

天津市互联网信息商会于2010年5月18日在市工商联注册成为天津市二级商会,2015年5月30日经天津市社会组织管理局批准,正式升级为天津市一级商会。天津市互联网信息商会在揭牌成立之初,仅有几十家会员单位,通过八年多的努力发展已成为拥有300余家会员单位的一级商会。截至2018年,我会一直保持着良好的发展势头、巨大的发展空间。核心会员包括集翔集团(百度天津)、天津华企方舟网络科技有限公司、天津创天网络科技有限公司、天津企元时代科技有限公司(阿里巴巴天津)、天津高星通艺文化传媒有限公司、天津艺点意创科技有限公司、天津市德诚信通科技发展有限公司(58、赶集、UC天津)、天津异乡好居网络科技有限公司(新东方投资)、天津网博互动科技有限公司、天津市乐动力餐饮管理有限公司(老船吧)、天津市滨海迅腾集团、天津津瑞律师事务所、天津星际驰舟科技有限公司等多家企业。会员单位从业范围涵盖互联网、科技信息服务、大健康、科技金融、商贸、律师事务所、机械制造、餐饮、科技产业园区、众创空间等多个领域。

二、商会高度重视和谐劳动关系创建工作

随着社会主义市场经济体制的建立和发展,人力资源配置市场化程度日趋深化。在这个总趋势的影响下,职工从业的自由选择与企业用人的择优招聘都通过市场机制来调节。按照市场化的要求建立企业与职工的劳动关系,已成为劳动关系主体双方的现实选择。天津市互联网信息商会的企业家年轻有为,教育背景深厚,也有一些人才是留学深造后归来,大家坚持自主经营、民主经营,深知人才是一个企业长久发展的核心竞争力。商会企业家们十分注重公司和员工

的和谐劳动关系的创建,定期组织员工及亲属旅游、体检,为员工过生日,帮助员工解决工作生活中遇到的实际问题。商会所属企业内部设有人力资源部和法务部,拥有健全的劳务管理制度,为企业构建和谐劳务关系奠定了坚实的基础。

三、商会劳动关系调解工作

为了更好地维护职工合法权益,构建和谐劳动人事关系,根据《劳动争议调解仲裁法》《企业劳动争议协商调解规定》等法律法规精神,按照天津市人力资源和社会保障局、市总工会、市工商业联合会《关于印发启动劳动人事争议预防调解"和谐筑网"行动实施方案的通知》(津人社局发〔2014〕36 号)要求和市工商联、市社团局的工作部署,天津市互联网信息商会会长、各副会长决定成立天津市互联网信息商会劳动人事争议调解委员会和人民调解委员会,负责调解天津市互联网信息商会劳动人事争议。互联网信息商会劳动人事争议调解委员会与人民调解委员会,组织架构健全,设有主任、副主任及调解员共 10 位。

商会劳动人事争议调解委员会下设 2 个调解小组。第一组主要职责是调解会员企业与员工之间的劳动人事纠纷,解决企业与员工之间的矛盾,促进企业与员工和谐共处、相互促进;第二组主要职责是与市工商联、市人力资源和社会保障局等相关部门进行沟通和联系,加强双方的联系,向会员企业宣传最新劳动政策和法规,保证会员企业员工的合法权益,及时反映调解员在劳动人事争议调解工程中遇到的问题和难题,并向工商联和劳动局提出自己的意见和建议。商会设有专门的调解室,调解制度(3 块牌子)和调解委员会牌匾均按要求上墙。

企业与员工之间的矛盾是阻碍企业和员工发展的一大原因,天津市互联网信息商会劳动人事争议调解委员会作为会员企业的调解机构,主要目标是调解员工与企业之间的纠纷和矛盾,保证员工和企业的合法权益。作为调解员,自身的调解能力和知识储备往往决定着调解案件的成败,为了保证有效、成功地调解企业与员工之间的纠纷,调解员时时注重法律法规的储备和积累,积极参加工商联、人力资源和社会保障局组织的各项学习活动,并通过对典型案例的学习和研判不断提高调解技能,提高纠纷调解成功率。

互联网商会调解委员会开展工作体现了"线上 + 线下"相结合的特色(线上专家解读社会舆情热点,避免会员企业经营触碰法律红线;线下开展法律知识讲座和案例研讨,让越来越多的企业家知法、懂法、守法、用法)。商会积极整合律师事务所、网络公司等社会力量，探索“互联网 + 法律”的普法宣传模式。2016年，商会发动所属企业和员工积极参与市人社局、市工商联联合组织的“和谐劳动关系”专题片拍摄工作，展示了商会企业和员工良好的精神风貌，取得了很好的社会效果。

四、典型案例

案例一：

桑某于2017年6月10日入职我会员公司并签订劳动合同（劳动合同时间：2017年6月10日至2018年6月9日），入职时间非社保结算期，未在社保备案，也未在劳动局做就业登记。该员工于2017年6月19日晚19：20许骑自行车下班途中，行至河北区泗阳道与建昌道时，被傅某驾驶的“雪佛兰”牌小型客车碰撞摔倒受伤，后送往天津市第四中心医院治疗，诊断为腰1椎体压缩骨折。该员工因住院医保问题与公司发生纠纷，我商会调解委员会知道情况后，立即赶往会员公司了解情况，安抚受伤员工情绪并积极进行沟通调解工作，最终会员公司于6月20日在南开劳动局给该员工办理就业登记，6月21日在南开社保办理工伤备案，7月7日在南开社保办理社保增加手续，7月18日办理工伤认定申请。8月15日收到劳动局的工伤职工停工留薪期确认通知和工伤决定书。桑某的停工留薪期为8个月，其中不稳定期为2个月，恢复期为6个月。自2017年6月19日至2018年2月18日。至此调解工作结束。

案例二：

荆某于2006年4月25日到公司工作，后工作超过10年。工作期间，公司长期安排荆某加班，但是并未足额支付加班费用，有时加班后允许其工作日倒休。申请人荆某于2016年8月20日与公司解除劳动合同后，希望公司可以补偿几年来加班的加班费和补贴费用，不接受倒休安排。遂会员企业向商会劳动人事争议调解委员会进行咨询，商会调解委员会接到该会员企业的申请后，立即着手核实情况并进行调解工作，最终会员公司接受调解，同意支付经济补偿金给荆某，后调解工作结束。

和谐劳动关系　促进商会发展

黑龙江省福建总商会

企业劳动关系作为社会关系的重要组成部分,深刻影响着社会关系的稳定与发展。企业劳动关系和谐,社会关系才能和谐。因此,构建和谐社会,必须着力构建企业和谐劳动关系。没有和谐的劳动关系,就没有企业的和谐发展。构建和谐劳动关系是商会与生俱来的职能。如何围绕新时期改革发展大局,构建企业和谐劳动关系,是黑龙江省福建总商会研究与实践的重大课题。

黑龙江省福建总商会自成立以来,一直以服务建会、和谐兴会、民主办会、创新强会为目标。在商会积极倡导下,商会企业全面树立构建和谐劳动关系理念,通过企业建设,保证商会企业健康持续发展,保证企业基业常青。

一、坚持以人为本的管理理念

"以人为本"的现代企业管理理念,不再把职工看作技术因素,而把职工看作"具有内在的建设性潜力"的因素,把职工当作一种使企业在激烈的竞争中生存、发展,始终充满生机与活力的特殊资源来刻意发掘;不再把企业职工看作被管理和控制的工具,把职工置于"严格监督与控制之下",而是为职工提供、创造各种条件,使其主观能动性和自身的劳动潜力得以充分发挥。在企业内我们强调以人为本,就是要以职工为根本,努力实现企业与劳动者两个主体利益要求上的双赢。如果职工处于被强制性管理的地位,要发挥他们的积极性和创造性是完全不可能的,甚至还会对企业和管理者产生抵触情绪和行为,从而阻碍企业发展,最终导致职工个人也遭受损失。

坚持"以人为本"就要注重为职工创造宽松、舒心的工作环境,重视关注职工人性能量的充分释放。同时要根据企业生产经营任务要求和目标,把各种人才巧妙地结合,做到用人所长、人尽其才、人尽其用,实现企业经营目标与职工利益的“无缝对接”，努力鼓励先进、塑造团队精神。

坚持“以人为本”要充分体现在对职工的尊重和信任上，必须尊重职工个人的人格、劳动和一切权益。既要坚持教育人、引导人、鼓舞人，又要做到尊重人、理解人、关心人、帮助人。重点要做到教育人、尊重人、关心人。教育人就是要利用多种形式教育职工的进取精神和忠诚精神，使企业每个职工真正理解“企业兴我荣、企业衰我耻”的道理；尊重人就是尊重人格，重视和重用人的才能；关心人就是生活上体贴，工作上支持，思想上关怀。只要我们坚持“以人为本”的管理理念，就能够营造和谐的劳动关系，职工对企业的忠诚度就会提升，企业的凝聚力就会增强，企业才能走向良性发展的轨道。

二、全心全意依靠职工办企业

职工是企业的主人，“全心全意依靠职工办企业，办好企业为职工”是我们一贯的工作原则。随着我国经济体制改革的进一步深化和经济结构调整力度的加大，企业劳动关系发生了急剧而深刻的变化，呈现出复杂多变、多元化的趋势。因此，企业领导必须始终坚持“全心全意为职工”，树立“职工利益无小事”的管理理念，正确处理改革发展与企业稳定的关系，深化改革要在企业员工的承受能力内进行，统筹解决好各种矛盾，厘清企业劳动关系，严格执行政策、规范操作程序，同时加强职工安置方案审批和跟踪管理，切实保障职工的合法权益。

在企业管理中，必须切实加强民主管理。对企业而言，没有民主管理，企业是治理不好的。企业要实现民主管理，必须坚持通过职工代表大会等形式让职工全员参与，这也是尊重和保障职工合法权益的体现。企业必须大力推行企务公开，做到企业重大事项向职工通报，重大决策征求职工意见，重要人事安排向职工公示，切实保证职工享有对企业内部事务的知情权、参与权、选择权和监督权。

三、建立行之有效的薪资激励机制

在企业管理中，激励不仅是挖掘人的内在潜力、调动人的积极性、使企业得到发展的重要条件，而且是提高企业素质、增强企业活力的重要基础，还是企业贯彻落实各项规章制度、营造和谐劳动关系的重要保证。企业的激励手段多种多样，其中物质资薪激励是一种最基本的激励手段。因此，企业各级领导必须认真把握和运用。一是实施资薪激励必须认真贯彻按劳分配、奖勤罚懒、关心职工生活等原则。彻底打破工资分配中的平均主义和“大锅饭”,建立健全一套符合现代企业要求的职工薪资激励机制。如薪金分配上的固定工薪、年薪、股权分配制,奖金分配、职务(岗位)津贴制,以及在此基础上的职务升迁(公开竞争)、调岗(岗位轮换)、淘汰(末位淘汰)制度等。二是坚持物质激励与精神激励紧密结合。如果只讲物质忽视精神,势必导致职工目光短浅,急功近利,片面追求物质利益,滋生“一切向钱看”的思想,其结果可能产生不顾整体、损公肥私等弊病。如果只讲精神不考虑职工利益,职工就体会不到个人的劳动贡献与物质利益之间的关系,同样不利于调动职工的积极性。企业要通过多种激励手段,正确引导、提高职工的主人翁责任感,鼓舞其工作热情,促使职工努力学习专业知识和业务技能,造就一支思想好、作风硬、技术精、业务熟的职工队伍,形成和谐稳定的劳动关系,不断提升企业经营管理水平,提高企业市场竞争能力。

四、坚持制度化管理,做到依法治企

建立和谐稳定的劳动关系,必须以国家劳动法律法规、政策及劳动标准为依据,以劳动关系双方自主协调为基础,以实行劳动合同制度与集体合同制度为基本形式,完善劳动争议处理和劳动保障监察体系,形成整体管理合力,实现劳动关系和谐稳定发展。第一,企业中层以上领导要学法、懂法,依法办事。企业领导处于企业经营、管理的关键岗位,企业能否依法经营、建立和谐的内部劳资关系,减少劳动争议案件,关键在企业领导。因此,企业领导必须全面掌握相关的法律知识,依法建立健全企业各项规章制度,要从过去的能人管理改变为制度管理,依法处理职工与企业之间的各种问题。第二,企业各职能部门要增强法律意识,提高依法办事的自觉性。企业各类人员要建立岗位责任制,严格按规定、按程序办事,使企业管理制度化、规范化。第三,充分发挥商会对商会企业的监督作用和劳动关系的协调作用。凡涉及企业生产经营重大决策,职工工资、奖金分配方案,劳动保护措施等都要通过民主讨论决定,在企业劳动争议案件处理中,要坚持预防为主、基层为主、调解为主的方针,把劳动争议案件消灭在萌芽之中。第四,全面加强劳动合同管理,进一步建立和完善劳动合同签订、续订、解除(终止)备案登记管理办法。积极推行集体协商与集体合同制度,特别要大力推行工资集体协商制度、加强对集体合同的审查,强化集体合同履行的监督检查,减少、预防企业劳资纠纷,促进企业劳动关系和谐稳定发展。

五、切实保障企业职工的工资报酬权

在企业劳动关系要素构成中,工资报酬权是职工最核心的权利,作为劳动关系一方的劳动者如果连工资报酬权也得不到保障,构建和谐的社会主义新型劳动关系就无从谈起。保障劳动者依法按时足额领取工资,是构建和谐劳动关系的重中之重。因此,企业建立和谐的劳动关系,必须从规范工资分配入手,建立和完善工资支付信用制度、工资支付办法、工资支付报告等制度。建立相应的工资应急、保障机制,并加强检查监督,加大处罚力度。

六、努力加强企业文化建设

企业文化是企业生存的基础,对企业可持续发展具有重大影响,尤其在对内建立和谐稳定劳动关系、增强企业凝聚力,对外提升企业形象方面具有重要作用。企业文化建设是一项长期的、需要不断创新的系统工程,而不是一件具体的工作。一是企业文化建设要与企业发展战略相适应、与企业经营和做好各项工作紧密结合。二是要认真挖掘和提炼企业精神,培育企业整体价值观。三是不断提高企业领导者的自身素质,培育企业家精神整体价值观。四是以企业全体员工为轴心、以共同价值观为核心,努力塑造培育优秀、独特的企业文化、信用文化、品牌文化、行业个性文化,使企业成为一个人人都有共同价值观念和历史使命感、主人翁责任感的有机整体,让每一位员工都在从事最有效的工作,企业和员工都能有步骤地走向新的成功之路。

大力推动会员企业构建和谐劳动关系

安顺市福建商会

安顺市福建商会是2001年由安顺市民政局正式注册批准成立的商协会，发展至今已有500余家会员企业单位。一直以来，安顺市福建商会在市委市政府、安顺市工商联的正确领导下，在福建商会领导班子的大力支持下，长期大力宣传推动会员企业单位做好员工的管理和服务工作，构建和谐劳动关系，认真履行非公有制经济组织的社会责任。引导会员企业充分发挥企业作用，推动各会员企业建立和谐的劳动关系。总体而言，各会员单位形成企业和员工利益共享机制，建立规范有序、公正合理、互利共赢的合作伙伴关系。

构建和谐劳动关系的核心是企业和员工要成为利益共同体、事业共同体、命运共同体。换言之，就是要坚持以人为本，在企业的发展中实现人的全面发展。科学发展观中的“全面、协调、可持续”的理念，是以人为本这一价值取向的内在要求。以人为本，必然要求发展的全面性、协调性和可持续性，缺乏其中任何一条，就不是以人为本，也不可能构建和谐劳动关系。2016年8月，几名企业员工找到商会反映，说公司已经好几个月未支付他们工资，由于自己是外地人，拖欠工资数额不大不便找相关部门给予协调，迫不得已只好找到商会希望能够帮忙解决。商会在接到反映后首先稳定了几名员工情绪，并表示商会落实确有此事后一定会给予答复。经会长与其他几位商会领导落实以后，该会员企业确实存在无故拖欠员工工资行为，便立即把该会员企业单位相关负责人与被拖欠工资的员工通知到商会进行三方协调。该企业负责人声称企业资金周转困难，企业正处于发展期，并非恶意拖欠，只是确实拿不出钱来支付相关费用。商会通过了解企业实际困难后，商会领导表示拖欠工资由商会垫付，但企业的经营思想必须转变，和谐劳动关系在企业经营发展中至关重要，忽略员工的利益将严重影响企业生存和发展。该企业负责人当即表示在未来企业的发展道路上一定谨遵商会传达的精神，次月便将所有商会垫付款项结清，至今也未再出现过拖欠员工工资的情况。

在企业和职工之间，职工作为弱势群体，利益最容易被忽视，最易受到伤害，作为构建和谐劳动关系的主体——企业，必须树立以人为本的理念，想问题、办事情、做决策都要以保护员工的利益为出发点，坚持发展为了职工、发展依靠员工、企业发展成果由员工共享的理念，不断实现好、维护好、发展好职工群众的根本利益。体现人文关怀，关注职工需求、价值、权益和自由，关注职工的生活质量、发展潜能，努力为员工创造良好的成长环境，最终实现员工的全面发展，这是构建和谐劳动关系的基石。忽略员工的全面发展，企业的和谐将是纸上谈兵，也将对企业的可持续发展带来很大的影响。

商会会长黄金辉先生的企业，一直以来以身作则，企业经营坚持以人为本构建和谐劳动关系。多次在商会工作会议中解读企业得以发展的核心就是要关心员工，凝聚人心。俗话说，浇树要浇根，交人要交心。企业倾情关心员工，员工就能和企业同心同德。关心员工，就是要树立"群众利益无小事"的思想。从广大员工的根本利益出发，考虑问题和制定政策，尤其是涉及员工利益的问题，要通过合同和管理制度予以解决和保证。一是工资支付、休息休假、社会保险、医疗卫生等事项为重点，特别是要落实年休假政策，保障职工休假探亲，以满足员工尽孝心、尽爱心的人伦之情。如企业在远离城镇的贵州晨春石材项目部建立了职工之家、卫生站、职工超市等，解决一线家属慰问、职工看病、购物难等现状。要把全心全意为员工服务的宗旨体现在各级领导干部的思想和行动之中。二是在任何时候、任何情况下，都要坚持把广大员工服务的宗旨体现在各级领导干部的思想和行动之中，把广大员工的根本利益放在首位，自觉地用员工是否得到实惠检验领导干部的工作和政绩，自觉地把完成任务同实现人的全面发展统一起来。三是切实地改进领导方式和工作方法，转变思想作风和工作作风，维护好员工合法权益，始终与群众心连心，同呼吸，共命运。四是要关心员工的工作和生活。凡是涉及员工切身利益和实际困难的事情，再小也要竭尽全力办好，坚持以人为本，把职工群众放心上，把职工群众当亲人，牢固树立"群众利益无小事"的理念，坚持权为民所用、情为民所享、利为民所谋，真诚倾听群众呼声，真实反映群众愿望，真情关心群众疾苦。急员工之所急，想员工之所想，做员工之所需，时刻把员工的冷暖安危放在心上，对于员工工作生活面临的困难和问题，一定要带着深厚的感情帮助解决。尤其对待企业困难职工,一定要倾情相助,不懈地开展“冬送温暖,夏送清凉,日常送关怀”活动。

商会还通过扶贫帮困机制,引导会员企业解决好困难职工家庭的生活、上学、就医等现实问题。把帮扶机制向纵深开展,从力所能及地帮助困难职工人解决生活中的燃眉之急,到主动帮助他们转变观念、提高素质,增强就业、创业能力,从送钱送物解决温饱拓展到送政策、送信息、送培训、送技能、送岗位的温馨帮扶,逐步转变和完善帮扶机制。使职工真正感受到来自企业的关怀和温暖,全身心地投入企业改革发展中。

坚持以人为本构建和谐劳动关系,关键就是要培养职工,塑造人才。商会一批已经稳定发展的会员企业,更加引导员工重视学习,获得知识,用知识武装员工的头脑,指导员工的工作实践,使其成为企业需要的有用人才、骨干人才。

商会常务副会长单位贵州汇景纸业负责人陈金专先生表示:首先,要端正项目经营的理念,把人才效益和经济效益、社会效益放在同等重要的位置,树立干好一个项目,树一座丰碑,实现好的经济效益,更要带出一支优秀的职工队伍的理念,使一批有技能、懂经营、会管理的员工在项目中脱颖而出。其次,要认真地组织实施大培训工程,有计划、有针对性地开展职能部门的系统培训、转岗培训、专业培训、技术交流、技术比武等活动,不断强化员工的技术素质和专业技能。再次,根据每个员工的实际情况和自身特点,听取员工的意愿,为员工进行职业生涯设计,帮助其成才。员工的知识水平不同,兴趣爱好不一,地域文化各异,培养和管理方式就要因人而异。最后,要团结职工、依靠职工,增强职工参与企业管理的能力。团结是一种态度,是一种工作方法,更是一种工作能力。团结员工,就必须树立全心全意依靠员工办好企业的思想。依靠员工,一是尊重员工的主人翁地位和首创精神,密切联系员工,始终相信员工,充分地调动员工的积极性、主动性、创造性,最大限度地集中员工的智慧和力量投入企业的全面协调可持续发展中;二是尊重员工的人格,尊重员工的劳动,尊重员工的创造,营造“人人想干事,人人能干事,人人干成事”的企业环境;三是坚持“从群众中来,到群众中去”的群众路线,实行民主管理,民主决策,增强企业的民主意识和员工的参与意识,使员工具有知情权,参与权,监督权,充分地行使民主权利。

商会执行会长陈栢勇先生所在企业一直以来要求坚持以人为本。构建和谐劳动关系的基础就是要发展员工,以人为本的着眼点就是促进职工的全面发展。

职工的全面发展包含三个方面的内容。一是全面满足人的需要。不仅要满足人民群众日益增长的物质文化需要,而且要满足职工日益增长的政治需要,以及职工生存和发展的良好的自然生态环境和社会生态环境的需要,即生理需求、安全需求、社交需求、尊重需求和自我实现需求。二是全面提高职工的素质。不仅包括人的思想道德素质、科学文化素质,还包括职工的心理素质和生理素质等。三是全面发挥职工的才能,包括通过教育、激励竞争机制,发挥人的积极性、主动性、创造性等。具体到企业而言,就是要充分相信员工,积极培养员工,善于选拔有才能的忠诚员工到重要的工作岗位,给他们压力和机会,帮助其成长成才;在选拔人才上,落实绩效考核办法,坚持德才兼备、以德为先,摒弃用人的不正之风,选贤任能,不拘年龄、学历、资历界限,平等竞争,择优上岗,开展"评先树优"活动和评比"金牌员工、首席员工"等员工,提高各类先进个人的工资和福利待遇,为不同层次的员工提价广阔的发展空间,为各类人才的发展提供宽广的职业通道,营造各类人才健康成长、脱颖而出的氛围。

总之,安顺福建商会将坚持以人为本,一直不断引导会员们构建和谐劳动关系,推动会员企业又好又快发展。不仅要做到为了员工的现实利益,满足员工的现实需要,发挥员工的现实能力,还要在推动企业全面协调可持续发展的基础上,进一步提高员工的素质,增加员工的才能,健全的人格,升华员工的精神,成就员工的事业,不断促进员工的全面发展。

执笔人:陈俊池

以劳动争议预防调解为抓手　构建和谐劳动关系

广东省电脑商会

广东省电脑商会始于1993年,是由广东省从事电脑及相关信息技术产业的企、事业单位组成的全省性、行业性、非营利性社会团体,由广东省工商联领导,是全国最早成立的行业商会之一,是广州市科技创新服务机构。商会的宗旨是坚持为会员全方位地服务,维护会员的合法权益,根据国家和广东省有关部门的产业发展的方针政策,架通政府与会员和企业的桥梁,承接政府为会员的服务,促进会员企业在创新、创业、科技研发、成果转化、生产制造、市场营销、人才培训、国内外贸易、投融资等领域的健康发展,实现资源整合、优势互补,不断壮大会员企业的总体实力,发扬行业组织的引领示范作用。

商会自2016年由国家人社部和广东省工商联、广东省人社厅指导成为劳动争议调解示范单位以来,积极贯彻中共中央、国务院《关于进一步构建和谐劳动关系的意见》、中共中央办公厅、国务院办公厅《关于完善矛盾纠纷多元化解机制的意见》,积极落实人力资源社会保障部、中华全国工商联《关于加强非公有制企业劳动争议预防调解工作的意见》,积极发挥行业商会在预防化解非公有制企业劳动争议中的作用,积极为非公有制经济发展营造良好环境,在一定程度上提升了企业自主解决劳动争议的能力,促进了企业劳动关系和谐稳定。具体工作如下:

一、建立健全商会劳动争议调解组织体系及相关部门职责

(一)建立多层次的劳动争议预防调解组织网络

成立劳动人事争议预防调解委员会以来,由会长马本湘担任主任,由秘书长姚柳深,常务副会长陈柱鉴、张宇、戴栋楼、马中飞、雷贺辉等担任成员,办公室设在商会秘书处,秘书长姚柳深任办公室主任;由商会教育、专家顾问、互联网发展、投融资、IT设备产业、智能网络、国内外贸易、创业创新、文化创意、软件及信

息服务、IT 职业技能培训、动漫、移动互联网营销 13 个专业委员会牵头,组织专委会下各会员单位成立由本企业主要领导担任组长、相关职能部门主要负责人和职工代表(3 名)为成员的劳动争议预防调解工作小组,同时在分会设立调解信息员,建立起多层次、立体化的公司劳动争议调解组织架构。

(二)明确职能部门工作职责

为预防、控制单位劳动争议的案件发生,营造良好和谐的劳动人事环境,商会明确了劳动人事争议预防调解委员会相关职能部门的工作职责。委员会办公室主要负责建立预防调解的相关制度,组织召开劳动争议预警分析会,提出具体方案和建议,负责重大群众事件的处理,指导基层工作,及时化解矛盾,以及时建立劳动争议预防工作档案;各专委会工作小组负责宣传、学习《劳动争议调解仲裁法》《企业劳动争议协商调解规定》,会员单位内劳动争议的预防工作,及应急情况下对企业内发生的事实清楚、线索明晰、争议额较小的简易案件进行调解工作,以利于及时、就地调解和解决;各分会调解信息员负责及时做好职工群众的思想疏导工作,发挥好“桥梁”作用,了解汇报职工动态,及时主动地反映职工意愿,对可能发生的争议的潜在问题,及时上报,维护职工队伍的稳定。

二、源头参与,建立预防在先的工作机制

(一)做好源头牵制,畅通职工利益诉求表达渠道

商会劳动人事争议预防调解委员会在每次预警分析会中都强调要做好源头控制,尽可能将矛盾化解在基层、化解在萌芽状态。在劳动争议事前预防工作中,把“早、细、深”三字的精髓融入日常工作中,检查劳动合同、集体合同等执行与落实情况,对涉及职工切身利益的事项跟踪监察,通过商会理事会、会员大会等方式使会员单位了解商会对其关心的热点、难点、焦点和重点问题的态度、处理方法与依据,同时要依据《劳动合同法》《企业劳动争议处理条例》等相关法律法规以及企业集体合同、规章制度来调整劳动关系,逐渐形成一种相互尊重、平等协商、共同发展的态势和格局,建立和谐稳定的劳动关系;坚持定期组织会员代表对劳动保护工作的巡检;建立会员企业职工思想动态常报制度,分别从不同方面、不同角度掌握会员企业职工思想动态;建议会员企业在内部建立职工利益诉求表达机制、协商和解机制等预防调解措施建设,如设立职工信箱、征集职代

会提案、召开不同层面的员工座谈会、到基层一线进行专项调研等。

(二)宣扬完善各项规章制度,加强督促制度落实和业务培训

积极向会员企业宣传、普及并严格执行国家和地方法律法规中对于劳动报酬、保险福利、休息休假等的规定,进一步协助会员企业完善公司奖惩办法、补贴津贴、教育培训等各项规章制度。通过督促会员企业各项规章制度的完善,强化制度执行力度和透明度,化解影响和谐劳动关系的直接动因,确保制度执行力度重点在日常的落实,指导会员企业加大宣传,提高企业职工的法律意识和自我保护意识,从而促进企业主动自觉履行各项制度。各调解员、信息员积极主动地深入会员企业,动员企业支持此项工作,一旦发现问题则积极主动地联系委员会办公室或调解工作小组。各调解员、信息员,以及发动企业相关人员积极参加有关劳动保护的各项业务培训,努力提高法律素养和工作能力,同时也逐步完善对兼职调解人员开展工作的激励和保障措施。

三、建立与人力资源社会保障行政部门、工商联组织、联谊商协会等的联动工作机制

劳动人事争议预防调解委员会针对在预防调解工作中所遇到的实际问题,组织商会法律顾问及行业相关人员开展多类型的讨论交流会,及时分析研判本行业劳动关系矛盾的情况和特点,做好相关的记录和经验总结,按要求定期向省级人力资源社会保障行政部门、工商联组织进行报告,并在"全联劳动关系调研专题座谈会"等场合委派副会长李志等同志提出建议意见;不定期与广东省行业协会联合会、广州市软件行业协会、中国国际贸易促进委员会广州市天河区委员会、中国国际商会天河区商会等联谊商会沟通交流、互通信息,共同提高劳动人事争议预防与调解的效率。同时担当并发挥好会员企业与人力资源社会保障行政部门、仲裁机构纽带桥梁的作用,搭建好多方有效沟通的快捷平台,配合仲裁机构调解本行业非公有制企业发生的疑难复杂争议,从行业上营造浓厚的和谐氛围和宽松的调解环境。商会专职副秘书长在 2017 年 10 月到安徽合肥参加第二批非公商会(协会)劳动争议预防调解示范工作座谈会,此次会议要求商会认真学习党的十九大会议精神,学习习总书记的重要讲话,进一步做好就业和社会保障工作、劳动关系协调工作,创新和改进社会管理,最大限度地满足人民群众

的获得感，提高就业质量，不断创新和完善社会管理，构建和谐劳动关系，推进调解仲裁的健康发展。

四、积极参与企业劳动人事争议处理，发挥商会自律的引领示范作用

目前商会的会员单位以 IT 行业企业居多，如“互联网 +”、大数据等创新型企业，具有高学历、高薪资、高流动性、年龄层次低的“三高一低”特点。IT 行业主流劳动者属于专业技术型人才，跳槽率较高，员工流动性较大。其中“90 后”为 IT 行业劳动争议案件的主体，这类劳动者维权意识强，情绪化诉讼倾向严重，若处理不当，易激化矛盾。商会企业目前面临的劳动争议主要是来自劳动关系主体双方之间在执行劳动法律、法规或履行劳动合同、集体合同时因持有不同的主张和要求而产生的争议。其内容包括：因企业开除、除名、辞退职工和职工辞职、自动离职发生的争议；因执行国家有关工资、保险、福利、培训、劳动保护的规定发生的争议；因履行劳动合同发生的争议；法律、法规规定应处理的其他争议，如履行集体合同发生的争议等。

在此行业特点下，商会劳动人事争议预防调解委员积极走访会员单位、深入了解会员单位在劳动人事方面的开展情况，依据相关的法律法规及成功经验，向企业宣讲预防劳动人事争议的重要性，帮助企业分析本企业、本行业劳动人事争议的特点，帮助企业完善行业人力资源管理方式，帮助企业建立应急调解机制，切实做到抓源头、防微杜渐的要点。

商会劳动人事争议预防调解委员在此过程中也在分析研究其中可能涉及的相关行业标准或者通行做法，积极探索符合行业特点的调解模式，直接参与重大集体劳动争议处理，力求为会员单位提供全方位的、实实在在的、行之有效的服务，发挥商会自律的引领示范作用。

五、商会目前企业劳动争议状况和遇到的问题

（一）工资是突出的劳动争议问题

一是员工反映工资额度偏低问题。在 IT 行业，拖欠工资问题基本极少，但工资标准的不统一、一线员工工资偏低是普遍存在的问题。商会通过调查显示，IT 行业企业一线员工工资基本偏低。在广州、深圳等高消费城市，有些企业实际工

资基数比最低工资线还低,职工不得不靠加班来弥补不足。二是工资涨速太慢。企业利润增加1%,职工工资总额的涨幅应不低于0.1%~0.7%。实际中有些企业虽效益很好,但在利润分配中,工资成本的分配比例极小。目前企业职工的工资和行政事业单位职工比较,相差悬殊。

(二)用工多样化导致劳动争议复杂化

在劳动关系多样化和劳资对比失衡的背景下,少部分企业为回避劳动法律义务,降低用工成本,大量使用所谓的"钟点工""劳务工"等,有的企业经营者利用法律或体制上的漏洞,拖延员工追索工资待遇等权益的处理进度,增加了劳动关系调处和维权的难度,造成职工重复处理。

(三)劳动争议形式呈现出群体性极端化倾向

在一些企业的重大经营决策损害职工切身利益时,容易导致群体性争议发生。劳动争议未能及时有效地化解,造成劳资矛盾日积月累,劳动关系不断恶化,群体劳动争议呈逐年上升的势头。同时,劳动争议处理消耗时间太长,使劳动者失去耐心和信任,极有可能使劳动争议激化而导致极端事件发生。

(四)劳动争议在利益诉求上呈现多元化态势

从2017年所涉案的具体纠纷类型来看,普遍涉及非法用工、拖欠工资、未签劳动合同、未缴社会保险费、解除劳动合同、经济补偿金、工伤赔偿等方面。

1. 非法用工、拖欠工资

2017年5月,商会对一起非法用工进行了调解。案件是周某在未签劳动合同的情况下,与一销售电子产品的私人老板吴某口头约定了工钱,在工作了一个月后,因家里父亲生病急需回老家,向吴某请辞,吴某并不同意,而且擅自扣了周某的身份证。因没有身份证的周某无奈之下向商会调解委员会进行求助。

商会调解委员会接到求助信息后,相关部门联合调查。经过调查,证实吴某的电子产品销售属无证经营,且吴某擅自扣押周某身份证涉嫌违法。由于存在非法用工事实,通过相关法律的普及和宣传教育,吴某认识到了自己的错误,归还了周某的身份证,并结清了工资。同时,吴某已开始整改自己经营的销售点,并表示以后会遵守相关法律法规,合法经营。

2. 未签劳动合同、解除劳动合同

张女士通过网上求职的方式,于2017年4月15日到广州天河某科技公司工作,职务为行政文员,双方没有签订书面劳动合同。同年9月20日,公司以能力不够口头上辞退张女士。同年10月张女士向商会调解委员会申请调解,商会委员会立即开展调查小组。经过一个星期的查证,证实该科技公司确实未与张女士签订劳动合同,经由调查小组的成员的调解,双方达成调解协议。

3. 未缴社会保险费

2016年9月,陈某入职天河某科技企业,入职时陈某填写了入职登记表,在登记表上写明投保有农业合作医疗保险。之后,陈某在与该企业签订劳动合同时,签订承诺书,明确要求该企业不要为其缴纳社会保险,改为每月按工资的8%发放补贴。2017年4月的一个周末,陈某独自骑自行车出行游玩,骑行至一田野小河边时,自行车突然爆胎,陈某摔倒在地,被恰巧经过的农民发现,送至医院救治。经诊断,陈某大腿骨折,花费医疗费6万余元。病愈后,陈某几经咨询,了解到用人单位未为其缴纳社会保险,导致因意外伤害发生的医药费无法报销,自己遭受很大损失。

陈某于2017年5月向商会调解委员会申请调解,经我商会调解双方始终不满意,陈某遂向劳动仲裁委员会提起劳动仲裁,仲裁驳回了陈某的申请。后陈某提起诉讼,在一审审理过程中,经法院调解,用人单位给付陈某3万元补偿金。

4. 工伤赔偿

2017年7月,彭某与某木制品有限公司工伤待遇劳动争议一案在我商会组织下进行了双方调解。彭某于2017年2月28日在工作时受伤,2017年4月15日经劳动能力鉴定委员会鉴定为拾级伤残。调解委员会围绕双方争议的月工资标准、停工留薪期长短等焦点问题,进行法律释明,最终双方达成工伤待遇赔偿调解协议。

六、总结

在不断的劳动人事预防调解工作中,我们体会到,劳动争议预防调解是一项具有长期性、艰巨性的工作。企业面对市场经济的激烈竞争,面对日益变化的经营条件与环境等诸多状况,面对新踏入社会工作人群的社会认知的不同,面对工作人群的流动与更替,更应在劳动人事关系上给予足够的重视。在今后的工作中,我们将从提高调解员、信息员责任心和使命感上入手,在抓宣传、超前预防,抓制度、落实责任,抓苗头、提前介入,抓调处、依法维权等方面深入开展劳动争议预防调解工作,不断夯实各项基础管理,未雨绸缪,锐意克难,主动化解,直面劳动关系发展变化的新情况、新问题,不断地积极化解矛盾,调处纠纷,努力把劳动争议预防调解工作提高到新水平,积极促进会员企业稳定建设与运行,进一步促进会员企业和谐发展与壮大!

化解工伤纠纷　促进企业发展

普洱市川渝商会人民调解委员会

一、基本情况

2015 年 11 月 22 日下午，普洱市川渝商会会员单位——普洱市宇泓建材有限公司员工刘天洪（男，汉族）在该公司电线杆生产车间内施工操作时，不慎被碾压车压伤手指，经送普洱市六十二医院诊疗后，伤情为右手 2、3、4、5 手指受伤，3 指至 5 指为碾压性损伤。2016 年 10 月 25 日，经云南现代司法鉴定所鉴定该员工的为八级伤残。刘天洪受伤后，其用人单位——普洱市宇泓建材有限公司及时将其送到医院进行治疗，并垫付医疗费等相关费用 7 万多元。刘天洪出院后，向普洱市宇泓建材有限公司提出一次性赔付其医疗费、误工费、营养费、伤残赔偿金等共计 30 余万元的诉求，普洱市宇泓建材有限公司则认为刘天洪在事故中自身存在过错，也应当对伤残负一定责任，所提出的赔付金额不符合实际，双方为此发生争执和纠纷。于是，普洱市宇泓建材有限公司向普洱市川渝商会人民调解委员提出了申请，希望商会工作人员能对该纠纷予以调解，和平解决与该名员工的矛盾。

二、案件分析

（一）直接原因

经过商会调解人员的调查了解，刘天洪在工作过程中，麻痹大意、未严格按操作规程进行操作，才导致被工程碾压车压伤手指，故刘天洪自身的失误是导致事故发生的直接原因。

（二）间接原因

当然，刘天洪操作不当，也与普洱市宇泓建材有限公司对技术工人的管理及技能培训不到位有关。此外,用人单位还对用工规范认识不足,未依照《劳动法》给工人购买工伤保险。由于未经过专业系统的培训,工人在工作过程中操作缺乏规范性,容易违反安全技术规范。故宇泓建材公司的不规范管理也是导致事故发生的间接原因。

(三)事故性质

经向专业人员了解,普洱市宇泓建材有限公司"12·22"受伤事故是一起工伤事故,属于用工单位和劳动者之间的劳动合同纠纷类型,应当依照劳动纠纷的相关法律法规和程序进行解决。

三、调解情况

针对该起建材生产基地工伤事故引发的纠纷,在接到普洱市宇泓建材有限公司的申请后,普洱市川渝商会人民调解委员会取得了另一方当事人接受调解的意见,于是予以受理。在进行前期充分调查了解后,普洱市川渝商会人民调解委员会特安排调解员郭玲琴律师和商会秘书刘涵娇参与调解。2016 年 11 月 21 日,在普洱市川渝商会调解委员会办公室,普洱市川渝商会人民调解委员会召集了双方当事人,由郭玲琴律师、商会秘书刘涵娇主持,共同对该工伤事故引发的纠纷进行协商调解。双方当事人(普洱市宇泓建材有限公司负责人及刘天洪)到场说明了各自的情况和意愿。

商会调解委员会认真听取了双方对该案件的情况说明,细心了解纠纷双方的利益诉求,并就事故赔偿涉及的相关法律规定、赔偿标准等做了耐心讲解。迅速分析出双方主要的矛盾点,就关键问题反复地劝说、疏导,当事双方各自作出让步,最终就具体赔偿金额及支付方式达成了一致意见,达成了以下调解协议:一是双方一致同意解除劳动合同关系;二是由普洱市宇泓建材有限公司一次性赔偿刘天洪伤残补助金、就业补助金、医疗补助金等共计人民币 17 万元;三是刘天洪自愿放弃提起劳动仲裁、诉讼等权利。普洱市川渝商会调解委员根据双方达成的调解协议内容,做出了人民调解协议书,由双方签字确认,各执一份。至此,此次纠纷得到了双方当事人都满意的解决结果,避免了双方继续争执,也节省了司法资源。

四、启示与思考

从这个案件中，商会积累了一些指导会员企业如何经营管理的经验。本起事故发生后，用人单位及时将伤者送医院诊疗，对伤者进行安抚、护理并垫付相关医疗费用，这样的态度和处理工作赢得了伤者的好感，也为后期商会开展调解工作打下基础。商会在开展调解的过程中，能够学习和总结出一些有用的经验做法，便于将来在开展会员培训等活动时，能够给到会员实用的指导。

经过这次案件的调解，商会意识到调解人员具备专业知识和社会经验的重要性。在双方因赔偿事宜发生争议并申请商会调委会调解的情况下，调委会组织的调解员只有了解劳动合同纠纷、工伤纠纷的法律知识，掌握化解矛盾的技巧，善于发现当事人的心理状态等，才能做得好调解工作。而且调解人员还必须摆正立场，中立地参与事故处理，为双方当事人着想，做到不偏袒、不偏倚，各方才比较容易接受其提出的观点和给出的建议。

该事故的成功调解进一步扩大了商会调解委员会在商会中的作用和影响，让商会的会员企业认识到了商会调解委员会对于纠纷解决的重要意义，今后会员在遇到纠纷时，更加愿意通过商会调解委员会来予以解决。商会帮助会员解决矛盾，这也让会员更加信任商会，提高了会员参与商会活动的积极性，同时，商会调解的案例还给会员敲响警钟，增强了商会会员法制意识和责任意识，促使会员企业完善和规范自身存在的法律问题。

该案件的成功解决，增强了商会内部的调解委员会工作信心。经过调解，当事人双方都得到了比较满意的结果，调动了调解工作者的工作热情，商会调解委员会作为调解会员之间矛盾纠纷的平台和渠道，对化解商会会员之间的矛盾纠纷很有必要，作用也很明显，对于推进法治建设很有意义，商会将来要更加重视这一块工作。

多元化机制显威力　调解成功获“双赢”

青海省甘肃商会

一、纠纷由来

2016年8月16日，青海省甘肃商会理事单位西宁某股份有限公司（以下简称西宁公司）与西宁市昌盛房地产开发有限公司（以下简称房地产公司）签订股权转让协议书，约定将其上市公司10%的股权以3540万元转让给房地产公司。可是在合同履行过程中由于房地产公司逾期付款，同时双方就公章、财务章移交及资金额度延迟到账等问题存在分歧，西宁公司要求解除合同协定，房地产公司承担违约责任；房地产公司则要求继续履行合同。

二、情况分析

西宁公司与房地产公司股权转让纠纷案主要是因为在合同履行期间房地产公司逾期付款。如果按照股权转让协议书来执行的话，房地产公司应承担主要责任，并且合同终止。但是这样按照法律程序去执行，双方都会受到额度不小的损失和不良社会影响。这样既影响了西宁公司出售股权这一决策，又会影响房地产公司对股权的接受，而之前就股权转让投入的人力、物力、精力都会付诸东流，一切都要从头开始，这对两家公司来说是一个不小的损失。所以通过调节去解决是最好的解决方案，也是双方互赢的最好的解决途径。

三、调解工作

西宁公司法人代表及股东均为西宁地区居民，而房地产公司为青海省招商引资的重点企业之一，该情况如果采取法律途经则对双方利益保护均有不妥之处，同时对地方经济发展将产生不利影响。所以经甘肃商会部分领导出面、调解结案是稳定社会秩序、促进地方经济发展、实现双方共赢的最佳方式。甘肃商会开会研讨一致同意召集双方进行调解，于是商会组织了协调小组，首先对双方开展了事件经过的详细调查和深入了解。在对事情前前后后有了一定的了解后，协调组对双方发出了调解召集会议函，但双方均摆出了老死不相往来的态度拒绝调解。经多次上门解说，仍然不见成果，使调解组无法开展工作。

协调组最后又和商会领导多次研讨，最终确定了启动多元调解机制，邀请省工商联经济部领导参与事件调解。青海省工商联对调解此案给予大力支持，甘肃商会主要领导亲赴双方公司协调调解工作；甘肃商会多次召集西宁公司及股东商谈调解事宜；省工商联和甘肃商会组成了多部门参加的调解小组共同做当事人工作；甘肃商会主要领导与商会法律顾问协调组成员反复多次往返于两家公司，穿梭于双方当事人之间，分析事件，析法明理，化解心结，阐明调解的共赢效果，并说服各委托代理人在调解中发挥积极的促进作用。在省联和甘肃商会多部门群策群力下，当事人最终达成调解协议，圆满解决事件中10%的股权纠纷。

该事件调解之后，双方公司代表及主要成员来到甘肃商会对其在调解中付出的辛勤劳动表示感谢，赞扬调解成功达到了双赢，甘肃商会的各行业成员对商会调解解决本事件非常满意，同时表示将向其他省商会和民众广为宣传青海省良好的精神环境和投资环境，使更多商家到青海投资兴业。各方当事人亦称赞该事件的调解彻底平息矛盾，有效保障了各方权益。

通过西宁公司与房地产公司股权转让纠纷案，我们认识到商会组织平台在此次维权中发挥了重要作用，切实起到了组织协调、法律维权、防范风险的服务功能。提高了企业法人的法律意识，培养了法律思维，增强了法治观念，强化了规则意识，倡导了契约精神。这又一次警示我们在项目投资与合作中首先考虑筛选对的合作伙伴。签订了合同，都能严格按照合同协议要求去规范运作，遵守市场运营规则，敬畏法律，守法诚信。这样双方在合作过程中都能互相信任，为以后的良好合作奠定基础，也能避免不必要的矛盾纠纷。通过此次案件教训，我们体会到平时参与商会组织的“法律体检”活动在企业运营中起到的实实在在的作用，体现出了商会的服务功能，感受到了商会的温暖。

今后，不管做生意或者生活上遇到事情时，我们都要时刻保持冷静，认真去思考，依靠组织平台遵章守法、规范运营，和周围人或合作伙伴多去沟通和了解，避免并化解很多矛盾，减少不必要的麻烦。

执笔人：穆选平

坚持依法建会 确保“两个健康”发展

宁夏安徽商会

党的十九大提出“要支持民营企业发展,激发各类市场主体活力,要努力实现更高质量、更有效率、更加公平、更可持续的发展”。改革开放以来,民营企业得到了蓬勃发展,已经成为国家经济建设的主战场、财政收入的主渠道、扩大就业的主阵地。随着新时代市场经济的快速发展和改革开放的深入,依法治企加快民营企业发展、维护民营企业合法权益已成为商协会工作的重要任务。近年来,我们利用商会这一平台,积极为会员在经营中产生的经济纠纷和涉法问题进行依法维权,同时加强对商会内部会员之间各种纠纷的处理。化解矛盾,促进和谐,帮助会员企业发展收到了较好的成果,被自治区人力资源和社会保障厅、自治区工商联确定为“国家级劳动争议预防调解示范单位”。其主要工作有:

一、学法用法,强身健体,筑牢法律防线

加强普法教育,提高会员的法纪观念,是加强商会依法治企的重要工作。工作实践使我们认识到,行动上的自觉来源于对理论的清楚认识,知识的贫乏必然造成愚蠢鲁莽的行为。根据商会是企业家聚集的民间组织,部分会员存在思想多元化、行动自由化、追求利益最大化等实际,以及多数会员早年创业文化程度普遍较低、法纪观念淡薄的现状,我们开展了四项教育。

一是开展普法教育,依法治企。为了增强大家的法纪观念,我们邀请商会法律顾问何明、北京大成(银川)律师事务所主任王新华、律师刘海琴,介绍《刑法》《民法通则》《合同法》和企业相关的法律知识。通过普法教育,使大家做知法、懂法、守法的明白人,提高会员企业依法治企的能力和水平。

二是开展徽商文化教育,立德树人。为了弘扬徽商文化,加强道德建设,应商会邀请,合肥之友负责人华艾来商会宣讲徽商文化,通过学习,帮助大家了解

古徽商是古徽州商人的总称，起源于东晋，发展于宋唐，创造博大精深徽文化，形成了一种独特的徽商精神，其核心理念为诚实守信，倡导厚德、敬业、创新、和谐。徽商文化以儒家“重义轻利”的伦理道德观念为指导思想，在经营理念上，坚持“生财有道”的义利观，见利首先思义，认为义重于财，信奉君子爱财取之有道。从根本意义上来说，将诚信作为经商从贾的道德规范，正是徽商获得成功的要诀之所在，“诚实守信”是徽商文化的精髓之所在，以此提高会员的思想道德观念。

三是开展建立“亲”“清”政商关系教育，政企清廉。在商务活动中，有的人奉行“利益至上”，认为“艰苦创业靠自己，承揽项目靠送礼”，因此商会组织大家认真学习习近平关于建立“亲”“清”政商关系的讲话，帮助大家提高对“亲”“清”关系的认识，重点理解“亲”“清”新型政商关系，坚持从严治党、依法治党，倡导政府清廉、政治清明、企业家清正，是如期完成全面建成小康社会战略任务的坚强政治保证。通过学习培养以诚待人、以信接物、义利兼顾的商业道德，增强自律意识，筑起依法经营、文明经商的道德防线。

四是开展警示教育，警钟长鸣。为了提高大家法律观念，增强防范意识，在学习法律原文的同时，组织大家观看防治腐败的警示教育片和忏悔录，结合会员在商务经济活动中违法违纪问题进行剖析，帮助大家算清人生价值的政治账、经济账、亲情账、企业发展账、个人成长进步账，教育大家认清违法犯罪对社会的危害、对家庭的损害、对亲人的伤害，筑起法律防线。

二、成立机构，搭建平台，建立调解机制

为了做好普法教育和为会员维权服务工作，我们聘请了法律顾问，成立了妇委会、工会和劳动人事争议预防调解委员会，如有相关问题发生，四部门互相配合，做好合法维权工作，形成了四位一体的调解机构，在此基础上，制定了《劳动人事争议预防调解工作实施方案》《劳动人事争议调解员管理办法》《劳动人事争议调解工作规则》等文件，形成了商会会员法律培训、思想道德教育和为企业员工开展政策咨询及纠纷调解服务工作机制。做到商会普法教育有人抓、企业涉法问题有人帮、员工有委屈有地方说、不公平的事有人管、家庭纠纷和内部矛盾有人调解，较好地化解了内部矛盾，促进了和谐，增强了商会凝聚力。

三、调解纠纷,化解矛盾,维护合法权益

在维权服务和调解纠纷过程中,我们坚持以事实为依据,以法律为准绳,积极维护会员的合法权益,对会员企业内部的劳动纠纷进行深入细致的说服教育,达到化解矛盾、促进和谐的目的,推动企业经济发展。如在维护会员合法权益方面,根据秘书处统计,近年来有60多家会员企业受到不同程度侵权,在秘书处的协调下,由法律顾问进行调解,或上诉法院进行维权,已有50多起侵权行为得到妥善处理,追回经济损失和获得赔偿1300万元。

在调解纠纷、化解矛盾方面,商会调解委员会和工会积极协调,处理了7起纠纷。如会员企业某桥架公司,由兄弟二人合办,注册公司之初,哥哥负责全额投资,弟弟负责经营管理,并商定按照四六分成,哥哥占六,弟弟占四,经过多年经营,效益很好,兄弟和睦。但近年来,由于双方子女长大成人,对利润分成比例提出异议,兄弟之间产生矛盾,使生产受到较大影响,几乎处于停产状态。经商会调解委员会调解,哥哥主动提出按照五五分成,使他们的矛盾得到化解,公司已恢复生产并且取得较好的效益。

商会妇委会积极维护妇女儿童合法权益,尤其重视保护女员工的权益,如商会会员某公司女职工张某,因怀孕而拟将其解雇,商会妇委会得知情况后,与调解委员会积极配合,进行调解,使张某按《劳动法》规定得到权益保护,受到广大女员工好评。

法者,天下之程式也,万事之仪表也。在习近平新时代中国特色社会主义思想指导下,大力发展民营经济,必须提高法治观念,确保“两个健康”发展。

执笔人:郑国富

第 三 篇

企业劳动关系典型案例

制度保障　平等协商　构建企业员工共赢的和谐劳动关系

北京磊鑫建筑工程有限公司

北京磊鑫建筑工程有限公司(以下简称磊鑫公司),成立于2000年,注册资本5000万元,是一家以幕墙设计与施工、建筑装饰设计与施工为主体,集门窗、钢结构、建筑智能化、照明工程等工程服务,以及地产投资、闽商联盟为一体的企业。近年来,公司打造了一系列的“国优”“市优”等精品工程及城市地标性的项目工程。磊鑫公司下设1办8部,在全国设立14个分公司,在职员工150人。

和谐劳动关系是经营者和劳动者双方齐心协力、共谋发展的唇齿关系,是双方相互尊重、和谐相处的平等关系,是双方利益相容、矛盾协调的共生关系,是经营者和劳动者共同创造、共享成果的发展关系。磊鑫公司高度重视构建和谐劳动关系工作,在多年工作的基础上形成了“领导重视支持、企业和职工积极参与”的创建活动工作格局,形成了制度保障、平等协商、关系协调、双方“双赢”的和谐劳动关系。2016年,公司被北京市人力资源和社会保障局、北京市总工会、北京企业联合会、北京市工商业联合会评为2013~2015年度“北京市构建和谐劳动关系先进单位”。磊鑫公司的主要做法如下:

一、严格遵守法律规定,确保职工享有合法权益

磊鑫公司坚持从规范企业劳动合同管理、实现劳动合同“全覆盖”着手,着力建立和完善内部管理制度和机制。

1. 依法与职工签订劳动合同。坚持做到程序合法、内容全面、管理规范、有效履行。目前,企业与职工的劳动合同签订率达到100%。多年来,未发生因企业与职工不签订劳动合同而引发的投诉举报。

2. 依法参加社会保险。截至目前,企业职工全部依法参加了养老、医疗、生育、工伤、失业“五险合一”的城镇企业职工社会保险,企业参保率达到100%。

3. 确保职工的休息休假权。实行劳动者每日工作时间不超过 8 小时、平均每周工作时间不超过 44 小时的工时制度,在国家法定节假日期间依法安排职工休假等。

二、做好企务公开民主管理工作,确保职工的知情权、参与权、表达权和监督权

磊鑫公司一直以来大力推行企务公开,重大事项向职工通报,重大决策征求职工意见,重要人事安排向职工公示,切实保证职工享有对企业内部事务的知情权、参与权、表达权和监督权。磊鑫公司建立企业内刊《磊鑫人》,截至目前已出版 25 期,鼓励职工投稿原创文章,并发放稿费奖励。磊鑫公司建立微信公众号,及时推送行业、企业、生活等多方面信息,加强互动。

三、建立了公司内部劳动争议预防调解机制,及时化解劳动纠纷

磊鑫公司重视劳动争议的预防调解工作,在公司工会下设劳动争议协调小组,小组成员有公司工会负责人、工会工作人员和专职律师。定期对企业带有普遍性、倾向性的问题,开展研究协商,广泛征求各方面的意见,及时向企业提出解决问题的指导性对策和办法。

四、重视培训,为员工提供发展平台

公司非常重视员工的培训。一是公司内部培训,请专家到公司讲授知识;二是支持员工个人参加社会培训,给予员工时间保证,而且根据员工取得的职称证书等级发放补贴。公司还为员工的职业发展提供机会,根据工作年限、工作表现提拔员工到更重要的工作岗位,为员工的职业发展提供广阔的舞台。

五、充分发挥党组织、团组织、工会组织的作用,关爱员工,努力丰富广大职工的文化生活

磊鑫公司党组织、团组织、工会组织健全并充分发挥作用。公司 2013 年成立党支部,以“党建带工建,工建促党建”为目标,积极发挥党员在企业中的模范带头作用。党总支先后四次被评为“优秀基层党支部”,7 人次被评为“优秀共产党员”,4 人次被评为“优秀党务工作者”。公司成立伊始就成立了工会,工会组

织覆盖面达100%。成立团组织，开展符合青年和企业特点的活动。

设立员工专项基金。慰问婚丧嫁娶、生病、困难的职工，为职工送上生日贺卡、庆祝生日，夏天提供防暑降温的补贴与用品等。

为增强企业职工的凝聚力，公司开展多种活动丰富职工的文化生活。针对企业外地职工，特别是年轻人多的特点，因地制宜与所在社区椿树街道联合开展活动，"插花课""猜灯谜""敬老助老""国画课""参观中国梦展览"等活动，既丰富了企业职工的业余生活，又陶冶情操；既增进了职工之间的思想交流，又增强了企业活力和凝聚力。

六、坚持经济效益与社会效益并重，自觉承担社会责任

多年来磊鑫公司诚信经营，经济效益与社会效益并重。磊鑫董事长蒋清林多年以来热心慈善公益事业，坚持为中小学捐书捐款并投资上百万元在家乡厦门翔安区设立教育基金会，于2016年向教育基金会捐款45万元人民币，厦门市人民政府特授予其"捐资兴学尊师重教"银质奖章；连续赞助两届"台湾青少年海峡两岸和谐之旅"（2012年、2014年）骑行活动，积极地促进海峡两岸交流；多年来连续赞助"青春使命—优秀大学生素质拓展"活动，支持中学生成长的"乡村—中国梦"活动，选拔、邀请贫困地区的优秀中学生来京进行拓展活动，于2017年接待西藏自治区左贡县、湖北咸丰县和厦门翔安三个团共73人，带学生们领略从未见过的美丽新世界。

构建和谐劳动关系是一项十分复杂的系统工程，同时也是一项长期的工作，雄关漫道，面对未来，磊鑫公司将不忘初心、牢记使命，通过搭建和谐之桥，构筑和谐之基，倾注和谐之力，从而让和谐之魂始终铸就在员工心中，使公司的劳动关系呈现出规范协调、和谐稳定的良好态势，为国家、社会做出更大贡献。

编写组：刘滨艳　和一林　句梦月

执笔人：句梦月

构建和谐劳动关系　维护企业稳定发展

太原六味斋实业有限公司

六味斋始创于1738年(清朝乾隆三年),是集“中国驰名商标”“中华老字号”“国家级非物质文化遗产”“国家AAAA级景区”四大国家级荣誉为一身的农业产业化国家重点龙头企业,进入“全国肉制品行业百强、豆制品行业前五十强”行列。涵盖肉制品、豆制品、速冻食品、主食、烘焙食品、杂粮制品六大系列400多个品种,形成了“六味斋”酱肉、“好助妇”快餐、“乔嫂”主食、“晋西口”“高天深粮”有机杂粮、“西口洋洋”生态羊肉等系列产品,拥有300多家直营连锁专卖店和好助妇快餐店,建设有30余家老年餐桌,覆盖全市各大城区。2016年斥巨资新建集生产、旅游、休闲、餐饮、园林文化为一体的“云梦坞”文化产业园,“工业+旅游”一体化格局基本形成。

作为一家集生产、销售于一身的老字号企业,我们始终重视和谐劳动关系的构建。只有和谐的劳动关系,才能让职工有归属感、有认同感,才能集众人之力去实现企业的大发展。多年来,我们不断通过多种手段、多种方式去构建和谐劳动关系。

一、建立健全各项制度,切实维护职工权益

为更好执行《劳动法》《工会法》,使企业与员工减少矛盾、达成共识,公司先后制定了劳动合同制度和劳动争议调解制度,切实维护职工权益。一是认真贯彻执行《劳动法》《劳动合同法》《工会法》等法律法规,依法规范企业的生产、经营和管理行为,通过组织学习,使员工人人知法、懂法、守法,同时增强了员工的维权意识,调动了职工参与创建活动的积极性。二是建立完善全员劳动合同制度,规范劳动用工。与职工依法签订劳动合同,劳动合同签订率达100%。劳动合同内容全面、合法、程序规范,劳动合同签订、续订、签证、解除和终止等各个环

节管理完善。签订过程中让职工明白自己的权利义务,减少劳动争议现象发生。三是工资待遇实行基本工资、岗位工资、绩效工资,奖金、福利待遇同工不同酬。根据岗位不同、技术高低、贡献大小按劳分配,建立完善的职工工资增长机制,从未无故拖欠、克扣职工工资。四是在调解劳动争议方面,公司成立了劳动争议调解委员会,依法及时调解劳动争议,使劳动矛盾化解在公司内部,员工的错误情况说明、处理结果向职工大会通报。

二、建立健全工会组织,充分发挥职代会作用

企业工会直接面对职工群众,处在促进企业发展、协调劳动关系的第一线,在动员职工、组织职工、依靠职工、服务职工,保护、调动、发挥职工的积极性和创造性,提高企业经济效益和生产效率方面,具有不可替代的地位和作用。

公司自成立以来就建立起了工会组织,并先后成立了女工委员会、工会经费审查委员会、劳动争议调解委员会等各工作委员会。多年来,我们全心全意依靠职工办企业,充分发挥工会组织的桥梁、纽带作用,坚持职代会制度,大力推行平等协商集体合同制度,走上了民主管理企业的道路,使职工真正当家作主。

1. 定期召开职工代表大会和职工座谈会。我公司每年坚持与股东大会同步召开职工代表大会,职工代表听取审议相关事项,认真履行监督检查职责。本着为职工利益服务的思想,每月召开一次职工座谈会,广泛听取职工意见和建议,同时将企业有关的政策和决定及时传达给职工,通过座谈会和职工代表大会,职工与企业之间加强了沟通、增进了感情,职工的工作意识更加强烈。

2. 建立服务满意测评系统。为更好地为职工服务,解决职工的日常生活、工作的后顾之忧,工会与后勤保障部门相结合,每月给职工下发后勤保障服务满意度评价表,根据职工建议和要求在后勤服务上实行改进。例如,在饮食上,每周制定菜谱,将饮食结构更加多样化,解决来自不同地区职工的口味需求;此外,为保证部门之间加强联系,增强服务意识,切实解决职工困难,将各部门合作满意度评价定为我公司的一项考核指标,督促各部门在工作中尽心尽力,全心全意为企业和职工服务,将企业利益与个人利益相结合。

3. 建立有效监督机制。我公司坚持横向到边、纵向到底、上下贯通、依托基层、多方参与的矛盾纠纷排查调处机制,坚持预防为主,努力杜绝劳动关系争议。一是健全组织机构,加强监督。各部门以工会为中心,以人力资源部为监管部

门,以各部门一把手为执行者,以广大职工为监督者,同时各部门之间互相监督,职工监督部门一把手,部门一把手监督人力资源部,人力资源部监督工会,切实做好劳动保障法律法规的落实工作,及时掌握信息,发现问题,解决问题,消灭隐患,防止形成矛盾纠纷。二是加强培训工作,采取普法宣传,举案说法等多种形式,增强职工劳动法相关知识和明辨是非能力,从源头上减少劳动纠纷的发生。

三、突出维护职能,积极构建和谐企业

1. 围绕中心,服务大局,维护企业的稳定和发展。一是做好宣传教育工作,引导职工进一步转变观念,积极支持和参与企业改革,确保企业平稳和谐发展;二是积极参与到公司的各项重大决策之中,在企业深化改革中妥善处理好职工切身利益和合法权益的维护工作;三是紧紧围绕企业文化建设,结合公司“云梦坞”文化产业园,满足职工的业余文化生活,营造多姿多彩的企业文化氛围。最大限度地调动职工的工作积极性,使企业在和谐中平稳发展。

2. 推进“送温暖”活动,热心帮助困难职工。一是完善困难职工档案,构建帮扶体系,全面准确地掌握困难职工家庭情况,对有参加中、高考子女的职工实行带薪休假。不仅如此,我公司组织大家积极参加太原市大病医疗互助工程,为职工解决大病医疗后顾之忧。二是用好爱心基金,针对各种情况,公平公正地使用资金,真正把温暖送到了最需要帮助的职工家里。三是为生病住院的职工送去企业的关爱,做好直系亲属去世安抚的工作,组织慰问困难和生病、产假期职工,发放福利、慰问金、大病帮扶等。

3. 开展“建家”活动,促进工会工作全面进展。职工之家建设概括了工会工作的基本内容,是工会工作永远的主题。公司工会依照星级建家标准,结合公司内部的实际情况,提出建家工作的具体措施和要求,完善了工会建家评价机制,用建家活动规范工会的全面工作,通过开展建“小家”活动,让职工真正感受到了“处处无家处处家”的温暖。

4. 坚持以人为本,加强职工劳动保护。“没有安全的生产,就没有生产的一切。”为搞好劳动保护和安全生产,我们专门成立了安保科,并设置了专职安全员和兼职安全员,设立了劳动保护监督委员会,依法督促企业加强劳动安全卫生管理,完善了劳动安全条件,确保了职工安全劳动和企业安全生产。建立了职工职业技术业务培训制度,制定实施了安全生产事故应急救援预案。通过定期开展

预案演练,举办职工岗前培训、专业技能培训、特殊岗位培训等活动,不断提高职工技能素质,并对特殊岗位和重点区域设置了醒目的安全警示标志,提高了员工的安全意识,减少了安全隐患。

四、关注女职工身心健康,认真做好女职工工作

公司现有职工近2000人,女职工占到总人数的60%以上。近年来,公司工会把维护女职工合法权益、为女职工排忧解难作为工作的重点,真心实意为女职工送去关爱。

(一)维护女职工特殊利益和合法权益,为她们分忧解难

1. 为女职工足额缴纳生育保险。我公司依照国家有关政策规定,按时为女职工足额交纳养老、医疗(大病)、失业、工伤、生育五项保险,建立了住房公积金制度。根据国家相关法律,为女职工缴纳生育保险,保证她们生育期间的各种福利待遇。在女职工"三期"期间,即经期、孕期、哺乳期,严格按照《劳动合同法》规定执行,为女职工提供保护,不安排她们从事高处、低温、冷水、高劳动强度作业;孕期不安排夜班工作;哺乳期内,在每班工作时间给予2次哺乳时间,每次30分钟。

2. 组织慰问困难和生病女职工,为女职工多做好事和实事。我公司每年都会在春节期间慰问大病困难女职工,并送去慰问金;对于产假期女职工,我公司工会会同党政领导一起上门慰问和祝贺,把企业的关心送到每位职工的心坎上;每年组织职工健康体检。

3. 解决女职工工作中的实际问题。每年"三八"妇女节期间,公司都要给女职工送上节日的问候和祝福。公司考虑到专卖店职工喝水难的问题,为每个店配备热水壶,为她们每人送上保温壶一个,解决她们的实际问题。

(二)优化工作环境,为女职工实现人生价值提供基本保障

公司一直致力于优化女职工的工作环境,激发女职工为企业发展而努力奉献的积极性,使女职工在公司各项工作中立足本职、爱岗敬业,实现自己的人生价值。尤其是女性管理人员,她们在自己的岗位上兢兢业业,认真负责,起到了带头模范作用,为公司其他女性职工的发展树立了标杆。

五、稳定职工队伍建设,创建和谐企业文化

1. 加强队伍建设,推进“素质工程”,进行系统化培训。公司采取走出去、请进来的方式,通过多种形式的培训,增加员工与外界交流、学习、取经的机会,进一步提高员工素质及班组的管理水平与技能。

2. 加强企业文化建设。我们逐步健全完善了党员活动室、精神文明办公室、文化展室、图书室、职工俱乐部等企业文化阵地,经常性地开展各类文体活动。

在多年的企业发展过程中,我们逐渐积累了一些构建和谐劳动关系方面的经验,创新了一些方法,取得了一些成绩。今后我们会进一步总结经验,寻找差距,虚心学习,积极开拓,努力使我们的各项工作再上一个新台阶。

执笔人:佘森翔

多举措构建和谐劳动关系

大运汽车股份有限公司

大运汽车股份有限公司总部位于山西省运城市运城经济技术开发区，是一个集商用车研发、生产、销售、服务为一体的民营企业，旗下拥有山西大运（重卡）、湖北大运（中卡）、成都大运（轻卡）三大生产基地。大运汽车已成为中国民营商用车企业的领军代表。

大运汽车运城生产基地始建于2004年，主要生产重卡和新能源电动车，拥有国内一流的冲压、焊装、涂装、总装、专用车五大生产线。目前在册职工4000余人，其中大专及以上学历人员占比40%以上，工程技术人员占比20%以上。

大运汽车自创建以来，始终秉承“建立具有敦厚理念及价值观的企业文化，成为对社会贡献最有成就的企业”的发展目标，不遗余力营造规范有序、公正合理、互利共赢的社会主义新型劳动关系，为企业健康发展、社会和谐稳定做出了积极的贡献。

一、先进的人才理念，是企业人力资源建设强有力的支撑

大运公司始终坚持“是人才不管东西南北、选人才不分贵贱高低、用人才不惜厚股重金、待人才不忘诚信仁义”的用人理念，把人才作为企业最宝贵的财富。对高层次人才尊重其经验和个性，在专业领域里充分授权，为他们施展才华创造条件；对中层和骨干员工注重挖掘潜力并提供晋升平台，帮助他们锻炼成长；对一线员工支持鼓励其钻研技能并建立系统培训机制，让他们积极工作、快乐工作。凭借先进的人才理念和科学的用人机制，大运吸引了大量优秀管理人才和专业技术人员加盟，为企业的不断发展注入了源源不断的活力。

二、完善的培训体系和技能竞赛，是员工技能水平提高的有力保障

每年年初，大运均会根据公司战略发展需要，制订年度整体培训目标和培训

计划,并将培训计划分解到季度、月度,确保计划的有效执行。培训内容分为五大类:企业文化培训、岗位技能培训、职业素养培训、管理能力培训、员工安全培训;培训对象从中高层管理者到一线职工全面覆盖;培训内容涉及员工工作和生活的方方面面。

在生产工人培养方面,为加快生产一线工人的培养速度,充分整合公司人力资源,发挥传帮带的优良传统,培养产业化的技术工人,公司制定并实施了《生产工人师带徒管理规定》:新员工报到后,由所在部门指定1名经验丰富的“师傅”负责新员工培训工作,双方签订师徒合同,明确师徒双方的权利和义务,以帮助新员工快速融入企业工作和生活。

在工人中开展岗位技能评定和岗位技能竞赛,是大运不断提升工人职业技能的又一特色。自2010年以来,公司岗位技能竞赛覆盖公司各个部门和各个工种,竞赛项目50余项,累计参赛人数3000余人,参赛人数达到企业一线生产职工的80%以上。按照竞赛项目设立了冠军、亚军、季军、优秀奖等奖项,并根据竞赛成绩评定初级工、中级工、高级工、技师和高级技师并制定相应的技能等级津贴,充分调动了全体员工学习专业技能的积极性和高涨热情。

三、岗位互备、完善的晋升体系,是企业员工队伍保持长期稳定的基础

通过多年的运营发展,大运建立了完整的员工职业序列体系及岗位互备制度,并为每个岗位建立了任职资格素质模型,公司主要管理人才和重要技术骨干都按流程进行培养储备,为员工打造了良好的职业发展通道。职业序列可分为管理序列、技术序列、职员序列、工人序列,每个序列又分为不同层级,每个层级都有管理、专业、技能等知识要求,员工可凭业绩、能力和兴趣竞争上岗,在工作岗位上学以致用,施展才华。

在干部人才培养上,企业建立了完善的中层干部职业化提升机制和储备干部人才培养机制,一线的班组长人员、业务骨干人员经过层层筛选后,进入公司储备干部人才库,由企业进行全面系统的培养,培养合格后在管理岗位上进行锻炼,确保了公司管理人员队伍的梯队建设。

四、坚持党对非公有制企业的领导，保障企业发展和职工成长，是企业健康发展的本源

大运汽车始终坚持党对企业的领导，集团党委这样定位党的工作思路：服务于企业，促进企业生产发展；服务于员工，为员工排忧解难，不断构建和谐劳资关系。

集团党委不仅发挥党组织的核心作用和党员模范带头作用，还将思想政治工作渗透到企业生产、经营、管理各个环节中。员工因伤或生病住院，党委都会派人亲自到医院慰问；员工工作生活有困难，党委会组织献爱心活动并帮助其渡过难关；每年高温季节，党委还会组织各支部党员、工会、共青团下车间，为高温生产一线员工送去绿豆汤、清凉饮料，防暑降温，保证各项生产任务的圆满完成。

集团共有五个党支部，销售公司党支部广大党员始终坚守在市场一线，不厌其烦拜访客户，开展市场调查，党员业务人员承揽订单占到公司销售订单的30%；生产系统党支部党员在高产月模范带头，主动加班加点，帮助企业攻克一个又一个难关，月产量突破3000台；研发系统党支部党员根据市场需求，研发市场青睐的新车型、新产品，全年由党员干部主导研发的新车型占总研发车型的20%；行政系统党支部、集团联合党支部，为企业制度建设、后勤等保障工作发挥了"想员工之所想，急员工之所急"的优良传统，为企业有序发展提供坚实的保障。

公司的员工来自五湖四海，家庭背景、文化教育、思想素质各异。如何将他们的思想统一起来，党、工、团组织坚持做到"参与不干预、配合不迁就、监督不滞后、引导不强制"，积极开展党的活动，引导广大员工心往一处想、劲往一处使，增强广大员工的向心力和凝聚力。集团党委要求以党小组为单位，每月定期与身边的员工谈心，时刻了解掌握员工的思想动态，及时疏导和最大限度解决员工的思想问题。

集团党委坚持"把党员培养成骨干、把骨干培养成党员"的"双培养"原则，重点做好管理人员、技术骨干、工段长、班组长和艰苦岗位上的优秀员工的培养入党工作，组织开展了"1+2"活动，每名党员负责培养1个积极分子、联系1个群众，鼓励他们向党组织靠拢，在工作和生活中做表率、当模范，为企业的发展出谋献策、添砖加瓦，增强了非公有制企业员工的归属感，在公司引起了很大的

反响。

表彰先进、弘扬先进,引导员工向先进学习、向先进靠拢,是大运提升员工荣誉感、归属感的又一重要举措。集团每年年终,各部门及各子公司都要评选出先进集体、优秀管理者、优秀员工、突出贡献集体和个人,由董事长和集团领导为其颁发锦旗、证书和奖金,给予表彰奖励,营造了良好的比学赶超的企业氛围。

五、关怀员工、丰富职工生产生活,是持续保持队伍稳定、增强员工凝聚力的助推剂

职工是企业不断发展进步的动力源泉,同样,也是建设大运城的主力军。自公司成立以来,在上级工会组织的关怀和指导下,公司严格落实困难职工的扶持和救助工作,并始终严格按照《劳动合同法》的要求,提供保险和住房公积金;为保障员工的基本生活,公司为所有员工免费提供一日三餐及住宿,除了每周固定休息日,采取多种形式的休假,如法定节假日、带薪年休假、高温假等。此外,为进一步保护妇女权益,公司设立了“妈咪小屋”,完善了女工体检、卫生补助制度,并为孕期妇女开辟就餐特殊通道,在优先时段享受营养餐点;同时考虑特定人才的情况,公司为特殊人才提供各种形式的津贴及项目奖金,如工龄工资、特殊岗位津贴、职称津贴、科研项目资金等。

企业也非常注重员工的业余生活,公司工会成立了九大业余爱好协会,如篮球协会、羽毛球协会、舞蹈协会、钓鱼协会等;企业也经常组织各种大型文化活动,如每年一度的年会,大运好声音、大运故事会等,在增强员工凝聚力的同时,进一步丰富了员工的业余文化生活。

以上种种举措,是大运汽车不断凝聚企业职工队伍,丰富职工各项技能的缩影,大运汽车将持续探索实现企业职工双赢的新型劳动关系,不断健全企业内部管理规章制度,强化薪酬激励职能,精心打造企业与员工互动沟通的平台,为构建和谐劳动关系、维护社会稳定做出更大的贡献。

员工是企业的根本

山西沁新集团

山西沁新集团是山西省长治市重点民营企业，位于山西省沁源县李元镇，由一个年产 15 万吨的地方小煤矿发展成为一家集煤、焦、电、化、材、机械、物流及农林产业开发八大产业为一体，拥有李元、沁北两大工业园区，下属 25 个企业组成的集团化公司。集团资产总额 107 亿元，现有员工 6210 人，是全国非公有制企业“双强百强”党组织、全国创先争优活动先进基层党组织、全国模范职工之家、全国国家级“守合同重信用”单位、全国就业与社会保障先进民营企业、全国厂务公开民主管理先进单位。集团先后成为山西省工业企业 30 强、山西省百强民营企业、山西省企业 100 强和制造业 100 强、全国规模以上民营企业 500 强。

近年来，沁新集团深入贯彻落实科学发展观，紧紧始终坚持“全心全意依靠员工”的办企宗旨，以人为本，创新思路，坚持从维护员工合法利益出发，多渠道创造再就业岗位，为员工谋福利，为社会创财富，充分发挥了员工主人翁地位和作用，构建企业和谐的用工环境，取得较好效果，赢得社会和人民群众的普遍赞誉。

一、狠抓安全生产，推进本质安全型企业建设

沁新集团严格坚持装备可靠、管理到位、培训有效的原则，积极推进本质安全型企业建设进程，集团先后投资近亿元，在沁新、新源两矿分别建成投用了瓦斯抽采发电系统，成为长治市地方煤矿率先实现“先抽后采、瓦斯发电”的煤矿企业。在矿井采、掘工艺方面，集团所属矿井均实现了机械化采煤工艺，从装备上大大提高了安全生产系数，极大降低了工人劳动强度和工伤事故的发生。在安全管理上，我们构建了“一责三化、六大系统”管理体系和实行了“六个三”安全工作法，推行了安全隐患市场化创新举措；在安全培训上，我们坚持培训与军训

相互动、集中培训与岗前培训相结合、班前培训与定期培训相配套、外出培训与内部培训相联合的方法,提高了从业人员的业务技术能力和遵章守纪素质。2017 年7月3日,沁新集团沁新煤矿举行2017 年水灾事故应急救援演练;8 月 5 ~6 日,煤矿安全生产标准化培训在集团培训中心举行;10 月 6 ~17 日,集团进行了为期12天的 2017 年第二届安全知识有奖问答活动,使干部员工在轻松的气氛中加深了对煤矿安全生产知识的认知和理解,增强和普及了职工安全生产知识,强化职工安全意识。

二、抓好企业经济建设,增加就业岗位,解决社会就业问题

集团为了适应企业发展需要,2013 年至今,在全市范围内招收 250 名高考达线的应届高中毕业生,委托山西煤炭职业技术学院、长治煤炭职业技术学院、阳泉煤炭职业技术学院、太原理工大学等院校进行培养企业所需人才。集团从2009 年起在全国范围内招聘大学本科生,截至目前,共招聘了 552 名大学生,为社会缓解了大学生就业难的问题。此外,集团近年来还通过科学发展、调整产业结构、扩大产业规模,积极安置了全县农村剩余劳动力约 6000 余名,共吸收社会运输车辆500 余辆,平均每年增加就业岗位 500 个,约占到全县新增就业岗位的3/4,为社会的稳定和县域经济的发展做出自己的突出贡献。特别是今年以来,集团面对低迷的煤炭经济形势,坚持做到"不裁员、不减薪、不停产、不拖欠员工工资",采取了狠抓企业内部管理,加大产品销售力度等有力措施,使企业保持了科学健康发展的良好态势。

三、抓好国家政策规定落实,员工权利得到有效保障

集团在认真学习有关社保政策、法规的基础上,高度重视,明确职责,及时调整,做到三个到位,即认识到位、制度到位、工作到位,千方百计地克服困难,想方设法地为员工解决实际问题,使员工感到了企业关心和关爱。特别是集团每年拿出近 1500 多万元为员工办理了养老、工伤失业、医疗保险等各类社会保险,参保率在全县企业中率先实现 4 个 100% ,分别是合同签订率 100% 、工伤参保率100% 、用工备案率 100% 、全员培训率 100% ,有效保障了员工的合法权益。同时集团连续多年按照政策要求,足额向社保,医保部门交纳各类保险费用,从未出现任何拖欠,受到了各级劳动保障部门的肯定和好评。

集团不断强化工会组织的各项建设,创新发展工会管理,严格落实工资集体协商和协调劳动关系等各项制度,按时召开每年的职代会,做到了会前有提案、会中有解答、会后有落实,凡是涉及员工切身利益的事项都要经集团职代会审议通过。并严格落实了职工代表巡视制度,对职代会形成的决议,定期进行巡视和监督执行情况,几年来集团从未发生任何重大集体劳动争议和因劳动争议引发的群体性事件,企业上下政通人和、和谐稳定。

四、抓好员工素质教育,打造优秀员工团队

集团通过会议、培训、宣传栏、发放宣传资料、评先评优、社会捐赠、参观学习等方式,扎实抓好员工队伍的思想道德教育,弘扬员工爱国主义精神。坚持每周组织员工认真学习党的政策,开展形势教育活动。持续开展"创建学习型企业、争做知识型员工"活动,引导广大员工树立终身学习观念,投资1000多万元,建成综合性的集团培训中心,全面开展了对员工的科学文化、法律法规、现代管理、岗位业务知识教育培训工作,进一步提高了员工的学习能力、工作能力和创新能力。组织编著《企业文化读本》《员工手册》《沁新年鉴丛书》《沁新报》,成立了企业网站,加强了对员工"爱国、敬业、诚信、守法、贡献"企业核心价值观和"团结奋进、务实创新"企业精神等文化理念的宣传教育。集团从2015年以来开展以"小发明、小创造、小革新、小设计、小建议"为主要内容的"五小"竞赛活动,结出累累硕果,2015年年底共收集各类"五小"竞赛成果130余项,2016年年底共收集各类"五小"竞赛成果110余项,均获得了省级奖项。"五小"活动的开展,激发了职工的创造潜能,实实在在为企业解决一些难题、产生很好的效益,是推进企业技术进步和经济建设的有效措施。2017年5月13日,沁新集团机械公司在铸造车间举行2017年第一季度技能比武竞赛,为员工营造了浓厚的技能交流、技艺切磋的氛围,有效地激发了员工之间的良性竞争意识。

五、抓好企业和谐建设,让员工共享企业发展成果

集团坚持全心全意依靠职工办企业的宗旨,积极为职工办实事、办好事、切实解决职工的实际困难。一是改善员工生活条件。先后投入巨资对职工餐厅、职工公寓楼进行了新建、扩建和翻新,投资100多万元,新修了标准化、高档次的职工澡堂,新建职工医院住院大楼,定期为职工及家属进行体检,先后在矿区和

县城为职工新建了100余套住宅楼,硬化了小区路面,种植草坪,投资220万元,先后购买了15部宇通牌大客车,解决了员工上下班坐车的问题,使广大员工享受到企业发展的成果。二是加大矿区环境治理。集团先后自筹资金2400多万元,用于矸石覆土种草、林木种植、园区绿化、矿山公园等矿区生态治理项目。目前,集团已拥有绿地500余亩,林业用地3.3万亩,其中育苗地300亩,幼林地2000亩,宜林荒山2.8万亩,企业生态环境得到了根本性治理。三是认真履行社会责任。沁新集团始终秉承"感恩回报、敬业回报"的企业理念,积极投身社会公益事业,从2000年到2014年向社会捐款、捐物价值达1.3亿元。特别集团连续五年共向沁源籍2000名贫困大学生每人资助4000元,同时为内部150名考上大学本科的员工子女每人资助1万元,帮助他们圆了大学梦。集团坚持各种形式的送温暖活动,每年定期走访慰问特困员工、重病员工,发放慰问金,为员工送去了党的关怀和单位的温暖。

六、抓好企业文化建设,不断丰富员工文化活动

集团通过建设"门庭、过道、坑口、澡堂、公寓楼、通勤车、家属区"8个文化阵地,打通"多媒体、网络、移动工具、沁新报"4个传播渠道为主要内容的特色文化体系,形成了一套具有地域性、行业性、实用性、群体性为特点的企业文化理念。集团依托党、工、团组织在员工中开展了丰富多彩的员工文化活动。先后员工和党员中开展了以"创建安全先进单位(企业、车间班组)、争当安全生产先进个人"为内容的安全质量竞赛活动、党员星级化管理考核活动,"员工动态考核"活动、精细化管理和6S现场管理活动,在企业各车间、队组中开展了文明岗位、技术能手,安全标兵、安全监督岗等项活动。特别每逢"五一"国际劳动节、"七一"建党节、"十一"国庆节、元旦等节日期间,举行各种文艺表演和各种体育项目比赛,丰富员工的文化生活。

从2001年至2016年,集团原煤产量由2001年的52.56万吨上升至2016年的424.64万吨,是2001年的8.08倍;销售收入由2001年的0.47亿元上升至2016年的27.96亿元,是2001年的59.49倍;上交税费由2001年的0.07亿元上升至2016年的5.54亿元,是2001年的79.14倍。这些成绩取得的关键,是在沁新集团党委的正确领导下,紧紧依靠员工,把员工作为企业发展的根本,关爱员工、培养员工,激发员工的工作热情和创造活力,使沁新集团在激烈的市场竞争

中克服一个又一个困难，取得一个又一个成绩，上一个又一个新台阶。当前，集团上下焕发着开拓进取、拼搏向上的精神状态，将践行五大发展理念，积极抢占国家促进资源型经济转型发展政策先机，为把集团建成平安企业、和谐企业、绿色企业、创新企业、信用企业、文明企业而努力奋斗！

构建和谐劳动关系是民营企业的自觉需求

内蒙古红太阳食品有限公司

内蒙古红太阳食品有限公司是一家集研发、生产、销售为一体的专业复合调味品企业。公司成立于2003年3月,经过十多年的艰苦创业,已发展成注册资本金1亿元、占地160亩、建筑面积40,000平方米、固定资产8000万元、年产能10,000吨复合调味料的中型企业。企业安排就业630余人,上缴税金2800万元,先后开发并上市了以蒙式火锅汤料、蘸料为主,包括调味酱、鸡精(粉)、酱油、醋、炒(炖)菜料、酵母抽提物等九大系列140多支产品,成为内蒙古自治区调味品行业规模最大、品牌知名度最高的企业,成为全国火锅调味料行业领军企业之一。

构建和谐劳动关系是企业立足之本、发展之需,公司成立以来,始终坚持以维护员工合法权利为中心、以员工幸福指数最大化为宗旨,构建了和谐的劳动关系,形成了公司和员工共同发展的局面,主要体现在以下六个方面的工作:

一、建立合同机制,依法保障劳动者权利

保障劳动者的劳动权利,是建设和谐企业的基本要求,公司切实从维护员工的利益出发,依法与本公司全体职工签订了劳动合同,并严格依法执行劳动合同制度、劳动用工行为规范,有效地履行了合同。公司在签订合同中始终坚持四个原则,即合法原则、最大限度维护职工权利原则、可操作性原则、平等协商原则,规范了员工的劳动保护原则、劳动保护用品,规范了员工生病、住院、生育等方面的待遇。在对休息休假、工资福利等难点热点问题上,严格把关,用合同的方式规范维护措施的落实,保证了员工最基本的权益。

二、健全组织机构,保障员工权益

员工是企业的主人,企业是员工的大家。为了保障员工利益,公司成立了党

支部、团支部、工会等组织，坚持每年召开一次员工代表大会，倾听员工心声，维护员工权益，为公司的和谐、稳定、健康发展奠定了良好的基础。公司坚持厂务公开，在工会的监督下，公司领导对员工关心的热点问题进行公开解答。广泛推行民主评议制度，每月、每季度、每年年底对员工各方面进行民主评议考核测评，并将评议考核结果列为员工奖惩、晋升的重要内容。

三、加大硬件设备投入，建设一流工作、生活环境

公司在硬件建设方面堪称业内一流。目前已有3栋设计先进、宽敞明亮的生产车间厂房，通风、采光、消防设施齐全；引进现代化的调味品工艺生产线，与国内领先的设备生产公司合作，共同研制的集炒制、灌装、包装于一体的自动流水生产线，融合了传统炒制工艺和现代食品加工工艺，是目前调味品领域较先进的自动化生产线，大大提高了工作效率。

同时为员工配备了免费餐厅、健身房、篮球场、足球场、图书室、心理辅导室、四星级标准的员工宿舍，每套房间均配备了卫生间、24小时热水、电视、无线网络、电扇、饮水机、衣柜等。

四、肯定员工，根据员工的贡献价值兑现报酬

公司采取定比取利分配机制。公司每年只留取固定比例的利润用于下年度公司发展，剩余部分全部分配给员工，员工的收入不设上限，真正实现了“我的收入我说了算”，每个员工根据自己的岗位价值及工作结果，获得对等甚至超出预期的收入。近年来，公司坚持每年按一定比例适度增长员工收入，近三年来员工年收入增长20%以上。

五、关爱员工，建立多元化的福利政策

我公司始终把关心员工、善待员工放在心上，落实在行动上。公司给员工及时足额缴纳“五险”的同时，追加办理了团体意外险，解决了员工的后顾之忧。

“亲情1+1”这项福利定期为员工父母发工资，为员工免费体检，发放离职关爱补贴，为员工提供最低3000元/人的旅游基金，员工结婚、生育等除了享有假期外，公司还提供500~1000元/人的关爱基金，等等。公司为员工量身打造了百余项关爱制度，建立多元化的福利政策，充分落实“员工至上”的核心价

值观。

六、积极奉献社会,实现企业价值

企业发展的最终目的是实现社会价值,取之社会,用之社会,积极履行社会责任,有助于提升品牌价值。公司长期参与社会公益活动,不仅对员工产生正面影响,而且得到员工对企业价值观的认同和共鸣。作为土生土长的内蒙古企业,承担社会责任、建设美丽家乡成为公司义不容辞的责任。多年来,公司不断扩大经营,创造更多就业岗位,缓解就业压力,不断促进地方经济的发展。同时广泛参与捐资助学、抗震救灾、帮贫济困等公益活动,多年来累计为社会捐助资金200多万元。公司所做的这一切,对贫困地区来说就是“及时雨”,受到了各级政府和有关部门的好评,先后被授予“玉泉区创先争优先进党支部”“呼市非公企业党建示范点”“自治区争先创优先进基层党组织”“内蒙古自治区农牧业产业化重点龙头企业”“三十佳自治区级龙头企业”“劳动关系和谐单位”“劳动争议调解委员会”“自治区扶贫龙头企业”“过渡性安置帮教(公益)基地”等各项荣誉称号。同时2017年3月公司与内蒙古自治区青少年发展基金会签订战略合作协议,设立“希望工程·阳光少年”关爱孤儿行动专项基金,用于资助呼市地区及周边盟市18周岁以下的孤儿以及贫困家庭的孩子顺利完成学业。目前已完成300多名青少年的资助工作。

公司发展离不开每位员工的劳动与参与,内蒙古红太阳食品有限公司把员工当作企业的宝贵财富,尊重知识、尊重劳动、尊重人才,不断推进和谐劳动关系建设。当下,企业与员工共建、共享、共同发展的良好局面已经形成,在共同发展中实现员工梦、企业梦,为构建社会主义和谐社会、实现中国梦做出更大的贡献已是红太阳人的共识。

执笔人:李　莹　马希博

与员工共同奋斗在幸福的路上

金宇生物股份有限公司

金宇生物技术股份有限公司(原内蒙古金宇集团)成立于1993年3月,1998年股票上市。旗下金宇保灵生物药品有限公司、扬州优邦生物制药有限公司、辽宁益康生物制品有限公司均为国家级高新技术企业。截至2016年年底,集团公司总资产43.5亿元,员工1142人、销售收入15.17亿元,实现利润6.5亿元,同比增长21.7%和34.36%。

在建的金宇国际生物科技产业园率先响应《中国制造2025》强国战略,为加快生物产业的转型和升级,引进西门子工业4.0标准,进行产业、产品、装备升级,打造国际先进的生产、研发基地和技术支撑与孵化器平台。园区总占地670亩,总投资50亿元,一期投资25亿元。建成后,将形成兽用生物制药、人用生物制药、中外合资生命科学、研发配套综合服务四大功能区。

公司始终秉承“责任、创新、价值”的核心价值观,扎根于960万平方公里广袤的土地,繁育了全球50%以上的猪和50%以上的禽类,还有居世界第一位的羊、居世界第三位的牛以及上亿只的宠物,与13亿中国人的食品安全、身体安康息息相关,坚持护佑动物安全、保障人类健康的崇高使命,保障神州大地人与人类伙伴生态链安全健康。

公司先后荣获“AAA信誉企业”、“全国企事业知识产权试点单位”、“中国最佳企业公民”、“全国热爱员工的优秀企业”、“全国社会与劳动保障优秀民营企业”、“国家技术创新示范企业”、自治区首届“百佳诚信企业”、“中国责任品牌优秀企业”、全国“‘十二五’企业文化建设优秀单位”等奖项。

金宇在企业不断的发展中,注意三个文明建设一起抓,更加注重加强公司道德建设以及建立以及和谐企业的发展目标。按照“劳动关系和谐单位”活动意见要求,开展了建立劳动关系和谐企业的相关工作,现将主要情况汇报如下:

一、勇担社会责任,员工受人尊重

公司一直坚持以人为本、关爱他人、回馈社会,积极履行作为企业公民的社会责任。

公司创造更多的就业岗位,吸纳更多的劳动者就业,尤其要对高校毕业生、农民工、就业困难群体给予特别关照。2005 年以来,金宇累计引进各类大中专毕业生 390 人。其中少数民族 70 余名,从农村牧区、偏远山区引进的学生占全部引进毕业生的 61.8%。

多年来,金宇始终不忘勇担社会责任,关注社会和弱势群体:2003 年为抗击"非典"捐资现金 100 万元;2005 年打造中国乳都生物安全捐现金 60 万元,向历届昭君文化节累计捐资 100 万元;2010 年发起建立呼市慈善总会创始基金并捐款 50 万元;在 2012 年 2 月 21 日内蒙古自治区工商联组织的促进农村牧区大中专毕业生就业现场会上,我公司工会和关工委协作,为通辽地区贫困大学生捐助 10 万元助学金,通过呼市慈善总会每年扶助 10 名困难大学生;几年来集团累计为各地受灾群众捐款 100 多万元,捐赠御寒衣物 3000 多件;"5·12"汶川大地震员工累计捐款 98,720 元,缴纳"特殊党费"86,230 元。

二、用工规范为本,保障职工权益

从 2001 年开始,集团严格按照《劳动法》《工会法》等相关法律法规执行,劳动合同签订率达 100%,有力保障职工合法权益,按时足额发放工资,集团各公司对于员工在养老统筹、失业、医疗工伤和生育等方面均实行了社会保险,并为员工购买大额医疗保险,每月足额缴纳各项费用,按 20% 比例缴纳住房公积金,职工人均工资平均以每年 15% 增长。

作为一家民营企业,公司领导充分认识到,发挥党和群众组织的作用推行民主管理的必要性。金宇生物各级党政工团组织健全,并在经营管理中发挥着重要作用。公司成立了各级职工代表大会,选举产生工会委员会;1999 年 10 月在组建集团工会的基础上,形成了现在的第四届工会委员会;员工代表大会代表 102 人,占在职员工数的 9%,其中生产和营销一线员工代表占代表总数的 62%。

2011 年,金宇开始实施工资集体协商,建立健全相关的制度,聘请专家到集团做工资集体协商的专题讲座,出具实施方案,组织实施,现已达成资方与劳方的工资集体协商合同。对工资、考勤制度、基本社会保险的缴纳方法、加班加点工资制度、平均工资水平调整办法以及增长方式、工资支付办法和时间等方面进行了约定,确保了职工工资增长机制。集团及所属企业员工工资均以绩效形式与本人工作岗位和劳动技能挂钩,同时达到或超过低工资标准中最高水平。

在员工权益方面,严格执行事假、病假、婚假、探亲假、女工产假、哺乳假等方面的相关规定,女工每年由工会妇委会组织体检、进行生理卫生保健培训,适宜安排女工的工作岗位。在员工的劳动保护方面均按工种和岗位采取安全保护和劳动保护等措施,按照劳动保护规定按车间和工种发放劳动用品,并对从事特殊工种人员进行专项体检。

在劳动争议调解方面,集团所属企业均建立有劳动争议调解组织,对有争议的问题及时进行调解,做到了主动化解各项争议矛盾。

在安全生产方面,集团长期以来给予高度重视,形成了集团上下齐抓共管的网络管理模式。即集团行政方面设有安全生产委员会,由集团党政工管理人员组成,主抓各劳动生产环节,从生产流程、操作规程逐级管理,做到了层层有责任、有部门,落实到班组和个人,不留死角。安全生产工作做到了在元旦、春节、五一、国庆节等重大节日时期全面检查,建立了月查、季考核制度,各项检查有整改措施,有复查要求,有时间期限,做到了制度、责任、人员、措施、记录、总结、通报和奖惩一体化的管理制度,对检查结果均在《金宇人》报上登载,让全体员工人人重视安全生产,人人遵守各项安全制度。由于集团从上到下非常重视安全生产管理,多年来集团无重大伤亡事故。

自"四五"普法开展以来,金宇生物按照市、区有关要求,先后成立了普法领导小组、综合治理委员会、安全生产委员会,统一规划和领导普法、综合治理和安全生产工作。为了普及和提高全体员工的法律知识和自觉意识,集团长期坚持参加市、区举行的普法培训、"六二六"禁毒、公安部61号令、反邪教宣传、综合治理、消防、内保等各项活动,在集团内坚持定期检查和不定期检查相结合、重点检查和全面检查相结合、普遍教育和重点奖罚相结合等形式,起到明显的遵纪守法、和谐发展的效果。

三、关心员工生活,泽被员工福祉

公司一直以来关心职工的生活、工作。2011年集团工会发起设立了"困难员工互助帮扶中心”,致力构筑“和谐金宇大家庭”,在赢得人心中不断增强企业思想政治工作的实效性。几年来帮扶中心共资助患重病的困难职工及其家属 25 人,共资助金额 21.7 万元。2009 年以来,集团公司先后为侯振宇、杨勇、张彩梅(扬州优邦公司员工)等 6 位罹患重病的员工及家属发起组织爱心捐款活动,累计 2591 人次共捐款 281,135 元。企业发展了,时刻不忘员工的辛勤付出,节日的慰问、困难员工的救助、生病员工住院的看望……点点爱心汇聚,暖暖金宇情深。

四、建设成长平台,员工共享创业

2017 年创办金宇大学,大学分三个学院:一是生物工程智能化制造学院。该学院与西门子、GE、默克等国际战略合作伙伴、国内知名科研院所合作办学,培养生物工程智能化制造人才。二是国际兽医学院。该学院与美国堪萨斯州立大学等五所知名大学联合创办,提升国内兽医诊断检测、临床、病理等专业技能,培养具有国际水准的职业兽医。三是金宇商学院。该学院与清华大学经管院合作,聘请知名专家学者授课,开设财务、税收、营销、投资、人力资源、战略决策、企业文化、组织行为学等课程,培养管理运营人才。金宇大学创办以来,培训员工 5075 人次,人均参训 171 课时。通过考核培训合格率达 95%。

几年来,集团为员工购买和订阅各种报纸、刊物、书籍、设备和举办专题学习讲座、培训班等,仅 2017 年培训费用便高达 134 万元。通过长期坚持专业学习和培训,进一步提高了全体员工的文化知识水平、专业技能和综合素质。

另外公司股权激励计划持续推进,第一次限制性股票全部顺利解锁行权;第二次限制性股票激励计划同步启动,且授予范围更广、力度更大。员工与公司共同成长、共同分享,良性发展的生态环境日臻完善。第一期股票至今每股收益可达 70 多元,第二期股票达 25 元左右的收益。

五、弘扬正气文化,员工活力迸发

公司党委于 1999 年 10 月组建,下设 1 个党总支,11 个党支部,现在职党员 254 人,占在职员工总数的 1/4。2003 年国有股份退出经营,企业由国有转为民营。公司党委秉持“融入中心抓党建,凝心聚力促发展”的工作理念,积极探索非公有制体制下党建工作的新思路、新方法,找准位置,发挥作用,通过贴近实际、富有实效的主题活动,彰显党建工作活力,有效促进了企业发展。每年都有十几名同志光荣地加入党组织(2005 年年末发展),其中技术骨干、青年和一线员工占大多数。在集团不同的工作岗位上,涌现出了“全国五一劳动奖章”获得者、自治区“劳动模范”、市级“劳动模范”、市“十大杰出青年”、“十大优秀企业家”、“十件新事”等先进个人共 10 名。

集团改制以来,将以人为本、努力建设金宇美好家园为起点,创建企业文化,各项工作得到深入发展。思想政治工作坚持开展,为企业的发展增添了凝聚力,受到了市、自治区的表彰;经济效益逐年提高,资产由 4200 万元增长到 43 亿元,公司股票市值突破 285 亿元,首次入围中国上市企业市值 500 强,行业龙头地位在资本市场获得广泛认可;企业文化建设有所提升,累计投资数百万开展了各项企业文化建设活动;人武、工会、共青团、妇女、综治、消防、内保、安全生产、普法学习等各项工作连续几年受到自治区、市、区的表彰和奖励。这些工作的开展促进了员工的思想稳定,队伍稳定,文化程度的提高,其中集团员工中青年人数占到总人数的 70% 以上。青年思想上进,积极要求加入党组织,形成竞争意识,为企业持续发展奠定了良好的基础。集团的员工无一人参加“法轮功”等邪教组织,无一人吸毒、贩毒,无一人违法犯罪。

几年来坚持深入开展企业文化活动,在集团各企业形成了较浓厚的文化氛围,建立和完善了相关制度,提炼和形成了“企业精神”“经营理念”“企业标识”“企业作风”“核心价值观”“企业愿景”和“金宇进行曲”等一套企业文化的思想,为开创知识型企业搭建了很好的平台。几年来,集团从管理层做起,带头坚持文化理论和专业技术学习,在《金宇人》专门开辟学习园地,广大员工踊跃参加,形成了浓厚的学习氛围,使管理层到广大员工的学习自觉性有了普遍提升。

为了让广大员工及时了解集团的各项工作和企业的发展、增强民主管理意识、实现自我价值、加强思想政治工作、提升企业现代化管理水平、锻炼员工文化知识水平、从整体上提高员工队伍素质、集团从 1999 年开始创办企业内部报纸《金宇人》,由开始的每月一期扩大到每月两期,至今共刊出 328 期,共征集各类文章、报道、感想、诗歌散文、书画等 5000 余篇,刊出文字约 300 万字。每年选聘通讯员 40 ~ 50 人,为培养企业员工的文化水平和读书写作能力起到了显著效果。

以上是我集团为创造劳动关系和谐单位所具备的工作基础。创造和谐社会、和谐企业不是一蹴而就的工作,是需要方方面面共同努力的一项长期任务。

我们深知还有许多的地方需要改进和完善,我们深深懂得企业的发展必须做到精神文明、物质文明和政治文明共同进步方能生存和发展,这是社会发展、时代进步的要求。因此,以人为本,建立和谐的劳动关系,构建和谐企业,实现企业各项事业的和谐发展,是我们长期奋斗的目标和努力的方向。

构建和谐劳动关系　助力企业稳定发展

辽宁沟帮子熏鸡集团

辽宁沟帮子熏鸡集团在锦州市委、市政府领导下，经过全体职工艰苦奋斗，现已发展成为拥有职工近千人、5 大生产车间占地 200 亩、年产值近 5 亿元、无形资产超 10 亿元的规模企业。集团在东北地区建立了 400 家专营店，已与沃尔沃、家乐福、大润发等国内外大型连锁超市全面合作。集团先后荣获“中华老字号”“非物质文化遗产”“国家级工业旅游示范点”“辽宁省著名商标”“辽宁省名牌产品”等各项荣誉称号。

集团的发展壮大，得益于党和政府的引领和帮助，得益于坚持以人为本、全心全意依靠员工办企业，得益于和谐的劳动关系，以和谐促稳定，以稳定促发展。

一、坚持以人为本，强化集团文化建设

（一）以职工为根本，努力实现集团与职工两个主体利益要求上的双赢

沟帮子熏鸡集团注重为职工创造宽松、舒心的工作环境，重视关注职工人性能量的充分释放。根据集团生产经营任务要求和目标，把各种人才巧妙地进行结合，做到用人所长、人尽其才、人尽其用。实现集团经营目标与职工利益的“无缝对接”，努力鼓励先进、塑造团队精神。尊重职工个人的人格、劳动和一切权益。利用多种形式教育职工的进取精神和效忠精神，使每个职工真正理解“集团兴我荣、集团衰我耻”的道理；尊重职工的人格，重视和重用职工的才能；生活上体贴，工作上支持，思想上关怀。坚持“以人为本”的管理理念，营造和谐的劳动关系，职工对集团的忠诚度就会提升，集团的凝聚力就会增强，集团才能走向良性发展的轨道。

（二）坚持多办实事，加强扶贫帮困

集团领导始终坚持“全心全意为职工”，树立“职工利益无小事”的管理理

念。多年来集团公司本着"面向职工,及时帮扶快捷准确、救急济难长期坚持"的原则,尽心尽力把"暖人心、愿人心、得人心、稳人心"的工作做细做实,关爱到位。每年职工生日,集团都会精心准备生日礼物;春节前夕还对困难职工进行家访,送去了米、面、油及慰问金。

为确保职工队伍稳定,使职工无后顾之忧,安心工作,集团尽其所能为职工办实事、做好事。切实帮助困难职工解决工作难、生活难、就医难和子女就学难等问题,把企业关怀和温暖送到他们心坎上。

2016 年 11 月,王洪宇 5 岁的女儿不幸患上了白血病,集团公司得知消息后,积极组织员工开展募捐活动,员工捐款 5 万元。并在些基础上,还安排公司财务每月为小女孩送去医药费 6000 元,直至今日。为解决其家庭因病致困的实际问题,集团公司将王洪宇安排到公司上班,真正做到生活上体贴、工作上保障、思想上关怀,为小女孩后续治疗及王洪宇今后生活提供了尽可能多的保障与关怀。

(三)提升职工素质,促进企业发展

职工素质的高低,关系到企业的发展。集团公司利用工会载体优势,大力开展竞赛活动。积极把集团生产经营中的关键点和职工技能的薄弱点作为劳动竞赛的主要方向,组织集团需要、职工欢迎的大讨论、大竞赛、大比武、大商计活动,为广大职工提供岗位成才、自学成才的环境和条件。在职工中广泛开展"我为沟帮子熏鸡代言"活动,通过竞赛的形式,有效发挥"比赛促学、比赛代训、以赛提高"的作用,锻炼了队伍,选拔了精英,储备了人才,提高了核心业务能力,职工队伍综合素质得到提升,促进了企业发展。

(四)加强集团文化建设

企业文化是企业生存的基础,对企业可持续发展具有重大影响,尤其在对内建立和谐稳定劳动关系、增强企业凝聚力,对外提升企业形象方面具有重要作用。

近年来,沟帮子熏鸡集团以增强凝聚力和团队精神为主要目标,坚持开展多层次的企业文化体育活动,让职工感受自己是主角,使职工感受到快乐的氛围,从而提升了企业的精神文化。2017 年,我们坚持开展春节拜年会、元宵节猜灯谜、郊游、鲅鱼圈海边拓展、全民运动会、台球赛等形式多样的文体活动,动员广大职工参与其中。通过活动释放他们过盛精力和不良情绪,也大大提高了职工

文化素质。这样不但有利于职工融入企业为企业服务,更为企业发展注入了不懈活力,营造了温馨的“家”文化。

二、坚持制度化管理,做到依法治企

建立和谐稳定的劳动关系,必须以国家劳动法律法规、政策及劳动标准为依据,以劳动关系双方自主协调为基础,以实行劳动合同制度与集体合同制度为基本形式,完善劳动争议处理和劳动保障监察体系,形成整体管理合力,实现劳动关系和谐稳定发展。

(一)加强劳动法律法规的学习贯彻

集团领导干部和各职能部门定期组织法律法规学习,全面掌握相关的法律知识,增强法律意识,依法建立健全企业各项规章制度,从过去的能人管理改变为制度管理,依法处理职工与企业之间的各种问题。集团各类人员建立岗位责任制,严格按规定、按程序办事,提高依法办事的自觉性,使集团管理制度化、规范化。

(二)充分发挥党群和工会组织的监督作用和协调作用

集团党群和工会组织积极参与劳动关系协调,及时反映职工呼声,依法维护职工群众合法权益,向工会、工商联等组织及时反映企业诉求,引导企业严格执行劳动法律法规,主动履行社会责任,在劳动关系协调中积极发挥作用。集团经营者牢固树立爱国、敬业、诚信、守法、奉献精神,在保障职工权益、履行社会责任等方面尽职尽责。加强舆论引导,大力宣传构建和谐劳动关系的重大意义和工作经验,大力宣传企业关爱职工、职工奉献企业的先进事迹和模范人物。

(三)加强劳动合同管理,进一步建立和完善劳动合同签订、续订、解除(终止)备案登记管理办法

积极推行集体协商与集体合同制度,大力推行工资集体协商制度、加强对集体合同的审查,强化集体合同履行的监督检查,减少、预防企业劳资纠纷,促进企业劳动关系和谐稳定发展。

三、坚持政企互动,致力共谋发展

构建劳动关系和谐的企业,需要做到“政企互动,相互合作、相互配合、相互

促进、相互监督”,实现“实实在在互利双赢”。

2017 年 5 月 21 日,集团响应市政府的号召,有 115 名员工参与了市政府组织的马拉松活动;6 月 29 日与锦州银行、地税、沟帮子商场举办了共建联谊活动;11 月 18 日与锦州市食品职工代表大会代表互动,举办了拔河、跳绳、双人背夹篮球、二人三足、羽毛球比赛等活动。集团作为行为主体,利用各种信息传播途径与政府进行双向信息交流,取得政府信任、支持和合作,为企业建立良好的外部政治环境。

多年来,沟帮子熏鸡集团通过提升职工素质、创建和谐企业、搭建关爱平台、调处矛盾纠纷、提升服务等,着力构建和谐劳动关系,形成了“职工得实惠、企业得效益、经济得发展、社会得稳定”的和谐劳动关系新局面。

执笔人:李子良

建立责任体系　促进企业和谐

辽宁宏业实业集团

多年来,辽宁宏业实业集团坚持以构建和谐劳动关系为着力点,积极破解影响劳动关系和谐的难题,促进企业劳动关系和谐稳定。

一、高度重视,建立责任体系

构建和谐企业,是促进企业协调、健康、快速发展的基础环节和重要保证,以正确处理企业与职工的关系为重中之重。因而,宏业集团通过召开董事会、经理会、党政工联席会、职工代表会等各种会议,统一领导层的思想认识,确立了"始终坚持以人为本原则、始终把职工放在主人翁地位、始终正确处理企业与职工间的关系"的企业发展理念,提出了"三个始终不变"(全心全意依靠职工办企业的方针始终不变,充分尊重职工利益的原则始终不变,科学、合理、及时地协调出资人利益和劳动者利益关系的要求始终不变),从创建劳动关系和谐企业入手,切实加强了保障体系建设。

集团公司和基层单位分别成立了创建劳动关系和谐企业领导小组,党政一把手任组长,作为第一责任人负总责;分管工会、劳人、安全的领导和有关处室负责人为成员。建立了季度例会制度,明确了考核标准,细化了实施措施,并按照"以人为本、利益兼顾、共谋发展、共享成果"的要求,将实现更高水平的"双四有"(职工有岗位、有工资、有住房、困难有救助;就餐有职工食堂、冬有取暖设备、夏有防暑措施、文化娱乐有活动场所)确定为具体目标,列入了单位领导目标责任制,与生产经营任务指标同时布置、同时考核、同时奖惩,切实把创建劳动关系和谐企业放在了重要位置,持之以恒,常抓不懈。

二、健全制度,规范利益关系

为了协调好企业劳动关系、增强企业的凝聚力,宏业集团在健全和落实司务公开制度以及平等协商签订集体合同、工资集体协议制度上狠下功夫。

一方面,充分发挥司务公开在协调劳动关系中的桥梁作用,把职工关心的热点、焦点问题作为司务公开的重点,将职工收入、“四考”结果、评先树优、招工评聘、财务审计、公务用车、物资采购、规章制度、重大决策等近 20 个方面,确定为司务公开内容,通过各种形式定期向职工公开,使司务公开更加规范化、制度化、标准化。目前,在宏业集团,司务公开已成为联系职工群众的桥梁、理顺职工情绪的渠道、消除职工疑虑的途径、促进党风廉政建设的良方。

另一方面,根据党和国家的政策法规,在上级工会组织的帮助指导下,宏业集团建立了工会,代表职工与企业法人平等协商、签订集体合同和工资集体协议制度,对职工劳动权益和收入分配权益进行了全面细致的规范。自实行这项制度以来,宏业集团已经 2 次签订集体合同、4 次签订工资集体协议,职工工资下保底、上不封顶,职工各项待遇落实到位,从未出现过拖欠职工工资问题。职工养老、失业、工伤、社会统筹保险,集团全部按国家规定及时足额缴纳。职工不但参加劳动分配,还按资金、技术、管理及对企业所做的贡献参与效益分配,这些集体合同的实行,有效地保障了企业和职工的利益,及时调整和规范了劳动关系,极大地调动了职工的积极性。

三、关爱到位,体现企业温暖

为了营造“企业发展我发展,我与企业共兴衰”的良好环境,在企业经营管理实践中,宏业集团逐步形成了“两个负责”(对职工负责、对社会负责)的经营理念,“职工工作有岗位、工资有保障、困难有救助,就餐有职工食堂、冬有取暖设备、夏有防暑措施、职工文化娱乐有活动场所”的“双四有”,作为维护职工利益的具体要求和促进劳动关系和谐的基本内容,把对职工的关爱之心真正落到实处,使企业和谐与企业发展相互促进、相得益彰。

具体来讲,我们做到了五点:

一是确保每个职工有工作岗位与合理收入。在坚持实行对个人严格“考核、考勤、考评”的同时,宏业集团对因此下岗的职工实行企业内部转岗、二次分流的政策,为职工创造就业岗位,提供重新就业的机会。近几年,每年增加工作岗位几十个,职工年平均工资收入达到 2 万多元。

二是确保每个职工有安全生产和劳动保障条件。企业始终把安全生产放在重于泰山的位置，认真贯彻《安全生产法》，落实安全生产和劳动保护责任制，坚持开展“安康杯”竞赛活动，已连续两年获得安康杯先进单位。加强安全生产、环境卫生、劳动保护监督检查，利用各种行之有效的办法预防安全事故。几年来，企业四项安全生产指标一直控制在省定标准之内。

三是确保每个职工享有教育培训和发展提高的权利。为了提高职工劳动技能，集团公司建立了职工培训中心，开展提高劳动生产率和经济效益、提高服务水平和安全质量的劳动竞赛；努力打造学习型企业，建设知识型职工队伍，充分调动广大职工生产经营的积极性和创造性。

四是确保对每个困难家庭实行救助帮扶。每年为部分职工进行健康查体，每年拿出资金建设改善职工食堂、职工文化室等，组织职工开展丰富多彩的文体活动，满足职工生产生活和精神文化不断提高的需求。这些举措，充分体现了企业对职工的关心，对职工的尊重，对职工劳动和贡献的回报奖励。企业关爱之情，温暖了职工的心，促进了劳动关系和谐。

五是确保每个职工有提出合理化建议的权利。宏业集团充分发挥职二的“主人翁”作用，通过各种有效形式组织职工参政议政，动员广大职工为企业改革发展献计献策。目前，这项活动已形成制度，对职工提出的每一项意见和建议，企业都高度重视，及时进行答复和处理。近年来，我们共收到职工书面反映的意见和建议 35 条，内容涉及企业两个文明建设和职工生产生活的方方面面，答复率 100%，有效建议落实率 88. 7%，职工满意率 95. 5%。通过开展这一活动，有效畅通了企业和职工之间交流的渠道，不仅增强了职工自觉维权、主动维权、关心企业的意识和责任感，还促进了企业经营管理的加强和经济效益的提高。

企业和职工不是对立的两面，企业为职工提供就业机会、发展机会，企业要做好、做大同样离不开职工的投入和支持。宏业集团决心以党的十九大精神为指导，借鉴先进单位的好经验、好做法，完善协调劳动关系、构建和谐企业的长效机制，落实好、维护好、发展好广大职工的各项合法权益，创造企业和职工相互尊重、相互支持、相互依存、互惠共赢的良好局面。

执笔人：李越超

和谐劳动关系　促进企业发展

吉林省参达塑业有限公司

吉林省参达塑业有限公司在各级政府、组织的关怀下，以发展企业、服务职工，健全民主管理制度，提高民主管理工作为出发点，以建设和谐劳动关系为目的，以公司生产经营，保障职工的合法权益和主人翁地位，调动职工积极性为重点，开展生产经营，促进企业健康发展。

吉林省参达塑业有限公司，坐落在松花江畔的人参之乡抚松县，成立于2003年，注册资金5000万元，是专业生产参业物料的塑料加工企业，主要产品有：防老化人参膜、防老化遮阳网、网线、ABC参桩等。公司通过ISO 9001国际质量体系认证；有三项国家专利，两类参达商标是“吉林省著名商标”，遮阳网、人参膜、参桩三种产品荣获“吉林省名牌产品”称号；2014年被吉林省工商行政管理局、企业信用协会评为“守合同重信用AAA级企业”，被吉林省信用评价认证中心评为“AAA级信用企业”，被吉林省总工会授予“工人先锋号”，企业通过安全生产标准化认证，有三名员工获得首席质量管认证，是“白山市重点农业产业化龙头企业”，被白山市委、市政府授予“创业明星”“特殊贡献人物”“创业创新标兵”等荣誉称号；2015年，企业副总获得吉林省“五一劳动奖章”称号。

公司产品畅销东北三省，并出口韩国、朝鲜，是东北三省最大的人参膜、遮阳网生产企业，鉴于我公司在遮阳网方面的行业生产规模和技术处于领先地位，2015年全国塑料制品标准化技术委员会邀请我们参加了《遮阳网国家行业标准》的起草制定工作，全国仅有4户企业参与。

为保障职工的民主管理权利，充分发挥职工的积极性、创造性，提高企业的科学管理水平，促进企业经济发展，企业实行职工代表大会与工会会员代表大会两会合一的制度，负责职工代表大会的日常工作，公司工作中努力做到“三落实”“二认可”。

第一,组组落实,加强职工队伍建设。成立工会组织以来,制定单位职工代表大会制度,建立各个专门工作小组和工作制度,按期换届,各类代表比例适当,结构合理,重视队伍建设,配齐工会主席、副主席和兼职工会干部,从基层班组到车间再到公司,层层有人管,人尽其才、物尽其用,充分发挥民主管理和民主监督职权,有效发挥工会组织在经营管理的职能作用。

第二,制度落实。每年召开一次职工代表大会,广泛征求职工意见,围绕企业经营管理、职工福利等工作,征集职工代表提案和合理化建议。实现厂务公开制度,规范了厂务公开的程序和内容,而且形式多样。积极落实职工代表大会制度,完善了民主管理网络,从职工最关心的问题入手,围绕职工关心的收入等热点、难点问题,按照政策及文件精神,做好答疑解惑。利用茶余饭后,深入职工中,及时掌握员工思想动态、家庭困难,及时解决存在的问题,耐心细致地做好一人一事的思想疏导,理顺情绪,化解矛盾。公司主要人员利用休假时间,深入员工家庭家访、组织职工座谈,把公司的形势、面临的困难、取得业绩以及职工生活工作情况向大家定期通报,要求职工多努力、多支持,共同为公司发展做出贡献。

积极重视职工教育制度。利用每年的工会代表大会和各种会议培训的机会,培训率90%以上,激励员工始终保持良好的精神状态。经常派人到广东、浙江、江苏、黑龙江等地参加技术交流会议和培训学习,通过宣传教育等手段,职工的紧迫感、责任感、使命感普遍增强,有力地促进了公司生产,增强员工发明创造能力,生产车间的小发明不断,有利提高了劳动生产率,目前公司有三项国家专利。

第三,职权落实。围绕企业经营管理、福利等,加强民主管理,全心全意维护职工权益。公司工会积极发挥职代会作用,凡涉及内部分配、职工动态管理及事关职工切身利益的重大事项,都要充分征求职工意见;组织职工代表巡视、检查、讨论、上报,层层反映,最终确定了职代会提案,将提案和职工普遍关心的热点、焦点问题提交职代会讨论审议,拓宽了民主监督渠道,提高职工代表参政议政的积极性,充分体现了民主和监督意识,反映了广大群众的心声和意愿。职工反映食堂的收费问题以及白班和夜班额度不合理,通过工会潘主席组织工会调解,最终合理解决。

第四,重视企业文化建设,得到广大职工认可。通过丰富多彩的企业文化推广活动,充实企业工会的活动内容。每年的新春元旦晚会都由工会牵头、公司主办;成立羽毛球队,赞助抚松县组织的参羽羽毛球比赛;增加健身器材;建立花园工厂,设立文化生活职工园地;评选最美员工;成立职工图书室;评选申报模范集体和劳动模范等一系列活动,增加了企业品牌文化宣传,提升参达品牌的市场知名度,提高公司品牌效益。

公司利用主办《参达塑业》报、微信平台等发表产品、企业信息,有效提升了"参达"品牌。公司工会在端午、中秋、国庆等节日期间还给各基层发福利,做到元旦有晚会、春节有红包、十五有元宵、三八有玫瑰、端午有现金、中秋有月饼、十一有长假。丰富各节日期间的活动内容,满足了大家的精神需要。

开展送温暖、扶贫帮困职工,公司领导心系基层、服务职工,从职工群众"棘手、急盼"的事情着手,成立"参达爱心基金",开展帮扶救助送温暖活动:慰问重病职工方志江,送去慰问金;为徐莲凤做手术送去慰问金,累计发放资金 4 万多元。为解决职工饮食问题,加强食堂卫生安全,宣传预防疾病和防暑降温知识;给职工留一块菜地,让职工吃上绿色蔬菜。

2017 年开始每个月给员工带薪放假一天,用于孝敬父母、亲人,被称为"孝顺日",以体现公司的亲情管理模式,激发全体员工感恩之心。员工们表示,只有努力工作,让父母少一分对我们的担心,也是一种孝敬父母的方式,而且这种方式,对于父母来说,是更有意义的。

第五,社会认可。参达塑业全体员工积极参与各种社会公益事业,大家不装样子、不走形式,而是将助人为乐、回报社会的美好愿望融入日常工作生活中。

积极弘扬人参文化,每年都赞助"长白山山神老把头节",出资举办"参达杯"人参主题摄影展,承办了参达杯长白山野山参下山"开秤"仪式等,积极推动人参文化产业。企业为露水河"8 · 16"洪灾捐款 5000 元;为泉阳镇修桥捐资 5000 元;出资 38 万元,修建了一条从抚松火车站到参达塑业的标准水泥路,大大方便了周边企业和菜民出行,民政局将这条路命名为参达路。为贫困大学生、中学生捐助学费累计 1.3 万元,经常慰问养老院、环卫工等。

近几年的工作使集团深深地体会到:只有企业领导重视劳动关系,才能使企业管理得到广大员工的理解和支持,才能增强员工的责任意识,才能激发员工的工作热情。员工的心,企业的根,善待员工,是企业管理者的责任。只有员工走得远,企业才能走得更远!

问渠哪得清如许　为有源头活水来

博发康安控股集团

一个企业的创业之本究竟是什么？如何在激烈的市场竞争中立于不败之地？回答可能多种多样：创新、科技、产品、市场、品牌、管理等，但所有回答最后都要"追根溯源"，归结到一个问题上，那就是"人"。人是创业之本，创新之源，发展之源。一个地区、一个企业的发展，科技是第一生产力，而科技发展必须靠人的智慧，靠人的主观能动性和创造性。有人说，企业员工队伍是体现企业行为的一池水，要使企业充满活力，就必须击之而使其成为活水。"问渠哪得清如许，为有源头活水来。"博发康安控股集团（以下简称博发集团），多举措实施"以人为本，努力构建和谐劳动关系，推动企业发展"理念，使员工对企业的经营理念和目标等具有认同感和归属感，走出一条和谐发展之路。

博发集团成立于1995年，目前旗下有电站设备集团、文化产业集团、地产集团和金融投资集团4家集团公司，境内子公司21家，境外子公司5家，是集工程设计、国际工程承包、设备制造、地产、商业、文化产业、金融服务、投资于一体的综合性企业。现有员工2000余人，曾荣膺"中国民营企业500强"第264位，"中国民营企业制造业500强"第166位，"中国民营企业服务业100强"第53位。集团始终践行"以和谐劳动关系推动企业健康发展，以企业持续发展促进和谐劳动关系"的企业精神，跨入了全国"双爱双评"先进企业、黑龙江省劳动关系和谐企业、黑龙江省劳动关系和谐企业的先进十佳行列，并荣获全国优秀民营企业、"黑龙江省五一劳动奖状"等荣誉称号。集团董事局主席兼党委书记陆标，作为十二届全国人大代表、全国工商联执委、中国光彩事业促进会理事，黑龙江省工商联副主席、黑龙江省海外联谊会副会长、黑龙江省书法家协会副主席，曾荣获"全国及黑龙江省劳动模范""全国及黑龙江省五一劳动奖章""全国优秀企业家""优秀中国特色社会主义事业建设者""黑龙江省创建劳动关系和谐企业十佳优秀个人”等荣誉称号。

博发集团是一个充满和谐、团结奋进的企业——企业和员工之间、员工与员工之间,相互尊重、相互理解、互助互爱。集团以人为本,努力构建和谐的劳动关系,勇于承担社会责任,企业与员工“共建共享”,和谐发展带来双赢之效。

一、让员工和企业一起成长

“员工,是企业的员工;企业,是员工的企业。发展要以人为本,努力做到尊重人、理解人、为了人,实现人的全面发展,企业才能随之和谐发展。”博发集团坚持不懈地秉承这种朴素而和谐的发展理念,让员工和企业一起成长。

集团不断以创新群众学习活动为载体,积极开展“创建学习型企业,争做知识型员工”活动,把树立社会主义荣辱观作为主线,贯穿于员工思想道德教育和实践活动的全过程,引导员工在企业里做一个好职工,在社会里做一个好公民,在家庭里做一个好成员。把思想道德要求转化为自觉行动,提高职工思想道德素质,使之成为引领企业风尚的一面旗帜。大力营造浓厚的学习氛围,努力提高职工的思想道德和职业技能素质。把加强培训、塑造终身就业能力作为提升员工价值的重要途径。集团编制全员培训计划,从中高级管理人员、骨干技术人员到基层操作工,层层都有详细的培训目标。激励职工成才,凡是学习与本职工作相关的学科,企业除在时间上给予必要的支持外,还给予报销学杂费、书本费、考试费和往返交通费等,对学有所成的职工给予奖励,对于获得高等职称证书的人员更给予重奖。这对员工来说,无疑是其个人“无形资产”的累积,使其在未来的职业生涯中“预存”了更高的工作回报。

博发集团始终坚持一手抓员工待遇保障,一手抓员工职业成长。每年都投资上万元为基层“职工书屋”购买专业技术、文学、励志类书籍,引导职工爱读书、多读书、读好书,丰富职工的精神生活,提高其自身的文化素质,激发职工的创造活力。集团建立培训中心,制订年度职工培训计划,开展岗位技能、企业管理和素质能力等培训,并制定了“名师带高徒”的一对一、针对性培养计划;还请来行业内的技术专家和商务谈判专家来到企业为员工做培训,请留美经济学博士为员工讲解国际经济形势和管理经验。同时请专业礼仪人员对员工的仪容仪表,工作礼仪等进行培训,培养了多批专业技术强、管理水平高、综合素养好的人才。

博发集团还为所有员工开辟和设计了职业发展“双通道”:将员工划分为管

理类、技术类和基层、中层、高层三大职层，按照各自的兴趣和潜力，员工可以任挑一项去实践，经过努力，生产工人可以从初级工晋升到高级技师；技术人员可从工程师晋升为主任工程师、项目经理，待遇也会随之提高。

以人为本的管理理念和制度建设，使员工获得了更多的社会尊重和社会地位，不仅构建了博发集团长期稳定和谐的劳动关系，也形成了有竞争力的人才体系。如今，集团从业人员2000多人，其中本科以上学历人员占76%，有技术职称和持证上岗人员占80%以上。

二、成果共享塑造发展动力

企业发展了，要让每个职工实实在在分享到发展给他们带来的实惠，调动他们极大的工作热情，为构建和谐企业注入了巨大动力。

董事局主席陆标先生曾对企业与员工之间的关系进行过这样的描述："员工的心就是企业的根，对企业而言要感恩员工；企业是需要员工来支持的，没有员工，公司的价值也体现不出来；企业就是一个家庭，对我们的家庭成员当然必须关爱备至。"让每一位员工共享发展成果，增强企业的向心力和凝聚力，博发集团始终如一；公司为职工办实事，办好事的事例不胜枚举。

集团宽敞明亮的办公大楼，为员工创造了良好的办公环境和现代办公设备，集团还投资兴建立了图书室、健身房等，每年为职工进行一次健康体检。集团在取得良好经济效益的同时，把关心员工工作生活、改善员工生产生活环境和福利待遇作为大事来抓，全面落实全员"五险一金"，为全体员工办理了社会养老保险、医疗保险、失业保险和意外伤害保险，并交纳住房公积金。为丰富员工的文化活动，还成立了阅览室、乒乓球室等职工活动中心，改善了职工食堂环境，配齐LED屏、冰箱等，为一线职工提供良好的生活条件。

这是一个真实事例：一位刚来报道不到半个月的员工，母亲重病去世，在得知她家中生活不宽裕、哈尔滨亲戚也不多的情况后，董事局主席陆标亲自带着办公室主任驱车来到员工家里，看望了员工及其家人，并亲自把慰问金5000元送到了她的手中，并表示公司可以随时出车、出人、出力。霎时，员工和她的父亲失声痛哭，原来她就是因为母亲重病才从深圳公司辞职回到哈尔滨工作的。而后这名员工从没有请过一天假，还经常牺牲自己的休息时间加班加点工作，当年取得集团年度"优秀员工"称号。

集团由于青年员工较多,也都到了适婚年龄,员工结婚,集团高层领导都会亲自到场,送上礼金,送上祝福。集团还借钱给买不起房子的员工,利息低于银行的贷款利率。

所有这一切,都使集团员工们有一个一样的感觉:在"博发",他们不仅是员工,更像是这里的家庭成员;他们有一个小家,更有"博发"这个大家。

对员工来说,工资待遇无疑是大家最关心的问题。集团结合行业实际情况,每年根据物价水平调整工资水平,确保员工收入稳定增长;每年年初,工会都要召开职工代表大会,征求职工对于今年的工资标准、增长幅度、劳动条件、工时等问题的意见,形成初步方案后,在集团领导和工会负责人见证下,由选举产生的职工代表与企业负责人协商确定年度工资标准。而且要做到"5 个必须"——职工协商代表必须民主推选,协商过程必须符合程序,合同条款必须符合法律法规,文本必须报送劳动行政部门审批,内容必须向全体职工公开。2017 年集团进行了改革,将工资组成分为:基本工资、工龄工资、职务工资、绩效工资、职称工资、福利、年终奖金七部分。新增加的工龄工资将使在集团服务时间长的员工得到更大益处;新设置的职称工资,将鼓励年轻员工不断学习,在专业领域取得更大进步。

集团注重对女职工的关爱和培养,不断强化女职工自尊、自立、自强、自信意识,维护女职工合法权益,为女职工办实事。在每年"三八"妇女节期间,工会女工委员都会组织女职工身体检查、妇女健康知识的讲座、参加女职工座谈会、女职工娱乐等系列活动,得到了女职工的一致好评。

集团为员工提供良好的福利保障,为全员提供"五险一金",还提供双休、带薪年假、免费午餐、节日购物卡等多种福利政策。因为海外项目较多,集团每年为身在海外项目的员工家属提供探亲福利,为员工家属购买机票、提供食宿等,家属可去国外看望亲人,此举不仅让员工在外可以安心工作,更温暖了员工的心。集团福利政策里面还有一项特殊的假期——"陪考假",员工在子女中考或高考期间可以享受带薪休假。一个个侧面均折射出博发集团人性化的管理制度。

三、和谐文化构筑良好氛围

和谐,是通过思想的共鸣,达到力量的凝聚;通过精神的内化,达到物质的扩张。博发集团把企业的发展、和谐企业的建设定位在:通过对观念的整合,达到行为的整合;通过对个体的引导、规范,达到群体的统一。而这当然需要一个着眼点和有效载体,集团把着眼点定位在了企业文化上,载体定位在了“精神生活”上。集团作为一个民营企业,肯于投入,结合企业实际,有利于企业和职工健康发展的文体活动长年不断。

集团在创立之初,就建立了党委、团委和工会组织,每年党委和团委都会为丰富职工的业余文化生活、提高工厂职工学习技术的积极性,组织各项活动。集团团委在每年五月四日都会举办“庆五一,迎五四”为主题的文体活动。篮球赛、拔河比赛、工厂技能竞赛和“英语沙龙角”竞技等一系列精彩纷呈的文体活动轮番登场。欢乐喜庆的节日气氛中,营造出了一种奋发向上的激情。每年七月一日,集团党委都会组织党员重温入党誓词,与党员积极分子一起座谈,分享心得。集团党委还在国外工程现场开创了“党建与国际工程相结合的模式”,以党建推动项目建设,发挥党员战斗堡垒作用,形成企业独特名片。

集团党委和团委还先后举办了多次由员工自编自演的、贴近企业生活实际的文艺节目;每年保证组织一次春游,在游览祖国大好河山的同时,拉近领导与员工之间的距离,舒缓工作压力,创建充分良好的沟通环境。

一系列活动的举办,有效地提高了员工文化及心理素质,活跃了员工文化生活,增强了企业的凝聚力,鼓舞了士气,凝聚了力量,激发了职工克服困难、积极进取的工作心态;既放松了平日里紧张的工作,又加强了职工之间心灵的沟通,增进了了解、促进了友谊,使相互之间的关系更加和谐。

集团八周年庆典时出版了企业文化丛书——《博发精神》,2017 年《博发精神》再版,它是博发集团在从业几年间形成文化的积淀,是企业文化的延伸。该书除详细地讲述集团的企业宗旨、核心价值观以及企业精神等最基本的文化要素之外,还特别加入文集部分,使大家在品读核心精神的同时,领略集团友人及领军人物的笔韵文采。

构建和谐企业,集团呈现出安定团结,互助友爱,和睦融洽的良好氛围,广大职工以企业为家,爱企如家,朝气蓬勃,气正风清,意气风发。集团自成立以来,没有发生过刑事案件,没有发生过重大治安案件,没有重大投诉事件,没有发生过重大劳动纠纷。

一系列举措的实施,让员工实实在在地融入企业,使“博发”大家庭其乐融融。共同构造的和谐氛围使集团人气升腾,推动企业不断发展,更上一层楼。

四、博发博爱,感恩同行

企业是社会的企业。博发集团以履行“企业公民”责任为己任,兼顾企业经济效益和社会责任的相统一,既一心一意发展事业,又真心实意回报社会,并通过观念的整合达到行为的整合,千方百计把这种文化理念、思想价值观根植于企业每个员工的头脑中。

多年来,博发集团共安排了80余人的农民工、安置了50余名大学生,同时安排农民工子女免费入学等。尤其是近几年,在招聘的新员工中,集团着重安排退伍转业军人,为转业军人,提供了良好的就业岗位,为社会分担了一定的就业压力。每年,集团都会资助包括清华大学、中国传媒大学、哈尔滨工业大学、哈尔滨学院、佳木斯大学、黑龙江工商职业技术学院等高校的近百名贫困大学生完成学业。2016年,集团投入120万元在佳木斯大学材料学院成立优秀大学生助学基金,资助一些品学兼优、自立自强的大学生完成学业,以利将来他们回报社会。

在博发集团的两个工厂中,农民工所占比例很大,但是对农民工从来没有另眼相看,作为职工的农民工在企业一样享有民主权益,享受公司免费为他们提供的教育培训,享受企业的文化生活,参加企业各项文化体育活动;其对企业做出贡献,工作、学习成绩显著,一样会受到表彰奖励。高温酷暑为他们送清凉,严寒冬日要为他们送温暖,重大节日为他们送慰问、发礼品。集团从不拖欠农民工工资,他们的工资收入,不低于去沿海打工所挣工资,不少人从沿海回到集团一干就是几年。据统计,集团农民工2016年月平均工资比上年增长20%;2017年人均月工资增长22%。

博发集团在发展、在壮大,一路走过从不曾忘记回报社会。近年来,通过社会救助、捐资助学等活动累计为社会捐款捐物逾3000万元。

“努力打造一个和谐企业,建一个对社会负责的企业,与时俱进,快速发展,为当地经济发展和社会进步做出积极贡献”,这是陆标主席对社会、对职工的庄严承诺。“创社会财富,还人类幸福”,此为集团的使命。多年来,集团一直坚持“以才干展现自我,以品牌创新企业,以成就回报社会”实践着“有利于国家,有利于集体,有利于个人”的企业核心价值观。

五、和谐机制,保驾护航

“众人划桨开大船”。众人划桨,要有“约束”而又不能“捆绑”,必须是自愿而达到和谐。开动企业这艘大船,劳动关系和谐是根本保证,有效的机制和制度建设为博发的稳定发展保驾护航。博发集团全力推进、规范、依法全面建立新型的劳动用工制度,进一步强化员工对企业的经营理念和目标的认同感及归属感。

博发集团积极推行企务公开民主管理,密切了企业上下关系,促进了和谐企业建设。建立和谐的劳动关系,签订劳动合同,用法律形式保障职工的合法权益。随着新《公司法》颁布,集团结合实际,与职工重新签订了劳动合同。专门成立了以人力资源部牵头的起草小组草拟合同文本,合同文本交给全体职工反复讨论,由上而下,自下而上,并反复征求劳动保障部门和法律部门的意见,八易其稿,最后在总经理办公会上全票通过。劳动合同详细规定了企业与职工双方的权利、义务,使劳动关系有序、合法、和谐。

健全民主管理制度。建立健全企务公开、民主管理制度,使企务公开民主管理有章可循。拓宽民主管理的形式,集团每年召开至少一次总经理办公会,听取和审议集团年度工作汇报和下一年度工作目标计划;每周一召开行政办公会,工厂每月召开一次职工大会;设立企务公开栏和举报电话。集团不断加大企务公开工作力度,工会将企务公开工作作为企业民主管理的一项重要内容,凡涉及集团发展规划、生产经营、职工福利、职工生活、奖金分配、招待费使用情况、集团财务状况、工程进展状况和基础建设工程的招投标等方面,都通过不同的形式向广大职工公开,增强了工作的透明度,充分保证了职工的知情权,提高了集团的凝聚力。

正因如此,博发集团获得全国“双爱双评”先进企业、黑龙江省劳动关系和谐企业、哈尔滨市劳动关系和谐企业等荣誉称号,董事局主席陆标获得黑龙江省创建劳动关系和谐企业先进个人的荣誉称号。

在博发集团,民主管理成为和谐发展的有效途径,民主管理也为企业夯实了发展基石。在博发集团,到处都可以感受到“人心思进、团结和谐、共促发展”的良好氛围,到处可以看到“和谐凝聚力量,和谐创造动力,和谐促进了发展”的可喜变化和局面。

博发集团将弘扬中华传统文化中的“和谐”理念和新时代的企业精神,肩负起历史赋予的责任,致力于和谐社会的建设,为我国经济社会的健康与可持续发展尽最大的努力!

坚持和谐共赢　构建和谐劳动关系

上海森马服饰有限公司

上海森马服饰有限公司(以下简称森马)是一家以“虚拟经营”为特色、以休闲装和童装为主导产品的多品牌服装服饰公司。在发展过程中,森马逐渐形成了“小河有水大河满”的共赢文化,在这一指导理念的指引下,森马不断追求企业与员工、客户和社会的和谐发展。在努力构建和谐劳动关系的过程中,森马秉承“崇德尚贤、敬业团结、学习创新、共赢共享”的核心价值观,以促进企业与员工的共同成长为主要目标,不断激发广大员工在森马内部“创业创新”的热情,积极培养员工“爱企如家”的使命感,从而实现了企业与员工的和谐发展。

一、员工维权不遗余力,坚持创新维护机制

长期以来,森马坚持按照《工会法》和《劳动法》要求,不断探索工会维权的方式方法,积极探索维权工作与和谐劳动关系创建工作相融合的可能性,积极将工会的“单向维权、被动维权”变为工会与企业的“共同维权”。一是充分放大集体协商作用。在集体合同中,将劳动报酬平等协商、工资集体协议、员工的学习与成长以及工作时间、休息休假、福利待遇等内容纳入合同条款,并推出带有森马特色的带薪年休制、员工探亲路费报销制,从制度上将员工的合法权益固化。二是确保员工福利应有尽有。森马为所有员工办理“五险一金”,并确保劳动合同签订率和参保率为100%。三是在加强职工民主管理机制建设上,森马工会充分发挥职代会的作用。现如今,森马已基本实现了“凡是企业的重大事项,特别是涉及员工切身利益的重大事项,始终坚持征求职代会的意见和建议”。为贯彻这项原则,森马每年坚持召开职代会,通过OA线上征集等形式,收集员工意见,并经过职代会讨论表决后,再付诸实施。四是坚持强化司务公开,在日常经营中

广泛听取职工意见和建议,及时改进工作。特别是在设计员工福利待遇等与员工切身利益相关的制度时认真吸收员工代表意见,始终确保每一项重大政策措施的出台都能够体现员工的意愿,在公平、公正、合理的基础上,保障员工利益。

二、员工培育无所保留,坚持丰富人才体系

在“虚拟经营”模式下,森马的生产制造环节实现了100%虚拟化,因而团队在整体上呈现出年轻化、知识化、高学历的特征,但在物流和零售等环节,也保留了一定规模的基础性操作岗位。目前,森马团队的大专学历比例为80%以上,本科占比为53%。为实现高、中、基层人才和谐成长、相得益彰的发展局面,森马全力打造了两条人才成长线。一方面,森马坚持“企业发展就是员工自身发展”“培训是员工最大福利”等理念,强调对高层次人才的长期成长导向。不仅从外部引进高端团队牵头组建了森马大学,还通过打造内部的讲师团,建立了一套以“龙驹行动”“龙马行动”“飞马行动”命名的、旨在培养中高端人才的全员成长培训模型和职业生涯规划培训,并进一步针对更高层次的人才推出了外派EMBA进修和出国深造专项基金,积极为企业发展储备人才;另一方面,针对中基层的操作团队,森马以将员工培养成为“劳动能手、技术能手、模范标兵”为主要目标,鼓励其在平凡的岗位上成为具有创新能力、竞争活力和模范影响力的企业发展中坚力量。多年来,森马坚持开展“安康杯”物流流程管理技术竞赛、“森马信息化管理”知识竞赛、“森马特色服务”百店行等活动,通过“赛挖潜、比效益,赛技术、比技能”“赛服务质量,比服务水平”等,不断提高员工的劳动技能和服务质量。全方位的人才发展体系,不但为企业发展夯实了根基,也为员工成长创造了无限可能。

三、员工关爱不设边界,坚持践行和谐理念

在森马的当家人邱光和眼中,员工是森马最宝贵的财富,为了员工的“快乐工作”和“幸福生活”,再多地付出也是值得的。在关爱员工业余生活、培养员工高尚情操方面,森马也形成了一套行之有效的工作方法。一是围绕员工生命健康“送真情”,增强员工凝聚力。森马在企业内部坚持推行“六个一”的特色关爱制度,即每年为员工提供至少一次的加薪机会,每年给优秀员工一次国外观光旅游机会,每年给全体员工发放一次全员激励,每年给员工送上一份生日蛋糕券,

每年给女员工送上一份“生育保险”。此外，森马还开展“关爱员工生命健康活动”，将每年的“父亲节”和“三八妇女节”分别设定男女员工的“健康体检日”；在“六一”前后，又将企业关怀延伸到员工的子女身上，固定在公司内部实施“员工亲子开放日”活动，并为员工子女赠送亲子大礼包。二是围绕员工业余生活“搭平台”，丰富员工精神生活。近年来，森马总计投资2000多万元用于改善员工生活环境，升级业余休闲运动设施，并通过工会，牵头组建艺术团，充分利用健身活动中心、员工音乐休闲吧、棋类活动室活动等阵地，积极开展各种体育、球类和棋类比赛，并推出舞蹈、模特、合唱、文艺晚会等文艺活动。目前，森马一年一度的“企业文化活动月”活动，坚持举办了17年，成了森马员工业余生活的一张金名片。每年的11月18日到12月18日，森马员工会自发组织开展各类业余活动，由公司拨款并无偿提供活动场地。在此期间，员工自发组织的篮球队、足球队、羽毛球队、台球队、阅享读书会、乐跑协会等重量级社团轮番登场，充分展示生命的青春和活力。

多年来，在森马和谐共赢的理念下，“构建和谐劳动关系”不但成了森马“外化于行”的一项基础实践，也早已成为广大员工“内化于心”的一项基本价值观。实践证明，和谐的劳动关系不仅有利于企业持续、健康和稳定的发展，也同样有利于员工成就感、获得感和幸福感的提升。森马自创业以来，从未发生一起权益纠纷，从未发生一起权益侵害事件，这些都无疑都是森马坚持追求和谐劳动关系、努力提升员工凝聚力、不断激发员工自我成长的结果。未来，森马也将继续以促进员工企业的和谐发展为己任，全力打造一支忠诚担当、爱企如家的卓越团队，并为整个社会构建和谐劳动关系，为实现企业满意、员工满意、社会满意的多方共赢不懈努力！

创新机制　共创共享　持续深化和谐劳动关系建设

传化集团有限公司

传化集团有限公司(以下简称传化集团)是在改革开放政策指引下发展起来的民营企业。1986 年我们从化工起家,2000 年开始多元化发展,现在成长为涵盖化工、智能物流、现代农业、科技城、金融投资五大事业板块,第一、第二、第三产业融合发展,业务覆盖全球 80 多个国家和地区的多元化产业集团。目前,集团拥有员工 14,000 多人,下属"传化智联"(股票代码:002010)、"新安股份"(股票代码:600596)两家上市公司,七家国家高新技术企业,两家国家级技术中心。

2010 年 8 月,习近平同志对传化集团和谐劳动关系建设作出重要批示。近年来,我们以总书记批示精神为鼓舞和鞭策,时刻牢记紧紧依靠员工谋创新、谋转型、谋发展,持续深化和谐劳动关系建设。

一、坚持人性化管理,充分尊重员工,营造"家"的氛围

传化集团从 30 年前的"小作坊",发展到以传统化工、物流、农业为主的大企业,再到现在互联网色彩浓厚、致力于构筑产业大平台的高成长性企业,靠的就是员工的创造。我们深刻理解每个企业的传奇,都是由一个个平凡人创造的。我们最大的体会是:企业就是大家庭,员工就是一家人,企业把员工放在心上,员工就会把责任扛在肩上。近年来,传化集团全面推进转型升级,以文化建设为起点。我们特别注重调动员工在推进企业转型发展中的创新热情,注重了解员工特别是青年员工在想什么、要什么,注重激发员工的创新智慧,鼓励员工共同参与到企业发展谋划、共同设计行动纲领中来,从而形成了有干劲、有前景、高效率、高待遇的良性循环。正是因为通过尊重人、理解人,我们成功地激发了每个员工的最大潜在价值,使所有的变革和想象,都陆续清晰和实现。

二、注重员工培养，在事业发展中不断创造员工施展才华的舞台

随着事业的发展，传化集团和谐劳动关系也不断升级。对员工来说，以前，企业就是“家”，现在，企业除了是“家”，更是“舞台”。在这个“舞台”上，企业高速发展与员工自我价值实现同频共振，公司的产业转型与员工的自身转型实现了最大程度的和谐共赢。近年来，我们投入1亿多元，用于员工学习发展，建立分层分类的人才培养体系，努力打造学习型组织，持续提升人才队伍的专业能力和职业化水平。我们依托“传化学院”，开设“TFL班”“双青班”“骨干班”等人才培养平台，打造一批中坚力量；依托“传学堂”，有效解决培训的时空限制，满足员工个性化培训需求；依托“传化研究院”，打造技术型领军人才队伍；依托一年一度的“科技大会”，选才量才。在人才使用上，强化“赛马机制”，一大批充满朝气和活力的年轻人快速成长，走上了经理、总监、总经理等关键岗位，推动企业发展呈现全新的景象。

三、秉持“共创、共赢、共享”的理念，不断推进机制创新

我们根据集团下属各企业发展阶段和特点、所在行业的属性，鼓励出台多层次、全方位覆盖的个性化激励机制。集团有超过10%的员工参与股权、期权及合伙人机制。同时，推进创客机制，让有条件的客户和员工成为平台上的“创客联盟”，通过聚智聚力，分享成就事业的机会。目前，我们拥有孵化创客项目70多个，其中11个已成长为独立公司。近年来，员工推动企业转型发展的热情得到了极大的激发，员工人均收入年均复合增长达12.7%，实现了员工、企业双赢。

四、持续加大投入，改善员工工作和生活环境

我们坚信“投资员工就是投资企业的未来”。近年来，集团布局传化物流在全国拓展，传化化工向国际化发展，资金投入很大。但是，我们始终把对人的投资放在首要位置。集团先后投入1亿多元，通过改进生产工艺、提高自动化生产水平，不断改善职工作业环境，降低劳动强度；投入10亿多元，建造、装修办公楼和职工休息室，改善职工办公、休息环境；投入上千万元，用于改善职工食堂、职工活动场所及职工书屋；投入6000多万元，改善员工居住条件。据统计，2010年以来，集团用于改善员工工作和生活环境的投入近20亿元。

经过多年的坚持与不懈努力,从商业模式的设计到分配激励、文化建设……传化集团建立了让员工自主管理的机制,从而把基于"利益共同体"和"事业共同体"的"命运共同体"真正做深做实,传化集团和谐劳动关系建设得到进一步深化和提升。

1. 企业员工创业创新成果显著。近年来,传化集团的员工面对企业转型发展的新要求,主动拥抱变革,自觉学习提高。员工在事业发展、商业模式、产品创新、管理改善等方面的参与热情持续高涨,员工合理化建议从2010年的3千多条增长到2017年的近3万条;员工成为科技创新的主力军,近两年来为企业创造专利成果达130余件,发明授权56件,计算机软件著作权16件;获得国家级科技奖3项,省级奖4项,市级奖4项;国家级、省重点项目7项,新产品贡献率提升到15.7%。

2. 企业党建得到进一步加强。随着企业的快速发展,传化集团党组织也迅速壮大。目前,集团党委下设9个产业党委,5个党总支,96个党支部,4个流动党员管理站,7个区域化党群服务中心,配备专、兼职党务工作者340余名。在14,000多名员工中,党员人数超过了1900余名,占员工总人数的14.6%。每年由党员领衔的攻坚克难项目都在50个以上,党员成为传化集团企业经营发展中名副其实的主力军和"排头兵"。

3. 企业转型升级呈现良好态势。从2012年到2017年,传化集团营业收入从249亿元增加到630亿元,年均复合增长20%,即将成为营业收入达千亿的企业集团;利润总额从5.5亿元增加到32亿元,年均复合增长42%,盈利能力得到明显提升;上缴税金从10.7亿元提高到23亿元,年均复合增长16%,对国家的贡献也大大提高;净资产从88亿元发展到240亿元,年均复合增长22%;总资产从200亿元发展到500亿元,年均复合增长20%,企业综合实力显著增强。2017年,传化集团更是获得了高速度、高质量的增长,总资产同比增长30%,利润总额同比增长60%,营业收入同比增长90%,面向新30年的发展基础进一步得到夯实。

构建和谐劳动关系只有起点,没有终点。在传化集团新30年转型发展的重要历史节点上,我们将始终以习近平总书记的批示精神为强大动力,紧紧围绕企业新30年战略布局与转型发展的中心任务,主动作为、不断创新,推动企业健康发展、员工健康成长,实现企业与员工共创共享、共赢共荣。

积极创新构建　凝聚发展能量
以党建引领推进和谐劳动关系建设

富通集团有限公司

和谐劳动关系作为企业发展的重要组成部分,对企业健康、可持续发展有至关重要的作用。作为一家民营高科技制造企业,富通集团有限公司(以下简称富通集团)深刻地认识到,企业要实现可持续发展,就必须依靠技术创新并构建具有强大凝聚力和向心力的和谐劳动关系,如此才能提升企业的竞争力。创业创新30年来,富通集团始终坚持"合法合规、正派经营"的理念,坚持"鼓励个人正直、承担社会责任,构建命运与发展共同体"的企业文化,始终加强企业和谐劳动关系建设,积极构建"富裕富通、幸福富通、健康富通、阳光富通",打造具有全球竞争力的线缆企业集团。

富通集团创立于1987年,是全球互联网基础传输材料光纤通信产业的领军企业,也是国家能源电力线缆传输产业的重要推动者。现有1个集团总部、3个区域本部、30家实体工厂,在册员工1.2万余人。近年来,富通集团先后获得"全国民营企业思想政治工作先进单位""全国关爱员工优秀民营企业""全国双爱双评先进企业""全国模范职工之家""全国就业与社会保障先进民营企业""浙江省创建和谐劳动关系先进企业"等荣誉称号。

富通集团于1993年成立党支部,并于2000年成立党委,是浙江省最早成立非公有制企业党委的企业之一。富通集团党委在2012年被中央组织部授予"全国创先争优先进基层党组织"荣誉称号,2016年被党中央表彰为"全国先进基层党组织"。富通集团党委成立以来,一直致力企业和谐劳动关系建设,着力凝聚党群系统的力量,在实践中总结提炼,将和谐劳动关系建设融入企业生产经营、企业文化建设、履行社会责任的全过程。集团党委在企业内部弘扬正气、统一思想、凝聚人心,提升了全体员工的精神风貌,集聚助推企业发展的正能量,逐步形成了以党建带工建、构建“命运与发展共同体”的和谐劳动关系。

一、认真贯彻落实党的十九大精神,强化员工思想道德教育

富通集团党委认真组织全体党员和干部、员工认真学习贯彻落实党的十九大精神,在切实“学懂、弄通、做实”党的十九大精神上下功夫。富通集团党委组建了党的十九大精神宣讲工作组,由集团党委委员分别前往集团本部及下属各区域、企业,宣讲党的十九大精神。同时,富通集团党委和董事局联合下发《关于继续深入学习领会、贯彻落实党的十九大精神的决定》,掀起层层学习领会、贯彻落实党的十九大精神的热潮。

富通集团党委扎实推进非公有制企业党建工作和员工的思想道德教育,结合集团党委开展的理想信念教育实践活动,不断引导职工增强道德修养,强化法制教育,引导员工树立正确的人生观、价值观、世界观。富通集团不断加强员工学习阵地建设,出资1000万元建设党群工作中心,高标准配置了职工书屋和员工申诉调解室等,为和谐劳动关系的建设提供了阵地保障。同时,积极开展道德讲堂活动,组织员工学习党章、党规,积极倡导社会主义核心价值观,提升员工的“精、气、神”。

二、持续完善薪酬及保障体系

富通集团自创立之始,一直依法落实工资、工时、休息休假、劳动保护以及女职工权益保护等各项劳动标准,依法按时足额缴纳各项社会保险,按时足额支付加班工资,按时、足额发放员工工资,共建共享富通发展成果。

30年来,富通集团的职工工资水平一直位居本地区企业前列。同时,通过绩效工资制度建立工资的可持续增长机制。自2005年至今,企业员工人均年收入以超过10%的幅度增长。富通集团不断完善绩效考核工资制度、工龄补贴、基层干部补贴、夜班补贴、班组长岗位补贴、特殊岗位补贴等各项制度,保障员工职业发展。

三、加强学习型组织建设,增强企业向心力和凝聚力

在集团党委的倡议下,富通集团推出了一系列职工培训计划,打造学习型组织,在实践中不断探索提升员工的主体能力,增强企业向心力和凝聚力。富通集

团建立了三级阶梯式的培训体系,以及"赤橙黄绿青蓝紫金"八种颜色特色化的人力资源队伍建设。截至目前,富通集团已成功举办了三期 MBA 管理培训班、三期中级管理培训班、三期基层干部培训班,先后为集团输送各类高端人才 1000 多人。在此基础上,三级培训班的部分优秀学员,先后进入集团的优秀管理层持股体系和年金序列体制。集团还专门出台了针对基层干部培训班的基层干部补贴制度。与此同时,集团还分批选送优秀员工赴日本及境外进行短期研修,作为提升优秀员工专业技能的有效途径,在促进企业发展的同时,促进职工个人的职业发展,实现双赢。

四、建立老中青三级梯队干部员工体制

老中青三级梯队干部员工体制是具有富通特色的人力资源培训方式,是促进员工成长成才的有效途径。多年来,富通集团积极引导、发挥和保护"五老"(老创业者、老党员、老专家、老模范、老员工)参与企业发展的积极性,通过"师徒结对""师傅带徒弟"等各种方式,实现优势互补,传承优秀"五老"人员的专业技能和文化素养,切实发挥"五老"育"新人"作用。当前,富通集团正在积极构建二代委员会的体制,进一步加强集团干部队伍建设和人力资源有效竞争力的提升,以项目建设和实践为平台,大面积选拔富通集团中、青年干部,为面向未来事业可持续发展奠定人才基础。

五、充分发挥员工的主动性和创造性

2012 年以来,富通集团党委在全集团层面组织开展了具有富通特色的"优化、改进改善"专项活动,并结合专项活动的开展,积极鼓励员工以主人翁意识提出意见和建议,以此提升自身发现问题、解决问题的能力。在集团党委的组织下,"优化、改进改善"专项活动员工参与率达 98% 以上,员工的意见建议内容涵盖科研、生产、营销、财务和行政管理等各个领域。富通集团还创新"优化、改进改善"形式,推出了"互比互看"交流活动,强有力地营造了"比学赶超"的良好氛围,激励全体员工在交流和比较中寻找差距、提升自我。据不完全统计,在开展"优化、改进改善"专项活动中,员工关于企业工艺改进、技术革新、优化管理流程等提案达到 1000 多条,充分调动了全体员工为企业节能降耗、节约成本的积极性,为企业带来了可观的经济效益。

此外,富通集团党委联合工会广泛开展岗位练兵、技术比武、劳动竞赛等活动,鼓励员工在实践中提高、在岗位上成才,引导员工成为适应现代企业发展要求的新型产业工人。

六、互助互爱,完善企业帮扶文化

自富通集团成立工会以来,建立了“六个必访”制度,即对新员工进公司、员工伤病、员工生活困难、员工家庭遭灾、员工家庭有丧事、女职工生育六种情况进行家访。目前已经实行20多年,是富通集团关爱员工的最温暖方式。此外,富通集团还设立了职工互助基金会,对家庭遭灾、员工生病住院、亲属去世的员工进行补助,切实帮助员工解决困难,成为企业内部“互助互爱”关爱文化最主要的帮扶渠道。

面向新时代,富通集团将在习近平新时代中国特色社会主义思想和党的十九大精神指引下,继续坚持“合法合规、正派经营”的理念,围绕构建和谐劳动关系,扎实开展各项工作,将员工的成长、成才、成功,与再造富通集团新的“光荣与梦想”紧密结合起来,为推动企业的永续发展和员工进步、共享企业发展成果做出新的贡献。

积极创建和谐劳动关系

安徽宣酒集团

安徽宣酒集团积极践行“为员工创造幸福”宗旨，深入开展创建和谐劳动关系企业活动。2007年在推行“为员工创造幸福”六项措施之后，2012年推出八项新举措，2017年又提出“匠心儒道”的工匠精神，提升员工专业素质和品德修养，不断为减少和化解公司内部矛盾培植物质基础、增强精神力量、完善政策措施、强化制度保障，建立规范有序、公正合理、互利共赢、和谐稳定的社会主义新型劳动关系，努力让员工的工作更加体面、生活更有尊严，实现了企业快速发展、员工幸福指数提升。

一、健全机制制度，给员工一个稳定的就业环境

公司始终把促进就业放在经济发展、和谐稳定的优先位置，积极抓好《劳动法》《劳动合同法》《就业促进法》的贯彻落实，努力让员工“端稳饭碗”。一是实行劳动关系终身制。凡加盟公司的员工，均签订无固定期限劳动合同，与公司建立永久的劳动关系，形成利益共同体、事业共同体、命运共同体。二是不断提升员工就业能力。积极开展“创建学习型组织、创争知识型职工”活动，加强员工培训。与江南大学、中科院等机构进行战略合作，组织管理、技术人员外出考察学习，请专家、学者为员工讲课，借助外部力量对员工实施培训。建立职工业余学校、业余党校，对员工进行专业技能培训和职业道德教育。为鼓励员工学习，公司规定通过自学取得大专及以上学历的，报销学费；获得高级职称被聘用的，发放职称津贴。13年来，公司员工培训费用累计达1000多万元，打造了一支思想解放、思维创新、有领导科学发展能力水平的优秀管理人员队伍，打造了一支有高度责任感、思维敏锐、技术领先的技术人员队伍，打造了一支目标高度一致、充满激情、技术精湛的技术工人队伍。

二、加强民主管理,给员工一个平等的发展空间

公司努力畅通职工诉求表达、民主参与的渠道,努力让员工话能说得响、说了能算数,真正行使主人翁权利,增强劳资双方的理解与合力。一是建立健全民主管理、厂务公开制度。为确保职工对涉及切身利益的劳动关系等方面的知情权、协商权和对企业执行劳动法律法规、政策及履行集体合同等方面的监督权,公司依法建立了工会组织,配人员、给经费、给时间、给场地,全方位支持工会依法履行职责,建立并坚持职代会制度,落实职代会各项权利,创新抓好厂务公开,涉及企业重大事项全员公开,涉及职工合法权益全景公开,涉及连续性的工作全程公开,涉及常务工作全天候公开,真正做到了员工既是建设的主力军又是管理的重要参与者。二是建立健全合理化建议制度。公司积极规范内部沟通制度,鼓励广大员工创造性思考,在加强企业管理、推动技术进步、促进经济发展和企业精神文明建设、企业文化建设、企业职业道德建设等方面建言献策,营造尊重知识、崇尚创新的浓厚氛围,搭建员工展示聪明才智的舞台。公司专门设立合理化建议奖,每季度评选一次;凡被采纳的合理化建议,公司奖励3000元。广大员工均以主人翁的姿态踊跃参与献计献策活动,提出合理化建议数百件,为增强企业核心竞争力、促进企业快速发展贡献了智慧力量。三是建立健全信息交流制度。积极畅通职工信息渠道,努力做到信息对称,除在公司网站、公告栏、报纸随时披露公司信息,让员工在第一时间了解公司改革发展、重大活动、重要举措等情况以外,还设立董事长信箱,职工可以就关心的问题、热点话题与董事长交流。董事长信箱由有关部门定时开启,认真登记,及时报告,及时回复,做到件件有人管、件件有着落。

三、完善分配机制,给员工一个合理的劳动报酬

改制之初,董事长李健明确提出:“做船长,不做家长;做事业,不做家业;做蛋糕,不分蛋糕”的“三做三不做”指导思想,坚定不移地将改革发展成果让员工分享。一是建立完善工资分配决定机制。公司建立健全了平等协商集体合同、工资协商等制度,科学的收入分配机制,员工工资分别与绩效和岗位挂钩,做到公平、公正、公开,并根据每位员工的工作表现、技术能力、工作绩效,决定工资晋升幅度,重点向生产和销售一线员工、科研人员和基层管理人员倾斜。二是建立

工资正常增长机制。每年年底由公司工会牵头，行政方代表、员工代表和工会参加，举行工资集体协商会议，共同确定工资增幅，并以集体合同形式予以确认。三是建立工资支付保障机制。与员工在劳动合同中约定每月4日以现金形式支付工资，做到按时、足额发放，不少发、不拖欠。

四、注重人文关怀，给员工一个舒畅的工作氛围

践行"让宣酒成为共和国经济建设和社会发展的基石，成为职工快乐工作的阳光家园"的宣酒宣言，坚持以人为本，采取有力措施，最大限度地激发创造活力，最大限度地增加和谐因素，最大限度地减少不和谐因素。一是营造优雅安全的工作环境。公司定位于"建造一座中国乃至世界最美丽、最具文化的酿酒工厂"，打造现代工业旅游，建成了具有江南山水园林和徽文化特色、生产园林相融的AAAA级宣酒工业文化园区，为员工提供了优美的工作环境。积极改善劳动生产条件，加强劳动安全卫生工作，为员工提供安全舒适的工作环境。二是营造温馨舒畅的工作氛围。公司视职工为亲人，努力为他们做好事、解难事。依法为员工购买"五险一金"，完善社会保障；安排员工带薪旅游、体检，每年佳节赠送礼品，改善员工福利；对因各种原因致贫的特困职工给予救助，员工子女考上大学发奖学金，积极帮困济贫；建造人才公寓和员工宿舍，解决引进人才和单身员工的食宿问题，使他们安居乐业；开展丰富多彩的文化娱乐活动，满足员工求知、求美、求乐的精神文化需求；注重人文关怀，员工生日、结婚赠送礼品，生病住院公司领导前往慰问，员工直系亲属去世公司领导前往吊唁；为残疾人弱势群体安排力所能及的工作；实行总经理接待日、公司领导联系点制度，广泛开展谈心活动，及时掌握职工的所思、所想、所盼、所求，做好心理疏导、解压释压工作，引导职工奋发向上、积极工作、快乐生活。三是营造和谐文明的工作方式。加强以和谐宣酒为主要内容的企业文化建设，树立追求和谐、创造和谐、珍惜和谐的文化理念和价值取向。2005年以来，每年一个主题，采取会议动员、学习宣讲、经验交流、领导率先垂范、员工广泛讨论、张榜问计于民、刻石铭志等方式，利用报纸、网络、宣传栏等阵地，大力宣传安徽宣酒集团企业文化建设理念体系，引导员工自觉用和谐的观点认识事物，用和谐的态度对待问题，用和谐的方式处理矛盾，形成了统一的价值观念、共同的理想追求，形成了规范的行为举止、基本的道德规范、积极向上的精神追求、健康文明的生活方式。

五、锁定企业发展目标,给员工一个建功立业的舞台

企业发展是职工发展的基础,职工发展是企业发展的动力。公司牢牢把握发展这个第一要务,抓住改制后难得的机遇和良好势头,大力加强公司目标任务教育,积极引导广大员工共谋发展,共创和谐。紧紧围绕公司战略规划和发展目标,精心组织以"党员先锋岗""三八红旗岗""工人先锋号""青年文明号"为载体的劳动竞赛,以合理化建议、技术革新、发明创造、节能减排为主要内容的经济技术创新活动,弘扬劳模精神和工人阶级的伟大品格,调动职工的积极性创造性,推动了企业科学发展、跨越发展。坚持"用人之长,记人之功,容人之过"思想,为员工施展才华提供平台,发展成长创造空间;实行以工资晋级为主要内容的"微笑曲线"和以职务晋升为主要内容的员工职业生涯规划两大激励机制,不讲资历,不讲学历,不讲关系,看能力,看业绩,唯才是举,激发员工对理想的憧憬,对价值的追求,对成功的渴望,促进员工与企业同发展、共进步。设立特殊贡献奖,奖励在产品研发和销售岗位上做出特殊贡献的员工1万元以上;设立青年成才奖,奖励刻苦钻研技术、有发明创造成果的员工1000元以上,激发员工的创造激情。组织先进人物出境旅游,并将他们的姓名刻在巨石上,立在厂区显著位置,永久激励员工,充分调动员工的积极性、创造性。改制13年来,各项经济指标在中国酿酒行业排名由1000位以外跻身50强,连续5年成为安徽省纳税民营企业100强,成为江南最大的白酒酿造厂家,创造着中国酿酒业的奇迹,为和谐企业建设和职工利益的实现奠定了良好的物质基础。

坚持预防为主 做好劳动争议预防调解工作

安徽盈创石化检修安装有限责任公司

安徽盈创石化检修安装有限责任公司(以下简称盈创公司)是由中国石化集团安庆石化总厂直属的检修建筑安装公司改制而来,成立于2005年8月8日。公司下设21个基层单位,现有职工1213人。

改制后,盈创公司从国有企业转为非公有制企业,职工与企业的劳动关系依据国家有关法律法规进行确定和管理。在地方政府及安庆石化的大力支持和关怀下,积极探索,建立了劳动争议预防和调解机制。为了做好劳动争议问题的预防和调解工作,盈创公司按照上级有关文件的要求,积极推进开展劳动争议预防调解示范工作,现将公司劳动争议预防调解工作情况汇报如下:

一、建立了多层次的劳动争议调解组织

2013年4月,盈创公司成立公司劳动争议调解委员会,由公司董事长吴晓隆和党委书记、工会主席胡荣昭担任委员会主任,其他委员由各分公司工会主席担任。劳动争议调解委员会主要负责公司内部劳动争议的调解和管理工作,刻制了专用公章,设置了专用调解室,配备了相应办公设施和工作经费,并聘请了一位法律顾问提供法律咨询,支持调解工作依法进行。根据公司实际情况,在各分公司成立劳动争议调解小组,建立多层次企业内部劳动争议调解工作网络,形成了分级负责、上下联动、有事则聚、无事则散的公司内部劳动争议预防调解组织结构。劳动争议调解委员会下设劳动争议调解纠纷协调中心,任命公司人力资源部部长负责该中心全面工作,主要负责劳动争议调解纠纷的接待、受理、调处或分流指派,协调跨单位发生劳动争议调解纠纷的调处,组织调解开展业务培训,向市人社局有关部门、工商联组织报告重大集体劳动争议,与市人社局仲裁院衔接,进行有关劳动争议纠纷的调解委托。

二、建立完善了劳动争议预防工作机制

加强劳动用工管理,预防发生劳动争议。盈创公司坚持依法推行劳动合同和集体合同制度,规范劳动用工管理,积极推进集体合同及固定工、派遣工劳动合同的签订,劳动合同签订率为100%;由工会组织,与公司签订了安徽盈创女职工特殊权益保护专项集体合同。根据《劳动合同法》修订的相关规定,将原有的临时用工进行逐一清理,并与劳务派遣公司签订劳务合同,将临时用工转变为劳务派遣工;对因个人原因要求解除劳动合同的,公司按照有关规定,办理职工离职手续;对非因本人原因解除劳动合同的,严格执行国家有关规定,办理职工离职手续,并支付相关经济补偿,有效维护了职工的合法权益,从源头上预防和减少劳动关系矛盾。

完善薪酬管理,按规定缴纳社会保险,预防发生劳动争议。改制以来,公司经济总量不断攀升,职工分享企业的发展成果。公司建立了职工工资正常增长机制,按照经营效益情况发放奖金,保证职工的收入与企业效益同步增长,每年年底根据经济效益情况,给职工适度发放年终奖,根据企业利润情况,给股东适度分红。同时,公司认真落实了企业带薪休假制度,给予了职工年休假和年休假补贴。因公司的行业特点,工作时间除了常日班外,加班加点情况较多,一些特急检修任务经常需要职工加班加点。无论是职工自行加班还是公司安排加班,公司均有详细的规定,在工作时间延长或双休日加班的,均以调休形式解决;对法定休假日加班的职工,按国家有关规定支付加班工资。公司根据每年职工的工资总额,同步调整养老保险、医疗保险、失业保险和住房公积金,并组织实施了企业年金制度。通过不断改善和提高职工收入,使职工爱企如家,防止劳动争议的发生。

加强对职工人文关怀和心理疏导,预防发生劳动争议。公司建立了职工扶贫济困助基金,用于对职工的家庭进行困难生活补助、大病救助,帮助职工解决燃眉之急;为了职工身体健康的需要,公司定期开展职工体检、特殊岗位职工体检和女工体检;及时为职工提供劳动保护用品安全防护设备,不断改善职工作业环境;依托劳动争议调解委员会,利用多种途径,畅通公司管理层与职工之间有关劳资方面诉求的渠道,健全公司内部劳动争议协商解决机制;对个别职工有关劳动报酬等方面的疑问,及时掌握思想动态,开展必要的思想工作和有效的心理

疏导,排查劳动争议隐患,将纠纷化解在萌芽状态。同时公司还积极利用网站、宣传橱窗、《盈创人》报等多种载体对职工普及劳动合同法律知识,通过"和谐、紧张、向上"的企业文化建设和各类学习型组织创建活动提高职工的综合素质,从职工思想上预防劳动争议。

三、建立健全了调解工作制度

盈创公司劳动争议调解委员会成立以来,公司逐步建立健全了安徽盈创公司劳动争议调解委员会工作职责、安徽盈创公司劳动争议调解委员会工作制度、安徽盈创公司劳动争议调解员管理制度等各项调解工作制度,确定了劳动争议调解登记、调解记录、督促履行、档案管理、统计报告等工作程序,保证了劳动争议调解工作能够持续有效地开展。与市人社局有关部门、工商联组织建立联席会议、重大集体劳动争议报告制度,与市人社局仲裁院建立委托调解等调解衔接工作制度。

四、建立高素质的专兼职调解员队伍

盈创公司注重调解员队伍选拔和培训工作,建立了一支热爱调解工作、公道正派、联系群众、认真学习法律法规和调解业务知识的、多层次的劳动争议兼职调解员队伍。2017 年公司 2 人参加劳动争议调解员培训,并取得调解员资格证书。公司每年加强对调解员的培训,使其了解《劳动合同法》《劳动争议调解仲裁法》等相关法律法规,通过专题培训、解析实例,使调解员不断加深对劳动争议调解工作重要性的认识,不断提高预防和调解劳动争议的能力,有效保证了劳动争议调解工作的顺利开展。

盈创公司一切依靠职工群众,一切为了职工群众,形成了"规范有序、公正合理、互利互赢、和谐稳定"的劳动关系,在劳动管理过程中,没有发生一起因劳动争议引发的不稳定事件。公司先后获得"全国就业与社会保障先进民营企业""全国企业文化优秀企业""安徽省女职工工作规范化示范单位""安庆市模范劳动关系和谐企业"等荣誉称号。

构建和谐劳动关系　共建共享发展成果

福建春伦集团有限公司

党的十九大报告把“完善政府、工会、企业共同参与的协商协调机制，构建和谐劳动关系”，作为提高就业质量和人民收入水平的重要内容，凸显了企业在构建和谐劳动关系方面不可或缺的地位与责任。福建春伦集团有限公司（以下简称春伦集团）是一家致力于全球重要农业文化遗产——福州茉莉花种植和茶文化系统茶的研究、传承和创新发展的国家农业产业化龙头企业。目前，春伦集团拥有 800 亩的生态旅游观光园和 7000 亩的春伦茉莉花生态种植基地，福州、闽东、闽北和闽南等建立了 42,000 多亩的绿色茶园基地以及 6.1 万平方米厂房和先进的茶叶、茶多酚萃取生产线。企业常年在岗员工 650 人，季节性员工保持在每年 2 万人。集团主要生产“春伦”牌福州茉莉花茶、绿茶、铁观音、大红袍、红茶、白茶、茶饮料、秒泡茶以及茶食品等。年产量 365 万多公斤，年销售量 330 万多公斤。集团设立了国家茶叶加工技术研发专业分中心，通过 QS、ISO 9001/14001/18001、HACCP、无公害、绿色食品、有机食品、欧盟、美国等多项认证，并荣获农业产业化国家重点龙头企业、“世界最具影响力品牌”企业、“世界茉莉花茶传承世家”“中国茉莉花茶传承品牌”企业、中国茶业行业十强企业、三品一标、守合同重信用企业、全国五一劳动奖、省市质量奖、福建省劳动和谐企业以及“全国厂务公开先进单位”等荣誉称号。这些成绩的取得，离不开和谐劳动关系的有力支撑，我们的主要做法是：

一、不断完善制度建设，构建和谐关系

集团围绕厂务公开民主管理主题，成立了党委统一领导、行政主要负责人为第一责任人的厂务公开领导小组，制定和完善了相关制度和实施细则。坚持推行“六项公开制度”，厂务公开工作列入年度工作计划，做到年初有部署、年终有

总结、办公有地点、人员有落实、经费有保障、公开有专栏。严格按照组织机构和公开内容、形式、时间、程序以及监督保障标准化要求,全面规范厂务公开工作。

集团还不断完善职代会制度,夯实民主管理基础。每年召开职代会,认真听取职工对当年的各项承包指标、经营责任制的意见和建议,动员广大职工从分公司的整体利益出发,关注企业发展,参与企业管理。集团工会主席参与公司经营例会及高管会议,从源头上参与决策,立足调薪应向一线岗位倾斜,建立了工资正常增长及工资协商共决机制。每年企业开展工资集体协商,制定完善了职工工资调整方案、优秀、先进职工奖励方针、职工满勤奖、凝聚力工程实施意见等制度。依法履行维护职工合法权益的基本职责,与全体员工依法签订劳动合同,内容全面、程序规范,确保各个环节依法依规运作。

二、搭建员工发展平台,密切和谐关系

民营企业想留住人,要找到愉悦员工的兴奋点,为员工创造出彩的机会。基于这样的思考,我们把“助力员工成长”作为企业党建工作的着眼点和落脚点,建立了党员和骨干双向培养制度。公司党组织向董事会推荐人才,成为党建工作的一项重要内容。目前党委 80% 以上的党员在公司重要的技术、管理岗位上任职,成为企业发展的“主力军”和“排头兵”。集团党委还通过开展劳动关系和谐企业创建活动和“暖心工程”等活动,加强《工会法》《劳动法》等与职工工作生活相关的法律知识的学习,让员工在潜移默化中增强对企业的向心力,实现公司与员工共同发展的“双赢”。

根据企业作为农业文化遗产传承者的特性,我们在员工中开展了师徒结对传帮带。通过一帮多的形式,为新员工指定了师傅,签订师徒合约,并明确学习时限,确定学艺日,师傅带徒弟面授技艺,培育员工工匠精神。完善了“我参与、我建议”的新型合理化建议机制,将“爱岗敬业”活动与“学先进活动”结合起来,通过组织制茶技能大赛、评茶大赛、岗位能手赛、“以老带新,老帮青”等活动,调动员工的热情,提高员工业务水平,培养员工崇尚劳动光荣的美德。让员工在自尊自信的体面劳动中展示自身的才华、实现自身的价值。

三、结合企业文化建设,增进和谐关系

文化是企业竞争的软实力。中国茶文化博大精深,凝固在茉莉花茶中深厚

的文化积淀,闪烁着福州人智慧的光芒。集团党委以此为教材,教育青年员工认识茉莉花茶,了解茉莉花茶,从中悟出人生的哲理,启示青年员工要像茉莉花那样清白做人,“两袖清风干事业,一片丹心铸春秋”。甘当“老黄牛”、潜心“钉钉子”,靠实干立身,沐阳光做事,凭实绩进步。茉莉花茶所包含的洁白奉献与包容的特质,已有机融入企业文化与员工思想间。弘扬工匠精神,崇尚劳动光荣,更好地打造茶产业民族品牌,让福州茉莉花茶走向世界。

集团还广泛发动员工开展企业精神的讨论和实践,逐步明晰了“春之韵、伦之心、茶之情、香之品”的企业文化理念;提炼出“诚信、坚持、创新、奉献”的企业精神。如今,“诚信”已闪耀在春伦获得的国家驰名商标的荣光里;“坚持”使集团矗立在中国茶企百强中;“创新”物化在古老茶产业实现现代化生产的成果中;“奉献”展示在以工哺农、产业扶贫,回馈社会的具体行动中。

四、抓好日常宣传教育,巩固发展和谐关系

集团党建工作是围绕共建共享和谐企业来展开的。一是利用“党员心理咨询室”和“党代表工作室”,实现青年员工和集团党委领导、党员的适时互动。二是实行“双向双线交流”。组织青年员工听企业党课,邀请党建专家、技术能手授课,及时释疑解惑解惑,增强学习效果。三是依托党员远程教育平台。通过视频会、座谈会、读书讨论会、参观革命教育实践基地、观看企业拍摄的《崇尚劳动光荣　逐梦舌尖春天》《凝心聚力强堡垒　共建双赢展作为》等系列教育宣传片等方式,加深了青年员工对“党史、国史、集团史”的了解和认识,增进了青年员工爱党、爱国、爱工作、爱集团的热情,引领广大青年员工听党话、感党恩、跟党走的理想信念。把理想信念切实落到企业做“良心茶、健康茶”,实现“春伦梦”、共圆中国梦的实践中。

五、实施产业精准扶贫,深耕和谐关系

茶产业与“三农”关系密切,与农民增收息息相关。发展茶产业是助力精准扶贫的一种切实有效的办法,并且有独特的条件和贫困户广泛参与的基础。多年来,春伦茶业集团在发展自身的同时,本着共赢、共享的原则,主动肩负起发挥优势服务三农、产业扶贫回馈社会的担当。集团改变原先工厂与茶农单一的买卖关系,通过创建农村合作社、完善利益联结机制等方式,将单户生产的茶农组

织起来,建立起覆盖省内十个基地、茶园面积达4.2万亩的规模化生产基地,带动了周边十多万亩茶园的发展。目前,来自茶产业的收入占茶农年总收入的85%以上。在帮扶过程中,我们严守环保守底线,按照美丽乡村建设的要求,严格遵循自然和生态学标准,坚持采用有益于生态和环境可持续发展的技术进行生产,注重挖掘当地的文化资源和景观特色,力求通过基地建设园林化、农业种植和休闲旅游相辅相成的文化产区,带动当地旅游产业发展。既有效带动了10多万名茶农的就业生产和收入,促进了当地生态文明的建设,又为企业在当地的可持续生产培育了和谐的发展环境。

执笔人:傅天龙

构建和谐劳动关系　促进企业持续健康发展

方大特钢科技股份有限公司

一、基本情况

方大特钢科技股份有限公司(以下简称方大特钢)是一家集采矿、炼焦、烧结、炼铁、炼钢、轧材生产工艺于一体,具有年产钢 360 万吨能力的钢铁联合企业。资产总额约 100 亿元,拥有“长力”牌弹簧扁钢和“海鸥”牌建筑钢材两大系列品牌。2009 年加盟辽宁方大集团实业有限公司,改制重组为民营企业。目前,企业在岗员工约 7500 人,其中钢铁本部 5400 人左右。

近年来,方大特钢坚持以人为本,以“党建为魂”的企业文化为引领,按照“把员工当亲人”的理念,党政工形成合力,大力推进和谐劳动关系建设,荣获“全国模范职工之家”“全国厂务公开民主管理示范单位”“全国就业与社会保障先进民营企业”“江西省和谐劳动关系企业”“江西省劳动保障诚信等级 AAA 级单位”“江西省劳动保障诚信示范单位”等称号。

二、具体措施

(一)保障员工合法权益,奠定和谐劳动关系基石

1. 尊重员工的劳动,与所有在岗员工签订劳动合同,依法参加社会保险,并从 2017 年 7 月开始,增加员工享受丧假的范围,即除员工直系亲属外,员工配偶的父母死亡时,员工可享受三天丧假。

2. 每年与员工代表共同协商制定工资集体合同,以市场、能力和业绩水平为导向,建立适应市场经济要求的工资增长制度。近年来,员工人均收入平均每年呈两位数增长,2017 年员工人均收入(不含中、高层管理者收入)达 11.715 万元。

3. 让员工有职业安全感,在钢铁行业最为困难的 2015 年提出“三个不减”,即不减一名员工,不减员工一分钱工资,不减员工一分钱福利待遇。

4. 提高员工福利水平。在保证员工收入的同时，公司先后出台了一系列关心关爱员工的福利政策。

——员工享受免费工作餐；每两年为员工配送一部新手机，员工每月享受50元的通信话费补贴。

——陆续出台惠及员工本人以及员工配偶、子女、父母医疗资助制度，对患病住院属医保报销后认可的个人自付部分由企业给予全额资助报销。截至2017年11月，累计资助857.37万元。

——为鼓励员工子女刻苦读书，公司对考入国内、国外名牌大学就读本科的员工子女给予“方威励志奖学金”和适当生活费资助。此外，多年来坚持开展“金秋助学”活动，自2010年以来，共帮助146名困难员工子女圆了求学梦，累计发放18万元助学金。

——花费198万元，对员工班组休息室、浴室、厕所、洗衣房和集体宿舍进行环境整治，为每个单身员工宿舍配备空调，安装电热水器，增加自动洗衣房，给员工提供良好的工作、生活环境。

——关爱退休人员。每年为退休老人举办金婚庆典、拍摄金婚照；2018年将“为70周岁以上人员每月发放200元捐赠金、年底发放‘红包’”的福利范围扩大至60周岁以上人员，给予老人更多的关怀。

5. 在南昌市民营企业中率先成立了“职工服务中心”，给员工搭建起一个集救助、维权、服务为一体的综合性服务平台。

（二）坚持民主管理，尊重员工主人翁地位

1. 每年坚持召开员工代表大会，审议通过行政工作报告、薪酬分配和考核方案、员工教育培训计划等涉及企业生产经营和员工切身利益的重大事项。同时，落实员工代表进入董事会和监事会制度，保证员工代表依法从源头参与公司生产经营管理。

2. 利用内部报纸、电视、网络平台等，及时公布生产经营等重大决策、各项考核制度、员工奖惩、评先晋升等涉及员工切身利益的事项。

3. 推行民主选举班组长。对班组长进行民主选举，按照车间干部、班组员工分别占30%和70%的比例，进行公平、公开、公正的投票，让员工自主选出值得信赖的“兵头将尾”。

4. 设置员工建议电子邮箱、纪委举报电子邮箱,及时了解和掌握员工的诉求和意见建议。各级干部"哈下腰"走进生产现场,虚心听取员工建议和意见;始终坚持"五必谈四必访"制度,每年家访谈心达近万人次。

(三)为员工搭建成才平台,满足员工对美好生活的向往

1. 成立培训中心,建立劳模创新工作室和技能大师工作室,并搭建"互联网+"培训平台,促使员工成为"一专多能"型人才。

2. 企业图书馆建起电子书屋;为200多个班组配备员工学习书柜;不定期举办读书沙龙、读书朗诵节等活动,营造浓厚的读书学习氛围。

3. 成立文学艺术体育联合会,建设室内体育场馆,定期举办员工运动会、员工书法美术摄影展、纳凉晚会、露天电影周等丰富多彩的活动,使员工能够保持健康良好、积极向上的心态。

(四)奉献爱心,积极参与公益慈善事业

1. 坚持开展冬送温暖、夏送清凉、金秋助学、互助保障活动,及时帮助困难员工家庭解决燃眉之急。8年来,为困难员工发放帮扶资金共计523.69万元。

2. 以"取之于社会,回报于社会"为企业宗旨,8年来先后捐助青海玉树灾区300多万元,为江西企业最高捐款额;赞助第五届中部博览会1000万元;赞助体育公益事业、捐助学校教育发展、向赣南苏区捐款……累计向社会公益事业捐款4000多万元,捐赠额超过此前建厂50多年捐赠额总和。并且,出资500多万元成立江西预备役师直属应急大队,支援国防建设;承担了两个省级贫困村扶贫任务,帮助他们脱贫致富。

三、取得的成绩

和谐劳动关系的构建,激发了员工的主动性、积极性和创造性,进而推动了企业健康快速发展。自2009年改制以来,方大特钢业绩一路飘红,净资产收益率、销售利润率、吨钢材盈利水平始终位于行业和行业上市公司中第一方阵,从过去濒临死亡的困境中实现绝地反击,异军突起,企业面貌焕然一新,发展势头令同行瞩目,得到社会各界的认可,获得"最具成长性上市公司""最具社会责任感上市公司""中国品牌100强""中国品牌年度价值奖""中国绿色能源十大先锋企业""金牛奖百强"等诸多荣誉,并自豪地进入MSCI中国A股指数。

四、模式及特点

方大特钢以习近平新时代中国特色社会主义思想为指引，坚持企业发展为了员工、企业发展依靠员工、企业发展成果由员工共享，把员工对美好生活的向往作为企业的奋斗目标。

1. 和谐“大家庭”的特点。企业“把员工当亲人”，公平公正地为员工提供更广大的发展平台、更宽阔的增收渠道、更贴心的福利保障、更高雅的业余文化生活，不断满足员工日益增长的美好生活需要，从而凝聚起员工“把企业当成自己的家”的强大合力。

2. “以员工为中心”的模式。坚持“从员工群众中来，到员工群众中去”的工作方法，树立“共商、共建、共治、共享”的工作导向，拓宽全员参与企业民主管理的平台，始终坚持全心全意依靠员工群众办企业的原则不动摇。

构建和谐劳动关系　营造企业家文化

滨州中裕食品有限公司

滨州中裕食品有限公司（以下简称公司）是以小麦加工为主业的农牧结合、三产融合的省级农业产业化重点龙头企业，现有员工5800人。公司主营业务是粮食收储、小麦初加工、深加工、生猪养殖、快餐连锁、废弃物综合利用。企业年加工优质小麦100万吨、挂面22万吨，年产谷朊粉2万吨、特级酒精4万吨、各类速冻产品1万吨、烘焙制品1万吨、出栏生猪30万头。公司是“国家农产品加工业示范企业”“全国小麦粉加工50强和挂面加工10强企业”“全国放心粮油进农村进社区示范加工企业”，中裕商标被认定为“中国驰名商标”。

多年以来，公司始终瞄准“实施人才品牌战略，建百年企业”的目标，坚持“以人为本”的管理理念，注重与职工构建和谐劳动关系，并把劳动关系是否和谐，同广大职工和企业的切身利益联系起来，同促进企业发展与社会和谐联系起来，积极营造企业“家文化”，倾力把公司打造成“一所学校、一支军队、一个家庭”。

一、各级领导重视，是构建和谐劳动关系的前提

滨城区委、区政府领导高度重视和谐劳动关系工作，把维护劳动关系稳定和谐工作列入党委和政府的议事日程。在开展工作过程中，主要领导亲自抓，分管领导具体抓，区工商联、人社局等职能部门亲自组织、部署，并量化责任考核指标。公司积极贯彻上级有关劳动用人制度政策规定，协调“政府—企业—劳动者”三方在维护劳动者权益方面的关系，确保职工合法权益不受侵犯。

二、实施人才战略，着重人才培养，提升员工发展空间与能力

公司在员工招收中，实行开放式选人用人模式，选贤任能，广招天下人才。主要通过进学校直接招收、校企合作培养、订单培养班、社会招聘等方式，广招人

才。每年直接在相应专业的高校招收应届毕业生200人以上,校企合作培养人才30人以上。在用人方面,实行双向选择机制,述职评估,竞聘上岗。管理岗位或核心岗位空缺时,公司提供公平、公正、公开的晋升机制,只要你符合要求、只要你相信自己能够胜任空缺岗位,都可以报名参加竞聘,公司组成聘用考评小组确定岗位用人。在育人方面,对于刚毕业的大学生,制订了两年一线培训计划,实行平行轮岗制度,给新入职的员工们更多了解相关岗位、提升自我的机会,为企业储备管理人才。为能够留住人才,企业制定了职位晋升通道、内部职称评定晋升、福利待遇提升等制度,保证职工有相应的上升发展空间。在人才匹配方面,用对的人、做对的事、用对的方法,实现人岗匹配。为全面做好职工培训,提升员工工作技能,公司成立了中裕商学院、中裕英才班、职工专业技能培训班等专门的培训机构。进入公司的职工一开始就能得到系统的职业技能培训,我们的培训理念是:"培训是最好的福利。"与此同时,公司设立了专门的E-learning平台,为职工学习提供方便,任何培训我们都有培训效果考核评估机制。此外,每年针对中高层管理者、现场监督者、核心技术员工进行针对性的Leadership、专业技能、拓展培训,还远派骨干人员参加行业高端峰会,去日、意、德、澳等国先进企业参观学习。人才培训打开了员工个人的上升空间,为提高员工的归属感起到了重要作用。

三、不断完善员工薪酬福利制度

以人为本、利益共享在和谐劳动关系构建中发挥着根本性的作用,和谐劳动关系是企业核心软实力。为此,公司全方位完善员工薪酬福利制度。在招收职工时,首先根据员工意愿,签订2年至3年的劳动合同,并按照国家有关规定缴纳相关保险。制定入厂职工工资标准,实行学历、职称、经历、资历、能力等方面综合评价体系,既要拉开收入档次,又要兼顾社会实际,避免收入差距过大,建立职工工资增长机制,保持职工收入逐年增长。在员工福利方面,按时缴纳职工"五险",并制订了企业年金计划和补充医疗保险计划,为员工解除了后顾之忧。为解决职工家庭突发变故问题,成立了中裕救助基金,3年来雪中送炭向罹患大病或家庭突发灾难的员工发放11.5万元救济金。为解决职工住房问题,给公司人才提供优雅、舒适、温馨的生活环境,公司倾力打造了2.2万平方米的花园式宿舍,使每一名职工都有一个有尊严的住处;为吸引高端人才,打造了硕博楼1

栋、高管楼宿舍40套,其中包括员工双人标准间、单间等。硕士以上人才全部安排套房,一人一套,并达到了“三星级”宾馆的标准硬件与服务;对于普通员工,公司建设了600套廉租房,每套70平方米,员工或家庭住房有困难的职工只要每月拿出300元租金就可入住。公司自有1000平方米的员工活动中心,还为全体员工提供半价就餐补助、免费的上下班通勤班车、免费的办公区及宿舍区的无线网络,以及在员工生日送上生日蛋糕等。为给员工创造良好的学习提升环境,公司建有员工图书馆,提供近2万册涵盖30个大类、100多个小类的图书资料,同时还建有电子阅览平台,包括20余台电脑,通过区域网提供4万本电子图书和1000余部的视频培训材料。全方位的关怀让员工时时刻刻感受到公司大家庭的温暖。

四、牢记“安全第一”的方针,确保职工人身安全

我们坚持“安全第一、预防为主、查改结合”的方针,牢固树立“安全生产压倒一切”的理念,落实各项安全措施,确保生产安全。一是加强组织领导。成立以工会主席、公司总经理为组长,以各副经理为副组长,以各车间主任为组员的安全生产领导小组。同时,调动公司所有力量,全员参与保安全生产。二是层层实行目标责任,健全安全管理网络体系。由公司安环部牵头,组建厂区、各车间和各班组三级管理网络,在车间、班组分别设立安全员,负责一线的日常安全,同时对三级管理体系实行主机监管考核,严格落实奖惩。三是实行安全生产工作标准化,完善各类管理制度和应急预案,进一步增强公司以及员工的安全意识和应急处理能力。四是严格落实隐患排查治理管理制度,严守“五防”标准。一防敷衍了事,二防走马观花,三防有始无终,四防时紧时松,五防放任自流。五是加强教育和培训,做好全员安全培训。落实培训考核,对达不到考核要求的,继续进行培训。同时,聘请专家进行安全法规及安全检查知识的专项培训;对具备特殊作业要求的人员,进行定向专业培训。多年以来,公司未发生重大安全事故,保证了职工切身安全,为构建和谐劳动关系提供了重要保障。

五、注重企业文化建设,构建和谐劳动关系

公司始终重视企业文化建设,致力于把企业打造成“一所学校,一支军队,一个家庭”。向员工讲明我们做的是安全健康食品行业,我们的企业使命是“让全

世界人吃上好食品,让全中裕人生活更幸福”,以此增强员工的荣誉感,让员工看到企业未来的发展愿景,树立了企业创业期共同努力付出的信念,对未来充满希望。针对公司年轻人多、高学历人才多的特点,工会积极组织丰富多彩的文体活动,包括中秋与元旦晚会、诗朗诵会、舞会、体育比赛等,不仅丰富了员工的文化生活,也在活动中增强了员工之间的友谊。在日常生产管理中,突出“以人为本”,强调“干部为员工服务,后勤为一线服务,员工不对是领导的错”。在日常生活中,强调“上级不允许接受下级的吃请和礼金”,上级可以送下级礼金,但上级不能接受下级的礼金。这件看似平常的小事,体现了中裕人在构建和谐人际关系中的境界,基层员工切实感受到了企业主人的感觉。

坚持以人为本　构建和谐企业

山东金升集团

山东金升有色集团有限公司(以下简称金升集团)始建于1993年,1998年改制为股份制企业,是以再生铜回收、精炼、加工为主导产业,商贸地产、金融投资、网络支付、信息科技等多元融合发展的综合性大型企业集团,再生铜生产加工规模和再生有色金属回收集聚规模均居全国前列。2017年完成工业总产值185亿元,上缴国家税收(含临沂海关进口增值税)8.7亿元。近年来,先后被授予国家火炬计划重点高新技术企业、全国守合同重信用企业、全国有色金属行业先进集体、中国再生有色金属行业工艺创新奖、中国大企业集团竞争力500强、中国民营企业500强、中国再生资源百强企业、全国诚信守法企业、全国模范职工之家、全国职工教育培训示范点、山东省循环经济示范单位、山东省节能突出贡献企业、山东省节能环保产业示范企业、山东省诚信企业、山东省百强工业企业、省级环境友好企业、省级文明单位、临沂市劳动关系和谐企业、振兴沂蒙劳动奖状、临沂市十佳企业等荣誉称号,并先后被批准列为全国循环经济重点试点单位、国家"城市矿产"示范基地和全国循环经济教育示范基地。

一、坚持厂务公开,民主管理渠道畅通

在金升集团,当家人王景连经常挂在嘴边的一句话就是:做企业家族,不做家族企业。充分发挥企业工会组织的职能作用,始终注意把涉及企业生存和发展的重大事项,涉及职工切身利益的事项,职工最关心、反映最强烈的热点问题,如职工工资、福利、保险缴纳、企业重大决策、财务开支、领导干部廉洁自律、干部管理等作为重点,采用公开栏、《金升周报》、有关会议等多种形式进行公开,广泛接受职工监督。定期召开职工代表大会,由总裁向职工报告经营状况、资金使用情况、资金福利费用开支、新项目建设等重大事项,听取职工的反映和意见,征求

职工对各项生产经营、企业管理、文明建设工作中的意见和建议,民主管理渠道通畅。

二、大力培养引进人才,加快企业创新发展

为了加强创新体系建设,公司多途径、多形式搭建创新平台,引导激励公司员工和专业技术人员解放思想,干事创业,人人参与创新。一是产品创新,努力提高企业的核心竞争力。本着"人无我有,人有我优"的创新思路,在消化吸收国际先进技术的基础上,积极实施产品工艺创新。引进一条德国西马克·梅尔公司年产 32 万吨铜杆线连铸连轧生产线,技术工艺达到世界领先水平,具有节能环保,机械化、自动化程度高的优点。它的投产运行,缓解了国内高端电线电缆原材料依赖进口的现状,对生产高质量、高档次的低氧铜线材起到了推动作用,成为目前国内铜杆线高端产品的领军者。二是技术创新,把自主创新作为企业发展的原动力。废杂铜精炼工艺采用与中国瑞林工程技术有限公司(原南昌有色冶金设计研究院)共同研发、具有自主知识产权的 NGL(回转式)炉作为火法精炼核心设备,实现了国内首创,并被列入国家关键共性技术。再生铜产业化项目采用不锈钢永久阴极电解新工艺,技术工艺达到国内先进水平。按目前年产 30 万吨再生铜计算,与原生铜生产相比,每年可节能 31.62 万吨标煤,节水 11,850 万吨,减少固体废弃物排放 11,400 万吨,减少 SO_2 排放 4.11 万吨。三是管理创新,千方百计挖掘节能降耗潜力。充分发挥公司每个员工的主观能力性和积极性,广泛开展合理化建议和"我为节能降耗做贡献"活动,严格制度约束,强化监督管理,坚持从我做起,从身边做起,从节约一度电、一吨煤、一方水、一张纸做起,人人动手,人人参与,在公司上下形成了"节约光荣,浪费可耻"的浓厚氛围,收到了良好的效果。王春雨的"NGL 炉冶炼废杂铜成套工艺及装备"和"大型电解铜高效节能减排成套智能装备的研发及产业化"分别荣获中国有色金属工业科学技术奖一等奖,"永久阴极铜电解重大智能成套装备的研制及产业化"荣获江西省科学技术进步奖二等奖,"年产 32 万吨铜线杆项目"荣获部级优秀工程设计一等奖。四是人才创新。本着"积极引进,为我所用"的原则,先后聘请了美国 HAZELETT(哈兹莱特)公司的约翰先生、里得先生、路克先生,德国 SMS 公司的什克先生、施太因先生等专家来公司进行技术指导和技术培训,并同他们建立了良好的技术、管理、人才培训等多方面的合作关系。高薪聘请了国内著名铜冶炼

企业各类专业技术人才充实到企业之中,在企业管理、技术能力方面有了较大提升。同时与西安交大、中南大学、中国再生资源产业技术创新战略联盟、中科院过程研究所、江苏理工学院、临沂大学等大专院校、科研院所在有色金属冶炼、环境保护、固废无害化协同处置等方面建立产学研合作关系。通过专业技术研发团队的研发创新,在节能降耗、环保治理、新产品、新技术研发和减量化、再利用等方面取得国家专利 27 项,其中发明专利 6 项,实用新型专利 21 项,目前又有 13 项专利技术被申请受理。企业成为山东省企业技术中心、临沂市工程技术研究中心、再生金属科技研发中心、含铜废料冶炼及加工利用工程研究中心。

三、维护职工合法权益,依靠职工办企业

在企业发展过程中,公司始终把维护职工合法权益作为一项重点工作来抓。一是坚持依法办理职工代表大会审议、通过、决定的事项,平等协商处理好劳资关系,签订集体劳动合同,维护职工劳动权益和女职工合法利益。近年来,投入资金 100 多万元,持续开展了困难职工帮扶、“金秋助学”等活动,共帮扶职工 80 多人,彰显了企业的亲情优势,赢得了职工的认可和感情归属。二是积极做好职工工资、劳动安全卫生和社会保险工作。尤其面对后金融危机造成的严峻经济形势,企业在应对挑战,“危”中求“机”的同时,保证了职工工资的按时足额发放;保证了企业员工队伍稳定,保证了职工劳动安全卫生环境的改善和职工养老保险金的缴纳。三是加强职工之家建设。把建设职工之家、文明职工等双文明建设系列创建活动作为职工之家的系统工程来抓。企业投资 25 万元建立了图书阅览室,购置了篮球架、乒乓球台等。在创建职工之家活动方面,我们将创建活动范围扩大延伸到基层,对其活动设施进行了添置,为职工宿舍配备了 IC 卡电话,建立了职工食堂。做到了使职工活动有场所、健身有设备、锻炼有器材。坚持每年四次的文体活动:定期举办两届篮球赛,一届拔河比赛和一届乒乓球赛,增强了干部职工的工作热情。四是积极做好劳动模范、先进生产者的评选工作,组织职工开展群众性合理化建议、技术革新、劳动竞赛和业余文化技术学习活动,陶冶职工优良情操,激发职工献身企业、奉献自我的热情。五是建立劳动关系协商机制,积极研究解决劳动关系方面的热点难点问题,为企业的和谐发展发挥工会组织的桥梁纽带作用。多年来,整个企业未发生一起劳资纠纷案件。

四、加强企业文化建设，创建劳动关系和谐企业

大力培育以“可尊、可信、共创、共赢”为核心的价值观，突出以和谐为主体的企业文化建设，用“团结、交流、创新、发展”的金升精神鼓舞人，用事业凝聚人，用环境吸引人，用机制激励人，用发展远景留住人，让在金升工作的每一位员工真正感受到和谐企业大家庭的温暖。大力采用职工通俗易懂、喜闻乐见的形式，宣传传统美德、敬业精神，潜移默化、温馨育人，成为企业一道风景线。积极支持公益事业发展，奉献爱心、回报社会，近年来，累计为教育、文化、地方建设、敬老院、扶贫助残等社会公益事业捐资捐物达 1000 多万元。通过大力构建和谐环境，凝聚了人心，凝聚了人气，凝聚了企业发展的强大合力，集团公司上下风正、气顺、心齐、劲足，有力推动了企业的快速健康发展。集团党委书记、董事局主席王景连先后荣获全国青年星火带头人、中国再生金属行业十大杰出贡献人物、山东省富民兴鲁劳动奖章、山东省优秀民营企业家、山东省关爱员工优秀民营企业家、山东省优秀共产党员、山东省劳动模范、山东省创业十杰、临沂市振兴沂蒙劳动奖章、临沂市劳动模范、临沂市优秀共产党员、新临沂创业功臣、临沂市十大新闻人物等荣誉称号，并先后当选为山东省第 10 届、第 11 届、第 12 届、第 13 届人大代表，临沂市第 15 届、第 16 届、第 18 届、第 19 届人大代表，兰山区第 17 届、第 18 届、第 19 届人大代表、常委，中共兰山区委候补委员。集团副总裁、高级工程师王春雨和工业板块总经理王晓东先后荣获“山东循环经济十大年度人物”称号，金运通支付 CEO 王巍成入选泰山产业领军人才，王春雨、王超分别荣获全国有色金属行业劳动模范，姜宝堂、崔峰分别荣获山东省富民兴鲁劳动奖章。

多举措营造和谐劳动关系

好想你健康食品股份有限公司

好想你健康食品股份有限公司由全国十大杰出青年农民石聚彬于1992年创立，经过25年的发展，成为一家集红枣种植加工、冷藏保鲜、科技研发、贸易出口、观光旅游为一体的综合型企业，并于2011年5月20日在深交所中小板挂牌上市，成为中国"红枣行业上市第一股"。目前拥有4个生产加工基地，自建原料基地8000余亩，拥有15家全资子公司和1家参股子公司，员工3716人，拥有1400多家专卖店，2000多家KA终端，年销售额达20亿元，缴税近8000万元。近年来，公司先后荣获了省长质量奖、郑州市质量奖、中国驰名商标、国家农业产业化十强、农业产业化国家重点龙头企业、2016年河南民营企业100强、2017年中国商标金奖、国家级观光工业旅游示范企业、全国食品安全示范单位等殊荣。

公司高度重视劳动关系工作。早在1998年就成立了工会，现有会员3716余人，所有职工全部入会，农民工占80%。工会委员成员15人，专职主席1人，副主席1人，女职工委员会5人，经费审查委员5人。公司领导层高度重视，充分发挥公司工会作用，营造和谐劳动关系。由于成绩突出，公司先后荣获"全国模范职工之家""2011劳动关系和谐模范企业""2012五一劳动奖状""2013女职工工作先进单位""2013三八红旗集体""2015年郑州市厂务公开民主管理示范单位"等荣誉称号。2016年9月被评为郑州市非公有制企业党组织孵化基地。

一、强化职代会制度建设，建设"民主之家"

职代会是实现民主管理的基本形式，也是职工行使民主管理权力的机构。公司先后制定了《职工代表大会制度实施细则》、职代会委员会工作制度、工会委员会会议制度。公司职工代表大会审议行政工作报告、招待费使用情况的报告、工会经费审查报告和临时需要解决的重大问题，对工资协商等涉及员工切身利益的重大事项、方案、办法等出台，都采取全体职工代表表决的方式，充分尊重职工代表的权利和意愿。对于代表提案和建议，公司领导层及时研究，做到件件有答复、事事有回音。

公司按照公平、公正、透明的原则，通过公司官方网站、微信、微博、快讯等多种渠道、多种形式公开员工关注的热点、难点、焦点问题，实现公司管理日常化、制度化，促进了公司经营发展，维护了员工合法权益，强化了公司民主政治建设的阳光工程，职工代表大会的知情权、建议权、决定权、监督权、选举权五大职权得到体现和贯彻。

二、依法维护职工合法权益，建设“普法之家”

公司发挥工会维权职能，依法维护职工的合法权益。通过各种形式，认真聆听广大职工的意愿及诉求，针对员工法律知识匮乏的现状，公司法务部与律师事务所合作，在公司内部开展《劳动法》知识普及活动，每年定期举办一次，已累计举办了10余次，受益人群达1500多人。公司人力资源中心联合社保局，为员工举办“五险一金”专题讲座，细心为员工解答“五险一金”是什么、有什么用、怎样使用及缴纳等问题，还将讲座内容汇编成文字资料分发，便于未能现场听讲的员工了解政策。

三、深入开展争创活动，建设“学习之家”

针对农民工学历偏低、知识匮乏的现状，公司人力资源中心与高校合作，在公司内部开展学历提升、技能提高，利用好想你商学院大讲堂开展一系列大讲堂学习。新建职工书屋，为员工购买《高效能人士的工作习惯》《引爆点》《消费者行为学》《左右成效的管理者》《生产管理100问》等120多套书籍或视频资料，调动员工学业务、学技术的积极性，进一步提高了职工的文化和专业素质。每周三开展好想你商学院大讲堂，每周组织生产中心管理人员进行专业技术方面培训，调动了广大管理人员学管理、练技能、加时效、比奉献的积极性、主动性和创造性，充分展示了广大员工高超的专业技能和良好的职业道德，掀起了全员进入大课堂，岗位大练兵，不断学习、提高管理能力的高潮，提升员工整体能力。目前，公司拥有中级职称的人数达到85名，经理级培训师35名，农民工占40%。

公司强化舆论引导作用，每年年底通过开展评比、劳动模范、感动人物、先进集体、先进个人等活动表彰,利用官方网站、微平台、快讯等形式,广泛宣传公司涌现出的先进人和事,形成比、学、赶、帮、超的良好氛围,教育引导职工树立社会主义核心价值观。每年评选出公司感动人物10名,劳动模范10名,先进个人等,不仅给予现金激励,还有外出旅游等奖励。

四、加强基础建设,为员工打造"温暖之家"

公司在服务职工方面高标准建设,累计投入费用达到1000多万元。通过开展文体活动,丰富了职工业余生活,营造良好的企业文化氛围,激发起了工作热情,增强了凝聚力。

公司投资800多万元修建了职工教育培训基地,投资50万元建设瑜伽室、健身房、台球厅、乒乓球室、KTV娱乐室、职工书屋等,娱乐健身设施、跑步机、瑜伽垫、台球桌、乒乓球台等配套设施齐全,全天24小时免费为员工开放,丰富员工业余生活,增强员工幸福指数。公司始终坚持"让所有员工享受到公司发展成果"的初衷,每年制订和下发《党团工妇工作规划》与《员工培训计划》,对公司全年各项活动进行统一的安排,累计组织员工开展文体活动数百次。从2010年开始,每年举行全员参与的运动会。2015年成立的想你好·养生会馆,购置了体质检测设备免费为员工进行体质检测,为员工科学养生提供健康保障。

公司成立了和谐基金,员工的红白喜事、大病救助都可以从中获得福利补助。患病职工除了享受基本医疗保险外,还能得到公司和谐基金的补助,其直系亲属也能享受补助。基金自2007年设立以来,共53人次享受到了131,588元的补贴。

公司十分重视女职工合法权益维护,每年的"三八"妇女节,工会都会为公司近2000多名女职工赠送礼品,每年组织女职工进行专项体检,不定期联合妇联为公司女员工举办专题公益讲座。

公司关心员工家庭生活,及时为员工排忧解难,每年选出10~15名家庭困难的员工进行家庭救助,逢年过节都开展帮扶慰问。车间员工孙红玲家庭特别困难,丈夫患强直性脊柱炎,属四级残疾,女儿出生时低体重(1800克)且患先天性愚型,属一级残疾,全家只依靠她一个人的收入养家。公司董事长石聚彬得知这件事后,立刻安排联系北京的专家,委派工会专人送他们去北京进行检查治疗,为其支付费用两万多元,并在薪酬、工作内容、上下班时间方面给予充分照顾。

在员工食住方面,公司一直不遗余力地进行改善。一线职工的集体宿舍配备中央空调、热水器、取暖设备、独立厨房等日常设施;公司食堂为员工提供质优价廉的餐饮服务,最大限度地满足员工需求。

公司还对单身年轻员工特别关注,多次组织未婚员工“鹊桥会”“七夕联谊会”等活动,帮助解决员工个人问题。

执笔人:张营星

坚持以人为本　打造和谐企业

卓尔控股有限公司

卓尔控股有限公司(以下简称卓尔控股)是一家专注于投资现代制造业、现代服务业等实体经济领域的中国500强企业。拥有卓尔集团(02098.HK)、中国基建港口(08233.HK)、兰亭集势(NYSE:LITB)三家上市公司,发起设立湖北省首家民营银行——武汉众邦银行。公司现有职工5000多人,其中研究生以上学历员工2182人,中高级职称员工479人。近年来,公司先后被授予"全国就业与社会保障先进民营企业""全国创先争优先进基层党组织""湖北省级模范职工之家""湖北省最具责任民营企业""武汉市十佳和谐企业""守合同、重信用企业"等称号,并获国家民政部颁发的第八届"中华慈善奖"。

卓尔控股坚持以构建"劳动关系和谐企业"为目标,尊重和保障员工合法权益,始终与广大职工同呼吸、共命运、心连心,营造和谐的党群、干群关系,创造了员工奋发有为、企业充满关爱的和谐发展环境。

一、抓制度、促创建,以人为本齐推进

党的十九大报告提出,要完善政府、工会、企业共同参与的协商协调机制,构建和谐劳动关系。卓尔控股有限公司秉承"以人为本"的理念,加强维护职工权益制度建设,树立"关爱员工就是关爱企业"的观念,着力提升企业的凝聚力和战斗力。

坚持落实系列合同,建立劳动和谐关系。公司将职工的合法权益通过平等协商、签订集体合同及专项合同、目标管理考核等方式予以保障。严格遵守国家法律法规,5000多名员工全部签订劳动合同、集体合同;充分保障员工权益,购买"五险一金"率达到100%;公司管理团队、骨干员工薪金原则上按照每年不低于10%的速度递增,使员工共享公司发展成果,在企业发展中得到"获得感"。

同时，卓尔控股出台《卓尔标准》作为企业管理的“基本法”，对员工的权益、福利确立了明确的标准，如带薪年假、贺仪制度、健康检查、免费班车、免费午餐、外地员工免费住宿、人才补贴、过节费补贴、电话费补贴、员工旅游等，实现职工权益的公开透明，进一步保障和维护职工的合法权益。

建立健全帮扶困难职工的长效机制。卓尔控股设立300万元员工互助基金、企业风险基金，为困难员工提供资助，在企业构建和谐氛围。2015年公司为汉口北身患重病的职工启动员工互助基金，累计捐助15万元，为困难职工排忧解难。

二、重民主、讲文明，凝心聚力夯基础

坚持构建员工建言献策，搭建和谐平台。公司积极开展员工建言献策工作，每年组织召开公司党建群团工作会、先进职工代表座谈会等，不仅传递了信息，而且从不同层面征询到员工很多富有实效的意见和建议，收到非常好的效果。

同时，卓尔控股工会利用职代会和厂务公开民主管理制度，强化了工会在员工中的作用，让工会深入到职工内部，了解职工的所盼、所需、所求，从而更好地服务职工、服务公司发展。企业每年召开一次职工代表大会，对工资集体协商方案予以确认，听取职工代表发言，对公司管理层进行民主评议，评议结果在公司企务公开栏中公布。这一公平、公正、公开、透明的做法，得到了广大职工的好评。

发挥劳资沟通协调功能，规范集体协商制度。工会组织职工代表与企业就薪酬福利、劳动安全卫生、女职工权益保护等专项内容协商，最终达成统一。卓尔控股成为黄陂区工会组织规范化运作、充分保障员工权益的先进典型。卓尔控股与职工方签订集体合同17年来未发生一起劳资纠纷事件，未发生一起职工罢工事件，未发生一起失信于职工的事件。

2005年，公司董事长阎志被全国总工会、全国工商联授予“全国关爱员工优秀民营企业家”荣誉称号；崔锦峰被评为“全国热爱企业优秀员工”。卓尔控股在尊重和保障员工合法权益、员工爱岗敬业，共同促进企业健康发展等方面取得的突出成绩，得到了国家相关部门的高度认可。

坚持用优秀的企业文化打造和谐团队。经过20多年的发展，卓尔控股已经形成了“积极、执着、稳健、公信”的企业文化，并围绕“智联天下生意，智造美好生

活”的愿景,努力打造为一家受人尊重的优秀商业机构。“想干事的给机会、能干事的给岗位、干成事的给地位”的人才观激励着员工奋发图强,积极向上。在卓尔企业文化的熏陶下,公司员工相继获得武汉市“五一劳动奖状”等各级荣誉。

同时,卓尔控股还主动履行社会责任,将公司“间接员工”——建筑承包商雇请的大量农民工利益保障纳入企业管理,要求所有建筑合同必须附加“农民工权益保护条款”,拿出工程总额的2%作为农民工工资保证金。多年来卓尔控股从未发生过一例与农民工的直接劳资纠纷。

三、爱员工、树形象,共建共享筑和谐

党中央提出,人才是实现民族振兴、赢得国际竞争主动的战略资源,要努力形成人人渴望成才、人人努力成才、人人皆可成才、人人尽展其才的良好局面,让各类人才的创造活力竞相迸发、聪明才智充分涌流。卓尔控股高度重视公司人才建设,加强对员工的各类培训,形成福利、表彰常态化机制,设立公司合伙人制度和股权激励机制,努力提高财富的共享度,在企业发展的同时助力公司员工过上美好生活。

加强员工培训,提升职业能力。为从根本上维护职工权益,卓尔控股倡导员工发展与企业事业相结合,每年投入500万元用于员工培训、深造。常年举办各类技术和管理培训,选拔骨干员工参加长江商学院、武汉大学等国内知名高校EMBA课程及海外管理培训。卓尔控股已成功举办17届(每年一届)管理集训,组织管理团队远赴欧洲、新加坡等地考察学习,联合北京大学、武汉大学、华中科技大学等高等学府集中学习深造。同时,“卓尔大讲堂”聘请国内相关领域知名专家学者为党员和骨干员工讲授科学发展观、国学道德经、文学修养、项目管理等课程,并与武汉大学联合开办MBA强化班。通过集中培训、送出深造、鼓励自考,以及组织经常性活动等多种有效形式,培养了一批年轻群团干部和业务骨干,也在企业中形成了良好的学习氛围。

建设职工服务中心,完善职工活动设施。卓尔控股斥资逾千万元建设5000平方米的卓尔职工服务中心,形成困难帮扶、劳动争议调解、法律援助、就业服务、医疗互助、职工培训、心理咨询、文体活动、婚恋服务、志愿活动为一体的多功能服务场所。同时,建设占地1000平方米的图书阅览室,内有上万册的藏书,方便职工阅览学习;标准篮球场、室内羽毛球场、乒乓球室、台球室、健身房配置齐

全,成为职工强健体魄、陶冶性情的乐园。

积极组织开展各类活动,丰富职工文化生活。为了使每位职工加强体育锻炼、劳逸结合、强健体魄、以更饱满的精神状态投入到工作,卓尔控股经常举行羽毛球比赛、乒乓球比赛、篮球比赛、歌咏比赛、征文大赛、书画展等一系列丰富多彩的文化体育活动,加强员工之间的交流,同时也为广大青年提供展示自我的平台。从 2015 年 3 月开始,为增进员工身体健康,组织员工开展全员健身运动,公司要求全体员工每天徒步 1 万步以上,并组织徒步、乒乓球、羽毛球、篮球等 8 个兴趣小组。公司董事长阎志亲自带头参与,每天坚持完成徒步指标,并带队完成东湖、后官湖、木兰山等徒步活动。公司全体员工坚持体育运动蔚然成风,锻炼了意志,释放了压力,增强了体质,促进了身心健康,提高了工作效率。

落实员工福利,传递企业温暖。为每位员工送上一份生日礼物,已成为卓尔控股坚持 20 年的传统项目。每年春节期间开展"访贫问苦送温暖"、盛夏开展"送清凉"活动,公司领导深入基层,为困难员工送去慰问金、慰问品;在民营企业中首创退休福利制度,构建和谐氛围。

奖掖先进,强化员工主人翁精神。公司对有优异表现和突出贡献的员工给予提拔重用和重奖,形成顺畅晋升通道。公司先后为有突出贡献的员工奖励住房 20 多套,为创业元老奖励奔驰车,30 多名创业团队兑现公司市值 200 万元到上千万元不等的期权,显著财富效应激励全体员工进一步树立事业心、责任感。

同时,公司将继续优化管理结构,建立合伙人制度和股权激励机制,着力提高全员及社会财富共享度,激活新的发展动力,实施骨干员工期权激励计划,并推出新项目员工直接持股、鼓励内部创业等方案,让每一位员工变身洋溢创新活力、焕发创业激情的企业合伙人。

和谐企业是保持社会稳定的基础,和谐劳动关系是构建和谐企业的核心。开展创建活动的实践使我们深深体会到,劳动关系和谐企业创建是一项十分复杂的系统工程,同时也是一项长期的工作。抓好创建活动,必须紧密结合企业实际,在理顺关系、主动协调、相互配合、通力协作,充分发挥工会职能作用上下功夫;必须坚持以员工为本,依法维护员工权益,在着力解决员工最关心、最直接、最现实的问题上下功夫;必须健全工作机制,形成创建氛围,在激发员工参与热情、实现共建共享上下功夫;必须积极实践,不断完善,在丰富新思路、探索新方法、开创创建工作新局面上下功夫。

扬帆正遇东风来,远征万里纵青骢。在党的十九大精神的引领下,卓尔控股将珍惜新时代的发展机遇,引领创新,奋发转型,稳健发展,加快打造全球智能交易平台,全力进军世界500强企业,壮大企业规模和实力,为社会贡献财富;同时,我们将继续创建好和谐的劳动关系,坚持以人为本,抓好公司制度建设,切实保障职工权益,实现共建共享,在创建劳动关系和谐企业的道路上做出更大的贡献。

关心关爱员工　实现和谐发展

开源·浏阳河集团

构建和谐的劳动关系是落实科学发展观的客观要求，是构建和谐社会的基础和重要内容。2017年开源·浏阳河集团紧跟党的步伐，在中央统战部、全国工商联和湖南省委统战部、工商联关心指导下，积极组织学习党的十九大精神，加强企业文化建设，扎实开展文体竞赛活动，发挥职代会作用，推进公司民主管理，劳动关系和谐稳定，员工凝聚力和战斗力明显增强，较好地促进了公司经济发展。

一、健全企业民主，积极维护职工的合法利益

集团公司一直秉承罗可大董事长提出的“让员工幸福工作、快乐生活”理念，从人员招聘、人员培训、员工沟通、员工关怀到员工关系等方面，做了大量的工作。一是全力构建劳动合同制度信息化、制度化、长效化管理模式，员工法律意识不断增强，公司劳动合同签订率为100%。公司成立以来，从未发生过任何劳动纠纷，集团对员工的厚爱，让每位员工都能真正“幸福工作，快乐生活”。二是积极组织职工代表讨论参与集团公司发展及重大决策，定期召开职工代表大会让大家参与工资调整和员工福利的讨论，以职代会为载体，拓宽民主参与渠道，以加强制度化、规范化建设入手，及时反映职工心声，调动职工的积极性和创造性，为公司了解民情、职工参与企业管理、集中职工集体智慧搭建坚实平台，保证职工的主人翁地位。三是加大改革力度，创新了工作思路和加强工会及职代会自身建设，提高整体工作水平，规章制度总体上日趋完善和规范。拓展职工参与决策的渠道，并通过公开栏、《开源人》报、企业内部信息网络等进行企务公开，民主管理监督小组定期对公开内容的全面性、真实性、时效性和程序的合法性加强监督检查，确保职工民主管理、民主选举和民主监督的权利。四是把工会及职代

会工作作为党建和思想政治工作的重要组成部分,注重发挥好工会、职代会作用,认真制订和实施工作规划和年度工作计划,完善和坚持各项工作、管理制度,加强工会和入党积极分子的培训,努力做广大职工的代言人、贴心人、最亲近的人。

二、开展活动,关心职工业余生活,增强企业的凝聚力和向心力

根据党委制定的全年奋斗目标任务,工会及职代会积极配合开展了与之相适应的工作。时刻牢记为人民服务的宗旨,努力为职工办实事、办好事。一是关注职工的心理健康。工会及职代会多次联合人力资源中心,组织基层员工促膝谈心,对其进行思想开导,及时了解、反映职工的意见和要求,促进职工工作和生活条件的逐步改善,保障员工合法权益,使职工切实感到集体的关怀和温暖,增强了企业的凝聚力。二是做好员工的福利落实工作。工会及职代会积极协助公司及时发放过节费、防寒费、防暑费,做好"春节送温暖,暑期送清凉"活动。每月免费为员工发放免洗剪票;关心职工的生活,在职工生病住院时,让部门同事与工会、职代会代表去看望并给予相应的帮助;给满一年员工的父母亲发放感恩费,开展员工年度旅游等集体活动。2017 年,先后组织公司职工到河南、张家界、北海、平江、邵阳、崀山、娄底等地旅游。三是组织员工参加各种有益的文体活动。集团团委工会组织举办如春节联欢晚会、新员工素质拓展培训、企业文化有奖竞答、产品知识学习等活动,丰富员工的业余生活,促进员工的身心健康,保证集团和谐的劳动关系的维护。

三、党员及骨干员工积极主动配合党委,落实扶贫帮困工作

集团在国务院扶贫办和全国工商联、中国光彩会的指导和帮助下,在集团党委的组织下,工会及职代会积极响应政府"三个一"扶贫行动,全面参与帮扶结对产业扶贫工作,动员组织全体党员积极分子、工会会员参与扶贫帮困活动。积极响应"万企帮万村"的号召,积极承担社会责任,实施"党建互帮":每个党支部捐赠 2 万 ~3 万元作为党建经费,给帮扶村做好村部党员活动学习室的布置工作;每位党员、骨干员工直接帮扶 1 ~3 名建档立卡贫困户和贫苦学生,标准为 1000 元/(人·年)。在集团罗董事长的带领下,在 2017 年的抗洪抢险中,我们工会及职代会带领全体员工积极配合集团党委,组织开源集团的员工志愿者们第一时

间赶往一线,为暂居在长沙县榔梨龙华小学的灾民们以及处在抗洪一线的战士送去爱心物资,为抗洪抢险贡献我们自己的力量。

四、做好劳动保障法律法规方面的宣传和教育,增强法制观念

每季度组织全体员工对《劳动法》《劳动合同法》《集体合同规定》《社会保险法》等法律法规的学习,增强职工知法用法意识,形成良好的劳动环境,落实最低工资保障制度,推行工资集体协商,劳动合同签订率达到100%,劳动关系总体和谐稳定。

执笔人:李　娜　杨　娜

培育“家”文化　共促大和谐

江门市安诺特炊具制造有限公司

江门市安诺特炊具制造有限公司成立于2004年，位于江门市江海区滘头五金工业园，是安诺特国际在我国的全资子公司，是集开发、生产、销售高级西式炊具的大型外商独资企业，现有职工1000多人。随着企业的发展，以及高端客户对企业须承担社会责任的企业形象要求，安诺特从企业文化的设计开始，经过不断地摸索，营造了以“家”为主题的人性化企业文化，将劳动关系维持在“和谐”的文化环境下，一步步迈向新台阶。

一、党群共建“家”文化是和谐之本

自2006年起，公司先后成立了党支部、工会、共青团、妇女委员会等组织；2012年，在江海区委组织部、工会、共青团、妇女委员会等部门和滘头街道党工委的指导下，结合民营企业灵活、高效的工作模式，积极创建统筹党工青妇基层组织“五好”示范点，并发扬党群精神，进行全方位的人文关怀管理，坚持为广大职工办实事、办好事，同心塑造“家”文化，为企业的持续、健康、稳步发展提供了强有力的人员保障，也为创建和谐劳动关系打下了坚实的基础。

二、构建公平用工机制是和谐之基

1. 公司实行工资集体协商机制和集体合同，以保障职工在劳动报酬、工资调整机制、工作时间、休息休假、劳动安全卫生、女职工权益保护、保险福利等方面的权益。职工入职当天，即与职工签订劳动合同，让职工与企业共同发展，患难与共。

2. 为更好履行企业的社会责任，职工入职后，为职工购买“五险一金”，以免除职工的后顾之忧。

3. 每年召开职代会暨表彰大会。会上总经理向全体职工代表公布公司在当年度的营运情况及下一年度的重点工作规划、工作目标等，实施公开透明的企业管理。

4. 所有涉及职工权益的规章制度，均会在内部公示张贴，保证执行的透明度，同时赋予职工申诉的权利和机会。

5. 实行合理的人事规避制度。经内部职工介绍的职工一般不安排在与介绍人存在利益诱因的部门或岗位。

三、搭建职工成长平台是和谐之阶

1. 公司设计多渠道的职工职业发展通道，供有能力、有目标的职工晋升发展；职工可根据个人意向选择管理之路、技术之路、技能之路。

2. 积极鼓动职工通过网络学院、学历提升、外出培训等渠道，提高个人的综合素质，挖掘个人潜能，不断开阔个人的职业发展空间。近年来，公司积极鼓励广大基层管理人员圆梦大学，并给予一定的学费补助。不少基层职工都通过网络教育拿到了大专、本科文凭。

3. 通过师徒带教、技能培训、技能竞赛等，让职工具备多能工价值；通过技能评级的激励，让职工不断成长。

四、实现主动的全方位沟通是和谐之路

1. 公司坚持落实职工申诉、座谈会制度，主动深入基层收集、听取职工的意见和建议，以改善管理流程，增强决策效率，实现“管理面对面”。

2. 通过使用短信、QQ、微信等交流平台及设置服务咨询电话等，发布公司动态信息，实现与职工的实时沟通，提高服务质量与工作效率，做到“服务点对点”。

五、增强职工集体荣誉感是和谐之擎

通过全体职工的共同努力，公司的工作不断得到上级单位的认可及鼓励，职工集体荣誉感不断增强。公司于2009年、2011年年度被评为江门市工会工作先进单位；2011年获得全国五一巾帼标兵岗的称号；2012年获得江门市诚信守法示范企业的称号；2014年，被评为江门市A级纳税人，荣获江门市十佳“两新”党组织及广东省五一劳动奖状等。在获得荣誉的同时，公司也注重回馈社会，积极

参加各种慰问、帮扶、义卖活动,让广大职工以身为“安诺特人”而感到骄傲自豪。

六、营造有“爱”的家是和谐之魂

1. 生活中关爱。2010 年,公司斥资 3000 万元,改造兴建了可同时容纳 2000 人的现代化职工餐厅,免费供予职工标准工作餐;兴建了 3 幢高级电梯宿舍,配置了电视、空调、网络、球场等现代化生活娱乐设施。2013 年 5 月,安诺特党群活动中心投入使用,为职工提供远程电化教育、图书阅览、活动室、舞蹈室、职工接待室等设施,积极为职工营造良好的生活娱乐环境。

2. 活动中关爱。公司注重精神文化建设,每年定期举行各种文体活动,如中秋晚会、国标舞兴趣班、健康舞兴趣班、运动会、歌唱大赛、篮球赛、羽毛球赛等,并积极参加市、区的各种比赛,多次获得傲人成绩。公司也注重职工的身心健康,定期与市、区工会、团委、医院、社工组织等单位联络合作,对职工的身心健康进行检查了解,举办健康讲座以及婚姻家庭生活的人文关怀培训,促进广大职工的身心健康发展,并慰问帮扶困难职工,协助解决职工的实际困难,实践“幸福心连心”。

七、成立劳动争议调解委员会,确保劳动争议调解有机制

公司建立了企业内部的劳动争议调解委员会,成员分别由公司工会、总经办、人力资源部、生产工段指定人员组成,形成四级调解组织体系,实现调解工作全局覆盖,逐步形成劳动争议分级负责、上下联动的企业内部劳动争议预防调解工作机制。委员会设有委员会主任 1 名,副主任 2 名,常务委员 1 名,调解小组成员若干名;各级调解员依照清晰的工作制度对日常的劳动争议进行调解,并每季度组织召开一次会议,对职工思想及各种关系形成的矛盾进行分析,及时将问题化解在萌芽状态。

案例:钢砂工人不满岗位调整集体申诉事件

公司之前因订单结构发生变化,不锈钢类产品减少,故抛光车间对钢砂工的人力需求减少。由于这类员工是“保底 + 集体计件”的计薪模式,此类产品的订单量减少,会直接影响员工的收入。为确保该岗位的全体员工收入不受影响,生产车间决定对部分人员做出调岗处理,将部分人员调到工作量饱和的新工序工作,但被调动的 10 多人对此反应较强烈,集体到 HR 处提出以下申诉:(1)认为

调动不合理、不公平，应该抽签决定；(2)新调的岗位技能不熟，收入没有保障，若要调岗，应告知调动期限，并给予保底工资的保障；(3)认为公司可保留他们的岗位，让他们炒更，或者辞退处理。对此，调解委员会进行了如下的调解工作：

1. 总经办、工会、人力资源部、生产部的调解成员组织申诉员工座谈

对因公司订单结构变化而导致的岗位变化给他们带来的不适应及难处，表示理解；感谢他们长期以来对公司的认同及为公司做出的贡献。

2. 正确表达公司的出发点，让员工理解

在订单结构暂不确定的情况下，随便承诺调岗期限是在欺骗他们，而在事实面前，保留岗位及人员不变没有意义，只会导致更多人的收入没有保障；因他们都是从学徒工做起的，到目前掌握了不错的技能，公司花费成本、心力把员工培养出来不容易，并不愿意辞退员工；同时说明，在新工序人力不足的情况下，公司对人员岗位做出调整是实现人力资源的合理调配，目前留在原岗位的员工都是多能工，但未来他们的岗位也可能会随着公司产品结构的变化而变化。

3. 站在员工角度，兼顾员工利益，为员工解决后顾之忧

为兼顾同工序其他员工的利益，公司不能作出给予调岗员工高过新岗位保底工资的承诺，但调岗之后，在培训期间因技能不熟而影响正常收入的，公司可依职工申请给予一定补贴；如果经过沟通协调，还是不愿意到新岗位工作的，公司非常乐意帮助员工联络同行的钢砂工作给大家选择，并给大家开通绿色通道，简化并快速帮大家办好离职手续。

4. 对员工将来回公司表示欢迎

向员工承诺，如果将来公司接到此类产品订单，而大家又愿意回公司的，公司给予优先录用并非常欢迎大家再回公司工作。

5. 缓解紧张状态

给员工说明本次调解的内容并非需要大家立即做出决定，统一给大家两天的时间慎重思考，建议与家人多商量，目的是让大家做决定更加谨慎而不是一时冲动。

6. 调解成功

最后，该批申诉的员工有的选择了调岗，有的选择了到同行工作，调解工作实现了企业与员工的“双赢”，没有造成影响恶劣的群体事件。

据统计，近 3 年来公司 95% 以上的员工的诉求或劳动争议都是通过企业内

部调解、协商的机制解决,没有发生重大的群体性事件。和谐的企业文化在稳定员工关系、促进企业健康稳步发展方面发挥了积极的作用。展望未来,该企业将继续坚持营造以"家"为主题的人性化企业文化,秉承"以人为本"的人力资源理念,让职工感受到劳动有尊严、生活有保障、成长有平台、事业有发展,实现公司与职工的共同成长,谱写企业与职工共享成果、永续发展的新篇章。

树立以人为本的发展理念　构建同创共享的和谐劳动关系

广东唯美陶瓷有限公司

广东唯美陶瓷有限公司(以下简称唯美公司)成立于1988年,是国内规模位居前列的建筑陶瓷制造商和销售商,在广东东莞、广东清远、江西丰城、重庆荣昌、美国田纳西州均有生产基地,主打"马可波罗瓷砖""唯美 L&D 陶瓷"两个品牌,其中"马可波罗瓷砖"品牌价值连续六年行业第一,连续两年入选央视"国家品牌计划",公司党委下设3个二级党委、4个党总支、44个党支部,党员549名,习近平、张德江、汪洋、李长春、胡春华等领导人均视察过唯美。多年来,唯美公司通过党建工作推动,牢固树立以人为本的发展理念,构建了同创共享的和谐劳动关系,先后获得"全国五一劳动奖状""全国模范职工之家""全国就业与社会保障先进民营企业""广东省百家和谐劳动关系先进企业""广东省模范职工之家""东莞市最佳雇主企业特别奖"等殊荣。

一、以特色党建文化凝聚团结奋进的员工队伍

一是提出共同奋斗的理想目标。明确了企业发展的初心:以为中国瓷砖打造出第一个世界知名品牌、美化人类生活为企业使命,以百年唯美、行业第一、世界品牌、和谐幸福为发展愿景,以及奉行爱国、敬业、贡献、诚信、友善的核心价值观。不忘初心、牢记使命、砥砺前行,专注把砖做好、专注把砖卖好,为建设美丽中国添砖加瓦,作为全体唯美人的终身事业,奠定了全体干部和员工共同奋斗的思想和价值基础。二是召开人文关怀的专题会议。公司党委着眼于关注与解决员工群众最关心、最直接、最需要的问题,召开了以"牢固树立以人为本的发展理念,切实加强人文关怀"为主题的党委中心组学习会议,统一了加强人文关怀的共识,并形成了在物质、精神、事业三个层面的具体落实措施,提升了员工的幸福感和自豪感,公司的凝聚力、战斗力及社会影响力大幅提升。在"民工荒"频发的

年度,唯美也没遭遇招工难的问题,目前在唯美公司工作10年以上的老员工超过40%。三是配备了思想工作专职化队伍。公司党委设有组织部、宣传部、党群办公室、纪检监察部和唯美党校五个机构,配备28名专职党务工作者,对3个二级党委派出党委专职副书记任政委,聘任了44个支部兼职思想工作指导员,深入开展干部员工思想道德教育,每年围绕生产、营销、管理中出现的思想问题深入开展谈心谈话和帮扶工作,共服务1000多人次,为凝聚员工、激励员工发挥了桥梁纽带作用,密切了党群干群关系。

二、以人才兴企理念为员工干事创业搭建“大舞台”

一是坚持“党管干部”原则。公司党委、纪委肩负干部任免考察谈话、任职考查、专项审计等职责,坚持选人用人的正确导向,营造尊重人才的良好氛围,通过选拔配置,做到人尽其才、才尽其用,使各类人才脱颖而出;对收受回扣、挪用公款等不廉洁行为开展批评教育,在人才培养管理和员工队伍思想教育上发挥了积极作用。据统计,目前公司所有中层、基层管理人员,都由内部一线员工公平竞聘上岗产生。二是发挥“精英摇篮”作用。系统开展对员工的培训教育,唯美党校、唯美学校、唯美商学院“三校”,分别对党员干部、管理人员、技术人员、营销人员开展系统性、针对性培训。据近三年统计,“三校”在开展管理知识、岗位技能、安全知识、新员工入职等方面的培训支出达1200万元;积极组织或参与政府组织的叉车技能比赛、电工技能比赛、计算机操作培训及比赛等,选送员工出国考察、赴优秀企业参观、赴高校进修、到外部专业培训机构学习等,并鼓励员工自学,为员工自修学历报销360人次、300万元;用心培养人才,拓宽人才晋升渠道,目前公司95%以上中高层管理人才和技术人才都是通过内部培养晋升的。三是建立“评比激励”机制。鼓励专业技术晋升,实施“三高人才”(高水平、高技能、高素质)评定晋升及专业技术职称申报考评和津贴制度。自2004年以来,公司共评定内部“三高”人才200名人,经地方政府有关部门评定中、高级专业技术职称60余人,近三年来公司支付“三高人才”和中高级职称津贴累计达500万元;广泛开展优秀评选活动,分类评选优秀管理者、优秀专业员工、优秀操作工、优秀共产党员、三八红旗手等,还设立“总裁科技奖”,对通过自主创新或消化、吸收再创新取得突出成果者,或在提升企业可持续发展能力方面有突出贡献者予以重奖,还向被评为总裁科技奖和年度先进的员工家属寄发喜报,迸发广大员工干事创业的热情。

三、以对员工全方位关爱构建和谐唯美"大家庭"

一是完善薪酬体系。落实"同创共享"发展理念,员工收入近十年年年加薪,五年内实现成倍增长,还建立了岗位期权激励机制,增强了员工对公司长期发展的关切度和管理参与度;针对研发、生产、销售、服务、管理等不同岗位不同需求,实施不同的薪酬激励方案,建立适合不同层级员工、具有竞争力的薪酬政策,激发员工队伍工作活力。二是改善福利制度。投入巨资引进先进的脱硫、除尘、降噪设备打造清洁生产环境,全面推广"机器换人"降低员工劳动强度,设立了住房、购车、休假、娱乐、帮扶、子女教育等自助餐式福利。据统计,公司员工能享受到的福利待遇共计 27 种。如五年来为员工缴纳社会保险、住房公积金、发放工龄津贴累计达 9000 万元,每月生日晚会、每季生活用品、夏季清凉饮料、高温津贴、探亲路费、通信补贴、车辆补贴等 2000 万元,并为员工购房购车提供低息贷款 2500 万元。三是关爱困难员工。配合当地政府的扶贫措施,对 52 户特困员工开展精准帮扶,帮助员工制定与实施三年脱贫规划,公司设立了"爱心基金",每年定期定额拨付"爱心基金"款,帮助困难员工渡过难关。同时,在东莞市慈善会下设立了"马可波罗爱心慈善基金",对特困员工给予重点帮扶。自 2010 年起,马可波罗爱心慈善基金为公司员工和社会困难群众捐助了 2065 万元。四是加强文化活动。投资 400 多万元建设"唯美文化活动中心",设有员工娱乐室和健身房,组建了乒乓球协会、羽毛球协会、跑步协会等 20 余个文体组织,举办每月员工生日晚会、每年"迎春游艺活动""中秋联欢晚会""文体活动节""唯美好声音""演讲比赛"等活动,创办《唯美报》《唯美视界》《唯美营销》《陶瓷资讯》等内刊和企业微信公众号,丰富了员工精神文化生活。

执笔人:何继业

坚持以人为本　构建和谐企业

汕头市南华建筑有限公司

汕头市南华建筑有限公司(以下简称南华公司)是金平区工商联副主席所在单位,成立于1970年8月,是一家集房建、市政、地基基础、机电、消防、装修装饰为一体的综合性建筑企业。在经营发展中,南华公司不断践行党的科学发展观,积极响应在民营企业构建和谐劳动关系的号召,坚持以人为本,加强民主管理,注重关怀职工,为公司的发展、社会的和谐稳定做出很大的贡献,多次荣获汕头市"先进单位""文明单位""先进职工之家""优秀民营企业"等光荣称号。

一、保障职工合法权益,重视职工技能培训

南华公司现有固定职工近300人,退休职工250多人,所有职工的劳动报酬均按时足额发放,休息休假均按国家相关规定,按时购买社保医保,并发放劳保用品、高温补贴等,使所有职工的合法权益得到了有效保障。公司所有的退休职工都能按时领到退休工资,公司还为他们购买了医疗保险,使他们的生活和医疗都得到了有效保障,能够安度晚年。

南华公司共有施工项目部20多个,临时工和农民工每年累计超5000人,所有项目部工人及农民工工资均按施工定额及现行建筑市场操作工人工资进行调剂,制定各工种工人工资。项目部工人工资按实际出勤天数结算,每月定期发放。公司为了保障农民工工资的准时发放,设立了农民工工资保证金制度,并对项目部的工资发放情况定期进行检查,有效避免了拖欠民工工资情况的出现。同时公司坚持为每个项目部的工人都购买了人身意外保险,按时发放劳保用品,夏季发放高温补贴,购买清凉饮料送到工地等,最大限度地保障了他们的合法权益。

南华公司在职工职业技能培训方面也积极出台有效的激励机制,鼓励职工

提高自身的理论知识和文化素质,在评职称、考职业资格证书等方面给予最大的支持和鼓励,对取得职称晋升、通过职业资格考核的职工给予奖励和补贴,从而提高了职工学习的积极性,也使企业的工程技术人员不断增加,大大提升了企业的竞争能力。在提升企业职工技术文化水平的同时,对农民工的培训也没有放松,项目部成立了"农民工业余学校",业余时间对农民工进行文化理论知识和职业技能培训,既有利于公司工程项目质量的提高,也有利于农民工的自身素质的提高,受到了广大农民工的欢迎。2016 年,南华公司下属水电工程处被评为"广东省工人先锋号"。

二、完善劳动关系,保障职工的权益和福利

南华公司与所有职工均签订了无期限的劳动合同,下属各项目部均以项目部为单位与所有农民工和临时雇用人员签订了临时用工合同。公司工会自成立以来,均代表所有职工与公司签订了集体合同,在职工就业、劳动报酬、劳动保护、生活福利、退休养老和各种节假日等方面进行协商,努力提供尽可能高的标准,极大地保障了职工的福利和权益。

历年来,公司十分重视和关心职工的业余文化娱乐生活,成立公司文艺队,组织员工赴惠州、梅州、台湾等地旅游,为员工联络感情提供了一个很好的相互交流平台。

三、推行厂务公开,建立民主管理制度

南华公司在 1999 年就响应号召实行厂务公开制度,是金平区建设系统六个先行单位之一。根据上级的要求和指导,迅速成立领导和工作小组,根据企业实际情况,拟出予以公布的内容,让职工欲知、盼知的信息从合法渠道上得到公布,这样职工就能把企业当成自己的家,把企业的事当成自己的事,职工的主人翁地位进一步体现。为使厂务工作更进一步,2007 年,公司通过了 ISO 90000 标准的认证,取得了广东省厂务公开民主管理工作贯标认证证书,制定了《汕头市南华建筑有限公司厂务公开民主管理标准体系文件》,使厂务公开工作件件有章可循、事事有规定依据,公开内容有明确标准和要求,公开程序按部就班,保证了厂务公开的长效性,得到了广大职工及上级部门的一致好评。同样在 2007 年,南华公司获评"全国厂务公开民主管理先进单位"。由于工作做得到位,从贯标认

证以来,每年都顺利通过年审。

四、关心弱势群体,帮助困难职工

南华公司设有党总支部、工会、共青团等组织。党总支部共有党员 50 人,支委 5 人,在职党员 32 人,退休党员 18 人,分为行政和综合两支部。公司工会为独立基层工会,有法定代表人,有独立办公场所和经费,所有公司员工均为工会会员,工会委员共 5 人,下设经费审查委员会和女职工委员会。

公司为建筑企业,临时工、农民工众多,为保护他们的合法权益和更好地为他们服务,特在汕头市总工会、金平区总工会的帮助和指导下,于 2015 年 11 月在中信滨江熙岸工程项目部成立了汕头市首个建筑工地项目工会委员会,使广大农民工有了可以依靠的组织。

同时,南华公司非常重视文明施工,施工现场的安全保护设施齐全,员工宿舍整齐宽敞,为广大职工和农民工营造了良好的生产生活环境,使广大职工能够安心工作,公司得到进一步发展。绝大多数职工也在公司的帮助下,逐步改善了生活居住环境。

由于南华公司有 40 多年的历史,因此退休职工众多,还有一部分未届退休年龄但由于各种原因未能继续工作的职工,这部分人的生活南华公司领导和工会干部时刻挂在心上,对年老生病或孤寡老人以及生活确有困难的职工,由工会干部进行抽查摸底,建立困难职工档案,每月给予适当的生活补助,对生病住院的职工及时进行慰问,对困难职工子女上学也给予适当的补助。在企业给予帮助的同时,南华公司还积极为他们争取上级部门的帮扶,努力为他们解决困难。除了企业行政和工会的援助外,全体行政管理人员在公司党总支的倡导下,成立了"爱心援助基金",每月由行政管理人员自愿捐款,帮助公司的困难职工渡过通关。这项举措至今已坚持十多年,还在坚持,已成为南华公司的一项优良传统。无论是在职或退休职工,只要有困难,公司及工会都给予及时到位的帮助,使公司党组织和工会组织真正成为职工群众赖以信任之家。2016 年,党总支被评为金平区"先进基层党组织"。

南华公司牢固树立以人为本的理念,保障职工切身权益,不断完善各种保障措施,全方位构建和谐企业,进一步提升了广大职工的向心力、凝聚力和战斗力,为企业发展提供了有力的支撑,管理业绩稳步提升,实现了员工与企业的"双赢"。

四个到位提升员工获得感、幸福感

宜华集团

宜华企业(集团)有限公司(以下简称宜华集团)是一家集住居生活、医疗养老、地产酒店、资本金融四大产业于一体的大型跨国企业集团。目前,集团总资产800多亿元,有控股宜华生活、宜华健康两家上市公司,“宜华”品牌价值150亿元。宜华集团先后荣获“全国模范劳动关系和谐企业”“广东省十大和谐企业”等称号。

近年来,宜华集团坚持党建引领企业和谐发展,在各级工商联合会的正确领导下,在搏击市场大潮的同时,一直秉持“幸福员工”的理念,努力在企业与员工中创造一个和谐、平等、向上的氛围,有效地促进了企业快速、健康、可持续发展,员工综合素质明显提升,获得感、幸福感满意度明显增强。

一、思想工作到位,抓好党建促发展

宜华集团在广东省率先成立非公有制党委。自2000年8月以来,党委坚持“围绕经济抓党建,抓好党建促发展”的总体要求,坚持以党建铸精神,充分发挥党组织的政治保障作用,推动民营企业组织建设。发挥政治核心作用,引领工、青、妇群团开展工作,帮助员工树立正确的世界观、人生观、价值观,为构建和谐劳动关系打下坚实的政治思想基础,使宜华的劳动关系走向健康、和谐的正确轨道。

2017年,集团党委积极探索、大胆创新,把迎庆党的十九大作为构建企业劳动关系和谐工作的着力点,通过开展庆祝建党96周年主题党日、创先争优、收听收看十九大直播等活动,学习、宣传、贯彻十九大精神。党的十九大胜利闭幕后,宜华党委副书记、董事局主席刘绍喜号召全体员工学习十九大精神,要求把学习、宣传、贯彻十九大精神作为今后一个时期的一项重大政治任务,把思想迅速统一到党的十九大精神上来,将党的十九大精神贯彻落实到具体工作中,更好地为企业的发展服务。党委还要求建立在生产车间班组上的党小组、工会小组、团小组不断丰富学习内容,以习近平新时代中国特色社会主义思想为指导,加强员工思想政治改进工作,把党的政治优势转化为企业科学发展、劳动关系和谐的企业新优势,继而转化成企业新的竞争力。

集团还把生产岗位上的技术骨干和管理岗位上的领导骨干,作为入党积极分子加以重点培养,宣传为企业发展做出突出贡献的典型人和事,引领员工大力弘扬实干精神,激励广大党员干部职工为发展接力奋斗。

二、民主管理到位,健全机制促和谐

"企业把员工放在心上,员工就会把企业扛在肩上。"企业劳动关系是否和谐,在一定程度上反映了员工是否有话语权。宜华党委通过引导企业建立民主管理机制,倡导员工积极、主动参与到企业管理中。

对公司重大工作措施、重大活动、安全生产、医疗卫生及劳动关系等焦点问题,集团及时召开职代会进行沟通,真诚解决员工反映的问题。宜华还专门成立厂务公开民主监督领导小组,由集团领导、党委班子成员担任领导小组成员,集团工会负责厂务公开日常事务,让员工有知情权、参与权、监督权;厂务公开的顺利开展,维护了员工的合法权益,促进劳动关系和谐稳定。集团党委还要求党员带头遵纪守法,带头多做好事实事,带头加强与员工的沟通和联系;党委班子成员经常深入生产一线,面对面倾听大家心声,掌握员工的思想动态。同时,通过董事局主席接待日、工会主席接待日、"总经理信箱"等途径,畅通员工意愿表达渠道,定期听取员工的合理化建议和要求,及时为他们排忧解难,以实际行动打动员工的心,有效促进和谐劳动关系的构建。

三、教育培训到位,提升素质促创新

全面提升员工的素质,是建设和谐劳动关系的基础。宜华始终把提高员工队伍素质、全面推动学习型企业建设作为构建和谐劳动关系的一个重要环节。

在一如既往保障、尊重员工权益的同时,集团经常思考新时期如何用新的事业舞台让员工和企业共同成长。集团党委重视理论中心组学习制度,党委、董事局、中高层一起率先带头,开展理论学习,提高企业经营管理者的思想政治素质、经营管理水平和科学决策能力，使党的方针政策和国家的法律法规得到迅速有效地贯彻执行。同时，在党委的建议下，宜华集团还成立宜华管理学院，通过“企业 + 学校”的办学模式，以公司中高级管理人员、一流的大学教授以及专业的培训师为师资，通过实战模拟、案例研讨、互动教学、拓展训练等实效性、先进性的教学方式，对员工进行全覆盖、多轮次、有针对性的培训。2017 年，公司举办“品牌建设与员工素养提升”和“职业行为规范与商务礼仪”系列培训活动，邀请公司高管和特聘专家讲课，提高了管理人员的综合素质、业务能力和领导艺术。而宜华的一线员工，来自全国各地，他们业务技能不同、文化程度不同、思想性格不同、家庭背景不同、价值取向及诉求不同，公司通过调研摸底，开展各种技能和素质教育培训，通过形象生动、形式多样的培训班，培养员工的基本技能和素养。通过学习培训，宜华打造了一支善经营、懂管理、精业务、高素质的管理团队，培养了一支有理想、守法纪、有文化、有技能的基层员工队伍，形成了上下一心、高效协同的可喜局面，有效推进了和谐劳动关系的建设。无论在传统板块还是新兴板块，许多老员工都成为企业转型创新的参与者、推动者。

四、文化建设到位，以人为本促和谐

在宜华发展过程中，党委引导企业树立“以人为本、以文化人”的理念，以关注安全生产、关爱职工生活、关心文化活动为重点，经常组织开展劳动竞赛、评先评优等活动，不断增强企业在市场竞争中的活力。倡导“安全工作、健康工作”，把保障员工职业健康作为促进企业和谐发展的重要工作。宜华切实加强安全生产管理，改善员工的劳动环境和条件，配备各种劳动保护用品，为员工提供安全健康的工作条件。

宜华着力营造“引得进、留得住”的人文环境，先后出台了一系列的福利制度，持续改善员工的文化生活。斥资兴建外来员工宿舍楼，装修 200 套“夫妻房”；建立起员工生日必祝贺、困难必补助、生病住院必看望、家庭不幸必慰问、优秀人才家属有安排的“五关怀”制度；宜华还依托“二报、三队、二室”（《宜华报》、黑板报、乒乓球队、篮球队、文艺队、厂史荣誉室、员工活动室）的文化阵地，积极开展企业文化活动，着力打造“和谐宜华、幸福宜华、青春宜华、快乐宜华”，每月为员工开生日晚会，每年固定开展迎春大型聚餐文艺晚会，丰富员工业余文化生活，使企业成为员工温暖的“家”。每逢重大节日热心慰问困难员工，组织开展群众性的文体活动,使员工在愉快的气氛中互相交流、增进友谊。

2018 年,宜华集团将在各级工商联的正确领导下,以党的十九大精神为引领,以改革开放 40 周年为契机,积极深化构建和谐劳动关系工作,从根本上把企业发展与员工利益有机结合起来,让员工与企业共同成长,推动宜华在和谐社会的构建中不断做出新的、更大的贡献。

弘扬中华传统文化　构建和谐劳动关系

广东新通达钢管厂有限公司

广东新通达钢管厂有限公司(以下简称新通达公司)创办于1988年,是一家集科研、生产、销售于一体的民营股份制企业,拥有工程专业技术人员、高级工程师、经验丰富的职工骨干等1000多名。历经30年的发展,已成为一家拥有汕头、佛山、深圳、东莞四大生产销售基地,标准化、规模化的厂房10多万平方米,年产能40多万吨的高新科技企业!

小企业做事,大企业做人。广东新通达秉承与人为善、通已达人之道。注重树立企业文化,加强人文关怀,在思想政治工作实践中坚持以人为本,从企业员工的根本利益出发,尊重员工的人格、保障员工的权利、维护员工的权益。

公司高层领导认为,作为企业的决策者,我们不仅要成就做大做强企业的梦想,也要成就每一位员工向往幸福生活的梦想,让每一位员工都有家的感觉,都能感受到企业无微不至的关怀。

新通达公司从2009年至今,坚持以人为本,组织全公司员工一起学习中华优秀传统文化,学习、落实《弟子规》,要求员工在学习中做到理论联系实际,从个人修身做起,知廉耻、明是非、懂荣辱、辨善恶、守伦理、重道德、明因果、有责任,让家庭和美、企业和谐,做一个爱国守法、明礼诚信、团结友善、勤俭自强、敬业奉献的中国好公民。

同时,新通达公司为员工提供多种福利:为员工创造接受继续教育的机会,设立弟子规孝亲金、弟子规节约金等,以弘扬中华民族的孝道、节俭等传统美德;为员工设立免费传统文化学习室、免费幼儿读经班、免费少儿辅导班、静心减压堂等;为员工开办免费员工食堂、免费医务室、免费理发室、免费宿舍楼,免费按摩室、免费运动室、免费娱乐室、免费卡拉OK室、“零利润”自助幸福小卖部,等等;每月定期专门为当月过生日的员工举办员工生日会,为员工制作爱心蛋糕、赠送精美礼品。让员工身心都能感受到家的温暖与关怀,真正以企业为家。

公司以“达则兼济天下”的情怀,不仅将员工当作自己的兄弟姐妹照顾,更把员工的家庭视为自己的家庭。对有困难的家庭,设立员工专项基金资助,由高层领导亲自主抓,深入困难家庭访贫问苦,最大限度地帮助困难员工家庭解危、解困、脱贫!

2017 年,广东新通达响应党和政府的号召,“不忘初心,牢记使命”,共精准扶贫 30 名员工家庭。其中,员工郭亚龙,属于公司保洁人员,妻子患有癫痫病,没有属于自己的房子,租在破旧的茅草屋,妻子每个月护理便花费了他一大半薪水,发病则需要请假在家照顾妻子;生育一个儿子,患有自闭症,至今 9 岁还没上学;郭亚龙还有一个 76 岁的老母亲,温饱问题还不能解决,经常需要居委会跟热心人士提供资助。公司领导知道情况后,迅速伸出救援之手,请医生帮忙郭亚龙妻子看病护理,并且免费提供一室一厅的房子,帮他搬家,每月定期送生活必需品等物资给他母亲,并且带去慰问金,定期请医生检查身体,为郭亚龙儿子每个月提供 1000 元到汕头儿童开智培训中心治疗。公司帮助郭亚龙解决燃眉之急,让他更加懂得感恩母亲,感恩公司,回报公司,用自己勤劳的双手洁净公司的每个角落。

员工黎品福,广西人,是一名公司老员工,老家的房子是危房,裂缝 20 多厘米,下大雨时还会经常漏雨,家属在老家种地,没有其他的经济来源。为解决黎品福的后顾之忧,公司向困难员工伸出了援助之手,专门派人去现场考察、了解实际情况,询问当地村委干部,确认情况属实后,公司出资重建房子,根除危房带来的安全隐患,同时报销黎品福儿女的学费,让黎品福更加专心地投入到工作中,用自己的实际行动来回报公司、感恩公司!

员工刘仁洪,妻子患上重病,因前期得到公司很多的资助,当医生跟他说后续治疗需要几十万医疗费用时,他选择了隐瞒公司,自己向社会筹款救援。公司领导得知此事后,立即出台通报,向全体员工提出倡议,号召全体员工向刘仁洪奉献爱心,并且决定剩余的医疗费用全部由公司承担,并且将治疗费用全部转入员工刘仁洪账号。秉着“真困难,真帮助”的原则,及时对困难员工伸出援助之手,充分体现了新通达公司对困难员工的关心、关爱。

新通达公司尽心尽力地为员工付出,给员工创造一个安全和谐的氛围,让员工身在新通达工作,心在新通达安定。

公司近期投资800万元新建目前最环保的无酸水洗线,实现“零污染”生产,为改善员工工作环境、为保护环境造福子孙后代,尽到了一个有社会责任感的企业应尽的责任!

人之初,如玉璞。性与情,俱可塑。正是因为新通达公司将中华优秀传统文化作为企业文化的基石,公司领导以身作则,带头掀起孝善之风,重视传统道德文化教育,把《弟子规》作为企业经营管理的规程、员工的必修课,因此员工的思想道德素质得到不断提高,个人涵养也日渐提升。

自公司开展传统文化道德教育以来,公司里涌现了许多拾金不昧的好人好事。如员工拾到珍贵的白金项链、钱财,立即上交公司领导,寻找并归还失主。同时极大促进了员工家庭和谐,解决了许多家庭纠纷,让许多濒临破裂的家庭恢复完整;感染并转变了员工儿女的行为习惯,让孝悌之风溢满整个企业。

员工家庭和睦,人际关系和谐,员工队伍稳定,企业环境温馨和谐,形成了企业的特色文化品牌,从而促进了企业的健康发展,使生产经营效益不断提高。

推行中华优秀传统文化、帮扶贫困员工、关爱困难家庭、改善工作环境、扶危济困等体现了广东新通达丰富的企业文化内涵,振奋了全厂职工昂扬向上、奋发有为的精神意识,进一步增强了企业的凝聚力、提升了企业知名度、扩大了企业的影响力、展现了企业积极向上拼搏进取的精神风貌!

新通达倡导更高效更环保的生产方式,为未来实现热镀锌钢带钢管行业领先者的愿景,我们带着梦想和追求拥抱世界,迎接未来!

新时代、新愿景、新跨越,广东新通达将努力建设成为更有社会责任感和使命感的企业,为实现中华民族的伟大复兴做出贡献!

执笔人:郑泽杰

促进劳动关系和谐发展

星河湾集团

如果说员工是一滴清水,那企业就是江河湖海;如果说员工是一粒种子,那企业就是肥沃土地。一滴清水注入江河湖海,将汇成奔放、豪迈、辽阔壮观的大海;一粒种子埋入肥沃的土壤,将会生机勃勃、茁壮成长,为沃土带来遍地丰收的美景。星河湾集团一直深谙员工与企业之间相辅相成、一荣俱荣的道理,秉持以人为本的管理理念,员工为公司贡献自己的青春与智慧,公司也竭力为员工提供展现才华和抱负的舞台。为此,星河湾集团每年都竭力于为员工打造最广阔的发展空间,提供最优质的职业平台,无论是在物质还是精神上都给予每位员工最好的保障。星河湾集团主要通过以下四个方面着手,以促进劳动关系的和谐发展。

一、必须坚持以人为本的管理理念

星河湾集团以人为本的管理理念主要体现在对员工的充分尊重和信任上,认真倾听员工声音,为员工提供广阔的反馈渠道,真正做到深入群体、关心员工疾苦,聆听员工呼声。公司各部门领导都会亲自接见每一位员工,无论是工作还是生活中遇到的问题,公司都会协助员工去解决,做到工作上支持、生活上体贴、思想上关怀,渐渐地让员工树立了主人翁意识,把职业做成自己的事业,认真自觉地完成工作任务,负有强烈的企业责任感。

企业要建立和谐的劳动关系,就一定离不开良好、顺畅的沟通。星河湾集团建立了良好的沟通机制,可以使员工认清形势、明晰目标,使公司的决策更加有理、有力、有效,使员工的信息能够及时得到反馈,使上情下达或下情上传的效率不断提高,从而让员工感觉到公司对自己的尊重和信任,由此产生极大的责任感、认同感和归属感,促使公司与员工更容易达成共识。既然容易达成共识了,那么一切事情就好商量,出现劳资关系紧张的问题,也就完全可以通过良好的沟通来解决。

二、以人为本结合制度化管理

虽然星河湾集团秉持着以人为本的理念，实施人性化管理，但是人性化管理不代表人情化管理，我们结合合理的科学管理制度，坚守着有关劳动的法律法规，与员工明确各自的权利与义务。让员工发挥个人的创造力、张扬个性、引领创新的同时，与企业文化保持着同样前进的方向。

俗话说"无规矩不成方圆"，星河湾集团对旧版的《员工手册》进行了重新修订，及时更新员工福利政策，为员工提供更全面的保障，同时也明确员工所需承担的义务。在《员工手册》的修订过程中，集团各中心各部门都采取宣讲、公示等方式，与员工进行了多次全方位的交流与沟通，我们都认真聆听每位员工宝贵的意见，为《员工手册》的修订带来"双赢"的局面。在沟通中肯定也会有不同的声音与意见，我们通过部门领导和相关的负责部门进行专业的讲解，权衡分析利弊，减少员工对此的误会，尽最大的努力达成共识，尽力将劳资纠纷杜绝于萌芽阶段。星河湾集团的《员工手册》可谓是公司与员工共同修订完善的，凝聚了大家的愿望与精神，双方在明确的指引下享受着权利和义务。

三、企业文化建设的必要性

星河湾集团企业文化建设的目的是为了更好地为员工服务，重视员工的思想培养与教育，促进员工的全面发展，关心员工生活，营造出有利于员工创造和发展的工作环境。公司为员工提供了施展才华的舞台，每年组织各项员工活动，例如运动会、达人秀比赛、摄影比赛、灯光夜跑、员工旅游、聚餐等，每周还提供羽毛球场地进行健身活动。适度健康的文娱活动，既使员工在工作之余放松心情，锻炼身体，增强体质，也使其通过活动与同事进行交流、磨合，增进友谊，加强情感互动，形成和谐友善、充满亲情的人际关系，让员工在不知不觉中沉浸到企业文化中，无形中形成企业发展的动力。

为丰富员工文化生活，促进各部门员工的沟通交流，提升员工凝聚力与团队协助精神，本年度星河湾集团出台最新的团队建设制度，加大对员工团队活动经费的投入，给予员工更多元化的活动支持，这一举措受到员工的一致好评。为满足员工不断学习与自我提升的需要，星河湾集团不定期为员工提供各方面的培训课程、学习交流等,以助员工达成其职业生涯规划目标。员工素质得到提升,同时激发起创新能力,大力提高工作效率,公司也收益颇丰。除了专业能力培训以外,公司还同时开展企业文化方面的培训,引导员工正确理解星河湾企业文化的精神和内涵。通过企业文化的宣导,使员工了解企业精神的具体内容;采取座谈会的培训形式,让员工亲身参与企业精神的修正与完善,使企业精神符合员工与企业的共同心声,并融入员工的日常工作和生活中。

四、建立行之有效的薪资激励机制

薪资是员工工作的最重要目的,所以薪资激励也是公司最常用的激励方式。薪资激励不仅满足了员工物质上需求,而且是对员工的一种肯定和尊重。公平公正的薪资激励机制对员工有着重要的意义,对员工的情绪和工作态度,甚至工作效率都产生重大的影响。因此,星河湾集团会根据员工的工作表现给予员工公平的报酬,最大限度地培训和指导员工,鼓励和奖励每位员工的创新意识、工作热情和领导才能。我们还将帮助员工成就个人价值,使所有有能力和有贡献的员工都能获得晋升的机会,让最优秀的个人、最优秀的项目和最优秀的公司,三位一体共同成长。

星河湾集团一向对构建和谐劳动关系非常重视,近年来没有发生过一起劳动纠纷案件,员工和睦,给员工构建一个家的感觉,让员工产生归属感与自豪感。当员工遇到问题时,都会与员工充分沟通,及时了解员工需求,并给予员工必要的协助。星河湾集团与员工之间一直保持着融洽、和谐的劳动关系,推动良性管理循环,帮助员工不断进步和发展,促进集团业绩的快速增长和可持续发展。

幸福企业　幸福社会

皇氏集团股份有限公司

皇氏集团股份有限公司(以下简称皇氏集团)是一家集乳业和文化产业为一体的双主业综合性上市公司。集团成立以来,坚持以“成为乳制品行业最受尊敬的领跑者”为企业使命,以“为社会创造价值,为职工创造机遇,为投资者创造财富”的经营理念和以“客户第一,开放分享,勇担责任,以结果论英雄”为核心价值观,全面落实以人为本的管理理念,通过对内规范管理、对外强化企业形象,不断推动公司朝着更高的目标迈进。公司2001年成立,至今已拥有46家分公司、子公司和参股公司,6家乳品加工厂和27个标准化奶牛养殖基地,同时积极发展文化板块布局,以综合提升企业核心竞争力。

一、加强企业文化建设,增强企业竞争力

每年公司开展形式多样的活动,例如,“三八”妇女节组织女职工和家属开展户外活动,增强公司与职工的情感纽带;“七一”组织党员参观革命根据地,致敬革命先辈,增强历史使命感;春节组织游园活动,节假日发放节日福利,日常组织团建活动等(如足球赛、篮球赛、拔河比赛、跳绳比赛等),为职工在繁忙的工作之余,增添精神食粮并放松身心,增强对公司的认可度和忠诚度。一系列形式多样的文化活动,充分调动职工参与企业文化建设的积极性与创造性,形成积极向上和团结进取的工作氛围,激励职工不断提高业务技能与综合素质,从而提升企业的市场竞争力。

二、鼓励职工创新,激发职工创造力

近年来,公司坚持走科技创新之路,大力推进知识产权工作,进一步激发了一线技术人员开展创新工作的积极性与主动性。至今,皇氏集团自主研发、自主

申请的发明专利、实用型专利共 13 项,其中发明专利已有 2 项获得授权和证书,实用型专利已有 4 项获得授权和证书。公司内部也形成了学以致用、学为所用的工作循环机制。日常管理中,生产一线的职工通过技改项目简化了生产流程,节约了生产成本;通过引进智能化系统,生产线实现了 10% 的效率提升和 5% 的成本节约;开发了 B2B 系统平台,实现厂商管理简单快捷交流,大幅提高了信息传递效率;2017 年 9 月,皇氏集团获"2016 年度高层次创业创新人才(团队)"项目资助 100 万元。

三、重视人才队伍建设,打造企业核心骨干

皇氏集团一直高度重视人才的挖掘和培养,积极培养各层次人才。为切合公司的战略规划和业务发展需求,制订了人才梯队发展计划。2016 年开展了皇氏集团第一届营销管培生训练营项目,通过严格筛选,在广西各大高校招聘了 30 余名应届毕业大学生,为营销部门补充了新鲜血液,注入年轻活力;2017 年启动了"皇埔一期"后备管理干部培训班,在现有团队中筛选 30 名 1980 年以后出生的、具备丰富的管理经验或良好的专业素质,具备正确的价值取向、具有创新和开拓进取的精神,具有大局观和良好的团队意识的后备人才,计划通过 18 个月的培训,通过专业授课、实战操作、同行交流、集体作业以及综合考评等多种方式,快速培养出一支能打仗、打胜仗并具有较高业务综合管理水平的年轻人才队伍,成为公司发展的核心力量,从而实现公司的人才发展规划。

为促进和谐劳动关系建设,工会对于兼职的工会委员每月给予适当工作补贴,大大提高了工会委员的工作积极性,也体现多劳多得的分配原则;为鼓励员工提升专业技能,提高职工方、行政方和工会三方工作人员的劳动关系协调水平,公司鼓励员工参加劳动关系协调员的培训和考试。目前,公司已培养出一级劳动关系协调员 1 名,二级劳动关系协调员 2 名,三级劳动关系协调员 3 名,充分保障了职工劳动关系协调工作的顺利开展。

表彰优秀典型,树立学习模范。通过举办年度"感动皇氏之星"评选和"先进工作者"评比,表彰在工作岗位上具有突出贡献的职工以树立典型,激励全体职工不断进步并成为工作上的佼佼者;在生产一线开展操作技能比赛(如上瓶比赛、灌装比赛),推动一线职工苦练技能,争当操作能手;在销售部门开展"销售龙虎榜"活动,激励销售人员拼业绩,不断完成新的目标;在畜牧一线开展"畜牧标

兵”比赛,通过比管理、比技能,提高畜牧技术员的养殖技能。

争创行业先锋。皇氏集团非常注重雇主品牌建设,从重视人才建设出发,以“让管理有温度、让员工成主角、向敬业度要业绩”为目标,营造“公平公正、正面激励、激发参与”的职业发展环境;完善内部管理制度,以赋能为核心,营造良好的内部沟通机制,提供塑造积极心态的相关培训和合适的工作辅导,让员工在学习和实践中提高胜任力,逐步提升员工敬业度和归属感,从而提升了组织绩效与活力,在业内树立了良好的口碑和企业形象,连续两年获评为“中国人力资源先锋雇主”“年度最佳雇主”。

四、劳资双方有效沟通,建立和谐劳动关系

随着公司业务板块的不断壮大,人才的“选、用、育、留”成了重点工作之一。公司在科学管理实践的基础上,通过与工会方不断地进行有效沟通,互相传递有效的信息,建立了和谐劳动关系。

合同管理规范。在劳动合同管理方面,公司依法与职工签订劳动合同,合同签订率 100%;依法对合同进行变更、续签与解除,切实保证了职工的合法权益。

集体协商落实。公司于 2015 年 7 月首次开展了工资集体协商工作,并于当年 12 月签订了工资集体协议。2017 年年初,公司工会认真总结、找准方向、主动推动,继续深入开展新一轮工资集体协商工作,于当年 6 月签订了第二轮工资集体协议,并健全了带薪年休假、高温津贴、职工慰问等制度,实现了协商常态化、管理制度化、执行规范化,充分发挥集体协商在构建和谐劳动关系中的重要作用。

公司开展工资集体协商两年来,初步达到了“循序渐进、把打基础、利长远的制度机制建设和解决当前突出问题有机结合”的工作目标。根据集体协商制度要求,公司层面上集体协商逐步向分级协商推进,女职工劳动保护和劳动安全卫生列为两个专项协商议题,逐步解决职工在工作生活动中亟待解决的一些问题,议题得到了职工代表的普遍欢迎。

以人为本,注重职工人文关怀。在酷热的夏天为生产一线职工送去清凉饮料;为孕期的女职工提供舒适的工作环境;看望生病的职工并送去慰问金;关爱职工健康,定期组织职工进行健康体检等,处处彰显企业对职工的关爱。

自 2015 年开展工资集体协商工作以来,公司劳动纠纷逐年减少,规范的劳

动关系管理、有效的沟通机制和人性化的员工管理,大大提高了员工的满意度和幸福感。

五、积极承担社会责任,热心参与社会公益事业

随着公司的不断发展壮大,皇氏集团在以优质产品服务社会的同时,不忘初心,聆听社会需求,主动承担社会责任,积极支持教育、健康、环保以及助弱扶贫事业的发展。如2010年6月皇氏集团向广西医学教育与科学研究发展基金会捐款20万元,用于发展广西的医学教育与科学研究事业;青海玉树发生地震灾害后,公司迅速发起玉树抗震救灾行动,2010年4月,通过广西慈善总会向灾区捐款人民币5万元,为灾区人民重建家园奉献全体皇氏人的爱心;2010年5月,与团区委、区水产畜牧兽医局主办,区草地监理中心、江南区团委、江南区水产畜牧兽医局共同举办了"保护母亲河——种草护草,有你有我"宣传实践活动广西启动仪式,该仪式在我公司根竹生态养殖示范基地隆重举行,用实际行动表达了对环保事业的支持;公司发扬"能帮就帮"的精神,积极筹款,帮助重病职工渡过难关;2011年4月,与广西壮族自治区体育局、广西壮族自治区体育科研所联合举办了"十年皇氏情健康万里行"——广西皇氏国民体质检测车全区巡回送健康活动,巡回进入南宁市各大社区以及区内各县镇,为广大市民带来便捷、免费的体检服务,促使全民关注自身健康、参与体育活动,推动健康生活,最终达成皇氏乳业"强壮广西"的愿景;2017年11月,为贯彻执行党和政府精准扶贫的号召,皇氏集团为南丹县塘浪乡捐资50万元兴建希望小学,为白裤瑶民族的教育事业贡献一份力量;2017年12月,皇氏集团在"广西大学2017年校友返校日暨广西大学90周年校庆倒计时1周年启动仪式"活动上捐赠100万元助优奖学金,用于奖励品学兼优的学生。

迄今为止,皇氏集团已为救灾、助学、扶贫等领域累计捐款捐物达到1000万元,累计为社会提供近3000多个就业岗位,其中安置下岗人员1000多人,农民工1000多人。

皇氏集团将一如既往地维护和谐劳动关系,树立良好的企业形象和品牌形象,为社会发展创造价值并注入正能量。

执笔人:唐艳玲　农素贞

关爱送温暖　保障促和谐

广西洋浦南华糖业集团股份有限公司

构建和谐劳动关系，能激发劳动者和用人单位潜在的劳动能量，利于员工各尽所能、各得其所而又和谐相处，既是建设和谐社会的重要内容，又能促进生产力发展。

广西洋浦南华糖业集团股份有限公司是一家跨地区，集工、农、林、贸于一体的大型企业集团，由原广西南华糖业集团有限公司于 2012 年 1 月整体改制设立而成。公司的主营业务是：甘蔗、甜菜制糖，蔗渣制浆造纸，酒精、颗粒粕饲料、生物有机肥、麸酸生产，林业发展，相关产品购销等。公司下属企业分布于广西、云南、海南、贵州、黑龙江、福建和江苏 7 个省区 40 多个县，直接提供就业岗位 3 万多个，是全国规模最大的制糖企业。公司坚持以人为本、依法用工，严格贯彻执行《工会法》《劳动合同法》等法律法规，按照中共中央、国务院《关于构建和谐劳动关系的意见》（中发〔2015〕10 号）精神，致力构建和谐劳动关系，完善企业经营管理，规范用工行为，切实维护好职工的合法权益，做到互利、互爱、“双赢”，促进了公司和谐快速发展，达到“共建和谐企业、共谋企业发展、共享发展成果”的目标。

一、统一认识，明确职责，强化体制保障

构建和谐企业，是促进企业协调、健康、快速发展的基础环节和重要保证。而构建和谐企业，至关重要的是正确处理企业与职工的关系。公司通过召开集团年会、厂长经理会、党政工联席会、职工代表会等各种会议，统一领导层的思想认识，企业一把手作为第一责任人负总责，明确下属企业、企业工会的职责和作用，进一步激发企业上下创建“和谐劳动关系企业”的积极性，切实把创建劳动关系和谐企业放在重要位置，持之以恒，常抓不懈。

二、严格认真贯彻法律法规制度，建立健全良好的用工制度，切实维护好职工合法权益

1. 公司严格执行所在地有关劳动用工的法律法规和政策，平等对待各类员工，规范劳动用工管理，建立和谐稳定的劳动关系。公司严格认真贯彻《工会法》《劳动合同法》等法律制度，依法遵守劳动合同制度，重视劳动合同的签订，实行全员劳动合同制度，劳动合同签订率达100%。公司每年及时与到期职工续订劳动合同，认真履行劳动合同，无违约现象发生。公司为员工足额缴纳"五险一金"，即养老、医疗、工伤、失业、生育各项保险及住房公积金，全部按国家规定及时100%足额缴纳，另外，还为特殊岗位职工办理了人身意外保险。同时为员工发放补贴和津贴，包括夜餐补贴、节日津贴、高温津贴、学历津贴等。企业员工工资逐年上升，职工各项待遇均按规定落实，从未出现过拖欠职工工资问题。企业严格执行国家关于工作休息时间的规定，严格规范员工的工时制度、工作时间和休息安排，规范执行带薪年假制度，对员工的加班加点和延长工作时间严格按《劳动合同法》执行，充分保证员工享受国家规定的休息日、法定节假日、婚丧假及探亲假等，尊重员工家庭责任和业余生活，确保生活工作平衡。

2. 企业全部依法成立工会，并依《工会法》配置人员、落实经费及配置相关政策资源，所有的企业工会正常开展工作，切实均做到维护员工利益。

3. 完善职工代表大会制度，各企业继续发挥职代会民主管理、协调劳动关系的主渠道作用，对关系企业发展的重要决策、特别是涉及职工利益的重大问题，均由职工代表大会讨论决定，企业的一系列规章制度，都广泛征求了职工的意见，最终经职代会审议通过后方才实施。

4. 充分发挥厂务公开在协调劳动关系中的桥梁作用，把职工关心的热点、焦点问题作为厂务公开的重点，将职工收入、评先招聘、财务审计、规章制度、重大决策等各个方面，确定为厂务公开内容，通过各种形式定期向职工公开，目前企业厂务公开已成为联系职工群众的桥梁、理顺职工情绪的渠道、消除职工疑虑的途径。各企业在职工方便的地方设置职工信箱，构建了"我参与、我建议"的合理化建议机制，让职工建言献策，共同参与企业管理。

三、关爱到位，体现企业温暖

1. 关心爱护员工，提供安全愉悦的工作环境。企业始终把安全生产放在第一，认真贯彻《安全生产法》，落实安全生产和劳动保护责任制，加强安全生产、环境卫生、劳动保护监督检查，利用各种行之有效的办法预防安全事故的发生，并建立健全劳动安全卫生保护制度，严格配置劳保用品。全集团各企业工作环境良好，极少发生人身伤亡事故，基本无职业病。

为保障员工身体健康，公司组织全集团员工进行每两年一次的常规体检，发现问题及时复检、就诊，同时对员工体检结果进行了统计并建立了员工健康档案。

公司专门印发文件组织各企业深入开展创建"美好家园"活动，并严格检查监督。

2. 困难帮扶，显现真情。由各企业工会及时对每个困难家庭实行救助帮扶，通过"三八"妇女节、端午节、中秋节和元旦春节等节日慰问工作和对困难职工的走访慰问，各企业职工生老病死、婚丧嫁娶、家庭困难，组织必须派人访问，并带去不同数额的慰问金，让每个员工时时感受到企业的温暖。同时公司坚持以人为本，千方百计提高职工的福利待遇，每年投资修缮职工宿舍楼、为职工积极申请公租房，积极改善职工的住宿环境。

3. 公司注重人文关怀，将构建和谐劳动关系上升为企业和职工共同的精神追求，通过组织开展丰富多彩的文体活动，增强员工归属感。各企业均根据员工的实际需要投资配置多媒体、棋类、球类、健身器材等多种文体娱乐设施，各企业定期组织开展趣味运动会、球赛等群众性文化活动。集团坚持每年组织"总裁杯"气排球、羽毛球比赛，活动既丰富了员工的业余文化生活，又营造了积极向上、健康和谐的企业氛围，提高了员工的生活质量，充分展示公司员工拼搏进取的精神风貌，增强企业的凝聚力和员工的归属感。

四、完善机制，促进动态和谐

协调劳动关系、构建和谐企业是一项动态性的系统工程，必须健全有效的管理运行机制，确保各项制度的落实。为此，公司下大力健全和完善了两个机制：

1. 完善调解机制，加强劳动争议预防预警意识。建立人力资源、工会、劳动监察等部门协同工作机制,完善劳动争议日常信访管理,加强突发事件应急处理,做到事前防范、事中控制、及时处理。

企业普遍成立由工会、人力资源科和职工代表组成的劳动争议调解委员会,甚至在部分企业的一线班组也设立调解小组或调解员,形成纵向到底、横向到边的企业内部劳动争议调解组织网络体系。

加强舆论宣传,通过会议、板报、简报等多种形式,加强《劳动争议调解仲裁法》《劳动合同法》等法律的学习宣传,切实加强舆论引导,引导职工正确对待利益调整,注重协商沟通,通过正常渠道和理性合法的方式维护自身权益,避免出现过激行为。认真总结和推广工作中涌现出的典型经验,努力营造健康和谐的舆论氛围,使劳动争议调解工作深入人心。当发生劳动纠纷和争议时,各方主动参与事件的调查和处理,及时把劳动争议和矛盾问题化解在基层,消除在萌芽状态,避免出现矛盾激化和群体事件。

在劳动争议调解工作中,各企业工会组织既依法维权,旗帜鲜明地为职工说话办事,帮助他们争取应得的利益;又充分考虑企业的实际情况,特别是面对当前企业生产经营现状,引导和支持职工的合理诉求,避免支持职工过度诉求而增加企业负担,努力使争议双方求同存异,同舟共济,实现"双赢"。

2. 完善沟通机制。在企业,许多矛盾的产生往往是职工对情况不了解或不信任造成的,解决的办法就是要加强沟通。因而,公司充分发挥职工的"主人翁"作用,广泛开展合理化建议活动,通过各种有效形式组织职工提供意见建议,通过定期召开不同层次、不同范围的企业管理层与职工对话会,或者通过意见箱、投诉电话、厂务公开、企业内网、微信群、QQ 群等平台听取职工意见,实现企业经营管理者与职工沟通交流的制度化、常态化。通过构建企业内部的沟通交流机制,增强了企业和职工之间的相互信任,促进企业的和谐发展。

和谐企业是保持社会稳定的基础,和谐劳动关系是构建和谐企业的核心。劳动关系和谐企业构建是一项十分复杂的系统工程,同时也是一项长期的工作。抓好构建活动,必须紧密结合企业实际,在理顺关系、主动协调、相互配合、通力协作,充分发挥工会职能作用上下功夫;必须坚持以员工为本,依法维护员工权益,在着力解决员工最关心、最直接、最现实的问题上下功夫;必须健全工作机制,形成创建氛围,在激发员工参与热情,实现共建共享上下功夫;必须积极实践,不断完善,在丰富新思路,探索新方法,开创创建工作新局面上下功夫。

虽然近几年,公司在协调劳动关系、构建和谐企业、促进企业发展方面做了大量工作,取得了一些成效。但是,随着改革的不断深入和形势的不断发展,企业劳动关系方面还会出现一些新情况和新问题。公司一定深入学习贯彻《关于构建和谐劳动关系的意见》,坚持“以人为本”,借鉴先进单位的好经验、好做法,努力建立和完善协调劳动关系、构建和谐企业的长效机制,落实好、维护好、发展好广大职工的各项合法权益,创造企业和职工相互尊重、相互支持、相互依存、互惠共赢的良好局面,为企业的快速、健康、协调发展奠定坚实的基础。

执笔人:凌一津　杨　勇　冯森果

倾心倾情倾力　关爱企业员工

隆鑫控股有限公司

隆鑫控股有限公司(以下简称隆鑫)是一家以实业为根基、产融结合、控股参股5家上市公司的投资控股集团,主要涉足工业、环保及再生资源利用、金融、汽车贸易、地产、文旅、大健康、投融资等领域,现有员工25,000多人。在全体员工的共同努力下,隆鑫集团连续16年荣膺中国企业500强。

隆鑫在30多年风雨历程中,始终将关爱员工、尊重劳动作为立业之本。集团董事局主席、重庆市工商联主席涂建华先生常说,"做企业一定要以人为本,随时随地将员工们的根本利益放在突出的位置,要让员工得到尊重和信任,要使员工在物质上、精神上找到归属感、成就感"。就是秉承这一理念,倾心倾情倾力关爱员工、构建和谐劳动关系成了隆鑫长期坚持的重要基础工作。

一、倾心关爱员工,打造温馨"大家庭"

隆鑫始终把员工生活保障视为企业员工管理的灵魂,倾力打造企业员工"大家庭",全力为员工排忧解难。率先在重庆市民营企业中实现了员工基本薪酬和"五险一金"全覆盖,并努力为员工提供优越补充福利,让员工"安稳"。为解决员工家庭住房难题,企业除提供公寓式的员工宿舍外,积极协调有关职能部门,为员工申请城市公租房,让员工"安居"。为解决员工子女入学难题,公司工会与企业所在地区内多家市级重点中小学建立合作关系,妥善解决员工子女入学问题,并使员工享受到有关费用的减免,让员工"安心"。打造清新整洁的就餐环境,为员工提供绿色健康的饮食,在各大工业园、办公楼完善运动场、健身房等生活、康体、娱乐配套设施,每年支付数百万元委托市内三甲医院为员工体检,让员工"安康"。为解决员工春节返乡交通难题,精心组织、提供外地户籍员工的往返交通,服务对象多达8000余人次,让员工"安全","我在隆鑫工作挣钱,隆鑫送我回家过年”成为隆鑫员工春节的一大荣耀。每逢传统节假日，工会都安排“员工之家”特色亲情活动，如粽子节、中秋月饼节、春节送年货等，并根据时令开展“冬送温暖、夏送清凉、一年四季送关怀”的一线慰问服务活动，让员工“安乐”。隆鑫工会开展的“鹊桥相亲会”“学雷锋—服务员工十件事”等服务员工特色活动受到重庆市内各大媒体的关注和报道。

为建立关爱员工长效机制，2010 年隆鑫组织成立了重庆民企首个“员工互助关爱促进会”，搭建由企业管理层代表、党员代表、工会代表共同参与的常态化工作机构，连续 7 年开展“党员工资双日捐、员工工资一日捐”活动，及时为困难员工提供帮扶，已向 2300 余名困难员工和家庭发放关爱金及慰问品，受到员工和社会各界的赞誉。从“关爱会”延伸，隆鑫党委在各产业公司打造“隆鑫爱心屋”，倡导员工捐赠富余物品，供有需求的员工无偿取用，成为企业员工关爱互助的又一公益慈善平台。隆鑫工会还为女员工搭建起“爱心妈咪小屋”，成为女员工沟通交流、亲子教育、女性沙龙、公益讲座等活动的温馨驿站。

二、倾情熏陶员工，建设特色企业文化

构建和谐共进的家园式劳动关系、推动企业发展是隆鑫企业文化典型特色。隆鑫党委明确建立“以党建为龙头的隆鑫特色企业文化”思想体系和工作机制，将企业党组织建设、工会“五家”建设、员工队伍培育、企业文化建设有机融合，整合党群、工会、行政和文化工作力量，建设和谐企业文化，激励员工健康成长。通过常态举办棋类、篮球及足球联赛、文艺汇演、诗歌朗诵、歌咏会、卡拉 OK 赛等文体活动，定期组织员工拓展训练、员工运动会、春节联欢会等专题活动，激发员工参与热情，逐步形成了一套以主题性文体活动为龙头，以节庆活动为重点，以小型多样文体活动为基础的多元化员工文体活动模式。特别是自建的隆鑫员工合唱团成绩斐然，在全市庆祝新中国成立 60 周年大型文艺汇演比赛中获得全市工业信息系统一等奖第一名和全市非公经济界文艺汇演一等奖第一名，员工合唱团演唱的企业歌曲《隆鑫之歌》被评为首届全国知识产权组歌大赛优秀奖，荣获首届“全国最美企业之声”金奖。

隆鑫坚持把服务员工作为企业“刊、网、报”宣传平台的主要内容。编辑出版了《企业文化手册》《我与隆鑫的故事》《隆鑫 30 年画册》《隆鑫 30 年功勋画册》《隆鑫 30 年视频》《我与隆鑫 30 年》等多项文化成果，在员工中引起极大反响。

其中,《我与隆鑫的故事》一书以员工为主角、通过“员工写、写员工”的方式,收录了近百篇反映员工创业、成长、爱心的故事。为提升员工的文化修养,隆鑫大力推动“好书荐读”“文艺欣赏”工程,建设员工文化中心、员工书屋、电子阅览厅等,作为传播先进文化的活动基地。润物细无声,倾情沐员工,一代代隆鑫人就这样茁壮成长起来。

三、倾力培养员工,让员工与企业共同成长

员工是企业发展的基础,企业是员工发挥的舞台。“优秀企业离不开优秀员工,没有优秀员工的企业不会成为优秀企业。”这是隆鑫的人才观,从创业之初就致力于员工培养,开展形式多样的岗位培训、学历教育,让员工与企业共同成长。隆鑫每年为员工岗位培训、学历教育投入的经费逾200万元。从一线员工技师培养,到专业技术人员学历教育;从业务技能系统授课到在岗训练计划;从后备人才、中基层干部培训,到领导力发展计划,先后与人民大学、重庆大学、湖南大学、天津大学等知名院校合作,开设MBA课程和工程硕士班,免费送优秀的专业技术管理人才攻读硕士、博士,并为年轻的一线技术工人提供大专学历培训和相关技能培训。此外,隆鑫党组织还引导员工深入开展“精益改善”“岗位练兵”“我为企业献一策”等活动,充分调动广大员工的积极性、主动性和创造性,在各产业公司基层一线班组形成“比、学、赶、帮、超”的浓厚氛围,爱岗敬业的管理能手、技术标兵、一线骨干不断涌现,有被全国总工会评为“全国热爱企业优秀员工”称号的方可,有荣获“全国五一劳动奖章”的胡泊……集团每年都会收到员工1000多条合理化建议,企业员工在发展进步的同时促进了企业生产效益显著提升。

隆鑫的发展离不开员工,隆鑫的成功离不开一贯秉承的关爱员工、尊重劳动的理念和经久做法,其典型做法得到了社会各界广泛认可。《重庆日报》曾在头刊作专题宣传推介,2012年以“民生党建”为核心、服务员工为宗旨的隆鑫党委被中组部授予“全国创先争优先进基层党组织”称号,2014年以“员工关爱会”为特色的隆鑫文化建设获“全国企业文化优秀成果奖”,公司成为全国企业文化示范基地。2016年隆鑫被中华全国总工会评为“全国模范职工之家”。

执笔人:王　恒

工资集体协商　促进劳动关系和谐

四川华玉车辆板簧有限公司

自2010年以来,四川华玉车辆板簧有限公司逐步推行了工资集体协商办法,在推行中不断探索和总结方法。目前,已建立了工资协商共决机制,建立了有效的协商沟通机制,职工的工作积极性、主动性、创造性得到有效发挥,稳定了职工队伍,促进了企业的劳动关系和谐和持续发展。

一、公司的基本情况

公司现有职工160人,企业性质为股份制,但实际上是家族式企业,为了打破家族式企业管理落后、思想僵化、沟通不畅、分配不公等不利影响。自2004年起公司成立了工会,并借搬迁新建的契机,完善了职工集体福利设备和文化活动设施,使职工在公司工作有归宿感。

二、开展工资集体协商工作的主要做法

为了认真开展工资集体协商工作,使该项工作的开展不流于形式,走过场,企业工会于每年10~11月主动向企业发出协商要约,及时启动协商谈判程序。根据《工资集体协商试行办法》规定,结合企业自身实际,我们逐步在年度工资协议的期限,工资分配制度,工资标准和工资分配形式,职工年度平均工资水平及其调整幅度,奖金、津贴、补贴等分配办法,工资支付办法,变更、解除工资协议的程序,工资协议的终止条件,工资协议的违约责任等方面实行了协商制度。

(一)拟定工资协商协议条款,建立框架模式,开展有序协商范畴

《工资集体协商试行办法》规定了工资协商的具体要求,为了认真搞好企业工资集体协商工作,公司党、政、工一班人加强认识,统一思想,使工资集体协商有利于企业与职工之间的有效沟通,有利于提高职工的劳动积极性,有利于企业

发展添后劲,有利于生产发展和品质的提升,有利于节能降耗工作的长期开展,有利于职工队伍的相对稳定和整体技能、综合素质的提高。为此,我们根据政策规定,结合企业实际情况,经企业、工会双方首席代表反复酝酿、讨论,提交职工代表复议后,量身打造,形成了四川华玉车辆板簧有限公司《工资专项集体合同》协议文本。协议一共订立了十二条条款,涉及工作工时制、工资制度、工资的结构和组成、计件单价、奖励与处罚、休息休假等权利、违反劳动合同应受到的违约处罚等。

通过建立健全工资集体协商制度,公司深刻体会到职工的怨言少了,向心力增强了,工资集体协商不但起到了凝心聚力的作用,企业相关的管理规定、制度也得到有效执行,保障有力,职工约束自己,监督他人的行为能力得到了提升。通过工资集体协商,职工队伍稳定性增强,流失率降低,职工稳定率达95%。

(二)把工资集体协商工作落到实处,顾全大局,不死板、僵化,真正体现工资协商的重要性

1. 根据公司生产特点和特性,大力推行班组二级协商,确定了在劳动报酬分配上实行计件工资制、计时工资制的分配办法。并明确划分岗位,按岗位计酬,每名职工对自己所从事的工作所应得的报酬心中有数。

2. 确定了公司职工年收入按2% ~5%的增长目标,确定了职工年总收入不低于4万元的标准。每年11月至12月召开协商会议,讨论次年工资调整方案,并将协商方案提交生产班组共同讨论,征集不同意见和建议。

3. 由于公司生产的产品型号繁多,给如何确立计件工资单价带来相当大的难度,如果基准点把握不准,就很容易造成不是企业人工成本过高,就是职工高付出低收入的现象。针对特殊岗位或特殊产品,在制定工资协商协议上特别订立了计价单价实用期、因工艺调整重新协商调增调减计件工资单价,从而达到整体平衡。

4. 为了使职工视企业为家,在企业工作有归宿感,公司在进行工资协商时,提出了增加职工工龄工资项目,提出职工在工作每满一年按岗位不同分别给予10元/月、30元/月、50元/月的工龄工资,仅此一项企业增加开支20余万元。从而使职工队伍更加稳定,干部队伍更加稳固。

5. 保证职工休假权利。过去,职工因病、结婚、生子、丧假时,企业基本上是不给工资或是少给工资,剥夺了职工的权利。通过工资集体协商工作,公司在如

何维护企业职工合法权利上,如何真正体现“以人为本”上有了清醒的、清楚的认识。把职工因病、婚、丧假、产假、计划生育假等全部纳入协商内容,并明确了计件工资制、计时工资制人员休假应得的报酬。

6. 把职工福利纳入协商内容。由于公司生产的产品均需要进行热处理,一线职工到夏季基本上处于高温作业,故此,通过协商达成了每年的 6 ~8 月为高温季节,在本人月收入的基础增发 6% 作为防暑降温费,随工资发放。

7. 通过协商订立了工资发放时间和支付方式,确定每月 12 日为工资发放日,日期确定后原则上不延后,因特殊情况延后发放工资应当与工会和职工协商。

(三)合理解释,正确对待,消除矛盾和化解分歧,使工资集体协商制度在企业生产经营中发挥重要作用

在推行工资集体协商制度初期,首先遇到了三大阻力,一是企业认为,实行工资协商,企业缺失主动权,劳动者会以此作为条件漫天要价,会造成人工成本大幅度上升,难以驾驭;二是工会代表职工与企业行政方协商,由于法律上缺少对工会干部必要的保护,推行工资协商制度,无疑是把自己推到风口浪尖之上,站在行政的对立面了,往往不敢理直气壮地维护职工的合法权益;三是职工根本不会相信,企业是老板的,工资标准老板说了算,干得着干,干不着走人,怎么可能老板会同你就工资问题进行协商。刚开始时,由于公司自身对《工资集体协商试行办法》理解不深刻,推行时方法也简单,宣传也不到位,本来是一件好事其结果其反。职工的意见、牢骚话也随之出现,工资标准一年反复调整也很难找到平衡点。

三、通过开展工资集体协商促进整体工作的推动

为了真正、正确的领会政策精神,本着务实的精神,切实搞好工资协商工作,公司党、政、工一班人重新组织系统地学习了《劳动法》《劳动合同法》等法律,学习《工资集体协商试行办法》,通过学习,使大家真正懂得了实行工资集体协商的重要性,并组织中层干部、生产骨干外出学习、取经。通过采取一系列的方法和措施,工资集体协商制度日趋完善。现在,公司在推行工资协商工作基本上做到了步调一致,上下相通。

自 2014 年以来,公司 2014 年和 2017 年连续两届被内江市协调劳动关系三

方(四家)评为工资集体协商工作A级示范企业;2016年,中华全国总工会授予“模范职工之家”称号;四川省人社厅、总工会、企业家协会和企业家联合会联合表彰为“四川省模范劳动关系和谐企业”;四川省委办公厅、四川省政府办公厅联合表彰为“优秀民营企业”;公司党支部荣获“四川省先进基层党组织”称号。2015年全省工资集体协商现场推进会在内江召开时,公司总经理贺鹏飞在会上就工资集体协商工作作交流发言,时任省总工会主席、省委常委李登菊对公司的做法给予了高度的评价。四川华玉车辆板簧有限公司题为《二次协商“做加法”,全员参与谋双赢》的工资协商总结,被中华全国总工会集体合同部收入《集体协商案例选编》(2016年)。

执笔人:温勇杰

文化引领　依法谋划　公正和谐

贵州施达集团

贵州施达房地产开发集团(以下简称施达集团)始建于1991年7月13日,2004年3月,由国有企业改制为股份制企业。目前已发展成为一个以房地产为主,药业、旅游业、民办教育为辅的集团企业,总资产逾20亿元,员工1460人。目前拥有施达地产(国家二级资质)、黔达建筑公司(国家二级资质)、黔能物业公司、皇冠酒店、凤凰酒店、黔山酒店、赛文学校、德良方药业公司、施达银信息服务公司、兴义市德良方百花草中医医院等18个子公司,参股兴义市万丰村镇银行。集团先后获得"贵州省民营企业思想政治工作先进单位","贵州省A类信用纳税企业","2011年全国就业与社会保障先进民营企业","全州民族团结进步先进集体","贵州省'五型企业'暨企业文化建设示范单位",国家级"守合同、重信用单位"等数十种荣誉。

建立和谐的劳动关系既离不开法律的约束,更需要企业经营管理过程中在企业文化、民主管理、激励机制、员工关爱等方面的构建。施达集团在其发展历程中,致力于构建和谐劳动关系,取得较好效果,施达构建和谐劳动关系的经验做法主要体现在以下几个方面。

一、文化价值导向

施达集团董事长黄秋先生致力企业核心文化建设,确定了以"幸福施达、百年施达,成为全省乃至全国的知名企业"为最终目标;以"做大健康产业,稳定旅游业,个性化发展房地产业,品牌化办好民办教育"为发展战略;以"服务顾客,回报社会"为使命;以"行善厚德,博学成才"为司训;提出"努力学习,尽力工作,开心生活"的员工精神。

明确集团四大责任。把员工当成客户是施达的第二责任,就是要让员工得到高于同行业收入水平的收入,要为员工创造安全、舒适和开心的工作环境,要让员工生活在有尊严、公正、和谐的"小社会"中,要让员工有反映问题和提出建议的渠道,要让德才兼备的、能力强的员工有晋升和发展的机会,要让每一位员工有外出学习和考察的机会。这从根本实现企业与员工的情感融合,赢得员工对企业的真情回报,使企业成为员工事业发展的载体。

施达集团坚持以法治企的主张。制度是企业可持续发展的根本保证,任何人都不得超越制度并凌驾于制度之上,消除特权,人人平等,和谐干群关系由此产生。

集团倡导简单和温馨的人际关系。反对员工给领导送礼,欢迎领导请员工做客;反对拉帮结伙;反对议论、干涉别人的私生活;反对员工在办公场所吵闹;主张员工之间要相互关爱;创建集团"友善助人基金",资助员工解决突发困难;营造团结、友好、温馨的团队氛围,使企业成为员工温暖的家。

施达文化的核心:做人诚信,处事公正,关系简单,生活开心,成果分享。

《施达员工手册》是施达文化的集中体现,每年要进行更新完善。

《施达之歌》是施达文化的重要组成部分,经常进行歌唱。

《施达报》是施达文化的主要阵地和主要传播途径,将它办得越来越好。

《施达网上协同办公系统》是施达管理和施达文化交流的重要平台,不断地进行完善,让它为施达的健康发展服务。

坚持每周一上班背诵《员工上岗三句话》和齐唱《施达之歌》,让员工增强自信心,增加危机感,牢记服务宗旨,热爱施达这个家。

让员工相信:团结就是力量,民主产生智慧,公正产生和谐,高薪产生自信,法制产生秩序。施达集团内部已形成一种健康、向上的和谐氛围和具有自身特色的施达文化,为建立和谐劳动关系奠定了坚实基础。

二、法制产生秩序

施达集团认真贯彻执行《劳动法》《劳动合同法》等法律,建立完善全体员工劳动合同制度,对劳动合同签订、续订、解除和终止等各个环节都作了明确合法规定,劳动合同签订率达100%;集团给每位员工及时足额地缴纳社会保险;执行国家法定节假日相关规定,加班及时进行调休或依法支付工资;病假期间依法支付病假工资;婚假5天,产假为98天,丧假5天,带薪年休假20天以内。劳动关系管理的法制化,创建了施达集团良好的诚信口碑,有效化解劳资纠纷,是和谐劳动关系的保证。

三、公正产生和谐

企业兴衰,人才为本。集团坚持干部能上能下的用人机制,坚持德才兼备的用人观念,坚持干部自己培养为主、引进为辅的原则。集团引入竞争机制,对集团中高层管理干部实行竞聘制,每届任期三年,并为此制定了集团用人标准、用人原则、任职条件、竞聘流程、考核考评等规定。这一机制让每个员工都有机会凭借自己的能力得以晋升,留住和培养优秀管理人才,提升了中层干部学习能力、工作能力和综合能力,打造了一支优秀的干部团队,整体提升了集团的经营管理水平和创新能力,保证集团战略和业务目标的实现,优秀员工价值得到充分体现,劳动关系更加和谐。

施达集团薪酬制度的指导思想是充分考虑单位对集团效益的贡献性和个人对公司效益的贡献程度以及知识性、技术性和创新性。集团全体员工实行统一薪酬模式,施达员工收入实行"岗位级别工资 + 浮动工资 + 绩效工资 + 工龄工资 + 岗位津贴 + 年终利润分红 + 个人项目投资分红"模式。集团所有员工工资级别按 500 元一级分为 1 ~ N 级,薪酬认岗不认人,岗位级别工资随岗位调整,按岗确定"岗位级别工资";按工作业绩考核获取"浮动工资";按单位绩效考核确定"绩效工资"的奖罚;按工龄计发"工龄工资";按岗位获取"岗位津贴"。年终员工可根据集团经营效益分类获得"年终利润分红",员工可自愿选择投资集团提供的投资项目获取合理"个人项目投资分红"。工作期间按规定发放电话费、交通补贴,员工出差报销出差费。

施达集团实行"重奖重罚"原则。集团每年评选优秀员工,集团组织优秀员工外出参观学习并给予奖励。集团鼓励员工提出有利于集团发展的合理化建议,一旦被采纳对集团产生经济效益的,集团将给予重奖。集团鼓励员工创新奖,设置 1 万元至 10 万元的创新奖项。对于工作中为集团做出较大贡献的单位或个人,集团将给予现金或调资奖励。若员工因个人原因使集团利益和形象受到损害的,除赔偿造成的经济损失处,集团将视情节轻重及影响程度给予相应的处罚。

公平公正的薪酬体系,科学的考评方法,明确的奖罚制度,廉洁的阳光收入,使每个施达人都要明白从集团董事长到普通员工的薪酬和奖罚,没有“红包”,没有“灰色收入”,实现个人收入与个人能力及单位效益挂钩的分配目标,让员工分享企业发展成果,使员工与企业形成了名副其实的利益命运共同体,夯实了和谐劳资关系的基石。

四、民主产生智慧

施达集团坚信民主产生智慧,逐步形成了施达的民主管理机制。

让员工成为企事业主人。集团政策规定来源于基层,都经过了员工认真讨论,充分尊重民意,使集团的政策规定得到绝大多数员工的高度认同。

加大民主公开的力度。《施达网上协同办公系统》和集团每个单位都设有“公示栏”,集团的政策制度、目标任务、人事变动、考勤考核、奖励处罚、福利待遇、评优表彰等都及时进行公示,提高透明度,保障员工知情权和监督权。

拓宽民主渠道。集团设立监察处,向各单位派驻监察专员,创办《施达报》,在《施达网上协同办公系统》中开设“员工意见和建议”专栏,设置意见箱等多种沟通渠道,通过多种形式广泛听取员工对于企业管理、发展、决策规章等各方面的意见和建议,鼓励员工实名举报各种违规违纪行为,为企业的发展和管理的改进建言献策。

没有考核的管理就不是管理。集团制作问卷定期对中高层管理干部进行民主测评,及时调整完善管理中存在的问题。集团每年进行员工对企业满意度问卷调查。集团对全体员工实行正负面清单考核管理,一月一考核。各类考评结果与职务升降、绩效奖罚、表彰批评等挂钩。

加强民主管理的结果,增强了员工的归属感,让施达成为员工的施达。

五、分享发展成果

施达认为沟通是增进友谊、化解矛盾的最佳途径。施达员工可在《施达报》上探索企业管理理论,分享学习心得,交流工作体会,发表个人意见。集团提供费用,规定各单位每年必须组织两次全体员工的交流活动,增进员工之间的感情。集团每年举办大型司庆暨职工趣味运动会,集团员工全员参与,增强部门员工之间的交流和沟通。集团每年组织职工篮球赛,丰富员工业余生活,增强员工集体荣誉感。集团每年举办年终酒会暨优秀员工表彰大会,邀请家属代表参加,表彰本年度优秀员工，发放老员工“金质纪念章”，表彰先进，鞭策后进，鼓励员工成为集团终身员工。各种交流活动中了解员工对公司工作的建议和意见，化解矛盾，达成共识。

施达认为企业应成为员工温暖的家园。集团全方位关爱员工，员工的亲生子女进入施达赛文学校就读期间，学费减免30%～50%，员工子女考入大学学习的，集团给予5000元的资助。员工及其直系亲属到施达百花草中医院就医的，享受诊疗费用20%的优惠。员工本人及其配偶和员工本人的亲生父母生病住院的，部门工会必须到医院看望。员工家庭中有红喜事，相关领导要到场恭贺。员工家中有丧事，单位领导必须到现场参与悼念，给予1000元的补贴并送一份祭品。

施达创立《施达友善助人基金》助员工排解突发困难。员工及其家属因患重病，在医保范围外自付费用负担过重的，员工家庭发生各种重大灾害，造成重大经济损失确有困难的，低收入员工家庭特困的都可申请《施达友善助人基金》资助。

平等的沟通，真诚的关爱，让员工把施达当成了温暖的家园、心灵的港湾，增强了员工对企业的依赖，员工稳定，劳动关系更加和谐。

在黄秋董事长的领导下，施达经过27年的发展积累，在企业文化构建、民主管理、激励约束机制、关爱员工等方面都要有了长足的进步，形成了企业和谐劳动关系。施达会进一步总结经验，逐步完善各项工作，实现施达集团“幸福施达、百年施达，成为全省乃至全国的知名企业”的奋斗目标。

执笔人：桂劲松

构建和谐劳动关系　打造和谐昊龙

云南昊龙实业集团有限公司

云南昊龙实业集团有限公司(以下简称云南昊龙集团)一直秉承中华民族的和谐文化,在企业文化中强调“和谐昊龙”,倡导以和谐求发展之道。对民营企业来说,和谐是无形资产和竞争力。

云南昊龙集团成立于1998年,20年来,集团紧紧抓住历史机遇,现已发展成为集铅锌钛矿采选冶、水电开发、房地产、建筑建材、化工、物流、金融、旅游为一体的集团化民营企业,现有参股、控股公司50余家,总资产达120亿元。集团以矿业、水电、房地产开发为主,建筑建材、化工等产业为辅,实现电矿结合,发展循环经济,不断延伸产业链。集团成立以来,累计实现销售收入218.75亿元,上缴税金25.52亿元,创造了8500个就业岗位,其中包括了456名下岗职工和100名残疾人。公司先后跻身于昭通市私营企业50强、云南省民营企业100强、云南企业100强、云南省优强企业、中国民营企业综合竞争力50强之列。集团先后获得“云南省2008年度社会扶贫工作先进集体”“中国优秀民营企业”“云南省十一五扶贫开发工作先进集体”“全国就业与社会保障先进民营企业”“全国民族团结进步模范集体”“昭通市十二五社会扶贫先进集体”等荣誉。集团公司党委书记、总裁马永升被评为云南省劳动模范和优秀中国特色社会主义事业建设者。集团主动承担社会责任,积极回报社会、提升社会服务水平。在教育、卫生、扶贫济困、文化建设等领域的善款捐助已超3.5亿元;在“发展思源、共同富裕”理念的指引下,集团大力扶持鲁甸县鸭子塘农业开发农民专业合作社开发,投入5亿元支持新农村建设,通过以工促农发展,鸭子塘新村已成为云南新农村建设的典范,得到了广大群众的拥护和各级领导的赞许。集团注重经营管理的和谐化、科学化,始终坚持“我们不是最好,但我们会做得更好”的发展理念,以“青春昊龙、和谐昊龙、品牌昊龙、百年昊龙”为目标不断努力。

劳动关系是员工在劳动过程中与企业形成的一种社会经济关系,是集团发展的基础。集团在发展的道路上一直注重和谐劳动关系的构建。

一、加强职工工资福利保障,切实维护职工的合法权益

1. 推行工资集体协商制度。工资问题是劳动关系的核心问题,也是关系到劳动者切身利益的问题,开展工资集体协商是促进劳动关系和谐发展的关键。

2. 适时调整工资。集团每年会根据当地最低工资标准的调整幅度,适时适当调整职工工资基数,以此来平衡物价和工资的关系。

3. 职工生活上作保障。集团为每个职工提供免费宿舍,免交水电费;每个职工在公司食堂用餐可以享受相应的餐补;集团开发的楼盘,内部员工购买会得到相应的优惠。由此,职工的生活质量、归属感、幸福感大增。

二、充分发挥企业在和谐劳动关系建设中的关键作用

1. 引导企业中高层管理者自觉学习劳动关系基本知识。通过学习能够深刻认识依法用工、主动履行社会责任的重要性,通过认识来指导管理行为。

2. 典型引路的方法。组织部分企业管理者到劳动关系和谐的企业参观考察,让他们亲身感受到和谐劳动关系对企业发展的好处。

3. 狠抓安全生产工作。集团与分、子公司层层签订安全目标责任书,并把安全生产工作纳入企业总体经营目标。安全生产事关广大员工的生命健康,事关企业的稳定发展。没有安全生产,和谐劳动关系就无从谈起。

三、加强企业工会和企业文化建设

1. 集团依法建立工会并定期组织召开职工代表大会。集团工会帮助和指导劳动者与企业签订劳动合同,确保劳动合同的平等性。

2. 集团收入分配方案经职工代表大会审议。企业经营者的年薪向职工代表大会通报,确保职工工资收入与企业经济效益同步增长。

3. 推行民主管理。坚持以职工代表大会为主要形式的民主管理制度,充分有效地保障职工的知情权、参与权、表达权和监督权。

4. 加强企业文化建设。以“青春昊龙、和谐昊龙、品牌昊龙、百年昊龙”为企业文化目标,把“和谐昊龙”作为文化核心,坚持以人为本,以职工为本,不断增强

集团的核心竞争力,实现集团与职工的“双赢”局面。

四、把职工作为构建和谐劳动关系的主体并充分发挥作用

1. 加强培训,提高素质。加强对职工的岗前和岗中培训,组织和引导职工学习科学文化知识;提高职工对法律法规的认知和维权意识;广泛开展劳动竞赛,提高职工综合素质,最大限度地激发广大职工主人翁意识和创造热情。

2. 加强宣传,提高认识。定期开展职工劳动关系知识宣传,引导职工与企业建立利益共同体、事业共同体,从而增强职工的企业责任心、爱岗敬业精神。

3. 组织文娱活动,丰富职工生活。集团每三年举办一届盛大的职工运动会,包含篮球、羽毛球、短跑、长跑、趣味等项目;定期组织书法大赛、摄影大赛、演讲比赛等。通过这些活动使职工的爱好能得到充分的发挥、放松压力的同时还增强了职工凝聚力。

4. 成立互助基金,为职工遮风挡雨。通过教育基金可以减轻职工子女上大学的负担;通过互助基金可以让困难职工感受到企业的温暖。

五、积极回馈社会,提升企业美誉度和自豪感

集团从成立以来,在教育、卫生、扶贫济困、文化建设等领域的善款捐助已超3.5亿元;在“发展思源、共同富裕”理念的指引下,集团大力扶持鲁甸县鸭子塘农业开发农民专业合作社开发,投入5亿元支持新农村建设(基础设施捐资建设),通过以工促农发展,鸭子塘新村已成为云南新农村建设的典范,得到了广大群众的拥护和各级领导的赞许。集团积极回馈社会的行为,一方面提升了集团的社会影响力,另一方面也极大地提高了职工的自豪感和荣誉感,为集团构建和谐劳动关系起到巨大的作用。

构建和谐劳动关系　推动企业发展

拉萨远大建材有限责任公司

一、公司基本情况

拉萨远大建材有限责任公司(以下简称远大公司)于2000年10月,经拉萨市工商行政管理局注册登记设立的有限责任公司,注册资金4000万元,属非公有制企业。公司总部位于拉萨市堆龙德庆区东嘎镇青藏路17号。现有员工280人,其中95%以上是当地藏族农牧民。远大公司在董事长洛桑金巴的带领下,经过17年的艰辛奋斗,现已发展成为水泥生产、页岩烧结砖制造、房地产租赁、物业管理、文艺演出的综合性企业。截至2017年年底,公司资产总额达到2.4亿余元,是公司初创时的40倍。累计上缴税金1.22亿元,已连续12年获得拉萨市、堆龙德庆区"纳税大户"荣誉称号。

远大公司下辖有远大公司水泥厂、西藏红墙烧结砖有限公司、拉萨远大物业管理有限公司、远大农民工艺术团。公司水泥厂由于拉萨北环路延伸段扩建工程需要,于2016年5月拆除。

西藏红墙烧结砖有限公司拥有两条年产6000万块(折合标准砖)页岩烧结砖生产线,主要生产290mm×190mm×115mm页岩空心砖、240mm×115mm×90mm页岩多孔砖和240mm×115mm×53mm页岩标准砖等新型墙体材料,生产线具有国内同类企业先进水平。

拉萨远大物业管理有限公司主要从事房地产租赁和物业管理。其经营的远大商厦是堆龙德庆区的商贸中心和物流中心,远大停车场是拉萨市西郊最大的停车场。

远大农民工艺术团成立于2005年,现有演职人员49名。2011年,为了推动西藏文化大发展、大繁荣,西藏自治区总工会把远大农民工艺术团升格为"西藏自治区农民工艺术团",由远大公司直接管理。

远大农民工艺术团,是参加西藏各种重大庆典活动的主力军,也是西藏电视台每年藏历新年电视综艺晚会的主要演职单位,并在全国各类大型歌舞比赛中获得了不少奖项。

二、构建和谐劳动关系主要做法

(一)加强组织领导

远大公司历来高度重视和谐劳动关系建设,根据《劳动法》和《劳动合同法》的有关规定,为切实维护好职工和公司的合法权益,选举成立了公司劳动争议调解委员会。委员会由一名工会代表、一名企业代表和三名职工代表组成。主要负责相关法律法规执行情况的督导、来信来访的受理、劳动争议的调解等工作。同时,根据《劳动争议调解仲裁法》规定,按照"预防为先、调解为主"的工作方针,完善劳动争议预防机制,切实维护职工的合法权益。公司劳动争议调解委员会下面成立了四个劳动争议调解小组,调解员分别由公司各部门、分公司认真评选,并经职代会通过。调解小组主要承担各部门、分公司的劳动争议调解工作。远大公司劳动争议调解委员会和调解小组的成立为构建企业和谐劳动关系,提供了坚强的组织保障,得到了全体员工的高度认可。

(二)制定调解办法

为企业劳动争议的有效调解,远大公司根据《劳动法》《劳动合同法》《劳动争议调解仲裁法》,经公司职代会审议通过,制定出台了远大公司劳动争议调解处理办法,明确了调解处理办法制定的依据、劳动争议调解范围、调解工作主管机构、调解处理劳动争议的原则及程序等,为有效调解和处理企业劳动争议,提供了制度保障。

(三)推行厂务公开

一是建立厂务公开的长效机制。为探索民营企业的科学管理方法,坚持全心全意依靠职工办企业的方针,维护职工知情权、参与权、监督权等民主管理权力,维护职工的合法权益,促进企业的科学发展,公司在 2001 年成立工会时,建立了职工代表大会制度,并依托职代会开展企业民主管理工作。2005 年,为加大"厂务公开、民主监督"工作力度,经第二届第三次职工代表大会审议通过了《关于推行厂务公开的实施细则》和《责任追究制度》。2006 年年初,公司制定了《职工代表大会制度实施细则》,进一步推进了企业民主管理工作。2015 年,公司又对厂务公开、民主管理制度作了进一步完善,并围绕企业“三重一大”和与职工切身利益有关的重大问题,实施民主管理和监督。

二是厂务公开的内容。厂务公开的主要内容包括:公司发展规划、重大投资决策等与公司经营管理和发展有关的重大事项;职工工资分配方案、工资集体合同、职工福利待遇、安全生产劳动保护和职业健康、“五险一金”的缴纳等与职工切身利益相关的重大决策;公司大采购、10 万元以上建筑工程招标等重要工作;公司中层副职以上管理人员人事任免等与党风廉政建设有关的情况;工会经费的计提和使用情况;职工代表大会审议财务预决算报告等方面的情况。

三是厂务公开的信息载体。公司通过召开职代会、股东会、季度会、周会等不同会议公开厂务信息。同时,创办专题宣传栏和公司月刊(现更名为远大之窗)公开厂务信息,让广大职工在管理和经营企业方面享有知情权、参与权、监督权。

四是厂务公开的程序。为确保公司在重大事项、重大决策、重要工作、人事任免等方面,让全体职工享有知情权、参与权、监督权,厂务公开一般走四步程序。第一,董事会或经营班子提出厂务公开工作方案;第二,经工会组织征求职工群众的意见;第三,根据工会和职工提出的意见,董事会和经营班子对方案作进一步的修改,不需要经股东会和职代会讨论的,直接发文实施;第四,需要提交股东会和职代会审议的,股东会、职代会采取“票决制”,形成决定或决议,交经营班子实施。这样,厂务在决策形成过程中做到了逐步公开。

五是厂务公开的监督机制。第一,工会与监事会的监督职能紧密结合,融为一体。公司工会委员作为职代会代表被选举为监事会主席,身兼两职,履行两种监督职能;第二,设置职工董事,在公司的五个董事中,有一名职工代表作为董事,参与公司重大决策的制定;第三,董事会或经营班子研究重大问题时,依照惯例邀请工会主席列席;第四,开展职工民主评议和年度考核,促进厂务公开;第五,每年对厂务公开工作满意度进行测评。自开展此项工作以来,职工对厂务公开工作的满意度均达到 98% 以上。

通过推行厂务公开制度,确保了重大问题决策民主化、公司职工人心稳定、劳资关系和谐融洽,已形成了独特的远大企业文化。2007 年和 2011 年,全国工商联、中华全国总工会两次授予公司“全国双爱双评先进企业”。2010 ~ 2016

年,全国总工会和国家安监局连续六年授予"安康杯"竞赛活动优胜企业。公司创建以来,还荣获国家有关部委颁发的"模范职工之家""厂务公开先进企业""劳动竞赛先进企业""工人先锋号""模范职工小家""五一巾帼标兵岗""劳动关系和谐企业"等荣誉称号。

2016 年 8 月 10 日,全国厂务公开民主管理西藏工作检查组对公司厂务公开民主管理工作给予了肯定和高度赞扬,认为远大公司厂务公开民主管理工作的一些做法可以向全国推广。

(四)重视源头治理

公司以解决职工群众特别是困难职工和弱势群体的实际困难、切实维护职工队伍稳定、促进企业和谐为目的,狠抓矛盾纠纷的源头治理。

一是全面执行劳动合同制。公司根据各级劳动部门的要求,对用工制度进行完善和规范,使劳动合同的签订、变更、续签、解除和终止的程序合法化。公司除临时雇用的短期季节工外,与员工的劳动合同签订率达 100%,工会还代表员工签订了企业集体合同和企业工资集体协商合同,全面执行劳动合同制。

二是关心员工身心健康。公司严格执行国家有关安全生产法律法规,重视职工的劳动安全和身心健康,不断改善企业职工生产生活条件。几年来,公司在环保方面累计投入专项资金 800 多万元,用于改善厂区工作环境。在安全环保等日常管理工作中,工会安全生产监督委员会和劳动保护监督检查委员会,每周对生产一线和子公司进行安全、环保、卫生、消防大检查,发现问题,及时纠正,限期整改,对整改不及时不到位,进行严肃处理。工会还开展"安康杯"竞赛活动,保证了"一法三卡"和"反三违"工作的顺利实施。为防止职业病危害事故的发生,每年定期为一线员工进行健康体检。还为职工修建经济适用房,以建筑成本价出售给职工,满足职工的住房需求。

三是狠抓矛盾隐患排查。为了将矛盾隐患排查工作落到实处,公司工会不定期到生产一线详细了解职工工作和生活情况,排查矛盾隐患,对困难职工和弱势群体的实际困难,公司工会给予支持和帮助。对特困家庭除了工会给予经济救助外,公司党支部采取一对一帮扶措施,组织动员党员结对帮扶特困户,帮助特困户渡过难关,有效促进了公司和谐稳定。

三、启示

（一）企业重视工会工作是构建和谐劳动关系的前提

远大公司能够构建和谐的劳动关系主要得益于公司高度重视工会工作，不仅在组织领导建设、制度建设，还是在厂务公开推行、矛盾纠纷源头治理、劳动争议调处等方面给予了高度重视，明确了责任领导、具体责任人及工作措施。如果远大公司不重视工会工作，在企业构建和谐劳动关系方面不可能取得这么好的成绩。

（二）依法依规治企是构建和谐劳动关系的重要保障

远大公司在治理和经营企业方面，严格遵守《公司法》《劳动法》《劳动合同法》等有关法律法规，而且在调处劳动争议和矛盾纠纷方面，制定了《远大公司劳动争议调解处理办法》等规章制度，为有效调解和处理劳动争议和矛盾纠纷提供了遵循，也为构建和谐劳动关系提供了制度保障。如果企业不遵守有关法律法规，没有一套管理制度，不可能建立和谐的劳动关系，也不可能经营好企业。

（三）充分发扬民主是构建和谐劳动关系的关键

远大公司历来高度重视民主决策，公司制定决策或生产经营，始终尊重职工的主人翁地位，树立了以职工为中心的发展理念，按时召开职代会，研究通过有关重大决定，有效推行厂务公开制度，让职工积极参与企业经营全过程，让职工充分享有知情权、参与权、监督权，让职工充分发扬民主。如果公司的民主得不到尊重和发扬，公司的决策和经营不可能实现科学化、民主化。

（四）关心职工疾苦是构建和谐劳动关系的基础

远大公司历来把职工当作企业最大的资本。为保障职工的合法权益，建立了企业工会组织，畅通职工利益诉求渠道，及时解决职工最关心的养老、住房、健康等问题，按照有关规定，给职工购买"五险一金"，给职工修建经济适用房，定期组织职工进行健康体检。这些举措推动了企业员工人心稳定和企业活力的进一步增强，也为构建和谐劳动关系打下了坚实基础。

执笔人：次仁顿珠

以人为本　构建和谐劳动关系

西宁方阳热力工程有限公司

西宁方阳热力工程有限公司成立于2011年12月,本公司是山东商会监事长单位,青海企业信用协会副会长单位。现将公司构建和谐劳动关系做法总结如下。

一、始终坚持“以人为本”的管理理念

构建和谐社会最重要的因素之一就是建立一种和谐的劳动关系。现代企业的管理理念,不再把员工看作技术因素,而把员工看作“具有内在的建设性潜力”,把员工当作一种使企业在激烈的竞争中生存、发展,始终充满生机与活力的特殊资源来刻意发掘。同时,企业不再把员工看作被管理和控制的工具,而是为员工提供、创造各种条件,使其主观能动性和自身的劳动潜力得以充分发挥。企业内部强调以人为本,就是以员工为根本,努力实现企业与劳动者两个主体利益要求上的“双赢”。如果员工处于被强制性管理的地位,要发挥他们的积极性和创造性是完全不可能的,甚至还会对企业和管理者产生抵触情绪和行为,从而阻碍企业发展,最终导致员工个人也遭受损失。同时,企业注重为员工创造宽松、舒心的工作环境,重视关注员工个人能量的充分释放。根据企业生产经营任务要求和目标,把各种人才巧妙地进行结合,做到用人所长、人尽其才、人尽其用。实现企业经营目标与员工利益的“无缝对接”,努力鼓励先进、塑造团队精神,以老员工带动新员工,互帮互学、提高技术。企业关心每位员工的家庭情况,对生活有困难的员工号召全体员工进行捐助,把所有员工的困难看作整个公司的困难,充分尊重和信任员工,尊重他们的人格、劳动和一切权益。坚持既要坚持教育人、引导人、鼓舞人,又要做到尊重人、理解人、关心人、帮助人。教育人就是利用多种形式教育员工的进取精神和效忠精神,使企业每个员工真正理解“企业兴

我荣、企业衰我耻”的道理；尊重人就是尊重人的人格，重视和重用人的才能；关心人就是生活上体贴，工作上支持，思想上关怀。如果员工之间出现矛盾立即安排党支部人员进行调解，经常开会督促员工互相团结，互相爱护。主要体现在一日三餐免费供应，而且中午必须达到四菜一汤；工资按月发放，从不拖欠；并经常组织员工搞文化聚餐、旅游活动等。无形之中营造了和谐的劳动关系，员工对企业的忠诚度逐渐提升，企业的凝聚力不断增强，企业顺利走向了良性发展的轨道。

二、全心全意依靠员工办企业

员工是企业的主人，“全心全意依靠员工办企业，办好企业为员工”始终是我们一贯的工作原则，也是企业践行中国特色社会主义的重要体现。随着国家经济体制改革的不断深化和经济结构调整力度的加大，企业劳动关系发生了急剧而深刻的变化，呈现出复杂多变、多元化的趋势。但是，无论企业遇到多大的困难和阻力，我们必须始终坚持“全心全意为员工”，树立“员工利益无小事”的管理理念。首先，全员签订《劳动合同》，其次，全员缴纳“五险一金”，再次，全员购买“意外伤害保险”，从而切实保障了员工的合法权益。在企业管理实践中，我们切身体会到加强民主管理的重要性，没有民主管理企业是治理不好的。企业民主管理，就是通过职工代表大会等形式让员工全员参与，这也是尊重和保障员工合法权益的体现。同时，建立行之有效的薪资激励机制，在企业管理中不仅能挖掘人的内在潜力，调动人的工作积极性，使企业得到长足发展，也能提高企业素质，增强企业活力，更好地贯彻落实各项规章制度，营造和谐劳动关系。企业的激励手段多种多样，其中物质、资薪激励是一种最基本的激励手段。因此，我们始终坚持：一是认真贯彻按劳分配、奖勤罚懒、关心职工生活等原则。彻底打破工资分配中的平均主义和大锅饭，建立健全一套符合现代企业要求的职工薪资激励机制。如薪金分配上的固定工薪、年薪、股权分配制，奖金分配、职务（岗位）津贴制，以及在此基础上的职务升迁（公开竞争）、调岗（岗位轮换）、淘汰（末位淘汰）制度等。二是物质激励与精神激励紧密结合。如果只讲物质忽视精神，势必导致员工目光短浅，急功近利，片面追求物质利益，滋生“一切向钱看”的思想，其结果可能产生不顾整体、损公肥私等弊病。如果只讲精神不考虑员工利益，员工就体会不到个人的劳动贡献与物质利益之间的关系，同样不利于调动员工的积极性。通过多种激励手段，提高了员工的主人翁责任感、鼓舞了工作热情、也促使员工努力学习专业知识和业务技能,造就了一支思想好、作风硬、技术精、业务熟的员工队伍,形成了和谐稳定的劳动关系,为提升企业经营管理水平、提高企业市场竞争能力打下了坚实基础。

三、发挥党组织的作用,促进劳动关系的协调发展

凡涉及企业生产经营重大决策,职工工资、奖金分配方案、劳动保护措施等都要通过党支部进行民主讨论决定。保障企业员工的工资报酬权在企业劳动关系要素构成中是最核心的权利,作为劳动关系一方的劳动者如果连工资报酬权也得不到保障,构建和谐的社会主义新型劳动关系就无从谈起。因此,我们为确保员工每月按时足额领取工资,做了大量工作。近年来,一些企业克扣、拖欠职工工资已成为一种普遍性问题,给社会稳定、企业发展带来了一系列严重后果,不仅直接影响职工的基本生活和社会保障,也成为职工致贫的主要原因之一。因此,不解决欠薪问题,就不可能建立和谐的劳动关系,我们从规范工资分配入手,建立和完善工资支付信用制度、工资支付办法、工资支付报告制度,以及员工工资正常增长机制等。

四、不断加强企业文化建设

企业文化是企业生存的基础,对企业可持续发展具有重大影响,尤其在对内建立和谐稳定劳动关系、增强企业凝聚力,对外提升企业形象方面具有重要作用。我们始终高度重视企业文化建设,并狠抓落实,认真挖掘和提炼企业精神,培育企业整体价值观,不断提高企业领导者的自身素质,培育企业家精神整体价值观,以企业全体员工为轴心、以共同价值观为核心,努力塑造培育优秀、独特的企业文化、信用文化、品牌文化、行业个性文化,使企业成为一个人人都有共同的价值观念和历史使命感、主人翁责任感的有机整体,让每一位员工都在从事最有效的工作,企业和员工都能有步骤地走向新的成功之路。

执笔人:李洪科

多措并举　凝心聚力　构建和谐广元

宁夏广元新能源投资集团有限公司

宁夏广元新能源投资集团有限公司(以下简称宁夏广元集团)公司成立于2011年7月,注册资金1亿元,是一家集金融服务、现代农业、信息科技、创业孵化为一体的跨区域多元化集团公司,总部位于宁夏固原市经济开发区广元写字楼。下辖7个子分公司、2个党支部、1个国家级创业示范基地、2个区级示范平台,涵盖7个业态。现有员工108人,党员31名,平均年龄30岁,大专以上学历91人。近年来,宁夏广元集团在各级领导的正确领导和大力支持下,积极开展创建劳动关系和谐企业活动,并取得了明显的成效。主要有以下几个特点:

一、建立健全组织,制定实施方案,广泛发动宣传,打好基础

自2013年公司工会成立以来,我们始终把建立健全工会组织作为构建和谐劳动关系的重要抓手,建立健全了职工代表大会、女职工委员会、劳动保护委员会、劳动争议调解委员会、企务公开小组等工会内部组织。

结合自身实际情况,拟定了和谐劳动关系创建实施方案,活动有组织、有计划,形成了由党支部书记任组长,党支部、行政、工会、集团各职能部门齐抓共管、各司其职、协调配合、实事求是、注重实效共同搞好劳动关系和谐企业创建工作的良好局面。

二、建立集体合同、劳动合同、工资协商和劳动争议调解制度

为更好地执行国家《劳动法》和《工会法》,最大限度地减少企业与员工的矛盾,促进达成共识,集团公司制定了劳动合同制度、集体合同制度、工资协商制度和劳动争议调解制度,并召开职代会对各项制度表决、完善,使集体合同制度、工资协商制度、劳动合同制度、劳动争议制度更能体现员工利益。

1. 规范完善全员劳动合同制度,维护职工的切身利益。依法与职工签订劳动合同,劳动合同签订率100%。劳动合同内容全面、合法,劳动合同签订、续订、签证、解除和终止等各个环节程序规范、管理完善。工会全程指导帮助职工签订劳动合同,并督促引导职工遵守劳动合同,按照劳动合同的约定行使权利、履行义务,无违反劳动合同的现象。

2. 完善集体合同签订程序。公司工会先召开公司工会代表座谈会,征集员工意见,意见汇总后,与公司领导协商达成共识并签订集体合同。公司集体合同监督小组每年对合同履约情况进行2次监督检查,形成书面意见,向职工反馈。目前履约率100%,职工满意率100%。

3. 完善工资协商机制。每年,根据大多数员工提出的不公平工资分配项和当地最低工资保障,进行一次工资协商。公司实行基本工资+岗位工资+绩效工资+奖金福利,根据岗位不同,技术高低,贡献大小按劳分配。建立完善了职工工资增长机制,从未发生无故拖欠、克扣的情况。公司还积极为职工办理“五险一金”等各项社会保险,并通过市总工会给员工办理了团体意外险,解决了员工的后顾之忧。

4. 在调解劳动争议方面,公司成立了劳动争议调解委员会,依法及时调解劳动争议,使劳动矛盾化解在公司内部。目前,公司已有劳动争议调解员15名,公司劳动争议调解成功率为99%以上,并实现了企业职工上访“零纪录”。

5. 切实维护女职工权益保护,针对公司女工多,比较分散的特点,每年三八节举办女工座谈会,对在年度工作中业绩突出的女工进行表彰奖励。在实际工作中,遵守国家关于女职工劳动保护规定,没有出现侵害女职工特殊权益的现象。

三、坚持民主管理,发挥工会作用,搞好企务公开

1. 建立职代会制度,进行民主评议,推行网上公开。每半年召开一次职工代表大会,确定课题,下发民意调查表,组织调研,在改善劳动条件、劳动安全保护、保险福利、协调劳动关系、职工业余生活等方面取得了明显效果。

2. 充分发挥工会组织优势,在企业和员工之间搭建和谐相处的平台,提供双向沟通、交流的渠道,最大限度地把员工组织到工会中来,形成集体的力量,增强员工在劳动关系中的主体地位。

3. 在开展企务公开工作中,通过公告栏、网站、内部期刊、调度会、微信平台

等形式,定期发布企务信息,及时让员工知企情、参企政、议企事,真正让职工树立了企业主人翁意识,调动了职工的积极性和主动性。

4. 牢固树立安全经营的意识。专门成立了风控部和安全保障部,设置了专职风控专员和兼职安全员,设立了劳动保护监督委员会,依法督促企业加强劳动保护和安全卫生管理,完善了劳动安全条件,确保了职工安全劳动和企业安全经营。

5. 建立了职工职业技术业务培训制度,制定实施了安全经营事故应急救援预案。通过定期开展预案演练,举办职工岗前培训、专业技能培训、特殊岗位培训等,不断提高职工技能素质,并对特殊岗位和重点区域设置了醒目的安全警示标志,提高了员工的安全意识,减少了安全隐患。

四、坚持以人为本的管理理念,凝心聚力实现“双赢”

始终奉行“以人为本”的现代企业管理理念,不是简单地把职工看作技术因素,而是作为“具有内在的建设性潜力”的因素对待,充分挖掘职工的生机与活力,发挥他们对企业参与激烈竞争和生存发展的重要作用;不是简单地把企业职工看作置于“严格监督与控制之下”的被管理者,而是为职工创造提供各种条件,使其主观能动性和自身的劳动潜力得以充分发挥。企业始终坚持以人为本,以职工为根本,努力实现企业与劳动者两个主体利益的“双赢”。在注重为职工创造宽松、舒心的工作环境的同时关注职工人性能量的充分释放。集团公司根据年度经营任务要求和目标,把各种人才巧妙的进行结合,做到用人所长、人尽其才、人尽其用。实现企业经营目标与职工利益的“无缝对接”,努力鼓励先进、塑造团队精神。

1. 在选拔人才上,落实绩效考核办法,坚持德才兼备、以德为先,摒弃用人的不正之风,选贤任能,不拘年龄、学历、资历界限,平等竞争,择优上岗,开展“评先树优”“示范岗”等活动,提高各类先进个人的工资和福利待遇,为不同层次的员工提供广阔的发展空间,为各类人才的发展提供宽广的职业通道,营造各类人才健康成长、脱颖而出的氛围。

2. 集团大力开展“双培”工作,将业务骨干培养成党员,将党员培养成业务骨干,目前已有20余名骨干加入党组织,有15名党员成长为企业骨干甚至高管,在带动引领企业创先争优,高质量高标准完成既定任务的同时,使党的思想政治优势、组织优势和群众工作优势在企业内得到了充分发挥。

3. 建立人才长期培养制度,实施股权和期权激励,深化人才创新战略。2013

年,集团公司首次启动股权激励机制,分配800万股份给9位优秀业务骨干,目前其中8位已成为企业独当一面的高级人才,走上集团高级管理岗位。2017年,集团公司再次启动股权激励机制,分配500万股份给25名业务骨干和优秀基层员工,逐步形成了多层次的梯度人才培养机制,差异化激发员工爱岗敬业的主人翁意识,成就员工人生,实现"双赢"。

4.通过建立全员定岗、季度晋升、岗位竞聘等制度,使有抱负、有特长、想干愿意干的各级员工,不断涌现出来并给予合适的岗位,展现才能和施展抱负。

通过多年来坚持"以人为本"的管理理念,我们深刻地感觉到,这样的做法既能够营造和谐的劳动关系,又能够提升职工对企业的忠诚度,更能够增强企业的凝聚力,使企业迈入良性发展的轨道。

五、加强企业文化建设,创建和谐企业文化

企业文化是企业生存的基础,对企业可持续发展具有重大影响,尤其在对内建立和谐稳定劳动关系、增强企业凝聚力和对外提升企业形象方面具有重要作用。企业文化建设是一项长期的、需要不断创新的系统工程,集团公司高度重视此项工作,成立了企业文化建设小组,全面规划,狠抓落实。

一是企业文化建设与企业发展战略相适应、与企业经营和做好各项工作紧密结合。

二是认真挖掘和提炼企业精神,培育企业整体价值观。

三是不断提高企业领导者的自身素质,培育企业家精神整体价值观。

四是以企业全体员工为轴心、以共同价值观为核心,努力塑造培育优秀、独特的企业文化、信用文化、品牌文化、行业个性文化,使企业成为人人都有共同的价值观念、历史使命感和主人翁责任感的有机整体,让每一位员工都从事最有效的工作,企业和员工都能有步骤地走向新的成功之路。

今后,广元集团将继续坚持以人为本,不仅要做到为了企业员工的现实利益,满足企业员工的现实需要,发挥企业员工的现实能力,还要在推动企业全面协调可持续发展的基础上,带领企业员工增强体魄,提高素质,提升才能,成就事业,不断促进广大企业员工全面发展。

执笔人:杜　宁

丰富企业文化　构建和谐福苑

固原福苑实业有限公司

固原福苑实业有限公司(以下简称福苑公司)是一家以餐饮、住宿、婚庆为主的非公有制企业。目前,公司有六家分店和一家职业培训学校,现有员工460人。公司自成立以来,牢固树立“以人为本,诚信经营”的宗旨,不断加强内部管理,优化就餐环境,提升服务品质,一切以顾客满意为前提,创造出自己的特色与品牌。福苑的和谐文化正焕发出独具特色的魅力,成为深化改革、加快发展、做大做强的主旋律,犹如一张坚韧而有力的网,连接着企业、市场和员工,托起了一片崭新的发展天地。

一、坚持诚信经营,强化优质服务

福苑公司自成立以来,始终坚持“以人为本、诚信经营”的宗旨,以顾客满意度为第一目标,不断在菜品和服务质量上下功夫。在原料采购方面,货比三家,优质选优,严把质量关、卫生关,杜绝一切安全隐患。在菜品质量方面,做到“味道好、口感佳、分量足、价最低”,用特色菜品吸引顾客,用优质环境留住顾客,用真情服务打动顾客,公司提供的每一项服务、推出的每一道菜品,都要站在客人立场,处处为客人着想,真正意义上创造出自己的特色与品牌。在信用建设方面,不断完善信用制度和信用体系,以诚为本,恪守信用,让利于顾客,与合作伙伴、客户建立起融洽的合作关系,用优质的菜品和服务,获得社会合理的回报。

企业对员工诚信,才能激发员工的工作积极性和热情,才能创造出优质的产品和良好的服务,从而达到企业和员工的“双赢”。近年来,福苑公司利用业余时间有计划、有步骤地安排员工进行各类诚信教育,组织他们学习《弟子规》《公民道德建设实施纲要》,开展道德讲堂、四德建设等活动。如今,福苑公司的每位员工都会用自律来增强诚信意识。通过有效的激励机制加强对全体员工诚实守信道德观念的教育,使员工能够积极融入企业这个大家庭中,做到诚实正直,表里如一,以企业为先,以集体为先。

二、健全组织机构,保障员工权益

员工是企业的主人,企业是员工的家庭。为了保障员工利益,公司成立了党支部、团支部,工会、妇委会等组织,坚持每年召开一次员工代表大会,倾听员工心声,维护员工权益,为企业的和谐、稳定、健康发展奠定了良好基础。公司坚持推行厂务公开,在工会的监督下,公司领导对员工关心的热点问题进行公开解答。广泛推行民主评议制度,每月、每季度、每年底对员工各方面进行民主评议考核测评,并将评议考核结果列为员工奖惩、晋升的重要内容。通过公示考核结果,消除了员工顾虑,激发了员工动力。

企业的发展壮大离不开员工的艰苦创业,员工的生活改善离不开企业的关爱,企业与员工之间只有和谐相处,才能开拓创新,健康发展。公司自成立以来,认真贯彻《劳动法》《劳动合同法》等法律法规,与员工签订劳动合同,签订率达到100%。为员工购买养老、医疗、工伤、失业、生育等社会保险。同时不断提高和改善员工福利待遇,每年工资上涨比例15%以上,现员工平均工资达3200元,并按期发放到位,从不拖欠员工工资,每月根据经营情况发放奖金。各项福利待遇的改善和提高,让员工充分体会到公司的人性化管理,深刻感受到公司浓郁的文化氛围。

三、重视技术培训,提高员工素质

公司发展中把“关心人的成长、尊重人的价值、理解人的动机、信任人的才能”作为一切管理工作的出发点和归宿,树立起“企业有发展,员工就有舞台”的用人观念,营造出“诚信、和谐、责任、共赢”的企业文化,广招人才,给有能力的人施展才华的机会,建立了一套较为完整的吸引、培养、留住、用好、激励人才的用人机制。每年公司制定系统、全面、严格的培训方案,有计划地采取送出去、请进来的方式进行技术培训,定期举办各类培训班,邀请专家教授来公司授课,与各大培训公司签订长期培训合同,经常性外派员工观摩学习,与宁夏及周边城市各大酒店、餐饮企业建立起了良好的合作关系,公司每年用于培训的费用达80多万元,现有12名员工取得中式烹饪技师资格证书,32名员工取得中式烹饪高级资格证书,使员工队伍的整体素质不断提高,为企业不断地发展奠定强劲动力。

四、关心员工生活,营造和谐氛围

公司党支部成立于2007年6月,现有正式党员22名,预备党员3名,入党积极分子20多名。支部经常开展党建活动,从思想上关爱员工,根据党员的分布情况,划分党员联系片,一名党员联系多名员工,搭建党员、一线员工思想交流平台,经常向员工宣传党的方针、政策,及时向党组织汇报员工思想问题,加强员工的思想教育、舆论引导工作。开展评先选优活动,向获得"年度优秀员工","年度营销能手"等荣誉的员工家庭发喜报,增强员工的荣誉感、归属感。公司党支部以培育关爱文化为载体,关爱员工,根据公司工作实际,在各岗位设立党员示范岗,党员发展模范带头作用,带动广大员工团结协作、爱岗敬业,努力工作,有力地促进企业和谐快速发展,使公司服务品质不断提升,效益快速增长。

公司高度重视员工的精神文化生活,倡导健康的企业文化,在节假日开展丰富多彩的文化体育活动。如"三八"妇女节举办演讲比赛、五四青年节举办健身操比赛、中秋节举办卡拉OK比赛、春节举办联欢晚会,在经营淡季组织全体员工外出观光旅游。公司还建起了图书阅览室、篮球场,购置各种娱乐健身器材,并成立了篮球队、文艺队,经常参加各种文化演出和比赛活动,受到社会各界的广泛好评。公司逐步形成"阶梯式"福利政策 具体为:为正式员工按国家政策缴纳"五险一金"及意外伤害保险;为工龄满两年员工发放第十三个月工资;为工龄满三年员工发放取暖补贴;为工龄满四年员工实行健康管理;为工龄满五年员工父母发放生活补助金;为工龄满八年员工分配分红股。通过各项福利政策的实施,让员工真真切切体会到公司大家庭的温暖,促进了企业劳动关系的和谐。

五、积极奉献社会,实现企业价值

福苑公司在发展壮大的同时,广泛参与捐资助学、抗震救灾、帮贫济困等公益活动,多年来累计为社会捐助资金300多万元。公司与原州区彭堡镇曹洼村村委会开展精准帮扶,经常组织党员与农村党员座谈交流,并看望慰问老党员,关爱孤寡老人,每个党小组帮扶3个建档立卡贫困户,帮助他们脱贫致富。这一系列公益性活动的开展,不仅树立了公司良好形象,而且赢得了社会各界的广泛赞誉。公司先后被评为“全国商贸流通服务业先进集体”“国家级守合同重信用企业”“中国清真餐饮特色名店”“中国丝绸之路十佳餐饮品牌”“宁夏诚信企业”等多项荣誉称号。

执笔人:岳治鹏

积极构建和谐劳动关系　以和谐促稳定　以稳定促发展

宁夏百川电力股份有限公司

随着社会经济的快速发展,企业劳动关系日趋复杂化,构建和谐劳动关系显得更为重要。和谐的劳动关系不仅可以使劳动成为一种有价值有尊严的活动,还将成为一种社会享受。多年来,以和谐促稳定,以稳定促发展,致力构建和谐劳动关系,一直是宁夏百川电力股份有限公司长远发展的战略目标,也是公司的工作实践。

把职工看作“不可替代的战略资源”,把职工当作一种使企业在激烈的竞争中生存、发展,始终充满生机与活力的特殊资源来刻意发掘是宁夏百川电力股份有限公司的宗旨。坚持把促进企业发展和维护职工权益作为构建和谐劳动关系的出发点和落脚点,只有企业与职工和谐发展、互利共赢,才能有效地促进企业的健康发展,切实维护职工权益。

一、提高认识,加强对创建和谐劳动关系的领导

宁夏百川电力股份有限公司成立于2008年,是一家以电力工程施工“总承包+电力智能”运行维护、送配电工程等为主,兼技术咨询服务、电力业务代理、电力设备租赁以及发、输、配、变用电设备产品销售的多元化公司。公司是西北五省第一家挂牌上市“新三板”电力工程企业。

公司高度重视“和谐劳动关系”,把构建“和谐劳动关系”作为一项“一把手”工程,认真抓好并且贯彻落实。

一是建立协调组织机构。成立协调劳动关系领导小组,公司董事长任领导小组组长,下设办公室,负责具体工作的落实;公司各部门积极配合协调工作,切实把协调劳动关系作为一项重要工作抓好抓实。

二是建立制度,规范操作、依法治企。建立和谐稳定的劳动关系,必须以国

家劳动法律法规、政策及劳动标准为依据,以劳动关系双方自主协调为基础。企业领导和干部要学法、懂法,依法办事。全面加强劳动合同管理。公司建立例会制度,领导小组定期召开例会,及时发现问题、研究存在问题,并提出对策,解决问题,促进工作顺利进行。

三是加强宣传工作力度。公司通过专栏、公司会议下发文件等多种形式,大力宣传“以人为本、利益兼顾、共谋发展、共享成果”的管理理念和“和谐劳动关系”对企业健康发展的重要作用,积极引导和发动广大职工支持参与,共同营造良好的劳动关系氛围,切实把构建和谐劳动关系放在了重要位置,持之以恒,常抓不懈。

二、发挥党员的先锋模范作用

让党员成为骨干,把骨干发展成党员。首先,把企业优秀人才培养成入党积极分子。对他们加强培训,注重党的知识、现代管理等方面的政治理论培训,激发他们的政治热情,为他们积极要求进步创造必要的条件。其次,把企业党员培养成科技能手、生产骨干和管理行家。按照因人制宜、分类施教的原则,对党员明确培养目标,优先进行岗位培训,促其全面发展,使之成为复合型党员;通过设立“党员示范岗”“党员责任区”等各类主题实践活动,在企业党员队伍中不断掀起岗位“争优”、技术“练兵”热潮,发挥党员的先锋模范作用,使之成为企业的生产骨干;挑选出政治素质优良、工作业绩突出、群众威信较高的党员作为中层干部后备梯队,让他们承担急、难、险、重任务,促使他们在生产科研和经营管理的风口浪尖砥砺成才。

三、关爱到位,体现企业温暖

切实保障企业职工的工资报酬权及福利待遇。薪酬是对员工在岗位工作业绩表现的认可和价值体现。

一是公司建立健全了一套符合企业自身要求的《薪酬管理制度》。根据岗位类别的不同,实行分类管理,着重体现岗位价值和个人贡献,鼓励员工长期为公司服务,与公司共同成长,共享公司发展所带来的成果。薪酬结构为:工资总额=固定薪资+浮动薪资,包括基本工资、岗位津贴、职务津贴、技术津贴、交通津贴、通信津贴、全勤津贴、社保津贴、工龄津贴、绩效津贴、奖金提成等。工资分为十二岗 36 档,只要员工重视团队的协助和个人技能的增长和能力的提高,薪酬范围也会增加。这样,引导员工不需要为薪酬的增长、职位晋升等方面的问题煞费苦心。

二是为全面客观评价公司员工,充分体现工作能力和贡献的价值回报,充分调动公司员工工作的积极性和责任感,不断提高素质能力和工作绩效。全面贯彻公司各项管理制度和工作计划,本着"客观公正,奖优汰劣"的原则,公司制定了《薪酬调整管理办法》。通过制定有效、客观的考核指标,对部门、职员进行全面、科学、动态地衡量和评定。每次考核将考核期内员工的工作业绩、考勤记录和工作纪律进行动态分析,数据进行量化,尽量避免个人主观因素影响考核结果的客观性,结果与工资调整直接挂钩。确保员工工作能力与岗位薪酬相匹配,保证企业内部薪酬的公平性。

三是依法维护职工的合法权益。公司严格按照《劳动法》规定,实行职工每日工作 8 小时、每周工作 40 小时的工作制度,认真贯彻执行国家法定节假日休息、婚假、丧假、探亲假、产假和带薪年休假等制度,并按标准支付了职工工资。积极参加养老、工伤、生育、失业、医疗五大社会保险,并按时足额交缴各项保险费用。认真做好职工的生日聚会,为每一位过生日的职工送上生日蛋糕和祝福;对每位职工的婚事、丧事进行慰问并提供一定金额的慰问金,使之形成制度。为每一位一线职工和特殊作业人员投保"意外伤害险",保额不低于 60 万元,有力地保障了职工的合法权益。

四、加强企业文化建设,凝心聚力

企业文化是企业生存的基础,对企业可持续发展具有重大影响,尤其在对内建立和谐稳定劳动关系、增强企业凝聚力,对外提升企业形象方面具有重要作用。

职工文体活动作为企业文化建设的一个重要组成部分,开展职工文体活动有助于舒缓员工因长期工作后疲乏的心态,同时能减少职工由于单一的操作环节所形成精神倦怠和行为惯性。为员工培养才情提供条件,能够满足他们健康向上的精神需求,体现企业文化"以人为本"的理念。开展职工文体活动有助于将员工的个人意识行为转化为集体意识行为。文艺活动具有目的的统一性、动作的协调性、整体的合作性、信息的沟通性,能够有效地带动参与者走出个人的思维范畴,达成集体的共识,从而达到加强员工凝聚力的作用。公司每年五一、中秋或元旦举办各种形式多样的比赛,如春节联欢会、趣味运动会、拔河、羽毛球、团体歌唱、登山比赛等活动,对取得优异成绩者给予一定的物质奖励。文体活动对提高职工集体荣誉意识、增强企业凝聚力方面的影响具有非常重要的作用。

五、开展多种培训,提高职工综合素质

为创建学习型企业,建设知识型职工队伍,培养知识型、专业型、复合型员工,公司每年定期采用企业内部培训与外送培训结合,专题上课与以考代训相结合等形式,强化安全宣传教育和职工应知应会知识学习,强化岗位技能和安全资格培训。累计培训员工400余人次,投入培训资金100余万元。通过执行力的培训,5S现场管理,团队建设培训,员工技能的培训等活动,员工得到了更好的教育,有了自豪感、尊严感,大大增强了员工的综合素质。对于中高层管理者,公司组织引进上海浙江等外部培训,提高了管理者创新管理、适应环境的能力、团队建设能力,确保了和谐劳动关系的构建。

执笔人:詹文婷

构建和谐劳动关系　促进企业稳步发展

新疆农六师煤电有限公司

新疆农六师煤电有限公司成立于2009年，是山东信发集团积极响应西部大开发号召，依托当地政策和资源优势，大力发展循环经济，投资兴建的一家集发电、电解铝、碳素、铝深加工及物流等于一体的大型民营企业。公司现有职工4200余人，并组建了党、工、团、妇等各组织机构。目前项目总投资已经超过300亿元，拥有364万千瓦发电机组装机容量、190万吨电解产能、80万吨碳素和170万吨铝深加工能力。2017年，公司生产原铝170万吨，发电211亿千瓦时，生产碳素90万吨，铝深加工98万吨，实现产值274亿元，同比增长13.7%，极大地推动了兵团新型工业化建设。

公司在发展过程中始终坚持以人为本的发展原则，坚持组织机构与权利落实相结合，坚持法律约束与人文关怀相融通，坚持把广大职工最关心、最直接、最现实的利益实现好、维护好和发展好。几年来，公司先后被评为"全国就业与社会保障先进民营企业""全国双爱双拼企业工会""全国职工教育培训示范点""青年就业创业见习基地""兵团非公有制企业'诚信守法'先进企业""兵团五四红旗团委"等。

一、坚守法律法规，建立互利"双赢"的职企关系

《劳动法》是职企关系的基础。公司始终把依法保障职工的合法权益放在工作的第一位，积极学习《劳动合同法》及其实施条例，认真落实相关法律法规。第一，公司积极与职工签订劳动合同，签订率100%，履约率90%以上，具有无固定期限劳动关系的员工达35%，两次期劳动合同人员占46%，首次期劳动合同占19%。第二，制定科学的薪酬制度，实行绩效挂钩的工资考核，依法推进工资集体协商制度，自2009年以来职工工资先后调涨了11次，每次调涨人均不少于

300 元。到目前人均工资达 7800 元/月,处于新疆同行业领先地位。第三,严格实行法定工作时间及节假日制度,实行生产系统职工每日工作 8 小时、每周 40 小时工作制度,认真贯彻执行国家法定节假日休息、婚假、产假、丧假、探亲假制度,所有员工实行带薪休假。第四,随着自动化程度的不断提高,公司积极开展转岗工作,将精简下来的员工通过再培训,转移到新建项目中去,让他们在新投产的项目中继续发光发热。通过合理转岗,公司几年来无一人下岗。第五,注重劳动安全保护,每年仅劳保福利一项投资超 600 多万元,安全帽、工作服(冬夏)、安全手套、劳保鞋等保护用品一应俱全。全方位保障职工合法权益,以此凝聚职工向心力,带动职工生产积极性,实现职企"双赢"。

二、重视工会组建,将民主管理融入企业管理中

2011 年,在兵团和兵团第六师工会、工商联等部门的积极倡导和大力支持下,公司认真按照《中国工会章程》和《工会法》组建了公司工会组织,并按照"广普查、深组建、全覆盖"集中行动的工作要求,深入推进"双措并举,二次覆盖",在公司已形成了党委领导、行政支持、工会运作的工作格局。目前公司拥有基层工会组织 5 个,工会小组 200 多个,工会会员 4200 余人,入会率达 100%。公司严格按照工会十六大会议精神和《关于构建和谐劳动关系的意见》办公,全面深化改革的总目标,不断激发工会组织活力,有效预防和化解企业矛盾体制。在实际工作中,通过每年一次职代会和不定期职代联席会,让广大职工参与到公司的制度建立和生产决策中来,"让广大劳动者共享改革发展成果",切实推进企业管理的科学化、民主化。2015 年,公司两度召开职代会,先后审议通过了《生活生产安全管理办法》和《"四风"整改实施方案》,2016 年审议通过了《讲文明,树新风,提素质实施方案》,以实际行动将决定权交予广大职工,提高了民主管理的透明度和公信力。在生产工作中,深入开展了争创"安全年""效益年""创新年"活动,树立典型模范,以点带面,提高生产积极性,促进了公司经济效益节节攀升。

三、加强教育引导,打造高素质员工队伍

习近平总书记指出"我国工人运动的时代主题,是为实现中华民族伟大复兴的中国梦而奋斗"。职工队伍的思想道德素质和文化技能水平,是振兴中华民族的重要保证,更是企业的核心竞争能力。为适应公司持续有效和谐发展,公司致

力打造一支过硬的职工队伍，注重从人力、物力、财力等方面对提高职工素质予以支持。近年来，公司投资300多万元，购置主体工种教材9个，添置了一批教学机具和仪器，每周分期举办5～6个课时开设安全生产以及劳动合同培训，每月进行一次安全演习和特种作业操作实赛。由于新招职工文化素质参差不齐，凡新进职工都必须进行岗前、岗中培训，即岗前素质教育及厂级、车间和班组“三级”技能培训。尤其是对语言不通或文化差异较大的回族、哈萨克族、蒙古族等17个少数民族500余人，开展了“师带徒”“一帮一”“一对一”传帮带活动，让他们更容易、更快地融入公司大集体中。公司积极倡导“快乐工作、健康生活”理念，在提高职工素质中自觉发挥“大学校”“大熔炉”作用，让职工以更好的精神面貌投入工作。

四、做好后勤保障，解决员工后顾之忧

为了更好地留住人才，稳定员工，公司投资1900多万元，建成了可容纳2000多人同时就餐的高标准餐厅，并设立的民族食堂；投资近2亿元建设12栋精装职工宿舍楼已全部入住使用，目前计划投资6000多万元在五家渠市购置272户楼房，彻底解决职工住宿之忧；投资200多万元建成了职工书屋、文化活动中心、卡拉OK厅、篮球场、乒乓球室、户外健身广场等场所，不断丰富职工业余生活。同时，为了让人才引得进、稳得住、留得下，公司给予表现优秀的、专业性强的带徒能手，办理了落户，可以享受师市的住房、医疗等一系列优惠政策。百年大计、教育为本！公司领导特别注重员工下一代的教育问题，统一解决员工随迁子女的入学就读问题。自建厂以来，公司共解决随迁子女统一入学近1000人，彻底解决了员工后顾之忧，获得到了员工的一致好评。此外，通过信发报和企业内网、餐厅投影仪等宣传公司文化，重大节庆举办联欢会、拔河比赛、演讲比赛等，丰富了职工业余文化生活。通过引入超市、医务室、理发店等，方便职工日常生活，让职工感受到家的温暖。

附　　录

中共中央　国务院关于构建和谐劳动关系的意见

中发〔2015〕10 号

（2015 年 3 月 21 日）

为全面贯彻党的十八大和十八届二中、三中、四中全会精神，构建和谐劳动关系，推动科学发展，促进社会和谐，现提出如下意见。

一、充分认识构建和谐劳动关系的重大意义

劳动关系是生产关系的重要组成部分，是最基本、最重要的社会关系之一。劳动关系是否和谐，事关广大职工和企业的切身利益，事关经济发展与社会和谐。党和国家历来高度重视构建和谐劳动关系，制定了一系列法律法规和政策措施并作出工作部署。各级党委和政府认真贯彻落实党中央和国务院的决策部署，取得了积极成效，总体保持了全国劳动关系和谐稳定。但是，我国正处于经济社会转型时期，劳动关系的主体及其利益诉求越来越多元化，劳动关系矛盾已进入凸显期和多发期，劳动争议案件居高不下，有的地方拖欠农民工工资等损害职工利益的现象仍较突出，集体停工和群体性事件时有发生，构建和谐劳动关系的任务艰巨繁重。

党的十八大明确提出构建和谐劳动关系。在新的历史条件下，努力构建中国特色和谐劳动关系，是加强和创新社会管理、保障和改善民生的重要内容，是建设社会主义和谐社会的重要基础，是经济持续健康发展的重要保证，是增强党的执政基础、巩固党的执政地位的必然要求。各级党委和政府要从夺取中国特色社会主义新胜利的全局和战略高度，深刻认识构建和谐劳动关系的重大意义，切实增强责任感和使命感，把构建和谐劳动关系作为一项紧迫任务，摆在更加突出的位置，采取有力措施抓实抓好。

二、构建和谐劳动关系的指导思想、工作原则和目标任务

(一)指导思想。全面贯彻党的十八大和十八届二中、三中、四中全会精神，以邓小平理论、“三个代表”重要思想、科学发展观为指导，深入贯彻习近平总书记系列重要讲话精神，贯彻落实党中央和国务院的决策部署，坚持促进企业发展、维护职工权益，坚持正确处理改革发展稳定关系，推动中国特色和谐劳动关系的建设和发展，最大限度增加劳动关系和谐因素，最大限度减少不和谐因素，促进经济持续健康发展和社会和谐稳定，凝聚广大职工为实现“两个一百年”奋斗目标、实现中华民族伟大复兴的中国梦贡献力量。

(二)工作原则

——坚持以人为本。把解决广大职工最关心、最直接、最现实的利益问题，切实维护其根本权益，作为构建和谐劳动关系的根本出发点和落脚点。

——坚持依法构建。健全劳动保障法律法规，增强企业依法用工意识，提高职工依法维权能力，加强劳动保障执法监督和劳动纠纷调处，依法处理劳动关系矛盾，把劳动关系的建立、运行、监督、调处的全过程纳入法治化轨道。

——坚持共建共享。统筹处理好促进企业发展和维护职工权益的关系，调动劳动关系主体双方的积极性、主动性，推动企业和职工协商共事、机制共建、效益共创、利益共享。

——坚持改革创新。从我国基本经济制度出发，统筹考虑公有制经济、非公有制经济和混合所有制经济的特点，不断探究和把握社会主义市场经济条件下劳动关系的规律性，积极稳妥推进具有中国特色的劳动关系工作理论、体制、制度、机制和方法创新。

(三)目标任务。加强调整劳动关系的法律、体制、制度、机制和能力建设，加快健全党委领导、政府负责、社会协同、企业和职工参与、法治保障的工作体制，加快形成源头治理、动态管理、应急处置相结合的工作机制，实现劳动用工更加规范，职工工资合理增长，劳动条件不断改善，职工安全健康得到切实保障，社会保险全面覆盖，人文关怀日益加强，有效预防和化解劳动关系矛盾，建立规范有序、公正合理、互利共赢、和谐稳定的劳动关系。

三、依法保障职工基本权益

（四）切实保障职工取得劳动报酬的权利。完善并落实工资支付规定，健全工资支付监控、工资保证金和欠薪应急周转金制度，探索建立欠薪保障金制度，落实清偿欠薪的施工总承包企业负责制，依法惩处拒不支付劳动报酬等违法犯罪行为，保障职工特别是农民工按时足额领到工资报酬。努力实现农民工与城镇就业人员同工同酬。

（五）切实保障职工休息休假的权利。完善并落实国家关于职工工作时间、全国年节及纪念日假期、带薪年休假等规定，规范企业实行特殊工时制度的审批管理，督促企业依法安排职工休息休假。企业因生产经营需要安排职工延长工作时间的，应与工会和职工协商，并依法足额支付加班加点工资。加强劳动定额定员标准化工作，推动劳动定额定员国家标准、行业标准的制定修订，指导企业制定实施科学合理的劳动定额定员标准，保障职工的休息权利。

（六）切实保障职工获得劳动安全卫生保护的权利。加强劳动安全卫生执法监督，督促企业健全并落实劳动安全卫生责任制，严格执行国家劳动安全卫生保护标准，加大安全生产投入，强化安全生产和职业卫生教育培训，提供符合国家规定的劳动安全卫生条件和劳动保护用品，对从事有职业危害作业的职工按照国家规定进行上岗前、在岗期间和离岗时的职业健康检查，加强女职工和未成年工特殊劳动保护，最大限度地减少生产安全事故和职业病危害。

（七）切实保障职工享受社会保险和接受职业技能培训的权利。认真贯彻实施社会保险法，继续完善社会保险关系转移接续办法，努力实现社会保险全面覆盖，落实广大职工特别是农民工和劳务派遣工的社会保险权益。督促企业依法为职工缴纳各项社会保险费，鼓励有条件的企业按照法律法规和有关规定为职工建立补充保险。引导职工自觉履行法定义务，积极参加社会保险。加强对职工的职业技能培训，鼓励职工参加学历教育和继续教育，提高职工文化知识水平和技能水平。

四、健全劳动关系协调机制

（八）全面实行劳动合同制度。贯彻落实好劳动合同法等法律法规，加强对企业实行劳动合同制度的监督、指导和服务，在用工季节性强、职工流动性大的行业推广简易劳动合同示范文本,依法规范劳动合同订立、履行、变更、解除、终止等行为,切实提高劳动合同签订率和履行质量。依法加强对劳务派遣的监管,规范非全日制、劳务承揽、劳务外包用工和企业裁员行为。指导企业建立健全劳动规章制度,提升劳动用工管理水平。全面推进劳动用工信息申报备案制度建设,加强对企业劳动用工的动态管理。

(九)推行集体协商和集体合同制度。以非公有制企业为重点对象,依法推进工资集体协商,不断扩大覆盖面、增强实效性,形成反映人力资源市场供求关系和企业经济效益的工资决定机制和正常增长机制。完善工资指导线制度,加快建立统一规范的企业薪酬调查和信息发布制度,为开展工资集体协商提供参考。推动企业与职工就工作条件、劳动定额、女职工特殊保护等开展集体协商,订立集体合同。加强集体协商代表能力建设,提高协商水平。加强对集体协商过程的指导,督促企业和职工认真履行集体合同。

(十)健全协调劳动关系三方机制。完善协调劳动关系三方机制组织体系,建立健全由人力资源社会保障部门会同工会和企业联合会、工商业联合会等企业代表组织组成的三方机制,根据实际需要推动工业园区、乡镇(街道)和产业系统建立三方机制。加强和创新三方机制组织建设,建立健全协调劳动关系三方委员会,由同级政府领导担任委员会主任。完善三方机制职能,健全工作制度,充分发挥政府、工会和企业代表组织共同研究解决有关劳动关系重大问题的重要作用。

五、加强企业民主管理制度建设

(十一)健全企业民主管理制度。完善以职工代表大会为基本形式的企业民主管理制度,丰富职工民主参与形式,畅通职工民主参与渠道,依法保障职工的知情权、参与权、表达权、监督权。推进企业普遍建立职工代表大会,认真落实职工代表大会职权,充分发挥职工代表大会在企业发展重大决策和涉及职工切身利益等重大事项上的重要作用。针对不同所有制企业,探索符合各自特点的职工代表大会形式、权限和职能。在中小企业集中的地方,可以建立区域性、行业性职工代表大会。

(十二)推进厂务公开制度化、规范化。进一步提高厂务公开建制率,加强国有企业改制重组过程中的厂务公开,积极稳妥推进非公有制企业厂务公开制度建设。完善公开程序，充实公开内容，创新公开形式，探索和推行经理接待日、劳资恳谈会、总经理信箱等多种形式的公开。

（十三）推行职工董事、职工监事制度。按照公司法规定，在公司制企业建立职工董事、职工监事制度。依法规范职工董事、职工监事履职规则。在董事会、监事会研究决定公司重大问题时，职工董事、职工监事应充分发表意见，反映职工合理诉求，维护职工和公司合法权益。

六、健全劳动关系矛盾调处机制

（十四）健全劳动保障监察制度。全面推进劳动保障监察网格化、网络化管理，实现监察执法向主动预防和统筹城乡转变。创新监察执法方式，规范执法行动，进一步畅通举报投诉渠道，扩大日常巡视检查和书面审查覆盖范围，强化对突出问题的专项整治。建立健全违法行为预警防控机制，完善多部门综合治理和监察执法与刑事司法联动机制，加大对非法用工尤其是大案要案的查处力度，严厉打击使用童工、强迫劳动、拒不支付劳动报酬等违法犯罪行为。加强劳动保障诚信评价制度建设，建立健全企业诚信档案。

（十五）健全劳动争议调解仲裁机制。坚持预防为主、基层为主、调解为主的工作方针，加强企业劳动争议调解委员会建设，推动各类企业普遍建立内部劳动争议协商调解机制。大力推动乡镇（街道）、村（社区）依法建立劳动争议调解组织，支持工会、商（协）会依法建立行业性、区域性劳动争议调解组织。完善劳动争议调解制度，大力加强专业性劳动争议调解工作。健全人民调解、行政调解、仲裁调解、司法调解联动工作体系，充分发挥协商、调解在处理劳动争议中的基础性作用。完善劳动人事争议仲裁办案制度，规范办案程序，加大仲裁办案督查力度，进一步提高仲裁效能和办案质量，促进案件仲裁终结。加强裁审衔接与工作协调，积极探索建立诉讼与仲裁程序有效衔接、裁审标准统一的新规则、新制度。畅通法律援助渠道，依法及时为符合条件的职工提供法律援助，切实维护当事人合法权益。依托协调劳动关系三方机制完善协调处理集体协商争议的办法，有效调处因签订集体合同发生的争议和集体停工事件。

（十六）完善劳动关系群体性事件预防和应急处置机制。加强对劳动关系形势的分析研判，建立劳动关系群体性纠纷的经常性排查和动态监测预警制度，及时发现和积极解决劳动关系领域的苗头性、倾向性问题，有效防范群体性事件。

完善应急预案,明确分级响应、处置程序和处置措施。健全党委领导下的政府负责,有关部门和工会、企业代表组织共同参与的群体性事件应急联动处置机制,形成快速反应和处置工作合力,督促指导企业落实主体责任,及时妥善处置群体性事件。

七、营造构建和谐劳动关系的良好环境

(十七)加强对职工的教育引导。在广大职工中加强思想政治教育,引导职工树立正确的世界观、人生观、价值观,追求高尚的职业理想,培养良好的职业道德,增强对企业的责任感、认同感和归属感,爱岗敬业、遵守纪律、诚实守信,自觉履行劳动义务。加强有关法律法规政策宣传工作,在努力解决职工切身利益问题的同时,引导职工正确对待社会利益关系调整,合理确定提高工资收入等诉求预期,以理性合法形式表达利益诉求、解决利益矛盾、维护自身权益。

(十八)加强对职工的人文关怀。培育富有特色的企业精神和健康向上的企业文化,为职工构建共同的精神家园。注重职工的精神需求和心理健康,及时了解掌握职工思想动态,有针对性地做好思想引导和心理疏导工作,建立心理危机干预预警机制。加强企业文体娱乐设施建设,积极组织职工开展喜闻乐见、丰富多彩的文化体育活动,丰富职工文化生活。拓宽职工的发展渠道,拓展职业发展空间。

(十九)教育引导企业经营者积极履行社会责任。加强广大企业经营者的思想政治教育,引导其践行社会主义核心价值观,牢固树立爱国、敬业、诚信、守法、奉献精神,切实承担报效国家、服务社会、造福职工的社会责任。教育引导企业经营者自觉关心爱护职工,努力改善职工的工作、学习和生活条件,帮助他们排忧解难,加大对困难职工的帮扶力度。建立符合我国国情的企业社会责任标准体系和评价体系,营造鼓励企业履行社会责任的环境。加强对企业经营者尤其是中小企业经营管理人员的劳动保障法律法规教育培训,提高他们的依法用工意识,引导他们自觉保障职工合法权益。

(二十)优化企业发展环境。加强和改进政府的管理服务,减少和规范涉企行政审批事项,提高审批事项的工作效率,激发市场主体创造活力。加大对中小企业政策扶持力度,特别是推进扶持小微企业发展的各项政策落实落地,进一步减轻企业负担。加强技术支持,引导企业主动转型升级,紧紧依靠科技进步、职

工素质提升和管理创新，不断提升竞争力。通过促进企业发展，为构建和谐劳动关系创造物质条件。

（二十一）加强构建和谐劳动关系的法治保障。进一步完善劳动法、劳动合同法、劳动争议调解仲裁法、社会保险法、职业病防治法等法律的配套法规、规章和政策，加快完善基本劳动标准、集体协商和集体合同、企业工资、劳动保障监察、企业民主管理、协调劳动关系三方机制等方面的制度，逐步健全劳动保障法律法规体系。深入开展法律法规宣传教育，加强行政执法和法律监督，促进各项劳动保障法律法规贯彻实施。

八、加强组织领导和统筹协调

（二十二）进一步加强领导，形成合力。各级党委和政府要建立健全构建和谐劳动关系的领导协调机制，形成全社会协同参与的工作合力。各级党委要统揽全局，把握方向，及时研究和解决劳动关系中的重大问题，把党政力量、群团力量、企业力量、社会力量统一起来，发挥人才监督、政协民主监督作用。各级政府要把构建和谐劳动关系纳入当地经济社会发展规划和政府目标责任考核体系，切实担负起定政策、作部署、抓落实的责任。完善并落实最低工资制度，在经济发展基础上合理调整最低工资标准。各级人力资源社会保障等部门要充分履行职责，认真做好调查研究、决策咨询、统筹协调、指导服务、检查督促和监察执法等工作。各级工会要积极反映职工群众呼声，依法维护职工权益，团结和凝聚广大职工建功立业。各级工商业联合会、企业联合会等企业代表组织要积极反映企业利益诉求，依法维护企业权益，教育和引导广大企业经营者主动承担社会责任。

（二十三）加强劳动关系工作能力建设。重视加强各级政府劳动关系协调、劳动保障监察机构建设以及劳动人事争议仲裁委员会和仲裁院建设，配备必要的工作力量。统筹推进乡镇（街道）、村（社区）等基层劳动就业社会保障公共服务平台建设，完善基层劳动关系工作职能，充实基础劳动关系协调、劳动争议调解和劳动保障监察人员。加强劳动关系工作人员业务培训，提高队伍素质。各级政府要针对劳动关系工作机构和队伍建设方面存在的问题，从力量配置、经费投入上给予支持，保障构建和谐劳动关系工作顺利开展。

（二十四）加强企业党组织和基层工会、团组织、企业代表组织建设。加强各类企业党建工作,重点在非公有制企业扩大党的组织覆盖和工作覆盖。坚持企业党建带群团建设,依法推动各类企业普遍建立工会,进一步加强非公有制企业团建工作。指导和支持企业党群组织探索适合企业特点的工作途径和方法,不断增强企业党群组织活力,充分发挥在推动企业发展、凝聚职工群众、促进和谐稳定中的作用。深入推进区域性、行业性工会联合会和县(市、区)、乡镇(街道)、村(社区)、工业园区工会组织建设,健全产业工会组织体系。完善基层工会主席民主产生机制,探索基层工会干部社会化途径,健全保护基层工会干部合法权益制度。建立健全县级以上政府与同级总工会联席会议制度,支持工会参与协调劳动关系。加强基层企业代表组织建设,支持企业代表组织参与协调劳动关系,充分发挥企业代表组织对企业经营者的团结、服务、引导、教育作用。

(二十五)深入推进和谐劳动关系创建活动。把和谐劳动关系创建活动作为构建和谐劳动关系的重要载体,总结创建活动经验,建立健全创建工作目标责任制,扩大创建活动在广大企业特别是非公有制企业和中小企业的覆盖面,推动区域性创建活动由工业园区向企业比较集中的乡镇(街道)、村(社区)拓展,努力形成全方位、多层次的创建局面。丰富创建内容,规范创建标准,改进创建评价,完善激励措施,按照国家有关规定定期表彰创建活动先进单位,把对企业和企业经营者评先评优与和谐劳动关系创建结合起来,不断推进创建活动深入开展。积极开展构建和谐劳动关系综合试验区(市)建设,为构建中国特色和谐劳动关系创造经验。

(二十六)加大构建和谐劳动关系宣传力度。充分利用新闻媒体和网站,大力宣传构建和谐劳动关系的重大意义、宣传党和政府的方针政策和劳动保障法律法规、宣传构建和谐劳动关系取得的实际成效和工作经验、宣传企业关爱职工和职工奉献企业的先进典型,形成正确舆论导向和强大舆论声势,营造全社会共同关心、支持和参与构建和谐劳动关系的良好氛围。

人力资源和社会保障部　中央综治办　最高人民法院　司法部　财政部　中华全国总工会　中华全国工商业联合会　中国企业联合会/中国企业家协会关于进一步加强劳动人事争议调解仲裁完善多元处理机制的意见

人社部发〔2017〕26号

（2017年3月21日）

各省、自治区、直辖市人力资源社会保障厅（局）、综治办、高级人民法院、司法厅（局）、财政厅（局）、总工会、工商业联合会、企业联合会/企业家协会，新疆生产建设兵团人力资源社会保障局、综治办、新疆维吾尔自治区高级人民法院生产建设兵团分院、司法局、财务局、工会、工商业联合会、企业联合会/企业家协会：

劳动人事争议调解仲裁是劳动人事关系矛盾纠纷多元化解机制的重要组成部分。当前，我国正处于经济社会转型时期，劳动关系矛盾处于凸显期和多发期，劳动人事争议案件逐年增多。通过协商、调解、仲裁、诉讼等方式依法有效处理劳动人事争议，对于促进社会公平正义、维护劳动人事关系和谐与社会稳定具有重要意义。根据中共中央办公厅、国务院办公厅《关于完善矛盾纠纷多元化解机制的意见》，现就进一步加强劳动人事争议调解仲裁完善多元处理机制，提出如下意见。

一、总体要求

（一）指导思想。全面贯彻党的十八大和十八届三中、四中、五中、六中全会精神，以邓小平理论、“三个代表”重要思想、科学发展观为指导，深入贯彻习近平总书记系列重要讲话精神，主动适应经济发展新常态，积极落实加强和创新社会治理新要求，探索新时期预防化解劳动人事关系矛盾纠纷的规律，不断提高调解仲裁规范化、标准化、专业化、信息化水平,推动健全中国特色劳动人事争议处理制度,完善劳动人事争议多元处理机制,切实维护劳动人事关系和谐与社会稳定,为全面建成小康社会做出更大贡献。

(二)基本原则

1. 坚持协调联动、多方参与。在党委领导、政府主导、综治协调下,积极发挥人力资源社会保障部门牵头作用,鼓励各有关部门和单位发挥职能作用,引导社会力量积极参与,合力化解劳动人事关系矛盾纠纷。

2. 坚持源头治理、注重调解。贯彻"预防为主、基层为主、调解为主"工作方针,充分发挥协商、调解在劳动人事争议处理中的基础性作用,最大限度地把矛盾纠纷解决在基层和萌芽状态。

3. 坚持依法处理、维护公平。完善劳动人事争议调解制度和仲裁准司法制度,发挥司法的引领、推动和保障作用,运用法治思维和法治方式处理劳动人事争议,切实维护用人单位和劳动者的合法权益。

4. 坚持服务为先、高效便捷。以提高劳动人事争议处理质效为目标,把服务理念贯穿争议处理全过程,为用人单位和劳动者提供优质服务。

5. 坚持立足国情、改革创新。及时总结实践经验,借鉴国外有益做法,加强制度创新,不断完善劳动人事争议多元处理机制。

(三)主要目标。到 2020 年,劳动人事争议协商解决机制逐步完善,调解基础性作用充分发挥,仲裁制度优势显著增强,司法保障作用进一步加强,协商、调解、仲裁、诉讼相互协调、有序衔接的劳动人事争议多元处理格局更加健全,劳动人事争议处理工作服务社会能力明显提高。

二、健全劳动人事争议预防协商解决机制

(四)指导用人单位加强劳动人事争议源头预防。加大法律法规政策宣传力度,推动用人单位全面实行劳动合同或者聘用合同制度,完善民主管理制度,推行集体协商和集体合同制度,保障职工对用人单位重大决策和重大事项的知情权、参与权、表达权、监督权,加强对职工的人文关怀。指导企业与职工建立多种方式的对话沟通机制,完善劳动争议预警机制,特别是在分流安置职工等涉及劳动关系重大调整时,广泛听取职工意见,依法保障职工合法权益。探索建立符合事业单位和社会团体工作人员、聘任制公务员和军队文职人员管理特点的单位

内部人事争议预防机制。切实发挥企业事业单位法律顾问、公司律师在预防化解劳动人事争议方面的作用。推行劳动人事争议仲裁建议书、司法建议书制度，促进用人单位有效预防化解矛盾纠纷。

(五)引导支持用人单位与职工通过协商解决劳动人事争议。推动建立劳动人事争议协商解决机制，鼓励和引导争议双方当事人在平等自愿基础上协商解决纠纷。指导用人单位完善协商规则，建立内部申诉和协商回应制度。加大工会参与协商力度。鼓励社会组织和专家接受当事人申请或委托，为其解决纠纷予以协调、提供帮助。探索开展协商咨询服务工作，督促履行和解协议。

三、完善专业性劳动人事争议调解机制

(六)建立健全多层次劳动人事争议调解组织网络。推进县(市、区)调解组织建设，加强乡镇(街道)劳动就业社会保障服务所(中心)调解组织建设。在乡镇(街道)综治中心设置劳动人事争议调解窗口，由当地劳动就业社会保障服务所(中心)调解组织负责其日常工作。积极推动企业劳动争议调解委员会建设，指导推动建立行业性、区域性调解组织，重点在争议多发的制造、餐饮、建筑、商贸服务以及民营高科技等行业和开发区、工业园区等区域建立调解组织。加强事业单位及其主管部门调解组织建设，重点推动教育、科技、文化、卫生等事业单位及其主管部门建立由人事部门代表、职工代表、工会代表、法律顾问等组成的调解组织。加强专业性劳动人事争议调解与仲裁调解、人民调解、司法调解的联动，逐步实现程序衔接、资源整合和信息共享。同时，充分发挥人民调解组织在调解劳动争议方面的作用，在劳动争议多发的乡镇(街道)，人民调解委员会可设立专门的服务窗口，及时受理并调解劳动争议。各级人力资源社会保障部门要加强统筹协调，指导推动劳动人事争议调解工作，建立专业性调解组织和调解员名册制度，加强工作情况通报和人员培训。

(七)加强劳动人事争议调解规范化建设。进一步规范调解组织工作职责、工作程序和调解员行为。建立健全调解受理登记、调解处理、告知引导、回访反馈、档案管理、统计报告、工作考评等制度。建立健全集体劳动争议应急调解机制，发生集体劳动争议时，人力资源社会保障部门要会同工会、企业代表组织及时介入，第一时间进行调解，调解不成的及时引导当事人进入仲裁程序。

(八)鼓励支持社会力量参与调解。引导劳动人事争议当事人主动选择、自

愿接受调解服务。通过政府购买服务等方式,鼓励和支持法学专家、律师以及退休的法官、检察官、劳动人事争议调解员仲裁员等社会力量参与劳动人事争议调解工作,有条件的可设立调解工作室。发挥社区工作者、平安志愿者、劳动关系协调员、劳动保障监察网格管理员预防化解劳动人事争议的作用。鼓励支持社会组织开展劳动人事争议调解工作。

四、创新劳动人事争议仲裁机制

(九)完善仲裁办案制度。建立仲裁办案基本制度目录清单,指导各地完善仲裁制度体系。创新仲裁调解制度,可在仲裁院设立调解庭开展调解工作。依法细化终局裁决规定,提高终局裁决比例。建立健全证据制度,制定体现劳动人事争议处理特点的仲裁证据规则。建立仲裁委员会仲裁办案监督制度,提高仲裁办案纠错能力。推行劳动人事争议仲裁委员会三方仲裁员组庭处理集体劳动争议制度。实行"阳光仲裁",逐步实行仲裁裁决书网上公开,接受社会监督。推进法律援助参与劳动人事争议仲裁,在案件多发高发地区的仲裁机构设立法律援助窗口,依法为符合条件的农民工、工伤职工等群体提供法律援助服务。

(十)简化优化仲裁具体办案程序。实施案件分类处理,简化优化立案、庭审、调解、送达等具体程序,提高仲裁案件处理质量和效率。规范简易仲裁程序,灵活快捷处理小额简单争议案件。建立健全集体劳动争议快速仲裁特别程序,通过先行调解、优先受理、经与被申请人协商同意缩短或取消答辩期、就近就地开庭等方式,实现快调、快审、快结。深化仲裁庭审方式改革,推广以加强案前引导、优化庭审程序、简化裁决文书为核心内容的要素式办案,提高案件裁决效率。推进派驻仲裁庭、巡回仲裁庭和流动仲裁庭建设,为当事人提供便捷服务。

(十一)加强仲裁办案管理和指导。建立仲裁案件管理标准体系,制定办案程序公正评价标准、办案质量效率评价标准和办案人员工作绩效考核标准。建立仲裁办案指导制度,统一仲裁办案适用标准,重点加强对新兴行业劳动争议、集体劳动争议等重大疑难案件处理工作的指导。加强案例指导,综合运用案例汇编、案例研讨会、庭审观摩等方式,发挥典型案例在统一处理标准、规范自由裁量权等方面的作用。统一仲裁文书格式。建立区域劳动人事争议处理交流协作机制。

五、完善调解、仲裁、诉讼衔接机制

(十二)加强调解与仲裁的衔接。调解组织对调解不成的争议案件,要及时引导当事人进入仲裁程序;定期向仲裁机构通报工作情况,共同研究有关问题;邀请仲裁机构参与调处重大疑难争议案件。仲裁机构要加强对辖区内调解组织的业务指导,建立仲裁员定点联系调解组织制度,落实调解建议书、委托调解、调解协议仲裁审查确认等制度,开展调解员业务培训。在争议案件多发高发地区,仲裁机构可在调解组织设立派驻仲裁庭。

(十三)加强调解与诉讼的衔接。调解组织要主动接受人民法院的指导,协助人民法院调处劳动人事争议。健全劳动人事争议特邀调解制度,吸纳符合条件的调解组织或调解员成为特邀调解组织或特邀调解员,接受人民法院委派或委托开展调解工作。鼓励和支持调解组织在诉讼服务中心等部门设立调解工作室。依法落实调解协议司法确认制度。

(十四)加强仲裁与诉讼的衔接。建立仲裁与诉讼有效衔接的新规则、新制度,实现裁审衔接机制长效化、受理范围一致化、审理标准统一化。各级仲裁机构和同级人民法院要加强沟通联系,建立定期联席会议、案件信息交流、联合业务培训等制度。有条件的地区,人民法院可在仲裁机构设立派驻法庭。

六、强化基础保障机制

(十五)加强调解仲裁队伍建设。乡镇(街道)劳动就业社会保障服务所(中心)调解组织要根据实际需要配备专职调解员,通过政府购买服务、调剂事业编制等方式,拓展调解员来源渠道。企业劳动争议调解委员会要配备一定数量的专兼职调解员,鼓励企业人力资源、法务、工会部门工作人员参与调解工作。仲裁机构要及时充实专职仲裁员队伍,并配备相应的仲裁办案辅助人员;注重从工会、企业代表组织以及其他社会组织中聘用兼职仲裁员,积极吸纳律师、专家学者等担任兼职仲裁员。持续开展调解员仲裁员分级分类培训,加强思想道德教育、职业道德教育和业务能力培训。探索远程在线培训、建立集中实训基地等培训新模式,培训重心向基层倾斜。鼓励地方先行先试,探索建立仲裁员激励约束和职业保障机制,拓展职业发展空间。健全风险防控机制,推进行风建设。培育和弘扬调解仲裁文化,大力宣传先进调解仲裁机构和优秀调解员仲裁员。

(十六)加快推进调解仲裁工作信息化建设。树立“互联网 +”理念,利用现代化信息技术手段提高劳动人事争议处理效能。依托金保二期工程,建立调解仲裁办案信息系统、人员信息系统、监测管理信息系统,在实现人力资源社会保障系统内部信息互联互通的基础上,逐步实现调解仲裁信息与综治、人民法院等信息系统的互联互通。建立在线服务平台,整合调解、仲裁和诉讼资源,逐步开展在线调解、在线仲裁、电子送达等,实现线上、线下服务对接,提供“一站式”争议处理服务。

(十七)依法保障调解仲裁经费需要。按照《中华人民共和国劳动争议调解仲裁法》等有关规定,将仲裁工作所需经费列入同级财政预算予以保障,为开展仲裁活动提供支撑。对采取政府购买服务方式开展劳动人事争议处理工作的,要加强购买服务资金的预算管理。

(十八)改善调解仲裁服务条件。按照国家“十三五”规划纲要“基本公共服务项目清单”要求,不断改善调解仲裁服务条件。加强调解组织基础建设,确保调解有基本工作场所、有基本工作设施。加强仲裁机构标准化建设。仲裁员、记录人员在仲裁活动中应着正装,佩戴仲裁胸徽。

七、加强组织领导

(十九)健全劳动人事争议多元处理工作格局。积极推动将劳动人事争议处理工作纳入当地党委、政府重要议事日程,采取有力措施抓实抓好。综治组织要做好调查研究、组织协调、督导检查、考评、推动等工作,进一步把完善劳动人事争议多元处理机制作为综治工作(平安建设)考评的重要内容,严格落实社会治安综合治理领导责任制。人力资源社会保障部门要发挥在劳动人事争议处理中的主导作用,承担牵头职责,制定完善规章政策,会同有关部门统筹推进劳动人事争议调解仲裁组织建设、制度建设和队伍建设。人民法院要发挥司法在劳动人事争议处理中的引领、推动和保障作用,加强诉讼与调解、仲裁的有机衔接,依法及时有效审理劳动人事争议案件。司法行政部门要指导人民调解组织积极开展劳动争议调解工作,加强对人民调解员的劳动法律法规政策和调解方法技巧培训,组织推动律师做好法律援助和社会化调解工作。工会、企业代表组织要发挥代表作用,引导支持企业守法诚信经营、履行社会责任,依法设立劳动争议调解委员会,建立健全用人单位内部争议解决机制,教育引导职工依法理性维权。

各有关部门要建立完善形势研判、信息沟通、联合会商、协调配合制度，形成各负其责、齐抓共管、互动有力、运转高效的联动机制。要充分发挥综治中心优势，有效整合工作资源，优化劳动人事争议多元处理机制。

（二十）强化责任落实，营造良好环境。各地要在当地党委、政府的领导下，进一步做好劳动人事争议调解仲裁工作，不断完善劳动人事争议多元处理机制。人力资源社会保障部门要会同有关部门制定切实可行的实施方案，明确任务、明确措施、明确责任、明确要求，并对本意见落实情况进行督促检查。充分运用传统媒体和现代传媒，加强劳动人事争议处理工作的宣传，营造良好舆论氛围。

人力资源和社会保障部　中华全国工商业联合会关于加强非公有制企业劳动争议预防调解工作的意见

人社部发〔2013〕2号

（2017年1月10日）

各省、自治区、直辖市及新疆生产建设兵团人力资源社会保障厅（局）、工商业联合会：

非公有制经济是社会主义市场经济的重要组成部分，是促进就业的主要渠道，是构建和谐劳动关系的重要领域。当前，非公有制企业劳动关系总体和谐稳定，但企业内部劳动争议协商解决机制不健全，劳动争议预防调解制度尚未全面建立，劳动争议仍易发、多发。为贯彻落实《中华人民共和国劳动争议调解仲裁法》及《企业劳动争议协商调解规定》，切实加强非公有制企业劳动争议预防调解工作，进一步促进劳动关系和谐，维护社会稳定，现提出如下意见：

一、加强非公有制企业劳动争议预防调解工作的指导思想和目标任务

加强非公有制企业劳动争议预防调解工作要以邓小平理论、“三个代表”重要思想和科学发展观为指导，按照“预防为主、基层为主、调解为主”的工作方针，建立健全企业内部劳动争议协商调解机制，提升企业自主预防解决争议的能力，促进建立互利共赢、和谐稳定的劳动关系，推动企业健康持续发展。

加强非公有制企业劳动争议预防调解工作的目标任务是：在大中型企业普遍依法建立劳动争议调解委员会，在小型微型民营企业设立劳动争议调解员，在商会建立劳动争议调解组织，建立健全企业内部劳动争议协商解决机制，形成企业、商会、乡镇街道调解组织与仲裁机构协调配合的劳动争议预防调解工作网络，建设一支公道正派、热心调解、具有较高专业素质的调解员队伍，逐步实现非公有制企业劳动争议预防调解工作全覆盖，努力将劳动争议化解在萌芽状态、解

决在基层。

二、推动非公有制企业普遍建立劳动争议协商调解机制

指导推动大中型企业在总部设立劳动争议调解委员会,鼓励企业根据需要在分支机构设立劳动争议调解委员会,在车间、工段、班组设立调解小组,建立企业内部多层次的劳动争议调解组织,逐步形成劳动争议分类处理、分级负责、上下联动的工作机制。指导推动小型微型民营企业由劳动者与企业共同推举职工代表担任调解员,负责本企业劳动争议预防调解工作。

指导企业探索建立多种形式的劳动争议协商解决机制。充分发挥企业劳动争议调解委员会或调解员促进劳资双方沟通协商的作用,采取召开劳资恳谈会、劳资协商会以及设立意见箱、开展问卷调查等方式,就劳动条件、劳动报酬、职工福利等涉及劳动者切身利益的问题听取职工意见,及时了解掌握并认真研究解决职工的合理诉求。完善职代会、厂务公开等民主管理制度,依法保障职工的知情权、参与权、表达权、监督权。

三、充分发挥商会预防调解劳动争议的作用

指导行业性、区域性商会建立劳动争议调解组织,当前要重点推进制造、餐饮、建筑、商贸服务和民营高科技等行业商会劳动争议调解组织建设。商会要依托劳动争议调解组织,切实加强对本行业、本区域内非公有制企业劳动争议预防调解工作的指导,积极开展劳动保障法律法规政策咨询服务和劳动争议调解工作,搞好企业劳动争议预防调解培训,协助企业与当地调解仲裁机构进行沟通。

四、加强非公有制企业劳动争议调解与仲裁工作的衔接

各地劳动争议仲裁机构要大力开展非公有制企业、商会劳动争议调解组织调解协议的仲裁审查确认工作,对于争议双方当事人持生效的调解协议书向仲裁委员会提出的审查申请,要及时受理,快速立案,对程序和内容合法有效的调解协议依法出具调解书,不断提高企业、商会调解组织的社会公信力和调解协议的执行力。要积极开展劳动争议调解建议工作,对当事人未经调解直接申请仲裁的劳动争议案件,在征询双方当事人同意后,可向当事人发出调解建议书,引导其在企业、商会等劳动争议调解组织解决争议。要积极稳妥开展委托调解工

作,研究制定委托调解的基本条件,完善委托程序,制定规范的委托调解文书,将适合调解的申请仲裁案件委托商会、乡镇街道劳动争议调解组织处理。

五、加强非公有制企业劳动争议预防调解工作的组织实施

各级人力资源社会保障行政部门和工商联组织要高度重视非公有制企业劳动争议预防调解工作,切实加强组织领导,共同推动这项工作深入开展。人力资源社会保障行政部门要发挥统筹协调作用,会同工商联组织制定工作计划,积极指导推动非公有制企业和商会加强劳动争议预防调解工作,建立健全集体性劳动争议协调处理机制。工商联组织要发挥职能优势,加强对非公有制企业经营者的培训,引导企业认真执行劳动保障法律法规及政策,搞好劳动争议协商调解工作,参与处理重大集体性劳动争议。

要建立非公有制企业劳动争议预防调解工作情况通报制度,及时沟通争议处理情况,共同研究解决工作中存在的困难和问题,不断完善预防调解政策措施。要建立集体性劳动争议预防预警制度,共同加强对非公有制企业劳动争议隐患的排查,对于已经发生的集体劳动争议,加强联调联控,积极稳妥处理。

图书在版编目(CIP)数据

中国民营企业劳动关系报告. 2017 / 中华全国工商业联合会编. -- 北京 : 法律出版社, 2019
ISBN 978 - 7 - 5197 - 2655 - 3

Ⅰ. ①中… Ⅱ. ①中… Ⅲ. ①民营企业 - 劳动关系 - 研究报告 - 中国 - 2017 Ⅳ. ①F279.245

中国版本图书馆 CIP 数据核字(2018)第 203789 号

中国民营企业劳动关系报告(2017)
ZHONGGUO MINYING QIYE LAODONG GUANXI BAOGAO(2017)

中华全国工商业联合会 编

策划编辑 沈小英
责任编辑 陈 妮 肖 越
装帧设计 汪奇峰

出版 法律出版社
总发行 中国法律图书有限公司
经销 新华书店
印刷 固安华明印业有限公司
责任校对 李景美
责任印制 吕亚莉

编辑统筹 法治与经济出版分社
开本 720 毫米 × 960 毫米 1/16
印张 33.5
字数 540 千
版本 2019 年 3 月第 1 版
印次 2019 年 3 月第 1 次印刷

法律出版社/北京市丰台区莲花池西里 7 号(100073)
网址/www.lawpress.com.cn
投稿邮箱/info@lawpress.com.cn
举报维权邮箱/jbwq@lawpress.com.cn
销售热线/010 - 83938336
咨询电话/010 - 63939796

中国法律图书有限公司/北京市丰台区莲花池西里 7 号(100073)
全国各地中法图分、子公司销售电话:
统一销售客服/400 - 660 - 6393
第一法律书店/010 - 83938334/8335
西安分公司/029 - 85330678
重庆分公司/023 - 67453036
上海分公司/021 - 62071639/1636
深圳分公司/0755 - 83072995

书号:ISBN 978 - 7 - 5197 - 2655 - 3
定价:160.00 元